高等学校应用型特色教材　经管系列

公共关系原理与实务
(第四版)

主　编　陶应虎
副主编　张志斌　吴　静　陶　雅

清华大学出版社
北　京

内 容 简 介

本书是面向应用型本科教学的公共关系学教材。本书自 2006 年第一版出版以来，因其具有系统性、实战性、针对性、新颖性等特点而深受广大读者的欢迎和好评。本次修订基本保持原有的体系和特点，及时吸收最新的理论和实践案例，以体现教材内容的科学性、时代性。本书共 14 章，吸收了当前国内外公共关系学的最新研究成果，论述了公共关系学的基本思想，阐述了公共关系的基本实践技能。

全书构思新颖，内容简练，案例丰富，有很强的实用性。本书既可作为各类应用型本科院校及高职高专院校经济类、管理类、秘书类等相关专业的教材，也可作为各类企事业单位从事公关工作人员的培训教材和参考读物。

图书在版编目(CIP)数据

公共关系原理与实务/陶应虎主编. —4 版. —北京：清华大学出版社，2021.8(2025.6 重印)

(高等学校应用型特色教材. 经管系列)

ISBN 978-7-302-58853-5

Ⅰ. ①公⋯　Ⅱ. ①陶⋯　Ⅲ. ①公共关系学—高等学校—教材　Ⅳ. ①C912.31

中国版本图书馆 CIP 数据核字(2021)第 153005 号

责任编辑：温　洁
装帧设计：杨玉兰
责任校对：周剑云
责任印制：杨　艳

出版发行：清华大学出版社
　　　　　网　　　址：https://www.tup.com.cn, https://www.wqxuetang.com
　　　　　地　　　址：北京清华大学学研大厦 A 座　　　　邮　　编：100084
　　　　　社 总 机：010-83470000　　　　　　　　　　邮　　购：010-62786544
　　　　　投稿与读者服务：010-62776969, c-service@tup.tsinghua.edu.cn
　　　　　质量反馈：010-62772015, zhiliang@tup.tsinghua.edu.cn
　　　　　课件下载：https://www.tup.com.cn, 010-62791865

印 装 者：三河市君旺印务有限公司

经　　销：全国新华书店

开　　本：185mm×260mm　　印　张：27.25　　　　字　　数：669 千字

版　　次：2006 年 3 月第 1 版　2021 年 8 月第 4 版　　印　次：2025 年 6 月第 8 次印刷

定　　价：69.00 元

产品编号：081254-01

前　　言

进入 21 世纪,世界经济得到更进一步的发展,经济全球化的进程进一步加快,全球性的市场竞争日趋激烈,各行各业都需要充分运用公共关系来发展经济、开拓事业。公共关系学由于其独具的全局性、谋略性、前瞻性与实用性,深受社会的重视,并已被广泛运用于各类社会组织的运筹、决策和管理等诸方面。尤其在信息社会,科技的日益发展为公共关系作用的充分发挥提供了更好的契机。社会经济越发展,社会组织的联系越紧密,交往越频繁,公共关系对社会组织显现的作用就越大。良好的公共关系能够使社会组织树立良好的信誉,增加组织发展的机遇。任何一个组织在生存发展的过程中,都必须具备正确的公关理念,以良好的公关意识指导组织各项行为,并辅之以灵活新颖的公关技巧,才能保持组织的长期繁荣与稳定。同时,现代公共关系的发展已经超越了单纯为组织服务的范畴,在个人的形象塑造、人际交往、事业发展等方面也发挥着巨大的作用,是学习者日后从事各种工作必须掌握的一种沟通技巧和管理艺术。

本书自 2006 年 2 月第一版出版、2010 年 6 月修订出版了第二版、2015 年 8 月修订出版了第三版以来,因其具有系统性、实战性、针对性、新颖性等特点,而深受广大读者的欢迎和好评,社会反响的热烈程度大大地超过了我们的预料。目前,本书共印刷了近 40 次,印数近 15 万册,并于 2008 年获得第八届全国高校出版社优秀畅销书一等奖、2011 年被评为江苏省高等学校精品教材、2013 年被遴选为"十二五"江苏省高等学校重点教材、2017 年被遴选为"十三五"江苏省高等学校重点教材、2020 年被评为江苏省本科优秀培育教材。本书先后被全国兄弟院校广泛采用,列为研究生、本科生、高职高专生等教材,部分高校将此书定为考研指定教材。

昨天已经成为历史,读者的厚爱更加重了我们的责任。我们要以精益求精的态度提供更完善、更成熟的教材。一方面,我们深知教材中仍存在不少问题,更有许多有待提高和完善之处;另一方面,随着我国公关业的飞速发展和壮大,公关实务运作科学性、创新性日臻完善,高等学校教材必须跟上时代的步伐,及时反映时代的特征。为此,我们结合近几年来专业教学与公关实务工作的体会,充分地吸纳读者的建议,对本书进行修订。

本次修订的基本思路是:基本保持原有的体系和特点,及时吸收最新的理论和实践案例,对部分内容进行修订,以体现教材内容的科学性、时代性。具体修订内容如下:

(1) 删除了一些不够典型的案例,新增了一些更为新颖、切合时代气息的案例。

(2) 对全书文字精心雕琢,大量增删、补正文字。如在书中修改内容比较多的地方有第三章的公共关系从业人员的基本素质、第四章的影响公众行为的个体心理、第五章的公共关系广告、第七章的网上查询、第八章的网络型公共关系、第九章的公共关系评估的方法、第十章的内部公共关系的沟通形式、第十四章的危机公共关系处理原则等;增补内容较多的地方主要在第十章增加了内部公共关系的沟通原则、障碍及技巧,在第十一章增加了声明等内容。

(3) 为不增加学生负担，节省纸张，将教材中部分案例内容放在与教材配套的电子课件中。同时，为方便读者阅读和学习这近 20 万字、200 个典型案例，编者还专门将其编写成电子书的形式随课件一起赠送给读者。

本书第四版由江苏省高校"青蓝工程"中青年学术带头人、中国高等院校市场学研究会理事、金陵科技学院商学院教授陶应虎博士任主编，张志斌、吴静、陶雅任副主编。全书共 14 章，各章修订者是：第一章、第二章、第三章、第七章，陶应虎；第八章、第九章、第十四章，张志斌；第四章、第五章、第十二章，吴静；第六章，陶应虎、张志斌；第十章、第十一章、第十三章，陶雅。全书由陶应虎修改定稿。赵丹丹、李勋老师参与案例资料搜集整理工作。电子课件由陶雅制作。

另外，本书配有电子课件，以适应多媒体教学的需要。下载地址：
http://www.tup.tsinghua.edu.cn。

本书在再版修订过程中，参考和引用了众多作者的珍贵资料，在此谨向有关作者表示诚挚的谢意！

本书在编写过程中，得到了金陵科技学院商学院、南京师范大学商学院、澳门科技大学商学院、东南大学经管学院、河海大学商学院、南京农业大学经管学院等单位的有关领导和老师的关心、帮助、指导，在此一并表示感谢！同时要感谢清华大学出版社责任编辑对本书再版给予的大力支持！

正是广大读者充满热忱的支持和期待，激励着我们集思广益、群策群力去打造更好的版本，激励我们倾心投入此次修订工作。诚然，限于我们的水平，本书仍会存在一些不足，甚至错误之处，敬望广大读者和专家不吝赐教。

编 者

目 录

第一章　导论 1

　　第一节　公共关系概述 1

　　　　一、公共关系的含义 1

　　　　二、公共关系与若干相关概念的

　　　　　　辨析 5

　　第二节　公共关系的要素和特征 10

　　　　一、公共关系的基本要素 10

　　　　二、公共关系的特征 11

　　第三节　公共关系的功能、职能及基本

　　　　　　原则 15

　　　　一、公共关系的功能 15

　　　　二、公共关系的职能 18

　　　　三、公共关系的基本原则 21

　　第四节　作为一门学科的公共关系学 28

　　　　一、公共关系学的研究对象 28

　　　　二、公共关系学的研究内容 28

　　　　三、公共关系的学科特点 29

　　　　四、"公共关系原理与实务"课程的

　　　　　　学习方法 29

　　本章小结 32

　　复习思考题 33

第二章　公共关系的起源与发展 36

　　第一节　古代公共关系的起源 37

　　第二节　现代公共关系的产生 40

　　　　一、现代公共关系发展的几个历史

　　　　　　阶段 40

　　　　二、现代公共关系的产生原因 44

　　第三节　现代公共关系在国外的发展

　　　　　　状况 46

　　　　一、公共关系在国外的发展 46

　　　　二、国际性公共关系组织的成立 52

　　第四节　公共关系在中国的兴起和发展 53

　　　　一、中国公共关系的发展历程 53

　　　　二、中国公共关系发展中的问题 54

　　　　三、中国公共关系发展的对策 55

　　　　四、中国未来公共关系的发展

　　　　　　与瞻望 56

　　本章小结 60

　　复习思考题 61

第三章　公共关系主体、机构与从业

　　　　人员 63

　　第一节　公共关系主体 64

　　　　一、公共关系主体的含义及特征 64

　　　　二、公共关系主体的类型 65

　　第二节　公共关系机构 66

　　　　一、公共关系部 66

　　　　二、公共关系公司 72

　　　　三、公共关系社团 77

　　第三节　公共关系从业人员 77

　　　　一、公共关系从业人员的基本素质 77

　　　　二、公共关系从业人员的职业准则 93

　　本章小结 98

　　复习思考题 99

第四章　公共关系的对象——公众 102

　　第一节　公众的概念和特征 103

　　　　一、公众的含义 103

　　　　二、公众的特点 103

　　第二节　公众的分类 105

　　第三节　公众的分析 107

　　　　一、对公众个体心理的分析 108

　　　　二、影响公众行为的群体心理 117

　　本章小结 121

　　复习思考题 121

第五章　公共关系传播 124

　　第一节　公共关系传播 125

一、传播及公共关系传播的含义......125
二、公共关系传播的特点.................127
三、传播的基本过程.........................128
四、公共关系传播的基本内容.........129
五、公共关系传播的任务及目的......129
第二节　公共关系传播的基本类型.........130
一、组织传播.....................................130
二、群体传播.....................................132
三、大众传播.....................................132
四、人际传播.....................................140
第三节　公共关系传播活动的实务操作....143
一、记者招待会.................................143
二、展览会...145
三、开放参观.....................................147
四、沟通性会议.................................148
五、庆典活动.....................................149
六、社会服务.....................................150
七、赞助活动.....................................152
八、联谊活动.....................................153
九、公共关系广告.............................154
十、策划新闻事件.............................158
本章小结...162
复习思考题...162

第六章　公共关系形象.........................166
第一节　组织形象策划.............................169
一、组织形象的含义和设计原则.....169
二、组织形象的衡量.........................171
三、组织形象的塑造.........................171
四、形象塑造的主要手段.................178
第二节　商务组织形象识别系统(CI)........179
一、CI 的含义...................................179
二、CI 的内容...................................180
三、CI 的结构...................................182
第三节　CI 设计途径.................................183
一、理念识别系统设计——MI
　　策划...183
二、行为识别系统设计——BI
　　策划...186

三、视觉识别系统的设计——VI
　　策划...188
第四节　CI 导入过程.................................193
一、CI 手册.......................................193
二、CI 导入时机...............................194
三、CI 导入战略...............................195
本章小结...198
复习思考题...198

第七章　公共关系调查.........................200
第一节　公共关系调查的意义及内容.......202
一、公共关系调查的意义.................202
二、公共关系调查的内容.................203
第二节　公共关系调查的程序.................209
一、确定调查选题.............................209
二、制定调查方案.............................211
三、搜集资料和实施调查方案.........212
四、分析处理调查结果.....................212
五、撰写调查报告.............................212
第三节　公共关系调查的原则及方法.......214
一、公共关系调查的原则.................214
二、公共关系调查的方法.................215
本章小结...229
复习思考题...229

第八章　公共关系策划.........................232
第一节　公共关系策划概述.....................233
一、公共关系策划的含义.................233
二、公共关系策划的意义.................233
第二节　公共关系策划的一般程序.........234
一、确定公共关系策划目标.............234
二、分析策划目标的对象公众.........236
三、公共关系策划方案.....................237
四、撰写公共关系策划书.................249
第三节　公共关系策划的原则及方法.......255
一、公共关系策划的原则.................255
二、公共关系策划的方法.................257
本章小结...267
复习思考题...268

第九章 公共关系实施与评估 271

第一节 公共关系实施 272
一、公共关系实施的意义 272
二、影响公共关系实施的因素 273
三、公共关系实施的原则和方法 275

第二节 公共关系评估的意义 278
一、公共关系评估的概念和意义 278
二、公共关系评估的分类 279

第三节 公共关系评估的程序和内容 281
一、公共关系评估的程序 281
二、公共关系评估的依据与方法 281
三、公共关系评估的内容 284

本章小结 288
复习思考题 288

第十章 组织内外部公共关系 293

第一节 组织内部公共关系 293
一、组织内部公共关系的内涵 293
二、内部公共关系的种类 294
三、内部公共关系的作用 297
四、内部公共关系的沟通目的
和形式 298
五、内部公共关系的沟通原则、障碍
及技巧 302

第二节 建立良好的员工关系 305
一、物质激励和精神激励 305
二、关心员工 306
三、让员工成为组织的主人 307
四、重视人才，培养人才 308
五、对员工的贡献表示赞许时，员工会
有成就感 308
六、重视内部的交流沟通，要让员工
倾吐心声 309
七、鼓励员工参与管理 309
八、创造良好的工作环境 310

第三节 组织文化的内涵及全员 PR
意识 311
一、组织文化的内涵 311
二、全员 PR 意识 312

第四节 组织外部公共关系 313
一、顾客关系 313
二、社区关系 316
三、媒介关系 317
四、政府关系 319
五、名流关系 320
六、竞争对手关系 321

本章小结 322
复习思考题 322

第十一章 公共关系谈判 325

第一节 公共关系谈判概述 326
一、谈判及公共关系谈判 326
二、公共关系谈判的基本特征 327
三、公共关系谈判的原则 328

第二节 谈判结构和背景 330
一、谈判结构的内涵 330
二、谈判背景 332

第三节 谈判过程 332
一、探询阶段 332
二、准备阶段 333
三、接触阶段 334
四、磋商阶段 335
五、小结或休会阶段 336
六、终结阶段 336

第四节 谈判技巧 338
一、谈判语言 338
二、有效地倾听 342
三、提问的技巧 343
四、回答的技巧 344
五、叙述的技巧 345
六、幽默的应用 345

第五节 跨文化公共关系谈判 346
一、跨文化谈判的特殊性和原则 346
二、世界各国与地区的文化及谈判
风格 346

本章小结 349
复习思考题 349

第十二章　公共关系写作 352

第一节　公共关系文书概述 353
一、文书的基本概念和功能 353
二、公共关系文书的含义 353
三、公共关系文书的特点 353
四、公共关系文书的写作原则 354

第二节　常见公共关系文书的写作 355
一、新闻稿撰写 355
二、广告文词的设计 358
三、宣传资料的制作 361
四、内部报刊编辑 361
五、公共关系策划书 364
六、公共关系常用文书 369

本章小结 375
复习思考题 375

第十三章　公共关系礼仪 376

第一节　公共关系礼仪概述 377
一、礼仪与公共关系礼仪 377
二、公共关系礼仪的作用 377

第二节　公共关系日常社交礼仪 379
一、称呼和打招呼礼仪 379
二、握手礼仪 379
三、介绍礼仪 380
四、交谈礼仪 381
五、行为举止礼仪 383
六、作客与待客礼仪 384
七、电话礼仪 385
八、名片礼仪 385
九、礼品礼仪 386
十、舞会礼仪 386
十一、宴请礼仪 387

第三节　个人仪表风度 392
一、仪容 392
二、服饰 393

第四节　外事交往礼仪 395
一、外事礼宾礼仪的原则 395
二、日常外事礼仪 397
三、外事礼仪的禁忌 400

本章小结 404
复习思考题 404

第十四章　危机型公共关系实务 407

第一节　危机公共关系概述 408
一、危机公共关系的定义 408
二、危机公共关系的特征 408
三、危机公共关系的主要类型 409
四、危机的成因 413

第二节　危机公共关系处理原则 415
一、及时主动处理原则 415
二、真诚沟通原则 417
三、勇于承担责任，公众利益至上的原则 418
四、系统运作原则 418
五、防患于未然原则 419
六、权威证实原则 419
七、巧妙接招原则 419

第三节　危机公共关系三阶段 420
一、危机准备阶段 420
二、危机处理阶段 421
三、重塑企业组织形象阶段 422

本章小结 423
复习思考题 423

参考文献 427

导　论

学习目标

通过本章的学习，理解公共关系的定义和要素，了解公共关系的特征、功能及职能，辨析若干与公共关系相关的概念，掌握公共关系的基本原则，熟悉公共关系的对象和内容。

关键概念

公共关系(Public Relations)　公众(Public)　公共关系的要素(Part of Public Relations)

引导案例

怎样理解公共关系

北欧航空公司丹麦分公司一位公关经理曾这样说道："好比一名青年追求伴侣，可以用许多方法，其中大献殷勤就是一种，这不算公关关系，而是推销。努力修饰自己的外貌和风度，讲究谈吐举止，这也是一种吸引人的办法，不过这也不是公共关系，而是广告。如果这位青年经过周密的研究思考，制定出计划，并且埋头苦干，以成绩来获得他人的称赞，通过他人的口将对自己的优良评价传递开，那么这就是公共关系了。"(资料来源: 编者根据相关资料整理编写)

上述案例形象生动地说明了公共关系有别于推销、广告。公共关系内涵丰富，技巧性强。

公共关系学作为一门新兴的学科，在欧美各国已被广泛地应用于整个社会的各个领域，并在经营管理、市场营销、大众传播领域发挥着独特的作用，我国的改革开放，特别是社会主义市场经济体制的确立，为中国的公共关系得以蓬勃发展提供了良好的土壤，公共关系的发展又进一步促进了中国的改革开放和社会主义市场经济的发展。随着我国社会主义市场经济的快速发展和应对世界经济发展的挑战，必然要求我们更多的人掌握公共关系的知识。

第一节　公共关系概述

一、公共关系的含义

"公共关系"一词是舶来品，其英文为 Public Relations，缩写符号为 PR，简称公关。正像其他边缘性学科一样，公共关系作为一门综合性的应用学科和一种正处于发展中的管理功能，对其定义的讨论众说纷纭，并且已构成公共关系学理论研究的一个部分。其中有代表性、权威性的国内外定义包括以下几种：

(1) 美国著名公共关系学者雷克斯·哈罗(Rex. L. Harlow)博士所提出的定义："公共关

系是一种独特的管理职能。它帮助一个组织建立并维持与公众之间双向的交流、理解、认可与合作；它参与处理各种问题与事件；它帮助管理者及时了解公众舆论，并对之做出反应；它明确并强调管理部门为公众利益服务的责任；它作为社会变化趋势的监视系统，帮助管理者及时掌握并有效地利用社会变化，保持与社会变动同步；它运用健全的、正当的传播技能和研究方法作为主要的工具。"

(2) 英国著名公共关系学者弗兰克·杰夫金斯(Frank Jefkins)认为："公共关系就是一个组织为了达到与它的公众之间相互了解的确定目标，而有计划地采用一切向内和向外的传播沟通方式的总和。"

(3) 当代美国公共关系学术权威，马里兰大学的詹姆斯·格鲁尼格(James. E. Gruning)教授认为："公共关系是一个组织与其相关公众之间的传播管理。"(Public Relations is the management of communication between an organization and its public.)

(4) 国际公共关系协会于 1978 年 8 月发表的《墨西哥宣言》中的定义为："公共关系是一门艺术和社会科学。它分析趋势，预测后果，向机构领导人提供意见，履行一系列有计划的行动，以服务于本机构和公众的共同利益。"

(5) 美国普林斯顿大学的资深公共关系教授蔡尔兹(H. L. Chils)认为："公共关系是我们所从事的各种活动、所发生的各种关系的通称，这些活动与关系都是公众性的，并且都有其社会意义。"

(6) 此外，公共关系的定义还有以下通俗的表述：

● 公共关系是社会组织为了塑造组织形象，通过传播、沟通手段来影响公众的科学与艺术。

● 公共关系是一个社会组织用传播的手段使自己与公众相互了解和相互适应的一种活动或职能。

● 公共关系就是争取对你有用的朋友。

● 广告是要大家买我，公共关系是要大家爱我。

● 公共关系是 90%靠自己做得对，10%靠宣传。

● 公共关系是说服和左右社会大众的技术。

● 公共关系是通过良好的人际关系来辅助事业成功。

● 公共关系是促进善意。

以上各种公共关系的定义从不同的角度去揭示公共关系的本质属性，都有其合理性。公共关系从理论到实践均是一门正在发展中的学科，而且又涉及不同的学科领域和不同的实践领域，因此对公共关系的定义有不同的表述是正常的。实际上各种定义之间并不矛盾，只是侧重点不同。这样反而有利于我们去把握公共关系的真正含义。

本教材认为：公共关系是一个组织为了生存发展，运用合理的原则和方法传播信息、塑造形象、协调和改善组织的内外部关系，以取得理解、支持和合作的一种思想、政策和管理职能。

【案例 1-1】善意可以如此美妙

在上海的一家餐馆里，负责为我们上菜的那位女侍，年轻得像是树上的一片嫩叶。她捧上蒸鱼时，盘子倾斜，腥膻的鱼汁哩哩啦啦地淋在我置于椅子上的皮包上。我本能地跳了起来，阴霾的脸，变成欲雨的天。

可是，我还没有发作，我亲爱的女儿便以旋风般的速度站了起来，快步走到女侍身旁，露出了极为温柔的笑脸，拍了拍她的肩膀，说：“不碍事，没关系。”

女侍如受惊的小犬，手足无措地看着我的皮包，嗫嚅地说：“我，我去拿布来抹……”

万万想不到，女儿居然说道：“没事，回家洗洗就干净了。你去做事吧，真的，没关系的，不必放在心上。”

女儿的口气是那么的柔和，好似做错事的人是她。

我瞪着女儿，觉得自己像一只气球，气装得过满，要爆炸却又炸不了，不免辛苦。

女儿平静地看着我，在餐馆明亮的灯火下，我清清楚楚地看到，她大大的眸子里，竟然镀着一层薄薄的泪光。

当天晚上，返回旅馆之后，母女俩齐齐躺在床上，她这才亮出了葫芦里所卖的药：

女儿伦敦求学三年，为了训练她的独立性，我和先生在大学的假期里不让她回家，我们要她自行策划背包旅行，也希望她在英国试试兼职打工的滋味儿。

活泼外向的女儿，在家里十指不沾阳春水，粗工细活都轮不到她，然而来到人生地不熟的英国，却选择当女侍来体验生活。

第一天上工，便闯祸了。

她被分配到厨房去清洗酒杯，那些透亮细致的高脚玻璃杯，一只只薄如蝉翼，只要力道稍稍重一点，便会分崩离析，化成一堆晶亮的碎片。

女儿战战兢兢，如履薄冰，好不容易将那一大堆好似一辈子也洗不完的酒杯洗干净了，正松了一口气时，没有想到身子一歪，一个踉跄，撞倒了杯子，杯子应声倒地，“喔啷、喔啷”连续不断的一串串清脆响声过后，酒杯全化成了地上闪闪烁烁的玻璃碎片。

“妈妈，那一刻，我真有堕入地狱的感觉。”女儿的声音还残存着些许惊悸。

“可是，您知道领班有什么反应吗？她不慌不忙地走了过来，搂住了我。说：亲爱的，你没事吧？

接着，又转过头去吩咐其他员工：赶快把碎片打扫干净吧！

对我，她连一字半句责备的话都没有！”

又有一次，女儿在倒酒时，不小心把鲜红如血的葡萄酒倒在顾客乳白色的衣裙上，好似刻意为她在衣裙上栽种了一季残缺的九重葛。

原以为顾客会大发雷霆，没想到她反而倒过来安慰女儿，说：“没关系，酒渍嘛，不难洗。”

说着，站起来，轻轻拍拍女儿的肩膀，便静悄悄地走进了洗手间，不张扬，更不叫嚣，把眼前这只惊弓之鸟安抚成梁上的小燕子。

女儿的声音，充满了感情：“妈妈，既然别人能原谅我的过失，您就把其他犯错的人当成是您的女儿，原谅她们吧！”

此刻，在这静谧的夜里，我眼眶全湿。

原谅别人便是放过自己。

这个故事，读了一遍眼角有泪，再读一遍，依然有泪珠滑落……

我想此刻，你的内心也无法平静吧……

检视一下自己平日的言行，原来还有这么大的提升空间……

原来，善意可以如此美妙……

原来，善意可以如此接力般地传递……(资料来源：http://www.zx590.com/a/857673/47220350.html)

【分析】假如作者的女儿在打工时撞倒损坏了杯子，倒酒时不小心把葡萄酒倒在顾客衣裙上被酒店、顾客指责、赔偿；上菜的那位女侍将鱼汁泼洒在作者皮包上时引发争吵，相关当事人肯定很痛苦，也给组织内外部关系造成不和谐。管理大师德鲁克说："管理就是最大限度地激发他人的善意。"原谅别人便是放过自己，善意使人与人相处时懂得为他人着想，以积极乐观的态度面对生活，懂得谦让，消除隔阂，促进人际关系改善及社会和谐，赢得事业成功，这正是公共关系所倡导的。难怪有专家认为公共关系是促进善意，可能就是这种考虑。

【案例 1-2】费斯汀格法则

美国社会心理学家费斯汀格对此法则的定义是："生活中的 10% 是由发生在你身上的事情组成，而另外的 90% 则是由你对所发生的事情如何反应所决定。"也就是说，一件事情最终的结果是好还是坏，好到什么程度或坏到什么程度，10% 由事件本身决定，剩下的90% 则由你的情绪、态度和应对方式决定。

费斯汀格法举了个例子：

一天早晨，卡斯丁随手将自己的高档手表放在洗漱台边，妻子怕被水淋湿了，就随手拿过去放在餐桌上。儿子起床后到餐桌上拿面包时，不小心将手表碰到地上摔坏了。

卡斯丁疼爱手表，就照儿子的屁股揍了一顿。然后黑着脸骂了妻子一通。妻子不服气，说是怕水把手表打湿。卡斯丁说他的手表是防水的。于是二人猛烈地斗嘴起来。一气之下卡斯丁早餐也没有吃，直接开车去了公司，快到公司时突然记起忘了拿公文包，又立刻转回家。可是家中没人，妻子上班去了，儿子上学去了，卡斯丁钥匙留在公文包里，他进不了门，只好打电话给妻子要钥匙。

妻子慌慌张张地往家赶时，撞翻了路边水果摊，摊主拉住她不让走，要她赔偿，她不得不赔了一笔钱才摆脱。待门打开拿到公文包后，卡斯丁已迟到了 15 分钟，挨了上司一顿严厉批评，他的心情坏到了极点。

下班前又因一件小事，跟同事吵了一架。妻子也因早退被扣除当月全勤奖，儿子这天参加棒球赛，原本夺冠有望，却因心情不好发挥不佳，第一局就被淘汰了。

在这个事例中，手表摔坏是其中的 10%。后面一系列事情就是另外的 90%。都是由于当事人没有很好地掌控那 90%，才导致了这一天成为"闹心的一天"。(资料来源：https://baijiahao.baidu.com/s?id=1588615608840769882&wfr=spider&for=pc)

【分析】其实，糟糕的事也可以如此接力般地传递。试想，卡斯丁在那 10% 产生后，假如换一种反应。比如，他抚慰儿子："不要紧，儿子，手表摔坏了没事，我拿去修修就好了。"这样儿子高兴，妻子也高兴，他本身心情也好，那么随后的一切就不会发生了。可见，你控制不了前面的 10%，但完全可以通过你的心态与行为决定剩余的 90%。

【案例 1-1】中作者的女儿以及女儿在英国打工餐厅的领班都很好地控制了自己的情绪，相关当事人很愉快，组织内外部关系很和谐，结局很完美。

在组织开展公关活动中不如意事难免会有，但我们可以做出"比较不坏"或者说"更为有利"的选择：选择忽略不计；选择不庸人自扰，不因小失大；选择不让偶发的小事影响到我们的平和心境与更重要的事情，从而协调和改善组织的内外部关系。

二、公共关系与若干相关概念的辨析

(一)公共关系与庸俗关系

庸俗关系就是人们通常所说的"拉关系""走后门""请客送礼"，公共关系与这些庸俗关系是截然不同的。

1. 两者产生的社会条件不同

公共关系产生于商品经济高度发达、信息传播量迅速膨胀、经济活动空前复杂的现代社会，它是社会组织从卖方市场向买方市场转变后，在社会化大生产和专业化分工的推动下所产生的一种迫切需要；而庸俗关系是在社会生产力水平低下、商品和服务不发达、信息闭塞的条件下产生的。在后者的这种社会中，商品供不应求，社会组织根本不需要开展树立形象、讲信誉、沟通公众的公共关系工作。

2. 两者采取的手段不同

公共关系工作是利用公开的、合法的、符合职业道德准则的人际传播、大众传播等手段，与公众进行真情沟通，以争取公众了解、认识组织，进而支持、配合组织的政策和行动，一切都是光明正大地、公开地进行的活动；而庸俗关系的主要手段是采用各种物质利益引诱，以及封官许愿、吹牛拍马、色情勾引等不透明、不公开，甚至违法的行为，目的是谋取私利。

3. 两者的出发点和目的不同

公共关系是在追求社会整体利益最大化的基础上，谋求组织效益最大限度地提高，其实际效果是优化了组织环境，提高了组织的知名度、美誉度，帮助树立组织的良好社会形象，使组织、公众和社会共同获益，共同发展。因此，公共关系工作必然促进公众对组织的信任和支持，推动经济发展和社会进步；而庸俗关系的出发点和目的是通过以权谋私、损人利己等方式，谋求个人或小集团利益，其结果是少数人中饱私囊，而国家、社会、组织和公众的利益受到损害，污染社会风气，使社会文明程度下降，影响社会稳定和经济发展等。

【案例1-3】从此懂得无须送礼

转眼，我到美国打洋工已经5年了，一直在销售员的职位上停滞不前。妻子对此很不满意，老埋怨我"不去送礼，所以得不到重用"。我一咬牙，送就送吧。

除夕的前一天晚上，我敲开了董事长家的大门。我从门外把一堆礼物提进来，说："一点儿心意，请您笑纳。"

董事长把装礼品的袋子慢慢打开，脸上的神情越来越凝重；他用一种异样的目光看着我："买房的首付款付了没有？"我低下头，过了半晌，尴尬地解释说："我们中国人，喜欢提前给领导拜个年。"

大年初一，董事长带着他的孙女来我家串门："你去给我拜年，我应该回拜。我带来几盒巧克力，不知有没有失礼。"

节后第一天上班，我被正式任命为销售部经理，后来我才知道，那天在董事长家，他去取的就是我的任命文件。可是因为我送了礼，我的任命差点被董事会否决。这一天，我的银行卡上多了 2000 美元，正是我送礼花的钱。钱是董事长汇来的，他说：我没有理由送他那么贵重的礼物，因为我的努力工作，公司的业绩提升了 10 个百分点，应该他感谢我才对。

此后我再去董事长家里，没有带过任何礼物。(资料来源：2009.2.18《报刊文摘》，转引自《青年参考》王国民)

【分析】本案例说明，一个现代文明昌盛的社会与行贿等庸俗公关活动是格格不入的，试想一个组织成员的升迁要靠送礼，这必然导致庸人横行和优秀人才外流，组织内部管理无序且失去活力，从而使组织发展大受影响。

【案例 1-4】卢梭的拒绝

(详细内容请见课件对应内容。)

【分析】"拿人钱财，与人消灾。" 食人俸禄，就要为人谋事。卢梭拒绝了国王，却保持了精神的独立和自由，这也是他成为一个伟大思想者的根本所在。同样，从事公关的人必须学会拒绝，才能保证做事公正、人格独立。

【案例 1-5】公共关系拒绝一切庸俗化

内地某县接待一位外商考察时，特地把当地几套班子的重要领导请来，设盛宴大吃大喝了一顿，酒席极尽排场，觥筹交错。外商感到这些领导吃喝的水平那么高，担心将来在此地办厂之后，难以"接待"这帮"老兄"，结果外商也没怎么认真地考察，"回请"了他们一顿之后就打道回府了。(资料来源：赵文明. 公关智慧 168[M]. 北京：机械工业出版社)

【分析】不要把公共关系等同于庸俗关系，否则你失去的绝不仅是一两次机会。

(二)公共关系与广告

广告即广而告之。它是指为了传播某一产品或事物而进行的宣传说服活动。公共关系和广告既有联系又有区别，不能把二者等同起来。

1. 公共关系与广告的联系

(1) 公共关系常常借助广告的形式传播信息，通过产品或形象广告，可以间接起到树立该组织形象的作用，而活泼清新、艺术性强的公共关系广告，更容易为公众接受。

(2) 公共关系工作能对广告起指导作用，它可以确定广告的宣传主题、宣传对象、传播对象、传播方式和传播周期。因此，公共关系和广告之间实际上可以互相补充、互相促进。

(3) 二者都源于传播学，都以传播为主要工作手段。

2. 公共关系和广告的区别

(1) 目标和原则不同。公共关系的目标是要树立整个组织的良好形象，从而使组织事业获得成功；广告的目标则是推销某种产品或服务。公共关系工作要以公众利益为原则，讲求的是真实可信，向公众提供全面的事实真相而非片面的局部消息；广告的首要原则是引人注目，追求的是与众不同的轰动效应。

(2) 主体范围大小不同。从主体上看，公共关系范围大，广告范围小。公共关系的主体可以是任何组织，既可以是营利性组织，也可以是非营利性组织；可以是政府，也可以是企业。广告范围窄一些，绝大多数情况下是为营利性组织服务的。

(3) 传播手段和周期不同。广告传播手段种类少，公共关系传播手段种类多。公共关系可以利用人类传播的一切手段，如人际传播、组织传播、大众传播等，由于重点在树立组织形象，因此需要进行长期的努力，其传播周期较长；而广告为了引人注目，可以借助新闻、文学、艺术、虚构形式，采用广播、电视、报纸、杂志、路牌、灯箱等手段，其作为推销产品或服务的促销手段往往要求快速有效，因而传播周期表现出明显的季节性、阶段性或短暂性。

(4) 传播的效果不同。从传播的目的和评价上看，广告倾向于短期的、具体的、易于界定的目的，重具体效果；公共关系倾向于长期的、整体的、宏观的、不易界定的目的，重整体效果。

【案例1-6】加多宝中国好声音

2012年加多宝押注《中国好声音》6000万打包冠名权。由于《中国好声音》在全国观众中的广泛影响，在活动期间，加多宝产品的销售全面"飘红"。据尼尔森最新数据显示，2013年1至5月，加多宝罐装凉茶占据国内整体罐装凉茶市场份额的80%，稳坐"中国第一罐"宝座。(资料来源：http://news.163.com/13/0717/06/93VD50HA00014Q4P.html)

【分析】加多宝借助热点娱乐节目《中国好声音》提高知名度，扩大了影响。

【案例1-7】苏泊尔官宣王源作为品牌全新代言人，以提高知名度

2020年9月初，苏泊尔官宣王源作为品牌全新代言人，以"20岁的厨房不断电"为主题，通过7支王源下厨的VLOG让粉丝及广大年轻消费者产生共鸣。消费者每日进入店铺二楼，完成指定任务，即可解锁不一样的王源同款新品+隐藏下厨日记。同时，苏泊尔还通过王源定制限量礼盒、"挑战24小时不断电"超品直播等多维度活动进行创新尝试，以提升品牌曝光度和传播热度。

【分析】苏泊尔选择王源作为品牌代言人，通过线上线下互动，提高了苏泊尔的知名度，将企业形象向年轻化靠拢，展现了苏泊尔厨电产品的多样性及年轻化，从而赢得了广大消费者尤其是年轻一代的关注和追捧。

(三)公共关系和人际关系

1. 公共关系与人际关系的联系

人际关系是指社会人群中因交往而构成的相互依存和相互联系的社会关系，包括朋友关系、学友(同学)关系、师生关系、雇佣关系、战友关系、同事及领导与被领导关系等。两者联系紧密，公共关系以人际关系为基础，良好的人际关系有助于组织内部环境和外部环境的和谐与改善。具体包含有以下内容：

(1) 从工作内容上看，公众关系中包含了许多人际关系。因为公众对象中也存在着许多个体现象，所以组织与公众的关系也常常表现为个人与个人之间的关系。

(2) 从工作方法上看，公关工作需要运用人际沟通的手段，如面对面的情感交流和说服技巧，要求公关人员具备较好的人际关系能力。良好的个人关系有助于组织的公共关系的成功。

【案例1-8】多余一句话

(详细内容请见课件对应内容。)

【分析】本案例公众关系呈现的是个人与个人之间的关系，也说明公关工作需要运用人际沟通的手段。很多话是一时心快，但说者无心听者有意，尤其是负面的话，无论什么时候，我们都要慎重开口，宁可沉默，也不要多说。本案例中几个人不懂得人际沟通技巧，结果损害相关个人所在组织的形象，如该城市、售票员所在的公交公司等。

2. 公共关系与人际关系的区别

(1) 两者的目的不同。公共关系的目的是在社会公众中树立组织的良好形象，建立组织与公众之间的良好合作关系。人际关系的目的是个人与个人之间结良缘、交朋友，为了实现个人心理需要，建立个人与个人之间的和谐的人际环境。

(2) 两者的结构不同。公共关系是整体性的，人际关系是个体性的。

(3) 两者的沟通方法不同。公共关系运用大众传播和群体传播的技术和方法，人际关系以个人的行为举止为媒介。

(4) 两者的主体不同。公共关系的行为主体是组织，人际关系的行为主体仅为个人。

【案例1-9】徐静蕾的多重角色公关

(详细内容请见课件对应内容。)

【分析】徐静蕾作为公共关系的主体，善于运用多种方法(其中含有人际沟通、交流)优质高效地进行沟通与传播，创立了自己的个人品牌，将个人形象和风彩展现给公众的同时，获得事业成功。

【案例1-10】懂得麻烦别人，才能走得更远

(详细内容请见课件对应内容。)

【分析】给别人添麻烦，本质上是协作，这是人际交往的重要方面，因为人类社会有一个特别重要的机制，就是协作。在职场和生活上，会麻烦别人的人，深谙礼尚往来的社交精髓，知道自己的软肋在哪里，因此铸就了一身铠甲。懂得协作与配合，以单枪匹马的姿态活出千军万马的精彩，往往走得更快更远。

(四)公共关系和市场营销

1. 公共关系与市场营销的联系

一方面，公共关系活动有助于市场销售，能够促进双方获利；另一方面，良好的组织形象与良好的公众关系的建立与维护，也需要组织，尤其是工商企业提供优质的产品和服务作为支撑。

其共同特点为：

(1) 共同的产生条件——商品生产的高度发展。

(2) 共同的指导思想——用户第一，社会效益第一。

(3) 相似的传播媒介——大众传播媒介。

2. 公共关系与市场营销的区别

公共关系与市场营销的区别主要表现在：

(1) 范围不同。市场营销仅限于企业生产流通领域。除企业外，公共关系还涉及政府、学校、医院等各种组织。公共关系比市场营销有更广泛的社会性，学科应用范围也更为广阔。

(2) 目的不同。市场营销的直接目的是销售产品，从而进一步扩大赢利；公共关系的目的是树立组织形象，产生良好的公众信誉，从而使组织获得长足的发展。

(3) 手段不同。市场营销所采用的手段是价格、推销、广告、商标、包装、产品设计、分销等。这些手段都是紧紧地围绕着产品销售的目的。而公共关系所采用的手段是各种宣传资料、专题活动，如社会赞助、典礼仪式、危机处理等活动。

(4) 目标不同。市场营销是在一个长期的基础上，吸引和满足客户的需求，以便赢得一个组织的经济目标，其基本责任是建立和维护一个组织的产品或市场；公共关系是通过长期努力，赢得组织的良好形象，其基本责任则是建立和维护组织与公众之间的互惠互利的关系。

(5) 公共关系和市场营销在范围上也不存在谁包含谁的问题，有效的公共关系通过维护和谐的社会关系和政治环境促进市场营销工作；而成功的市场营销同样有助于建立和维护组织与公众之间的良好关系。

(五)公共关系和宣传

公共关系和宣传工作都要依靠传播媒介，使信息为更多的人共享。宣传工作必须树立公共关系意识，创造良好的环境和人际关系以提高效果；同时，公共关系也需要利用宣传的效果，提高组织的知名度和美誉度。但两者之间有显著的区别，主要表现在传播方式上。公共关系旨在通过双向沟通，说服公众；而宣传意在通过单向灌输，控制公众。

【案例 1-11】舌尖上的成功基因

《舌尖上的中国 2》(以下简称《舌尖 2》)无疑是一款成功的产品，据了解，《舌尖 2》投入成本为 3000 万元左右，播出带来的收益已经超过 1 个亿。长期研究纪录片的何苏六教授曾公开表示，《舌尖 2》在海外的版权销售单集价格达到 6 万美元，创下中国纪录片海外销售最好成绩，这个价格已与国际接轨。

商业上的成功只是一面，社会影响收获更大。在《舌尖 2》中，制作团队实现了更大的"野心"：透过美食，描绘了当代中国人在时代变迁下的生存状态，这不光获得了国内观众的极大认同，更向世界输出了中国价值观和文化符号。《舌尖 2》成功的原因主要有：

(1) 找到了一个好的题材——食者，性也。对美食的呈现，能够覆盖最广泛的人群。

(2) 舌尖系列的成功,离不开复合营销的功劳。除了央视主平台的强力推广,社交媒体、视频网站、美食电商、多渠道传媒密集互动,形成了话题制造和持续效应。《舌尖2》的营销并非从播出时开始,也并非从制作完成时开始,而是在选题筹划阶段就形成了种种成熟的运作手法与思路。

(3) 《舌尖2》的制作与播出同步共振,引入了根据市场调整展品的生产方式。自从第一集被观众抱怨"人文太多美食太少"后,第三集就进行了调整。陈晓卿说,导演组一直很留意,"既然观众觉得人的故事不好玩儿,那这集我们就多加一些美食"。第三集分集导演胡博介绍,修改是从第一集播出后开始的,不到两周的时间。这种互动思维借鉴了国外的一些制作方法,但引入国内并付诸实践实属创举。

(4) 拥有优秀的制作团队以及一批高质量粉丝的"中V"。陈晓卿1991年开始拍摄纪录片,在《舌尖》之前,他已经拍出了《森林之歌》,是《见证·影像志》栏目的制片人。他在网上交游广阔,美食专栏追随者众,本身是拥有一批高质量粉丝的"中V"。央视纪录频道开播,向社会征集选题,陈晓卿的美食选题得中,舌尖团队从各地电视台招聘而来,连执行总导演任长箴都是"自由职业者"。他们拥有网络时代的思维方式,又善于调用主流平台的强势资源。有这样的机制和团队支持,《舌尖》的产品决策和执行实现了高度统一,他们善于用最合适的姿势,在自己清晰的目标和社会普遍的需求之间实现对接。《舌尖》团队的成功,不是创造了什么先进的理念,而是能把时代的共识强有力地落地执行。(资料来源:徐茂利《舌尖上的成功基因》《国际公关》2014.3,经编者删减调整)

【分析】选择好的题材、多渠道传媒密集互动、双向沟通等是《舌尖2》成功的重要因素。

第二节　公共关系的要素和特征

一、公共关系的基本要素

公共关系的基本结构由三大要素构成:主体、客体和手段,即社会组织、公众和传播沟通。公共关系的主体是社会组织。社会组织是公共关系的实施者、操作者和承担者。公众作为公共关系的客体,是公共关系主体实施公共关系活动的对象和承受者。传播沟通作为一种社会现象,是社会系统中不可缺少的重要组成部分,是帮助机构在运行过程中争取与公众相互了解、相互合作而采取的行为规范和进行的传播行为。

社会组织、公众和传播沟通是公共关系学中三个最基本的概念,因为它们表达了公共关系现象和活动中的三个最基本的要素(相关内容将在以后章节中作详细介绍)。它们之间的关系如图1-1所示。

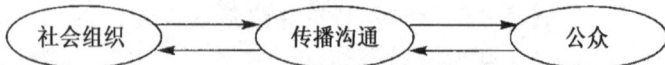

图1-1　公共关系构成要素之间的关系

【案例1-12】"小燕子"的一封信

日本奈良市郊区有一家旅馆,外在环境优美,招待客人热情,很吸引顾客。但美中不足的是每年春季，许多燕子争相光临，在房檐下营巢安家，排泄的粪便弄脏了玻璃窗和走廊，服务员小姐擦不胜擦，使得旅客有点不快。旅馆主人爱鸟，不忍心把燕子赶走，但又难以把燕子粪便及时、彻底清除，很是苦恼。

一天，旅馆经理忽然想出一条妙计。他提笔写道：

女士们，先生们：

我们是刚从南方赶到这儿过春天的小燕子，没有征得主人的同意，就在这儿安了家，还要生儿育女。我们的小宝贝年幼无知，我们的习惯也不好，常常弄脏您的玻璃和走廊，致使您不愉快。我们很过意不去，请女士们、先生们多多原谅！

还有一事恳求女士们和先生们，请您千万不要埋怨服务员小姐，她们是经常打扫的，只是她们擦不胜擦。这完全是我们的过错。请您稍等一会儿，她们就来了。

您的朋友：小燕子

这显然是以小燕子的名义写的向旅客们解释、道歉的信。旅馆经理把它张贴到显眼的地方。

客人们看了这封公开信，都给逗乐了，不仅不再提意见，而且还对这家旅馆更感亲切，并留下了美好的印象。(资料来源：张岩松等《公共关系案例精选精析》经济管理出版社)

【分析】本案例说明主体与客体可以通过适当的沟通方式联系到一起，消除误解，赢得公众的理解和支持，树立组织的良好形象。

二、公共关系的特征

公共关系是社会关系的一种表现形态，科学形态的公共关系与其他任何关系都不同，有其独有的特征，了解这些特征有助于我们加深对公共关系概念的理解。

(1) 以美誉、塑造良好形象为目标。公共关系评价尺度是美誉度，在公众中塑造、建立和维护组织的良好形象是公共关系活动的根本目的。良好的形象是组织最大的财富，是组织生存和发展的出发点和归宿，企业的一切工作都是为了顾客展开，失去了社会公众的支持和理解，组织也就没有存在的必要了。这就要求组织必须有合理的经营决策机制、正确的经营理念和创新精神，并根据公众、社会的需要及其变化，及时调整和修正自己的行为，不断地改进产品和服务，以便在公众面前树立良好的形象，赢得组织的良好声誉。如2019 年 9 月 30 日，豪取 11 连胜，夺得世界杯冠军的中国女排载誉归来，她们获得了官方赞助商腾讯集团代表的登门祝贺以及他们送来的 300 万奖金。腾讯集团奖励中国女排的行为，获得了外界的疯狂传播，赢得外界的一致好评，这是任何广告都达不到的效应。

【案例 1-13】京东将钟南山院士捐赠的 100 台呼吸机一天送达武汉

在疫情刚刚发生时，钟南山院士心系武汉，第一个走上了逆行之路，驰援武汉，而同时还有其捐赠的 100 台呼吸机，相对于肺部疾病来说，呼吸机是为病患保证呼吸功能的必备设备，而 100 台呼吸机要如何运输到武汉当时成了大问题，最终这些呼吸机通过京东自有的物流系统，在一天之内就送达到了武汉汉口医院。

"感谢京东心系医疗救助一线，以最快的速度将急需医疗物资送达武汉！早到一分钟，就多一分生命的希望！"钟南山院士在得知支援一线的急需医疗物资以最快的速度被送达武汉汉口医院后,对京东表达了谢意。

京东先后多次为武汉疫区捐钱捐物,2020年1月24日疫情刚发生时,京东紧急从全国各个仓库抽调出100万只医用口罩,并从武汉仓库就近抽出各项药品及医疗物资,包括洗手液、消毒水,以及阿莫西林等药物,共计6万件。

1月27日京东又向武汉市红十字会捐赠现金1000万元,用于此次疫情的救治。而对于此次的疫情,京东物流更是为各项物资的配送起到了非常大的作用,很多快递在春节期间已经停运,而京东物流则是连春节都没有休息,依然是保持着隔日送达的标准,更有甚者,大年初一上午买的物品,下午就送到了。

"21万京东人一边战疫情,一边保民生,充分保证了春节期间的物资供应,同时,我们也加强了防护措施,保证一线员工的安全。"京东物流西南分公司相关人士表示,"我们持续调拨口罩、体温计、消毒液等防疫应急物资,以及各种餐食,并在重点区域加备防护镜、防护服、口罩、医用手套等。公司为所有出勤的一线同事购买针对新型冠状病毒的相关保险,以最大程度保障一线同事的健康安全。"

【分析】钟南山在这次疫情中成为人们心中的中流砥柱。所以,当钟南山写下"感谢京东心系医疗援助一线,以最快的速度将急需医疗物资送达武汉"时,京东毫无意外地就被网友刷屏称赞了。借势钟南山就足以获得了很高的正面评价,在各大电商巨头中,京东表现出了足够出色的公关策划。

京东还为武汉疫区捐钱捐物,获得了很多好评,引发网友一片赞誉。

(2) 传播的双向性。公共关系是以真实为基础的双向沟通,而不是单向的公众传达或对公众舆论进行调查、监控,它是主体与公众之间的双向信息系统。组织一方面要吸取人情民意以调整决策,改善自身形象;另一方面又要对外传播,使公众认识和了解自己,达成有效的双向意见沟通。正是通过这种双向交流和信息共享过程,才形成了组织与公众之间的共同利益和互动关系。组织和公众之间可以进行平等自愿的、充分的信息交流和反馈,没有任何强制力量,双方都可畅所欲言,因而能最大限度地消除负面影响。

【案例1-14】100万提供午餐

美国一公司每年拿出100万美元为全体职工免费提供午餐。然而,实行一段时间后,职工积极性并无明显提高反而出现了一些怨言。公关人员深入调查后,发现问题出在餐厅工作人员。免费午餐虽然受到了职工的欢迎,但餐厅却不给吃不饱的职工添加,而且冷嘲热讽地说:"不花钱谁也别想多吃!"这样的气氛便破坏了供应免费午餐所产生的期望效果。

公关人员及时把情况反映给公司决策部门。公司立即撤换了餐厅负责人,整顿了餐厅,改善了服务态度,职工积极性因此得到了明显提高。公关人员在这里不仅把公司的善意通过午餐传播给职工,更主要的是把职工的意见和想法向公司进行了反馈,从而使公司及时对有损于公司的行为进行了调整。(资料来源:编者根据相关资料整理编写)

【分析】这体现了双向沟通的原则。在公共关系传播中,双向沟通的前提是组织与公众互惠互利,目的是使双方相互适应、保持和谐的关系,原则是双方开诚布公。

(3) 全员公关。全员公关指社会组织中所有工作人员都参与公共关系活动,简称全员PR。其意义在于增强组织全体员工的公共关系意识,上下齐心,合理搞好公共关系工作。

公共关系作为组织一项重要的信誉投资，已经得到了社会的普遍认同。但是有些组织在进行各类公共关系活动时没少花钱，公共关系投资的效果却并不明显，其中一个重要的原因就在于，其组织内部没有树立全员公关的意识，公共关系活动成了公共关系部门的孤立行为，没有得到组织全体员工的配合。因此，搞好公共关系工作的又一个重要原则是必须坚持组织内部的全员公关。

【案例 1-15】顾客争抢座位时，肯德基怎么办

(详细内容请见课件对应内容。)

【分析】从公共关系的角度来看，肯德基对顾客争座行为应该管，而且管得越早越好。这一事件也说明培养员工的公关意识十分重要。公关不只是公关部的责任，进行员工素质培养，多渠道推进全员公关，是各种社会组织不应忽视的。

【案例 1-16】青岛大虾事件

(详细内容请见课件对应内容。)

【分析】假如当初酒店老板、政府职能部门相关人员有全员公关意识，以顾客为中心，不推诿、敷衍塞责，将事件消灭在萌芽状态，该事件就不会在全国引起发酵、轰动，形象也可能不会受损。

(4) 遵守法纪。目前社会上之所以有种种对公共关系的不良舆论，主要原因在于一些组织进行的"公关活动"不遵守国家的法律、法规，违反了社会的道德规范。组织开展公共关系活动必须遵守国家的相关法律，使自己的活动始终在法律规定的范围内进行。另外，组织开展公共关系活动应该符合社会的各种道德规范。公共关系人员在公共关系活动中必须遵守的主要道德是社会公德和职业道德，他们决不能用不健康、不文明的活动方式来吸引公众，获得公众的好感。当某些公众提出伤害国家或其他公众利益的要求时，公共关系人员不能仅仅为了自身组织的利益而盲目屈从。须知，满足了这些少数公众的不合法、不道德的要求，就是对大多数公众合法利益、公共道德的伤害，最终也会伤害组织自身的形象。

【案例 1-17】马云的"壮士断腕"

(详细内容请见课件对应内容。)

【分析】组织开展公共关系活动必须遵守国家的相关法律以及符合社会的各种道德规范，否则会伤害组织自身的形象。马云的"壮士断腕"做法就是基于这种考虑。

【案例 1-18】再聪明也挽救不了道德的缺陷

十二年前，有一个小女孩刚毕业就去了法国，开始了半工半读的留学生活。渐渐地，她发现当地的公共交通系统的售票处是自助的，也就是你想到哪个地方，根据目的地自行买票，车站几乎都是开放式的，不设检票口，也没有检票员。甚至连随机性的抽查都非常少。她发现了这个管理上的漏洞，或者说以她的思维方式看来是漏洞。凭着自己的聪明劲，她精确地估算了这样一个概率：逃票而被查到的比例大约仅为万分之三。

她为自己的这个发现而沾沾自喜，从此之后，她便经常逃票上车。她还找到了一个宽慰自己的理由：自己还是穷学生嘛，能省一点是一点。

四年过去了，名牌大学的金字招牌和优秀的学业成绩让她充满信心，她开始频频地进入巴黎一些跨国公司的大门，踌躇满志地推销自己。

但这些公司都是先热情有加，然而数日之后，却又都是婉言相拒。一次次的失败，使她愤怒。她认为一定是这些公司有种族歧视的倾向，排斥外国人。

最后一次，她冲进了某公司人力资源部经理的办公室，要求经理对于不予录用她给出一个合理的理由。然而，结局却是她始料不及的。下面的一段对话很令人玩味。

女士，我们并不是歧视你，相反，我们很重视你。你一来求职的时候，我们对你的教育背景和学术水平都很感兴趣，老实说，从工作能力上，你就是我们所要找的人。

那为什么不收天下英才为贵公司所用？

因为我们查了你的信用记录，发现你有三次乘公交车逃票被处罚的记录。

我不否认这个。但为了这点小事，你们就放弃一个多次在学报上发表过论文的人才？

小事？我们并不认为这是小事。我们注意到，第一次逃票是在你来我们国家后的第一个星期，检查人员相信了你的解释，因为你说自己还不熟悉自助售票系统，只是给你补了票。但在这之后，你又两次逃票。

那时刚好我口袋中没有零钱。

不、不，女士，我不同意你这种解释，你在怀疑我的智商。我相信在被查获前，你可能有数百次逃票的经历。

那也罪不至死吧？干吗那么认真？以后改还不行吗？

不、不，女士，此事证明了两点：

一、你不尊重规则。你擅于发现规则中的漏洞并恶意使用。

二、你不值得信任。而我们公司的许多工作是必须依靠信任进行的，因为如果你负责了某个地区的市场开发，公司将赋予你许多职权。

为了节约成本，我们没有办法设置复杂的监督机构，正如我们的公共交通系统一样。所以我们没有办法雇用你，可以确切地说，在这个国家甚至整个欧盟，你都可能找不到雇用你的公司。

直到此时，她才如梦方醒、懊悔难当。(资料来源：http://www.360doc.com/content/18/0805/22/4981404_775962948.shtml)

【分析】道德常常能弥补智慧的缺陷，然而，聪明却永远填补不了道德的空白。

【案例1-19】善良无须考核

(详细内容请见课件对应内容。)

【分析】文尼斯基是一个具有善良、乐于助人、真诚、信守承诺等优良品性的人，这些优秀品质又为他个人发展赢得更多的机会。最后他成功了。

【案例1-20】找死到不得不死的企业

2018年爆出的长生疫苗案，举国震惊。为了追逐高额利润，企业不惜抛弃道德底线在关乎生命的疫苗上造假，导致25万个生命成了潜在受害者。

令人费解的是，企业在毛利率高达80%以上的情况下居然还作假，真是利润没有最高只有更高，直到 91.59% 后戛然而止。曝光后，该企业被查出违法违规生产疫苗长达 4 年之久，高层震怒，一次追责了 7 名省部级官员和 35 名非中管干部，以及后续大量的地方干部，并顶格处罚了疫苗公司 91 亿元，违法经营者也锒铛入狱。那高达 239 亿元的市值也一路跌去了大半，目前该企业已经被强制退市。

视人命为草芥。这种丧失良知的企业不倒，天地不容！

消费者还没从三聚氰胺、地沟油、苏丹红、瘦肉精、羊肉造假、低俗的网红、转基因等阴影中走出来，又迎来了令人瞠目结舌的疫苗案、滴滴血案、明星偷税。

人们不禁要问，企业到底怎么了？经营企业的底线在哪里？(资料来源：宋子义《重塑企业价值观》《企业管理》，2019.1，经编者删减调整)

【分析】一个不遵守道德、缺少社会责任感的企业终究会受到市场的惩罚。当企业家的价值观不能回归感恩社会、回馈社会并承担起社会责任，企业就只能在投机取巧上做文章，产品也只能沦为赚钱的工具，永远无法回归价值载体的本身。当我们缺少了对产品"工匠"的情怀和执念，创造的价值就永远无法"感动"客户，企业也将永远无法跳出短寿的魔咒。很多企业恰恰在信仰上出了问题，导致各领风骚三五年，看看身边超过 30 年而产品质量始终如一令人放心的企业还有几家？！而这样的企业在日本有 25 000 多家，美国有 11000 多家，德国超过 7000 家。因此，只有感恩社会，奉献人类，心无旁骛地为客户创造价值，才能让自己的服务在社会发展中不断创新升华，并在竞争中超越竞争。

(5) 以长远为方针。组织要同公众建立起良好的信誉关系，在公众中塑造好的形象，不是一朝一夕之事，必须时时加以维护、调整和发展。短视眼和急功近利是公共关系的大敌。例如，宜家家居公关策略之一是通过长期对环保的重视来提升企业形象，大约 30 年前，宜家开始有计划地参与环境保护事宜，多年来采取一系列环保措施为宜家赢得了良好的社会声誉和品牌形象。如 1992 年禁止在宜家产品及其生产过程中使用对高空大气中的臭氧层有害的 CFCs 和 HCFCs。

【案例 1-21】宝洁绿色公关——美誉和销量双丰收

(详细内容请见课件对应内容。)

【分析】公共关系实质上就是一个组织不断扩大自我认同的长期过程，任何急功近利的行为都是与之背道而驰的。在这个案例中，P&G 将可持续发展的企业责任、多品牌产品的卖点和"绿色"生活方式紧密结合在一起，使消费者在了解"绿色、环保"理念的同时提升其对 P&G(宝洁)系列产品和品牌的关注度和美誉度。这正体现了"关系生态管理"所提倡的大公关理念。

第三节　公共关系的功能、职能及基本原则

一、公共关系的功能

公共关系的功能，指在组织管理的过程中，完成了公共关系的角色使命以后，应当产生的管理效益。

1. 塑造形象，繁荣社会经济，增进整体效益

塑造组织形象，可以说是公共关系最基本的职能，有人据此将公共关系部称为组织的"形象设计师"。一个组织在公众心目中树立了良好形象，就意味着它具有很好的社会信誉，可以取得广大公众的信任和支持，这也就是我们通常所说的"无形资产"。这有助于营利性组织获得更好的经济效益，从而促进整个社会的发展；有助于建立和维护地区、国家良好的经济环境，为该地区、国内的企业提供良好的发展条件；也有利于吸引更多的外部资源(如资金、技术、人才)进入该地区，从而促进该地区整体经济的发展；公共关系活动的进行还可促进现代社会中信息的共享和交流，大大降低市场交易成本，使经济活动变得更为规范和有序，使社会资源得到更为有效的利用。

组织形象是组织的全部政策和行为在公众头脑中留下的印象及评价的总和。组织形象的形成，需要很长的时间，其中90%靠自己干，10%靠宣传。如果离开了组织的实际行为，10%的宣传也会变成负面宣传。

2. 优化社会环境，调控社会行为

社会环境有狭义和广义之分。狭义的社会环境指组织生存和发展的具体环境，具体而言就是组织与各种公众的关系网络。广义的社会环境则包括社会政治环境、经济环境、文化环境和心理环境等大的范畴，它们与组织的发展也是息息相关的。组织开展公共关系活动，对组织生存、发展的大环境和小环境都有积极的建设意义。

以追求交流、协作、互惠互利为特色的公共关系意识和以运用公平、公正、公开的手段为特征的公共关系活动，在20世纪逐渐得到了社会的认同，进而成为现代占主导地位的社会观念和价值标准的一个非常重要的方面。由此，使得人际交往和社会经济生活中那种你死我活的生存斗争、势不两立的激烈对抗逐渐趋于缓和，也使得那些暗箱操作、权钱交易、权色交易、钱色交易等丑恶行为受到越来越多的社会舆论的谴责。通过公平、公开、互惠互利的公共关系活动，组织已经完全可以达到目标，人们当然没有必要再去采用不正当的、有违法律和道德的手段。这样，公共关系就在无形中起到了净化社会风气、调控社会行为的作用。

现代社会的一个突出现象是：人们在享受高度物质文明的同时，精神方面的失落感却越来越强。有了汽车、火车、飞机、高速铁路等交通工具，人们的地理距离越来越近了，但人们之间的心理距离却越来越远了；很多人天天见面，却熟视无睹，形同路人；很多人心情苦闷、精神压抑，却无处倾诉。所以，一些有识之士不无忧虑地说，现代社会，特别是当今社会，对人类威胁最大的不是战争、不是原子弹，而是越来越严重的心理障碍及心理疾病。

按照心理学理论，每个人都有合群的需要、情感的需要、交往的需要。如果这些需要得不到满足，就会导致人的心理失衡。这样的人多了，就会形成社会问题。而公共关系恰好可以提供给社会一种良好的关系氛围，它可以用真诚广泛的社会交往、双向交流和沟通，帮助人们摆脱孤独、恐惧、忧虑和隔阂，帮助人们提高心理适应能力和心理承受能力，从而营造一种良好的社会心理环境。

【案例1-22】IIT 的可敬、可怕之处

IIT(Indian institute of technology，印度理工学院)的可敬、可怕之处在于，它的录取从

来就是六亲不认，根本不存在通融之道。上至总理的儿子，下至校长的女儿，不论是谁，想进 IIT，考试成绩一定要排在申请人的前 2%，至于面试，更要走公正透明的渠道。Narayana Murthy 被誉为"印度的比尔·盖茨"，他创立了印度的软件巨头 Infosys（世界 500 强之一）。Murthy 的儿子想报考 IIT 的计算机专业，却被无情地拒绝，结果被美国的常春藤学校康奈尔大学录取。去美国之前，Murthy 恨铁不成钢地对媒体说："他最后只能遗憾地前往康大读书！"

IIT 巴隆迪院长的女儿也曾三次申请 IIT，不幸都名落孙山。第一次落榜是因为法语成绩差了两分；第二次报考，专业课以一分之差落选；第三次各门功课笔试都通过了，但面试表现欠佳，再次被淘汰。幸运的是，2010 年他的女儿第四次提交申请，终于以笔试成绩第一名，面试近乎完美的表现被 IIT 录取。

IIT 里流传着许多令人难以置信的故事，激励着成千上万处于社会底层的印度年轻人。
(资料来源：编者根据相关资料整理编写)

【分析】有人曾经统计，在 20 世纪最后 10 年，硅谷中处于创业期的公司大约有 10% 是由 IIT 毕业生创办的。总部设在美国的世界 500 强企业里，几乎所有公司的管理层中都有 IIT 的校友，从华尔街投资银行的顶级团队、世界银行、国际货币基金组织、美国宇航局，到任何人类探索知识边界的地方，你都能找到他们的身影。

IIT 在世界上有良好的知名度和美誉度，它的录取的公平、公正、公开是其成功的重要因素之一，IIT 的做法对净化社会风气具有重要作用，也成为其他组织效仿的对象。

3. 促进民主政治，倡导社会文明

公共关系是民主政治的产物，公共关系的不断发展又会反过来促进民主政治的发展。公共关系强调"公众至上"，主张社会组织的一切行为都应立足于满足社会成员的各种需要，热忱为他们提供各种优质服务。这种观念的培养和树立及其在整个社会的不断普及，会使管理人员和政府公务员形成公仆意识，使他们自觉深入民众之中，关心公众欲望，倾听公众声音，解决他们的实际问题。另外，当社会成员看到自己的意见得到重视、自己的权利得到尊重，又会唤起他们对社会事务、国家事务的主动参与意识，这样就会在社会中形成一种积极健康的政治环境，这将大大有利于民主政治的健全和发展。

4. 提高素质

员工素质是指组织员工的知识技能、情感态度、价值观、道德和法律观念等方面的综合品质。员工素质状况决定着组织整体的质量。组织将公共关系纳入组织的管理体制，将大幅度地提升全体员工的素质。通过公共关系管理，组织可以在四个方面提高员工的素质，即公众至上意识、交往合作意识、个人形象意识、与时俱进意识。

【案例 1-23】小节是极好的介绍信

一位先生要雇一个没带任何介绍信的小伙子到他的办公室做事，先生的朋友挺奇怪。先生说："其实，他带来了不止一封介绍信。你看，他在进门前先蹭掉脚上的泥土，进门后又先脱帽，随手关上了门，这说明他很懂礼貌，做事很仔细；当看到那位残疾老人时，他立即起身让座，这表明他心地善良，知道体贴别人；那本书是我故意放在地上的，所有

的应试者都不屑一顾，只有他俯身捡起，放在桌上；当我和他交谈时，我发现他衣着整洁，头发梳得整整齐齐，指甲修得干干净净，谈吐温文尔雅，思维十分敏捷。怎么，难道你不认为这些小节是极好的介绍信吗？"(资料来源：编者根据相关资料整理编写)

【分析】组织成员具有完备的公关知识，可以为组织各方面的发展创造机会。这又促进组织成员更加完善自己的行为，成就良性互动。

【案例1-24】希尔顿大酒店和他首任经理的传奇故事

(详细内容请见课件对应内容。)

【分析】这就是著名的希尔顿大酒店和他首任经理的传奇故事。因果其实就在自己手中！高手在还没有明确人生的宏伟目标时，都是用心做好当下的事情！绝不朝三暮四、怨天尤人！

人人都是服务员，伟大都是先从不断地服务别人开始的，一个人服务别人的能力有多大，其人生的成就就有多大！

【案例1-25】善良的回报

(详细内容请见课件对应内容。)

【分析】有时候，善良比聪明更难能可贵。因为聪明是一种天赋，而善良却是一种选择。善良是一种人生的修养，一个人作恶容易，善良却是很难。

二、公共关系的职能

公共关系的职能是指公共关系在社会组织中所能履行的职责。一般来说，公共关系具有以下5项具体职能。

1. 采集信息，监测环境

开展公共关系工作的前提是进行必要的调查研究，而调查的主要内容就是采集信息。现代社会是信息社会，任何组织的生存与发展都离不开信息。因此，无论是内部公关还是外部公关，任何策划都应从采集信息开始，这样才能做到知彼知己、百战不殆。采集信息的内容主要有：组织形象信息、产品形象信息、社会环境信息、组织内部员工信息等。

一个社会组织的生存发展，在很大程度上要受到社会组织所处的环境的影响和制约，公共关系通过组织的公共关系从业人员随时采集有关的信息，对组织的环境进行监测，使组织对环境的发展变化保持清醒的头脑，随时做出灵敏的反应。

【案例1-26】烟尘污染的烦恼

浙江某地一家石灰厂烟尘污染严重，附近居民的房屋被侵蚀，金属锈迹斑斑，农作物枯死，附近很多人患上了呼吸道疾病。群众多次反映，石灰厂不予理睬，最后大家忍无可忍，挑水浇灭了石灰窑。纠纷上诉到法院，法院审理，判决石灰厂停办转产。(资料来源：编者根据相关资料整理编写)

【分析】该厂对有关不利生产的信息没有引起足够的重视，缺少对社会环境信息的采集意识，转产是不可避免的。

【案例1-27】亚马逊利用客户数据库为客户简化手续和推荐书目

亚马逊书店成立之初，就清楚地说明了公司的设立用意，即"在网络上设立一家以客为尊的书店，方便顾客在线漫游，并尽可能提供多元化的选择"。亚马逊网上书店的销售一直保持高速增长，这与其利用客户数据库不断改进服务质量和客户关系是分不开的。为了方便顾客买书，并且使在线购买对消费者来说是一个愉快而迅速的过程，亚马逊书店结合多种工具和手段，给顾客提供"最快捷、最方便、最易用"的服务。例如，通过"一点就通"的 One Click 设计，用户只要在该网站购买过一次书，其通信地址和信用卡账号就会被安全地存储下来，下次再购买时，顾客只要用鼠标点击一下货物，网络系统就会自动完成接下来的所有手续。当客户在亚马逊网上书店购买图书时，它的销售系统会自动记录书目，生成有关客户偏好的信息。当客户再次进入书店时，销售系统就会识别其身份，并依据其爱好来推荐书目，巧妙提醒客户去浏览可能会引发其兴趣的其他书籍等。客户与书店的接触次数越多，系统了解的客户信息也就越多，服务也就越好。(资料来源：http://doc.mbalib.com/)

【分析】只有搜集到客户的信息，才能将时时为公众着想，处处以公众为中心的公关理念落实到实处。在当今大数据时代搜集、处理公关信息显得尤为重要。亚马逊书店创新的做法值得学习和借鉴。

2. 参谋咨询，提出建议

公共关系的参谋咨询是指公共关系人员向组织决策层和各管理部门提供公共关系方面的意见和建议，以作为该组织决策的依据，使组织的决策更加科学化。

公共关系咨询建议的主要内容有：对本组织内方针、政策和计划提供咨询意见；对提高社会组织形象评估的咨询；对组织生存环境变动趋势进行预测和咨询等。

3. 传播沟通，塑造形象

公共关系的传播沟通职能主要体现在两个方面：一是组织运用传播沟通的手段同公众进行双向交流，赢得公众的信任和支持；二是顺时造势，实现舆论导向，通过策划新闻、公关广告、专题活动等手段，借势造势，提高组织的知名度与美誉度，为组织创造良好的舆论环境。很多组织的公关部均有专人撰稿、专人负责媒介关系，就是为了保证这一职能的有效实现。

【案例1-28】百思买：利用微博与客户沟通

在百思买公司的 Twelpforce 微博网站(百思买在 Twitter 的账号)，有密密麻麻的百思买在线员工的照片，任何一个客户都可以随意通过点击一个百思买员工的 Twitter 的账户，要求给予回复。这些回复完整地公布在网站上，有个性的回复会得到客户的赞扬，并且引发互动。客户科恩从百思买刚买了一台导航仪，但是无法使用，她曾经尝试过拨打百思买的客服电话，但是提示信息说，她需要等上 1 个小时才能收到答复。于是科恩便发送了 Twitter 信息，几分钟内百思买的员工就发来了有用的链接以及与该产品相关的细节信息，科恩说："这太神奇了。"

【案例 1-29】"苹果"善用公关力量

(详细内容请见课件对应内容。)

4. 教育引导，培育市场

教育引导就是教育本组织的员工重视本组织的形象和声誉，时时刻刻注意维护本组织的形象。组织公共关系是通过对内、对外进行教育引导来实现这一职能的。对内，公共关系的主要职能是强化公共关系意识，传播公共关系的理念和方式方法，进行知识更新。不仅要对每个员工进行教育引导，也要说服组织的各级领导接受公共关系思想。对外，主要是对公众进行教育引导。人们常说，"公众永远是对的"，这是从服务的角度将"正确"让给对方，但客观地讲，公众不可能永远正确，而是需要引导的。

【案例 1-30】250 定律：不得罪一个顾客

在每位顾客的背后，都大约站着 250 个人，这是与他关系比较亲近的人：亲戚、朋友、同事、邻居。

如果一个推销员在年初的一个星期里见到 50 个人，其中只要有两个顾客对他的态度感到不愉快，那么到了年底，由于连锁影响就可能有潜在的 5000 个人不愿意和这个推销员打交道，他们知道一件事：不要跟这位推销员做生意。

这就是乔·吉拉德(世界上最伟大的推销员)的 250 定律。由此，乔得出结论：在任何情况下，都不要得罪哪怕是一个顾客。在乔的推销生涯里，他每天都将 250 定律牢记在心，抱定生意至上的态度，时刻控制着自己的情绪，不因顾客的刁难，或是不喜欢对方，或是自己心绪不佳等原因而怠慢顾客。乔说得好："你只要赶走一个顾客，就等于赶走了潜在的 250 个顾客。"(资料来源：编者根据相关资料整理编写)

【分析】这案例进一步佐证了公众是上帝的道理。

5. 处理危机，应付突变

任何组织在发展过程中，难免遭遇各种各样的危机。有来自组织自身的危机，比如产品质量不过关、员工服务态度不好，引起公众的投诉；也有来自组织外部的危机，比如自然灾害的发生或人为的破坏。不管是哪种危机，一旦处理不好，最后带来的都是组织形象的受损、经济效益的滑坡以及社会评价的降低。本书此后有专门的一章讲述危机公共关系，因此这里就不赘述了。

【案例 1-31】腾讯公关

1. 事件起因

2020 年 6 月 30 日，媒体报道老干妈拖欠腾讯千万广告费，被腾讯诉至法院，腾讯请求查封老干妈 1624 万财产。中国裁判文书网显示，广东省深圳市南山区人民法院发布一则民事裁定书，同意原告腾讯请求查封、冻结被告老干妈公司名下价值人民币 16240600 元的资产。

老干妈可以说是家喻户晓的国民知名品牌，生活中也很常见，加上腾讯自身的热度和流量，所以事件一经报道便引来了巨大的关注度。最开始的时候大部分网友在看到新闻之后表示并没有看到过腾讯给老干妈的广告。其实，腾讯真的很努力地帮老干妈做了大半年的广告。

2. 老干妈回应腾讯

随着讨论度的增加，舆论越来越多，由于老干妈多年良好的品牌形象和数量众多的忠实消费者，网友没有着急下定论，等着老干妈的回应。在不久之后，老干妈也确实做出了相关回应，老干妈称从未与腾讯公司进行过任何商业合作，针对此次事件，已向公安机关报案。

3. 警方通报

在舆论达到最高点的时候，警方通报称 3 名犯罪嫌疑人伪造老干妈公司印章，冒充该公司市场部、经营部经理，与腾讯签订了合作协议。其目的是为了获取腾讯公司在推广活动中配套赠送的网络游戏礼包码，之后通过互联网倒卖从而非法获取经济利益。

4. 腾讯公关

(1) 与其他平台文案联动分散注意力

至此，整件事情水落石出。网友开始指责腾讯过于"霸道"，在基础事实没调查清楚之前，竟然直接启用公检法手段，并且成功跨省冻结了老干妈 1600 万资产，损害了老干妈的形象，支持老干妈反告腾讯。在舆论的压力下，腾讯迅速发布公关文案。

(2) 塑造傻白鹅形象

腾讯和其他企业平台联动文案发布后，有效地转移了网友的注意力，从指责腾讯蛮横霸道转向嘲笑腾讯被假章骗，毕竟大家眼里的腾讯难得出一次错，被网友称作"傻白鹅"。在舆论风向有所转变之后，腾讯通过发布沙雕图片、视频、抽奖老干妈等自黑的方式继续塑造"被人骗的傻白鹅"形象、取得了显著效果。

(3) 发布联合声明

经过联合平台发布文案、沙雕表情包和视频之后，腾讯傻白鹅的形象深入人心，嘲笑腾讯成为大家的快乐源泉，在舆论风向基本控制住、舆论压力降到最低之后，腾讯发布了和老干妈的联合声明，正式和解。

至此，腾讯此次公关事件结束，成功营造了"傻白鹅"的形象，形象上的反差萌，可以说是一次非常成功的公关案例。

【分析】此事件一经媒体报道便引来了巨大的关注度，将腾讯推向风口浪尖。腾讯面对危机，精心策划，成功化解了危机。

三、公共关系的基本原则

公共关系工作复杂而又烦琐，在这些具体工作中要想取得事半功倍的效果，就必须掌握一些搞好公共关系的基本原则。这些原则可以说是进行公共关系活动的指南，可以使我们避免一些常见的公共关系误区。同时，我们的社会生活中还存在着相当多的假公共关系和庸俗公共关系活动，这些原则也是区分真假公共关系活动的锐利武器。

1. 互惠互利原则

社会组织生存发展必须要得到公众的支持，而要想得到公众的支持就必须让公众得到利益。对于一个社会组织而言，当然应该追求自身利益的最大化，但很多组织在这一过程中却发生了迷失现象。造成这种现象的根本原因就在于：利益从来都是相互的，从来没有一厢情愿的利益。只有在互惠互利的情况下，才能真正达到自身利益的最大化。组织的公共关系工作之所以有成效，之所以必要，恰恰在于它能协调双方的利益，通过公共关系，可以实现双方利益的最大化，这也是具备公共关系意识的组织和不具备公共关系意识的组织的最大区别。日本住友银行以往在招聘员工时有这样一道考题："当组织利益与国家利益冲突时，你如何处置？"答案是，你要尽可能地保持两者利益的平衡，原因是，漠视国家利益者，最终必然受到政府的惩罚。

【案例1-32】 "共赢"是人类的最高智慧

现代人终于认识到，"和则两利，斗则两伤"，并非是不损人便不能利己。作家蒋子龙在《2007年的绝招》一文中的一段话可以作为实例的注释："去年的全国十大杰出青年、安踏掌门人丁志忠，讲出了他成功的原因："51%与49%是父亲教给我的黄金分割比例。他很早就告诉我，你做每件事情，都要让别人占51%的好处，自己只要留49%就可以了。长此以往，可以赢得他人的认同、尊重与信任。'"(资料来源：菁华. "共赢"是人类的最高智慧//公关世界[J]. 2009，1.)

【分析】互惠互利的思想是任何组织及个人的立足之本，事业成功的基石。

【案例1-33】 "买卖双方都有赚头"

宏宝集团的五金产品远销世界75个国家。"做生意如果做到买卖双方都有赚头这一步，那就好做多了。""自己吃肉，绝不能让别人啃骨头！"集团负责人朱玉宝抱定这个观念，他在盘算自家利润的同时，也为对方扳扳指头，看人家有没有利润空间，能赚到多少，而不是只顾自己，不顾别人死活，更不去坑害对方，因而他在国际五金行业口碑甚好。美国一位代理商史密斯2001年从朱玉宝的公司进了3000打羊毛剪空运至澳大利亚出售，谁知道这位老板看错了行情，把剪刀的型号搞错了，在市场上根本销售不动，这位老板要损失数十万美元。朱玉宝得知这个消息，深感不安，主动联系这位老板，叫他把那批货退回来，朱玉宝重新发货，空运的费用由朱玉宝的公司承担。新型号的剪刀投放市场后，销售很旺。这笔生意朱玉宝只赚了一点点，却挽救了一家大客户，史密斯先生感激涕零，向远在欧洲的朋友们介绍了朱玉宝经商的美德，一下子为朱玉宝带来1700万美元的订单。(资料来源：何燕子，欧邵华. 公共关系学[M]. 合肥：合肥工业大学出版社.)

【分析】本案例同样阐述组织在经营中互惠互利思想的重要性。

【案例1-34】京东集团与沃尔玛战略合作公关项目

京东集团与全球零售巨头沃尔玛达成战略合作，此举足以改变零售及电商的行业格局。

2016年6月，京东集团与沃尔玛达成战略合作关系。2016年10月，双方在多项领域上取得重要进展，且京东入驻沃尔玛官方旗舰店。

在当前中国"消费升级"的大背景下，中国消费者对于优质商品和进口商品的需求日益增长。鉴于国内消费者对于进口商品的需求不断增加，京东选择与沃尔玛超市携手满足消费者这一强烈需求。本次合作不仅使消费者获得了更为丰富和优质的海内外产品和用户体验，更是提高了消费者对美好生活的向往。

此次活动中，通过京东集团与沃尔玛的合作带来了双方的共赢，同时为我国互联网营销平台创造了深远影响，提高了沃尔玛和京东集团在中国乃至全球的品牌影响力。(资料来源：撼动传播界的2017蒲公英之夜暨第四届中国创新传播大赛奖项公布)

【分析】京东集团与沃尔玛战略合作互惠互利。

2. 真实真诚原则

互惠互利只有依靠真诚才能做到，唯有真诚才能长久赢得公众的合作与社会美誉。追求真实是现代公共关系工作的基本原则。尤其是现代社会，信息及传媒手段空前发达，这使得任何组织都无法长期封锁消息、控制消息，以隐瞒真相、欺骗公众。正如美国总统林肯所说，"你可以在某一时刻欺骗所有人，也可以在所有时刻欺骗某些人，但你绝对不能在所有时刻欺骗所有人"。中国香港首富李嘉诚先生说过，信誉、诚实是我的第二生命，有时候比我的第一生命还重要，这么多年来，凡是跟我合作做伙伴的，合作以后都成为我的好朋友。真相总会被人知道，因此公共关系强调真实原则，要求公共关系人员实事求是地向公众提供真实信息，以取得公众的信任和理解。

该原则内容非常丰富，主要包括以下一些方面：

(1) 向公众说真话。这一点是公共关系活动首先必须遵守的原则。一个组织说一次谎话可能不会被公众抓住，一个虚假的广告宣传也可能会为组织带来暂时的巨大的经济效益。但我们须知：公众的眼睛是雪亮的，在公众社会地位不断提高、新闻媒介社会监督作用日益加强的今天，想长久隐瞒事件的真相是不可能的。

(2) 用行动来证明。在对公共关系的特征进行描述的时候，有人说："公共关系就是少说多做。"还有人说："公共关系是90%靠自己做得对，10%靠宣传。"这些说法都是在说明一个道理，即公共关系的好坏，主要通过事实而不是单纯依赖宣传来证明。

【案例1-35】IBM 意味着最佳服务

IBM公司总裁小托马斯·沃森(Thomas Watson)对"服务"曾作了这样的说明：我们要提供世界上最好的服务。

一次，亚特兰大拉尼尔公司资料处理中心的计算机出了故障，IBM公司请的8位专家几小时内就从各地赶到了，其中4位来自欧洲，1位来自加拿大，还有1位从拉丁美洲赶来。一位在菲尼斯工作的服务小姐，驾车前往某地为顾客送一个小零件。然而，通常应是短暂而愉快的驱车旅行，此次却因瓢泼大雨、交通堵塞，使25分钟的车程变成4小时的爬行。这位小姐决定不能这样失去整整一个下午的时间，她想到车里有一双旱冰鞋，于是抛下汽车，穿上旱冰鞋，一路滑行，为顾客雪中送炭。

迎接顾客各种具有挑战性的服务难题已经成了IBM活动的重要部分。视顾客为上帝，奠定了IBM繁荣兴旺的基础，从而塑造了IBM守信誉、重服务的组织形象。(资料来源：编者根据相关资料整理编写)

【分析】IBM公司通过自己的行动证明"IBM意味着最佳服务"，做比说更重要。

【案例1-36】当银行发生挤兑的时候

(详细内容请见课件对应内容。)

【分析】阿历克斯这次成功的宣传源于他真诚的态度和行动，没有任何做作的成分。

【案例 1-37】 "百度"公正性遭质疑

(详细内容请见课件对应内容。)

【案例 1-38】 香港廉政公署招聘考试最后一题真是绝了!暴露了所有人的本质

1998 年 10 月,香港廉政公署执行处面向本处所有工作人员公开选拔一名首席调查主任。经过严格的资格审查和层层推荐,最后有 40 多人进入了笔试环节。

时年 43 岁的蔡双雄也参加了这次选拔考试。蔡双雄 25 岁就进入廉政公署工作,承办过多起大案要案,具有很高的专业水平。对于这次考试,他做了充分的准备。考试进行得很顺利,多是些专业性的题目,蔡双雄做起来轻车熟路。可是,最后一道题把蔡双雄难住了。这道题分值高达 20 分,成败在此一举。题目是这样的:请简述唐太宗李世民为了保护环境采取了哪些措施,并详细论述其合理性。蔡双雄知识面并不算窄,而且很崇拜李世民,平时读过许多关于李世民的书。但是此时,他绞尽脑汁也想不起来李世民曾在环保方面有过什么施政措施。

交卷的时间快到了,无奈之下,蔡双雄只好在试卷上写下了这么一行字:我实在想不起来李世民在环保方面曾有过什么举措,对不起,这道题我不会答。

一道 20 分的题没做,哪里还会有希望?交卷后,蔡双雄显得很沮丧。廉政公署选拔官员,考什么环保?一些关系好的同事了解情况后,都纷纷安慰蔡双雄。万万没有想到的是,两个星期后,考试结果出来了,最后的那一道题,蔡双雄竟然得了满分,并且,只有他一个人得了满分。蔡双雄成了进入面试环节的唯一人选。

选拔委员会是这样解释的:唐太宗时,还没有环境保护这种说法。综观李世民一生,他也没有为了保护环境采取过任何措施。这道题根本就没有答案,或者说,最标准的答案就是"不知道"。

其实,这道题是从联合国教科文组织的试题库里抽出来的,目的就是测试应试者的诚信度。"知之为知之,不知为不知",这才是做人应有的态度。遗憾的是,竟然有那么多的考生妙笔生花地列出了李世民的多项环保举措,并洋洋洒洒地用了数百字去论述其科学性与合理性。(资料来源:朱国勇. 香港廉政公署招聘考试最后一题真是绝了!暴露了所有人的本质//读者[J]. 2014, 5.)

【分析】 一个人的德行,往往会在细节中自然而然地流露出来。

诚实是一个人的基本品质,保持诚实的美德,是走向成功的基石!

3. 公共关系活动应当从事实出发

公共关系人员必须树立先有事实,后有公共关系活动的思想。在每一次公共关系活动以前,公共关系人员要进行实事求是的调查研究,掌握组织与公众各方面的状况,才能设计出优秀的公共关系方案,并且在实际运行中取得预期效果。所以任何形式的公共关系活动,都必须以调查研究为出发点。

把真实真诚的原则贯彻到调查工作中,公共关系人员应当努力做到:客观、真实、全面、公正。

【案例 1-39】 铁证如山

(详细内容请见课件对应内容。)

【分析】北京这家制衣厂在日本客商的指责中并没有乱了阵脚,而是采取实事求是的科学态度来解决问题。他们先是从工厂内部查找原因,然后又借助专家的力量,准确地鉴定了蚂蚁的物种。在事实证据的基础上得出了准确的结论。

4. 不断创新原则

公共关系人员既要尊重公共关系实务的一般科学方法,更应依据不同的公共关系活动项目的具体条件创造性地发挥自己的主观能动性。一味重复教科书上的经典战略,或者长期运用一种公共关系方法,必然会引起公众的感觉疲劳,事倍功半,甚至会引起公众的反感,产生负效果。唯有不断创新,才能保证公共关系工作的持续成功。为了使策划富有新意,以下思路可供参考:(1)大胆设计,敢于开创前人没有发现的新形式;(2)移植与再造相结合;(3)角度转换,逆向思维,寻求突破;(4)排列组合,以旧翻新。

【案例 1-40】奉送金币

香港一家经营强力胶水的商店,坐落在一条鲜为人知的街道上,生意很不景气。一天,这家商店的店主在门口贴了一张布告:"明天上午九点,在此将用本店出售的强力胶水把一枚价值 4500 美元的金币贴在墙上,若有哪位先生、小姐用手把它揭下来,这枚金币就奉送给他(她),本店决不食言!"这个消息不胫而走。第二天,人们将这家店铺围得水泄不通,电视台录像车也来了。店主拿出一瓶强力胶水,高声重复广告中的承诺,接着便在那块从金饰店定做的金币背面薄薄涂上一层胶水,将它贴到墙上。人们一个接着一个地上来试运气,结果金币纹丝不动。这一切都被录像机摄入镜头。这家商店的强力胶水从此销量大增。
(资料来源:编者根据相关资料整理编写)

【分析】上述案例告诉我们,公共关系创新能够取得事半功倍的效果。

【案例 1-41】不断创新,一件衣服卖出了三个价位

(详细内容请见课件对应内容。)

【分析】迈克尔·乔丹不断创新,一件旧衣服可以卖出很高价位。

5. 尊重公众原则

把公众当作组织生存和发展的基础,把公众需要作为决策和行动的依据,千方百计搞好同公众的关系,争取公众的支持和帮助。为此,组织应该尊重公众、了解公众、善待公众,尽可能地满足公众的需求,同时还要积极引导和影响公众,使公众的认识和行为不断地向文明、健康和有利于组织的方向发展,从而使公众与组织在长远利益上趋于一致。Netflix 在投拍《纸牌屋》之前,即通过大数据分析知道了潜在观众最喜欢的导演与演员,结果果然捕获了观众的心。《小时代》在预告片投放后,即从微博上通过大数据分析得知其电影的主要观众群为 90 后女性,因此后续的公关及营销活动则主要针对这些人群展开。

【案例 1-42】员工第一

(详细内容请见课件对应内容。)

【案例1-43】尊重"上帝"的意愿才能占领更大的市场

海尔集团有两个口号：一是"用户永远是对的"。这是海尔人的真正信仰，不是谦虚的客套话。二是"决不向市场说不"，并把它变成海尔人的实际行动。

1996年10月，张瑞敏在四川出差时，有人对他说："海尔洗衣机的质量不太好，排水管经常堵塞。"这是用户有针对性的直接抱怨。张瑞敏立即派人向用户作深入了解。原来，四川一些农民把洗衣机买回去以后，不是专门用来洗衣服，而是经常用来洗地瓜。面对这种情况，张瑞敏认为："我们决不能因此责怪老农说，你怎么能用洗衣机来洗地瓜呢？这只是说明市场有了这种需求。"于是，他向有关部门下达指令：开发能洗地瓜的洗衣机。张瑞敏认为：开发产品不能从"洗衣机"的定义出发，而应从用户的需求出发。没过多久，一种能洗地瓜、土豆等多种农产品的洗衣机，就由海尔人开发出来了。一个全新细分的市场——"农村多用途洗衣机"市场，就这样被海尔人创造出来了。(资料来源：编者根据相关资料整理编写)

【分析】尊重公众并不是一句空话，要时时刻刻表现在组织的行动上，本案例较好地诠释了这个道理。

【案例1-44】丁新民总裁的"亲民"意识

(详细内容请见课件对应内容。)

【分析】丁新民总裁关心爱护内部员工的做法为企业自身发展带来动力和活力。

【案例1-45】"至于你信不信，我反正信了"

2011年"7·23"甬温线动车追尾事故发生26小时之后，官方新闻发布会终于在温州举行。当发言人被问到"为何救援宣告结束后仍发现一名生还儿童"时，他称："这只能说是生命的奇迹。"之后，被问到为何要掩埋车头时，发言人又说出了另一句话，"至于你信不信，我反正信了"。(资料来源：http://blog.sina.com.cn/s/blog_48c124260102dsry.html)

【分析】发言人的这段话对公众不尊重，引起广大网友强烈不满。

6. 平时联络原则

要使组织长期处于良好的公共关系状态，公共关系人员必须注意与公众的平时联络。"平时不烧香，事急抱佛脚"是公共关系工作的大忌。因此，组织平时要利用科学的方法对公众信息进行管理，如利用数据库技术以及创新营销方法(会员制营销、定制式营销等)，不断地积累人脉资源，为组织健康发展创造条件。同时，组织通过人员、活动、信函、电话、网络、电邮、微信等途径与当地的政府机关、新闻媒介、消费者、股东、社区等公众之间进行双向沟通，平时就应进行一些联络感情的工作，以防不测风云。组织在日常的联络工作中要注意以下问题：(1)普遍建立关系，不要厚此薄彼；(2)建立关系要自然、顺理；(3)关系对等，互利互惠。

著名社会学家、斯坦福大学教授Mark Granovetter发现，真正有用的关系不是亲朋好友这种经常见面的"强联系"，而是"弱联系"。也就是说，大多数你真正用到的关系，是那些并不经常见面的人。Granovetter对这个现象有一个解释：整天跟你混在一起的这帮人，很可能干的事跟你差不多，想法必然也很接近，如果你不知道有一个这样的工作机会，他们又怎么会知道？只有"弱联系"才有可能告诉你一些你不知道的事情。为此，组织要不断有意识地维护、开发这种弱联系。

【案例1-46】美国最出色的汽车推销员

(详细内容请见课件对应内容。)

【分析】乔·吉拉德成功的原因是与顾客保持长期联系，了解他们的希望、要求和不满，为他们提供各种各样的帮助。

【案例1-47】泰国东方饭店利用数据库技术进行全员公关管理

一位朋友因公务经常出差泰国，并下榻在东方饭店，第一次入住时良好的饭店环境和服务就给他留下了深刻的印象，当他第二次入住时几个细节更使他对饭店的好感迅速升级。

那天早上，在他走出房门准备去餐厅时，楼层服务生恭敬地问道："于先生是要用早餐吗？"于先生很奇怪，反问："你怎么知道我姓于？"服务生说："我们饭店规定，晚上要背熟所有客人的姓名。"这令于先生大吃一惊，因为他频繁往返于世界各地，入住过无数高级酒店，但这种情况还是第一次碰到。

于先生高兴地乘电梯下到餐厅所在的楼层，刚刚走出电梯门，餐厅的服务生就说："于先生，里面请。"于先生更加疑惑，因为服务生并没有看到他的房卡，就问："你知道我姓于？"服务生答："上面的电话刚刚下来，说您已经下楼了。"如此高的效率让于先生再次大吃一惊。

于先生刚走进餐厅，服务小姐微笑着问："于先生还要老位子吗？"于先生的惊讶再次升级，心想"尽管我不是第一次在这里吃饭，但最近的一次也有一年多了，难道这里的服务小姐记忆力那么好？"看到于先生惊讶的目光，服务小姐主动解释说："我刚刚查过电脑记录，您在去年的6月8日在靠近第二个窗口的位子上用过早餐。"于先生听后兴奋地说："老位子！老位子！"小姐接着问："老菜单？一个三明治，一杯咖啡，一个鸡蛋？"现在于先生已经不再惊讶了："老菜单，就要老菜单！"于先生已经兴奋到了极点。

上餐时餐厅赠送了于先生一碟小菜，由于这种小菜于先生是第一次看到，就问："这是什么？"服务生后退两步说："这是我们特有的某某小菜。"服务生为什么要先后退两步呢，他是怕自己说话的口水不小心落在客人的食品上，这种细致的服务不要说在一般的酒店，就是美国最好的饭店里于先生都没有见过。这一次早餐给于先生留下了终生难忘的印象。

后来，由于业务调整的原因，于先生有三年的时间没有再到泰国去，在于先生生日时突然收到了一封东方饭店发来的生日贺卡，里面还附了一封短信，内容是：亲爱的于先生，您已经有三年没有来过我们这里了，我们全体人员都非常想念您，希望能再次见到您。今天是您的生日，祝您生日愉快。于先生当时激动得热泪盈眶，发誓如果再去泰国，绝对不会到任何其他的饭店，一定要住在东方饭店，而且要说服所有的朋友也像他一样选择。于先生看了一下信封，上面贴着一枚六元的邮票。六块钱就这样买到了一颗心，这就是客户关系管理的魔力。(资料来源：https://www.docin.com/p-789870952.html)

【分析】西方营销专家的研究和企业的经验表明："争取一个新顾客的成本是留住一

个老顾客的 5 倍，一个老顾客贡献的利润是新顾客的 16 倍。"东方饭店借助于现代方法和技术作为工具进行全员公关，注意收集、保存、维护客户信息，重视培养忠实的客户，使客户入住后可以得到无微不至的人性化服务，这就是东方饭店成功的秘诀。

第四节 作为一门学科的公共关系学

公共关系学是一门以公共关系的客观现实和活动规律为研究对象的，新兴的、综合性的应用学科，是研究组织与公众之间传播与沟通的行为、规律和方法的学科。在社会主义市场经济不断发展完善的今天，没有公共关系意识的企业不是一个好企业，不掌握一定公共关系知识和技巧的人不是一个好的企业经营者。开设公共关系学的目的就是使学生掌握公共关系的基本理论，熟悉公共关系的主要技巧，成为为社会主义建设事业服务的综合性应用人才。

一、公共关系学的研究对象

公共关系学的研究对象是社会组织与相关公众因相互作用而构成的社会关系，社会组织为建立良好的形象而开展的活动，以及与此有关的工作方法、技巧、规范等。组织同公众的关系是反映公共关系活动最原始、最基本、最普遍的范畴，贯穿于公共关系学科科学体系的始终，是公共关系学的基础与核心。进一步讲，公共关系学的任务就是研究：什么是公共关系，包括公共关系的概念、内涵、要素等；为什么搞公共关系，包括它为什么产生，有什么作用，是干什么的，即有哪些职责、功能、价值；怎么运作公共关系，包括公共关系的工作内容，如程序、方法、技巧、模式等；由什么人去运作公共关系，包括公共关系的人员，他们的知识、能力、素质、意识；公共关系的机构、组织、职能，以及公共关系的历史、现状及规律等。

二、公共关系学的研究内容

公共关系学的基本内容包括以下方面：

(1) 公共关系的概念。主要介绍公共关系学中最基本的概念和主要的范畴，以及这些概念和范畴之间的关系所反映出来的本质。

(2) 公共关系的历史。公共关系是怎么产生与发展的，从历史的角度阐述了公共关系的形成、发展概况、产生的社会历史条件。

(3) 公共关系的行为主体及功能。包括公共关系在组织经营管理过程中的基本作用，以及实施公共关系功能的职能机构和人员。

(4) 公共关系的对象。主要阐述公共关系的对象——公众。

(5) 公共关系的管理过程。主要说明公共关系工作是如何进行的，完整地介绍公共关系工作的整个过程，即公共关系调查、公共关系策划、公共关系实施和公共关系评估，以及公共关系工作的组织和实施程序。

(6) 公共关系活动实务。主要介绍公共关系工作的主要内容。主要的公共关系实务包括调查研究、公共关系策划、公共关系评估、公共关系广告、专题活动、处理危机、交际、谈判等。

(7) 公共关系的职业道德和法律制约。介绍公共关系活动的行为规范、法律界限和依据，从道德和法律的角度了解公共关系行为的基本准则。

(8) 公共关系在中国应用的国情和特色。根据中国社会的政治、经济、文化、传播等方面的具体国情，探索公共关系的中国特色，这是在中国从事公共关系实践和研究所必须了解的内容。

三、公共关系的学科特点

1. 应用性

公共关系是一门技术多于理论，操作性、应用性很强的学科。

公共关系学发展之快、传播之广，从某种意义上说，这和学科本身有很强的应用性是分不开的。公共关系是社会组织参加社会竞争的一门艺术、一种手段。所以无论从哪方面看，都能清晰地看到：公共关系学是一门应用性很强的学科。

2. 边缘性

公共关系学科的外延很广，公共关系的本体知识内涵并不多，但与之相关的交叉学科却非常之多。基础理论相互渗透，说明实际进行公共关系操作时，需要交叉运用各种学科的知识和手段。这是由公共关系的特点所决定的。

3. 多维性

由于公共关系的层次不同，具体从事公共关系工作的人员所在组织的类别、性质也不同，对公共关系人员的要求不同，表现在学科上就出现多维性，另外，公共关系学的多维性还表现在研究方向及方法上，不同的研究者，根据自身的经验与见解，有着不同的切入口，用自己认为正确完善的体系来构建公共关系学。

4. 时代性

公共关系学的出现是现代社会的需要，反映了现代社会化生产规律的先进经营管理和行政管理的经验和方法。它随社会的发展而发展，并在社会实践中不断地加以补充和完善。

5. 综合性

公共关系学是在经营管理学、市场营销学、大众传播学、社会心理学等其他有关学科的基础上，综合广告、交际、传播等技术手段所形成的一门综合性较强的学科。要搞好公共关系学的研究，必然要涉及相关学科的探讨。

四、"公共关系原理与实务"课程的学习方法

(1) 要全面、系统地学习课程的内容。要能够准确记忆有关的名词、概念和原理，并能正确地表述出来；要在记忆的基础上，能够全面地、有机地理解和掌握基本概念、基本原理和基本方法，融会贯通概念、原理和方法之间的联系和区别，把握学科的本质和主要特征；要能够运用本学科的基本概念、基本原理和基本方法，具体分析和解决有关的理论问题和实际问题，从而具有一定的公共关系实际操作能力。

(2) 要重视理论联系实际。公共关系学不是一门纯理论性的学科，而是一门实用性的学科。因此要求学生应注意充分联系实际来学习这门课程。一方面，注意联系实际去理解和思考公共关系学的主要概念和原理；另一方面，在正确理解公共关系的概念和原理的基础上，重点掌握公共关系实际操作的内容。

(3) 要自觉运用辩证法，克服形而上学。要用全面的和历史的观点，依时间、地点、条件为转移，去观察、研究公共关系工作的实践与理论，防止脱离具体的条件，机械地、孤立地、静止地去研究和阐述各种公共关系方式和方法。

(4) 要借鉴和学习西方公共关系学的经验，做到洋为中用。我们要实事求是、择善而从，吸收合乎科学的有用的经验，结合中国的实际，加以融合、消化和提炼。

【案例 1-48】浅析"包子"公关的智慧

2013 年 12 月 28 日中午，国家主席习近平用排队吃包子的亲民行动，自然表达了"和人民群众在一起"的真挚情感和实际行动，一举赢得了国内广大民众的衷心爱戴和国际社会的一片赞叹。

2013 年 12 月 31 日，习近平在其办公室发表新年贺词，这是其办公室在国内民众面前的首度曝光。透过央视镜头看到了办公室上的二红一白电话机、长城壁画和身后书架上的 4 幅照片：他与家人推着轮椅上的父亲、他牵母亲的手散步、他与夫人合影、他骑着自行车载着女儿。人们在接收到了他平白朴实的新年祝福之余，更感受到一种与众不同的开明开放和家国情怀。

2013 年 12 月 10 日，国家主席习近平夫人彭丽媛和普通观众一起排队入场北京音乐厅，参加中国交响乐团纪念"李凌 100 周年诞辰音乐会"。让人再次想起她陪同习近平出访时"第一夫人外交"的巨大影响力。

毫无疑问，习近平的这一系列"排队买包子""办公室背景""夫人陪同出访"，都称得上是可以载入史册、流传千古的"首脑公关"事件。

虽然"不当总统，就当公关人"的首脑公关在国外很普遍，虽然诸如奥巴马买汉堡、带女儿逛书店、默克尔买菜、拜登吃面、骆家辉喝咖啡等等国外政客的生活公关秀，早已经是司空见惯的古老传统和公关策略，但是，在中国，习主席的"包子事件""办公室首曝光""第一夫人陪同出访"却是近年来中国最高领导人最接地气、最提人气的一组亲民行为，也是最具国际影响力的一组中国特色的阳光公关行动。

1. "包子公关"的故事

2013 年 12 月 28 日，中午 12 时 20 分，一位名叫"四海微传播"的新浪微博博主，大呼小叫，发了一张震惊四海的微图文。"亲们，我没看错吧！习大大来庆丰吃包子啦！果断上图。""习大大排队买包子，还自己买单、端盘子、取包子，以后庆丰可以出习总套餐啦。"两张习近平取餐和收零钱的图片附在其后。

与此同时，一位账号"万丈乡愁"的腾讯微博博主，激动地向大家宣布："猜猜我在庆丰看见谁了？就坐在我旁边桌啊，激动。"在他附上的照片中，习近平已经落座开吃了。

紧接着，@央视新闻、@新华视点、@人民日报，以及新浪、腾讯、搜狐、网易和凤凰网，争先恐后地以最快速度将《习近平用餐包子铺消费 21 元》《习近平排队买包子自己端盘子》的图文消息推上了首页顶端和移动客户端。

于是"习大大排队吃包子"的公关故事，一时走红网络，传为美谈。

从整个发展过程来看，"习大大排队吃包子"事件具有故事性、话题性、示范性的三个特点。

第一，事件具有故事性。"没有长枪短炮的摄像机、没有左拥右簇的随行者，自己排队埋单、自己端盘找座、就餐坚持'光盘'……'来二两包子'，'北京炒肝，你吃过么？''以后庆丰可以出主席套餐啦'……"这一事件具有故事传播的所有要素，传播效果比新闻联播强百倍。

第二，事件具有话题性。从"21元套餐"到"主席套餐"，从"平民领袖"到"庆丰包子"，所有的传播内容都具有话题性，引发人们高度参与和关注。借助微博、微信这个全民大喇叭，几乎所有人都加入了全民追星的行列。《环球时报》在"习大大21元套餐，百姓为何这么喜欢"一文中评论道："这个举动客观上发散的'联系群众'意义，不仅大而丰富，而且是不可取代的。这样的联系群众，中国需要，人民喜欢。"

第三，事件具有示范性。习大大排队吃包子，具有工作示范和生活示范双重效果。《京华时报》在《习近平买包子传递平民情怀》一文中说："这是一种无声的宣示，更是一种行动的示范。"最立竿见影的示范效果就是，人们纷纷从天南地北赶到北京，排一个400人的队，去点一份主席套餐，拍照留念，沾一沾喜气。甚至有老外看了报道后表示：想去中国吃包子。

根据2014年1月1日，中青舆情监测室发布的第六期《中青月度舆情指数》榜单中，习近平排队买包子位居舆论满意度榜首，称"2013年12月，总书记排队买包子领跑舆论，给网民留下深刻印象。亲民，继反腐、改革之后，成为本届政府的舆情又一标志"。

2. "包子公关"的舆情观察

整个事件以"网友曝"而非"官媒报"方式，进行自然传播，直接迅速又接了地气，形成了强烈的正面传播效应。从传统媒体报道的数量及内容上看，可以分为三个阶段。

第一个阶段集中在2013年12月28日到29日这两天，这一时间传统媒体基本上是报道新闻，呈现事实。据悉，传统媒体中有关"习大大吃包子"的报道最早出现，在这一事件发生后的两小时，即28日15时51分，《新京报》的记者就已经探明习主席的菜单并发布报道——《习近平用餐包子铺消费21元》，随后各路媒体蜂拥而至。

第二个阶段集中在30日到31日，随着"习大大吃包子"这一事件的相继曝光，传统媒体进入新一轮的评论报道。2013年12月30日，新华社的文章《外媒热议习近平排队买包子：在中国领导人中很少见》被不少媒体转载。文章中提到包括路透社、美联社在内的多家外媒评论，在中国领导人中，像习总书记这样紧扣百姓民生的举动很少见。除了这些传递正能量报道外，也不乏一些理性的思考，像新浪在2013年12月31日发表的《"脱销"的包子是一种跑偏》，呼吁大家要看淡庆丰包子铺，看重总书记在路边小店就餐所传递出来的群众观念和平民情怀，尽量不要把这一类的新闻特殊化，只有这样才是国家领导人所希望看到的民情反应。

第三个阶段就是2014年1月1日以后，这一事件的政治热度渐渐消去，大家对此次事件的关注度下降，媒体把报道的重心转移到了庆丰包子铺上。2014年1月2日新华社的《中国民众从大江南北赶到北京吃包子》文章提到，1月3日凤凰网的《包子铺变身成景点 游客太多邻近居民吃不上》，1月4日腾讯网的《习近平所光顾包子铺生意火爆后厨增加3

辆蒸车》，这些文章都指出，在习总书记用餐后庆丰包子铺的"主席套餐"受到大家的追捧，要求和习总书记坐过的餐桌合影的游客络绎不绝。

通过对一周舆情走势的观察，我们发现，在官方和民间两个舆论场，关于习大大排队吃包子的舆情民意，主要涉及领导形象议题、安保警卫议题、干群关系议题、执政理念议题、公共政策议题、食品安全议题、消费价格议题、产品品牌议题、娱乐化议题、宣传教育议题等十大公关议题，呈现出高度一致的"点赞"模式。

【分析】 古语云：治大国若烹小鲜。习大大排队吃包子事件，正是这种政治智慧的体现和"以小博大"的公关策略的运用。

虽然只是一顿午餐，一件小事，体现的却是我们党坚持走群众路线这一件大事；虽然只是二两包子，一个小食品，代表的却是反腐倡廉、深化改革的决心与信心；虽然只是一个小小的生活事件，塑造的却是中国国家和政府官员的亲民务实新形象。虽然只是一个小小的公关事件，却可能预示中国社会对党风、政风的看法和印象的转折，成为时代的一个封面。

在这里，"包子""吃包子"不再仅仅是一个食品概念、一顿午餐概念，而变成一个"四两拨千斤"的一个大众心灵按钮、一种"随风潜入夜，润物细无声"的行动宣言、一个"党风真的在变"的政治信号，这是一种"以小博大"的公关智慧，更是一种"治大国如烹小鲜"的政治智慧。从高喊口号变为做给你看，从宣传灌输转为公共沟通，从被动等待变为主动塑造。习大大排队吃包子事件采取的公关策略，预示着中国首脑公关从宣传模式走向对话模式，已经真正进入了国际化、专业化的发展阶段。

在公共关系视野中，有一个黄金法则就是"公共关系动力来自最高层"，"公共关系的业务是为顶级的管理层提供咨询服务"，公共关系就是政治，公共关系的使命就是要通过"行动传播""口碑传播""故事传播""第三方传播"，改变社会大众的集体思考方式，就是要做"社会支持的发动机""社会共识的制造商"和"意识形态的引导者"。从这个意义上讲，公共关系可以改变一个国家和民族的命运。

风起于青萍之末，一滴水折射出太阳的光辉。习近平主席的一系列阳光公关行动，带给我们国家和民族无限的希望，也带给我们公关人无限的联想和遐思。

"公关是太阳，当风拼命吹时，人们往往会把大衣裹得更紧；而太阳则利用温暖的光芒，轻松地让人脱下大衣。"

这就是公关的力量。(资料来源：陈先红. 浅析"包子公关"的智慧//公关世界[J]. 2014, 5. 经编者调整删减)

本 章 小 结

公共关系，就是一个组织为了生存发展，运用合理的原则和方法传播沟通，塑造形象，协调和改善组织的内外部关系，以取得理解、支持和合作的一种思想、政策和管理职能。

公共关系不是人们通常所说的"拉关系""走后门"，公共关系与这些庸俗关系是截然不同的。与广告、人际关系、市场营销、宣传等概念也有明显的区别。公共关系的基本结构由三大要素构成：主体、客体和手段。

公共关系学是一门以公共关系的客观现实和活动规律为研究对象的、新兴的、综合性的应用学科，是研究组织与公众之间传播与沟通的行为、规律和方法的学科。

复习思考题

一、问答题

1. 如何理解公共关系的概念？
2. 公共关系有哪些特征和功能？
3. 请结合实际阐述怎样坚持公共关系的原则。
4. 某企业为发展事业决定成立公关部，决定从企业内部选聘公关人员，要求是女性、相貌漂亮、口齿伶俐，你认同选聘条件吗？为什么？
5. 什么是费斯汀格法则？该法则对我们在公关活动中有什么启发？

二、分析题

(一)美国艾克逊公司的社会形象推广活动

美国的艾克逊(Erikson)石油公司认为，企业的社会责任主要包括三个方面的内容：(1)企业固有的经营责任；(2)环境保护以及消费者权益保护的责任；(3)为社会服务的责任。

这三个方面反映了企业的经营理念，同时也为企业的存在意义做出了诠释。公司认为，后两个方面的内容主要借助于组织形象的推广活动来加强，于是指定公司的副总经理担任最高负责人来规划推广活动。活动内容主要包含以下几项。

1. 资金援助计划

这一计划的内容是对社会公益事业提供资金援助，其具体项目如下：

(1) 与美国剧场和公共广播电台合作，把公众喜爱的地方戏剧改编成电视剧，介绍给公众。援助金额达 100 万美元。

(2) 补助新世界交响乐团。该乐团是当时唯一不对黑人少数民族实行差别化待遇的乐团，所以提供 2.5 万美元给这个乐团作为公演补助费。

(3) 资助霍丹夜祭文化活动。纽约市霍丹大学生，每年都要举办以保护波多黎各在内的西班牙文化为目的的音乐和舞蹈夜祭。

(4) 资助哈雷姆预备学校，每年 60 万美元。该校为私立预备学校，为纽约市区落后的少数民族后裔提供进入大学学习的机会。

(5) ECSJ 计划，就是公司请大学生参加本地的社会性劳动，由公司付给学生工资。目的是为学生提供了解社会的机会，同时也增加学生的收入来源。

(6) 为世界野生动物协会提供 5 万美元的基金，帮助维持生态平衡，避免老虎绝种。

2. 员工义务劳动的活动计划

公司通过广泛征集员工意见，将那些愿意参与义务劳动的员工组织起来，为社区提供社会性的服务。艾克逊公司员工参与义务活动，内容主要有以下 7 项：(1)生活辅导；(2)顾问工作；(3)护理活动；(4)个别指导；(5)成人教育；(6)环境保护活动；(7)运动教练。

艾克逊公司的义务活动丰富多彩、计划周详、组织有序。公司还向社会义务劳动中表现突出者颁发"社会贡献领导者奖"，从企业文化的角度看，这正是为公司塑造良好的社会形象寻找"英雄""典范"角色。公司还为参加义务劳动者举行招待午餐的集会，总经理亲自出席勉励员工。如今，义务劳动已成为艾克逊公司必不可少的活动，其过程有着浓厚的企业文化仪式的意味。

3. 信息传递活动

公司将员工的义务劳动计划、资金援助计划以及企业固有的经营活动，向当地居民进行信息传达。信息传达的途径有三条：一是定期或不定期的刊物；二是宣传活动；三是广告。

经过有计划的持续传播，公司形象得到了有效推广。

试问美国艾克逊公司是通过哪些公共关系活动塑造社会形象活动的?

(二)美国的麦当劳公司重视内部公共关系

美国的麦当劳公司现在是世界快餐业中最大的公司之一。自1955年创立以来，麦当劳苦心经营，不断发展，目前在全世界建有20 000多家快餐店。现在的麦当劳在美国汉堡系列食品市场上有42%的份额，品牌价值超过了200亿美元。麦当劳公司一直非常重视内部公共关系，为在企业内部创造一种积极向上、开拓进取的精神风尚，麦当劳不看重学历、资历，重在表现。麦当劳连锁分店每年举办岗位明星大赛，全世界举行各地岗位明星比赛，经理必须从普通员工做起，一方面增长了管理人员的真才实干，另一方面又给了最基层员工实现自身价值的机会。表现好的管理人员被送到芝加哥汉堡包大学，系统地学习作为一个经销商或餐厅经理经营餐厅的专门技术知识。现在的竞争，说到底是人才的竞争。员工素质的不断提高、才干的不断增长是组织的巨大财富，它保证了组织的生机与活力。麦当劳除了给员工创造更多深造、晋升的机会外，还很重视在内部建立"麦当劳"大家庭的观念，创造和睦的大家庭气氛。在麦当劳无长幼尊卑之分，所有员工都互称名字；公司记住每个员工的生日，并根据员工的情况给予一定形式的祝贺。员工在麦当劳有一种不是家庭胜似家庭的归属感，其强大的凝聚力不言自明。另外，麦当劳很重视员工外观形象的塑造。为了吸引顾客，麦当劳让每一位员工都穿上有明显花纹的制服。员工的服务态度也是一流的，只要你推开麦当劳的大门，就会听到亲切的"欢迎光临麦当劳"的问候，笑容始终在员工的脸上，让你总有宾至如归的感觉。

你认为上述材料中的麦当劳公司内部员工关系为什么那么和谐?

(三)花旗银行的全员公关意识

花旗银行是世界上最大的银行之一，每天的营业额高达数亿美元，业务十分繁忙。一天，一位陌生的顾客走进豪华的美国花旗银行营业大厅，仅要求换一张崭新的100美元钞票，准备当天下午作为礼品用。银行职员微笑着听完他的要求之后，立即先在一沓沓钞票中寻找，又拨了两次电话，15分钟后终于找到了一张这样的钞票，并把它放进一个小盒子里递给了这位陌生顾客，同时附上一张名片，上面写着"谢谢您想到了我们银行"。事隔不久，这位偶然光顾的陌生顾客又回来了，在这家银行开设了账户，在以后的几个月中，这位顾客所在的那家律师事务所在花旗银行存款25万美元。

从这个案例我们可以看到，花旗银行的全员公关意识已内化成了每一个员工平时工作中一点一滴的行动，正是员工这种急顾客之所急、想顾客之所想、全心全意为顾客服务、甘作顾客仆人的思想和行为，才最终造就了花旗银行这艘金融界的巨轮。

请问你从这个案例中得到了什么启发?

三、技能训练

1. 结合青岛大虾事件，从全员公关角度谈谈如何提升你所在的学校或者城市的形象。

2. 将本班的同学分为若干小组，让学生走访当地公众，收集他们对公共关系的看法以及对公共关系概念的理解，然后结合本章学习的内容，集中讨论(每组选出一名同学进行讲解)公共关系的定义、特征、职能，以及目前社会对公共关系的误解。

(各小组能够制作一份10分钟左右的PPT演示材料在课堂上进行汇报交流，汇报时其他小组可提出质疑、补充，台上台下互动；教师要进行打分，介绍占20%，分析占20%，建议占20%，回答问题占20%，PPT展现效果占10%，团结协作与精神风貌占10%，教师要对每组讨论情况即时进行点评和总结。)

第二章

公共关系的起源与发展

学习目标

通过本章的学习，了解公共关系产生的历史过程和发展趋势；剖析公共关系形成和发展的历史条件；准确和科学地把握公共关系的思想和理论。通过对公共关系沿革的了解，深入认识其优势和弱点，开拓有中国特色的公共关系事业。

关键概念

"投公众所好"时期(Public's Appetite Satisfaction Period)　"双向对称"时期(Two-way Symmetrical Period)

引导案例

中国加入"新冠肺炎疫苗实施计划"

在全球新冠肺炎疫情蔓延的背景下，世界卫生组织、全球疫苗免疫联盟以及流行病预防创新联盟共同建立了"新冠肺炎疫苗实施计划"，这一计划旨在让参与国能够使用世界上最广泛和最多样化的候选疫苗产品组合，确保所有国家都能同时获得新冠疫苗，并优先考虑包括卫生工作者、老年人在内的高风险人群。

2020年10月8日，中国同全球疫苗免疫联盟签署协议，正式加入"新冠肺炎疫苗实施计划"。中方郑重承诺，中国疫苗研发完成并投入使用后，将作为全球公共产品，优先向发展中国家提供。中国在美国缺位时选择加入，与之形成了鲜明对比，更体现出中国负责任的大国担当。

病毒没有国界，疫情之下任何国家都不可能独善其身。在关键战"疫"之际，中国选择和世界共同迎接挑战，携手应对，维护公共卫生，向其他出现疫情扩散的国家和地区提供力所能及的援助，完美体现了负责任的大国担当和为世界人民生命安全着想的大国情怀。中国的加入提高了自身的国际形象。(资料来源：编者根据相关资料整理编写)

公共关系是现代社会的产物，它已广泛应用于社会经济生活的各个领域，但是公共关系作为一种客观状态和所进行的活动，也有一个从低级到高级的发展演变过程。研究公共关系的起源及其发展现状，以使我们了解公共关系产生的背景和条件，透视公共关系在社会发展中的地位和作用，明晰公共关系在不同历史时期的特征与目的，使公共关系的社会价值得以充分的挖掘和更好地利用。

第一节　古代公共关系的起源

公共关系作为一门独立的学科出现于 20 世纪初的美国。但是，公共关系作为一种客观存在的社会关系和一种思想与活动方式却源远流长。早在古代文明时期，那时的人类为了协调各个利益主体之间的关系，便有了不自觉的、类似的公共关系活动。

在国外，考古学家在伊拉克发现了公元前 1800 年巴比伦王国的一份农场公告，告诉农民如何播种，如何灌溉，如何对付病鼠害，如何收获庄稼，很像现代的农业组织发布的宣传材料。这一发现被称为人类历史上最早的公共关系活动痕迹。古代的埃及、索马利亚、巴比伦、亚述和波斯的统治者虽更多的是用武力、恫吓等手段来控制社会，但舆论手段的运用在处理与民众的关系上还是占有重要的地位。这些古代的帝王、政府都曾动用大量的金钱和人力去营造雕像、寺院、方尖碑、金字塔、陵墓、赞美诗及木乃伊等，用精湛的艺术描述他们东征西讨的英雄勋绩，树立统治者的声誉，宣扬自己的伟大和神圣的身份。有钱的王公贵族为了树立自己的形象，常常雇诗人给自己写赞美诗，试图通过这些有韵律的诗歌使自己的美名到处传扬。当时的西摩尼得斯和品达等，就是靠创作这种赞美诗歌以维持生活的人。由于当时这种以金钱收买诗人来为自己树碑立传、歌功颂德，利用诗歌来操纵舆论的做法很盛行，所以柏拉图在《理想国》一书中提出要禁止除了政府的诗歌以外的所有诗歌的主张。柏拉图的观点是十分清楚的，即：替政府宣传是正当的应该提倡，自我鼓吹标榜这种不正当的宣传，则应全部禁止。这不仅是一次试图用政府来控制传播媒介的例子，也是最早探讨自我宣传伦理问题的一次尝试。今天，我们从这些遗留下来的东西中仍然可见当年君王们制造舆论、控制舆论的意图。

古罗马时代，人们更加重视民意，并提出"公众的声音就是上帝的声音"。整个社会都推崇沟通技术，一些沟通技术的演说家往往因此而被推选为首领。在古罗马，第一位运用舆论工具的大师该推恺撒。当他被派往高卢去统帅军队时，在罗马军团进军的一路上，他都派人把军队的军旅生活、战斗情况写成报告送往罗马。这些报告使用人们所熟悉的语言，写得十分生动，因而常常被人在罗马广场上传诵。渐渐地在公众心中树立起自己的威望，为他凯旋归来时，顺利登上皇帝的宝座铺平道路。在恺撒时代，由于手抄小册子的流行，促使恺撒发行了世界上最早的日报——《每日记闻》，作为自己与臣民沟通的工具。

罗马贵族也雇用游说者赞美主人的美德，利用寺院、雕像和油画来粉饰自己，宣扬罗马帝国。同时，统治者还利用马戏表演、角斗表演等手段来麻醉人们，使人们不再关心社会的腐败与不公道，暂时忘记自己的贫困，以达到维护统治的目的。

古代基督教在全世界卓有成效的传播，不能不被认为是古代公众传播活动的又一典范。基督教的传教士们充分利用了当时所有的传播工具；利用罗马大道的方便；特别是通过说服各地的统治者，利用皇帝的政令；通过世界各国公众所能听得懂的语言；通过建立自己的传播网络"传信委员人"；通过布道演讲、各种函件、策划事件等类似的公共关系活动，来传播基督教的教义，让人们接受他们的影响，成功地把这一宗教传遍全世界。

在中国的古代，自发的公共关系活动也是广泛存在的。传说在尧舜时代，政府在宫廷外树立"诽谤木"，鼓励世人向政府进谏。《后汉书·杨震传》载："臣闻尧舜之时，谏鼓谤木，立之于朝"，这可能是古代政府征求民意的最初设施。古代殷商的部族首领已认识到民意和利用民意进行管理的重要。如，《尚书·洪范》中就记有这样一段解说占卜的文字："……汝则从，龟从，筮逆，卿士逆，庶民逆；作内吉，作外凶。"也就是说，部落要决定一件大事，如果卿士和庶民都不赞成，那么这件事就通不过，可见对民意的重视。

春秋战国时期，秦国宰相商鞅推行变法，为了取信于民，特地在城门口放了一根树干，并贴出告示："谁能将此树干从这个门口扛到另一个门口，就可以赏其十金。"开始人们都不相信，但有一个人完成了此事，真的得了赏金。第二天，许多希望这样轻松得到赏金的人又聚集到城门口，但这时没有了木头，而贴出了政府变法的公告。变法因商鞅"行必信，言必果"，从此在民众心目中树立了威信，这可以看成是一次成功的公共关系策划，在历史上被称为"徙木立信"。

中国古代也十分强调争取"民心"在事业成功上的重要性。所以有"得民心者得天下，失民心者失天下"之说。取信于民是中国古代争取民心的一种常用的方法。孔夫子曾讲过人与朋友交，要"言而有信"，"人而无情，不知其可也"。国家则"民无情不立"，如果失去了人民的信任，这个国家将无法生存下去。蜀汉的诸葛亮为了平息南中地区少数民族的叛乱，从根本上解决进取中原的后顾之忧，采用了马谡"攻心为上"的策略，七擒七纵叛乱部族首领孟获，让少数民族充分地了解和相信蜀汉的政策，终于取得南中少数民族的信任，心悦诚服地归顺蜀汉。统治阶级为了某种利益施"仁政"，也是中国古代常用来争取民心的方法。为赢得民心，燕昭王采纳郭隗的建议，求贤用贤，并亲自去"吊死问生，与百姓同其甘苦二十八年"，最后以爱民仁君的形象赢得人民的支持，雪了破国之耻。

古代中国在收集民意、利用民意的技术方面也有相当的发展。早在周朝时，宫廷就有"采诗"制度。中国最早的诗歌总集《诗经》，既是先秦诗歌艺术的总结，同时也是这种制度的反映。《诗经》中的《风》，大都是当时宫廷派出的"行人""道人"从民间收集来的诗歌。其目的之一，就是以此来体察民情民意。而《雅》和《颂》，主要是对统治者的歌功颂德，宣扬君王承天受命的宗法思想，其用意在于影响民意。

《尚书》中的"道人以木铎徇于路"，就是一种上情下传的传播方式；《左传》中的"子产不毁乡校"中的乡校，便是一种下情上传的途径。

中国古代的说服技术也已相当发达，说服技术被大量地用来作为协调各种社会关系的重要手段。如，触龙说赵太后，烛之武说退秦师，苏秦为合纵、张仪为连横而游说诸侯等，都成了后代研究如何利用说服艺术来协调各种关系的范例。

历代农民起义领袖也都十分注重利用各种传播手段来制造舆论，赢得民众的支持。从陈胜、吴广到李自成、洪秀全都各有经典做法。

在中国古代的一些经济活动中，人们都自觉或不自觉地运用各种传播手段和沟通技巧来宣传自己，树立自己良好的声誉和形象。张骞通西域、郑和下西洋在世界公共关系史上都占有十分重要的地位。

通观古代中外自发的公共关系，可以发现一些共同的特点：

(1) 盲目性。当时人们所开展的各种沟通、协调活动带有明显的自发性和盲目性，并没有真正认识公共关系的意义，他们的活动也都是出于一时之需，缺乏系统理论的指导，人们只是根据常识或直觉去做。

(2) 层次、范围都是很小的。由于当时社会生产力相对低下，经济还很落后，由于缺乏先进的传播手段，人们之间的经济关系还比较简单，人类早期的公共关系活动主要发生在政治领域，且带有强烈的政治色彩和伦理色彩。

(3) 古代的活动最常使用的媒介是各种艺术表现形式。由于受到当时社会经济基础的限制和社会结构的影响，一直是以诗歌、雕塑、建筑、戏曲及人际口头传播等为主要手段。

古代的"公共关系"只能算是一种"准公共关系""类公共关系"。

【案例 2-1】亚当斯的公共关系宣传活动

亚当斯(Adams)从 1750 年起，就和他的一些助手组织反英国统治的革命活动。亚当斯的公共关系宣传活动的基本做法是：

第一，他们利用一些出版物，不失时机地在新英格兰详细地公布不列颠殖民者的傲慢自大和压迫北美人民的罪行。从 1750 年到 1783 年的 34 年中，共印刷出版有 1500 多种攻击英国统治的小册子，其中有不少是亚当斯自己写的。出版宣传小册子是当时亚当斯公共关系宣传的基本工具。

第二，亚当斯还煞费苦心地建立了 13 个殖民地的通信网络——通信委员会。借此通信网来迅速通报英国统治者的胡作非为，以保持 13 个州的经常联系。

第三，亚当斯利用各种事件，包括人为事件，来加强双方冲突的程度。如"波士顿惨案"和"茶叶党人事件"等，通过这种戏剧性的活动，引起公众注意，引起讨论，形成社会舆论，扩大影响。

第四，在宣传技巧上使用徽记，如"解放树"等，来增强公众的认同和诱发公众的情绪。运用口号来使复杂的问题变为公众易于接受的东西。(资料来源：编者根据相关资料整理编写)

【案例 2-2】"子产不毁乡校"

春秋时期，郑国人喜欢聚集在乡间的学校里，七嘴八舌地议论国家主政的官员。大夫然明便对丞相子产说："下道命令，不让他们聚集议论，以免是非，可不可以呢？"子产说道："为什么要这样做？那些人早晚聚集在一起休息、谈笑，当然要议论我们把国家治理得好坏。他们肯定的，我就努力去做；他们讨厌的，我就马上改正；他们是我们的老师啊。为什么要打击他们呢？我只听说忠诚为善可以减少怨恨，没有听说以势作威就能防止怨恨。如果作威防怨而不能止住怨恨，就会像大河决口，我就无法救治了。所以，不如开个小决口，让人们的怨恨有发泄渠道，我就能从容地听从并改正了。"然明被子产的话折服了。弱小的郑国也在子产的开明治理下，出现了政通景明的气象。(资料来源：编者根据相关资料整理编写)

【分析】这可以理解为中国早期的舆论监督。若不让人讲话，则可能出问题。

【案例 2-3】老子《道德经》第八章

(详细内容请见课件对应内容。)

【案例 2-4】源远流长的中国古代公关

(详细内容请见课件对应内容。)

【案例2-5】三国时期刘备、曹操及孙权的公关

(详细内容请见课件对应内容。)

【分析】刘备的公关特点大致可以总结为：扮猪吃老虎、皇者身屈丝心、沟通留白、爱行天下；曹操善于组织内部公关，调动下属的积极性；孙权非常注意内部沟通，调动核心下属的积极性，同时也善于组织外部公关，与外部建立良好的合作关系，为发展创造良好的环境。

第二节　现代公共关系的产生

现代公共关系起源于美国，而美国的公共关系则起源于美国的独立战争。一方面，美国的独立战争与其说是殖民地人民反对专制民主的自发斗争，不如说是长期进行公共关系活动的结果。另一方面，20世纪初，美国国内阶级矛盾日益激化，现代公共关系就是在这一时期统治阶级对于反抗情绪的缓解与平抚过程中出现的。

一、现代公共关系发展的几个历史阶段

1. 愚弄公众时期

19世纪中叶后，美国兴起报刊宣传活动，这时的报刊为宣传而宣传，为追求宣传效果，不择手段，愚弄公众。其中以巴纳姆为代表，他的观点是"凡宣传皆好事"，人为挑起舆论争议。他的观念在当时广为流传，这是"公众受愚弄"时期，也是现代公共关系发端时期。当时许多企业雇用的报刊宣传员，编造了大量离奇的新闻，以便引起公众对自己及他们所代表的组织的关注。而最具有代表性的宣传员就是受雇于纽约一家马戏团的菲尼斯·巴纳姆(Phineos Barnum)。他一改常规的方式，不是直接去宣传马戏团的演出如何精彩，而是说马戏团有一名黑人女仆海斯，她已经160多岁了，曾经养育过美国第一任总统华盛顿。在报纸上发表了这一耸人听闻的"新闻"以后，他又借用不同的笔名向其他报刊寄去许多"读者来信"，其中，有的说人不能活160岁，巴纳姆是个骗子；有的说巴纳姆发现了海斯，是一大功劳。他人为地炒热了这一"新闻"的结果，就是引起了公众的好奇心，纷纷要求到马戏团一睹海斯的风采，为马戏团引来大量的顾客。但是很巧，不久海斯就去世了，人们对她进行了尸体解剖，确定她最多不超过80岁。一时舆论哗然，人们纷纷谴责巴纳姆是个骗子，可是他竟厚颜无耻地说："凡宣传皆是好事"，只要别把他的名字拼错了。

从"巴纳姆事件"可以看出，在报刊宣传运动时代，每个报刊宣传员在争取顾客的关注时，都是不择手段地制造神话，甚至不惜愚弄公众。他们只顾为企业赚钱，完全不顾公众的利益，甚至公开嘲笑、谩骂公众。美国铁路大王范比尔德一次在接见记者时竟说："让公众见鬼去吧！"这话在很大程度上代表了那个时代资产者及其代理人的心态。所以，报刊宣传运动还不是真正意义上的公共关系，因为他们并没有认识公众的作用，以公众利益为出发点。从思想实质上来看，这时期实际上是一个反公众、反公共关系的时期。不过，当时巴纳姆等人运用报刊等大众传播媒介为组织进行宣传，已经具有现代公共关系活动的

萌芽。这种报刊宣传活动有两个致命的弱点：(1)这种宣传不顾公众利益，靠制造新闻来愚弄公众；(2)不择手段地为自己制造神话，欺骗公众。

报刊宣传活动，在促进公共关系发展成为一种有组织的活动方面具有积极意义。巴纳姆是这个时期最有代表性的报刊代理人。但他的欺骗性的宣传，从根本上说是与公共关系的宗旨背道而驰的。因此这个时期在公共关系的历史上成为一个不光彩的时期。后来，人们以此为鉴，明确了在公共关系活动中，必须奉行诚实、公正和维护公众利益的原则和精神。

2. 单向灌输观念时期

单向传播式的公共关系是职业公共关系开创的时期，其主导思想是：组织对公众必须坦率和公开。其特点是：组织为自身利益单向性的向社会公众传输信息。艾维·李是这一时期的代表人物。

艾维·李(Ivy Lee)(1877—1934)是美国佐治亚州一个牧师的儿子，毕业于普林斯顿大学，曾就读于哈佛大学法学院。他曾经是《纽约时报》和《纽约世界报》的记者。1903年，艾维·李辞去了《纽约世界报》记者的职务，开始投身于公共关系方面的工作。1904年，他与资深记者乔治·帕克一起，创立了美国第三家宣传事务顾问所，为一些企业家和政治家进行形象方面的宣传。

艾维·李针对巴纳姆式宣传活动的局限性，提出了"说真话"的宣传思想，他认为，一个企业、一个组织要获得良好的声誉，不是依靠向公众封锁消息或者以欺骗来愚弄公众，而是必须把真实情况披露于世，把与公众利益相关的所有情况都告诉公众，争取公众对组织的信任。一旦披露真实情况对组织不利的话，那就应该调整组织的行为，而不是去极力掩盖真实情况。他从事公共关系工作的原则是"公众必须迅速被告知"和"向公众说真话"，使公共关系走上了一条正确的道路。不过在艾维·李时代，公共关系尚处于开端时期，它仅仅是一种艺术，尚未成为一门科学。艾维·李本人以及他的同事们，大多是从新闻记者改行过来的，他们都还是运用新闻记者的经验或直觉去开展工作。

【案例2-6】杜邦的"门户开放"

19世纪末，伴随着"揭丑运动"，许多企业开始修建开放透明的"玻璃屋"，增强企业的透明度，建立与新闻界和社会公众的联系。杜邦化学工业公司(以下简称"杜邦公司")就是其中的佼佼者。

杜邦公司是一家从事炸药生产事务的化学公司。当时化学工业刚起步不久，工艺技术尚不很先进，公司里难免发生一些爆炸事故。起初公司当局采取保密政策，一律不准记者采访。结果大道不传小道传，社会公众对此猜测纷纭，久而久之，杜邦公司在社会公众心目中留下一个"杜邦——流血——杀人"的可怕形象，对杜邦公司的市场扩展与企业发展造成极其不利的影响，杜邦为之深感苦恼。后来，他的一位报界挚友建议他实行"门户开放"政策，杜邦公司采纳了他的建议，并聘请这位朋友出任公司新闻局局长。此后，公司在宣传方面改弦更张，坚持向公众公开公司事故真相与公司内幕；同时精心设计出一个口号并予以广泛宣传："化学工业能使你生活得更美好！"且重金聘请专家学者在公众场所演讲；此外，还积极赞助社会公益事业，组织员工在街头义务服务。一举改变了"杜邦——流血——杀人"的可怕形象。(资料来源：编者根据相关资料整理编写)

【案例 2-7】艾维·李处理矿工罢工危机

(详细内容请见课件对应内容。)

3. "投公众所好"时期

艾维·李是现代公共关系的创始人,他的公共关系实践被认为是"只有艺术,无科学"。他虽然有丰富的公共关系实践经验,但没有提出系统而科学的公共关系理论。真正为公共关系奠定理论基础、使现代公共关系科学化的人,是现代公共关系的先驱,美国著名公共关系学者爱德华·伯内斯(Edward. L. Bernays)。他于 1891 年出生在奥地利的维也纳,是著名心理学家弗洛伊德的外甥,他从小随父母移居美国,1912 年大学毕业后从事新闻工作。1913 年担任福特公司公共关系经理,提出企业要承担社会责任。1919 年,夫妇俩创办了第一家公共关系公司。

伯内斯更注重公共关系的理论研究,并努力使之形成一个独立的科学体系。1923 年,他出版了论述公共关系理论的著作——《舆论明鉴》,这是第一部研究公共关系理论的专著,因而被视为公共关系发展史上的一个里程碑。在这本书中,他对公共关系的实践进行了系统的研究,使之形成一整套理论。他提出了"投公众所好"的根本原则,主张一个企业或组织在决策之前,就应首先了解公众喜好什么,需要什么,在确定公众的价值取向以后,再有目的地从事宣传工作,以便迎合公众的需要。伯内斯的思想比艾维·李前进了一步,不仅是在事情已经发生之后去对公众说真话,而且要求企业通过对公众的调查,根据公众的态度开展公共关系工作。同时,他将艾维·李的活动与 1897 年美国《铁路文献年鉴》中出现的"公共关系"一词结合了起来,使这一词语具有了科学的含义,并在社会上流行开来。从此,公共关系正式从新闻领域分离出来,成为一门独立而又系统的管理科学。同年,他在纽约大学首次讲授公共关系课程。1928 年他出版了《舆论》,从而使公共关系的基本理论和方法形式成为一个较为完整的体系,1952 年他出版了教科书《公共关系学》。

伯内斯公共关系思想的核心是"投公众所好"。他认为以公众为中心,了解公众的喜好,掌握公众对组织的期待、要求和态度,确定公众的价值观念应该是公共关系的基础工作,然后按照公众的意愿进行宣传工作,才能做好公共关系工作。

伯内斯对现代公共关系的重要贡献主要表现在:公共关系活动职业化;公共关系摆脱了对新闻的从属,初步建立了现代公共关系的理论体系。

4. "双向对称"时期

双向对称式的公共关系是当代公共关系发展的高级阶段,它强调"双向沟通、双向平衡、公众参与"。这时期的代表人物是美国著名学者斯科特·卡特里普(Scott. M. Cutlip)和阿伦·森特(Allen. H. Center)。1952 年,他俩合作出版了一本公共关系学方面的权威著作——《有效的公共关系》。在这本书中,他们提出了"双向对称"的公共关系模式。这种公共关系理论比伯内斯又进了一步,因为它把公共关系看成了组织与公众之间的一个互动的过程,这才是现代公共关系的真正本质。《有效的公共关系》一书提出的"四步工作法"成为公共关系工作中最重要的工作流程。至此,现代公共关系学的理论框架基本构成,进入了它的成熟阶段。此后公共关系的技巧虽然不断地发展,但体系基本稳定下来。特别难能可贵的是，卡特里普和他的学生们根据全世界公共关系的发展，不断地对自己的著作进行修订。2000年，格伦·布鲁姆也加入这一工作，该书已经修订出版了第8版，成为公共关系领域最具权威性的教科书。

双向对称模式提出的理论前提有两个：一是把公共关系看作封闭系统还是开放系统；二是把公共关系看作一种"工作"，还是一种"职能"。所谓"开放系统"，就是不停地对外界环境变化做出反应，通过与外界环境的交换而得到生存与发展。"开放系统"的公共关系模式被格鲁尼格(Gruning)和亨特(Hunter)称为"双向对称"模式。这个模式表明沟通是双向的，而且信息交流改变着组织和公众关系的双方。开放系统的"双向对称"公共关系模式的基本思想：一方面把组织的想法和信息向公众进行传播和解释，另一方面又要把公众的想法和信息向组织进行传播和解释，目的是使组织与公众结成一种双向沟通与对称和谐的关系。

"双向对称"模式的提出，把公共关系实践活动的本质予以理论抽象，并将公共关系理论的知识体系发展到战略性的高度，使公共关系在很大程度上达到了专业水平。

20世纪50年代以来，公共关系的实践和理论研究进入了一个全新的发展时期。1955年5月国际公共关系协会在伦敦成立，1992年会员已发展到五大洲62个国家和地区919名会员，这标志着公共关系已作为一门世界性的行业而独立存在。

在这一时期，以萨姆·布莱克(Sam. Black)、斯科特·卡特里普(Scott. M. Cutlip)、阿伦·森特(Allen. H. Center)、杰夫金斯(Jefkins)和格鲁尼格(Gruning)等为代表的一大批公共关系大师，在理论和实践上把公共关系推向一个新的历史发展阶段。特别是卡特里普和森特等合著的《有效的公共关系》(Effective Public Relations)一书，被美国公共关系协会定为美国高校公共关系课程的标准基础教材，被誉为公共关系的"圣经"。

【案例2-8】小米手机利用粉丝团进行双向沟通

2011年，在第一款小米手机上市之前，小米公司一直在吊人胃口。从开始的内部供应商爆料，到后来的关键信息公开，最后，雷军以乔布斯超级粉丝的名号召开了一场酷似苹果的发布会，一点点地积累期望并吸引人们的眼球，各个环节都充满了话题性，最终产生了两天预订超过30万台的结果。

从本质上来说，小米卖手机的方式和明星开演唱会并没有什么不同，找准目标市场，努力包装自己，开演唱会之前放出一些八卦传闻来炒作预热，吊足了粉丝的胃口之后，定好时间，发出邀请，粉丝们长久积累的热情终于有了释放的通道，于是票房大卖，所有人皆大欢喜，都期待着下一个循环。

以某个人、某件事或者某种爱好的圈子形成之后，情绪就可以在这个有共同特质的圈子里飞快传播。粉丝团的特征在于，圈外人看得云里雾里，常常表示无法理解，而圈内人则乐在其中，享受着与同好们分享感受的认同感和亲密感，他们的标的物可能是某个明星、某种产品、某种旅行方式，这些将人们连缀起来，使大家有了聚在一起的理由。很多时候，他们一起做的事情已经超出爱好的范围，比如小米粉丝团的活动就延伸到了同城交友之类，跟手机本身已经没太大关系了。表面上看，粉丝们是在追捧偶像，实际上他们是借此来寻找同类，缓解现代社会中无处不在的孤独感。

小米能有今天的业绩和影响力——2012年销售手机719万台，营业收入126.5亿元，就在于它玩转了互联网时代的粉丝经济学，营建出活跃的用户社区，从研发到营销，始终同用户在一起。

在网上破例销售"工程机"(工程机就是半成品)，因为每个人使用习惯不一样，关注的功能就不一样，这样的测试除了可以更快速更广泛地知道产品优劣性之外，还能获得更多更全面的评价和信息，丰富了网络上对小米手机的各种声音，从而让大家更好更深入地了解这款产品。

【分析】从这个案例中，我们不难发现，小米的成功不仅取决于它的"饥饿营销"的成功，还有更多的是取信于公众，从而从公众那里吸收支持。对此，它的成功之处主要有：

(1) 销售工程机使小米公司能生产出更加符合人们需求的产品，并且扩大了对小米手机的宣传，从而为小米赢得了更多的客户。

(2) 小米手机不断改进，小米论坛上吸收不少意见，全民智慧体现于此。

(3) 小米手机很好地抓住了用户群，他们并不是雷军说的小米发烧友，而是喜欢新鲜玩意的"手机"发烧友，小米仅仅是这群发烧友的子集。

(4) 找到自己的用户群在哪里，为他们量身定做，必然收获不小。(资料来源：纪晓祎.小米：参与感,新营销的灵魂//商学院[J]. 2013，12. 经编者删减调整)

二、现代公共关系的产生原因

现代公共关系的兴起，并非某些天才人物心血来潮时的创造，它是社会经济、人类社会制度和科学技术发展到一定水平的产物，是有其深刻的历史原因的。

1. 从社会经济的发展看，公共关系事业是近代商品经济和社会化大生产的产物

社会化大生产带来了社会各组织间的分工与合作，随着企业专业化程度的提高，企业与各社会组织间的相互依存关系也进一步发展。在现代社会里，任何社会组织机构都成了社会生活有机组成的一部分。任何企业的危机、罢工、停产或减产都将对整个社会机能产生或多或少的影响，都有可能触及社会其他组织的利益。如何解决好各组织间的摩擦、协调其关系已是直接关系到整个社会发展的大事。大量生产，导致大量销售，商品交换的数量越大，范围越广，社会整体性作用也就越强。

商品经济的高度发达，使人类完成了从自然经济向市场经济的过渡，并逐渐进入了商品经济的发达阶段，人与人之间的关系发生了根本的变化，传统社会中那种具有强烈人身依附色彩的人际关系逐渐让位于开放的、可变的、广泛的人际关系。在市场经济社会里，除了传统意义上的家庭关系、地域关系，人与人之间更多的关系则是由于商品交换而形成的利益关系，公共关系的思想与实践也随之发展起来。

可以肯定地说：公共关系是一种适应社会化大生产的现代文明经营观念。当商品经济发展到一定程度，就必然把它应用于生产实践之中。

2. 从社会制度的发展看，公共关系的产生是社会民主化发展进程的一个重要组成部分

第一，民众社会地位提高，公众队伍形成，公众有了维护自己合法权利的可能。第二，民主制度的建立提高了民众的参与意识，而民主政治的每一步都需要公共关系活动的配合。第三，言论自由、出版自由是民主制度的重要支柱，也是公共关系运行的重要保证。

【案例 2-9】首相座椅该多大

(详细内容请见课件对应内容。)

【分析】尊重公众就是要让公众感觉到受到平等相待、内心真正感觉舒服而绝不是自说自话，口是心非。

3. 现代管理理论的发展

公共关系是社会组织的一项重要管理职能，它的发展与管理学的发展密切相关。20 世纪以来，西方管理学领域中的两种思潮对公共关系的发展影响极大，一是科学管理理论，二是人际关系理论。

1911 年，弗雷德里克·泰罗(Frederick Taylow)系统地总结了他的管理学说，出版了《科学管理原理》一书。泰罗在书中虽然强调了要在管理人员和广大工人之间建立一种和谐的关系，但由于时代的限制，其理论的核心仍然是如何控制机器的附属品——工人，以便最大限度地提高劳动生产率。在这种理论指导下，当然没有内部公共关系工作可言，所以在公共关系发展的早期，公共关系活动都是面对外部公众的。

影响公共关系发展的第二种管理理论是人际关系理论。20 世纪 20 年代，哈佛大学教授梅奥(Mayo)在著名的"霍桑实验"中提出了如何激励人的积极性从而提高工作效率的问题。人际关系理论的出发点是：工人是"社会人"，劳动对于人来说恰如娱乐和休息一样自然；在为既定目标奋斗的过程中，人有自我引导和控制的能力；对目标的执着追求而取得的成功本身就是一种报酬；在一般情况下人们不仅接受而且谋求责任；为解决组织的问题而激发的想象力、聪明才智和创造力是一种普遍现象。以后，美国管理学家麦格雷戈(McGregor)把泰罗的理论称为 X 理论，把人际关系理论称为 Y 理论。人际关系理论注意到了工人的人格尊严以及个人价值，注意到了生产过程中要发挥工人的积极性。在这种理论的指导下，组织内部公共关系的问题提了出来，并得到迅速的发展。

4. 大众传播事业的发展

20 世纪以来，大众传播事业获得了长足的发展，为公共关系的发展提供了必要的技术手段。进入工业社会，生产的社会化使人们之间有了进行交往的迫切需求。只有占有充分的信息资源，一个企业才能在激烈的市场竞争中永远立于不败之地。近代有了公路、邮政、报刊，才有了报刊宣传运动，有了公共关系的萌芽。进入 20 世纪，由于电报、电话、广播、电视、计算机、互联网络等电子媒体的发展，使信息可以迅速地传播到大众中，公共关系从而也获得了飞速的发展。社会组织可以运用各种传播工具与公众进行沟通，因此，可以从公众中采集信息，又把组织的信息传达到公众中间去，最终达到为组织树立形象的目的。特别是计算机互联网络的发展，已经引起了人们的普遍关注，在互联网络中传播信息，具有更迅速、更广泛、更自由的特点。

【案例 2-10】曾国藩：受得了多大的委屈，就做得了多大的事

(详细内容请见课件对应内容。)

【分析】胸怀宽广大度之人，往往会成为大家交往的中心人物，并且非常值得信赖。而那些心胸狭窄之人，就完全不同了，因为其度量狭小，致使人与人之间滋生猜疑和嫌隙。一个胸怀宽广大度的人，懂得忍让、谦逊、礼貌，与人沟通交流就会为自己赢得主动。

【案例2-11】胡雪岩：为别人撑伞

(详细内容请见课件对应内容。)

【分析】你肯为别人付出，别人才愿为你付出。不在别人遇到苦难时袖手旁观，无动于衷；不在别人落难时不闻不问，落井下石。肯为别人打伞，才是一生最大的财富。

人生在世，并不是充满竞争和掠夺，更多的是共赢。有了这种人格，人生定会收获物质和精神的双重财富。

第三节　现代公共关系在国外的发展状况

一、公共关系在国外的发展

(一)美国公共关系的新发展

美国是现代公共关系的诞生地，也是公共关系发展的中心。1960 年，美国公共关系的从业人员达到了 10 万人，职业公共关系公司 1350 家，75%的企业设立了公共关系部。而到了 1985 年，公共关系从业人员达到 15 万人，公共关系公司超过 2000 家，85%的企业设立了公共关系部或者长期外聘公共关系顾问。2012 美国劳动统计局报告说美国国内从事公共关系职业的人数将近 32 万人。另据统计，目前，美国现在有 5000 多家公关公司、2100 个商业协会、189 家驻外使馆以及 350 个联邦政府部门、办公处、代理处设立了公关部门。可以说在现代的美国，任何一个组织离开了公共关系都将寸步难行。具体表现在以下几个方面。

1. 美国公共关系教育逐渐普及

美国的公共关系教育已逐渐普及。1947 年，波士顿大学开办公共关系学院(后改名为公众传播学院)，并设立公共关系硕士和博士学位，公共关系学作为一门正式学科登上大学讲坛。1956 年，全美公共关系教育委员会设立了公共关系教育与研究基金。一年后，美国公共关系协会又成立教育咨询委员会。这些都成为推动建立学术团体、支持公共关系教育与学术研究、促进公共关系领域朝着专业化发展的重要力量。到 20 世纪 80 年代，全美已有400 多所大专院校开设公共关系课程。据统计，到 2008 年，美国 162 所大学设置了公共关系专业，其中有 128 所大学专门单设公共关系专业，还有 44 所大学则将广告与公共关系合并设置为"广告与公关"。另外，美国目前有 50 多所大学设立公共关系硕士学位并开设相应的课程，其中 18 所大学可授予公共关系博士学位。全美有 3 家正式出版的公共关系杂志，数百家专业通信机构，出版了 5000 多种公共关系著作。公关教育目前注重理论研究与具体实践活动的结合，强调公关的可操作性，比如公关谈判、公关策划、危机公关等。

2. 美国的各种公共关系协会纷纷成立

1948 年，由美国公共关系理事会与国家公共关系顾问协会合并成立了美国公共关系协会(Public Relations Society of America, PRSA)，哈罗博士任第一届主席，PRSA 是全美最大的公共关系人员的组织。截至 2007 年年底，该会已拥有 20 000 名会员，有 116 个地方分支机构。该会的目的是促进美国公共关系事业的发展。该会要求很严，会员资格规定为"必须是有信誉的公共关系专家"，入会时不仅要申请，而且要通过考试。1954 年，该会制定了《公共关系人员职责规范守则》，来作为维护公共关系信誉和职业道德的"行业法律"。1968 年，美国公共关系国家理事会(NCPR)成立。1976 年，人类沟通委员会(NCCHS)同美国公共关系协会合并，成立了世界上最大的职业公共关系组织。除了全国性的综合协会外，美国还出现不少全国性的专业协会，如美国公共关系学生会、农业关系协会、美国医院公共关系协会、化学公共关系协会、银行业务协会、政府公共关系协会、图书馆公共关系协会、国家卫生福利事业公共关系协会、国民小学公共关系协会、铁路公共关系协会、宗教团体公共关系协会等。

3. 公共关系职业化程度越来越高

由于美国的公共关系已经在各行各业中显示出神奇的功效，因而从行业中、管理与行政职能中逐步分化出来，成为一种独立而热门的职业。全美 1937 年才有公共关系人员 5000 多人，到 2007 年已有 20 万人之众，还有数千名在海外工作。公共关系公司也从 1937 年的 250 家，发展到 1980 年的 2000 多家。企业设立公共关系部的数量也大增。1937 年，全美最大的企业中只有 20%设立公共关系部或外聘公共关系顾问，1960 年提高到 75%。1967 年的调查显示，资产在 500 万美元以上的公司已有 85%设立公共关系部或外聘公共关系顾问，它们的总年度公共关系预算已达 20 亿美元。1980 年，全美前 500 家企业中，有 436 家(占 86.4%)设公共关系部。公共关系活动已深入美国绝大部分领域。美国不仅是公共关系的发源地，也是世界上公共关系事业最为发达的国家。

【案例 2-12】安利公关

(详细内容请见课件对应内容。)

(二)欧洲公共关系的发展

20 世纪 20 年代以后，公共关系传入欧洲，起初公共关系在欧洲被接受得很慢。这主要是由欧洲经济上垄断的特点以及传统的经营管理思想的阻碍造成的。多数的企业拒绝公开它们的财产和管理作业的情况，不让职工和社会了解企业的活动。另外，在很长的一段时期里，欧洲的新闻界对公共关系抱有怀疑的态度。他们怀疑公共关系活动是一种欺骗报纸杂志、诈取免费广告的伎俩。不少报刊拒绝在报道中使用企业的字眼，在广告的购买上也给予限制。这种抗拒心理起初虽很强烈，但在世界竞争面前，眼看美国做法的成功，欧洲各国再也不能无动于衷，模仿美国经营方法的心理也自然产生。欧洲企业界、新闻界态度的转变，使欧洲的公共关系事业在二十世纪四五十年代迅速地发展起来。

1946 年，公共关系在法国崭露头角。第二次世界大战后，法国人在建设中认识到，企业对社会和公众开放，既能收到良好的经济效果，又能在社会中提高知名度，树立良好的形象。为适应企业与社会之间的新变化，许多企业积极开展多方面的公共关系工作。例如，向社会公众开放工厂，注意加强社区联系等。法国在发展公共关系时，一开始就将公共关系视为一门学科，在大专院校设立公共关系专业，培养高素质的公共关系人才。1955 年，法国公共关系协会成立后，现代公共关系在法国得到迅速的发展。

20 世纪 40 年代，欧洲的几个主要资本主义国家都先后组织了全国性的公共关系组织，其中最大的是 1948 年在伦敦成立的英国公共关系协会(Institute Public Relations，IPR)，第一位会长是泰伦兹爵士。现该组织已发展至拥有 50 个国家和地区(主要是以英联邦国家和地区为主)的 2500 名会员。到 20 世纪 70 年代中期，各种公共关系机构在英国已约有 5400 个，法国约有 2000 个，前联邦德国约有 1000 个，意大利约有 850 个。英、法、意等国也都先后设置公共关系的高等教育课程或专业。1959 年，在比利时成立了由比利时、英国、希腊、荷兰、联邦德国等国参加的欧洲公共关系联盟(CEPR)，它是目前欧洲公共关系组织的中心，现已拥有 142 个以上的集体会员和数百名个人会员。

【案例 2-13】法国白兰地的精彩"亮相"——寻找时机的名人效应策划

1957 年某日，美国首都华盛顿的主要干道上竖立着巨型彩色标牌："欢迎您，尊贵的法国客人！""美法友谊令人心醉！"整洁的售报亭悬挂着一长列美法两国的小国旗，它们精致玲珑，在微风中轻柔地飘拂，传递着温馨的情意，在报亭主人特意设计绘制的"今日各报"的广告牌上，最鲜艳夺目的是美国鹰和法国鸡干杯的画面以及"总统华诞日 贵宾驾临时"及"美国人醉了！"等大标题，马路上，许多轿车、摩托车、自行车涌向白宫……

白宫周围，已是人山人海。人们满面笑容，挥动法兰西小国旗，期待着贵宾的出场。

贵宾是谁呢？不是政府要员，不是社会名流，在美国总统艾森豪威尔诞辰日，光临华盛顿的法国特使却是两桶法国白兰地！

这是怎么回事？原来，这是法国公共关系专家精心策划的一幕公共关系杰作。

白兰地当时在法国国内已享有盛誉，畅销不衰。厂商的目光开始瞄向美国市场。为此，他们邀集了几位公共关系专家，慎重研讨公共关系方案。

受聘请的专家们通过调查，搜集了有关美国的大量信息，并经仔细斟酌，提出了一项颇具新意的设计，其要点如下：

公共关系宣传的基点是法美人民的友谊，整个规划的主题是"礼轻情义重，酒少情意浓"。择定的宣传时机是美国总统艾森豪威尔 67 岁寿辰。要求公共关系活动尽可能广泛地利用法美两国的新闻媒介，赠送的是两桶窖藏长达 67 年的白兰地酒。贺礼由专机送往美国，酒桶特邀法国著名艺术家特别设计制作。然后于总统寿辰日，在白宫的花园里举行隆重的赠送仪式，由 4 名英俊的法国青年身穿法兰西传统的宫廷侍卫服装抬着这两桶白兰地正步前行，进入白宫。

这项公共关系规划立即得到公司最高决策者的批准，并且获得法国政府的赞赏和支持，外交渠道的绿灯也亮了。于是，美国公众在总统寿辰一个月之前就分别从不同的传播媒介获得了上述信息。一时间，法国白兰地成了新闻报道、街谈巷议的热门话题。千百万人都翘盼着这两桶名贵的白兰地的光临。于是，便出现了前面所述的万人空巷的盛况。

当这两桶仪态不凡的美酒亮相时，群情沸腾，欢声四起，有些人甚至大声唱起了法国国歌《马赛曲》。此刻，美国公众似乎已经闻到了清醇芬芳的酒香，更由此而品尝到了友谊佳酿的美味。从此，法国白兰地就昂首阔步地迈进了美国市场，国家宴会和家庭餐桌上几乎都少不了它的倩影！(资料来源：熊源伟. 公共关系案例[M]. 合肥：安徽人民出版社)

【分析】大家都知道名人效应，但是要真正利用好并非易事。法国白兰地成功的公关技巧不仅是在美国总统生日这天送了酒，更重要的是怎么送、用什么桶、什么人送、穿什么衣、在哪儿交接等。公共关系活动要精心策划，于细处下功夫。

【案例2-14】小红书推广策划案

小红书作为一个社区电商平台，近90%的用户年龄集中在20～39岁，这个年龄段的用户喜欢晒好物和记录美好生活，正好与小红书的发展理念不谋而合，小红书给予了用户展示的平台。小红书的崛起让不少品牌看到了机会，借助明星效应和达人跟随，让品牌或产品在短时间集中爆发；深入种草、使用技巧、购买链接……以分享为前提带动吃、穿、玩、乐、买，形成"创意制作、明星推荐、KOL种草、引导购买"营销闭环。

小红书的推广套路有5个基本步骤。第一步，发起话题。以大数据分析、目标人群画像以及同行竞品词数为依据构思话题。第二步，网红炒作。从一个网红到几十个网红一起的安利，吸引各路KOL形成独特的UGC氛围。第三步是粉丝互动。同步推出粉丝互动活动，借助粉丝力量产生"病毒式"裂变。第四步是热门推荐。掌握小红书平台内容推荐机制，内外部手段结合，让效果立竿见影。最后一步是购买。笔记或视频中软植入商品链接，提升购买率。所以，优质内容驱动消费的营销方式，已经成为小红书推广的主流选择。(资料来源：http://www.opp2.com/140362.html)

【分析】小红书的成功在于科学合理的策划运作。

(三)亚洲公共关系的发展

日本国内正式推行公共关系管理，是在第二次世界大战之后，在驻日美军总部的建议下，日本政府军中开始设立"广报科"。20世纪50年代后，公共关系作为一种独立的行业在日本发展起来。目前，日本有公共关系专业机构近40家，其中年营业额达7亿日元的有10家。日本的公共关系活动后来者居上，在日本产品占领国际市场的竞争中发挥了重要作用。1964年，日本成立了公共关系协会。许多专家认为，战后美国引入日本的公共关系，是促使日本经济快速发展的一个重要因素。

20世纪50年代初中国香港设立了公共关系部。20世纪50年代末60年代初，中国台湾全面推行公共关系管理。

【案例2-15】松下电器公司的公共关系活动

每天8:00，松下电器公司遍布各地的87 000多名职工都在背诵企业的信条，放声高唱《松下之歌》，松下电器公司是日本第一家有精神价值观和公司之歌的企业。

松下先生十分强调"人情味"的管理，学会合理的感情投资和感情激励，即拍肩膀、送红包和请吃饭。

为了消除内耗，减轻员工的压力，松下电器公司公共关系部还专门开辟一间"出气室"。里面摆着公司大大小小行政人员与管理人员的橡皮塑像，旁边还放上几根木棒、铁棍，假如哪位职工对自己某位主管不满，心里有怨气，你可以随时到这里，对着他的塑像拳脚相加棒打一顿，以解心中积郁的闷气。过后，有关人员还会找你谈心聊天，沟通思想，给你解惑指引。

松下电器公司不仅鼓励员工随时向公司提供建议，而且由职工选举，成立了一个旨在推动提供合理化建议的委员会，在职工中广为号召，收到了良好效果。1975年1月10日，公司的技术部有职工1500名，提案就多达7.5万件，平均每人50多件；1976年，全公司60 000多员工共提出663 475条建议，其中被采用的达61 299条。公司对每一个提案都认真对待,及时、公正地评审,视其价值大小给予奖励,即使没采用,公司也给适当奖励。仅 1976 年,公司用于奖励合理化建议就支出 30 万美元,而职工合理化建议所产生的经济效益则远远不止 30 万美元,松下公司劳工关系处处长阿苏津说:"即使我们不公开提倡,各种提案仍会源源而来,我们的职工随时随地——在家里,在火车上,甚至在厕所里,都在思索提案。"公司创始人松下幸之助,希望每个员工都参与管理,每个员工都视自己为其工作领域的"总裁"。

并非每个员工都会主动地发表自己的意见,参与到组织的经营管理中来,这就要求企业公共关系部门做好以下工作:(1)编发合理化建议手册,并告诉员工如何向企业提出合理化建议;(2)将合理化建议制度化、规范化;(3)设立合理化建议评审委员会和奖励基金;(4)定期组织员工之间在这方面的业务交流,促使他们不断地提高。(资料来源:编者根据相关资料整理编写)

【分析】培养员工积极向上的精神价值观,为职工所想,鼓励他们经常提出合理化建议,可以增强职工的责任感和自信心,从而调动职工的主动进取精神。

【案例 2-16】从公关角度看中国游客为何爱到日本"扫货"

2016 年 2 月,一位著名企业家说,他昨天刚见了一个日本代表团。根据日本人的统计,近几年,中国人到日本去买商品与网购的价值总额是一个惊人的数据:3 万亿美金。为什么中国游客千里迢迢赴日购买陶瓷菜刀、不嫌麻烦地扛马桶盖回国?主要从以下三点分析:

一、塑造良好的产品形象、品牌形象

商品质量好,精致耐用,产品设计注重人性化,追求完美细节,商家对商品质量把关。

日本从小巧玲珑的手工艺品,到精致别雅的庭院,都可以体会到日本人苛求细节完美的精神。自然,在制造日常生活用品方面,他们也精益求精,甚至到了"吹毛求疵"的程度。这种精神由来已久。在日本,只要专注、踏实地做好一件物品,哪怕只是一枚螺丝钉,也能获得成功,这形成了一种独特的"匠人文化"。

小泉仁左卫门是日本东北地区著名日用品"南部铁水壶"第十代传人,其家族从约 350年前的江户时代起,便开始专门制造铁水壶。经过 10 代人毕生钻研和技术积累,由小泉仁纯手工制造的"南部铁水壶",其做工之精细超过很多艺术品,而用它煮出的水味道与其他水壶煮的就是不一样,虽然单价在 2 万元人民币以上,但仍然受到不少中国人的追捧。这种世世代代专注于制造日常用品的手工匠家族,在日本并不鲜见,他们的故事经常被电视台搬上荧屏。东京广播公司(TBS)电视台有一档名为《震惊世界的日本职人》的节目,专门介绍各地工匠的绝活。最近一期节目介绍了毕生研究怎么做好一把扫帚的职人,其手制扫帚售价达 5000 元人民币。

日本 Hardlock 公司的业务很专注,也可以说很单一,就是生产螺丝和螺母,但它家的螺母是经历了 20 年才研究生产出的"永不松动的螺母",被广泛用于日本新干线、中国高铁等铁路上。

随着近两年日元汇率暴跌,加之日本政府去年扩大免税品类范围,化妆品等同类产品在日本的售价已明显低于中国国内,吸引不少中国人到日本采购。但中国游客到日本"扫货"的原因并不仅仅是因为价格便宜。出于防止技术外泄等考虑,日本企业一般把最好的产品留在日本国内,造成同一品牌国内外在售产品存在质量和技术上的差距。在日工作的夏先生对记者说，日本在售花王"尿不湿"，孩子穿一整天都很干爽，质量明显高于中国在售花王产品。由于中国人抢购"尿不湿"，日本商场甚至已开始限购。

归根结底，日本制造产品的优良品质、精美外观和贴心设计才是中国游客爱到日本"扫货"的主要原因。有记者在东京一家药妆店碰到"扫货"完毕的小学教师丁老师，她拿着一副折合人民币 100 多元的眼罩说："这眼罩质感特别好，还带加热功能，国内买不到。"她告诉记者，这是她第一次来日本，发现很多日用品确如传言一样，都很精致，"一看就想买"。"东西价格比国内贵，但听说很耐用，我觉得挺值。"她说。

产品的人性化设计是"日本制造"的一个著名"标签"。日本雨伞的伞柄都带有一个透明的小框，可以将写有姓名的纸片搁在里面，防止拿混。儿童毛巾带有挂扣，方便孩子在幼儿园或小学悬挂。日语中有个词叫"配虑"，大概意思是替别人着想。日本人为人处世格外注重"配虑"，日本日常用品的功能设计如此贴心和人性化与这种精神分不开。只有将用户体验放在第一位，才能想出如此贴心的小设计。

日本产品质量好是靠口碑的，大家公认的，并不是靠宣传。

二、日本在服务形象的塑造和员工形象的塑造方面有着过人之处

在日本他们就真的是把顾客当成了上帝，崇尚的是顾客说的永远都是对的，服务人员的言谈举止，都是要很有礼貌的，不能有一点的侵犯的，而且这里的服务会让人很舒服。

有人在日本亚马逊网站上买了一个螺丝钉，居然送过来一个大纸箱，实在让人捉摸不透，结果打开箱子找了半天才发现螺丝钉。亚马逊虽然是美国的公司，但是它的日本分公司却非常接地气地继承了日本服务第一、精益求精的精神。其中就体现在这令人惊讶的配送包装上，比如说一个纽扣电池也要被装在大箱子里。日本亚马逊的包装方式很注重一点，就是一定要把商品固定住，这一点很重要，箱子里面的东西如果固定不住，运输途中就会晃来晃去，很容易出现损坏，或导致箱子破裂。

服务形象的目标是树立一种服务态度诚恳、热情，服务技能娴熟、高超，服务过程及时、快捷，服务项目完善、衔接，服务方式新颖、别致的形象。

塑造员工形象的目标是使员工成为优秀的商务组织人和工作者。

甚至有一些基本的服务礼仪现在已经成了服务业不成文的行规：

1. 客人脱鞋之后，要收拾客人的鞋子

日本的很多地方都是要脱鞋的，包括一些日式料理店、旅馆，甚至还有商场的试衣间。所以在客人脱鞋之后，服务员的第一个动作就是要把鞋子整理好，然后鞋跟朝着客人出来的方向收好，方便客人穿鞋。

2. 当有顾客询问的时候，不管你正在忙什么，都要立刻停下来

国内的餐馆大家应该都有亲身体验，就是当落座的时候，大喊服务员，如果当时营业火爆，即使服务员听到了，也不见得有人来理你。因为有人忙着上菜，有人忙着收碗，有人忙着结账。

在日本的餐馆，不管你这时候手里是在忙什么，比如你正在收拾桌子，那么有客人咨询你的时候都要立刻停下来先完成客人的需求。如果同时的需求实在太多，那么服务员都会处在一直道歉的状态。老板也会增加这个时段的兼职人员，保证自己的服务质量。

3. 当客人对你抱怨的时候，不管是不是你的问题，你都要代表团队道歉

这个场景相信很多人也不陌生。比如我们跟客服投诉的时候，经常会听到：这个事情

我做不了主呀,是某某部门负责的。或者这个不是我们的问题呀,是物流公司的问题呀。

但是在日本如果在遇到客人投诉的时候这么说,那么离你的职业生涯完结也不远了。首先,不管是不是你的问题,你都要道歉,只要是你能协调到的,都要帮客人处理问题。

4. 无论是店铺还是大型游乐场,开门迎客的时间准确到秒

如果一个店铺写明是上午8点开门。那么过程是这样的,6点半人员到岗,7点店门口打扫完毕,7点半店内打扫完毕,然后陈列和整理商品。快到8点,顾客陆陆续续在门口排队,所有服务人员换好工作服列队,等待秒针指向8点。

5. 跪式服务很常见,包括夜店和KTV

日式的料理店,客人盘腿而坐的时候,服务员需要跪着上菜,这一点可能还很好理解。但是在日本的夜店,包括KTV等消费场所,客人坐在桌子前,服务员上酒水也是跪着上的。

6. 营业的时候不可以扫地/拖地

特别是餐饮、旅馆等害怕扬尘的场所,在营业的时候是绝对不可以扫地的。扫地一般在开门前后完成。有一些餐饮行业甚至进货都不能在营业时间。

三、延伸形象塑造

例如信誉形象,日本百货店最靠谱的一点还是品牌众多,绝无次品、假货。

日本商家对商品质量把关很严,如果你在大商场买到残次品,不但会得到大额补偿,经理还得亲自上门道歉。在日本百货店买东西最大的优势还是放心。

还有环境形象,如在东京涩谷街头全世界最大的交叉路口,每天人流量超30万,日本人依旧井然有序!日本街道上没有垃圾桶,但地上却看不见一块垃圾,他们都习惯随身自备塑料袋,垃圾都装身上拿回家扔,回家还会将垃圾仔细分类。(资料来源:编者根据相关资料整理编写)

【分析】日本企业很重视公关,一直致力于塑造良好的产品形象、服务形象、延伸形象,从而取得巨大成功。

二、国际性公共关系组织的成立

1955年,国际公共关系协会(International Public Relations Association,IPRA)在英国伦敦成立。当时只有来自16个国家的数百名公共关系专家参加了协会,现在这一组织已拥有60个国家的760多名会员。协会的宗旨是交换国际消息、经验和思想,改进技巧和道德标准,并确切地增进公众的了解。

1959年,泛美公共关系联盟在墨西哥城成立,美国和大多数的拉丁美洲国家的代表出席了大会。

1961年,国际公共关系协会在维也纳召开的第二届世界大会制定并通过了《国际公共关系行为规则》。

1965年,在希腊雅典召开的第三届世界大会,又通过了《国际公共关系协会世界大会行为规则》。

1967年,泛亚太平洋地区公共关系联盟于夏威夷的檀香山成立。它包括了澳大利亚、中国台湾、印度、日本、新西兰、菲律宾等国家和地区的公共关系组织以及来自夏威夷、中国香港、印度尼西亚、韩国、新加坡、泰国、澳大利亚、中国台湾、印度、日本、新西兰、菲律宾等国家和地区的会员。

1975 年，在国际公共关系协会的赞助下，在肯尼亚首都内罗毕举行了第一届全非公共关系工作会议。至此，全球的公共关系事业已蔚为大观。

1978 年，在墨西哥世界大会上通过的《墨西哥宣言》，对公共关系职业规范化和交流都起了积极的推动作用。

国际公共关系协会设立"金纸奖"和"总统奖"，出版了不定期的《国际公共关系协会通信》和季刊《国际公共关系协会评论》。该协会在世界各地积极开展工作，为世界公共关系事业的发展作出了巨大的贡献。

第四节　公共关系在中国的兴起和发展

一、中国公共关系的发展历程

现代公共关系思想和公共关系实践进入中国，应以 20 世纪 50 年代公共关系登陆中国香港地区和台湾地区为发端，而中国大陆到 20 世纪 80 年代初才开始引进，因为它适应了市场经济的需要，所以获得了迅速的发展。20 世纪 80 年代初，随着改革开放的进行，中国大陆在引进资金、技术的同时也引进了先进的管理经验。公共关系作为一种理论和职业，开始引起了中国人的广泛关注。在深圳、广州等改革开放的桥头堡，一些中外合资企业和外商独资企业开始按照西方资本主义国家的管理模式，设立了公共关系部。1980 年，深圳蛇口华森建筑设计顾问公司率先成立我国第一个公共关系性质的专业公司。1982 年，深圳竹园宾馆成立公共关系部，开展以招徕顾客为目标的、扩大影响的服务性公共关系活动。1983 年，中外合资的北京长城饭店成立公共关系部，并因成功策划接待当时的美国总统里根访华而名扬海内外。1984 年，广州中国大酒店设立公共关系部。后来，广东电视台以宾馆、酒楼的公共关系活动为题材，拍摄了中国第一部反映公共关系理论与实践的电视连续剧《公关小姐》。1984 年 9 月，我国国有企业的第一家公共关系部——广州白云山制药厂公共关系部正式成立。该厂每年拨出总产值 1%的资金作为"信誉资金"，用于赞助社会公益和体育事业，在开展公共关系实务方面进行了大胆有效的尝试。1984 年 10 月，世界第二大公共关系公司"希尔-诺顿公司"在中国设立办事处。1985 年 8 月，世界第一大公共关系公司博雅公司与中国新闻发展公司达成协议，共同开展公共关系业务，并成立了中国第一家独立的公共关系公司——环球公共关系公司。接着，深圳大学率先开设了全国第一个"公共关系"专业，广州中山大学等一些高等院校也相继举办了一系列讲习班，普及公共关系知识。1987 年成立中国公共关系协会，此后各省相继成立公共关系协会。1991 年 4 月，中国国际公共关系协会在北京成立，标志着中国的公共关系事业已经逐步普及全国并走向世界。1997 年 11 月 15 日，国家劳动和社会保障部成立了中国公共关系职业审定委员会，还正式确定中国公共关系职业命名为"公共关系员"，并于 1999 年 5 月将公共关系职业列入《国家职业分类大典》，标志着经过近 20 年的发展，公共关系职业终于获得了社会的认可。2000 年，我国在全国范围内开始推广公共关系人员上岗资格考试，公关员与律师、会计师、医师一样，走上了职业化和专业化的道路。2003 年，中国国际公共关系协会宣布，将把每年的 12 月 20 日定为"中国公关节"。

在公共关系理论研究方面，各种不同版本的公共关系教科书、通俗读物和公共关系案例汇编相继出版，一些国外公共关系名著(如《有效的公共关系》和《公共关系学》)被翻译出版，《公共关系报》《公共关系》《公关世界》《国际公关》等专业杂志也不断面世，中国公关网、公共关系网也宣告成立，对于传播、沟通公共关系信息，促进公共关系理论体系的完善与实务运作规范起到了较好的推动作用。

在公共关系人才培养方面，中国的公共关系教育已经走向正规化、系统化、多层次化。有高层次的"公关"学士和研究公共关系方向的硕士、博士、博士后，也有培养公共关系专业人员的自学考试、夜大、电大培训等形式；有公共关系专职培训、资格证书培训，也有内部厂长、经理、党政干部与公共关系师培训。目前，中国已有 1000 多所高校开设公共关系课，几十所高校开设公共关系专业。

在公共关系实务方面，工商企业界以新颖的构思、高超的策划手法谱写了一个又一个成功的公共关系事例。目前，我国已基本形成了较完整的公共关系理论体系和一套公共关系实务运作规范，特别是近百家公共关系咨询公司的有序发展，更意味着我国公共关系已步入了正常化发展的轨道。据有关部门调查统计，2019 年整个公关行业市场的年营业规模 668 亿人民币，年增长率约 6.5%。

【案例 2-17】白云山制药厂的"信誉投资"

1984 年，广州的白云山制药厂，一家国有大型企业率先挂出了国内第一块国有企业公共关系部的招牌，并注资 120 万元，开展公共关系活动。实际上在 1983 年，广州的白云山制药厂已拨出年产值 1%作为"信誉投资"。这是一个敢为人先的大手笔。在世界范围内，人们认为的卓越公共关系管理的"信誉投资"也就是 0.8%的概念。随后，白云山制药厂一发而不可收，举办了广州"白云杯"城市国际足球邀请赛，广州歌舞团也收为白云山制药厂麾下。白云山制药厂的声名也随着足球和歌舞团的南征北战而威名远扬。1984 年 12 月 26 日，《经济日报》刊载了题为《如虎添翼》的长篇通信，报道了白云山制药厂的公共关系工作，并编发了"认真研究社会主义公共关系"的社论。接着《文汇报》《北京日报》《世界经济导报》《广州日报》等 35 家报纸杂志先后载文报道或评论公共关系，阐述评析了公共关系在中国兴起发展的必然性和必要性。(资料来源：编者根据相关资料整理编写)

二、中国公共关系发展中的问题

(1) 社会公众对公共关系的认识还存在很多误区。例如，认为公共关系只是一种知识而不是技能，或者认为公共关系可以"包治百病"，无所不能；而相当多的人仍将公共关系与"人际关系"混为一谈，这是当前开展公共关系业务最大的障碍。在相当一部分人眼里，公共关系是与"拉关系""走后门"联系在一起的，"烟酒公关""美女公关""金钱公关"成了不少人对公共关系的诠释和认同。

(2) 本地公共关系公司的专业化水平、服务品质与国际公共关系公司仍存在较大差距，还没有完整的服务体系，缺乏职业道德的约束，盲目效仿，策划缺少创新，片面投客户所好，急功近利，使整个公共关系市场仍处于无序状态，导致客户和社会公众对公共关系业服务认识不足，长此以往将影响整个行业的发展。

(3) 高素质公共关系人才的严重缺乏和公关从业公司资金不足，制约了中国公共关系业的迅速发展。我国目前有数百家公共关系专业公司，数万的公共关系专业队伍，但其中真正训练有素、有敬业精神和良好职业道德的公共关系专业人员与管理人员还相当缺乏，如 2018 年滴滴出行遇害事件后，在猎聘(2018)上出现了危机公关职位的急招。因此必须培养一支过硬的公共关系人员队伍和管理队伍。除人才外，资金也是制约从业公司做大做强的因素之一。

(4) 宣扬传播不够，百姓无人喝彩。公共关系本身与宣传有着不解之缘，信息传播、沟通协调是公共关系最基本、最重要的职能。但令人费解的是，公共关系本身的宣传却远远不尽如人意。

(5) 地区和行业上发展不平衡。在东南沿海经济发达地区和在经济领域公共关系活动受到广泛重视，用得较多，而在内地特别是经济欠发达地区和在其他领域相对来说被用得太少。

(6) 学术力滞后。一方面，中国公关教育自 1985 年开始，理论建设则至 90 年代初期伊始，但公关研究则晚自 90 年代中期才出现。另一方面，国家对公共关系的研究投入空缺，全国社科基金、教育部基金，省、部、市级课题项目都没有公关类选题，导致公共关系的基础理论研究长期处于低水平，很难出现高质量的学术研究成果。全国公共关系公开出版刊物仅有两家，在 CSSCI 及中文核心期刊上发表的公共关系学术性研究论文少之又少。整体而言，公共关系理论建构与创新力明显滞后。

【案例 2-18】"对不起，爸爸没本事。" 一句话看哭无数人

(详细内容请见课件对应内容。)

三、中国公共关系发展的对策

(1) 政府有关部门应该率先建立公共关系意识，要在宏观上加强指导和引导。对公共关系的理论、教学体系、行业准则、职业培训等具体问题要制定出明确的、带有一定权威性的规范。在当今中国社会强调依法治国的大背景下，在适当的时候应该出台有关中国公共关系的法令和法规，使其尽快纳入法制轨道。

(2) 对已经正式列入《国家职业分类大典》的公共关系职业，应该采取行之有效的具体措施进行管理。政府有关部门不能仅仅停留在新设一个职业、开设一批职业资格培训点和每年进行两次职业资格鉴定考试上。如果培训人员拿到了资格证书，成了公关员，但是去从事公共关系工作时，谁也不去审查他们的资格证书，换言之，现实中从事公共关系职业的人员没有资格证书也照样可以从事公关工作的话，那么国家规定的公关员持证上岗还有什么意义呢？政府有关部门应该对这个新兴的职业进行科学、高效、到位的管理，可以监督并授权行业协会对公关人员培训及持证上岗进行检查，以维护政府法令法规的权威性和严肃性。

(3) 加大对公共关系的宣传力度，让社会公众真正了解和认识什么是公共关系，让公共关系成为一种大众文化、一种科学理念、一种流行时尚、一种实践活动。这就需要各类媒体的参与和实际行动。具体应该做好以下工作：办好现有刊物，创办新的刊物、报纸。特别要强调的是应该尽快创办公共关系的理论学术刊物，这在某种意义上对公共关系的发展至关重要；发表和出版更多更好的学术文章和实务著作；对涉及公共关系的人物、事件加大宣传的力度，扩大传播的范围；对优秀的公共关系案例及公共关系公司、公共关系教

育培训、公共关系各类研讨会进行及时、适当的报道。

(4) 对公共关系的各种类型、各个层次的培训要专业化、经常化、科学化、规范化、实用化。专业化是指公共关系培训的内容必须是公共关系自己的东西，从大纲、教材、参考书到辅导材料都要有公共关系自己的专业内容，在交叉、渗透、借鉴之中首先要有自己的专业特色，否则公共关系将无立足之地。各类培训要经常化，针对各类公共关系从业人员进行有计划、有目的的培训。科学化是指要在培训理论、培训目标、培训计划与培训效果上有科学合理的安排，避免盲目性、重复性。规范化是指培训的条件、培训的师资必须由政府有关部门认可，有严格的招生条件、培训程序及考核标准。对考试合格者，颁发资格证书。实用化是指在培训中让公共关系从业人员尽快掌握公共关系工作的技能和技巧。有较高的公共关系理论知识当然更好，没有太多理论也可以在培训中教授科学有效的思维方式，提高学员的公共关系素质和实战能力。同时，公共关系教育、培训必须与公共关系实务工作有机地结合在一起。

(5) 应不断地吸收国外已经成功的经验，引进其先进的、科学的公共关系理论，借鉴其成功的、有效的公共关系实务经验，同时不断地挖掘中国古代优秀的公共关系思想萌芽和传统文化中与公共关系相关的精华与营养，中西结合，打造出科学的、实用的、可操作的、有效益的中国公共关系业。

(6) 加强公共关系研究的学术性与学术力。第一，争取政府政策支持。公共关系需要获得各级政府组织的支持，从课题角度，给予对公共关系研究课题的经费投入，推动公共关系学科基础理论的研究与发展。第二，告别对实务的依赖或为实务服务的本质，以建立通则化理论为公关研究目标。第三，在援引西方公关理论之前，必须考虑其理论在中国的适用性，即从世界观、理论默认和研究方法等层面来思考西方理论是否适用于研究中国社会的现实问题。第四，搭建跨学科的学术交流平台，以使公关研究汲取来自其他学科的理论养分。

四、中国未来公共关系的发展与瞻望

1. 公共关系市场国际化

中国公共关系市场是一个从无到有、从分散发展到逐步规范、从纯国内化到国际化的过程。公共关系市场目前在中国终于成为一个被政府认可并拥有广阔服务领域的崭新职业，公共关系从业者的人数不断上升，这是一个巨大的飞跃。中国加入世贸组织，这不仅对中国和世界经济的发展，而且对中国和世界公共关系业的发展都将产生重大影响。这种影响表现在中国公共关系市场的国际化趋势会更加明显。公共关系公司的国际化和国内公共关系业务的国际化都将促进中国公共关系市场的国际化，并最终走向公共关系市场的不断成熟壮大。期间表现出来的国际化和本土化相融合的趋势愈加明显。

2. 公共关系实务专业化

经过近 20 年的磨炼，随着中外公共关系市场的逐步接轨，市场运作游戏规则的更加健全规范，中国公共关系业将彻底摆脱 20 世纪 80 年代初以来公共关系业的阴影，真正走出公共关系就是所谓"笑脸相迎"的低层次的旋涡而大踏步迈入公共关系实务专业化的轨道。

3. 公关手段高科技化

随着互联网(Internet)时代的到来，企业组织已越来越认识到网络信息、现代传媒新技术对公共关系传播的重要意义。这些新技术将完成对公共关系传播沟通管理的方法和手段的调整与更新。实际上，网络传播已经实实在在地成为一种主流媒体支持着公共关系传播的开展，例如电子邮件(E-mail)、网上新闻发布、网上展览、网上市场调查、网上新品推广、网上社区、网络广告、博客、微博、微信等，使公共关系传播的平等性、双向性、反馈性得到更大程度的提升，信息传播双方已成为真正意义上平等交流的伙伴，实现了更深层次含义上的双向互动。随着高科技的发展，人类传播史上的革命还将继续，未来的公共关系手段将是一种更加数字化的手段，人们会在高科技服务的支撑下，实现真正意义的人际互动，这时的高科技不会成为人与人之间的障碍，它将是人类亲密无间的朋友。

【案例2-19】可口可乐成功的网络公关

一、网络传播工具及方法

1. 搜索引擎：其中心思想是让用户发现信息，从而通过搜索点击进入网站。如用户在百度搜索可口可乐的官网。

2. 网络广告：网络广告依赖于各种形式的网络媒体进行信息传播，具有一定的互动性。如2014年可口可乐条形码，竟然扫出一首歌来，以及2014年可口可乐公益广告"婴儿们的欢颂"，很好地抓住了大众的好奇心，达到了很好的宣传效果。

3. 视频宣传：企业将各种视频短片以各种形式放到互联网上，将视频与互联网进行结合，达到一定的宣传目的。如：2009年可口可乐携手优酷启动"分享新年第一瓶可口可乐"主题视频活动。

4. 网络品牌宣传：2008年可口可乐与QQ合作在线传递奥运火炬活动，运用了品牌宣传。企业利用互联网为媒介，利用各种网络营销推广手段进行产品或者服务的推广，在消费者心目中树立良好的品牌形象，最终把企业的产品或服务推广出去满足消费者的需求，同时实现企业自身的价值。

5. 口碑宣传：2016年可口可乐在微博平台转发抽奖送福利，充分利用了病毒式营销的网络营销手段。通过用户的口碑宣传，产品信息像病毒一样传播扩散，被成千上万的人们所熟知。

6. 微博营销：微博最大的特点是集成化和开放化，微博顺应了信息传播方式大变革的趋势，用户随时随地都能及时发布信息。如：2011年春节前夕，很多人在微博中分享了标有自己新年祝福语的可口可乐"新愿瓶"，这是可口可乐联合新浪微博发起的"新愿欢想中国年"活动，粉丝们输入一句祝福语，就可以生成个性化的"新愿瓶"。

二、网络公关结果及影响

可口可乐的每一次活动都牵动着消费者，并充分调动消费者的积极性，在活动中肆意表达自己的想法，真真正正做到让顾客满意。

如：2006年，可口可乐公司与腾讯联手打造的3D互动在线活动，线下采取了Q币卡、外包装、海报和户外广告等方式，线上主要采取3D秀，还有QQ表情包Qzone等方式，这一模式对企业与媒体及消费者三方形成了利益分享局面，企业提升了销售，以及无论在资金和资源的优化配置上，还是品牌推广的效果上都达到很好的效果；媒体扩大了知名度，增加了浏览量和用户群;消费者获得了双重消费体验以及较高的附加值回报。同时,这种病毒式营销方法成本低、信任度高、传播速度快、影响人群广且精。

2009年春节,"可口可乐"深入了解到消费者在不平凡的2008年到2009年的情感交界,抓住了受众微妙的心态,倡导可口可乐积极乐观的品牌理念,推出"新年第一瓶可口可乐,你想与谁分享?"活动,鼓励人们跨越过去,冀望未来,以感恩与分享的情愫,营造了2009年新年伊始的温情。同时,用户在收到电子贺卡时,只要将智能手机的摄像头对准荧幕上的贺卡,就能看见一瓶三维立体的可口可乐并环绕的"新年第一瓶可口可乐,你想与谁分享?"伴随着活动主题音乐的动态画面浮现,带给年轻消费者与众不同的超前品牌体验。

2011年可口可乐举行美汁源"爆笑汁多星"的品牌网络创意互动广播秀,在每周三晚8点与"橙客"分享生活中的各种趣事和笑料。与传统广播不同的是,该节目的所有听众都可以成为"外场主持人"。节目开播不到两个月,收听人次已经超过500万,带动了一大波的人参与,很好地与消费者进行互动,不仅将商品、服务传递给消费者,也能很好地了解消费者的感受及意见。

三、成功原因分析

1. 消费者策略

网络营销的重点不是争取消费者,而是保持并增强消费者群体。可口可乐发现,网络是对现在年轻人来说最具有吸引力的媒介,年轻人对网络的重视和依赖程度在攀升,与此同时,传统媒体对年轻人的吸引力正在下降。具体表现为:

(1) 可口可乐的产品早为人们所熟知,所以在其网络营销策略上,将可口可乐定义为具有文化内涵的品牌,而不仅仅是一种饮料。从其品牌悠久的历史出发,传承了美国文化那种巨大的包容性、强烈的扩张欲和旺盛的生命力,更强调了其与美国文化发展难以割舍的血缘关系,重点定位在培养各阶层顾客对可口可乐品牌的忠诚度上。

(2) 可口可乐公司在网上创造出的可乐文化,并不期望网民会点击鼠标来购买可乐,而是要大众时刻惦记着这一站点,记住那种特有的红色,记住可口可乐。

2. 沟通策略

(1) 美国文化的主要特点是实用主义,可口可乐在网络营销上极其认真,可口可乐在网络渗透扩张的意图十分强烈。2005年,可口可乐在全球推出了ICOKE平台。这个集音乐、娱乐资讯、游戏的快速消费品网站,试图加强可口可乐品牌与年轻人之间的沟通和联系。它在站点改进、建立客户数据库、开展精准营销、个性化服务和培养顾客忠诚度、增强品牌竞争力等方面发挥巨大作用。

(2) 可口可乐公司网络营销中的关系营销方面也表现突出,将消费者都发展成企业、商品、服务和品牌的个人化朋友,也使得消费者因情感归属、荣誉感而发生购买行为,这种关系营销构成了网络营销的关键。

3. 互动策略

可口可乐公司在策略联盟及互动策略方面具有较强的预见性、前沿性,通过与网络传播媒介等的合作,打开了网络营销的新局面。运用一些网络营销工具,如:搜索引擎营销,博客营销,微博营销,视频营销,网络品牌营销,B2B平台推广(与阿里巴巴集团的合作,通过与天猫旗舰店的合作,线上进行企业品牌及产品的推广)。同时也做了与网络传播相关的创意推广：比如病毒视频、创意海报、整合平台推广、有奖活动等，都为可口可乐公司网络营销的成功作出重大贡献。(资料来源：编者根据相关资料整理编写)

【分析】总体来说，可口可乐公司的网络公关是做得相对成功的。公司在宣传自己的产品的时候，主要突出了一个"新"字：产品包装的新意，产品文化的新理想。整体给人一种创新意识十足的印象，也代表了公司的特色。正是这样的公关理念，让消费者有一种归属感和荣誉感，让可口可乐公司能够成为全球规模最大的可乐公司。

4. 公关地位战略化

随着全球一体化经济的蓬勃发展，组织的传播活动将日益多元化。一方面，组织的形象竞争呈白热化状态，公共关系作为一种重要的传播手段、传播战略，将为组织塑造一种"全球形象"而纳入组织的战略管理层面，其战略性地位日益加强。另一方面，全人类面临的一些全球性问题，如环保、人口膨胀、战争与和平、人权与主权等问题的存在与解决，已非一个国家和一个民族所能承受，它必须通过国际的沟通与对话，通过全球性的跨文化的传播沟通，在达成共识的基础上，制定国际化的标准，依靠全人类通力合作来加以解决。而公共关系在解决这样的问题的过程中，是最有发言权和成效的。公共关系在未来发展中的这种战略地位越来越明显，随着这种战略地位的确立，公共关系产业化也将随之形成。公共关系业将同信息业、咨询业等构筑起中国新兴知识产业的又一道风景。

5. 传播整合、跨界融合步入新阶段

整合传播虽不是全新的概念，但整合却是当今传播业界的主基调。无论是线上、线下，新、旧媒体手段的使用，还是公关与广告，实际上都早已相互渗透融通，而非泾渭界限分明。向传播整合转型升级是一大趋势。

行业的跨界融合与合作已成为新常态。近年来，公关、广告与营销行业的跨界融合开始提速，目前已形成行业之间优势互补、相互渗透的竞争格局。

【案例2-20】奥巴马借助新媒体整合传播当选总统

(详细内容请见课件对应内容。)

【分析】基本上奥巴马已经动用了网络传播的所有平台，对其形象和主张进行了整合传播，并且与前几任总统竞选不同的是依托新媒体平台的互动性大大提高。这些都注定他成为美国历史上的第一任黑人总统。

6. 数字化、数据化的业务突破

公共关系作为基于传播并对传播进行管理的实践，需要对传播技术发展及其对我们思维模式的影响有深刻了解。互联网技术的更新换代，已令当今的信息技术时代走向未来的数据技术时代。如何将因互联网产生的大数据激活，并让其产生价值，而非为其所困，需要我们很好地引入互联网思维的理念。互联网思维的本质就是平等对话和充分交流。例如：基于交互性的传播平台和智能的数据库管理，用户的形象被勾勒得更加清晰，人们的网络行为都会生成浏览数据，对一个受众一段时期内的浏览数据进行分析便可获知其兴趣、喜好等。根据这些数据用户被重新标签化，公关团队在恰当的时间以用户习惯的方式向其推送公关传播内容，提升品牌形象推广的精准度。又如百事可乐，像许多公司一样希望公司

在广告上花的每一分钱都有所回报，但是面对五花八门的公关活动不确定哪一种才是最适合自身的。于是百事可乐购买了社交信息优化推广公司 Social Flow 的服务。这家社交公司拥有大量的用户数据。于是，百事可乐对这些用户生成的海量数据进行分析，从而得知何种营销活动的传播效果更好。于是，制定了非常精确的公关策略。这个案例是借助大数据技术定制精确公关策略的一种体现。

7. 公关人才竞争白热化，行业自律更完善

随着中国公共关系市场的成熟，公共关系教育的规范化，公共关系市场的国际化，公共关系人才的竞争将更为激烈。一方面，公共关系作为一项智力产业，专业化智力劳动的价值将得到前所未有的尊重；另一方面，由于市场经济体制的发展，各类组织均已改变了以往那种大而全的组织管理架构，并接受了资源稀缺的市场新观念，这势必促使组织在开展公共关系活动的时候，考虑吸纳最优秀的公共关系的人才加盟，让组织能够利用有限的传播资源取得最大的效益。同时公共关系市场的发展与不断成熟，会激活公共关系的人才市场。当然，发展中同样会存在行业不正当竞争的现象，但公平、公开、公正的基本规则同样会在激烈的竞争中得到确立和维护，公共关系从业人员恪守职业道德，加强行业自律，这是公共关系业自身形象和信誉的保证。

总之，随着改革开放的不断深入，我国的公共关系事业无论是在实践活动方面，还是理论研究方面或者培训教育方面，都取得了重大进展，公共关系在我国社会生活中发挥着越来越大的作用，成为推动我国现代化发展的动力。

【案例 2-21】大数据时代公关传播的三个功能

(详细内容请见课件对应内容。)

【分析】传统的公关行业正在面临向数据转型的契机，而公关的核心还是要着眼于内容，借助大数据的工具和场景，使得公关决策的输出更加精准化及高效，并对公关效果进行科学量化。在大数据浪潮中，公关行业需具备强烈的数据意识，要善于收集、整理、分析、使用数据；做到积累原创和历史数据资产，掌握传统的数据处理能力，同时具备大数据应用能力，用大数据辅助制定科学的、精准化的公关策略。

【案例 2-22】惠普企业形象公共关系项目案例

(详细内容请见课件对应内容。)

【分析】惠普公司很好地把握了公共关系的几个环节，精心策划，塑造了企业形象。

【案例 2-23】日本改变商人国家形象

(详细内容请见课件对应内容。)

【分析】日本政府通过多种公共关系手段改变国家不良的形象。

本 章 小 结

公共关系活动源远流长，对人类社会的发展和进步起到了巨大的促进作用。本章对古

代公共关系活动、现代公共关系从国内和国外两个角度进行阐述，侧重介绍了公共关系发展的四个阶段，指出我国公共关系发展存在的问题、对策及发展趋势。

复习思考题

一、问答题

1. 请举出另外一些中国古代开展的公共关系活动的例子。

2. 中国公共关系发展过程中遇到哪些障碍？如何克服这些阻力？

3. 在公共关系发展早期，艾维·李就提出"讲真话"的思想。但直到今天，这一思想在公共关系实际工作中仍然会遭遇尴尬。试讨论，人们为什么不愿意说真话？说真话的阻力来自何方？如何克服这种阻力？

4. 你发现你的一个最要好的同学偷了本班同学一大笔钱，你会怎么办呢？

5. 试比较公共关系发展四个阶段的公共关系信条之异同，并以此来论证公共关系理念不断进步的过程。

二、分析题

（一）

事件 1：坐落在广州市北郊白云山下的白云山制药厂，在完善企业自身内部机制的同时，很注重和周围乡镇建立良好的社区关系。在公共关系策划中，厂方制定了让利于农民、把风险留给自己的措施，帮助周围农村发展乡镇企业。在办厂期间，不论盈亏，厂方每年都拨款 20 万元给这些乡镇企业用于经营、发展。随着药厂生产规模的不断扩大，它又有计划地把农村剩余劳动力吸收到现代企业中来。其中有一个村，45 岁以下的劳动力都被吸收入厂加以培养和训练，45 岁以上的劳动力则给予生活补贴，符合退休年龄的老人给"养老金"，男性每月 120 元，女性每月 100 元。至于帮助周围农村修桥铺路，发展文教事业，那更是常事了。正因为这样，药厂在一定程度上达到了与周围农村的"一体化"，形成了"人和"的社区环境，实现了工农亲如一家的良好公共关系状态，树立起了"在自身发展的同时，带动周围农村一道前进"的良好形象。

事件 2：日本 1972 年 6 月的一天，一大群愤怒的渔民闯入名古屋褚木电力公司的总公司大楼，顿时这幢建筑物充满了呼喊声和斥骂声。渔民们抗议总公司下属的一座发电厂排放污水，使许多海洋生物受到污染，严重影响了渔民的生计。

事件 3：无独有偶，我国十年动乱期间的上海近郊某地，一天深夜，几千名手持镰刀、锄头的农民冲进一家工厂。他们狂怒地夷平锅炉、烟囱，捣毁机器设备，使该厂遭受严重破坏，此后好几年都无法复工。原因是这家工厂大量排放有毒废气，致使周围上千亩农田寸草不生，颗粒无收。

请问：上述案例从正反两个方面给我们什么启发？

（二）

1906 年，美国宾夕法尼亚铁路公司发生了一次严重的交通事故，造成了重大伤亡。铁路当局也寻求艾维·李的帮助。当时，对此类事件的处理，有关方面总是遮遮掩掩，不愿透露全部真相，公众也无法了解真情。面对惊恐万分的董事们，艾维·李坚持要改变传统的做法。他立即做出采取行动的安排，首先提出亡羊补牢的措施，系统检查路基以保证不再发生类似事故，并向死者家属支付赔偿，为受伤者治疗和提供赔偿。其次，派出了专列使记者能尽快抵达事故现场，并为采访提供一切方便，主动向记者提供事故资料、照片，回答记者提出的一切合理的问题等。事件处理的结果使董事们非常惊讶，即艾维·李把惨案变成了改善以往形象的时机，变成一场积极的公共关系活动。事后新闻媒介提供给社会的翔实报道，不但平复了公众的不满情绪，而且增进了公司与社会公众的相互理解，特别是与新闻界建立起良好的合作关系，使公司得到前所未有的最佳形象。

请结合我国的实际阐述艾维·李这种做法的好处有哪些。

(三)一把椅子的问候

一个阴云密布的午后，大雨突然间倾泻而下，一位浑身湿淋淋的蹒跚老妇走进费城百货商店。看着她狼狈的样子和简朴的衣裙，所有的售货员都对她不理不睬。

只有一位年轻人热情地对她说："夫人，我能为您做点什么吗?"老妇莞尔一笑："不用了，我在这儿躲一会儿雨，马上就走。"但是，她的脸上明显露出不安的神色，因为雨水不断地从她的脚边淌到门口的地毯上。

正当她无所适从时，那个小伙子又走过来了，他说："夫人，您一定有点累，我给您搬一把椅子放在门口，您坐着休息一会儿吧!"两个小时后，雨过天晴，老妇人向那个年轻人道了谢，并向他要了一张名片，然后就消失在人流里。

几个月后，费城百货公司的总经理詹姆斯收到一封信，信中指名要求这位年轻人前往苏格兰，收取一份装潢材料订单，并让他负责几个家族公司下一季度办公用品的供应。詹姆斯震惊不已，匆匆一算，只这一封信带来的利益，就相当于他们两年的利润总和。

当他以最快的速度与写信人取得联系后，方知她正是美国亿万富翁"钢铁大王"卡内基的母亲——就是几个月前曾在费城百货商店躲雨的那位老太太。詹姆斯马上把这位叫菲利的年轻人推荐到公司董事会上，当菲利收拾好行李准备去苏格兰时，他已经是这家百货公司的合伙人了。那年，菲利22岁。

不久，菲利应邀加盟到卡内基的麾下。随后的几年中，他以一贯的踏实和诚恳，成为"钢铁大王"卡内基的左膀右臂，在事业上扶摇直上、飞黄腾达，成为美国钢铁行业仅次于卡内基的灵魂人物。而这一切都是来自于一把椅子的问候。

一句问候，一把椅子，看似平常，却体现着一个人的修养。生活中不少人往往重功利，总是想着如何获得，而忘记了给予。菲利的成功在于他的给予。公关人员平时就应进行一些联络感情的工作，以防不测风云。

请分析这个案例能给我们什么启发。

三、技能训练

1. 某公司生产车间为提高生产效率，采取边听音乐边工作，劳逸结合的措施，但嘈杂的音乐声传到车间旁边的教师宿舍，教师因此无法正常备课。这时，你会如何解决这个问题?

2. 请多渠道(如从报刊或网络等媒体上)搜集有关政府组织、经济组织、文化组织的活动，从公共关系的角度对其活动进行分析。

第三章

公共关系主体、机构与从业人员

学习目标

通过本章的学习，了解公共关系主体的含义和特征，了解公共关系部、公共关系公司以及公共关系社团三类公共关系机构，掌握公共关系人员应具备的知识、能力和职业准则。

关键概念

组织(Organization)　公共关系部(Public Relations Department)　公共关系人员(Public Relations Personnel)

引导案例

招聘公关部长

一家公司准备聘用一名公关部长，经笔试筛选后，只剩下八名考生等待面试。面试限定每人在两分钟内，对主考官的提问做出回答。当每位考生进入考场时，主考官说的是同一句话："请您把大衣放好，在我面前坐下。"然而，在考试的房间中，除了主考官使用的一张桌子和一把椅子外，什么东西也没有了。

有两名考生听到主考官的话以后，不知所措；另有两名急得直流泪；还有一名听到提问后，脱下自己的大衣，搁在主考官的桌子上，然后说了句："还有什么问题？"结果，这五名考生全部被淘汰了。

在剩下的三名考生中，一名考生听到主考官发问后，先是一愣，旋即脱下大衣，往右手上一搭，躬身致礼，轻轻地说道："这里没有椅子，我可以站着回答您的问话吗？"公司对这个人的评语是："有一定应变能力，但创新、开拓不足。彬彬有礼，能适应严格的管理制度，可用于财务和秘书部门。"另一名考生听到问题后，马上回答道："既然没有椅子，就不用坐了。谢谢您的关心，我愿听候下一个问题。"公司对此人的评语是："守中略有攻，可先培养用于对内，然后再对外。"最后一名考生的反应是，当他听到主考官的发问后，眼睛一眨，随即出门去，把候考时坐过的椅子搬进来，放在离主考官侧前约一米处，然后脱下自己的大衣，折好后放在椅子背后，自己就在椅子上端坐着。当"时间到"的铃声一响，他马上站起来，欠身一礼，说了声"谢谢"，便退出考试房间，把门轻轻地关上。公司对此人的评语是："不著一词而巧妙地回答了试题，性格富有开拓精神，加上笔试成绩俱佳，可以录用为公关部长。"(资料来源：编者根据相关资料整理编写)

社会组织是公共关系的主体，公共关系活动的开展需要相应的组织机构，公共关系人员是公关工作的策划者、承担者和执行者，他们是否具有良好的素质，将会影响公共关系工作的顺利开展。上述案例说明了公关活动对公关人员的要求较高。如何理解公共关系主体、应用公共关系的组织机构,认识公共关系人员的角色,是公共关系工作不可缺少的环节。

第一节 公共关系主体

一、公共关系主体的含义及特征

(一)公共关系主体的含义

公共关系是由社会组织、公众和传播三种基本要素构成的,社会组织是公共关系的主体,公众是公共关系的客体或对象,传播则是连接社会组织与公众或主体与客体的桥梁。

作为公共关系活动主体的社会组织是指建立在共同目标的基础上,按照特定结构及运行方式,履行一定的社会职能,具有相对独立性的一种共同活动群体。

社会组织作为公共关系的主体,它决定着公共关系活动。社会组织有一定的目标,而公共关系的目标便是社会组织目标中的子目标、分目标。公共关系活动必须围绕着社会组织的总体目标来制订。在组织运行的过程中,社会组织必须树立明确的公共关系意识,妥善处理同各个方面的关系,使社会组织获得各方支持。在各种公共关系活动过程中,社会组织总是居于主体地位,策划各种旨在影响和改变组织环境的公共关系活动,使组织处于良性运转之中。

(二)公共关系主体的特征

从社会组织的含义可以看出社会组织具有以下几个共同特征。

1. 目标性

社会组织的生存和发展都是为了达到某个特定的目标。社会组织是人们有意识地为实现特定的目标而建立起来的,它的行为具有很明显的目标导向,这个目标是社会组织存在的前提和基础。

2. 系统整体性

每一个社会组织都是一个结构严密的系统,社会组织内部的各个部门、各个环节、各个成员之间都是按一定的规章制度建立起来的相互依存、相互制约的关系。组织要实现其社会目标,需要各部门之间的良好配合和协调。

3. 环境适应性

所谓环境,就是组织内部诸因素和组织外部各种因素之和,其中每一种因素又蕴含着无穷的变量,环境的变动是绝对的,正如哲学上所说的"一切皆变,无物常在"。一个组织就要有适应环境的能力,而一个伟大的组织应该还具有在一定条件下,在一定范围及程度上影响和制约环境的能力。这一特征要求公共关系机构和公共关系人员能通过信息沟通、情感的交流来影响公众的观念和想法,进而影响整个环境,使之朝着有利于组织生存的方向发展。

4. 独立性

每一个组织都是相对独立的群体，它可以用自己的名义单独对内或对外开展各种政治的、经济的或文化的活动。这一特性决定了公共关系活动的丰富多样性，各个组织应充分考虑自身特点策划公共关系活动，以突出公共关系策划的新颖性这一要求。

二、公共关系主体的类型

作为公共关系主体的社会组织是多种多样的，根据不同的标准可以将社会组织划分为不同的种类。

1. 根据社会职能划分

根据社会职能，社会组织可以分为经济组织、文化组织、政治组织、群众组织、宗教组织。

经济组织以经济活动为基本内容，为社会提供基本的物质生活资料和生产资料，如生产性企业、商业企业、金融企业等。

文化组织以文化教育活动为基本内容，为社会提供各种文化教育服务，如学校、科研机构、图书馆等。

政治组织是具有各种政治职能的社会组织，为社会提供一定的政治管理服务，如政府部门、法院、检察院等。

群众组织是代表群众利益，由广大群众参加的非政权性质的社会团体。如俱乐部、协会等。

宗教组织是以某种宗教信仰为宗旨而形成的组织。

2. 根据目标特点划分

根据目标特点，社会组织可以分为营利性组织、非营利性组织。

营利性组织是以组织的利益为目标的社会组织。这类组织讲究资本的投入产出，讲究利润的回报。可以简单地分为：制造业、商贸业、旅游业、交通运输业。营利性组织为了获得自身的发展必须同组织内外部的公众建立良好的关系，为组织的生存与发展创造和谐的社会环境。

非营利性组织是一类不以市场化的营利目的作为自己宗旨的组织。非营利性组织的团体多种多样，大致可分为：政府性组织，如政府部门、法院、检察院等行政机关，政府工作的内容是为各类公众、团体进行服务，必须在人民大众心目中树立一个公正、廉洁、高效、开明的社会形象；公益性团体组织，如基金会、社会志愿者协会、慈善机构等；宗教类团体组织，如宗教协会、教堂、民间宗教机构等；文教类团体单位，如学校、研究所、教育部门、文艺团体等；环保类团体组织，如绿色组织、动物保护者协会等机构；消费者权益保护类团体组织，如消费者权益保护协会、法律援助中心、社区业主管委会等。非营利性组织要运用传播手段将组织的宗旨、目标以及其他相关信息告知社会公众，不断地提升社会组织的影响力，获得广泛的知名度和美誉度，为组织的发展创造一个"天时、地利、人和"的良好的社会环境。

第二节　公共关系机构

公共关系机构是专业从事公共关系工作的组织机构,代理着特定组织的公共关系工作,其实质是公共关系的实施主体。随着社会的发展,公共关系的职业化特点越来越明显,现代社会需要有专门的组织机构来从事公共关系工作。在现有的公共关系机构中,主要分为三类:第一类是社会组织内部设立的公共关系部门;第二类是专门承接公共关系委托业务,代理其他社会组织公共关系业务的服务性机构,即公共关系公司;第三类是公共关系社团。

一、公共关系部

公共关系部指组织内部针对一定的目标、为开展公共关系工作而设立的专业职能机构。随着社会的发展,各组织越来越重视公共关系部的作用,公共关系部担任着大量的工作,具体概括起来有以下内容:(1)举办或参加专题活动,包括举办新闻发布会、展览会,参加经销会,筹划和组织纪念活动等。(2)对外联络协调工作,包括与新闻界和社会各界人士的联系,组织安排本组织参与外界有关活动等。(3)编辑出版工作,包括编写月底、年度报告和各种宣传资料,出版内部刊物,制作新闻图片、录像带、幻灯片和企业标志等。(4)调研工作,包括民意调查、报刊检索、市场分析、资料整理等。(5)礼宾接待工作,包括定期接待、日常接待等。(6)参与社会组织的决策,如表明对新产品开发与宣传的意见。(7)对内协调工作,如加强供、产、销各部门之间的信息沟通与合作。

(一)职能地位

1. 信息采集存储中心

公共关系部的首要职能就是采集存储信息,任何关系到组织生存、发展的信息都是公共关系部搜集的对象。要做的主要工作有:了解内部公众对组织的意见和建议;了解社会政治、经济、文化的现状及变化;了解外部公众的舆论、态度、需求等。公共关系部着意建立广泛的社会联系和通畅的信息网络系统,发挥着组织"耳目"的作用。它要搜集、处理、存储与组织有关的内外部各类信息、资料,便于随时调用。例如,有些企业公共关系部熟知每一个职工的家庭状况、爱好及生日,每到职工生日那天,就会以企业名义送上一份小礼物,礼轻情义重,会让职工体会到企业对他的关心,从而增加职工对企业的归属感,更加努力地工作。

2. 对外宣传中心

一个组织要获得公众的了解、理解和信任,取得公众的支持与合作,需要不断地向公众宣传组织的政策,解释组织的行为,增加组织的透明度。随着组织与外界交往的日益密切,对外联络和应酬交际的任务越来越重。同时,组织与外部的各种摩擦和纠纷也随之增多,需要进行协调,公共关系部作为一个组织的对外机构就担负着这些工作。在一定意义上说,公共关系部是组织的"喉舌""外交官",向组织内外部公众发布各种信息,类似于一个组织的新闻发言人。

【案例3-1】青岛狮王日用化工品有限公司公关项目案例

青岛狮王日用化工品有限公司为了让更多的消费者了解狮王牙膏这一新品种，特意在全国"爱牙日"这天，向本市新入学的小学生每人赠送一张附有《口腔卫生》有关内容的课程表和精美书签，它们至少要被使用一个学期，于是"小狮王"在这些孩子们心目中留下了深刻的印象，不仅如此，这只教孩子们爱护牙齿的"小狮王"也得到了家长和老师们的喜爱。此促销活动成功的原因就在于企业抓住了儿童和家长的感情特点，以"情"作为公共关系活动的主题，充分体现了对下一代健康的关心，从而引发了消费者的购买动机。(资料来源：夏年喜. 世界上最迷人的公共关系大师[M]. 工商出版社)

3. 环境监测中心

公共关系部类似于组织的"侦察兵"，随时观察组织内外部环境的变动，社会环境包括政治环境、法律环境、经济环境、文化环境和技术环境等。公共关系部要掌握这些环境具体变化的状况，并提供给决策人员有参考价值的信息。

4. 趋势预测中心

公共关系部将搜集的信息加以整理分析后，发现和预测某种趋势，为组织赢得一些宝贵的发展机遇。所以有人称公共关系部是组织的"智囊团""思想库"，协助决策层进行决策，提供可供选择的决策方案。

5. 公众接待中心

公共关系部是组织与公众间的桥梁，是联系两者的纽带。随着组织与公众之间关系的日益密切，交际活动越来越多，组织与公众之间的各种摩擦、纠纷也随之增多，公共关系部将接待组织内外部各类公众的来访、来信、投诉，以及组织各种展览、参观、访问、交流会、谈判及各项专题活动等。

6. 全员公共关系意识培训中心

对任何企业而言，职工素质是最重要的，因为人是企业决定性的因素。职工素质的提高主要靠教育，公共关系部行使着教育职能，包括公共关系意识教育和日常公共关系能力的教育。公共关系意识的教育，就是教育引导企业内部的全体成员建立公共关系意识，使全体员工将公共关系意识融入日常的一言一行中，成为一种习惯的行为规范。

【案例3-2】"100—1＝0"定律

该定律最初来源于一项监狱的职责纪律：不管以前干得多好，如果在众多犯人里逃掉一个，便是永远的失职。后来，这个规定被管理学家们引入企业管理和商品营销中(包括服务行业)，该定律是指100个顾客中有99个顾客对服务满意，但只要有1个顾客对其持否定态度，企业的信誉就立即归为零。

【分析】"100—1＝0"定律很快就得到了广泛的应用和流传，它告诉我们：在公关活动中对公众而言，服务质量只有好坏之分，不存在较好较差的比较等级。好就是全部，不好就是零。组织中所有公关人员必须强化这种思想，才能提升组织的公关水平和能力。(资料来源：编者根据相关资料编写)

【案例 3-3】上海锦江大饭店公共关系实践项目

(详细内容请见课件对应内容。)

(二)设置原则

1. 精简原则

所谓精简原则,即要求能完成该机构所担负的任务,有最精干的成员配置,最简单的工作程序和组织机构。精简的关键是精,即工作效率要高,应变能力要强,能够在较短的时间里,用最少的人力去完成任务。精简的主要标志有:配备的人员数量与所承担的任务相适应。它体现在两个方面:一是人员不多,精干高效;二是机构内部的层次不多,因事设职,因职设人,不搞小而全,将人员减少到最低限度。机构内部分工粗细适当,职责明确并有足够的工作量。

2. 自动调节的原则

公共关系部具有相对的独立性,能够在确定的范围内自主履行职责,并能适应客观环境的变化。在公共关系部内部也要给各工作环节一定的灵活性,使其能够在不断变化的客观环境中主动处理问题。当然,这种灵活性是以实现总目标为前提的。

3. 专业性原则

公共关系部是专门开展公共关系工作的机构,在组织上和工作内容上都要保证其正规性,同时还应做到队伍的专业化,即公共关系部的全体人员应具有强烈的公共关系意识,受过一定的专业训练,具有一定的专业水准和能力,具有开拓创新精神等。

4. 整体协调性原则

在实现公共关系目标时,公共关系部要依靠其他部门的配合。公共关系部主要起沟通、协调、组织的作用。通过公共关系部协调多方面、多层次错综复杂的关系。对外起到主动沟通的作用,对内能够维系组织各方面关系的平衡。

5. 服务性原则

公共关系部接受组织最高领导层的领导,并对其负责。它不是领导部门,也不是直接的经营管理部门,在指导思想上必须明确公共关系部服务的性质,否则,工作就会偏离正确的轨道。

6. 针对性原则

在组建公共关系部时,要根据不同的工作性质和组织面对的不同公众来设置机构,安排人员,不一定用一个固定的模式。只有这样,才能使机构富有特色,更加有效和实用。

7. 有效性原则

效率是衡量一个组织水平的重要标志。效率越高,说明组织机构越合理,越完善。实现工作的高效率,应该注意以下几个问题:首先要保证职权与职责相当;其次要保证信息渠道的畅通;再次要善于用人,充分调动人的积极性;最后要有行之有效的规章制度,没有规矩，不成方圆。

(三)公共关系部的特点

从公共关系操作的角度来看，公共关系部具有以下几个主要特点：

(1) 熟悉组织内部环境。一个组织自己设立的公共关系部对本组织的业务和人事比较熟悉，对本组织的历史、现状和面临的问题比较了解，开展的工作更能切合实际。

(2) 便于协调。公共关系部直接受管理层领导，有的是直接和组织最高领导人对话，据有关专家曾经对美国 356 家企业公共关系部的抽样调查表明，有 56% 的公共关系部向企业最高领导人汇报工作，另有 16% 的公共关系部向企业最高领导成员汇报工作，这两项占了总数的 2/3。同时公共关系部日常与组织内部各部门联系广泛，工作比较容易协调。

(3) 效率高，成本低。公共关系部作为组织常设机构，发生突发事件时，能及时投入危机公共关系策划中，效率较高。比较容易控制预算和投入，通常聘请公共关系公司的成本比本公司处理公共关系事务要高。

(4) 公共关系部的工作易受到组织内部各种复杂因素的制约，往往缺乏客观公正。

(四)公共关系部类型和结构模式

1. 公共关系部类型

公共关系部大致可以分为 3 种类型，即直接隶属型、部门并列型和部门隶属型。

(1) 直接隶属型公共关系部。直接隶属型公共关系部直接隶属于组织最高领导层的管辖，由总经理或副总经理担任公共关系部的负责人，公共关系部的一切工作都要汇报到组织的最高决策机构讨论、批准。采用这种类型的优点是公共关系工作与经营管理的最高层直接联系，公共关系部能够着眼于企业的各个经营环节，便于全面地、有针对性地开展公共关系工作，在开展企业内部的公关工作时，可以使公共关系思想从上至下融会贯通，并具有权威性，因此，在这 3 种类型中，这种类型最为理想。有许多企业的公共关系部采用的都是这种类型，如图 3.1 所示。

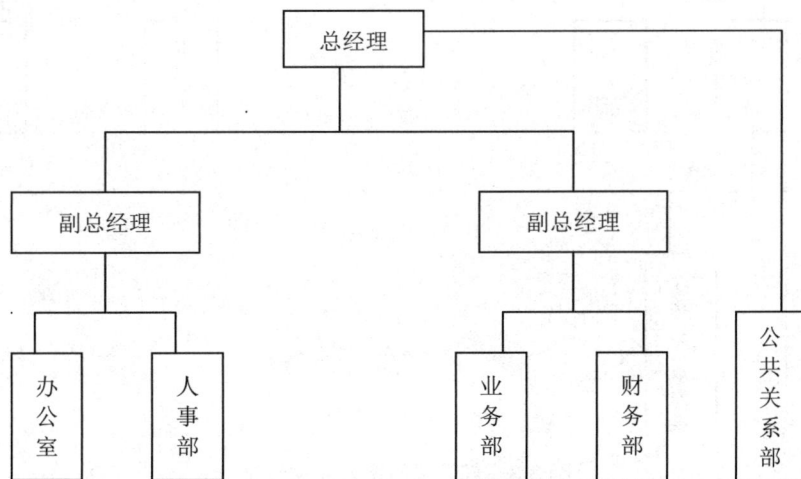

图 3.1　直接隶属型公共关系部

(2) 部门并列型公共关系部。公共关系部与企业内部的其他职能部门平行，公共关系部的负责人与其他职能部门的负责人处于平等地位，如图 3.2 所示。

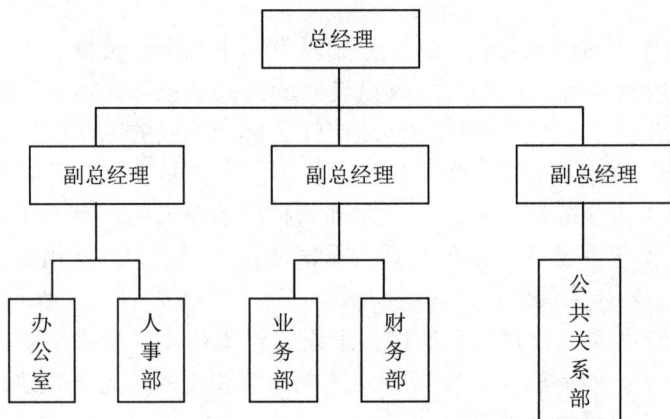

图 3.2　部门并列型公共关系部

(3) 部门隶属型公共关系部。部门隶属型公共关系部是指公共关系部隶属组织内的其他职能部门，如隶属于经营管理部门、销售部门、广告部门、外事接待部门等。这种类型的公共关系部较其他职能部门低一个层次，因为它受某一具体职能部门的管辖，如图 3.3 所示。

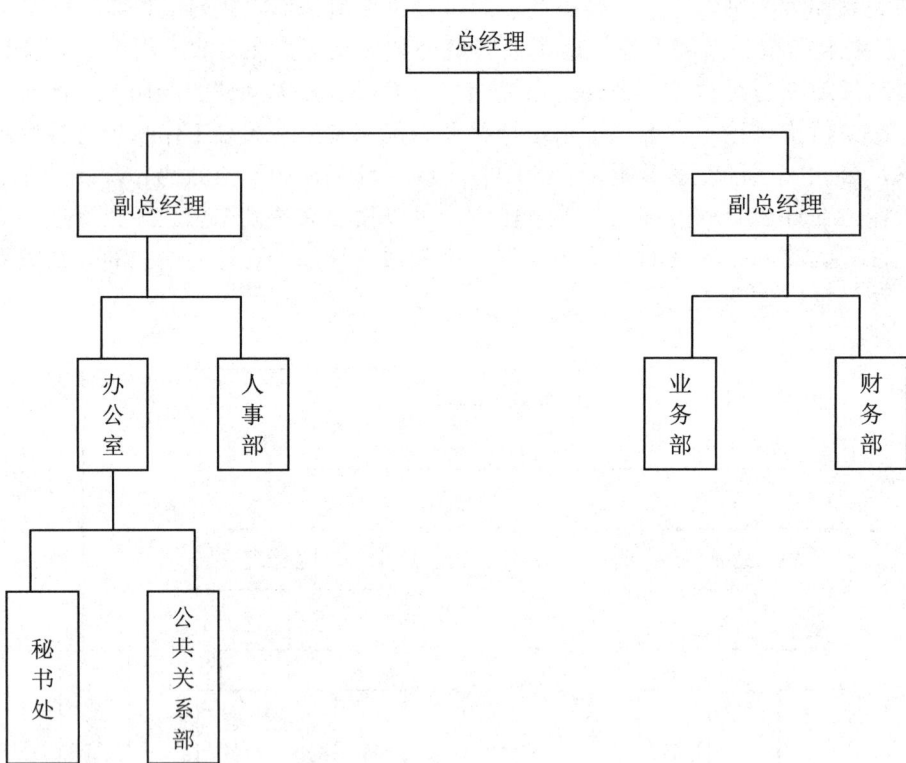

图 3.3　部门隶属型公共关系部

2. 公共关系部结构模式

(1) 根据公共关系工作的区域来设置公共关系部。这种模式较适合于大中型的企业或公众分布面比较广的社会组织。一般来说，从大的方面考虑，可以分为国内部和国外部，国内部又可以具体分为华东组、华北组、西南组、东北组等，国外部也可以具体分为亚洲组、欧洲组等。这种结构模式的最大优点是能够针对不同区域的公众的不同需求和需要开展有针对性的公共关系工作，如图 3.4 所示。

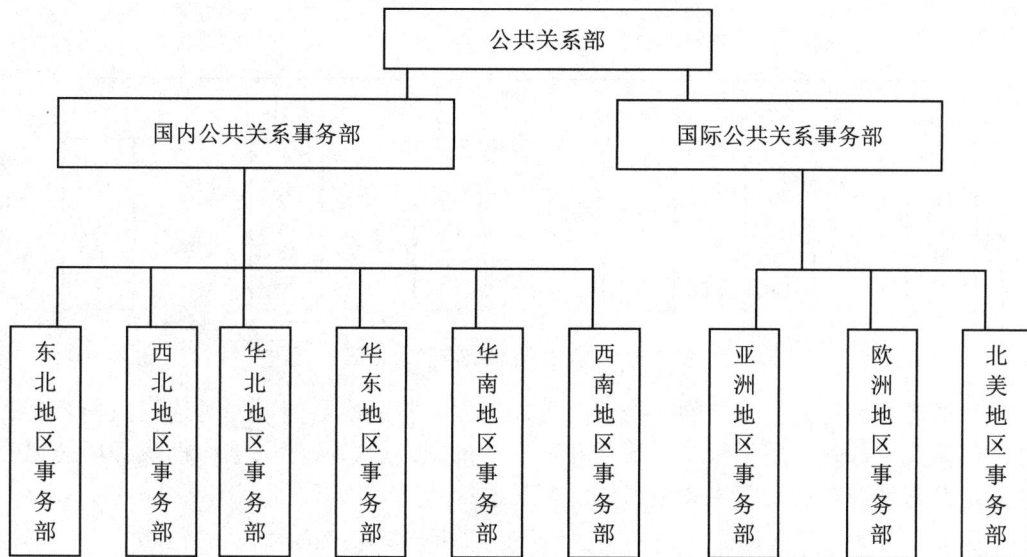

图 3.4　公共关系部结构模式之一

(2) 根据公众对象来设置公共关系部。任何社会组织的公众都是由内部公众和外部公众组成的。对企业来说，内部公众主要有职工、股东等，外部公众主要有顾客公众、社区公众和新闻界公众等。相应地，公共关系部门可以以此为据设置职工关系组、股东关系组、顾客关系组、社区关系组、新闻界关系组等。这种模式既有利于组织与公众的联系，也有助于培养公众对组织的好感，如图 3.5 所示。

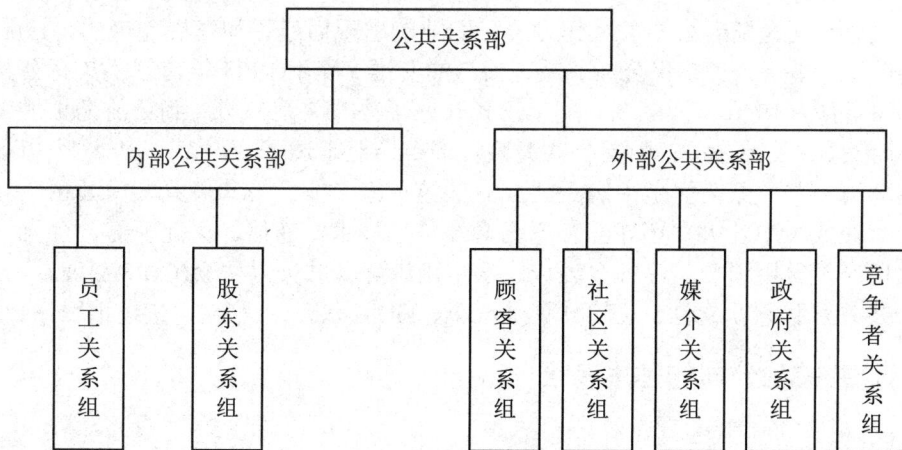

图 3.5　公共关系部结构模式之二

(3) 根据公共关系工作所借助的手段来设置公共关系部。从事公共关系工作总要借助于一定的手段,依手段的不同,可以设新闻报道组、技术制作组、编辑出版组、业务拓展组、活动策划组和信息调查组等。这种模式的优点是很明显的,由于每一个公共关系人员的职责明确,所以,便于指挥和管理,如图 3.6 所示。

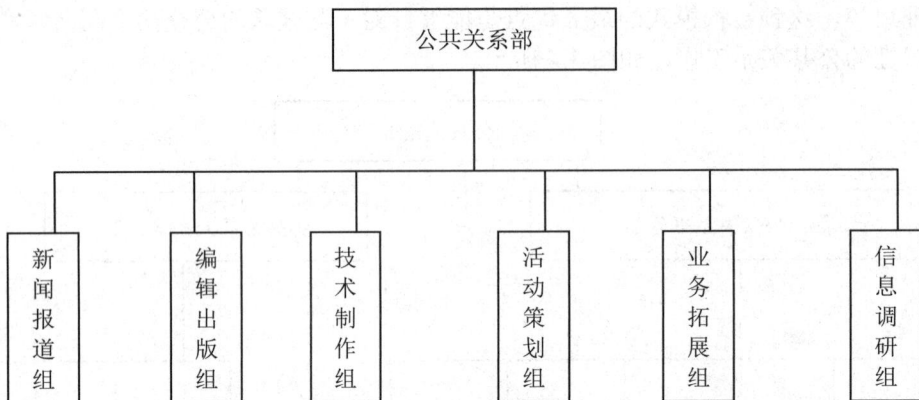

图 3.6   公共关系部结构模式之三

三种形式并不是完全独立的,企业还可能根据自身的实际情况同时选用两种乃至三种形式,如花旗银行就采用了第二种形式和第三种形式。公共关系部结构模式好坏的唯一标准,就是看它是否有利于公共关系工作的顺利进行。

二、公共关系公司

公共关系公司是指由公共关系专家和专业人员组成,专门从事公共关系咨询或受理委托为客户开展公共关系活动的商业机构。公共关系公司以现代的高科技为手段,广泛运用现代化的办公设备和通信工具为其客户提供高质量、高效率的服务。它以信息咨询、中介服务为主要经营范围,是具有营利性的经济组织。公共关系公司与一个特定组织的公共关系部不同,前者对所有征求公共关系咨询的客户负责,后者只是为实现本组织的目标而工作。

公共关系公司是随着公共关系作为一种职业的出现而产生和发展起来的。它诞生于 20 世纪初的美国。被誉为"现代公共关系之父"的艾维·李于 1903 年首创了具有公共关系公司性质的事务所。1920 年,N. W. 艾尔正式开办了公共关系公司,到目前为止,美国已经有 5000 余家公共关系公司。中国公共关系咨询市场已走过了 20 多年,与这个市场同步成长的中国环球公共关系公司是中国大陆成立的第一家专业性公共关系顾问公司。环球在学习中成长,在成长中壮大。环球的客户已遍及信息技术、通信、医疗保健、金融、机械、化工、房地产及日用消费品等各个领域。据中国国际公共关系协会(CIPRA)调查,2019 年度中国公共关系服务领域前 5 位的分别是汽车、IT (通信)、互联网、快速消费品、制造业。

(一)公共关系公司的基本特征

1. 社会性

公共关系公司是一个职业化的机构,不同于松散的公共关系社团,是一个经济实体。

它要求有明确的组织目标、严格的组织机构、受过专业训练的专门人才，有共同遵守的规章制度，有周密的发展规划。

2. 服务性

公共关系公司是服务性行业，它通过从业人员掌握的广泛的信息、丰富的知识和经验、现代化的技术手段，为客户提供市场、形势、信誉等多功能的服务。

3. 营利性

公共关系公司作为商业性机构，按照一定的标准提供有偿服务，通过经营、服务活动取得利润。

(二)公共关系公司的经营范围

1. 公共关系咨询

公共关系公司可根据客户的要求，凭借现代化的通信、办公技术、众多的专门人才，为客户提供社会政治、经济、文化、教育、科技等方面的情报，提供市场信息、公众态度、社会心理倾向及社区文化习俗的分析资料；为客户进行公共关系问题的分析与诊断；为客户的形象设计、形象评价及公共关系政策或决策提供咨询等。

2. 传播信息

为客户进行各种信息传播，包括为客户撰写新闻稿件、选择新闻媒体、建立媒体关系、举行记者招待会(或新闻发布会)；为客户设计、印制宣传资料和纪念物品及统一的标识制品；为客户制作宣传影片、网络视频或光盘等视听资料；为客户制订广告投资计划，设计制作产品广告及公共关系广告；协助客户推广产品信息，营造有利的市场气氛等。

3. 组织活动

协助客户与相关公众进行有效的联络沟通，帮助客户与政府、社区、媒体等公众建立并维持良好的关系；为客户安排、组织重要的交往活动，如贵宾和社会政要的参观访问等；为客户策划组织各种专题活动，如剪彩仪式、庆典、联谊以及各种社会赞助活动等；组织各种会议，如信息交流会、产品展销会及洽谈、谈判会。针对企业、产品、名人等形象受损时产生的各种危机，提供专业的危机公共关系服务，使其快速摆脱困境，维护和提升公众形象。针对企业的各类产品做出行之有效的市场营销策划方案，协同企业开拓广阔的市场及增创更高的效益。

4. 人员培训

公共关系公司可代为客户进行各类人员的知识或技能培训，使其具有足够的公共关系理论知识和实际操作技能，以适应岗位的需要。

(三)公共关系公司的类型和组织机构

1. 公共关系公司的类型

从国外和国内公共关系公司的现有情况看，不同的公共关系公司在规模、结构及范围方面有很大差别。从规模上看，有跨国度、跨地区经营的公司，有局限于一个地区、一定范围内经营的中小公司。从业务范围上有综合型公司和专业公司。归纳起来，大体分为以下三种类型的公司：

(1) 综合服务型公共关系公司。它提供多种公共关系服务，公司拥有先进的信息收集系统和信息储存与分析系统，通过各种渠道收集世界各国政治、经济、法律、社会政策、风俗习惯及市场动态等多方信息。公司拥有一大批经验丰富的专家。

(2) 专项服务型公共关系公司。这类公司仅为客户提供特定项目的服务，其服务项目限于一种，或专为客户进行市场调查，或专为客户组织某种公共关系活动。人员通常是某一领域的专家，公司规模小。

(3) 顾问型公共关系公司。公共关系顾问公司也是一种专项服务型公司。它所开展的服务一般仅限于为客户提供咨询，作为客户的"参谋"，对其公共关系事务提出意见或建议。

2. 公共关系公司的组织机构

公共关系公司的组织机构没有固定模式，从规模大小来看，有局限于一个地方的小公司，也有跨地区、跨国度的大公司；从业务范围来看，有只提供专项业务的，也有提供多项业务的。小型公司机构设置一般比较简单，大中型公司一般由行政部门和专业技术部门等组成。如图 3.7 所示的是中国环球公共关系公司的组织机构图。

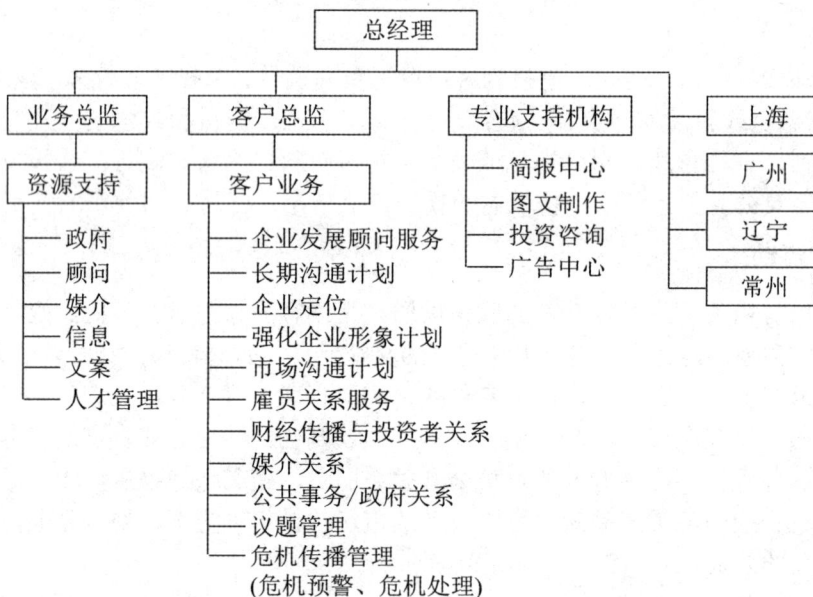

图 3.7 中国环球公共关系公司的组织机构图

(四)专业优势

1. 观察分析问题的客观性

由于公司与委托的组织没有直接的利益关系，公共关系公司的人员不是组织的员工，因而可以从旁冷静地观察问题，实事求是地分析问题，客观地对问题做出评价，以专业的眼光，从外部公众的角度去处理客户的公共关系问题，不容易受客户内部因素的干扰，容易做到客观公正。公正是公共关系公司和公共关系人员的必备条件。

2. 提出建议和方案的权威性

公共关系公司的人员由各具专长的专家组成，客户请公共关系公司代理业务正是出于对公司的信任。公共关系专家有丰富经验，所以他们提出的建议和方案更具说服力，容易受到决策者的高度重视。"外来的和尚会念经"，公共关系公司提出的建议和方案更具权威性。

3. 信息来源的及时性和渠道的网络性

由于公共关系公司长期从事公共关系业务，已经建立起一套较为完善的网络信息，同政府部门、社会团体、新闻媒介有密切的联系，信息来源广泛，渠道通畅，客户可充分利用有关信息，作为决策的依据。现代化的公共关系公司用电脑储存和处理信息，能以最快的速度和最高的质量满足客户的需要。

4. 公共关系活动整体规划的经济性

对于规模较小的组织，单独设置公共关系机构，必然要增加人员，从经济的角度来考虑，并非是最佳选择。针对组织的目标，如果开展专项公共关系活动，经过整体规划，委托公共关系公司代理，不但效果会好，而且经济上也合算。

5. 适应性强

公共关系公司可以根据客户的需要随时提供不同的公共关系服务，具有时间和空间的机动性和适应性。

6. 趋势判断的准确性

公共关系公司在大量占有信息的基础上，凭借经验和科学的分析方法以及与社会各界广泛的联系网，可以对宏观发展趋势和微观发展趋势做出较为准确的判断，可以帮助组织合理制订一些长远计划和公共关系策划方案。

(五)公共关系公司的选择标准

公共关系策划对于组织非常重要，尤其是危机事件的处理更是关键，处理好可以使组织重新树立良好形象，处理不好可能会成为灭顶之灾，所以在选择公共关系公司代理业务时一定要依据一定的标准，谨慎行事。

1. 公司的信誉情况

面对诸多的专业公共关系公司，可比较一下公司成立的时间、现有规模、所提供的服务项目和专长、公司以往的业绩、曾有哪些客户、客户的情况及对公司评价如何、公司推出的影响较大的公共关系活动有哪些，以及社会公众对公司的评价等。

2. 公共关系人员素质

公共关系人员的素质会决定该公司的服务水准，选择公共关系公司要考虑该公司的工作人员是否经过专门的训练，专业技术水平如何，能否胜任客户委托的公共关系工作等。

3. 业务专长及收费情况

在业务专长方面，有些公关公司具有良好的政府关系，有些公关公司擅长媒体关系处理，有些公关公司优势在于新产品推广……因此，要根据自身业务的需要，选择相应的具备某种业务专长的公关公司。"少花钱、多办事""花小钱、办大事"，这是客户选择公关公司的共同要求。

公共关系公司收费方式有多种：

(1) 项目收费，主要包括项目劳务费、行政管理费、项目活动经费、咨询服务费等，这种收费的好处是专款专用，有利于保证公共关系项目的质量，便于考核和管理。

(2) 计时收费，按参加工作人员的工资水平、服务项目的难易程度，定出收费标准。

(3) 综合收费，公共关系公司与客户根据业务需要，协商确定收取费用的总金额，它有利于根据有限的资金统筹安排，合理使用。

(4) 按项目需要分项收费。

(5) 项目成果分成，即公共关系公司和项目委托人共同承担风险，共同受益，项目最终取得收益时，按一定比例分成。各公共关系公司收费标准也有很大差别，组织要结合实际充分考虑收费方式和收费标准的不同，选择合适的公共关系公司为组织服务。

【案例3-4】博雅公关公司的公关服务

在 20 世纪 90 年代初，罗马尼亚政府曾委托美国博雅公关公司帮助罗马尼亚增加对美国市场的出口。博雅受理这项任务后，动员了大批人力、物力，进行了公关代理业务活动。一方面为了帮助罗马尼亚厂商选好打入美国市场的突破口，帮助他们了解美国消费者的心理偏好，选择自己在美国市场上有潜力的产品组装生产，并安排了美国一流的时装专家到罗马尼亚举办讲座，介绍美国的流行款式和质量标准；在罗马尼亚举办了美国酒类展览会，帮助罗马尼亚酒类厂商了解美国人对酒的品种和质量要求。另一方面为了帮助美国公众更多地了解罗马尼亚及其产品，博雅在美国举办了"罗马尼亚周"展览会，专卖罗马尼亚的产品，还在美国收视率较高的"今日"电视节目中连续播放了一周有关罗马尼亚的报道。美国博雅公关公司的这一代理活动使罗马尼亚政府较好地实现了预定目标。(资料来源：编者根据相关资料整理编写)

【分析】博雅公关公司为罗马尼亚政府拓展业务进行了系列公关活动的策划和实施，成功地帮助罗马尼亚企业进军美国市场，实现了罗马尼亚政府预定的目标。

【案例3-5】《2019 全球公关公司排行榜》发布

全球权威公关行业资讯机构 The Holmes Report 发布了 2019 全球公关公司排行榜，排名前 10 位的公关代理机构为：爱德曼公关、万博宣伟、BCW 公司、福莱国际、凯旋公关、明思力集团、伟达公关、奥美公关、蓝色光标、博然思维。其中，国内行业中的佼佼者——蓝色光标荣登该榜。据悉，从 2016 年起至今，蓝色光标已经连续 4 年位列全球公关代理公司 TOP10 榜单，同时也是该行业内中国仅有的一家进入全球前 10 的企业。(资料来源：https://www.sohu.com/a/312365066_620651?sec=wd)

三、公共关系社团

公共关系社团是指社会上自发组织起来的、非营利性的从事公共关系理论研究和实务活动的群众性组织或团体,主要包括公共关系协会、学会、研究会等组织。在我国,1987年5月,全国性的公共关系团体组织——中国公共关系协会在北京成立。1991年4月,中国国际公共关系协会在北京成立。

公共关系社团的工作内容主要有以下几个方面:

(1) 联络会员。联络会员、发展会员,是公共关系社团的一项具体工作。

(2) 制定规章。公共关系社团开展公共关系工作需要遵循一定的规章,主要包括各公共关系社团的组织宗旨、工作任务、工作要求以及公共关系从业人员的职业道德规范等。制定、宣传并监督执行规章的落实是公共关系社团的一项基础性工作。中国国际公共关系协会自1991年成立以来,制定了《会员行为准则》和《专业公关公司服务规范》等一系列行业规范。

(3) 理论研究。对公共关系理论进行研究,并将研究成果转化为对公共关系实践的指导,是公关社团尤其是公共关系协会、学会、研究会的重要工作。

(4) 普及知识及培训人才。公共关系社团有责任向社会公众普及公共关系方面的基本知识,传播公共关系文化,介绍国内外公共关系行业的发展情况。公共关系社团有一项经常性的工作,就是进行公共关系专业知识和技能的培训,为社会培养公关人才。

(5) 编辑出版刊物。国际公共关系协会编辑出版了影响较大的《国际公共关系评论》《国际公共关系通讯》等。

第三节 公共关系从业人员

公共关系人员指专门从事公共关系工作的人。公共关系人员在公共关系活动中具有双重身份:既是公共关系活动主体之核心,又是公共关系传播媒介之一。社会组织与公众通过媒介构成公共关系,社会组织的公共关系工作由专门的公共关系组织承担,而一切公共关系活动最终都落实在公共关系人员身上,由公共关系人员策划和操办,公共关系人员在公共关系活动中起着决定性作用。

一、公共关系从业人员的基本素质

公共关系人员的素质,是以公共关系意识为核心,以自信、热情、开放的职业心理为基础,配以公共关系专业知识结构和能力结构的一种整体职业素质。

(一)公共关系意识

公共关系意识属于一种现代经营管理思想、理念和原则,是公共关系实践在人们思维中的反映,且由感性认识上升为理性认识。公共关系意识作为一种深层次的思想,引导着一切公共关系行为。公共关系意识是一种综合性的职业意识,它大致由以下几个方面的内容构成。

1. 塑造形象意识

塑造形象的意识是公共关系意识的核心。良好的企业形象，是一个企业的无形资产和无价之宝，因此，公共关系人员必须具有极强的形象塑造意识。公共关系人员要对社会组织形象的知名度、美誉度、组织公众对组织形象的忠诚度进行分析评价，成为组织形象的设计大师。他们会时时刻刻像保护眼睛一样维护自身的形象，甚至视其为自己组织的生命。

2. 尊重公众意识

尊重公众意识是公共关系意识中最重要和最基本的意识，公共关系人员要有公众优先的意识、投公众所好的意识、服务公众的意识，能处处为公众着想，利用条件、创造条件为公众服务，真正做到"公众就是上帝""顾客至上"。尤其是当组织利益与公众利益发生冲突时，满足公众利益更要摆在第一位。现代公共关系教育的先驱、美国著名公共关系学者爱德华·伯内斯早在1923年就指出：公共关系工作是为了"赢得公众的赞同"，"公共关系应首先服务于公众利益"。

【案例3-6】35次紧急电话

有一天，一位名叫基泰斯的美国记者在日本东京奥达克余百货公司买了一台电唱机，准备作为送给住在东京的婆婆的见面礼。当时，售货员以日本人特有的彬彬有礼的服务，使基泰斯满意而归。但是，当她回到住所开机试用时，却发现电唱机没有装内件，根本无法使用。基泰斯不禁火冒三丈，准备第二天一早便去奥达克余百货公司交涉，并迅速写成一份新闻稿，题目是"笑脸背后的真面目"。

第二天，当基泰斯正准备动身前往奥达克余百货公司交涉时，一辆汽车赶到她的住处，从车上跳下的是奥达克余百货公司的副总经理和拎着皮箱的职员。他们一进基泰斯的客厅便俯首鞠躬，表示歉意。基泰斯顾感意外，他们是怎么找到这里的？那位副经理打开记事簿，讲述了大致的经过。原来，昨天下午清点商品时，他们发现错将一个空心的货样卖给了一位顾客。因为此事非同小可，经理马上召集公共关系部有关人员商议。当时只有两条线索可循，即顾客的名字和她留下的一张"美国快递公司"的名片。据此，奥达克余百货公司展开了一连串无异于大海捞针的行动，打了32次紧急电话向东京各大饭店查询，但没有结果。于是又打电话给纽约的"美国快递公司"总部，接着打电话给顾客的父母，从那里得知了顾客在东京的住所。这期间所打的紧急电话合计35次。接着，副经理亲手将一台完好的电唱机，外加唱片一张、蛋糕一盒奉上，然后离去。这一切使基泰斯深受感动，她立即重写了新闻稿，题目叫"35次紧急电话"。(资料来源：熊超群《公共关系策划实务》广东经济出版社)

---

3. 双向沟通意识

公共关系人员要确切地意识到自己除了是本组织形象的维护人以外，还是组织与内外部社会公众、社会环境进行信息交流的中间人，因而负有搜集和整理组织的外部事件和内部员工信息情况并将其同组织的信息传播活动双向沟通的任务。

4. 公共关系宣传意识

公共关系人员的工作性质决定了其必须具有极强的公共关系宣传意识，必须认识到公共关系活动的本质特征——主动、系统、长期地向组织内外部公众传播信息。公共关系人员必须具备信息处理、信息传播、信息宣传的娴熟技巧，在战略性与战术性方面有极强的公共关系宣传素养和能力。

5. 真诚互惠的意识

真诚互惠的意识指公共关系活动不应建立在"你死我活""尔虞我诈"的基础上，而应建立在竞争又合作，共同发展的基础上。虚情假意、欺骗他人、坑害公众的行为终将会导致组织的声名狼藉。

6. 创新审美的意识

组织良好形象塑造过程中的每一个公共关系活动，其策划与设计需要有创新。我们说公共关系是一门科学，是指它有客观规律可循，有相对稳定的操作程序；而我们说公共关系是一门艺术，是指它有突破固定程式、追求无重复的创造的特点，它要超越对手，超越自我，超越昨天，每一次公共关系活动都是一种创新。唯有创新，才能塑造具有个性的组织形象；唯有创新，才能使组织的良好形象在竞争的社会中永远立于不败之地；唯有创新，才能使组织的良好形象不断螺旋式上升。

7. 立足长远的意识

塑造组织良好形象，不是一朝一夕、立竿见影的事，而是需要通过长期努力，不断地积累。要求公共关系人员要有立足长远的意识，不能朝三暮四，要正确处理眼前利益和长远利益、组织利益与社会利益的关系。

(二)公共关系从业人员的心理素质

1. 自信和进取的心理

自信和进取是对公共关系人员职业心理的最基本要求。一个人有了自信心和进取心，才会激发出极大的勇气和毅力，最终创造出奇迹。

公共关系是一项创造性的劳动，充满自信心和进取心的公共关系人员，敢于坚持用实践去检验真理，凭借智慧、毅力最终将灵感变为现实的方案，而缺乏自信心和进取心的公共关系人员最终将被经验和习惯做法束缚，成为平庸、缺乏创造力的人，最终被公共关系队伍淘汰。正如法国哲学家卢梭所说的，"自信心对于事业简直是奇迹，有了它你的才智可以取之不尽，用之不竭。一个没有自信心的人，无论他有多大才能，也不会有成功的机会。"

【案例3-7】自信是成功的第一步

有个女孩，清华大学建筑学院毕业后，顺利地拿到美国哈佛大学研究生院的录取通知书，可是，没想到一切都准备好了，却在美国大使馆签证时连续两次被拒，女孩很伤心，躲在宿舍里哭。

一个要好的朋友劝她，为什么不找个咨询公司帮忙，挺灵的。女孩动心了，找到一家叫"信心"的咨询公司，公司只有三个人，老板和两个助手。老板把女孩拿来的签证材料看了一遍说，你的材料没问题，又让女孩详细介绍了两次被拒绝的经过，女孩细声细语地讲着，眼睛低垂，头也低着，不敢与老板对视，老板听着听着打断女孩：不要说了，你的毛病就在这儿。原来，女孩性格内向，不善与人交往，一说话就脸红，还老低眼垂眉的，给人一种没有自信的感觉，老板很有经验地对女孩说：你在我们公司主要就训练三项内容：抬起头来，眼睛平视，大声说话，于是，两个星期里，那两个助手什么也不干，就想方设法让女孩子养成抬起头与人平视的习惯，并训练她大声说话。

第三次签证，半是习惯，半是刻意，女孩始终高昂着头，眼睛直视着那个签证官，侃侃而谈，应对如流，从容不迫，那个签证官狐疑地看看前两次拒签记录，嘴里嘟嘟囔囔地说："不自信，吞吞吐吐，不敢抬头"，好像完全不是说的这个女孩，最后，他微微一笑："你很优秀，看不出有拒绝你的理由，美国欢迎你"。整个过程只有 5 分钟。(资料来源：《杂文报》2006 年 8 月 15 日)

【分析】从案例中可以看到自信是成功的第一步。

2. 热情、为他人着想的心理

从事公共关系工作的人员应有一种热情的心理。公共关系人员在与人交往的过程中，必须热情洋溢、真诚而又有礼貌，热情的态度可以使对方感到你的诚意、友好、礼貌，为交往的顺利进行打下良好基础。同时对其他事物保持热情，可以激发你的兴趣、想象力和创造力。

真正高情商的人，心里永远装着别人，做事、说话让他人很舒服。提高情商的结果是让别人舒服，起因却是我们要达到自己的目标，成为更好的自己，结交更多真正的、愿意帮你的朋友。

【案例 3-8】真正高情商的人，心里永远装着别人

(详细内容请见课件对应内容。)

【案例 3-9】普京：没有忠诚 ，能力一文不值

(详细内容请见课件对应内容。)

【案例 3-10】最高的教养，就是尽量不让别人难堪

英国王室在伦敦为印度当地的领袖举办一场宴会，宴会进行得很顺利。

当最后一道餐点结束时，侍者为每人端来一盘洗手水，精巧的银盘装着清澈的凉水。

印度客人不由分说，端起盘子，咕噜咕噜全喝光，一旁作陪的贵族见此大吃一惊。

但只见宴会主人英皇太子仍旧谈笑风生，并于不经意之间也端起洗手水，一饮而尽。众位公爵见状也纷纷端起洗手水喝掉。

就这样，一场尴尬与难堪在无形之中被化解掉了。

【分析】教养就是对人温和，做事的时候，很自然的不让别人产生压力，就是让每个靠近你的人都很舒服。要用智慧去理解他人心意，用真诚与善良之心与他人交往，这便是教养。修养并不只是干瘪单薄的客套，更是由己推人的周到和体谅。

真正的高修养，绝不是虚伪，绝不是投机取巧。

你让人感到舒服的程度，能决定你最终可以到达的高度。

3. 开放乐观、永不抱怨的心理

公共关系工作是一种开放型的工作，从事这种工作的人需要有一种开放的心理，公共关系工作要不断接受新的事物、新的知识、新的观念，敢于大胆创新，做出突出的贡献。

具有开放心理的人，能宽容、接受各种各样与自己性格不同、风格不同的人，并能"异中求同"，与各种类型的人建立良好的关系，这是公共关系工作十分需要的。

公共关系人员有开放乐观的心理，在困难和挫折面前，就能从容面对，始终把微笑带给公众，而不是把满脸愁云、满腹牢骚带给公众。

【案例3-11】乐观、停止抱怨的力量是多么强大！

有一个作家出差时，无意中坐了一辆非常有特色的出租车。这辆出租车的司机穿着干净，车里也非常干净。

作家刚刚坐稳，就收到司机递来的一张精美卡片，卡片上写着："在友好的氛围中，将我的客人最快捷，最安全，最省钱地送达目的地。"

看到这句话，作家来了兴趣，便和司机攀谈了起来。

司机说："请问，你要喝点什么吗？"作家诧异："这辆车上难道还提供喝的吗？"

司机微笑着说："对，我不但提供咖啡，还有各种饮料，而且还有不同的报纸。"作家说："那我能要杯热咖啡吗？"司机从容地从旁边的保温杯里倒了一杯热咖啡给这个作家。然后又给了作家一张卡片，卡片上是各种报纸的名称和各个电台的节目单。只见上面写道《时代周刊》《体育报》《今日美国》……简直太全面了。

作家没有看报，也没有听音乐。而是和司机攀谈了起来。其间这个司机善意的询问这个作家，车里的温度是否合适，离目的地还有条更近的路是否要走。作家简直觉得温馨极了。

这个司机对作家说："其实，刚开始的时候，我的车并没有提供如此全面的服务。我像其他人一样，爱抱怨，糟糕的天气，微薄的收入，堵车严重得一塌糊涂的路况，每天都过得很糟糕。有一天，我偶然在广播里听到一个故事，改变了我的观念。那个广播节目请了励志大师韦恩·戴尔博士，让博士来介绍他的新书。

书中重点阐述了一个观点，停止抱怨、停止在日常生活中的抱怨，会让任何人走向成功。他让我突然醒悟，我目前糟糕的情况其实都是自己抱怨造成的，所以决定停止抱怨，开始改变。

第一年，我只是微笑地对待所有的乘客，我的收入就翻了一倍。

第二年，我发自内心地去关心所有乘客的喜怒哀乐，并对他们进行宽慰，这让我收入更加翻了一番。

第三年，也就是今年，我让我的出租车变成了全美国都少有的五星级出租车。除了我的收入，上涨的还有我的人气，现在要坐我的车，都需要提前打电话预约。而您，其实是我顺路搭载的一个乘客。

这位出租车司机的话，让这个作家惊讶极了。作家不禁反思自身，其实在日常生活中，自己何尝不是抱怨很多。他决定改变自己，他将这个司机的故事写成一本书。后来有读者受到启发后试着去做了，生活真的发生了改变。同时，这种改变让作家知道了，停止抱怨的力量是多么的强大。

俗话说车到山前必有路，只要有突破困境的愿望，改变抱怨的态度，积极地去做当下应该做的事情，那么就一定能突破困难，继续向追求的目标前进。

让我们下定决心，乐观的面对生活，丢掉抱怨的坏习惯吧！(资料来源：http://www.cmrclub.com/bbs/forum.php?mod=viewthread&tid)

【分析】用乐观、积极的态度去面对生活，给你不一样的惊喜。

(三)公共关系从业人员的思想道德素质

正如医生要讲究医德，教师要讲究师德一样，公共关系人员塑造组织良好形象并维护这种形象，更要讲究公共关系工作的职业道德。公共关系人员不仅要具备广博的知识和多方面的能力，更重要的是必须具备良好的思想道德素质。

1. 恪尽职守，诚信守诺

衡量一个公共关系人员是否具有职业道德，最重要的是看他对公共关系事业是否尽心尽责及恪尽职守。尽心尽责，恪尽职守，要求公共关系人员热爱本职工作，对工作极端负责任，有强烈的责任感。玩忽职守、无组织无纪律的思想和行为，都是不尽心尽责的表现。

在公共关系行动中要有技巧，要讲艺术。但是，良好、稳固的公共关系却来自于公共关系人员的诚实和守信。诚实指对公众真诚、诚挚、实在、不图虚名，不以任何花架子去替代真心实意地交流；守信，即讲话做事，守信用、讲信誉，言行一致，表里如一。公共关系人员的信誉和信用表现在约定会晤、安排会谈、组织会议、履行合同等都要守时、守约，接受任务必须竭尽全力，按期完成，说到做到。公共关系人员只有在诚信守诺的基础上，方能取信于人，方能使自己传播的信息、宣传的形象和推广的品牌为公众所接受。

【案例3-12】某宾馆诚信守诺公关项目案例

上海有一家宾馆的公共关系人员就十分重视"守信"、这是一家以"饭菜质量好、服务质量更好"而闻名的宾馆，一天深夜，宾馆里来了三位德国人，但是宾馆早已客满，于是宾馆的总服务台就与其他宾馆联系，终于为他们找到了一个离市区较远的宾馆。他们派车把客人送去，当听这三个客人说是经朋友介绍才慕名而来时，他们当即对客人说："明天上午我们就来接你们回我们宾馆住。"第二天，由于接班人员的疏忽，直至傍晚才发觉这事没办，当公共关系部李小姐驱车赶到那家宾馆时，三位客人早已不知去向。李小姐想，如果今晚不把这三位客人找到，无疑会严重影响到宾馆的信誉。于是，她就开车挨个宾馆地找，直到晚上10时，才把这三位客人找到。李小姐当面向客人检讨，并说明房间已安排好了，请他们去住。此时，客人倒为难了，因为他们的房间已订，并且当晚还有朋友来访。李小姐当机立断："这里的房费由我们承担，你们的朋友来访，由我们负责接到我们宾馆去。"这件事使客人很受感动。(资料来源：熊超群《公关策划实务》广东经济出版社)

【案例3-13】她以老板的心态打工，成为亿万富豪

从前台干到亿万富豪的童文红，被称为阿里"最励志"的合伙人。2000年，童文红进入阿里的第1个职位是公司前台，之后陆续担任集团行政、客服、人力资源等部门管理工作，现任阿里集团资深副总裁兼菜鸟首席运营官。阿里上市后马云背后9位亿万富豪的女

性合伙人之一。再次证明了坚持和努力比什么都重要。(资料来源:编者根据相关资料整理编写)

【分析】很多时候,如果你想得到老板的赏识,最好能以老板的思维打工。

因为老板不欣赏对于一个不关心企业利益,不控制企业成本,不提高企业效益,不承担企业责任,不关心企业前景的员工,所以这样的员工是没有晋升机会的。好员工必须有好思想,你需要用老板的思维方式从事你的工作。

同样的道理,即使你是一个低学历的新员工,如果你以主人的心态思考问题,随时为老板出谋划策,排忧解难,那么有一天企业有什么好的发展机会,老板第一个想到的就是你。因为人都是相互帮助的,越是为老板着想的员工越能得到老板的重用,越是自私自利的员工越得不到老板的认可或提拔。

2. 努力学习,有效工作

21世纪是竞争更加激烈的世纪,是知识更新异常快速的世纪,公共关系人员必须要有学习能力,才能与时俱进。

互联网的出现,使信息的传播速度与公开性大大提高,公众的欣赏水平和品位越来越高,网络使公众真正意识到"不看不知道,世界真奇妙"。公共关系策划要有创意,要有新颖性,要求公共关系人员要有较强的学习能力、信息捕捉能力、丰富的想象力和创造力。

【案例3-14】不要等领导来安排你的工作!

(详细内容请见课件对应内容。)

【分析】千万不要认为只要准时上下班、不迟到、不早退就是尽职尽责了,就可以心安理得地去领工资了。工作需要的是一种自动自发的精神,积极主动工作的员工,将获得工作所给予的更多奖赏。

【案例3-15】稻盛和夫——把工作当成修行

(详细内容请见课件对应内容。)

【分析】职场中,你会看到形形色色的人和各种工作状态,有的人把工作当作一种敷衍,有的人把工作当成一种谋生手段,也有的人把工作当作一种修行。其实,你对待工作的态度,也决定了你在职场上的成就。

3. 廉洁奉公,不谋私利

公共关系人员工作的目标是为了树立组织良好的形象,增加组织的信誉。这个目的是在为公众和社会的服务过程中体现出来的,所采取的手段也必须是光明正大、顾全大局的。廉洁奉公,不谋私利,对公共关系人员来说十分重要。公共关系人员必须始终把国家利益、公众利益、组织利益放在首位,在任何时候都不自私自利。

【案例3-16】中国人在德国吃饭被训斥:钱是您的,资源是大家的

(详细内容请见课件对应内容。)

【分析】廉洁、节俭是人类的美德。资源是全社会的,在世界上很多资源不是取之不尽、用之不竭。当今不少人因为缺少资源过着贫困的生活，必须崇尚节约、可持续利用资源的理念，才能彰显人类的伟大。任何人，特别是公关人员更要注意。

4. 知法、守法、用法

公共关系人员与任何公民一样，受法律的约束。要知法、守法，还要懂得运用法律来保护组织的权益。具有法律意识，还应该在遇到有违法乱纪的行为时，能勇敢地站出来予以揭露、控告或制止，绝不能听之任之，更不能同流合污、知法犯法。公共关系人员应认真学习和掌握宪法、刑法、民法、经济法、公司法、合同法等。对从事涉外公共关系活动的公共关系人员，还要懂得中外合资合作企业经营法，以及关于进出口的外汇管理条例等。要坚决反对行贿受贿、贪污腐败行为。

【案例 3-17】德国女总理默克尔的低调、朴素、谦和、平易近人

(详细内容请见课件对应内容。)

【分析】德国女总理默克尔低调、朴素、谦和、平易近人、遵守法规等方面值得学习。

5. 善良、懂得感恩

罗兰曾说过：灵魂最美的音乐是善良。善良的人，永远都受人尊重，也为自己的公关事业赢得发展机会，也许会吃亏上当，也许会流泪受伤，可是，善良是种美德，幸福会回应，上天会眷顾。

公关人员在公关活动中不知道遇到多少艰难险阻，甚至挫折与失败。在危困的时候，有人向你伸出援助之手；在迷茫时，有人为你指点迷津，使你明确了前进的方向……以感恩的心态去对待这些，你就会收获别人的尊重，就会得到好人缘，而这好人缘正是你从事公关事业获得成功的资本。一个会感恩的人，在公关活动中往往会得到许多成功机会。

【案例 3-18】打劫

(详细内容请见课件对应内容。)

【分析】老太太善良的举动拯救了已经犯罪的年轻人，也让他迷途知返，这是多么大的善举！这种美德永远都受人尊重。

【案例 3-19】善良的轮回

(详细内容请见课件对应内容。)

【分析】农民与贵族，都在别人需要帮助的时候伸出了援手，却为他们自己的后代甚至国家播下了善种。人的一生往往会发生很多不可思议的事情，有时候，我们帮助别人或感恩别人，却可能冥冥之中有轮回。

【案例 3-20】32 年前他资助马云 200 元，如今马云报答他 2000 万

(详细内容请见课件对应内容。)

(四)公共关系从业人员的知识结构和能力结构

公共关系人员的知识结构包括从事公共关系工作所必需的专业知识和相关知识。健全的知识结构不仅是公共关系人员基本素质的重要组成部分，而且是其创造性地开展公共关系工作的保证。公共关系人员的能力通常指完成一定活动的本领，如果没有能力，再好的品德和知识也难以发挥作用。

1. 公共关系从业人员的知识结构

美国公共关系协会开列了一份公共关系人员应该学习的知识清单，其中提到了近 20 种知识——新闻写作、公共关系理论、演讲与谈判、舆论调查、小说创作、杂志记事、撰写论文、地方报纸研究、摄影杂志研究、传播学研究、工业情报编辑、撰写批评文章、印刷技术、制作广告、媒体调查、撰写科学记事、广播和报业关系法规、报业史研究等。概括起来公共关系从业人员的知识结构包括以下内容：

(1) 公共关系专业知识。公共关系专业的学科知识包括：公共关系理论知识，如公共关系的基本概念、公共关系的由来、公共关系的职能、公共关系活动的基本原则，以及公共关系的三大要素——社会组织、公众和传播的概念和类型、不同类型公共关系工作机构的构建原则和工作内容、公共关系工作的基本程序等。

(2) 背景学科知识。背景学科知识包括：管理学类学科，包括管理学、行为科学、市场学、营销学等；传播学类学科，包括传播学、新闻、广告学等；社会学和心理学类学科，包括社会学、心理学、社会心理学等。

(3) 操作性学科知识。操作性学科知识对提高公共关系人员的实际工作能力有直接的帮助，如广告学、写作学、演讲学、社会调查学、计算机应用与社交礼仪知识等。

(4) 方针政策知识。公共关系人员应熟知党和政府的有关政策、法令、法规，了解社会的政治、经济、文化诸方面的现状及未来的发展趋势。

另外，公共关系人员有时会根据特定的需要，开展某些特定的公共关系工作，譬如，企业的产品由内销转为外销，组织需要开展国际公共关系工作，这时，公共关系人员就有必要了解国际关系、国际市场营销、国际公共关系等方面的专业知识和有关国家的政治、经济情况。

公共关系人员的知识结构应该是一种动态、开放的结构，它能够随时吸收新的知识，不断丰富和发展自己。静态、封闭的知识结构是没有发展前途的，它会因跟不上时代前进的步伐而被淘汰。

2. 公共关系从业人员的能力结构

公共关系人员的基本能力有以下几个方面：

(1) 较强的文字和口头表达能力。能写会说是公共关系工作对公共关系人员的最基本要求。公共关系人员要编写宣传材料、撰写新闻稿件、编写组织刊物、为领导撰写演讲稿、起草活动计划方案、写年度报告或工作总结等。这些工作都要求公共关系人员有扎实的笔墨功夫、较强的文字表达能力。

公共关系人员更多的是直接接触公众，采取面对面的方式进行传播，如交谈、讲座、演讲、发言等。这就要求公共关系人员会讲标准、流利的普通话；讲话要吐字清楚、简明扼要、抑扬顿挫、有节奏感；交谈态度应诚恳、坦率、热情、大方；不可态度冷漠、虚情假意，或言不由衷，或哗众取宠，或搞外交辞令。要讲究讲话艺术技巧，思维敏捷，反应灵活，遇到突然提问或特别情况能用准确、生动、幽默的口语表达自己的看法，反映组织的情况。同时也通过口头表达，把组织的思想、宗旨、产品、服务以至组织形象传达给内外公众，以得到他们的认可、理解和赞赏。

【案例3-21】比尔·盖茨在哈佛大学的演讲的开场白

尊敬的Bok校长，Rudenstine前校长，即将上任的Faust校长，哈佛集团的各位成员，监管理事会的各位理事，各位老师，各位家长，各位同学：

有一句话我等了三十年，现在终于可以说了：老爸，我总是跟你说，我会回来拿到我的学位的！我要感谢哈佛大学在这个时候给我这个荣誉。明年，我就要换工作了(注：指从微软公司退休)……我终于可以在简历上写我有一个本科学位，这真是不错啊。

我为今天在座的各位同学感到高兴，你们拿到学位可比我简单多了。哈佛的校报称我是"哈佛大学历史上最成功的辍学生"。我想这大概使我有资格代表我这一类学生发言……在所有的失败者里，我做得最好。(资料来源：http://www.sohu.com/a/250981661_738053)

【分析】 风趣幽默，贴切自然，一下子拉近与听众的距离。

【案例3-22】良言一句三冬暖，恶语伤人六月寒

(详细内容请见课件对应内容。)

【分析】 当众人的善意汇成一股强大且温柔的暖流，世界变得如此美好。

良言一句三冬暖，恶语伤人六月寒。生而为人，请好好说话，请务必善良。

(2) 组织协调能力。公共关系计划、方案的实施，工作千头万绪、具体繁杂，没有良好的组织能力是很难顺利做好工作的。组织能力是公共关系人员从事公共关系活动的重要保证。在筹划一项公共关系活动时要深思熟虑，精心准备，制定详细周密的计划、措施，设想可能发生的种种情况；在活动开展过程中，要穿针引线、烘托气氛，左右逢源、应付自如；在活动结束后更要认真总结，仔细归纳得失利弊，任何经验教训都是下一次活动的基础和依据。协调能力是指公共关系人员要随时并善于发现组织内外，组织与公众之间的矛盾和不平衡；善于发现各类公众对组织产生的误解或不信任，及时加以沟通、协调；或通过上级领导部门，或通过新闻媒体，或通过自己的劝导、游说，进行调解，以维护组织的声誉。

【案例3-23】某酒店组织协调能力项目案例

广州中国大酒店的公共关系人员，曾精心组织拍摄了近3000多名员工的合影照，并利用广大员工穿着不同颜色的工作服，构成一个醒目的中国大酒店的"中"字图案，还将照片制成明信片。如此庞大的工程，安排得井然有序，充分显示了公共关系人员的组织协调能力。(资料来源：袁祥华《现代公共关系学》南京大学出版社)

【案例3-24】少了两个衣架

(详细内容请见课件对应内容。)

【分析】在服务工作中我们时常会遇到爱贪小便宜的顾客，两个衣架本是小事一桩。案例中酒店通过分析顾客心理，在不得罪客人的前提下维护了酒店的财产，这是一种较为常见且明智的做法。该案例也体现大堂副经理较强的协调能力。

(3) 公共关系策划能力。公共关系人员必备的专业能力之一就是公共关系策划能力。公共关系策划能力可以说是公共关系人员最为重要的职业化能力之一。虽然公共关系人员的其他能力也非常重要，但公共关系策划能力可以说是这些要素的集中外在体现。公共关系人员必须具备把科学的公共关系策划普遍规律(程序)和艺术的公共关系创造思路结合起来的能力。必须能够迅速专业地策划出各种创新的公共关系方案，来解决摆放在眼前的各种公共关系难题。公共关系策划要具有新颖性特点，俗话说："狗咬人不是新闻，人咬狗才是新闻"，公共关系策划要突出"新、奇、特"三个字。

【案例 3-25】高手的策划，在于稳定性与可持续性

(详细内容请见课件对应内容。)

【分析】阿蒙森团队成功了，主要源于精心科学地策划。阿蒙森为了极地探险，他曾经和因纽特人生活了一年多时间，就为了跟他们学习如何在冰天雪地里生活、求生等。狗拉雪橇、准备了三吨的物资、在每天启程前早餐时，便把热饭菜装在保温瓶里等都是进行认真调研后确定的，将所有能考虑的因素都考虑了。同时，该团队严格执行计划，如不管环境好坏，不管容易与否，坚持每天前进三十公里。斯科特团队失败原因主要是这方面做得不够。

(4) 信息捕捉能力。公共关系人员要眼观六路，耳听八方，保持灵敏的信息嗅觉，善于观察别人不易察觉的信息，并设法把信息转化为企业的公共关系机会。牛顿提出万有引力定律是受到了苹果落地的启发，笛卡儿把二维空间发展成三维空间、门捷列夫把化学元素排列成周期表的形式据说都是做梦捕捉到的灵感。

【案例 3-26】信息捕捉能力公关项目案例

(详细内容请见课件对应内容。)

【案例 3-27】美国前总统奥巴马的邻居比尔

奥巴马在上任总统之前，住在芝加哥的一栋老房子里，上任总统之后，便携妻子和两个女儿进入了白宫居住。在刚刚离家的时候，奥巴马对众多记者表示，"我非常喜欢芝加哥老家的房子，等任期满之后，我还会带着家人回去住。"

这个小小的访谈，让一个人激动万分，奥巴马的邻居比尔。

比尔一直渴望一夜暴富，现在机会终于来了，他满怀希望地将自己的房子交给中介公司，以 300 万美元的高价出售，相信有"总统邻居"这个诱人的卖点，他一定能很快大赚一笔。

然而，房子的出售信息贴出后，愿意购买的人一个也没有。为了弄明白究竟是怎么回事，比尔仔细地查看了出售信息下的留言，原来，大家都担心在入住后，生活在严密的监控之下，住在这里，生活基本上没有什么隐私可言。

在经历了久久无人问津的煎熬后，比尔逐渐心灰意冷。于是，当一个叫丹尼尔的年轻人找到他，表示愿意出 140 万美元购买这套房子的时候，他毫不犹豫地答应了。

不久之后，让比尔怎么也没想到的是，在丹尼尔的手上，这套房子变成了比 300 万更值钱的"摇钱树"：

他将房子改造成幼儿园，不同于那些不愿意生活被打扰的住户，孩子的家长对无处不在的严密监控非常满意。这所幼儿园立刻一举成名，被称为"美最安全的幼儿园"，吸引了众多富豪把孩子送到此处就读；因为过于火爆，丹尼尔把幼儿园的外墙也拍卖了，吸引了无数的广告商争先恐后地前来竞标。(资料来源：http://www.yidianzixun.com/m/article/0KtwNhqy)

【分析】显然，这个故事中的最大赢家是丹尼尔。

同样的一套房子，被不同的人用于经营，最终得到的回报效果天差地别，而其中的原因，显然是两人捕捉商机的能力各有高低。

(5) 随机应变能力。公共关系工作包括繁重的日常事务和各种重大事件的处理，工作量很大。公共关系人员要想干好这些工作，必须有耐心、有毅力、有很好的自制自控能力。自我控制是要求公共关系人员在处理各种冲突或投诉时，能保持清醒的头脑，能忍住心头的火气和怒气。公共关系人员要临危不乱，有遇急不慌、沉着冷静的应变能力，对各种情况能够迅速加以分析、判断，运用逻辑思维，决定何去何从。譬如在产生失误和事故时，要积极、迅速地采取一切可能的措施，化险为夷，扭转逆势，把不良影响或损失减少至最低限度。一名成熟的公共关系人员，越是困难，越应具有高度的自信心，善于在困境中调动客观和主观的一切有利因素，变被动为主动，使之逐步摆脱困境，化险为夷，求得问题的圆满解决。

【案例 3-28】弯下腰，拾起你无价的尊严

(详细内容请见课件对应内容。)

(6) 人际交往能力。衡量一个公共关系人员能否适应现代社会需求的标准之一，是看他是否具备善于与他人交往的能力。公共关系人员必须懂得各种场合的礼仪、礼节，善于待人接物，善于处理各类复杂的人际关系。公共关系人员在平时要注意培养自己的良好性格、儒雅风度、学识修养，在社交活动中要热情、自信；注意仪表、举止；面带微笑、运用温和、幽默的语言处理公共关系事务。在社交活动中应对领导、同事、合作者和其他公众表示关心和尊重。注意交往的技巧、方法，并努力使自己留给对方良好的印象。公共关系人员只有具备迅速与他人交往沟通，"打成一片"的能力，才能及时地了解公众的心理，知晓组织形象的缺陷，完成双向沟通和实施公共关系宣传的任务。

【案例 3-29】从对方的动作和情绪中了解对方的心理活动

有一位工作很有成效的公关小姐，不光善解人意，而且能准确地从对方的动作和情绪中了解对方的心理活动。

她笑着说："只要你留心，你就会发现，虽然对方没有用口说话，可是他浑身都在说话呀！比如在正常状态下，人坐的时候脚尖也就自然提高了。因此，我只要看对方的脚尖是着地还是提高就可以判断他的心里是平静的还是紧张的了。又比如在正常情况下，吸烟的人熄灭烟蒂不可能很长。因此，如果你发现对方手中的烟蒂还很长却已放下熄灭了，你就要准备，他打算告辞了。"

"此外握拳的动作是表现向对方挑战时自我紧张的情绪，握拳时使手指关节发出响声或用拳击掌，均系向对方表示无言的威吓或发出攻击的信号。在交谈中或在开会等场合用手指或铅笔打桌面或在纸上乱涂乱画，都是利用小幅度的手指动作来表示对对方的话题不感兴趣、不同意和不耐烦。有时候，有的人还手脚并用，手指在上面做各种小动作，在下面抖腿或用脚尖拍打地面，除了表示上面的意思外还表示情绪上的紧张不安，以阻挠对方把话题继续说下去。"

"两腕交叉是常见的一种下意识腕部动作。交叉的双腕比自然垂下的手臂更显得粗大，因而更易于引人注目。因抚摸腕部(手表)，调整袖扣或拿在手里的其他物品而形成的腕部交叉叫假交叉或掩饰性的交叉，这类动作多半是为了掩饰自己的紧张、不安或为了安慰自己，有时也是一种自我解嘲的动作。"

公关小姐的这席谈话，都是公共关系人员应掌握的基本功。

这位公关小姐之所以能从对方的动作表情中，把握对方的思想情绪，关键是她善于观察，并掌握了一定的动作语言知识。在现实生活中人们用各种方式传递信息，表达感情，作为一个公共关系人员要与公众进行沟通，除了要有礼貌待人的风度，能言善辩的技巧外，还要懂得一些动作语言知识，学会理解非语言信息，才能更好地实现沟通和交流。(资料来源：李磊《公共关系实务》中国广播电视出版社)

【案例3-30】他们的眼睛只能"看见"大事，"看不见"小事

(详细内容请见课件对应内容。)

【分析】很多公司对组织成员的个人素养看得比专业知识更重。因为再聪明的人如果素养差，自私自利，对组织会产生不可逆转的负效应。

(7) 顽强的毅力。公共关系工作不可能是一帆风顺的，这就要求公共关系人员在受挫折时能百折不挠，要求他们具有"不达目的不罢休"的韧劲。

【案例3-31】日本索尼公司公关项目案例

(详细内容请见课件对应内容。)

【案例3-32】遇险逃生训练

据来自英国的报道，英国的公司大学普遍推行一项新课程，叫"遇险逃生训练"。怎么个训练法呢？原来，参加这些训练班的员工，常被教员带到水深流急、礁石林立的海边，用渡船送到远离岸边的一些荒岛上，教员给他们留下一些橡皮筏、救生圈、绳子等逃生器材后，就独自乘船离去，让学员们自行逃生，返回陆地。为了"死里逃生"，这些员工常要付出屡经饥渴、劳累、与风浪搏斗等代价，且必须自觉做到齐心协力才能到达目的地。这种训练的目的在于，学员通过遇险训练，培养他们的应变能力、坚定信心和顽强意志，特别是互相协助、团结友爱的精神。可见，这同样是一项行之有效的在职公关培训。(资料来源：周安华 苗晋平《公共关系——理论、实务与技巧》中国人民大学出版社)

【分析】针对公关人员的素质，采取相应的措施进行培训的做法值得借鉴。

【案例 3-33】成大事者，逆商比情商更重要！

(详细内容请见课件对应内容。)

【分析】丘吉尔说：成功根本没有什么秘密可言，如果真是有的话，就是两个：第一个就是坚持到底，永不放弃；第二个就是当你想放弃的时候，回过头来看第一个秘诀。不轻言放弃，屡败屡战，希望每个人都能重视培养自己的逆商，成为人生长跑中，笑到最后的那个人。

【案例 3-34】马云推崇的"荷花定律"

(详细内容见课件对应内容。)

(8) 倾听与理解能力。公共关系人员在开展征询性和矫正性的公共关系活动时，或接受投诉、开展讨论时，要善于倾听。态度要诚恳、耐心，要能从别人冗长、反复的发言中抓住要领，或从众口交加、激烈言辞中找出问题症结。分析问题，并用简洁清晰的语言加以复述，表示理解，并做出一定的解释，或提出解决问题的办法。

公众对组织的某一具体部门、具体员工有意见，往往会到公共关系部门去发泄和抗议。为维护组织声誉，公共关系人员的倾听、理解能力尤为重要。表现为具有大度的气量，特殊的心理承受力和设身处地为别人着想的善良之心。谦让对方，多从主观上找原因，通过和颜悦色的劝导，使对方气消怨散。公共关系人员应向律师和医生学习，具有倾听与理解能力，这是成功开展危机公关的重要基础。

【案例 3-35】"听他把话讲完"

乔·吉拉德向一位客户销售汽车，交易过程十分顺利。当客户正要掏钱付款时，另一位销售人员跟乔·吉拉德谈起昨天的篮球赛，他一边跟同伴津津有味地说笑，一边伸手去接车款，不料客户却突然掉头而走，连车也不买了。

乔·吉拉德苦思冥想了一天，不明白客户为什么对已经挑选好的汽车突然放弃了。夜里11点，他终于忍不住给客户打了一个电话，询问客户突然改变主意的理由。客户不高兴地在电话中告诉他："今天下午付款时，我同您谈到了我的小儿子，他刚考上密西根大学，是我们家的骄傲，可是您一点也没有听见，只顾跟您的同伴谈篮球赛。"乔·吉拉德明白了，这次生意失败的根本原因是因为自己没有认真倾听客户谈论自己最得意的儿子。

【分析】一家公司要想有效扩展自己的客户资源，必须学会倾听和赞美。

"听他把话讲完"是倾听的重要含义。它要求听者专注，抛开自己的偏见、观念的束缚，最大化地融入说话人的世界以及他们的观点中去。

【案例 3-36】买按摩椅

(详细内容请见课件对应内容。)

(9) 开拓创新能力。公共关系工作是一项富于挑战和创新的工作。无论开展哪一种类型的公共关系活动，都要求公共关系人员具备丰富的想象力和创造力。有强烈的主体意识和主观能动性，才能引起公众的兴趣和好感，激发公众的合作意识，把公共关系工作做得别具一格，卓有成效。把组织的形象和声誉更深入地输送到公众心目中。为此，公共关系人员应具有广博的知识、多样的爱好，耳聪目明、勤于思索、精于构思。只有博采众长、融会贯通，立志刻意求新，才能独创一家。

【案例3-37】善于公关的三菱电梯

(详细内容请见课件对应内容。)

【案例3-38】第一的秘诀

20世纪70年代，日本有家玻璃厂为了扩大安全玻璃的市场，聘请了营销专家佐藤来给业务员作指导。经过考量，佐藤决定先向优秀的业务员取取经，再做具体指导。

松田是公司最优秀的业务员，年年业绩都是第一。于是，佐藤跟松田跑了3笔业务，很快发现了他的独特方法。原来，每次去谈生意，松田除了要带上安全玻璃，还会带一把铁锤子。见到客户，松田便先问对方："你相信我们安全玻璃的质量吗？"对方如果说还不太了解，他就把玻璃摆出来，然后举起锤子用力砸下去。客户看见玻璃真的丝毫无损，接下来便十分愉快地谈起了合作。佐藤很快把松田的这套推销秘诀公之于众，并强调说："懂得抓住客户对质量存疑的心理，巧妙地做现场展示，这正是松田成为冠军的法宝。"很快所有业务员都掌握了这套方法，果然有了效果。到了年底，佐藤注意到松田的业绩仍然遥遥领先，不禁疑惑地问："现在大家都用了你的方法，为何你还能保住第一呢？"松田笑了，说："原因很简单，你把我的方法公开后，我就开始改进方法，这样才能保持和大家不同。后来我就把锤子交给客户去砸样品，这样一来他们就会更信赖我们的产品了！"佐藤终于明白，原来第一并非靠什么秘诀，而是要靠不断创新，这样才能脱颖而出。(资料来源：黄鹤《第一的秘诀》《环球人物》，2013.19)

【分析】松田第一的秘诀就是创新。

【案例3-39】蒙牛"航天品质，健康中国"VR太空体验活动

蒙牛作为便利品行业，多属于习惯性消费(购买)行为。与传统品牌相比，潜在顾客对产品属性了解较为简单，不同品牌之间差异较小。因此，要想立于长久不败之地就要不断创新，以其他品牌相比，蒙牛倡导助力航空航天事业，不仅为航空员提供营养支持，同时致力于守护每一位中国人健康。

自2017起，蒙牛再次聚焦品牌品质的传播与沟通，以"航空品质"塑造品牌理念，运用VR技术，制作蒙牛VR太空冒险游戏。通过VR游戏效果、VR游戏互动，打造真实互动体验。尤其以带孩子的家庭成员为主，创造了相对较多接触VR的机会。增强了体验者的良好反馈和购买欲望。最终，消费者对蒙牛VR游戏体验认可度较高，且牛奶销售量明显提升，推广区域超市平均销量同比增长200%以上。(资料来源：http://www.sohu.com/a/200576785_363248)

【分析】蒙牛通过公关活动创新取得较好的效果。

(10) 自控能力强，善于控制自己的情绪、欲望。在公关工作中公关人员要和社会上各种各样的人打交道，常常需要面对各种无法预料的难题、矛盾、困境以及诱惑，因此公关人员想要公关事业成功，必须控制自己的情绪、欲望。斯坦福大学有一个非常著名的"棉花糖"实验，实验者会让一个孩子独自在一个房间里面对一块棉花糖15分钟。实验者离开之前会告诉这个孩子,如果你忍不住了你可以吃掉它,但是如果你15分钟不吃这块棉花糖,那你就会得到两块棉花糖作奖励。在棉花糖实验中 1/3 的孩子没有吃棉花糖,其结果是他们的人生大多非常成功、幸福;吃掉棉花糖的孩子们则相对过着贫穷、失意的生活,其中有不少人被毒品、酗酒、肥胖等问题困扰。最终证明,那些能够抵御诱惑的孩子们,后来的人生都很顺遂、成功,学历好、工作成功、家庭美满,甚至被肥胖困扰的都很少。

【案例 3-40】"天上掉下来"金元宝后

(详细内容请见课件对应内容。)

【分析】磨豆腐的小两口生活原本没有烦恼,当欲望之火被点燃后,烦恼就来了。同样,他们的生活原本没有痛苦,当他们开始计较得失,贪求更多时,痛苦便来了。

【案例 3-41】一只累死的翠波鸟!

曾经,南美洲原始森林里生存着一种鸟类,这种鸟全身翠绿,并带有一圈圈灰色纹理,就像一圈圈波浪,因此得名翠波鸟。这种鸟虽然美丽,但它每天忙忙碌碌都在筑巢,因而显得无精打采,很疲惫。翠波鸟巢穴唯一特点是巨大,一个个架在树上,场面甚为壮观。但这些巨大的巢穴也不禁让人疑惑,翠波鸟是一种小鸟,体长不过五六厘米,可它们建造的巢穴为什么比自己身体大几倍,甚至是十几倍呢?

为了解开这个谜,一名动物学者做了这样一个实验:

他制作了一个巨大的笼子,并捉来一只翠波鸟观察它筑巢过程。可令他没想到的是,这只翠波鸟只建了一个能容下自己身体大小的巢,然后就停工了。这引起了学者极大兴趣,他又捉来一只翠波鸟放在笼子里,想看看它建房情况。

可这一次情况却发生了突变,这只鸟被放进笼子里后,没过多久便开始大力建巢,而原本停止建造的那只也开始疯狂地扩建巢穴,两个巢穴越建越大。几天过后,两只鸟明显疲惫不堪,建造速度放慢。又过了几天,原先送进来的那一只竟然死了,而且这只鸟死后,另外一只立刻停止了筑巢,这些现象真让人百思不解。

学者随即又捉来一只翠波鸟放在笼子里,还如前面发生的情况一样。

学者陷入深思,突然明白过来,原来令翠波鸟忙碌不停原因竟是攀比。这种鸟攀比心理太强,容不得别人巢穴比自己大,一旦发现别的鸟新建"房子",它便忙碌不停地扩建巢穴……实验中两只鸟其实都是累死的。(资料来源: http://baijiahao.baidu.com/s?id=16048322413354909319&wfr)

【分析】其实,人生也正如翠波鸟筑巢,要想真正获得快乐,活得轻松自在,就不能总拿别人为参照,许多时候自己满意就好。攀比,让人失去快乐;嫉妒,让人增添愤怒;简单,让人减少烦忧;知足,让人享受幸福。淡泊方以明志,宁静才可致远。当然能看淡世事无常,静观花开花落,并不是一件容易的事情,它需要很高的修养和风度。淡泊是一份豁达的心态,行至水穷处,坐看云起时。走进淡泊,不逃避现实,而是在工作之余,多一份清醒,多一份思考。

【案例 3-42】赌局

(详细内容请见课件对应内容。)

【分析】想要成功，就一定要控制好情绪和欲望。需要注意的是控制情绪和欲望是一个长期过程，小哈利也是经历过多次的磨砺，才得以成功的掌握和控制自己的欲望与情绪。

(11) 审美能力。公共关系人员要经常设计场景，策划公共关系广告，布置展览会，召开招待会，购置物品，美化环境等。这就要求公共关系人员必须具有一定的审美能力，做到色彩、场景、空间、物品形状与展示的主题和谐、统一，既突出重点，又不忽略其他；既美观、雅致、透出新意，又经济、实惠、不铺张浪费。审美能力还表现在公共关系人员自身的仪表、装饰方面，优雅的服饰、得体的装束，能弥补不足，增添魅力。公共关系人员以饱满的精神状态，整洁端庄的穿着打扮投入工作，既是对别人的尊重，也反映了认真的工作态度，不仅体现了公共关系人员的个人品质、风貌，更体现出所代表组织的形象和管理效果。美国推销员手册上曾列有"一套好西装，一双好皮鞋，是商场上成功交易的桥梁"的警句，这足以说明服饰在经营中的重要性。公共关系人员的审美能力必须从理论和实践两方面来提高，既要靠平时的观察、学习，又要靠长期的培养、积累。

欧莱雅集团、杜邦集团、通用汽车、奥美集团等知名企业都曾经招聘公共关系人员。这些企业在招聘时对应聘人员都有一些共同的要求，归纳起来，主要包含这么几条：

(1) 最好有 2～8 年公共关系公司、新闻媒体、广告公司或市场营销职位的工作经验。

(2) 熟悉媒体运作流程，能选取较好的新闻角度撰写新闻稿并将其投放至媒体。

(3) 极强的中英文书面表达能力，能撰写各种英文工作材料和新闻稿件。

(4) 极强的中英文口头表达能力，能熟练运用英文演讲、汇报工作。

(5) 极强的人际沟通技巧，有团队意识，能在高压环境下工作。

(6) 在没有监管的情况下能独立、按时地完成任务。

(7) 学习能力强，注意细节。

公共关系界巨头——奥美集团除了以上招聘条件外，特别提出，应聘者需要熟悉多个行业，有较强的案头研究能力；能独立联系客户，取得订单；职业化程度高，气质大方得体，有亲和力。

【案例 3-43】同班同学 20 年后，身价 15 亿与月薪 5000 元的区别

(详细内容请见课件对应内容。)

二、公共关系从业人员的职业准则

争取公众的支持是企业公共关系工作追求的价值目标，在争取公众的过程中，公共关系人员必须自觉地遵守一定的行为准则和道德规范。在众多公共关系组织制订的职业准则中，要数《国际公共关系道德准则》影响最大。正如英国公共关系协会前主席赫伯特·劳埃德所说的，很多国家的公共关系组织都采用该准则，或以此作为规范稍作变动，以适应自己国家的需要。除了《国际公共关系道德准则》外，《英国公共关系协会职业行为准则》和《美国公共关系协会职业标准准则》也影响很大。

(一)国际公共关系道德准则

1955 年国际公共关系协会成立于伦敦，它是世界各地从事公共关系研究和实践的专业

人员的组织，每三年召开一次世界公共关系大会。第二届大会在维也纳举行，制定并通过了《国际公共关系协会职业行为准则》。以下是具体条文内容，供公共关系人员参考。

1. 国际公共关系协会成员必须竭诚做到

第一条　为建设应有的道德、文化条件，保证人类得以享受《联合国人权宣言》所规定的诸种不可剥夺的权利做贡献。

第二条　建立各种传播网络和渠道，以促进基本信息的自由流通，使社会的每一成员都有被告知感，从而产生归属感、责任感，与社会合一感。

第三条　牢记由于职业与公众的密切联系，个人的行为(即使是私人方面的)也会对事业的声誉产生影响。

第四条　在自己的职业生活中尊重《联合国人权宣言》的道德原则与规定。

第五条　尊重并维护人类的尊严，确认各人均有自己作判断的权利。

第六条　促成为真正进行思想交流所必需的道德、心理、智能条件，确认参与的各方都有申述情况与表达意见的权利。

2. 所有成员都应保证

第七条　在任何时候任何场合，自己的行为都应赢得有关方面的信赖。

第八条　在任何场合，自己均应在行动中表现出对自己所服务的机构和公众双方的正当权益的尊重。

第九条　忠于职守，避免使用含糊或可能引起误解的语言，对目前及以往的客户或雇主都始终忠诚如一。

3. 所有成员都应力戒

第十条　因某种需要而违背真理。

第十一条　传播没有确凿依据的消息。

第十二条　参与任何冒险行动或承揽不道德、不忠实、有损于人类尊严与诚实的业务。

第十三条　不使用任何操纵性方法与技术来引发对方无法以其意志控制因而也无法对之负责的潜意识动机。

(二)英国公共关系协会(IPR)制定的职业行为准则

第一条　职业行为标准

各会员在其职业活动中，应尊重公众利益和个人尊严。在任何时候都应忠诚、公正地对待他目前及以往的客户或雇主、其他会员、传播媒介与公众。

第二条　信息传播

各会员不得有意不顾后果地散布虚假信息，而且应注意避免不慎犯错误。应以保证真实与准确为己任。

第三条　传播媒介

各会员不得参与任何意在败坏传播媒介诚实性的活动。

第四条　秘密利益

各会员不得参与任何不可告人的利益服务但又掩盖其真实目的的欺骗性活动，应保证他所参与的任何组织都公开其真正利益。

第五条　信息保密

各会员在未征得对方同意之前，不得因个人目的而公开(除非因法庭裁判)或利用从他目前及以往的雇主或客户获悉的信息。

第六条　利益冲突

各会员不得在公开事实并征得各方同意之前，不得为互相利益冲突了各方工作。

第七条　报酬来源

各会员在为其雇主或客户服务时，在未征得他们同意之前，不得因此项服务与他人有关而接受他人付给的报酬(包括现钞、实物)。

第八条　公开财政利益

各会员如在某机构有财政利益，在未公开此关系之前，不得代表客户或雇主推荐使用这个组织的成员或采用其服务。

第九条　因成绩定报酬

各会员不得在与某预期雇主或客户签订协议或合同时，订立因公共关系工作成绩特殊而特殊收费的条款。

第十条　给在公职者报酬

各会员不得有悖公众利益而为其私人利益(或其客户、雇主的利益)给在公职者以报酬。

第十一条　雇用议员

会员中如有雇用国会议员、上下议院议员作为顾问或理事者，均应向本协会总书记报告此情况并说明目的，请他代为登记注册。协会会员如果本人是国会议员，应亲自向总书记报告有关本人的确切情况。

(在协会办公室的办公时间内，此类注册材料应公开接受公众检查)

第十二条　中伤他人

各会员不得恶意中伤其他会员的职业声誉或其活动。

第十三条　影响他人

如有会员有意影响或允许他人或其他组织采取违背此准则的行为，或他本人也参与，都应视为该会员对准则的破坏。

第十四条　职业声誉

各会员的行为不得在任何方面有损于本协会或公共关系职业的声誉。

第十五条　维护准则

各会员均应维护准则，并团结其他会员在实际中加以贯彻。如某会员发现另一会员参与破坏准则的行为，应向协会报告。全体会员都应自觉支持协会推行此准则，协会亦应支持它的会员。

第十六条　其他职业

各会员在为其他职业的客户和雇主服务时，应该尊重职业的行为准则，不应有意参与破坏该准则的活动。

(三)美国公共关系协会(PRSA)制定的职业行为准则

第一，会员都应对其目前及以往的客户、雇主、其他会员和公众持公正态度。

第二，各会员的职业行为都应符合公众利益。

第三，各会员都应坚守社会公认的准确、真实和品味高尚的标准。

第四，除非在充分说明真相后取得有关各方面同意，各会员不得为互相冲突或竞争的利益工作。

第五，各会员应维护目前及以往所有客户和雇主的信赖，不接受任何利用此种信赖或含有泄密因素因而可能危及这些客户或雇主的业务。

第六，各会员不能参与有意破坏公众传播渠道诚实性的活动。

第七，各会员不得故意散播虚假或欺骗性信息，并有责任努力防止这种信息的传播。

第八，各会员不得利用任何组织，声称为某已知的事业服务而实际上却为某不可告人的目的或某会员、客户、雇主的私人利益服务。

第九，各会员不得故意损害其他会员的职业信誉和活动。但如果某会员掌握其他会员不道德的、不法的或不公正的，包括违背本准则的行为的证据，应据本章程前言第二条向本会提供情况。

第十，各会员不得使用任何损害其他会员的客户、雇主或其产品、事业、服务声誉的伎俩。

第十一，在向客户和雇主提供服务时，各会员在未充分说明情况取得有关各方同意的情况下，不得因这种服务与其他方面有关而接受任何其他人给予的服务费、佣金和其他报酬。

第十二，各成员不得向预期的客户或雇主提出按特殊情况收费或支付报酬；也不能签订这种性质的收费合同。

第十三，各成员不得侵夺任何其他成员的受雇机会，除非双方都认为两人同时受雇而不存在冲突，而且都考虑过双方的协约。

第十四，如果发现继续受雇于某组织会造成违背此准则的行为，会员应尽快与该组织脱离关系。

第十五，除非经法院同意，否则如因实行本准则需某会员出庭作证时，必须出庭。

第十六，各会员应通力合作以维护实行本准则。

(四)《中国国际公共关系协会会员行为准则》

《中国国际公共关系协会会员行为准则》于2002年12月6日经中国国际公共关系协会第三次会员代表大会审议通过，决定于2003年1月1日实施执行。

《中国国际公共关系协会会员行为准则》全文如下：

公共关系是组织机构进行信息传播、关系协调和形象管理的一门艺术和科学，它通过一系列有计划、有目的、有步骤的调查、策划、实施、评估以及咨询等手段来实现。公共关系职业在我国是国家正式认可的一个职业，中国公共关系业服务于社会主义市场经济建设和改革开放，促进物质文明和精神文明的建设，推动社会的进步和发展。

鉴于公共关系业是一个严肃的职业，每个公共关系专业公司和从业人员应该追求崇高的职业道德并遵循职业的行为准则。为此，CIPRA所有会员(单位会员和个人会员)均同意遵守本准则。

第一章 总则

第一条 教育、引导原则。为组织机构提供有效的、负责任的公共关系服务，教育社会公众并正确引导公众舆论，以服务公众利益。

第二条 公平、公开原则。以公平、公开的态度对待组织机构、社会公众乃至竞争对手，争取良好的商业环境，促进社会进步。

第三条 诚实、信誉原则。以诚实的态度服务组织机构和公众，准确、真实地传播信息；讲求商业信誉，将公众利益放在首位。

第四条 专业、独立原则。运用专业技术和经验服务组织机构和公众，为组织机构提供客观、独立的建议和服务；通过持续的专业开发、研究与教育来推动本职业的发展。

第二章 行为准则

第一条 信息传播是公共关系服务的基础，唯有准确、真实的信息传播才能更好地沟通组织机构与新闻媒体、政府、公众之间的关系，真正服务组织机构和公众利益。CIPRA会员：

1. 确保信息传播手段和信息内容符合国家法律的有关规定；

2. 应该确保信息传播的完整性、真实性、准确性；

3. 应该兼顾公众利益和组织机构利益；

4. 不应该隐瞒事实真相或欺骗公众，有责任迅速纠正错误的传播信息；

5. 不应该向媒体赠送"红包"或其他形式的报酬，媒体必须的版面费、车马费除外。

第二条 以组织机构利益为导向是本行业赖以生存的基础，应该通过不断完善的专业技术和经验来满足组织机构的需求，帮助组织机构实现既定的目标。CIPRA会员：

1. 应该诚实地告知组织机构自己的专业能力，说明代理业务的规范流程，提交标准文案，明示收费标准；

2. 代表组织机构与公众沟通时，应该明示组织机构的名称；

3. 服务组织机构时，不应该在媒体上宣传自己和自己的组织；

4. 不应该承诺自己不能直接控制的结果；

5. 不应同时服务两个利益冲突的组织机构，除非在详细陈述事实之后得到组织机构同意。

第三条 专业服务涉及组织机构众多秘密，因此严格保守组织机构秘密和个人信息是获取组织机构信任、保持商誉的根本。CIPRA会员：

1. 应该保守组织机构过去、现在以及将来的秘密；

2. 应该保护组织机构及其雇员的隐私；

3. 如发现组织机构秘密外泄，有义务向组织机构提示；

4. 严禁利用他人秘密获取商业利益。

第四条 避免现在、潜在的利益冲突可以建立组织机构和公众的广泛信任，是本行业健康发展的基础。CIPRA会员：

1. 应该做到个人利益服从组织机构利益，组织机构利益服从公众利益；

2. 应该避免因外界因素而引起个人利益与行业利益的冲突；

3. 有责任向组织机构提示可能影响组织机构的利益冲突；

4. 有义务帮助本行业解决可能存在的利益冲突。

第五条　优胜劣汰，唯有保持公平、公开的竞争，才能不断完善健康、繁荣的行业大环境。CIPRA 会员：

1. 应该尊重平等的竞争，避免因竞争而损害竞争对手的行为发生；
2. 应该通过提高专业技术水平和服务品质来增强竞争能力；
3. 严禁采取欺骗组织机构、诋毁竞争对手等手段来取得竞争优势；
4. 有责任保护知识产权，不应将他人的劳动成果据为己有。

第六条　人才资源是行业发展和繁荣的基本条件，只有不断培养和吸收优秀人才进入本行业，才能不断壮大行业队伍，提升本行业在社会的地位。CIPRA 会员：

1. 有义务对其员工进行专业培训，同时将自己的经验和成果与行业分享；
2. 应该允许人才流动，但不得通过猎取人才来争取相关客户；
3. 流动人员应保守原公司的秘密和知识产权(如客户资料等)；
4. 流动人员不得主动争取原公司的客户资源。

第七条　没有行业的繁荣，也就没有个体的利益。每个成员应以不懈努力，创造一个不断发展、繁荣的行业为己任。CIPRA 会员：

1. 应该积极地宣传和传播公共关系知识；
2. 应该不断地追求专业技术水平的提高；
3. 应该正确地诠释成功的公共关系案例或经验；
4. 应该维护和巩固本行业的职业地位；
5. 应该要求下属及相关人士同样遵守本《准则》的有关规定。

第三章　附　则

第一条　如果 CIPRA 有足够证据证明某会员在履行其职业义务过程中有违反本准则的行为，该会员将受到 CIPRA 的劝诫、警告、通报以及开除等处罚。

第二条　本《准则》中所指的"组织机构"，即通常所指的"客户"，包括政府机构、企事业单位以及非营利机构。

第三条　本《准则》最终解释权归中国国际公共关系协会。

【案例3-44】好的规则可以遏制人性的弱点

(详细内容请见课件对应内容。)

【分析】人性有光辉的一面，也有阴暗的一面。有句话说得好：不背叛，只是因为背叛的筹码不够大，这种利诱大到一定程度，人性弱点的一面就会被诱发。通过规则可以让人性的阴暗无处发挥。

本 章 小 结

公共关系工作要以公共关系组织机构作为组织保障，而公共关系机构中的公共关系人员的素质又对公共关系工作效率起着决定性作用。因此，合理设置公共关系机构，任用具有良好素质和技能、有职业道德的公共关系人员，对于成功展开公共关系工作意义重大。

复习思考题

一、问答题

1. 如何选择公共关系公司？
2. 结合案例阐述公共关系人员应具备哪些最基本的素质？
3. 公共关系部的常见类型模式有哪些？
4. 组建公共关系部要坚持哪几个原则？
5. 某企业招聘公共关系人员，你若想应聘该做哪些准备？
6. 请问逆商、情商的含义？你认为这两者相比那个更重要？为什么？

二、分析题

1. "荷兰宫"受到致命打击，因为新闻媒介在广泛传播一些权威的食品评论家对烹调酒的"攻击性言论"。

"请注意"，食品评论家指出，"烹调食品时，用上等酒代替烹调专用酒作调料，做出来的菜味道会更好。"

有一位食品评论家还干脆地说，"烹调酒只会让食品变质"。"荷兰宫"正是专门生产烹调酒的企业。面对舆论界的强大攻击，该公司决定求助于公共关系公司。公共关系专家们认为最有效的办法是让权威说话。于是他们邀请了一些名牌大学酒店管理专业的教授进行品味研究，对烹调酒做出了公正的评价。接下来是如何把权威说的话传播开去？他们特地到美国纽约的劳伦特大饭店，举行了一次别开生面的味道品尝新闻招待会。会上同时提供两份同样的菜肴，一份用上等好酒作调料，一份用烹调酒作调料，让记者们自己作"味道对比"。在记者们品尝时，专家教授们又当场宣读他们的研究成果以提供"理论指导"，使品尝者们真正品尝出"门道"来。在此基础上，他们还安排专家教授与公众对话，直接解答公众的疑问。很快，《烹调酒做菜，味道最佳》《教授们证明烹调酒做菜味道好》等一系列报道出现在全国各大报刊上，公共关系活动使舆论界出现了一百八十度的大转弯，使"荷兰宫"生产的烹调酒家喻户晓。

请问：(1) "荷兰宫"烹调酒厂为什么要求助于公共关系公司？

(2) 公共关系公司策划公共关系活动的思路和原理是什么？

2. 实施"健康补贴"

美国医院经营公司(HCA)有一项财政开支：定期向员工发放"健康补贴"。其条件是要做完公司规定的"健康定额"。即游泳 1 英里和跳舞 1 小时均补助 0.96 美元，跑步 1 英里补助 0.24 美元，打网球一场补助 1.44 美元……这样，每人每年可得补助 500 美元，用以"维护身体健康"。公司的公关人员还反复向员工宣布："每个人都必须进行健康管理，健康就是财富，有健康的身体才能经营 HCA。"请对该公司此项活动进行评价？你从中得到什么启发？

3. 身为职场人士 有心人巧绘"人脉图"

身为职场人士，您的通讯录是什么样的？是否仅是一个普通的电话号码本那么简单？

时下，一些职场有心人十分善于管理自己的通讯录，有的人甚至将其绘制成了一张一目了然的"人脉图"，并定期进行整理和保持联络。这种"人脉图"，往往为其职场成功添力不少。

"以前，我哪有什么通讯录啊，也就是一堆没有整理过的名片。后来业务联系越来越广，我发现散乱的人脉信息给我的工作带来了很多的不方便，才想到要做相应的整理。"昨日，汉口某企业市场部经理林先生，向记者展示了他"地图式"的通讯录：这张大型的区域人脉覆盖表，其实就是在一张标准大小的中国地图上，在有朋友的城市画个圈；而在另一张附表上，先以省做大划分，然后再按照城市进行编辑，在每个朋友的人名后，添加上他们的联系方式。如此一来，便能一眼看清自己的人脉关系在全国各地的分布状况，联系起来也得心应手。林先生打趣地说："等将来业务做到海外去了，我还得准备一张世界地图呢！"

身为公关部经理的李晓娥，她的通讯录则是一张行业人脉覆盖图。她在每个行业下面的栏目内，标明所有的人脉关系情况，"没有的就先空着，还能随时提醒自己去挖掘和逐步完善。"李晓娥说，她每个月都会对这张人脉图做一次整理，不断丰富该图的内容，就等于她的工作已经不断深入到了各行各业。当然，她还会根据各个朋友的综合资料分析，制定出不同等级的联系频率，以有助于提醒她与所有朋友保持定期联系。

采访中，不少白领告诉记者，精心绘制人脉图，其实是对人脉资源的有效整合。但其中最重要的环节，是与朋友们保持适当的联系频率。因为不可能和每个人都保持很密切的联系，这就需要根据各个朋友的情况，制定出不同等级的联系频率。联系办法也有很多种，如打电话、寄明信片、电邮、短信、QQ、MSN 等，都可以成为保持联系"温度"的有效方式。

问题：你认为"人脉图"对于做好公共关系工作有无作用？

4. 重庆一公司开除 20 名大学生 因为不注重个人修养，这 20 位大学生被公司开除主要是由于三类原因。

第一类是随地吐痰。公司规定随地吐痰要罚款 5 元钱，但有人偏偏就是因为随地吐痰，而且还当着客户的面吐痰。

第二类是上班时间化妆。漂亮女生本是公司一道亮丽的风景线，但因为喜欢睡懒觉，每天早上都迟到，还在工作时间公然摆出化妆品化妆，3 次警告后，也被公司除名了。

第三类是抢位置被开除。一次公司总经理带领员工到青岛度假，在海边租了一套别墅，有 20 多间床铺，但员工有 100 多人，这就意味着大部分人都要打地铺。而这些新来的大学毕业生一进别墅，就张罗着选择好房间，选好后，就把门锁上，独自一人在房间看电视，很多年龄大的员工，甚至总经理本人都只能在过道搭地铺。

就这样 20 位刚进来的大学毕业生都被公司除名了。而公司招聘的这批应届毕业生中，最终留下来的却是一位中专毕业生。

请问该案例对你的启发？

5. 分析《【案例3-43】同班同学 20 年后，身价 15 亿与月薪 5000 元的区别》，

请问：(1)同为大学同窗，为什么毕业 20 年后收入差距这么大？
(2)请问该案例对你有哪些启发？

6. 请问《【案例 3-34】马云推崇的"荷花定律"》对你的启发？

三、技能训练

1. 依据公关人员素质的要求，对自己的言行进行评价，提出改善的计划。

2. 深入某公司公共关系部进行考察，分析其设置属于哪种形式以及内部运转方式？

3. 请搜集资料查询中国有哪些知名的公共关系公司以及其主要业务实绩？

第四章

公共关系的对象——公众

学习目标

公共关系的工作对象是公众，要做好公共关系工作，就必须了解和研究公众。通过本章的学习，掌握公众的含义、特征，公众的分类及对公众进行全方位各层次的分析。

关键概念

公众(Public)　目标公众(Target Public)　个体心理(Individual Psychology)　群体心理(Mass Psychology)

引导案例

"爸爸去哪儿"

2013 年 10 月，一档名为《爸爸去哪儿》的亲子类大型户外互动节目，突然在荧屏上走红，不仅在电视上引发了又一轮综艺节目收视热潮，而且在搜狐、优酷、爱奇艺等视频网站上也有极高点击率，在微博、微信等社交网站中也掀起了讨论狂潮。权威调查 CSM46 显示首期收视率即获得 1.423，第二期迅速涨到 2.588，播出的第七期收视再创高峰，以收视份额 20.22%的表现，刷新自己的收视纪录，遥遥领先于其他综艺节目。(资料来源：编者根据相关资料整理编写)

【分析】此档节目的成功背后有着诸多深层次的原因，其中对公众的分析和研究是最为关键的。

2011 年国家广电总局通报要求湖南卫视停止举办群众参与选拔类的电视活动。湖南卫视从 2012 年 5 月开始收视率下降，不得已让出卫视收视的第一宝座。

为了巩固收视龙头的地位，湖南卫视只能加快创新步伐，开发新节目。经调研决定采购了韩国 MBC 电视台的《爸爸！我们去哪儿？》这档节目的版权和模式。虽然此节目是明星爸爸和可爱宝宝的组合，卖点十足，有足够的受众基础，在韩国收视率一路飘红，稳坐该时段收视率冠军宝座。但是，湖南卫视并未简单模仿，而是对中国观众的特点进行详细分析：

中国观众在目前浮躁、快节奏的社会环境下，喜欢简单直接的刺激感受，韩版的《爸爸去哪儿》受韩剧影响内容拖沓，节奏缓慢，不符合喜欢"快餐文化"的中国观众的收看习惯，迎合中国观众的心理和情感认同，节目组设置了更多的环节，加快了节目的节奏，加强了后期的剪辑。

中国观众对于千篇一律的选秀类、相亲类节目已产生视觉疲劳，泛滥的煽情手法，只会使观众产生厌烦，唯有突破传统综艺节目的窠臼，才能抢占收视率。于是湖南卫视节目组把综艺节目由室内的升级到野外，将虚假的比赛变成记录性的真人秀，通过父子(女)搭档展现出的真实、温馨场景，唤起观众心中最温柔的情感，从而达到极强的共鸣。

利用普通观众的窥探心理，通过明星爸爸加星二代的组合满足观众的窥探需求。事实证明，湖南卫视对观众进行充分的详细分析后，并有针对性地采取相对应的措施，最后获得了成功。

第一节　公众的概念和特征

任何一个社会组织的生存和发展，都离不开公众的支持和信任。因此，了解、研究公众，既是公共关系工作的前提，也是公共关系学的重要内容之一。

一、公众的含义

所谓公共关系的公众(Public)，是指因面临某个共同问题而形成并与社会组织的运行发生一定联系的社会群体。它是与公共关系主体(即社会组织)发生联系及相互作用的团体和个人的总和。或者说，公众是指与一个组织机构直接或间接相关的个人、人群和团体。这些个人、人群和团体对公共关系主体的生存、发展以及目标的实现，具有实际的或潜在的利害关系及客观存在的影响力。

公共关系的公众不同于"人民""群众""受众"等概念，在日常生活中，应将公共关系的公众与这些容易混淆的概念进行适当的区分。人民(People)属于政治哲学和社会历史的范畴，泛指居民中的大多数。群众(Mass)从本质上讲，很大程度与人民的含义是一致的；从范围上看，群众包含在人民之中，但群众的内涵更稳定、更具体，是指人民中从事物质资料和精神资料生产的劳动者。而受众(Audience)是传播学的概念，是指信息的接受者，是被动的和消极的。这些概念与公共关系的公众的含义是截然不同的。

二、公众的特点

作为公共关系客体的公众，一般来讲，具有以下一些明显的特征。

1. 同质性

公众是具有某种内在共同性的群体。公众的形成，是因为社会成员遇到了共同的社会事件或共同的问题，而且该事件或问题对他们有着不同程度的影响。当某一群人、某一社会阶层、某些社会集团因为面临某个共同问题而发生内在联系时，便自然而然地成为社会组织的公众。这种内在共同性即是指相互之间的某种共同点，比如面临的共同问题、共同的意识、共同的价值观、共同的需要、共同的目标等。这样的共同点，使一群人或一些团体表现出共同或类似的态度和行为，如在某歌星演唱会上，为歌星欢呼或疯狂的观众；在足球体育比赛中，不同队伍球迷之间的互相诋毁等；纽约大都会歌剧院设立一个可容纳150万人以上的歌迷资料的数据库，歌剧院运用电脑分析各种类型消费者的特点，找出潜在的顾客，然后用直接通讯的方式宣传推销歌剧票，结果在歌剧票正式公开发售之前，70%以上的入场券就已经利用数据库信息销售出去了，这些都是公众具有共同性的体现：他们来自四面八方、各行各业，但共同的兴趣、爱好使他们聚集在一起，形成了歌星或演出单位、球星或某足球协会等社会组织或利益集团的一类公众。了解和分析一个社会组织面临的具有不同面貌和外在特征的公众，把握他们的内在共同性，在实际的公共关系活动中具有重要的意义。

【案例 4-1】"青春不止北上广"

"青春不止北上广"是由江铃汽车股份有限公司于 2017 年提出的话题公关事件。依托新媒体平台全力打造"青春不止北上广"，引发更多在小城市或大城市打拼的青年的共鸣，主人公人设为自主创业者。同时，结合网易媒体有效将话题与驭胜 S330 产品做了强关联。强化品牌"青春梦想座驾"的传输理念。微博建立"青春不止北上广"的话题，阅读量超768.9 万次。(资料来源：2017 年网易新闻，经编者删减调整)

【分析】本策划引起较大反响的原因主要有：

(1) 心灵沟通："青春不止北上广"诠释了驭胜品牌贴近年轻受众这一类同质公众的心理诉求。因为年轻，所以更有"态度"。因为年轻，所以敢于"造梦"。

(2) 离不开公关团队的功劳。除了精选网易新闻话题专题的互动留言，还设计了青春宣传海报，在微信、微博平台传播，提高了话题关注度，且助推话题传播效果。

---

2. 群体性

社会的基本元素是作为个体的人，但是无论什么人都会处在一定的社会关系之中，都必须要与其他的个人和组织发生这样或那样的联系，互相发生作用。公众就是由这些不同的人和不同性质的组织构成，而所组织构成的群体环境，也是任何组织生存和发展的公众群体环境。组织面对这样的环境，必须用全面和系统的观点来分析自己的公众，注意组织与各类公众之间的整体协调和平衡，不能顾此失彼。比如：一家超市，它所面对的公众，除了顾客之外，还有上级主管部门、政府机构、新闻媒介、业务往来单位、社区以及其他超市等。如果需要，还可以对其中某一部分公众作进一步的划分。消费者可以划分为本地消费者、外地消费者，国内消费者、国外消费者；政府机构可以划分为工商机构、税务机构等。对任何一类公众的疏忽，都可能致使整个公众环境的恶化。可口可乐的一位总裁曾自信地说："如果哪天一场大火将可口可乐公司烧毁，那么第二天，银行、机械厂、销售商、政府……会主动为我们提供一切的帮助。"如果没有往日与各类公众有效的沟通，成功地营造了良好的公众环境，那么这位总裁是不敢夸此海口的。一般来说，只要面临着需要解决的相同问题，在特定的条件下，那些并不是在社会交往进行过程中结合在一起的人群，也可以构成公共关系工作的对象。

3. 多变性

公众不是封闭僵化、一成不变的对象，而是一个开放的系统，处于不断变化发展的过程中。任何社会组织面临的公众，其性质、形式、数量、范围等，均会随着社会组织自身条件、客观环境的变化而变化。例如，组织的政策、行为、产品的变化，会使公众的意见、评价、态度或行为发生相应的变化；反过来，这种变化的结果又可能对组织产生影响和制约作用，导致公共关系工作目标、方针、策略、手段的变化。比如，可口可乐公司曾经决定生产新型的带甜味的可乐，结果在公众中引起了强烈不满。这种公众舆论立即迫使可口可乐公司慎重考虑其决策，以免导致公众环境的剧变。可见，组织应该用发展的眼光来认识自己的公众。一个公共关系从业人员在开展公共关系工作时，往往是在同不断变化的公众交流信息。

4. 能动性

公众不只是被动地作为公共关系的客体，而是从自身利益和需求出发，积极主动地影响某一社会组织的决策和行为，这就是公众的能动性。组织内部公众的认识水平、工作态度、文化修养等对社会组织有着至关重要的作用；组织的外部公众也能通过各种渠道对组织施加影响，迫使组织改变其计划、决策、工作内容和工作方法。一个社会组织对公众的能动性是不容忽视的。因此，社会组织必须及时了解和分析公众的态度，满足公众的需求，争取公众对组织的支持与合作，并善加引导，调动公众的能动性向有利于组织的方向发展，确保组织目标的顺利实现。如劳斯莱斯之所以成为世界公认的名车，一个重要原因就是它对客户的背景严加考证和遴选——只卖给国家元首、皇室成员、绅士名流、商界富豪，而且不同的客户类型，车身颜色也有区别，对客户的挑剔凸显和烘托其尊贵，这也满足这部分公众的心理需求。仔细挑选并服务于特定的公众是其成功建立和维护客户关系的基础。

第二节　公众的分类

公众的构成因素各种各样，从不同的角度出发，根据不同的标准，可以对其进行不同的分类。

1. 内部公众与外部公众

在实际的公共关系活动中，根据组织的内外区别，可以将公众分为内部公众和外部公众。这是对公众最常见的分类。

(1) 内部公众是指社会组织内部的所有成员，如企业职工、股东等。这类公众与组织关系更直接、更密切，他们对组织的评价有特殊的意义和作用，因而是公共关系工作最重要的环节之一，是社会组织能否实现活动目标的主要依靠力量。

(2) 外部公众是指社会组织外部的，与组织的某些活动有这样或那样关系的公众。这类公众虽不如内部公众与组织的关系那么密切，但也直接影响了组织的利益，并且这类公众比内部公众的分布广、数量大。它包括政府、消费者、经销商、社区、新闻媒体、当地银行以及金融机构和同行业竞争者等。

2. 非公众、潜在公众、知晓公众和行动公众

根据社会组织对公众的影响程度或社会组织运行过程中与公众发生关系的密切程度，可以把公众分为四类：非公众、潜在公众、知晓公众和行动公众。这是将公众视为一个动态过程所做的分类。此种分类方法始于美国公共关系学者格罗尼格(Gruning)和亨特(Hunter)。

(1) 非公众(Non Public)，是指与社会组织还未发生任何联系、无任何利益关系的群体和个人。从严格意义上讲，他们不构成公共关系工作的对象。区分"公众"与"非公众"，可以减少公共关系工作的盲目性，避免不必要的投入。但是，从社会组织的运行角度来讲，

公众都是从非公众发展而来的，也就是说，非公众不是绝对不变的，而是随时变化的，非公众在条件具备或接触到相关信息之后，有可能变为潜在公众。因此，社会组织要有"公众的超前意识"，针对"非公众"实施有效的策略。如可口可乐在未被人们知晓、认可和习惯之前，经常在美国大学校园的广场中央，支起帐篷，摆上桌椅，免费发放午餐，有热狗、土豆片和可乐等，以提高其产品的认知度，培养年轻人对可口可乐的偏爱和嗜好。这样的过程，其实也是在非公众中培养和发展公众的过程。又如，目前还是赔钱客户的大学生，可能在就业后会成为好客户，部分银行就看到了这一点。这些银行的信用卡业务部一直把在校大学生作为业务推广的重点对象之一，通过前期的开发和维护，当大学生毕业以后紧随而来的购房、购车、结婚、生子、教育等大项消费需要分期付款和超前消费时，银行巨大的利润空间开始显现，这也是针对"非公众"实施有效的策略。

(2) 潜在公众(Latent Public)，是指与社会组织已经发生某种关系、面临着共同问题，但自身尚未意识到的公众。例如，那些已经被某种商品广告征服，但尚未购买这种商品的消费者。又如，某种商品质量低劣，但购买了这种商品的消费者尚未意识到这一点。就他们与生产商之间可能的冲突和交涉而言，这时他们还只是潜在公众。一旦潜在公众意识到了他们与社会组织之间的这种联系，他们就转变为知晓公众。

(3) 知晓公众(Aware Public)，是指那些意识到问题的存在，但还没有付诸行动的公众。这类公众已经意识到问题存在了，因此对任何与他们有关的信息特别感兴趣，并想方设法了解问题的来龙去脉。在公共关系工作中，能不能以积极的态度、正确的方法，把握适当的时机，对知晓公众开展有针对性的公共关系活动，是公共关系工作成败的关键。知晓公众有可能比较迅速地转变为行动公众。美国前总统奥巴马的数据团队对数以千万计的选民邮件进行大数据挖掘，精确预测出更可能拥护奥巴马的选民类型，进行有针对性的宣传，从而帮助奥巴马成为美国历史上唯一一位在竞选经费处于劣势情况下，实现连任的总统。

(4) 行动公众(Active Public)，是指由于意识到问题的存在，或他们与组织之间的联系，着手或已经采取具体行动的公众。行动公众的形成对社会组织构成某种直接的影响，公共关系工作人员须加倍努力，全力开展公共关系的工作，使这类公众向有益于社会组织的方向发展。一旦组织与行动公众的问题得到解决，行动公众又可能转变为知晓公众。

从非公众到行动公众是一个连续发展的过程，一个组织的公共关系部门和人员应该及时注意公众的变化情况。随着从非公众到行动公众的发展，公众对社会组织的影响也越来越大。因此，公共关系工作的重点应当放在知晓公众和行动公众，特别是知晓公众身上，而对非公众只花较少的功夫。公共关系工作的原则之一，就是必须把工作做在知晓公众变为行动公众之前。如果公众已经开始采取对付组织的行动或已经制定好行动计划，那么就会对公共关系工作造成极大的困难。因此，在知晓公众形成之时，公共关系人员就应该根据他们的需要，及时和客观地提供他们需要的而且可以接受的信息，包括向他们提供和解释组织下一步准备执行的政策或采取的行动，这样才能达到公共关系的预期目标。

3. 首要公众、次要公众和边缘公众

根据公众对组织的重要程度的不同，可以将公众分为首要公众、次要公众和边缘公众。首要公众是与组织的活动联系最为密切的公众，如企业的职工、商场的消费者等。组织为了维持与首要公众的关系，往往投入比较多的时间、人力和金钱。次要公众是在相比之下

与组织联系不十分密切的公众，组织对它进行的公共关系工作相对可以少些，如新闻单位。边缘公众是指处在组织公众与非公众交界地带的人员和群体，如组织的员工家属、同行等。当然，公众具有变化性，对一个组织来说，在不同时期有不同的目标，那么公众对组织的重要程度也会发生变化，组织可根据自身的实际情况、发展需要来确定组织的首要公众、次要公众和边缘公众，有的放矢地开展公共关系工作。

4. 顺意公众、逆意公众和独立公众

根据公众对组织所持的态度，可以将公众分为顺意公众、逆意公众和独立公众。顺意公众是指对组织持赞赏、支持、合作和信任态度的公众，他们是组织的基本依靠对象。顺意公众越多，表明组织的公共关系状态越理想。逆意公众是指对组织持反对意见、不合作态度，甚至采取敌对立场的公众。他们是组织急需转化的对象。逆意公众越多，则表明组织的公共关系状态不甚理想。独立公众是指那些持中立态度或态度不明朗，或未表态的公众。他们是组织值得争取的对象。独立公众数量的多寡，反映了社会组织的知名度，是公共关系工作要争取的重要对象。一个社会组织要保持和扩大顺意公众的行为，尽可能改变逆意公众的态度，把他们变为顺意公众。如果此工作一时困难太大，那就先竭尽可能地将他们转变为独立公众。

划分公众，还可以从其他不同的角度进行，例如根据公众构成的稳定程度或组织自身的价值判断等标准对公众进行分类。但无论如何分类，任何社会组织都不会只面临一种公众，由于内在的管理和外部的经营等种种原因，组织面临的公众非常复杂。以一个企业为例，可以列出的关系就有：股东关系、雇员关系、社区关系、消费者关系、竞争者关系、原材料供应商关系、批发商关系、代销商关系、经销商关系、政府关系、媒介关系、慈善团体关系、学校关系、劳工关系、工会关系、金融机构关系、公共事业单位关系、行业团体关系等。这些公众对企业的生存和发展都具有实际的影响力。企业的公共关系工作人员必须充分地了解他们，熟悉他们，根据他们的利益、需求或问题引申出公共关系工作的具体目标，制定、设计具体的有针对性的公共关系活动方案。

【案例4-2】少了两个衣架

(详细内容请见课件对应内容。)

【分析】两个衣架本是小事一桩，作为顾客即使做错了事仍然希望得到尊重，当服务人员确定顾客有"不轨"行为后，仍然对其表示"尊重"，并为他设计一个"体面的台阶"好体面下台，给顾客"尊重"酒店的机会。案例中酒店通过分析顾客心理，在不得罪客人的前提下维护了酒店的财产，这是一种较为常见且明智留住顺意公众的做法。

第三节　公众的分析

划分公众是为了更好地分析公众，对各类不同的公众施加影响，做到有的放矢、疏而不漏地影响公众的观念，改变公众的态度，从而使组织获得更多公众的支持。对公众的分析，可以从两个方面进行：一方面是针对公众的心理进行分析。从此角度的分析是对公众分析的深入，公共关系从业人员只有深入到公众的心理层面，对各类公众的状态进行分析，

才能真正了解公众，进而把握公众。另一方面是从不同的目标公众入手进行分析，以目前公共关系应用最普遍的企业组织为例，企业公共关系工作的对象——公众，一般由员工、顾客、社区、媒体、政府、名流、国际公众等构成，这些是企业公共关系工作最基本的目标公众。对这部分公众关系分析会在第十章中详细阐述，在此暂不赘述。

在策划和实施公共关系活动方案的过程中，公共关系从业人员要想争取公众的支持，实现组织目标，就应该学会在不同场合、不同情况下认知公众心理，识别和预见公众的特定心理活动，掌握公众的心理需求和心理活动规律，预测公众的行为趋向，以便与公众进行心理沟通，对公众心理施加积极的影响。

公众不同行为的产生是由公众的不同心理所致。公共关系的公众，一般是由许多个体所组成的，而任何个体又均处于某种正式或者非正式群体之中，也就是说，一个个体不仅是个体公众，同时又是群体公众。因此，公众心理也就相应地包括个体心理和群体心理。

个体心理与群体心理相互独立、相互影响。个体心理具有稳定性和独立性，是群体心理的基础。公众的群体心理是同类公众共同的心理，它具有可变换性和可伸缩性。而且相对于个体心理，公众的从众或时尚等群体心理更体现了人类的普遍性这一特色，具有凝聚性和排他性。

> **【案例4-3】个体与群体心理**
>
> 2020年9月，杭州滨江未来海岸二期降价40万，已购买该楼盘一期的老业主们聚集到售楼处维权，在售楼处门口打横幅"一期试水、坑爹40万 品质滨江、失信大盘""胡乱定价，欺骗业主，还我们的血汗钱！"现场一片混乱。他们各自的角色和身份是不同的，各自对开发商的要求也各异，但又有着共同的愿望。虽然他们具有不同的个性心理，但作为面临共同问题的消费者，他们聚集在一起，就具有相似的群体心理。一般来说，组织面临的每个公众都具备这两种心理，因而这两种心理是统一的。(资料来源：编者根据相关资料整理编写)

一、对公众个体心理的分析

公众是一个社会群体，但这个群体又是由很多个体组成的。要分析公众的心理，必须首先分析公众个体的心理特征。

(一)影响公众行为的个体心理

个体心理特征是指表现在个体身上的最稳定、最根本的心理特征，它主要包括以下六个方面：知觉、价值观、态度、需要、性格和气质、兴趣和能力。

1. 知觉与公众行为

知觉是人脑对直接作用于它的客观事物的整体反映。知觉分为视觉、听觉、嗅觉、味觉、触觉五种感觉。心理学告诉我们，通常我们感觉到的世界，不一定是现实的千真万确的客观世界，它往往带有人们的主观看法，因此，对于同一件事情，不同的人，由于知识水平不同，阅历不同，就会产生不同的知觉。"一千个观众的心中有一千个哈姆雷特"，描述的就是这一现象。同样一个纷繁复杂的社会，人们按照各自不同的知觉取舍信息。虽然客观的社会现象呈现在每个人面前都是一样的，但是不同的知觉主体汲取的信息不同，就会产生不同的社会知觉，从而导致不同的个体心理和行为。一个想买数码相机的人，在生活中就会关注数码科技的发展，关注数码相机的品牌、价格和质量等信息。

所谓社会知觉，是指人们对社会环境中有关个人和团体特征的知觉。从公共关系的角度来看，要想建立良好的人际关系和公共关系，必须先具有正确的社会知觉。社会知觉主要包括人际知觉和自我知觉。人际知觉就是对人与人之间关系的认识，有着明显的感情参与因素。通过观察人的表情、动作、语言等完成对他人的认识并形成相关的态度。一般来说，人们越是彼此接近，交往频繁，相互有较多的相似之处，就越容易产生好感、同情和友谊。自我知觉则是指一个人通过对自己行为的观察而对自己心理状态的认识。一般自我知觉不一定正确。"认识自己"有一定难度，但又十分必要。通常我们可以通过别人对自己的态度来了解自己。

在现实社会生活中，人们往往容易受各种偏见的影响而造成歪曲的社会知觉，做出与客观事实不一致的判断。在心理学中，这种现象称之为心理定式。这种心理定式有积极的作用，也有消极的作用。在公共关系活动中，处理好这种心理定式，具有重要意义。

常见的心理定式有以下几种：

(1) 首次效应。第一次进入一家商场，或第一次购买某厂家的产品等都会给公众留下较为深刻的印象，成为一种心理定式而影响他今后的行为。这种现象称为首次效应。首次效应一旦形成，就会妨碍人们正确、全面地认识事物，第一印象不仅来自于直接的接触，而且也可能来自于传播媒介的间接介绍。了解首次效应的作用对于公共关系活动具有重要的实际意义。一方面，公共关系人员在观察公众时应尽量避免受首次效应的影响，对公众失去正确的认识和判断；另一方面，因为人们的首要印象的形成主要取决于人的外表、着装、举止和言谈，所以公关人员应仪表端正，着装得体，举止大方稳重，善于沟通或感染别人，这样在公众的心目中首要印象就比较好。

(2) 近因效应。与首因效应相反，是指交往中最后一次见面给人留下的印象，这个印象在对方的脑海中也会存留很长时间。在人际交往中，这两种现象很常见。心理学的研究还表明，在人与人的交往中，交往的初期，即在延续期还生疏阶段，首因效应的影响重要；而在交往的后期，就是在彼此已经相当熟悉时期，近因效应的影响也同样重要。公关人员在与人交往时，判断一个人应该注意长期考察，而我们自己在别人面前的表现则要注意始终如一，不能凭着过去或者近期的表现就有所懈怠。

(3) 晕轮效应。晕轮效应是指从对象的某种特征推及对象的总体特征，从而产生美化或丑化对象的印象。比如在选购礼品时，精美的包装、偏高的价位使人产生晕轮效应，想象包装里的东西与外面的一样精美，和偏高的价格一致，带有强烈的主观色彩。晕轮效应既是无意识的，又是固执的。所以近年来随着市场的发展，一些企业、商场纷纷装修门面，讲究包装，以期利用晕轮效应来扩大自己的影响，提高产品的销售额。公共关系人员主动利用晕轮效应来进行实事求是的宣传，是无可厚非的，但是如果利用公众的晕轮效应进行坑蒙拐骗却是应该反对和制止的。

(4) 经验效应。经验效应是指公众个体凭借以往的经验进行认识、判断和决策。经验是财富，也是包袱。经验越丰富，人也越老练，为人处事往往得心应手；如果不顾时间和地点地照搬套用经验，有时也会出洋相。特别是在现代社会中，科技发展日新月异，封闭状态日益被打破,人们的思想观念在不断地更新,靠老经验行事再也行不通了。在公共关系领域中,经验效应最为典型的表现是怀疑。如有些企业和商家花了大量的人力、物力和财力开展公共关系活动,但是公众的反应却很冷淡,达不到预期的效果,原因往往在于事前没有做好消除公众疑虑的工作。比如:商家的微笑服务赢得了一部分公众的好感,但是有些公众对笑脸"斩"客已产生了根深蒂固的戒备心理,这样的活动对他们起不了作用。由此可见,忽视公众的经验效应,光凭良好的愿望是达不到公共关系目的的。

(5) 移情效应。心理学中把那种对特定对象的情感迁移到与该对象有关的人或事物上的现象称为"移情效应"。例如,对一切抽烟的男子抱有成见的人,即使从未见过某人,但听说其抽烟,就会对其品行妄加评论,这是不自觉地把自己的嫌恶情感迁移到了某个具体的人身上。在公共关系工作中,社会组织自觉地利用"移情效应"的心理规律进行公共关系活动的例子举不胜举,请明星做代言人就是最典型的例子,让公众将对某明星的喜爱迁移到对某个物品或者社会组织身上,提高知名度和美誉度,这是公共关系活动中最常用的手段。

(6) 皮革马利翁效应。由美国著名心理学家罗森塔尔和雅各布森在小学教学上予以验证提出,指人们基于对某种情境的知觉而形成的期望或预言,会使该情境产生适应这一期望或预言的效应。你期望什么,你就会得到什么,你得到的不是你想要的,而是你期待的。只要充满自信的期待,只要真的相信事情会顺利进行,事情一定会顺利进行,相反的说,如果你相信事情不断地受到阻力,这些阻力就会产生,成功的人都会培养出充满自信的态度,相信好的事情会一定会发生的。我们在公关活动中,要善于运用赞美、信任和期待等,因为它们具有一种能量,能改变人的行为。 当一个人获得另一个人的信任、赞美时,便感觉获得了社会支持,从而增强了自我价值,变得自信、自尊,获得一种积极向上的动力,并尽力达到对方的期待,从而维持这种社会支持的连续性。

【案例4-4】继母对戴尔·卡耐基的夸奖

(详细内容请见课件对应内容。)

【分析】继母的话深深地打动了卡耐基,成为激励他的一种动力,最后他成功了。

【案例4-5】松下幸之助等用皮格马利翁效应的案例

(详细内容请见课件对应内容。)

【分析】人类本性中最深刻的渴求就是赞美。每个人只要能被热情期待和肯定,就能得到希望的效果。组织的管理者应该而且必须赏识你的下属,要把赏识当成下属工作中的一种需要。赞美下属会使他们心情愉快,工作更加积极,用更好的工作成果来回报你,何乐而不为呢!

(7) 蝴蝶效应。某地上空一只小小的蝴蝶扇动翅膀而扰动了空气,长时间后可能导致遥远的彼地发生一场暴风雨,以此比喻长时期大范围天气预报往往因一点点微小的因素造成难以预测的严重后果。说明一件表面上看起来毫无联系、非常微小的事情,可能带来巨大的改变。这要求组织平时要预防潜在危机发生,从源头进行控制,管理好组织的每一个细节,时刻关注组织内部的任何信息和数据,进行分析,做好预测,防患于未然。

【案例4-6】菲尔普斯成功法则：越聪明的人，越懂得"挫折演习"

美国游泳名将菲尔普斯的一个故事。菲尔普斯是奥运历史上最伟大的选手之一，一共拿过 23 枚奥运金牌，创下 39 项世界纪录，他的教练有一套非常奇葩的训练方法。他的教练总爱在训练时给菲尔普斯制造各种麻烦。比如突然给训练馆断电、让他在漆黑的泳池中训练；有时候，会在菲尔普斯训练时故意往他身上丢东西，甚至会提前弄坏他的泳镜，让他在水下无法睁眼。这些看似奇葩的训练方式，恰好锻炼了菲尔普斯抗干扰能力。后来在一次重大赛事中，菲尔普斯的泳镜入水，他眼睛都睁不开，却不慌不忙游完全程，拿到冠军还打破了世界纪录。有记者问他为什么泳镜入水都能破纪录，菲尔普斯毫不在意地说："这种情况我都经历了无数次。"

菲尔普斯的训练方法，就是"挫折演习"。通俗来讲就是模拟自己遇到倒霉事，思考自己应该如何处置，锻炼自己的反应能力。(资料来源：编者根据相关资料整理编写)

【分析】军事上需要演习，通过模拟实战状态，锻炼军队的指挥能力和士兵的实战能力，让士兵最大程度适应实战。

我们的工作及生活也需要多来点"演习"。毕竟世事难料、人生无常，倒霉的事情总会发生，如组织突发危机、个人被裁员、生重病……模拟意外来临时的场景，想好应急预案并多加演练，让自己提前做好物质和精神上的双重准备，总比意外到来时，自己手足无措的要好。

人无远虑，必有近忧，有空多为组织或者自己计划一下，总不是什么坏事。

心理定式与公共关系活动密切相关，社会组织若能有意识地加以利用，可以更好地加强与公众之间的沟通和了解，促使公众对社会组织产生信任，树立社会组织的良好形象。

2. 价值观与公众行为

这里所说的价值观是指一个人对周围事物的是非、好坏、善恶和重要性的评价。人们对各种事物，如对自由、幸福、荣辱、和平等都有好坏、轻重、主次的评价，这些决定了人的态度及采取的行为。在相同的客观条件下，不同的人，由于有不同的价值观，就会产生不同的行为。

美国的行为学家格雷夫思，曾把不同人的价值取向分为七种类型：反应型、依赖型、自私型、固执型、权术型、社交型和现实型。这样的概括虽有一定的典型性和合理性，但过于简单。我们也可以从价值体系和价值取向类型的联系上进行分析，作另一种划分，即划分为六种类型：功名型、安稳型、享乐型、储蓄型、事业型和模糊型。不同价值类型的人做出的行为反应是截然不同的，例如："享乐型"会热衷于个人的享乐，对衣食住行比较讲究；而"储蓄型"恰恰相反，他们把金钱视为生命，克制着消费的欲求。

在公共关系的实际活动中，价值观是影响人们动机和行为的一个主要因素，不同国家和民族，因为社会制度、民族传统、社会风气、风俗习惯等的不同，社会价值观也往往不同，而价值观不同，往往会使人们的行为发生很大的差别。因此，只有了解了人们的价值观之后，才能解释他们的行为，并以此作为开展公共关系工作的依据。

对于社会组织来说，其活动宗旨要体现合理而有意义的价值观；对于公共关系从业人员来说，在处理与公众的关系时，要善于识别不同价值取向的公众，争取达到更好的公共关系效果。

【案例4-7】公共关系公司所组织的宣传活动改变美国公众舆论

(详细内容请见课件对应内容。)

3. 态度与公众行为

态度是指个人对某个对象所持的认识、评价及其倾向性。态度是引起和指引人的行为的重要因素,对人的行为具有内在的影响力,甚至决定了一个人的生活方式。

公共关系的目标是社会组织通过开展各项活动,影响公众的态度,制造有利于自己的公众舆论力量,以树立组织的良好形象。而态度对公众行为的影响表现在以下两个方面:一方面,态度影响着公众的选择和判断,人的态度一旦形成,就会对特定事物持有一套或强或弱的固定看法,这种"定型"的看法往往会影响其对人对事的感知与判断;另一方面,态度潜在地决定了公众会按照某一方式来行动。如果一个人喜欢他的朋友,就会使他产生接近这个朋友的行为。例如,公众对"海尔电器"持积极肯定的态度时,可能是因为其肯定海尔的产品质量,或肯定海尔优质的售后服务,也可能是因为认同"海尔"的企业理念。只要公众形成了某一态度,就可能产生接受或购买的行为。

从公共关系角度看,公共关系人员一方面要努力引导公众态度向有利于组织的方向发展,另一方面要设法改变公众的敌对态度,化干戈为玉帛。但是态度是具有隐藏性的,如一家商场,对它满意和不满意的公众都会光顾。因此,公共关系人员要善于通过自己的观察去推测公众的心理,要能够透过现象看本质,了解公众的真实的想法,推断出公众真实的态度,找到公众真实的行为动机,从而制定出正确影响公众的措施和手段。

【案例4-8】"开漆大典"

(详细内容请见课件对应内容。)

【案例4-9】奶粉里的苍蝇

一位怒气冲冲的顾客来到乳制品公司,声称他在食用该公司生产的奶粉中发现了一只苍蝇,他要求该公司为此进行索赔。

但事情的真相是,该公司的奶粉经过了严格的卫生处理,为了防止氧化作用特地将罐内的空气抽空,再充入氮气密封,苍蝇百分之百不能存活。过失明显在于消费者。

然而,面对顾客的强烈批评,该公司的老板并没有恼怒,而是耐心地倾听。等顾客说完了之后,他才说:"是吗?那还了得!如果是我们的过失,这问题就非常严重了,我一定要求工厂机械全面停工,然后对生产过程进行总检查。"接着老板进一步向顾客解释:"我公司的奶粉,是将罐内空气抽出,再装氮气密封起来,活苍蝇绝不可能,我有信心要仔细检查。请您告诉我您使用时开罐的情况和保管的情况好吗?"

经过老板的这一番解释,顾客自知保管有误,脸上露出尴尬的神情,说:"是吗?我希望以后别再发生类似的事情"。(资料来源:https://wenku.baidu.com/view/be369e5384254b35eefd34be.html)

【分析】案例中的老板没有认为自己有理就对这事充耳不闻,将顾客拒之门外,而是聪明的选择了向对方表示理解的方式,并成功的利用这一方式使顾客消除了怒气,认识到自己的失误,引导顾客改变了敌对的态度。

4. 需要与公众行为

需要是指人在缺少某种东西或受到某种刺激时，产生的一种主观状态。人不断地追求某一事物是出于需要；人在感到压抑和难受时寻求解脱是一种需要；而人在受到强烈刺激时做出的反应也是出于一种需要。

马斯洛提出人类需求像阶梯一样从低到高按层次分为五种，分别是：生理需求、安全需求、社交需求、尊重需求和自我实现需求。人在衣食住行等基本的生存需要得到满足的前提下，会不断产生新的、更高层次的需要，这样的需要推动人的行为、推动人的发展。需要是人的主动性和积极性的原动力。一般说来，需要越迫切，行为越积极；行为越积极，产生的需要越多，速度越快，层次越高。这是人的一种寻求自我发展的心理倾向。人们常说："人心不足，得陇望蜀""水往低处流，人往高处走"，指的正是这种心理倾向。不同的人有不同的需要，由于各人的经历不同，所受的教育不同，经济地位不同，社会地位不同，因而，各人的需要也不尽相同。在公共关系活动中，公共关系人员分析公众的需要，了解不同公众的不同需要，可以为顺利开展公共关系活动创造条件。比如一个社会组织在处理与员工的关系时，既要满足员工物质层面的需要，又要满足员工自我发展的精神需要，才能最大限度地发挥员工的积极性。

【案例4-10】世界上最好的工作

2009年1月，澳大利亚昆士兰旅游局在全球范围内招募一名澳大利亚昆士兰州哈密尔顿岛看护员，工作时间为2009年7月1日至12月31日，薪水15万澳元/半年(约70万人民币)。其他待遇为：提供豪华住宿，来回工作地及申请人居住城市的机票，合约期内的保险及工作期间往来大堡礁水域其他群岛的交通灯费用。工作内容是：清洁鱼池，喂鱼；收发信件；每周发表文章及上传照片、影片；不定期接受媒体采访；巡游大堡礁水域内其他岛屿等。澳大利亚昆士兰旅游局把这次招募活动命名为"世界上最好的工作"。

这份面向全世界招聘的信息在全球掀起了应聘热潮，美国《纽约时报》、英国《独立报》等都对这份令人难以置信的工作进行了报道。自1月9日接受申请至16日，收到来自119个国家和地区的4000份申请，其中中国申请者28人。

在金融风暴席卷全球，大量工厂裁员、工人失业，人心惶惶的时刻，澳大利亚昆士兰旅游局恰当其时推出这样一份可以一面享受阳光沙滩，一面赚着高薪的工作，立刻吸引了全球无数人的眼球，因为这样的工作最大限度地满足了公众的需要。其实所有人都看得出来，海选一位出色的"护岛者"无非是"项庄舞剑"，意在吸引全世界的旅行者到此探险，意在改善因经济衰退导致旅游人数锐减的状况，意在提升外界对澳大利亚及昆士兰地区旅游价值的关注度。(资料来源：编者根据相关资料整理编写)

【案例4-11】穷人的自尊

(详细内容请见课件对应内容。)

【分析】本例中作者曾经因为得不到尊重而受到伤害，自己善待一对父女俩内心非常宽慰。公关活动中要分析公众的需要，了解并尽量满足不同公众的不同需要，使关系和谐，沟通顺畅，可以为组织顺利发展赢得更多的机会。

5. 性格和气质与公众行为

性格和气质与公众行为的关系极为密切，对一个人性格、气质的了解，不仅可以说明他现在的行为，而且也能预测他未来的行为。

性格是一个人较稳定的对现实的态度和与之相应的习惯化的行为方式，是一个人的全部品质和特点的总和。一个组织的公共关系人员对待公众，特别是对待内部公众，不能仅仅满足于了解他们的性格，而且应该积极创造条件，让他们的性格向着积极、健康的方向发展，努力在组织内部营造一个良好的有利于其成长的公共关系环境。

心理学认为，气质是人的典型、稳定的心理特征。不同的气质本身没有优劣之分，但是由于不同的工作要求，就有了不同气质的人适应不同工作的问题，同时也出现了为适应工作而改变自己某种气质的问题。在公共关系工作中，对不同气质的人运用的方式、方法要因人而异。例如，对于忧郁型的人就要多加关怀和照顾；对胆汁型和多血质型的人，由于他们承受挫折的忍耐力强，则可以进行比较严厉的批评。总之，组织要了解和把握公众的气质类型，发现和识别气质方面的特点，注意利用公众气质特征的积极方面，控制其消极方面。

6. 兴趣和能力与公众行为

人们在工作、学习、生活等社会活动中，对一些事物印象特别深刻，这些事物带来的是愉快的感觉和深入研究的愿望，于是形成一种定向反射，每当这类事物重新出现的时候，人们便又出现愉快的感觉，并把注意力集中到这类对象上，这就是兴趣。兴趣指导人们的行动。当人们对某件事物产生兴趣之后，他总会通过行动表现出来。兴趣是和人的情感相联系的，并与人的需要、年龄、职业、社会条件及实践活动等因素有关。因此，一个人的兴趣并非一成不变的，随着某些因素的发展变化，兴趣也会发生变化。兴趣与人们的认识水平和社会生活分不开。这就为社会组织实施有针对性的公共关系活动，引发特定公众的兴趣从而加深对组织的认识带来了可能。例如，2002年下半年由于休斯敦火箭队引进了中国篮球运动员姚明，这就更加引起了国人对NBA篮球赛事的兴趣，吸引了更多的国人关注NBA以及篮球运动。事实表明，兴趣对一个人的动机和行为模式有着重要的影响。任何人在选择目标时，都会受到兴趣爱好的影响，假如他对自己所从事的事业有很大的兴趣，他就会积极地以致创造性地去完成任务，他会觉得那是一种乐趣。因而，在公共关系活动的策划和实施过程中，公共关系人员要善于观察各种公众，掌握其兴趣、爱好与需要、年龄、职业的关系，以及兴趣对各种公众的影响作用，这对于提高公共关系工作的针对性大有裨益。

能力是完成一定活动的本领，存在于人的具体活动中。人们在各项活动中所表现出来的能力是多方面的，有观察力、记忆力、想象力、感受力和鉴赏力等。人与人之间能力上的差异导致了人有不同意识、不同评价、不同决断以及不同的行为模式。从公共关系的角度来讲，社会组织针对公众能力的差异，可以采取灵活多样的公共关系手段。

【案例4-12】追求个性

针对公众的动手能力和创新能力，蛋糕店、巧克力店、比萨店纷纷推出了DIY活动，由商家提供相应的材料，并派出技术人员进行现场指导，由消费者自己动手制作相应的食品。以这种方式拉近商家与消费者之间的距离，满足了消费者的追求个性的心理，并使商家获得较好的认可度和美誉度。(资料来源：编者根据相关资料整理编写)

【分析】此案例表明要善于观察各种公众，掌握其兴趣、爱好和需求、年龄、职业的关系，以及兴趣对各种公众的影响作用，这对于提高公共关系工作的针对性大有裨益。从公共关系的角度来讲，社会组织针对公众能力的差异，可以采取灵活多样的公共关系手段。

【案例4-13】BOOHOO鼓励消费者直接对接设计师，调动消费者参与的积极性

英国"超快时尚"服装品牌BOOHOO创立1年，做到1100万英镑。2014年成功上市，销售额高达1.09亿英镑。2016年快时尚的瓶颈期，BOOHOO非但没有受到影响，反而逆势大涨206%股价，成为西欧股价上涨幅度最大的消费公司，市值15亿英镑。成功的秘诀之一就是消费者可以直接对接设计师，鼓励消费者参与即将大量生产的新款投票，或者对产品的设计提出自己的建议，调动起有能力有想法的消费者参与的积极性，同时使消费者的需要得到最大的满足。

互联网缩短了消费者和生产厂商之间的反馈周期，生产厂商可以及时融入消费者的设计方案和需要，做出深受消费者欢迎的时尚又有个性的服装。同样属于"超快时尚"服装品牌ZARA用了整整26年才上市，而BOOHOO仅用了8年时间，不愧为快时尚的一匹黑马。(资料来源：编者根据相关资料整理编写)

【分析】BOOHOO成功的秘诀就是消费者可以直接对接设计师，调动起有能力有想法的消费者参与的积极性，同时使消费者的需要得到最大的满足。

影响公众行为的心理因素很多，知觉、价值观、态度、需要、性格和气质、兴趣和能力是其中的主要方面。在公共关系活动实施过程中，公共关系人员要依据公众所表现出的细微表情和动作，来揣摩公众的心理倾向，进行有效的预测、判断，制定和实施公共关系对策。

(二)对公众个体心理的分析

公众的个体心理特征可以从以下两方面来分析。

1. 公众个体的外部特征

公众个体的外部特征是指公众个体外观上的特征，既包括总体形象，也包括局部形象的差别。从一定程度上说，公众个体的外部特征是其个体心理的反应，因而通过细致的观察，可以在一定程度上判别隐藏在外部特征背后的个体心理。下面我们就来探讨一下：怎样从相貌、肤色与体型、发型与服饰等外部特征来分析和判断公众个体的心理特征。

(1) 相貌。人的相貌既具有生物性，也具有社会性。美国总统林肯说："一个人过了40岁就应该对自己的相貌负责。"有的人一望而知简单幼稚，有的人一望而知城府很深，有的人慈眉善目，有的人贼眉鼠眼。相貌并不是相片，它是活动的，是具有丰富表情的，所以人们看到的每一种相貌都是具有一定表情的相貌，它可以体现出一个人的心理特征。因此，公共关系从业人员可以在一定程度上从某一公众个体的相貌判断和认知他(她)的心理特点。

(2) 肤色与体型。同人的相貌一样，肤色与体型不仅具有审美价值，也能在一定程度上反映个体的心理特点。古时候，人们把读书人称为"书生"。由于书生闭门读书的时间多，外出晒太阳的时间少，因而皮肤比较白，所以人们又把读书人称为"白面书生"。闭门读书的"白面书生"与整日劳作的工人、农民就有不同的心理特点。人们常说"心宽体胖"，这也是经验性地说明人的体型与其心理特点之间有一定的关系。早在 20 世纪 20 年代初，法国精神病学家克雷奇默尔，就曾以 602 个病例的研究数据为基础，出版了《体型与性格》一书，他认为人的体型分为瘦弱型、肥胖型和健壮型，3 种体型都和人的性情相关：瘦弱型的人内向、乖戾；肥胖型的人达观、饶舌；健壮型的人死板、坚毅。

从经验与心理学家的研究来看，肤色与体型确实同个性有一定的关系。肤色和体型与相貌相比，变化更加显著，这正好说明肤色与体型的变化同人的社会性联系更加密切。从某种意义上说，人的社会性也就是人的心理性。一般而言，为什么人到中年以后，瘦子比较容易变成胖子，而胖子却不大容易变成瘦子？就是因为人在中年以后会逐渐变得更宽容、更达观，"心宽"了，于是"体胖"了。

(3) 发型与服饰。在现代社会，人们比较注重表现自我。由于发型与服饰是对相貌、肤色与体型进行加工、掩饰、衬托的最普通、最简单的方法，所以人们通常以变换发型与服饰作为表现自我的重要手段之一。一个人是不修边幅还是重视仪容、仪表，是善于修饰还是不善于修饰，与他的心理特征、心理倾向性有着直接的联系，因此，发型与服饰是认知公众个体心理的最直观、最容易做出判断的一个因素。

发型能在一定程度上改变人的相貌。如圆头大脑的男子如果剃一个板寸头会显得粗犷，如果留长发再去理发店美容一下，又会显得富态十足。服饰包括服装、鞋帽、首饰，甚至眼镜、手表、手杖、手袋等，是附着于人体的展示物。一个服饰得体的人看上去显得有精神、有修养；反之，则显得猥琐或低俗。一般说来，人们尽可以爱怎样打扮就怎样打扮。但是，因为变换发型与服饰是打扮给别人看的，因而发型与服饰比相貌、肤色与体型更受社会的制约。为什么在不同的社会环境、不同的时代背景下，人们会相应地变换发型与服饰？就是因为发型与服饰更具有社会性和时代感。

总之，公共关系从业人员是可以从公众个体的相貌、肤色与体型、发型与服饰这些外部特征来认知其心理特征的。值得注意的是，相貌、肤色与体型、发型与服饰之间是可以互相映照、互为补充的。因此，综合观察公众个体的外部特征，可以避免单项观察的不足，使认知公众个体心理的准确性大大提高。

2. 公众的言语动作

人的言语和动作(不管是有意识的还是无意识的)都与内心活动有关。一般来说，"言为心声"，在无须掩饰的情况下，人们说的大多是真话。但在有的时候并非如此，言语本身是具有真伪性的，言语的真伪性也可以通过动作、行为来鉴别。在交往过程中，公众个体的表情、手势、体姿是无声的言语，它们和有声的言语具有同等重要的地位和作用。同公众个体静态的外部特征一样，公众个体的表情、手势、体姿等动作也需要通过综合观察才能认知其真实的意义。在一般情况下，公共关系从业人员透过公众个体的动作来认知公众个体的心理还是比较准确的。例如：人们不会把愤怒的表情理解为满意，也不会把半坐半躺的体姿理解为礼貌。当然，有时人们的表情、手势、体姿所表达的意义不完全一致，有时甚至是矛盾的，这就要进行深入的分析了。

公众个体的外部特征是静态的，而言语和动作是动态的，因此，言语和动作更能够反映公众个体当时的心理状态。当然，这并不是说外部特征只反映了一般的心理特征，而言语和动作只反映了当时的心理状态。其实，人的某些个性心理特征，如人的能力，只有在言语和动作中能更充分地显示出来，人的气质、性格在言语和动作中也能对外部特征作进一步的补充。另外，公众个体的外部特征只能用眼睛来观察，而公众个体的言语和动作则需要眼睛、耳朵并用，不仅要"听其言"，还要"观其行"。正是从这个意义上说，公众个体的言语和动作可以为我们认知公众的个体心理提供更可靠的凭据。

总而言之，对公众个体心理的分析不仅完全必要，而且完全可行，重要的是，不能只停留在口头上和书本知识上，而要在公共关系实践中细心观察、悉心探索，努力提高自己分析和把握公众个体心理的能力，以便把公共关系工作做得更好。

【案例4-14】与公众谈话过程中注意点

(详细内容请见课件对应内容。)

【分析】不同类型的事，需要不同表述内容和要求，这样才能取得较好的效果。

【案例4-15】同样的事，表述不同，结果不同

(详细内容请见课件对应内容。)

【分析】从这个案例中可以看出语言沟通的力量，律师与他的同伴不同的是，其传递的不仅是买报纸的信息，还包括尊重和理解。

【案例4-16】观察并了解对手

(详细内容请见课件对应内容。)

【分析】在公关活动中，观察并了解对手，做到有的放矢。

二、影响公众行为的群体心理

群体心理是公众在工作和生活中，逐渐形成的与其他群体成员相似的带有普遍性的心理特征。公众的群体心理特征决定了公众一致行为的产生，所以社会组织有必要科学地分析和研究群体心理对公众的影响，以指导公共关系工作的运行。

(一)从有组织的群体心理和无组织的群体心理两个方面着手

1. 影响公众行为的有组织群体心理

在有一定行动目标和有组织的群体里，公众易形成认同、归属意识和排外的意识。在这些意识的影响下，公众较容易产生从众心理和逆反心理。

(1) 从众心理。从众心理是指在社会团体的压力下，个人不愿意因为与众不同而感到孤立，从而放弃自己的意见，采取与大多数人一致的行为，以获得安全感、归属感和认同感。

造成从众心理的团体压力一般有两方面条件：一是团体内部的意见比较一致，具有足够的同一性、凝聚力和吸引力；二是个体的素质和能力较低，缺乏自信和独立性，过于依赖他人，或者顾虑较多，对团体有较强的依赖性和归属感。这些都会在公共关系工作中有不同的体现。一方面，社会组织在处理内部公众关系时，不断加强及健全管理体制，竭力形成一种团体压力，促使内部公众产生从众心理，服从组织的管理，增强组织的团体精神，形成组织的内聚力，达到"内求团结"的理想状态。另一方面，公众缺乏个性，行为随大流，毫无目的性，显得十分盲目。比如，组团出外旅游，看到其他的游客在买纪念品或其他物品，自己不管是否需要，也跟着购买；或者，由于从众心理和经济环境的影响，农村消费者的消费需求比较相似，趋同倾向十分严重等。由于社会组织的外部公众表现出的从众心理及行为较零散，不固定，没有规律，所以难以系统分析研究。公共关系人员应更多地去研究如何培养和利用从众心理去增强组织的凝聚力和吸引力，创造"人和"的组织气氛，为社会组织的发展创造条件。

(2) 逆反心理。逆反心理相对于从众心理，是一种背离群体心理产生的个体心理。在现实生活中，由于逆反心理所引起的社会现象俯拾皆是，公共关系从业人员经常在工作中会碰到这样的状况，所以有必要在此将这种心理作具体分析。

逆反心理是有意识的脱离习惯的思维轨道，而向相反的思维方向探索。这种逆反心理可能是因抵触心而起，如公众对某些组织的监督、控制体系产生抵触感，或不再从心里认同某组织，产生厌恶感；也可能是因好奇心而生，有些公众虽置身于群体，但富于幻想，渴望变化，追求新奇，敢于藐视传统，于是在一定的条件下，不再保持与群体的一致，产生逆反行为；也可能出于好胜心，把自己做到而他人无法做到的行为看作一种荣誉，从而做出惊世骇俗的逆反行为。

了解和掌握公众的逆反心理，对于一个组织的公共关系有很重要的意义。公共关系是要与各类公众处理好关系，引导各类公众向有利于组织的生存和发展的方向进行，防止并纠正公众的不利于组织的行为和行为趋势。因而，任何一个组织必须分析并掌握公众的逆反心理。

【案例4-17】大概8:20发

(详细内容请见课件对应内容。)

2. 影响公众行为的无组织群体心理

无组织的群体心理最典型的表现形式有时尚、舆论与流言、骚动。因为无论是时尚还是流言或骚动，都会在短时期内互相感染，而过一段时期不经治疗又会自然痊愈，像是流行感冒一样。所以，有的学者将这一类心理现象称为"流行心理"。下面我们分别展开论述。

(1) 时尚与公众行为。在现实生活中，我们常常会发现一种现象：一段时期内，社会上相当多的公众对某个特定的观念、行为、语言或生活方式等产生崇拜并进行追求，并且公众相互之间还互相模仿，相互产生着连锁性感染。我们把这种现象称之为时尚。

时尚作为一种社会心理现象，对公众行为的影响及产生的后果是很大的，因而公共关系人员必须认真对待这个问题，并根据时尚的特点及其形成的原因，因势利导，更好地顺应公众的心理需要，有的放矢开展公共关系活动，以实现社会组织本身发展的目标。为此，作为公共关系人员，必须做到：一方面，根据时尚迅速性的特点，社会组织要有意识地对社会组织的形象进行集中性的公共关系宣传，使社会组织的形象能在较短时间内"风靡"起来，尽快地在社会公众中创造社会组织的良好声誉。另一方面，根据时尚的下行性特点，社会组织在一定时期内，如果设计出符合人们潜在需要的"时尚"产品，并首先在政治、经济、文化较为发达的地区，或较有地位、较有影响的社会公众中进行"试点"，往往会使一般社会公众群起仿效，一时间趋之若鹜，蔚为风尚，这就是通常所说的引导消费。

（2）舆论、流言与公众行为。舆论是社会公众的意见和看法，是社会上大多数人的共同观念。社会舆论一旦形成以后，就会成为一种群众性的意见，对社会产生更大的影响。

舆论的指向和民心的向背对社会组织的公共关系都有着十分重要的意义。林肯说过："得到民意的支持，任何事情都不会失败；得不到它的支持，任何事情都不能成功。"舆论像根主导线，连着组织和社会，伸入社会生活的各个领域和各个角落，政治的、经济的、文化的变动，无不通过这根主导线导入组织，公共关系人员正是通过这条主线去触摸公众的脉搏，把握社会的节奏。社会组织与公众交流的内容只有融入社会舆论的潮流中，才能真正获得公众的理解和信任。从这个意义上讲，所谓公共关系活动的实质内容就是制造良好的社会舆论，形成良好的舆论环境和舆论氛围。

因此，对于一个社会组织来讲，首先要尊重舆论；其次要倾听舆论；再次要顺应舆论；最后要劝导舆论。公共关系从业人员要及时引导公众的舆论，通过宣传、解释、劝导，帮助公众做出抉择，与社会组织采取合作的态度。当然达到这个效果的前提是尊重客观事实，社会组织应该站在公众的立场，反映广大公众的意愿，只有这样，才能树立起社会组织真正的良好形象。例如，2019年1月25日，某县纪委监委通报11起党员干部和公职人员酒驾醉驾典型案例，其中第10起案例中，该县工商局一干部醉酒驾驶致人死亡，犯交通肇事罪，被判免于刑事处罚。由于一些网友和媒体的质疑，干部醉驾致人死亡被判免于刑责是否妥当？对此，1月26日，该县人民法院通过其官方微信公号做出情况说明称，该院注意到该舆情后，立即按照相关工作要求启动了对被告人毛某交通肇事罪一案的专案评查。

流言与舆论相似，但是流言更多的是指在公众中流传的不确切的、带有煽动性的消息。如果流言指向群体的话会动摇军心，那么在经济领域内流言会引起抢购和倒闭，在政治领域中的流言可以引起政治风暴，所以流言具有极大的破坏力，是社会的不安定因素。

在公共关系活动中，社会组织经常会遇到"流言"对社会组织的不利情况，面对这种情况，社会组织采取的最好手段就是拿出事实依据，通过传播媒体向公众澄清。

（3）骚乱与公众行为。骚乱是在某一种特定场合或局部范围发生的扰乱和冲击社会正常秩序的群体行为，是一种暂时的无政府状态。例如在体育场、车站、影院和学生宿舍等人群集中的地方，因为一些自然原因或偶然事件引起人群的激烈互动，造成了公物被破坏、交通阻塞、人员伤亡等混乱的现象，这种现象就是骚乱。

在公共关系活动中，公共关系人员要善于防止和疏导骚乱，无论是内部公众的骚乱还是与组织有关的外部公众的骚乱，都会对社会组织的形象产生严重的影响，因而应当对骚乱及公众的骚动心理给予足够的重视，决不能掉以轻心，留下后患。

【案例4-18】一汽大众长春基地第八届员工家属开放日活动

2018年9月16日一汽大众长春基地启动了以"同心共创，筑梦未来"为主题的第八届员工家属开放日活动。自2000年以来，这开放日已经成功举办了7届。两年一度的员工开放日,是属于一汽大众全体员工及家属的。活动现场,总经理向全体员工及家属致以节日的祝贺,并回顾了一汽大众取得的辉煌业绩,对全体员工和家属为一汽大众的快速发展所付出的努力和支持致以诚挚的感谢。表彰了为企业做出突出贡献的老员工,并颁发荣誉勋章。老员工们在活动现场分享工作中的故事,并真情寄语广大员工们,使一汽大众的工匠精神在新老几代员工之间薪火相传。

现场的活动安排使每个人都能找到自己喜爱的一方天地。既可以在活力体验区见证月球车、最新概念车的集体亮相,还可以在亲子乐园畅玩太空沙雕、充气城堡;既可以在风情美食街"逛吃逛吃"品味中德美食,也可以在交通安全模拟区陪孩子玩一场模拟街景游戏……丰富多彩的体验足以让大家暂时抛开繁杂的工作,领略先进生产技术和智能科技,感受新奇体验和亲子温情。

在线上体验板块,一汽大众不仅设置了互动地图攻略,方便大家随时查看各个板块信息,还开放"家"相册栏目,鼓励大家上传往届员工家属开放日的照片,赢得了员工及家属们的一致好评。

除了层出不穷的创意令大家目不暇接外,本届员工家属开放日还致力于在细节处为员工和家属们提供诚意满满的贴心服务。为保证员工及家属无忧享受这场盛会,一汽大众精心安排了循环班车随意搭乘,增设综合服务台可以进行道路问询、餐包领取、医疗药品等服务,更设置了若干休息区供大家在游玩中稍事休息、恢复体力。一汽大众员工家属开放日,所有到场的人都感受到了来自"大家庭"的幸福温馨。不仅是一场规模盛大、别开生面的盛会,更是一汽大众不断深化员工关爱的体现。(资料来源:编者根据相关资料整理编写)

【分析】企业重视企业内部的公共关系,重视搞好内部员工关系。在2018年9月16、17日短短两天时间里,一汽大众长春基地迎来了超过10万名员工及家属的到来,这一刻,全体员工的心凝聚在一起!员工和家属的归属感和荣誉感通过这样的交流不断增强,他们在企业的每个角落留下自己的足迹,创造着温馨的记忆,也尽情感受着幸福、亲和的浓厚的家庭氛围。关爱员工,丰富员工文体生活,缓解了员工的工作压力,提高组织的凝聚力,调动了员工的积极性,最大限度地发挥了公关活动的总体效应。

【案例4-19】舆论的力量——迪士尼公司让步

世界著名的迪士尼公司在20世纪90年代初遇到这样一件事情。公司耗资50亿美元在巴黎附近兴建的主题公园准备于1992年4月12日开张,但在这时,建筑承包商却要求迪士尼公司为工人的额外劳动追加近150万美元的工资。建筑承包商之所以在此时要钱,其奥秘不言自明。欧洲迪士尼总经理最初称这一要求为敲诈并完全不予理会。但在第二次的交涉中,公司进一步了解了事态的发展过程,发现建筑商获得了法国新闻界的支持,许多报纸公开报道并夸大宣传此事,一时间满城风雨。更令迪士尼公司感到威胁的是,对方决定要在主题公园的盛大开张日举行示威游行。认识到自己处于一个无法取胜的境况,迪士尼公司立刻转变态度,声称与对方全面协商,并很快付清了抗议呼声最高的40%工人的工资,与其余的60%工人的工资补偿谈判也顺利完成了。(案例来源:于博远.商务谈判理论与实务[M].哈尔滨:哈尔滨工业大学出版社,2009.)

【分析】迪士尼公司让步完全是因为迫于舆论的力量。

【案例4-20】 "奥妙"洗衣粉的降价行动

(详细内容请见课件对应内容。)

【案例4-21】 谷歌退出中国大陆市场

(详细内容请见课件对应内容。)

【分析】 从相关的报道来看，谷歌公司黯然离开中国大陆市场关键在于：没有处理好与政府公众的关系，公开挑战中国政府。如果Google公司期望在中国大陆持续良性发展的话，必须以争取政府高层的支持为突破口，积极协调政府关系，才能营造良好的生存环境。Google公开挑战中国政府是不明智的，必定会影响其在华业务，得不偿失。

本 章 小 结

本章首先阐述公众的概念，指出它具有同质性、群体性、多变性、能动性等特征；然后根据不同的标准对公众进行分类；最后从两个方面分析公众，一方面从不同的目标公众入手，另一方面针对公众的心理进行分析。

复习思考题

一、问答题

1. 公众的概念及其特征是什么？
2. 请根据不同的标准对公众进行分类。
3. 请对公众从心理方面进行分析。

二、分析题

(一)

只有一名乘客的航班：英国航空公司所属波音747客机008号班机，准备从伦敦飞往日本东京时，因为故障推迟起飞20小时。为了不使在东京候此班机回伦敦的乘客耽误行程，英国航空公司及时帮助这些乘客换乘其他公司的飞机。共190名乘客欣然接受了英国航空公司的妥当安排，分别改乘别的班机飞往伦敦。但其中有一位叫大竹秀子的日本老太太，说什么也不肯换乘其他班机，一定要乘英国航空公司008号班机不可。实在无奈，原拟另有飞行安排的008号班机只好照旧到达东京后再飞回伦敦。

一个罕见的情景出现在人们面前：东京—伦敦，航程达13 000公里，可是英国航空公司的008号班机上只载着一名旅客，这就是大竹秀子。她一个人独享该机的353个座席以及6位机组人员和15位服务人员的周到服务。有人估计说，这次只有1名乘客的国际航班使英国航空公司至少损失约10万美元。

当企业组织与顾客之间发生矛盾时，顾客未必总是正确的，但为什么我们还要说："顾客永远是正确的"？请结合此案例加以阐述分析。

(二)任正非采访全记录：如果没这精神，不可能活到今天

2019 年 5 月 21 日，时值美国政府把华为列入"实体清单"，限制美国公司卖产品给华为的风口浪尖之际，任正非接受多家媒体采访：《任正非采访全记录：如果没这精神，不可能活到今天》。

以下为任正非接受采访回答精编：

谈美国打压

任正非表示："美国的'90 天临时执照'对我们没有多大意义，我们已经做好了准备，但是我们非常感谢美国企业，他们为我们做出了很多贡献，我们的很多顾问来自 IBM 等美国企业。大家要骂就骂美国政客，这件事不关美国企业什么事情。美国政客目前的做法低估了我们的力量。"

他同时透露，华为在一年前就受实体清单管制了，在美国生产的零部件已经不能供给华为。

对于美国打压的影响，任正非表示，华为的 5G 是绝对不会受影响，"在 5G 技术方面，别人两三年肯定追不上华为。"

任正非表示，"我们公司不会出现极端断供情况，我们已经做好准备了。春节的时候我判断美国打击的时间出现是两年以后，有充分时间。孟晚舟的事件我们意识到可能时间推前了。春节加班期间，保安、清洁工、餐厅服务人员，5000 人都在加班。好多人都不回家，抢占时间奋斗，五一节也是一样的，很多人都没回家。本来要下个月，这个月就准备得差不多了。"

任正非认为美国没有力量能号召所有其他国家来关闭对华为的大门，"每个国家都有对外投资的计划，你们也不要过于感性。"

谈及谷歌时，任正非表示，谷歌是一个好公司，是一个高度负责任的公司。谷歌和华为也在讨论应对方案怎么做。

谈芯片

任正非说，美国企业不能不遵守美国法律，美国企业和华为是同呼吸共命运的。"我们从来都是一半美国公司的芯片，一半是我们自己的芯片，尽管我们自己的芯片价格低得多，我还是采买美国芯片，我们应该融入这个世界。"

华为旗下芯片公司海思半导体的总裁何庭波此前发布的一封员工内部信中提到，海思将启用"备胎"计划。今天，任正非首谈华为备胎计划，称每年采购高通 5000 万套芯片，我们从来没有排斥和抵制。

任正非表示："我们以后还会买美国企业的零部件，只要他能得到美国政府的批准。"

任正非认为，发展芯片光砸钱不行，光靠一个国家不行，要砸人才，要全球寻找人才，"目前这种形势，我们确实会受到影响，但也能刺激中国踏踏实实发展电子工业。过去的方针是砸钱，芯片光砸钱不行，要砸数学家、物理学家等。但又有多少人还在认真读书？光靠一个国家恐怕不行，虽然中国人才济济，但还是要全球寻找人才。完全依靠中国自主创新很难成功，为什么我们不能拥抱这个世界，依靠全球创新？"

他还透露道："当时我们准备卖给美国公司以后，我们想的是一群中国人带着美国人去跑，后来我们问公司内部说还卖不卖，少壮派都说不卖，那我就说我们准备和美国交锋

了，要做好所有一切准备，从那个时候就开始准备了。对于冲突也做了一些准备，我们是最没有钱的公司，可怜得不能再可怜，我们交税将近是两百亿美元，我们的科技经费将近是两百亿美元，人工工资加起来也快三百亿美元，在这种情况下我们还拿出大量的钱来做事情是很艰难的，咬着牙做了这么多年，慢慢也挺过来了。"

谈国际合作

任正非表示，华为每一个站点能给欧洲节省 10000 欧元，欧洲不会跟美国走，反而是跟我们沟通的很密切。

任正非说道："我们国家物理学家、化学家等完全依靠自己创新很难成功，咱们要借鉴其他国家的优势，哪一个地方优我们就到哪一个地方去。美国的研究中心也在持续产生中国科学家，我们国家现今五千年文明，有了这么好的基础，我们拿出政策来拥抱世界。大家看东欧这个国家比较贫穷，但是美国的很多东西移到东欧来，东欧人到中国来，以中国为中心，我认为眼前的方式，中国近些年好的一些，中国要踏踏实实在学工业、化学、神经学、脑科学等等，我们才可能在这个世界上站住脚。"

谈国家与理想

任正非说："我们家人现在还在用苹果手机，苹果的生态很好，家人出国我还送他们苹果电脑，不能狭隘地认为爱华为就爱华为手机。"

任正非表示，目前对华为有两种情绪，一种是鲜明的爱国主义支持华为，一种是华为绑架了全社会的爱国情绪。"余承东总说老板不为我们宣传。我们制止他们瞎喊口号，不要煽动民族情绪。"

谈及家庭，任正非说道："我们牺牲了个人、家庭，是为了一个理想，为了站在世界高点上，为了这个理想，跟美国迟早就是会有冲突的。"（资料来源：http://www.sohu.com/a/315396910_115565)

采访内容闪耀着公关智慧，请分析任正非的话语，从心理角度出发，谈谈华为是如何赢得各方支持的？

三、技能训练

1. 某公司售出一批同一型号质量有问题的高档皮鞋，但公司事先并不知晓。当有顾客使用后发现问题并找到了公司，销售人员和公司领导才知这一型号的皮鞋均有质量问题，假如你是公司的公共关系人员，又如何分析公众？如何协调和解决这个问题？

2. 请为某企业做一次公众调查，运用所学知识对公众进行分类，分析影响公众行为的心理因素，并对不利于企业的公众行为提出解决的方案。

第五章

公共关系传播

学习目标

通过本章的学习，了解公共关系传播的基本知识，并从传播的实务出发，掌握各种公共关系传播媒介的制作及使用方法。同时了解各种公共关系传播实务活动的特点，掌握各种传播专题活动中应注意的事项及实施的要点等内容。

关键概念

传播 (Communication)　大众传播 (Mass Communication)　人际传播 (Human Communication)　公共关系专题活动(Activity of a Special Subject on Public Relations)

引导案例

由辉山乳业事件看传播的重要性

2015 年 9 月 24 日，河北食药监局在其官网发布消息称，辽宁辉山乳业生产在售的高钙牛奶检出硫氰酸钠超标，对该产品采取了停止销售措施。

2015 年 9 月 25 日 21:27，辉山乳业通过官方微博回应称"产品绝无添加硫氰酸钠"，并提供了两份第三方检测报告。同时表示其公司是在 9 月 18 日"辗转"得知此事，对下架一事表示震惊。

2015 年 9 月 28 日，河北省食品药品监督管理局再发通报称，辉山乳业其他 7 批次产品合格。同日，国家食品质量安全监督检验中心、辽宁省食品药品监管局的检测结果显示，辉山产品全部合格。

2015 年 9 月 28 日下午，辽宁辉山乳业在北京召开媒体沟通会称，河北省食品药品监督管理局存在检测程序违规、检测结果不实等四大问题。

2015 年 9 月 29 日，河北食药监局发布《关于乳制品中硫氰酸钠风险监测情况的说明》，决定撤销之前的食品销售安全警示。其依据被检测的 7 个批次产品均符合标准，并认为此前发布的 15.2mg/kg 检出值对消费者的健康风险低，最终做出上述决定。

据悉，被河北食药监局检测出硫氰酸钠超标的是 2015 年 7 月 10 日出产的辉山高钙牛奶(240ml)利乐枕装产品，保质期 45 天，即 8 月 25 日到期。

这前后的变化引起舆论反响。

大部分民众谴责乳企；部分民众质疑检验，怀疑存在地方保护；也有对第三方机构表示不信任的。但是据相关调查显示公众对乳品企业的关注度仍是最高的。据百度指数显示，9 月 24 日，河北食药监局公布通报后，辉山乳业和硫氰酸钠的搜索同时抬升，特别是对辉山乳业的搜索量，在近七天中同比增长了 420%，25 日辉山乳业第一次回应后达到峰值，并于 28 日随同媒体沟通会的召开达到顶点的 6896 搜索量，随后迅速回落，在此阶段关于河北官方的搜索量波动较小，持续保持低线。

舆论对国内乳业的负面认知仍较高。据新浪网的一份调查显示，对于是否还会购买辉山产品的提问，有56.8%的参与调查者选择了不会，持观望态度者占到了15.3%，仅有27.9%的被调查者明确会继续购买。虽然辉山乳业此后的多批次检测皆合格，但影响仍存在，甚至影响到整个行业的声誉。三鹿三氯氰胺事件发生以来，公众对于国内乳品的负面认知持续处在高位，舆论的信任基础早已动摇，国内乳业处在异常脆弱的阶段。同时，随着公众越来越重视食品安全问题，相关制度的不断改进，政府"挑刺"将成为常态。因此，辉山乳业及国内整个行业，都有必要和有责任，通过进一步强化质量安全意识和不断努力，来扭转这种负面认知，早日摆脱信任危机。

官企面对舆情表现出截然不同的态度。此事件的发生再次将国内乳业安全问题推到风口浪尖。这既是对企业危机公关能力的考验，也是对官方舆情应对能力的体现。从双方的反应来看，河北食药监局发布两则通报后，长时间保持沉默，对于媒体采访也以有事推脱或"自我封闭"，将主动权拱手让出；反观辉山乳业则积极主动，自25日通过微博回应后，始终与媒体保持沟通，并于28日召开媒体沟通会，彻底扭转了被动局面，针对性地提出4个疑问，逐渐掌握了舆论主动权，为危机平息及形象挽回奠定了基础。(资料来源：编者根据天涯舆情整理编写)

【分析】信息披露是扭转危机的关键。在事件前期，网友言论主要集中在谴责不良企业、担忧食品安全等，辉山乳业的持续发声，披露了相关重要证据，而河北食药监局的失声，使得舆论出现逆转，针对河北食药监局的负面舆论急剧增多，其公信力遭受严重质疑。美国危机传播管理专家罗宾·科恩曾指出，"让事件的利益相关者了解情况，有助于获得信任并相互支持"，因而在信息不对称情况下，舆论天然会偏向于信息披露较多的一方，辉山乳业通过持续发声，逐渐扭转不利局面，而针对河北食药监局的不信任和负面言论，如地方保护、公信力质疑等言论趋强。因而，无论是官方还是企业都应清楚认识到，与媒体保持良性互动，注重信息的有效传播是把握处理危机的前提条件，也是舆论引导的关键所在，通过更多信息披露，针对性的披露，能够有利于掌控危机的发展方向，引导舆论。

随着社会的不断发展，计算机及网络的普及，信息传播的手段越来越多样化、速度越来越快，社会组织为了主动而有效地维护形象及塑造形象，必须了解公共关系传播的有关知识。

公共关系，既是一种客观存在的状态，又是一种交往活动，更是一种传播活动。传播是连接公共关系主体和对象的桥梁，公共关系工作的核心就是通过各种传播手段，沟通组织与公众之间的信息，在社会公众中树立起组织的良好形象和声誉，进而引发公众产生组织所期望的预期行为。因此，巧妙地、有效地传播组织的公共关系信息，是公共关系必须重视并加以研究的基本内容之一。

第一节　公共关系传播

一、传播及公共关系传播的含义

"传播"一词与英语中的单词"communication"相对应，公共关系传播，是指一个社会组织为了提高自身的认知度、美誉度、和谐度,借助传播的方式,所开展的传播活动及其传播管理。公共关系本质上是一种传播活动。公共关系的过程是组织主体与公众客体之间的一种信息传播活动和信息交流的过程。

【案例 5-1】华为 Mate40 系列公共关系传播

1. 传播基本内容

Mate40 系列属于华为新产品,华为坚持自我研发的态度,不仅从它本身的性能开发优势,在原先技术上进行了创新,还搭载了麒麟 9000 5G 5nm 处理器,并使用了 A78 架构。这表明,相比以往的产品,此次系列的产品达到了新的高度,在性能、拍照、续航、设计等方面进行了全方位升级。

2. 传播基本过程

华为 Mate40 系列预售活动于 2020 年 10 月 23 日 0 点在华为商城及线上授权电商平台、线下授权零售渠道正式启动。证券日报记者在官网、天猫、京东等渠道尝试预约 Mate40Pro 的 128G 款手机,多次读秒进入新放出预约库存的购买页面,但均无一次预约成功。这吊足了媒体公众的胃口。此后到 10 月 30 日召开新闻发布会之前,有关华为 Mate40 系列产品的热度在新浪、知乎等各项大网络平台上居高不下。同时华为采用了线上线下结合的宣传模式,购买了部分 app 的开屏画面和线下的公交、地铁站台广告栏进行宣传,宣传力度不亚于苹果 12。中国公众对华为 Mate40 系列产品展开了热烈的讨论,期待着发布会。

华为 Mate40 系列的销售模式采用线上线下同时运作的模式,线上抢不着,线下或许有转机。虽然华为实体店对 Mate40 系列产品限购,只能"一人一机",但新品仍然数量有限,供不应求。此类消息多数依靠群众传播,率先获到消息的消费者将抢占先机。

3. 传播基本类型

大众传播:华为通过社交网络平台、电商平台和视频网站等大众传播媒介对华为 Mate40 系列产品进行宣传,影响力强,获得了消费者强烈的反响。华为 Mate40 系列预售活动于 2020 年 10 月 23 日 0 点在华为商城及线上授权电商平台、线下授权零售渠道正式启动。用户可在华为商城、京东、天猫等各大电商平台预订华为 Mate40 系列,从 10 月 23 日起每天下午 18:08 都将开启新一轮预售,直至 10 月 30 日国行发布会。除了线上可以选择之外,用户也可以在线下门店预订 Mate40 系列。华为 Mate40 系列手机在 2020 年 10 月 30 日正式发布和上市。4999 元起步的价格,较之前公布的海外起步价便宜了 2000 元有余,并且因为"高端麒麟绝版"的噱头,所以媒体和消费者的热情非常高涨。预售和开售当天的 Mate 40 全系列在各线上渠道几乎都是"秒光"。

4. 传播活动事务操作

全球线上发布会于 2020 年 10 月 22 日 20:00 举行,华为面向全球发布旗下的最新旗舰 Mate40 系列,统一公布了国外售价。

国内发布会于 2020 年 10 月 30 日 14:30 在上海举行,发布会除了介绍华为 Mate40 系列之前在全球发布会已说明的功能外,还补充了一些全球发布会上没有提及的新功能,统一公布了国内售价。会上华为消费者业务 CEO 余承东回应:"在乎我们的人,和我们在乎的人一起向前,就没有害怕二字"。对华为来说,消费者的选择、伙伴的支持,成为情感上的突破"利器"。在百万公众面前进行了一次良好的情感公关。

此前华为终端官方微博已提前在微博上放出了多条Mate40系列预热视频，在预热视频中宣传新品Mate40系列产品的新性能、新设计等，为之后的预售造势。

记者招待会：华为Mate40系列国内发布会之后，华为手机产品线副总裁李小龙接受了媒体专访。李小龙表示，这一代手机在历代投入中无论人力还是资金都是最高的，作为一家科技企业巨头，华为坚持把更好的技术和体验带给消费者。(资料来源：编者根据相关资料整理编写)

【分析】华为精心策划，采用一系列传播措施，提升华为Mate40系列知名度和美誉度。

二、公共关系传播的特点

为了进一步认识什么是公共关系传播，需要先对传播的基本特性有所了解。包括：

(1) 社会性。传播是人类为维持社会生活而进行的一种社会行为。人类传播的重要意义就是建立社会联系，任何传播行为都不能离开社会，人类社会也离不开传播行为。

(2) 普遍性。传播行为是无处不在，无所不有的。公共关系人员就要善于运用传播的普遍特性，运用各种方式，巧妙地传递社会组织的信息，去影响公众的态度，打动公众的心。

(3) 工具性。人类的传播行为是利用传播作为工具来监测环境、适应环境，进而改造环境。对于公共关系工作人员来说，一切传播原理、传播方式、传播手段都可以拿来为我所用，充分利用传播，在社会公众中树立社会组织的良好形象和声誉。

(4) 互动性。传播活动是在人与人之间进行的。它本来就应该是一种双向的、相互的行动。完全单向的信息传播是不可想象的。公共关系人员就是要根据这一特性，努力做到公共关系工作中科学的、双向的信息交流。

(5) 符号性。人与人之间的信息传播是依靠"符号"交流来进行的。这里所谓的符号，是信息的表现形式，包括语言、文字、音响、图画、形象、表情、动作等。在传播过程中，传播的一方制作、传递符号，另一方接收、还原符号。公共关系工作人员就要根据各种符号的特性，小到一举手一投足，大到新闻报道、综合性公共关系活动，来传递特定的信息。

(6) 共享性。传播的目的就是要与传播对象一起共同分享信息内容。最有效的传播就是能与人共享信息、立场、观念，并成功地建立某种共同性。公共关系就是力图通过科学的、有效的双向信息交流，同公众和社会达到互相了解，互相理解，互相谅解，乃至互相支持的效果。

公共关系传播的特点除了包括以上传播的基本特点之外，还需具备下面几个突出的特点：

(1) 道德性。社会组织在进行公共关系传播活动中，应当遵循道德的行为准则和规范，表现出社会义务、良心、荣誉和幸福观念等，把对于社会的义务视为自身的使命、职责、任务和理想。为了他人的利益，为了将来的利益，做出有利于他人，有利于社会的行为；同时把应负的道德责任变为内心的道德感和行为准则，从而自觉地调整自己的行为。

(2) 文化性。文化性是指社会组织自身的文化和外在的文化氛围。一个社会组织的内外公众与组织的沟通，很大程度表现在文化层次上。如果商品气息太浓，买卖关系太重，这种沟通就会产生障碍。因此，社会组织的公共关系传播不但要有市场意识，还要有文化意识。

(3) 情感性。在现代社会，人们越来越强调情感交流，强调精神生活的愉悦。例如，顾客作为"上帝"的享受已经不仅仅是物质上的满足，而且是一种心理上满足的体验。公共关系传播往往以情感人，达到理性方法所不能达到的效果。

(4) 新奇性。人们对于新奇的事物总是相对比较敏感，往往会引起兴趣，并加以关注。不断创新的社会组织，由于自身活力其新招迭出，将不断赢得公众的青睐。

三、传播的基本过程

传播的起点就是传播者，其终点就是受传者，传话的内容称为信息，而信息，又是由各种符号来表达的。运用传播模式来说明传播过程及其内在各种因素的相互作用是帮助人们了解传播过程的有效方法。

美国学者申农和韦佛描述的传播过程模式是：信源是信息的来源，由传播者将信息编码，把要表达的意思转化成一定规则排列起来的符号或信号，通过信道即传播信息的通道进行传递，当符号或信号被受传者接收后，受传者对符号或信号译码，将信息内容进行还原及理解。在信息传播过程中使信息失真的因素统称为干扰，干扰可以出现在传播过程的任何环节。例如：电话系统就是一个典型的通信系统：信源是说话者的语言声音；话筒起到编码作用；通道是导线；听筒起解码的作用；信宿是受话者；电话线中的杂音是干扰。

随着传播理论的发展，国内外许多学者从自己的研究领域描述过不同的传播模式。现被国内学者普遍认同的是：传播模式中必须包括十个基本要素，即传播者、信息、编码、通道、受传者、译码、干扰、共同经验范围、反馈、环境。这十大基本要素互相配合，缺一不可。

信息从传播者发出，通过某种媒介途径，到达了受传者，受传者接受了信息后，引起了一定的反应，产生了某种效果，这种效果又反馈给了传播者。信息在流动的过程中还会受到种种干扰，如说话人口齿不清、环境喧闹、字迹模糊，乃至来自受传者自身对信息内容或传播者所持有的偏见(比如电视观众常常对电视节目中的广告有反感态度)。而整个传播过程，总是发生在某一特定的社会经济及文化环境之中，如时空环境。不同的环境条件会使人对信息有不同的感受，并产生不同的传播效果。传播又是一种文化现象，在传播过程中，传播双方的文化差异必然会对传播效果产生影响。不同的经济环境、风俗习惯、民族心理、性格特征、思维方式和价值观念等，使人们对同一信息内容可能产生不同的主观感受。此外，信息内容的权威性和受传者对传播者信赖的程度，都极大地影响着信息传播的效果。

【案例5-2】"玩美女人"的广告词

(详细内容请见课件对应内容。)

由于公共关系信息交流本身具有的特殊性，从而在任何沟通系统中都或多或少地存在沟通的障碍。如语言修养、语言表达各有所异，态度、观点、信仰等各不相同，个性因素、社会风俗、习惯以及文化差异，传播信息时机选择不妥等，往往会造成沟通障碍。因此，巧妙而有效地传播公共关系信息，才能取得良好的沟通效果。

四、公共关系传播的基本内容

在现代信息社会里，人们每时每刻都在传播着和接收着大量的信息，但是公共关系信息不同于具体的工商信息或产品服务信息，它的内容可根据组织不同时期的特点和目标来确定，大体有以下 4 个方面内容：

(1) 初创时期信息传播的内容。主要介绍企业的投资建设状况，企业的性质、规模、设想及风格等。

(2) 发展时期信息传播的内容。其内容应该是维护企业已经形成的良好信誉和形象，介绍企业的生产经营方针、政策、特色等，将企业新产品研制与开发、产品价格波动情况、商标及企业的更改情况，及时告知社会公众。

(3) 风险时期信息传播的内容。应该是企业生产与经营产品的特色；出现问题时，应该实事求是地披露问题的根源，向公众致歉，并把问题的解决过程告诉公众。

(4) 低谷时期信息传播的内容。向社会公众说明企业步入低谷的原因，澄清事实，诚心诚意地求得公众的帮助，让更多的社会公众了解企业。

公共关系传播活动就是要将上述 4 个方面的信息有效地传递给相关的目标公众，以影响公众的态度，打动公众的心。透过公共关系信息，使公众能够了解组织，理解组织的政策和目标，领会组织的善意和友好，进而形成对组织的良好印象。

五、公共关系传播的任务及目的

公共关系传播的基本任务就是正确使用各种传播媒介，及时地向公众传递有关组织的上述各种信息，及时收集公众的各种意见和态度，为组织公共关系决策提供准确的事实根据，以促进组织顺利发展。

为完成此任务，公共关系传播必须以影响和改变公众的态度为目的。即提供和分享组织信息，改变公众对某一个问题的态度和指望，从而引起公共关系所期望的行为。

提供和分享组织的信息。即向公众提供及时、准确和有说服力的组织最新信息，以使社会公众对组织行为(实现政策、目的的行为)的理解和支持。

【案例 5-3】蒙牛的承诺给人们的启示

(详细内容请见课件对应内容。)

【案例 5-4】护舒宝：我就是女生——蝴蝶计划

农村留守儿童的新闻事件一直以来都是公众的关注的焦点。护舒宝利用这个契机于 2016 年 3 月 8 日，启动"我就是女生——蝴蝶计划"公益众筹活动，旨在帮助因缺乏父母照顾和生理健康教育的留守女孩，号召城市女孩与护舒宝一起送给留守女孩经期保护，守护留守女孩 30 万天的"特殊日子"。同时还联合淘宝众筹真正呵护留守女孩经期健康的两样东西，即：优质的护舒宝产品与经期知识小册子。消费者也可尽己之力，选择不同级别的捐助项目，为留守女孩送去多至一年的卫生巾用量，与护舒宝一起以实际行动帮助留守女孩拥有更美好的青春期，助力她们如蝴蝶般蜕变。

活动引起社会的广泛关注，虽然也有不少企业关注留守女孩的心理和生理健康问题。但是作为全球知名女性护理领导品牌，护舒宝一直以来都致力于为女生提供更优质更贴心的保护，提高社会对女生健康与发展的关注。这次通过"我就是女生——蝴蝶计划"，唤起了社会对留守女孩的关爱，为需要关爱的女孩们带去真正实际的帮助和保护，体现了企业的爱心和勇于承担社会责任的良好形象。（资料来源：http://gongyi.people.com.cn/n1/2016/1205/c408508-28925999.html）

【分析】护舒宝热心公益事业，密切关注农村留守女孩青春期的成长和健康的做法，赢得了公众的支持，成功地扩大品牌的知名度和美誉度。该公关策划方案获得了第十三届中国最佳公共关系案例大赛企业社会责任类金奖。

改变公众对某一问题的态度。努力使用各种传播媒介和技术，消除不利舆论影响，引导公众态度由负面向正面的态度转换。

改变公众对某一问题的态度。努力使用各种传播媒介和技术，消除不利舆论影响，引导公众态度由负面向正面的态度转换。

【案例5-5】刘翔"退赛"背后

(详细内容请见课件对应内容。)

第二节　公共关系传播的基本类型

从传播的一般模式出发，可以根据传播的要素角度来进行分类。从传播者的角度可分为：个体自身传播、人际传播、小团体传播、组织传播、大众传播、公众传播和国际传播。从信宿角度可分为：对内传播和对外传播。从信息内容角度可分为：认识层次的传播、情感层次的传播和行为层次的传播。从传播渠道方面可分为：直接传播和间接传播。从传播效果角度可分为：无效传播和有效传播。从信息反馈角度又可分为：单向传播和双向传播。公共关系的活动过程广泛涉及各种不同的传播方式，是综合运用多种传播方式的一种组织行为。

根据以上的分类，再结合具体的公共关系活动，我们可以把公共关系的传播活动归结为4种形式：组织传播、群体传播、大众传播、人际传播。这4种传播各成体系，有各自的形式、要素、结构和功能，同时又相互联系，互为补充。随着受众面的扩大，传递双方的距离和感情上越来越远，信息的个体化越来越淡，组织系统和传播技术越来越复杂。公共关系工作必须有选择地运用不同的传播媒体，并借助于这些传播媒介的有机结合，处理好与公众的关系。成功的公共关系往往是最大限度地、持续有效地交织使用各种层次的传播方式，促进社会组织与公众相互了解和适应。

一、组织传播

有共同的目的、利益、价值观念，能同心协力完成与环境有关的特定任务所开展的传播活动。一个组织与其内部公众之间的传播，就是我们所说的内部公共关系工作。组织传播是公共关系自身理论的一部分，因此了解组织传播，对深入理解内部公共关系，有很大的意义。

组织传播中的组织，是指具体化的组织机构，如公司、工厂、宾馆、商店、政府机构等。按照管理学的原理，从组织的构成来看，一个组织内部的信息流向有下行传播、上行传播、平行传播 3 种。

1. 下行传播

下行传播是指通过组织的层级，上层将信息往下传达的过程。下行传播是管理者发布指令，争取全体职工合作支持，采取行动的基本依据。有效的下行传播可以使职工准确、及时地完成上级布置的任务，并使职工认识其工作价值，激发荣誉感，消除对上级的疑虑和恐惧。反之，下达信息就会被曲解、失落或冷淡置之。

2. 上行传播

上行传播是指在一个组织中，下级人员向上级表达意见与态度的程序。所谓反映情况、汇报思想，就是上行传播。良好的上行传播能向决策层及时传递具体工作中的各项问题；同时，良好的下情上传也是与良好的上情下达相辅相成的。

3. 平行传播

平行传播是指组织内部各层级的横向交流，如部门与部门、科室与科室、车间与车间之间的联系。平行传播最重要的任务是协调组织内部各单位间、各职员间能以合作一致的态度，去完成共同的目标。平行传播具有以下的效益：弥补上行传播和下行传播的不足；简化办事手续、节省时间、提高工作效率；培养组织的团体精神和员工间的友谊，并满足彼此间的需求。

上面分析了组织内部的 3 种流通形式。这些流通形式，均为正式的流通形式。促成内部信息正式流通的媒介，有内部刊物、小册子、年报告、季报告、通告、各种会议等。通过正式渠道能沟通组织内部的上、下、左、右的关系，是公共关系人员的主要目的之一。当然，组织内部信息流通除了这些正式渠道之外，还有许多非正式传播形式，如聚餐、郊游、闲谈、联谊等。公共关系人员如果能善于利用，则可以传递正式传播所无法传递或不愿传递的信息。

当然，一个组织的内部也会经常发生信息流通受阻的情况，如"官僚主义""上面三令五申，下面依然故我""部门之间意见不一致"等，从而延误了工作，降低办事效率。这些其实往往都是组织内部信息传播受阻所引起的，公共关系工作人员应尽量去避免类似情况的出现。具体分析造成组织内部信息传播受阻的原因，主要有以下几个方面：

(1) 因地位不同而导致心理隔阂。由于在社会组织内部职位高低不一，或者掺入个人动机，在利害不一致的情况下，很容易造成信息交流受阻。比如，做领导的只考虑自己的威信，过于强制性地发号施令或摆架子，打官腔，下级成员就往往不敢随意同领导交流意见、反映情况。又如，如果一个经理为迎合上级主管部门，忽视了下属们的利益，过高地、过多地上交所得的利润，势必造成员工们的反感。

(2) 组织内部时间、空间距离过大。一个组织规模庞大。机构分散、层次过多，往往容易延误信息传递时间，或是歪曲了正确的指令或意见。机构臃肿、信息延误，也是官僚主义的典型表现。

(3) 同级部门之间观念不一。有时传播受阻也会在平行传播中发生。一个组织中不相隶属的同级部门，虽然可以平等地互通信息，但因经济利益或观念不一，就容易出现矛盾和冲突，造成信息受阻。

一个组织的公共关系部或公共关系人员的职责之一，就是在组织内部建立纵向与横向的信息交通网。面对上述这些情况，公共关系人员可以运用面谈、会议、书面通报等人际传播和群体传播等手段，疏通障碍，力求使本组织全体人员团结一致，为了共同的利益努力工作。

【案例5-6】华为公司内部沟通管理程序

(详细内容请见课件对应内容。)

【分析】华为公司通过形式多样的沟通方式，使公司内部能够建立起有效的信息传递网络，使得"上下同欲"，共同为实现组织的最终目标而努力。

二、群体传播

群体传播是一群人按照一定的聚集方式，在一定的场合接受传播。在两千多年前的古希腊，就出现过许多公民聚集在广场、大厅里聆听演说的群体传播现象。著名学者亚里士多德专门写了一本著作《修辞学》，阐述了群体传播的特点。在现代社会里，我们的演讲会、报告会、记者招待会等，都属于群体传播。这种传播的场合是公开性的，往往能容纳上百人，甚至几千人，如会场、展览厅、礼堂、广场、体育馆等。这种传播的对象一般都是为了共同的兴趣而聚集在一起的。比如，在记者招待会上，到场的都是新闻人士，都是为了寻求新闻线索，采访新闻事实这些目的而来；而在某一家用产品展销会里，参观者多半是意欲购置这类家用消费品的人。

群体传播具有很多人际传播的特点。例如传播者与受传公众可以是面对面地进行，也可以用其他媒介来进行，像利用陈列馆及实物为媒介，或用电视录像等。通过群体传播的途径与公众进行沟通，是公共关系人员常用的手段。

三、大众传播

组织开展大规模的公共关系活动，必须借助于大众传播媒介。在现实生活中，我们可以看到大众传播在公共关系里的重要作用。企业利用大众传播媒介，为自己树立形象，提高知名度的事例，已经屡见不鲜。

大众传播就是通过大众传播媒介，为公众报道大量国内外新闻，为各行各业的人们传递和汇集各种信息。

为了归纳和分析方便，我们将大众传播媒介分为两大类，第一类为传统媒体，包括即以视觉为主的印刷媒介，如报纸、杂志等；以听觉为主的媒介，如广播；以视听兼有的音像媒介，如电视、电影。第二类为新媒体，是报刊、广播、电视等传统媒体以后发展起来的新的媒体形态。它是利用数字技术、网络技术、移动技术，通过互联网、无线通信网、有线网络等渠道以及计算机、手机、数字电视机等终端，向用户提供信息和娱乐的传播形态和媒体形态。如：数字杂志、数字报纸、数字广播、手机短信、移动电视、网络、桌面视窗、数字电视、数字电影、触摸媒体、手机网络等等。

【案例5-7】湖南卫视的快乐大本营

湖南卫视有一档特别火的、号称全国收视第一的娱乐节目，叫快乐大本营，该节目具有清新、时尚、青春、快乐、八卦及贴近生活的娱乐风格，经常邀请一些有特殊才能的人物，一些可爱的孩子来表演，经常邀请一些中国内地、香港地区、台湾地区的知名艺人来访谈、游戏等，吸引了全中国大批的观众，特别是年轻的观众。快乐大本营要表现的是全民轻松快乐向上的主题。要构造青春娱乐的节目，主持人就必须要有青春娱乐的精神，三男两女的5位搭档主持着这一节目，这是一个年轻的主持团体，他们在主持节目中可以蹦蹦跳跳，嘻哈大笑，展现着年轻主持人才能拥有的活力，这一个团体在节目上的符号意义就是年轻与活力。他们每个人都有独特的一面，又代表着不同的符号意义。

最资深的是何炅，他在节目中是控制了整个节目的过程，而他在这个快乐大家庭中更是起到大哥哥的作用，他博学多才，风趣幽默，很会关心人。当其他人节目里玩过头了，话语过头了，他来平衡，就从他自身来说，他在这一群人中的符号意义就是快乐而不失稳重。

李维嘉，自然，爽气。符号意义就是有内涵的快乐。

谢娜，一个直爽，真诚。更重要的是她可以为了带给观众快乐而大胆地表演，不顾及自己的形象，大大咧咧的样子却很亲切。她的符号意义就是由衷的快乐。

吴昕和杜海涛，80后的他们，从"闪亮新主播"取得优秀成绩后，加入快乐大本营的主持，经验仍不丰富的他们，在前辈面前略显青涩，可能一台节目下来也说不上十句话，但他们表现的思想还是那样清纯，积极向上地配合其他主持人带给观众开心。吴昕的主持就定位在：时尚，可爱，青春乖巧，就像邻居的小女孩一样富有亲切感。而海涛，胖嘟嘟的身形，小小的眼睛，光从外貌上看就很具有喜剧感。所以他们的符号意义是：清纯的快乐。

【分析】就是这些风格各异的主持人构成了快乐大本营这档脍炙人口的节目。湖南卫视利用了电视这个大众传播媒介中现代科学技术的具有非常大的传播力的最新产物。使大众熟悉了这个娱乐节目，熟悉了那5位各具特色的主持人。科学调查表明：大众传播对某些议题的着重强调和这些议题在大众中受重视的程度，成强烈的正比关系。湖南卫视不断地为主持人树立良好受欢迎的形象，使大众乐于去接受并且去喜爱。当那些搞笑的段子人口相传的时候，湖南卫视的名气就这样悄悄地变大了。在快乐大本营到了一个几乎无人不知的高度之后。湖南卫视从中获得了良好的收益。(资料来源：编者根据相关资料整理编写)

【案例5-8】借助新媒体App公关

(详细内容请见课件对应内容。)

(一)传统媒体

1. 视觉为主的印刷媒介——报纸、期刊等

报纸种类繁多，覆盖面广。报纸的优点是与全国的各社会组织有着传统的密切关系，是我国目前占首要地位的新闻媒介，其特点是弹性大、版面灵活，可以根据新闻内容、数量要求调整结构或安排版面，较少受限制。报纸报道较细致、深入，即易于处理反复思考的问题，也易于处理有深度的内容，一次读不懂可以再读一遍，直到读懂为止。另外，报

纸上的资料便于检索和保存，可以剪贴、摘抄以供日后使用。报纸内容丰富，新闻性强，比较通俗，每期出得快，价格低廉，发行量大。报纸的主要缺点是受发行环节的限制，不如广播、电视等传递信息迅速、及时。

期刊又称杂志，是一种重要的印刷性大众传播媒介。杂志的优点在于种类繁多、发行量大、读者范围广，同时，其专业性和针对性强，读者群比较稳定，报道的内容深入细致。与报纸相比，新闻性杂志采编时间充足，经过细致加工，形成完整翔实的报道，既能给读者留下强烈深刻的印象，又具有学术价值和史料价值，易于保存，易于检索，便于读者重复阅读。杂志一般印刷精美，图文并茂，有较强的艺术感染力。杂志的缺点是：出版周期较长，时效性不如报纸、电视等。对于专业性杂志，受众较少，往往要求读者具有特定的专业知识和专项志趣。

2. 以视听兼有的音像媒介——影视

影视是大众传播媒介中运用现代科学技术的产物，包括电视、电影。这些音像媒介具有较大的传播力。传播时间具有同时性，传播空间具有同位性。它综合应用文字、图像、音乐等，传播的信息直观、形象，具有亲切感，便于人们接受和理解，男女老少皆宜，不需要受众有较高的文化层次和艺术素养。

这些音像媒介借助有线系统或无线电波，几乎不受时间、地域、气候或环境的影响，传达城市、边疆，传达千家万户。但是，电视节目按照一定的时间表播放，节目时间很可能与观众的工作学习时间相冲突，除了换频道，观众也没有选择节目的机会，而且节目制作成本高昂，广告的播出费用甚至要以秒计算。这样，许多机构和团体就花费不起了。电影制作成本高昂，对播放的设备、环境要求较高。但是这些媒介传播对受众的影响仍然不能小觑。电影《可可西里》的放映，直接促成了藏羚羊保护区的建立。自 2012 年国产片《泰囧》热播以来，无论是泰国旅游攻略，还是影片取景地都成为热门，泰国旅游一再刷新纪录并持续增长。

3. 以听觉为主的媒介——广播

广播是一种电子媒介，是以语言和音响等作为传播的主要手段。它可以通过语音、语调、语速的变化和丰富的表现方法加强传播效果，具有感染力，能激发受众的想象。听众可以一边做事，一边听广播，彼此不受影响。另外，广播覆盖面广，传播快，一般不受时空限制，能较及时、广泛地传播到受众；而广播节目的制作相对简单，费用低廉，接收设备普及。但是广播的缺点也是较明显的，它以口语化方式播放，节目内容不易深入，节目形式抽象，不像电视、报纸那样有影有形，对于感兴趣的节目内容，也不能像报纸杂志那样易于保存和反复使用。

【案例 5-9】"请留心你家的后窗"

20 世纪 50 年代，好莱坞影片《后窗》曾风靡香港，该片描写了一个脑部受伤的新闻记者，在家养伤时闲极无聊，便买来一架望远镜，每日坐在屋子里从对面楼层的后窗窥视住户的家庭隐私，从而卷入了一场谋杀案。影片上映后，香港人竞相观看，形成了"后窗热"。这时，香港的一家生产百叶窗的企业成功地抓住了这一事件。他们在报上连续刊登题目为"请留心你家的后窗"的销售广告，其生意一下子兴隆起来。(资料来源：编者根据

相关资料整理编写)

【分析】此案例说明了大众传播媒介在公关活动中的重要作用。科学调查表明：大众传播对某些议题的着重强调和这些议题在受传中受重视的程度构成强烈的正比关系。在案例中，企业抓住"后窗热"，利用报纸连续刊登广告"请留心你家的后窗"，充分利用社会中形成的一个热门话题，并让这个话题直接或间接地与组织及其产品挂钩，从而达到良好的传播效果。他们借助"后窗热"这个与自己产品关联度极高的"议题"通过报纸宣传，轻而易举地掀起了一个"百叶窗热"，从中获得了良好的市场效益。

(二)基于数字信息技术，以网络为媒介——新媒体

新媒体是与传统媒体相对而言的。经过长期的磨合，如今已经形成相对稳定的发展态势。科学技术的发展带动了媒体技术的创新，虽然新生媒体还没有人能够给予它一个确切的定义，但它与生俱来的优势使传统媒体处于尴尬的境地。

与传统媒体相比，新形态、新特性的媒体内容非常丰富，有人认为新媒体的内容包括数字杂志、数字报纸、数字广播、手机短信、移动电视、网络、桌面视窗、数字电视、数字电影、触摸媒体等；也有人认为是微博、SNS 社区、视频网站、手机媒体等。但是所有这些新媒体都是基于数字信息技术，以网络为主要传播渠道，并不断地向移动化平台拓展着。媒体的演变影响了社会组织对外传播方式的改变，在 Web2.0 时代，社会组织对外传播的形式在不断地创新，传统传播方式的生存空间越来越小。

2019 年 2 月 28 日，中国互联网络信息中心发布了第 43 次《中国互联网络发展状况统计报告》(以下简称《报告》)。《报告》显示，截至 2018 年 12 月，中国网民的规模达到了 8.29 亿，全年新增网民的数量是 5653 万，互联网的普及率是 59.6%，较前年底提升了 3.8 个百分点；中国手机网民的规模达到了 8.17 亿，全年新增手机网民的数量是 6433 万。如图 5-1 所示。

图 5-1　中国 2008—2018 年网民规模和互联网普及率统计情况

截至 2018 年 12 月，我国即时通信用户规模达 7.92 亿，网络新闻用户规模达 6.75 亿，网络购物用户规模达 6.10 亿，网上外卖用户规模达 4.06 亿，网络支付用户规模达 6.00 亿，网络视频用户规模达 6.12 亿，短视频用户规模达 6.48 亿。(图 5-2 请见课件对应内容。)

截至 2018 年 12 月，我国网民使用手机上网的比例达 98.6%；使用电视上网的比例达 31.1%；使用台式电脑上网的比例为 48.0%，较 2017 年底下降 5 个百分点。(图 5-3 请见课件对应内容。)

我国网民以中等教育水平的群体为主。截至 2018 年 12 月，初中、高中或中专或技校学历的网民占比分别为 38.7%和 24.5%；受过大学专科、大学本科及以上教育的网民占比分别为 8.7%和 9.9%。(图 5-4 请见课件对应内容。)

2018 年，移动网民经常使用的各类 APP 中，即时通信类 APP 用户使用时间最长，占比为 15.6%；网络视频、网络音乐、短视频、网络音频和网络文学类应用使用时长占比分列二到六位，依次为 12.8%、8.6%、8.2%、7.9%和 7.8%。(图 5-5 请见课件对应内容。)

综合近年来网民规模数据及其他相关统计，中国互联网普及率逐渐饱和，互联网发展主题从"数量"向"质量"转换。由此可见，网络生存逐渐成为某些群体的一种生活方式。

虽然互联网有信息缺乏控制、网络信息交流的随意、进行信息交流的双方信任度不高、会受到黑客和病毒的入侵、安全性较低等缺点，它却拥有报刊、电视等传统媒体所具有的所有优点。可以不夸张地说，传统的广播电视等渠道已经逐渐淡出人们的视野，这种时代背景决定了当今公关业发展的重点阵营已经转向网络公关。

对公共关系人员而言，应该努力改变固有的信息采编模式，充分地利用网络资源，将自己培养为适应新受众和驾驭新媒体的超文本记者，具体要求为熟练地运用新媒体，具有较强的验证和过滤信息的能力，具有深入研究和深度报道的能力以及平等交流的观念，提高公关运用水平。

【案例 5-10】京东 6·18 十年店庆

(详细内容请见课件对应内容。)

【案例 5-11】雀巢雀巢 Dolce Gusto "我的咖啡馆"

随着中国社会的发展，人们的咖啡消费需求日益增加，尤其对于城市中的白领，咖啡更是日常生活中不可缺少的一部分，以雀巢咖啡多趣酷思 Dolce Gusto 为代表性的胶囊咖啡机，成功吸引了目标消费群体的关注，并立足于消费者对于家庭咖啡消费的需求，通过整合的营销传播手段，让人们在"唤醒—纵享—欢庆我的咖啡馆时光"过程中，接收到雀巢咖啡多趣酷思 Dolce Gusto 的品牌主张。

第一步：打造了消费者乐于参与和分享的互动机制。通过邀请胡歌、王一博、田源等人气明星代言，以咖啡衍生主题 KOL 为品牌背书，拍摄 TVC 和创意海报，以"发现我的咖啡馆""分享我的咖啡馆""办公室的咖啡馆"为逻辑线索，从概念理解到情景联想，从生活场景到工作场合，层层递进地讲述 Dolce Gusto 如何在生活、工作很好地胜任"我的咖啡馆"这一角色，引人入胜。同时搭配线上平台互动机制，消费者可以亲自上传自己的咖啡馆，与品牌达成深度互动，加深活动影响。

第二步：提供了有趣创新的线下产品体验环节。配合大规模的线上传播，同步在线下打造"快闪咖啡店"，带领用户从线上走到线下进行体验，又从线下回到线上进行分享，贯穿 O2O2O 传播闭环，使消费对象形成交流互动的群体，拉动销售的同时提高了品牌认可度和消费者认同感。

效果与市场反馈："我的咖啡馆"活动上线四个月以来三支主题视频，社交媒自传播的播放量超过了 1900 万次，新浪微博话题曝光量超过 3 亿，代言人胡歌活动推广微博评论、转发、点赞量超过 62 万，活动网站的访客数量累计达到 88 万人次。

在线下举办的"我的咖啡馆"体验活动，邀请 3 位咖啡衍生主题领域的 KOL，出席线下活动并进行线上直播，他们分别是美食类-@文怡；时尚类-@原来是西门大嫂；家居类-@青山周平，最终线下活动吸引了超过 3 万名现场观众，3 场直播共收获近 850 万观看量，受到了线下客户及线上观众超过 90%的正面评价，同时配合官方渠道推广，邀请包括"网易科技""新浪科技""什么值得买"和"数字尾巴"在内的近 10 家热门媒体和垂直类社区对"我的咖啡馆"活动进行了外围推广和传播，向更广泛的受众传递了品牌主张和理念。

在"我的咖啡馆"活动中，明星代言人和 KOL 的社交影响力与微博、微信等新媒体平台的结合推广了胶囊咖啡机的使用及其引导的高品质生活，整合性的传播手法不止传播了"雀巢多趣酷思在哪里，我的咖啡馆就在哪里"的概念，同时也介绍了胶囊咖啡机这一尚不为中国消费者所熟悉的厨房家电的使用方式、优点等，通过持续的普及使胶囊咖啡在中国市场的认知度得到了有效的提高。

【分析】经过长期持续的活动酝酿，2016 年双十一期间雀巢咖啡 Dolce Gusto 产品电商预订量同比上一年增长 52%；在胶囊咖啡机类别中市场份额超过 50%；并跃居成为电商平台胶囊咖啡机销量第一的品牌。并在 2017 年春节后仍然保持着较高的社交曝光量。

Drop 咖啡机的上市通过阶段性、跨平台的传播方式，从线上至线下全方位的影响消费者，带领目标受众经历"发布故事—引发反思—吸引关注—主动参与—激发—共鸣"的过程，最终唤起消费者对于品牌的关注和喜爱，进而达到提升品牌在社交平台曝光度，促进新产品销量的目标，从根本上影响消费者对产品的认知，提升雀巢咖啡 Dolce Gusto 在中国咖啡消费市场的品牌知名度以及受众好感度。从效果评估活动影响的人数来看，该活动充分发挥新媒体的优势，是传统媒体无法企及的。（资料来源：编者根据 http://adtchina.cn/anli/zh/1609.html 相关资料整理编写）

1. 门户网站及搜索引擎

门户网站及搜索引擎是较为"传统"的网络媒体了。门户网站广义的概念是一个 Web 应用框架，它将各种应用系统、数据资源和互联网资源集成到一个信息管理平台之上，并以统一的用户界面提供给用户，并建立企业对客户、企业对内部员工和企业对企业的信息通道，使企业能够释放存储在企业内部和外部的各种信息。狭义的概念是指提供某类综合性互联网信息资源及有关信息服务的应用系统。门户网站最初提供搜索引擎、目录服务等。

由于市场竞争日益激烈，门户网站不得不快速地拓展各种新的业务类型，希望通过门类众多的业务来吸引和留住互联网用户，以至于门户网站的业务包罗万象，成为网络世界的"百货商场"或"网络超市"。从现状来看，门户网站主要提供新闻、搜索引擎、网络接入、聊天室、电子公告牌、免费邮箱、影音资讯、电子商务、网络社区、网络游戏、免费网页空间等。在我国，典型的门户网站有新浪网、网易和搜狐网等。

门户网站的分类有搜索引擎式门户网站、综合性门户网站、地方生活门户网站、校园综合性门户网站、专业性门户网站等。下面着重以搜索引擎网站，谈谈此媒介对公共关系的价值。

互联网上的信息浩如烟海，一般用户查找资料时都带有一定的目的性，面对纷繁的信息，用户如何顺利找到自己所需要的信息，并且尽量减少遗漏是不得不解决的问题。搜索引擎的网络导航服务就可以满足用户的信息需求。目前，我国搜索引擎市场被百度垄断，呈现一家独大，多家并存的局面。

由于网民对搜索引擎的依赖，一些企业和个人就可以通过影响搜索结果的排序、屏蔽负面信息、利用百科网站创建词条等手段开展公关活动。作为公关人员要了解搜索引擎相关的知识，才能更好地为组织塑造良好形象。

【案例 5-12】举报某县常务副县长陈某(化名)

(详细内容请见课件对应内容。)

2. IPTV

IPTV 即交互网络电视，它集互联网、多媒体、通信等多种技术于一体，是向家庭用户提供包括数字电视在内的多种交互式服务的崭新技术。它的发展给电视传播方式带来了革新。用户在家中通过计算机或者网络机顶盒+普通电视机两种方式可以享受 IPTV 服务。它集合了电视传输影视节目的传统优势，以及网络交互传播优势。互动性是 IPTV 的重要特征之一。IPTV 用户不再是被动的信息接受者，可以根据需要有选择地收视节目内容。它"颠覆了电视观众的'受众'定位与电视传媒的'传者'定位"，数字交互电视的互动传播，使传播者与接收者之间的位置不再是固定的或预先规定的，而是不断地互相共享的、移动的。

网络电视在公共关系传播中的运用也较为普遍，有学者将之称为"博客公关"，即组织机构借助互联网平台，在网络电视中播出自制的微电影、公益宣传、公关广告或现场活动视频，扩大宣传，提高知名度及美誉度。下面试以微电影为例谈谈播客公关。

随着中国网民素质的提高，网民自我意识的觉醒，开始对那些生硬、直白、单调的叫卖容忍度越来越低，有些浏览器甚至可以直接将这些广告过滤掉。因此，宣传需要采用更软性、更灵活、更易接受的方式，定制专属于品牌自身的微电影则成为新的行业趋势。微电影悄然成风。自制微电影一方面打破了传统媒体的高门槛，以其成本低，形式简单，短小精悍，契合了受众即时消费的诉求，保证了网站运营性、灵活性和投资决策风险可控性。另一方面，微电影比传统广告更有针对性，通过微电影，可以把产品功能和品牌理念与微电影的故事情节巧妙地结合，用精彩的视听效果达到与观众的情感交流，使观众形成对品牌的认同感。

【案例 5-13】微电影《悟空》

2019 年 5 月 23 日中国导演蔡成杰在微博上@华为终端官方微博，以"回到最初，寻找未来"发布了用华为 P30Pro 手机拍摄的微电影《悟空》。短片仅 8 分钟片中主人公是一个酷爱孙悟空的小男孩，为了能到城里电影院看《大闹天宫》，不惜用珍贵的钢笔换取了电影票，不顾父母的打骂，不畏艰险，毅然踏上穿山越岭旅途。

2019 年 5 月美国政府直接对能够为华为提供芯片和系统的厂商下达了"禁令"，禁止这些厂商再与华为进行业务上的来往。在美国政府打压中国华为之际，当全世界在为华为抱不平时，华为却不慌不忙，微笑地发布了他们拍摄的第一支裸机 P30Pro 竖屏电影——《悟空》。片中表达的为了实现自己心中的执念，不顾一切，并敢于向所有"恶势力"斗争的意旨，让网友们想到了很多。从导演导演蔡成杰在微博转发《悟空》时，写下的"回到最初，寻找未来"更显得意味深长。

看来华为在六一临近之时发布这个片子，或许不只是想要鼓励孩子勇往直前这么简单，《悟空》里小男孩不顾一切地想要进城的样子，像极了华为三十多年来不顾一切地执着和奋斗，他就像那只不知天多高地多厚的猴子，艰难但也想冲破束缚去看看这个世界。多年的攀岩与拼搏，依然备受质疑和刁难，但无论世事变改，或许只要保持初心，就能像小男孩那样，无畏环境变迁，仍留有一颗赤子之心。

《悟空》的微博下的评论，大家都在为华为加油打气。

【分析】《悟空》微博发布出来之后，引起了新浪、今日头条、网易新闻、搜狗、澎湃等各大平台评论和转载，微信朋友圈也在疯狂转发，产生极大的轰动效果。"不服输"的民族精神被充分地激发了出来，华为虽然处在被美国打压的尴尬艰难处境中，但是通过他们成功的公关运作，不仅赢得了国内消费者的忠实拥护，而且也赢得除美国之外的其他国家的尊重和信任。

3. Digital TV

Digital TV 即数字电视，与模拟电视相对，又称为数位电视或数码电视，是指从演播室到发射、传输、接收的所有环节，使用数字电视信号或对该系统所有的信号传播，是通过由 0、1 数字串所构成的二进制数字流来传播的电视类型。

数字电视提供的最重要的服务就是视频点播(VOD)。VOD 是一种全新的电视收视方式，它不像传统电视那样，用户只能被动地收看电视台播放的节目，它提供了用户更大的自由度，更多的选择权，更强的交互能力，传用户之所需，看用户之所点，有效地提高了节目的参与性、互动性、针对性。数字电视还提供了其他服务，赋予了电视许多全新的功能，使电视被赋予了新的用途，扩展了电视的功能，把电视从封闭的"窗户"变成了交流的"窗口"。人们可以按照自己的需求获取各种网络服务，包括视频点播、网上购物、远程教学、远程医疗等新业务，人们能够使用电视现实股票交易、信息查询、网上"冲浪"等，电视机成为名副其实的信息家电。

2019 年 3 月 19 日~20 日"亚太 OTT/IPTV 大会"在北京召开，此次大会邀请了近 50 位电视台新媒体领袖以及各地电信运营商合作伙伴，共同规划出 IPTV 新媒体与广电融媒体发展的未来路径。大会一致认为融媒体平台的建设已成为国家传播声音的主流要求，IPTV 作为融媒体中不可缺少的重要组成部分，无论是用户价值还是广告价值都正进一步获得体现，也逐步成为资本众相追捧的对象。但 IPTV 行业目前同样面临着行业新生出现的产业链不稳定现状。如传统媒体与新媒体等多渠道之间的广告版权之争愈发明显，如何构建合理合规的 IPTV 版权体系？在 IPTV 用户不断攀升的当下，如何寻找具有广告机会的广告盈利模式？搭建满足未来用户观看体验的平台？等等这些问题，在大会期间都进行了专业探讨和交流。

4. Mobile TV

Mobile TV 即移动电视，作为一种新兴媒体，其发展迅速是人们所始料未及的，它具有覆盖广、反应速度快、移动性强的特点，除了传统媒体的宣传和欣赏功能外，还具备城市应急信息发布的功能。

对于公交移动电视来说，"强迫收视"是其最大特点。传播内容的强制性有利于拓展"商业经济"的巨大利润空间，移动电视正是抓住了受众在乘车、等候电梯等短暂的空暇时间进行强制性传播，使得消费者在别无选择时被它俘获，这对于某些预设好的内容(比如广告)来说，传播效果更佳。但是，公交移动电视在为乘客提供了电视节目时，也应该适当地保护乘客的公共利益。

5. 5G 新一代移动通信技术

5G 是英文 5rd Generation 的缩写，即是第五代移动通信网络，其峰值理论传输速度可达每 8 秒 1GB，比 4G 网络的传输速度快数百倍。举例来说，一部 1G 的电影可在 8 秒之内下载完成。

随着 5G 技术的诞生，用智能终端分享 3D 电影、游戏以及超高画质(UHD)节目的时代正向我们走来。

工信部发布的《信息通信行业发展规划(2016-2020 年)》明确提出，2020 年启动 5G 商用服务。根据工信部等部门提出的 5G 推进工作部署以及三大运营商的 5G 商用计划，我国于 2017 年展开 5G 网络第二阶段测试，2018 年进行大规模试验组网，并在此基础上于 2019 年启动 5G 网络建设，最快 2020 年正式推出商用服务。

5G 通信技术是继第四代移动通信技术以后的又一次无线通信技术演进。5G 网络的主要目标是让终端用户始终处于联网状态。5G 网络将来支持的设备远远不止是智能手机——它还要支持智能手表、健身腕带、智能家庭设备如鸟巢式室内恒温器等。5G 网络是指下一代无线网络。5G 网络将是 4G 网络的真正升级版，它的基本要求并不同于无线网络。

5G 移动通信的信息能力越大对社会组织的公共关系事业发展的挑战越大。未来公关传播一定要与 5G 整合，使 5G 移动通信成为新时期开展公关最重要的工具，开创公关传播的新时代。

四、人际传播

人际传播是发生在个体与个体之间的沟通交流。它是最常见、最广泛的一种传播方式，也是人类社会赖以生存和发展的最基本的形式。传统的人际传播是指以人体自身为媒介、尤以语言为主要手段、而以表情和动作等为辅助手段的个体间传播方式。但是随着媒体技术的发展，人际传播突破了传统的面对面形式，从最初的口头语言交流到书信往来再到电话、电子邮件，最后到今天的自媒体传播，自媒体时代下的人际传播突破了时空的界限，使得人们可以超越国度、超越身份、超越地位、超越文化的限制而进行信息的传播交流。人们可以充分地利用自媒体的超媒体性使人际传播朝着更加生动形象并容易为对方所理解掌握的方向发展，自媒体的互动分享使得人际传播的效果大大增强。人际传播中"自媒体"形式并未取代"面对面"形式，而是呈现叠加的状况。

良好的人际关系通常表现为交际双方的互相认同、情感相容和行为近似。而建立良好人际关系有赖于有效的人际传播与沟通。公共关系人员在很多场合下需要个别地与职工、领导、顾客、记者等人交往，并与他们建立良好的人际关系，为社会组织营造良好的社会舆论。因此，人际传播是公共关系人员最为直接而具体的工作方式。

对于社会组织来说，搞好人际传播的意义主要表现在以下几个方面：

首先，有效的人际传播是培养社会组织内部"家庭式氛围"的必要条件。生活中，每个人都有经济的、社会的、心理的、精神的等不同层次的内在需求，只有使社会组织成员的各种需求在组织内部得到基本满足，才能使该组织保持稳定和发展，如果人际传播和沟通的工作做得好，就能够形成和谐、融洽、一致的人事环境，从而使组织成员可以感受到组织的温暖，进一步增强了组织的凝聚力。比如，在日韩的一些企业里，老板十分注重人际的沟通和交流，经常下到车间，有事亲自找员工谈话，与员工亲密地握手，拍拍员工的肩膀，说些"您辛苦了"之类的话，尽量使每个员工感到自己很重要，培养了员工们和睦相处、团结协作的主人翁意识。

其次，有效的人际传播能够创造良好的外部环境。进行积极有效的人际沟通，以获得包括政府、媒介、消费者等社会各界的理解和支持，使组织在权力、资金、舆论等方面得到积极的鼓励和帮助。

再次，人际传播能够有效地排除障碍、消除误解。客观上，无论组织内外，大量的误解和障碍是无法避免的，这些误解和障碍来自于经济、政治、风俗习惯、宗教信仰等方面，有时甚至表现为强烈的冲突。解决组织与公众之间的矛盾，即误解、障碍，仅靠一般的宣传往往是无能为力的，还要通过人际间的深入沟通加以解决。比如组织可以首先通过与"意见领袖"的沟通，消除他们的误解和抵触情绪，然后再通过他们进行"二级沟通"，由此可以较易排除组织与公众之间的障碍，消除误解，平息舆论，从而保证组织和公众双方的利益得以实现。

人际传播一般有两种类型：一种是面对面进行的直接的人际传播，它一般通过语言、动作和表情等直接进行交流；另一种是通过媒介物进行的间接的人际传播，传统的媒介物有电话、电报和书信。但是随着数字科技的发展，在 Web2.0 时代背景下，这种间接的人际传播开始借助于网络社区，包括个人微博、个人日志、个人主页等，其中最有代表性的托管平台是美国的 Facebook 和 Twitter，中国的 Qzone、新浪微博、腾讯微博和人人网、微信朋友圈、微信公众平台、皮皮精灵、贴吧等等。这种"自媒体"通过网友的分享转发，传播的速度、时效性、受众的覆盖面远远地超越了传统的大众传播。人人都有麦克风，人人都是记者，信息的传播者和受众之间真正实现零距离。因"自媒体"传播的范围广泛，有学者将这传播方式归类至大众传播，关于"自媒体"的归属在学术界尚未形成一致共识。笔者认为在 Web2.0 时代，"自媒体"的传播方式仍然是通过我告诉你，你告诉他，这样的方式在人际网络里扩张，仍然是个人与个人的信息交流，应当属于间接的人际传播。

由于人际传播涉及的内容较为繁杂，在此根据人际传播的类型，着重谈谈通过言语传播方式及自媒体传播方式。

1. 言语传播

言语传播是就传播主体的具体实施人而言的，它包括言语语言传播和类言语语言传播。

言语语言是一种具有一定形式和语音的信息载体。人们在言语语言发明之后，以言语语言为思维工具，并赖以进行交际。人类历史是以借助言语语言口头传递信息为特征的。书面的文字出现以后，人类主要以书籍等形式，用文字记载信息。书面与口头形式相比，书面形式记录信息更加准确和保持久远。电子媒体产生之后，广播、电视、互联网等更具广泛性、及时性。言语语言首先应注意的不是如何表达，而是要清楚地认识：第一是倾听，第二是观察，第三是感受，第四才是表达。我们要把公众想听的，以他们最能接受的方式，把我们想说的，传递给他们。

运用言语语言进行口头传递时，一般应做到：表情要自然亲切；态度要真诚热情；语言要准确规范；意思要完整明确；语气要柔和诚恳；音量要高低适度；语速要快慢适中；口齿要伶俐清晰；内容要客观实在；表述要言简意赅。

类言语语言是人们除了言语语言之外，所能给出的一切信息。它是人们作为一个完整的肌体在神经系统各个部分统一协调下对外界的反应。人们的所思、所想、所欲、所求，必然在类言语语言上有所反映。类言语语言在一般交往中，伴随着言语语言，成为人们传情达意的方式和彼此感知的重要信息传播，它是人们心照不宣、彼此理解的代码。

类言语语言所包含的意义要远远比言语语言多，而且深刻得多。说出来的语言，往往并不等于存在于人们心中的语言。类言语语言比言语语言更能表现人的感情和欲望，人们常常"词不达意"，"言不由衷"或"欲言又止"，因此，交流双方不仅要"听其言"，而且要"观其行""察其意"。

类言语语言包括表情、手势、体势、副语言、空间语言、时间语言、饰物语言。

掌握类言语语言，有利于更好地认识和评价自身，调整和修正自己的言谈举止，使之更加合乎礼仪，更有修养，提高自身的文明程度，更好地表达自己意欲表达的思想和行为，有益于沟通。类言语语言也有利于我们洞察"举手投足之秘密"，达到"知人、知面、知心"的目的，更加了解他人，善解人意，使得交往更加有效，关系更加融洽，工作更顺利。

当今社会，公共关系活动异常频繁，一个不擅长公共关系口才的人将四处碰壁，一事无成。因此，随着信息社会的日益发展和进步，每个人都应成为信息传播的行家，成为言语沟通的大师。

【案例 5-14】感动我们的温家宝总理

(详细内容请见课件对应内容。)

2. 自媒体

自媒体又称公民媒体，美国新闻学会媒体中心于 2003 年 7 月出版了由谢因波曼与克里斯威理斯两位联合提出的"We Media(自媒体)"研究报告，里面对"We Media"下了一个十分严谨的定义："We Media 是普通大众经由数字科技强化、与全球知识体系相连之后，一种开始理解普通大众如何提供与分享他们自身的事实、新闻的途径。"简言之，即公民用以发布自己亲眼所见、亲耳所闻事件的载体，如博客、微博、微信、论坛/BBS 等网络社区。

自媒体以其操作简单，门槛低，交互强、传播快的特点迅速"飞入寻常百姓家"，变成了个人的传播载体。人们自主地在自己的"媒体"上"想写就写""想说就说"，每个"草根"都可以利用互联网来表达自己想要表达的观点，传递自己生活的阴晴圆缺，构建自己的社交网络。

作为公关人员应该与时俱进，扩展自己的版图，在新的平台和领域里，根据社会组织自身的情况和需要，使组织拥有良好的形象和巨大的影响力。

【案例5-15】杜蕾斯鞋套雨夜传奇

2011年6月23日北京暴雨，这一话题无疑是全天热点。尤其下午下班时间雨越下越大，新闻报道地铁站因积水关闭，京都大堵车，意味着很多人回不了家，同时意味着有很多人在微博上消磨时间。杜蕾斯微博团队里有人说不想新买的球鞋被弄湿。于是有人提议穿杜蕾斯套鞋回家。

当天17:58，杜蕾斯团队的成员"地空捣蛋"在微博上发布了一条"北京今日暴雨，幸亏包里还有两只杜蕾斯"的微博，并配了3张照片。照片中他把杜蕾斯避孕套作为鞋套套在鞋上，准备蹚水回家。这一有创意的使用立刻吸引了很多百无聊赖，不停刷微博等待雨停的上班族的目光，两分钟内这条微博就被转发了100多次。18:00，"杜蕾斯官方微博"迅速做出回应，以"粉丝油菜花啊！大家赶紧学起来！有杜蕾斯回家不湿鞋"评论并转发后，这条微博正式在网络上引爆，各种名人、拥有数百万粉丝的"大V"和"草根大号"纷纷参与进来。最终，这条微博被转发了将近10万次。不仅在23日当天新浪微博"1小时话题榜"上高居榜首，更是那一周内最热门的话题。

随后一周，微博营销专家对此事进行了评点，中国日报英文版也将此案例评为2011年最有代表性的社交网络营销案例之一。

【分析】这是一起由组织制造微博事件的案例，将产品杜蕾斯当成鞋套使用，内容与当时的暴雨，积水等社会关注热点相关，新奇大胆，足以引起别人的关注与转发。网友的转载和评论不知不觉夸大了宣传范围，使杜蕾斯品牌的知名度、美誉度和被信任度都得到了提高。在微博事件的运作上，杜蕾斯的微博粉丝数量增长程度和活跃程度一直是微博公关活动中的标杆。

【案例5-16】竞技网游《英雄联盟》的多种方式传播

(详细内容请见课件对应内容。)

第三节　公共关系传播活动的实务操作

公共关系传播具有专业性强、操作方法具体、细致、实用等特点。因此，本节从公共关系实务操作出发，着重展示记者招待会、展览会、开放参观、沟通性会议、庆典活动、社会服务、赞助活动、联谊活动、公共关系广告、策划新闻事件等实务操作的方法和技巧。

一、记者招待会

记者招待会是组织与新闻界建立和保持联系的一种较正规的形式，其特点是：以这种方式发布信息，形式比较正规、隆重、规格较高，易于引起社会广泛的关注；在这种形式下的双向沟通，无论在广度上和深度上都较其他形式更为优越。但是此形式占用较多的时间，经费支出较多，因此其成本较高；并且记者招待会对于发言人和会议主持人的要求很高。

在组织记者招待会的过程中，要做好以下几个方面。

1. 会前准备工作

(1) 确定举行招待会的必要性；确定主持人和发言人；准备发言和报道提纲。

(2) 要事先确定参加招待会记者的范围和具体名单。记者招待会的邀请书，必须发给与议题相关的新闻媒介和记者，如果事件发生的范围及影响仅限于某地区，那么就没有必要邀请其他地区及更大范围的记者参加。招待会请柬应提前一周左右送达参会者，以便记者可以安排时间，并随后电话落实。对于突发性的重要新闻事件，可以直接进行电话或网络联系。

(3) 记者招待会的会场背景应与所要发布的新闻性质相协调，场地选择要尽可能交通方便，会场内要能够为记者提供电话、互联网等服务，保持会场内外的信息畅通。

(4) 记者招待会的时间安排不可与重要节日、盛大庆典或其他重要的新闻事件相冲突，以免影响记者参加招待会。要考虑到大多数新闻媒介的截稿时间要求，使得记者们可以在会期或会后可以有时间编发报道，及时地将招待会的相关消息报道出去。

(5) 事先要准备相关材料，使记者们能够提前对招待会公布的消息有所了解。这些材料包括文字、影像、实物等，如果记者招待会现场有拍照的机会，应事先通知相关的摄影记者，同时主办者也应该及时地拍摄照片或现场摄像。事后既可以提供给新闻媒介做参考，也可以供本单位作为资料保存。如果是某项产品，则可以请记者亲身体验和试用，使记者在撰写报道时更加准确生动。

2. 会中注意事项

(1) 记者招待会开始前，对于每位来宾要有专人引导，在来宾簿上签到；设计好宾客的座次，分清主次，避免来宾人数众多出现纷乱和不愉快，由专人引导来宾就座，使会场秩序井然。另外，要发给每人一份新闻资料带，其中包括新闻发布稿、技术说明书、会议主持人相关介绍以及招待会的主题内容等；为记者的广播录音、电视摄像、灯光照明等准备工作做好协调；并为来宾提供其他必要的服务。

(2) 记者招待会的程序安排要紧凑、详细，例如一开始由谁开场白，接着由谁发言，再接着记者提问、回答问题、招待会结束的参观访问等都要作详细的安排，以免会场出现混乱或冷场。

(3) 在记者招待会现场，会议主持人应充分发挥主持和组织的作用，活跃整个会场气氛，引导记者踊跃提问；对于不愿传播和透露的内容，应婉转地向记者做解释，记者一般会尊重组织的意见；不要随便打断记者的提问，更不要以各种动作、表情和语言对记者表示不满；遇到回答不了的问题，不能简单地说："不清楚""不知道""我不能告诉你"等，应采取灵活而变通的办法给予回答；所发布的信息必须准确无误，若发现错误，应及时予以更正。另外，对于记者的提问时间、招待会的总时间要做适宜的控制，发布会应有正式的结尾。

(4) 对所有来参加记者招待会的记者应该一视同仁，尤其在提供消息时不能厚此薄彼；会前或会后，可以适当安排记者对有关主题或有关人员作较深入的主题采访，以对某个问题作深入报道；对于个别未到会的记者，可以主动给他们寄去招待会相关的新闻材料，并积极联系，为他们报道相关消息提供便利。

3. 会后反馈工作

(1) 尽快整理出会议记录材料，对会议的组织、布置、主持和回答问题等方面的工作做一总结，认真汲取经验教训，并将总结材料归档备查。

(2) 收集与会者对会议的反映，检验招待会是否达到预期的目的，或者反思组织过程中有无不周到的地方，以期在以后的类似活动中加以克服和改进。

(3) 收集与会记者发表的稿件，对照会议签到，看与会记者是否都发了稿件，对已经发稿的记者，要电话致谢；同时对稿件要进行分类、分析，找出舆论倾向。若出现不利于本组织的报道，应及时地做出反应。

【案例 5-17】公众形象的树立

(详细内容请见课件对应内容。)

【案例 5-18】碧桂园媒体见面会

2018 年 8 月 3 日中国最大的房企之一碧桂园在广东顺德举办了一场规模宏大的新闻发布会。主席杨国强和总裁莫斌隆重出席，接待到访的来自全国各地的 100 多家媒体，200 多名记者。莫斌在会上表示，针对近期几起施工单位的安全事故，碧桂园负有不可推卸的责任，对施工事故造成的死难者表示歉意和哀悼，并在现场鞠躬道歉。

杨国强表示，以后出现事故的公司项目要立即处理，不能找任何理由。"我要求组成一个 50 人的团队，研究一个更好的施工方法。"回应安全事故：见一个处理一个。

对于近期项目安全事故问题，莫斌表示对涉事的区域总裁、执行总裁以及工程负责人等分别做了降职、免职和除名的处理。

杨国强表示，对于安全事故，以后见一个处理一个，集团指示下面安全第一，因为人命关天，还涉及质量安全。他表示，最近半年他的精力主要是做农业和机器人，但希望莫斌组建一个由博士和专家组成的 50 人团队，哪怕投 10 亿元进行研发，为未来的质量和安排做好准备。

莫斌表示，近期出现若干安全事故，造成工友伤亡、人身与财产损失，他的心情非常的沉痛，并感到深深的自责，在此致深深的歉意。(资料来源：news.sina.com.cn/o/2018-08-03/doc-ihhehtqh5324543.shtml)

【分析】在媒体见面会上，碧桂园的主席和总裁态度诚恳地与媒体、民众进行了面对面地沟通。当企业受到民众的质疑时，能够及时进行反思与问责，并给了民众一个满意的答复，有效地扭转了国内不利于碧桂园形象的舆论环境，为自身重塑良好形象打下基础。

二、展览会

展览会是一种综合运用各种媒介、手段，推广产品、宣传企业形象和建立良好公共关系的大型活动。其特点是：它是一种复合性、直观、形象和生动的传播方式；它提供了与公众进行直接双向沟通的机会；是一种高度集中和高效率的沟通方式；是一种综合性的大型公共关系专题活动，是新闻报道的好题材；带有娱乐的性质，可吸引大量公众。一般来说各社会组织都非常重视利用这一形式来塑造和展现他们的最佳形象。

展览会往往是综合的大型的活动，不但公众关注，而且新闻媒介和相关管理部门也很瞩目。在展览展销过程中，除了利用文字注解和图片说明等平面的静止的媒介外，还可以同时采用幻灯片、录像片、电影等多媒体资料，当然现场的实物展示、对参观人员的讲解和交流、现场表演等方式更可以紧紧吸引受众的注意力，加深了受众对宣传产品或实物的印象。由于展览可以集中许多行业的不同产品，或者集中同一行业中多种品牌的展品，参观人员可以对不同产品相互比较鉴别，不同实物的差异化可以激起受众的好奇心，多媒体及现场表演的引入，使展览展销兼具了社交和娱乐的功能。因此，公众可以在有限的时间内了解到不同公司的不同产品和技术发展状况，社会组织也可以借此与公众之间建立直接的双向交流和沟通，在展览展销期间，展览者与参观者见面交谈，可以直接听到社会公众对产品的意见和建议，也可以进行解释或解决问题、消除误会等。

在展览展销过程中，可以从下面4个方面来策划管理：

(1) 应当确定展览展销的主题和目的，确定参展单位、参展项目和参展标准，然后分别给相关参展单位发邀请函并以在媒介上登广告等方式召集参展者。在此过程中，应当明确告知参展者有关展览展销的主题与目的、展览会的类型要求与费用、展览的时间与地点等信息。同时，作为组织者，还要考虑到展览会主办地的交通状况、天气因素以及发生一些意外情况后的处置预案；准备展览会的辅助设备，制定展览展销的预算经费等。

(2) 培训工作人员，如讲解员、接待员和有关专业人员等，成立专门对外发布新闻的机构。该机构的工作内容包括：在展览展销的日期地点确定后，应举办记者招待会发布消息，邀请新闻界人士参加开幕式，尽可能多地在各类新闻媒介上及时地报道开幕式及展览的相关消息，以在展览会开始之前就在公众中产生较大的影响，也可以吸引更多的参观者。安排好新闻发布室，并准备新闻报道所需要的各种辅助宣传资料。

(3) 在展览展销期间新闻发布室应保持开放，使举办单位、参观者和新闻媒介三方可以保持及时的信息沟通；遇到重要情况或有重要活动，可以单独对新闻媒介举办一次特别记者招待会；在展览展销进行期间，如果遇到优惠、表演、重要领导参观等情况时，要及时地通过现场广播等形式加以宣传，以期扩大影响。

(4) 展览展销会结束后，公共关系人员应该及时收集新闻媒介对此次活动的相关报道，各种评价的总结报告；及时与相关人员沟通，总结经验教训，并保存好资料，作为下次举办相关活动的参考。

【案例 5-19】拉斯维加斯国际消费者电子产品展

国际消费类电子产品展览会(International Consumer Electronics Show，简称 CES)，由美国电子消费品制造商协会(简称 CEA)主办，旨在促进尖端电子技术和现代生活的紧密结合。每年一月在世界著名赌城——拉斯维加斯举办，它是世界上最大、影响最为广泛的消费类电子技术年展，也是全球最大的消费技术产业盛会。该展览会专业性强，贸易效果好，在世界享有相当高的知名度。历年的 CES 展会均云集了当前最优秀的传统消费类电子厂商和IT 核心厂商，他们带去了最先进的技术理念和产品，吸引了众多的高新技术设备爱好者、使用者及业界观众。迄今为止已经成功举行了 52 届。全球各地名企汇聚此地，为所有的爱好者带来了丰盛的技术大餐。

2019 年 1 月 8 日国际消费类电子产品展览会揭幕，展会为期两天，包括知名品牌和初创企业在内的参展商纷纷借此机会在展会正式开幕前举办媒体发布会，此展规模盛大、影响力深远。吸引了约 4,500 家企业参展，其中初创企业达到 1,200 多家，创下新纪录。多家企业在展会现场发布 20,000 多款新产品。展会现场展示 5G、人工智能、增强现实和虚拟现实、智能城市、运动科技、8K 视频技术、机器人等领域的最新成果，国际消费电子展真正成为全球科技创新中心。(资料来源：编者根据相关资料整理编写)

　　【分析】该展览会以实物展示的方式，充分调动观众的参与积极性。体现出直观、形象、生动的特点，展会提供了厂商与公众进行双向沟通的机会，组织通过参展高效率地传递组织形象信息，提升组织在世界领域里的知名度。

三、开放参观

　　社会组织为了让公众更好地了解自己，获得公众对其各项活动的支持，可以有计划地组织公众参观，邀请组织的员工家属、新闻机构及其他对组织感兴趣的人到组织内仔细参观，利用这个机会向公众进行宣传，这也是塑造社会组织形象的方法之一。

　　对外开放参观活动是树立组织形象的大好时机，但又是一件繁杂的工作，因此，应认真做好以下几个方面的工作。

1. 确定参观日期

　　在确定参观日期时应注意不要和重要节日或社会组织的重要活动发生冲突。因为在重要节日，大部分公众都有自己的安排；在社会组织举办重要活动期间，参观者一方面看不到日常工作的场面，另一方面也会给接待工作带来较大的负担。此外，还应该考虑有关负责人是否能参加。

2. 成立专门机构

　　组织对外开放参观活动应成立一个专门机构来统筹安排，专门机构中应至少有一名决策层的人来做总协调人，应有相关部门的负责人和具体的工作人员。

3. 宣传准备工作

　　应充分重视这类活动的宣传工作，首先是事先通知新闻部门，利用新闻媒介来扩大影响。同时，也应对组织内部的全体员工做好宣传工作，使每个人明了对外开放参观工作的意义与目的，人人自觉地参与这项活动。

4. 确定对外开放参观的内容

　　对外开放参观的内容一般可分为现场观摩、介绍、实物展览三种。一般社会组织采用的程序是事先准备好深入浅出、图文并茂、印刷精美的宣传手册，现场分发给参观的公众，配合口头讲解和现场观摩，让公众参观工作现场，以实物或员工的实际行动来说明社会组织的内在面貌。最后是实物展览，以资料、模型、样品的陈列等对公众作补充说明。

5. 选择参观路线

　　选择参观路线的主要要求是可以引起参观者的兴趣与保证他们的安全，并且对组织的正常工作持续干扰较少。参观路线应有明确的路标，在参观活动开始之前，需要事先采取安全措施，安全人员应在必要的地方设置警告牌或路障，以防发生意外。

6. 做好解说和接待工作

对解说人员应事先进行认真的选择和培训，使他们熟练掌握参观工程中每一个参观点的解说内容。解说员工应该佩戴标志明显的胸牌，有礼貌地向参观者说明工作情况，耐心认真地回答参观人员提出的各种问题。对参观者应热情周到地做好接待工作，安排合适的休息场所，休息场所应有招待人员、茶水等。

7. 做好欢送工作，收集参观者意见

参观结束后，要做好欢送工作，并认真听取他们对组织的看法和建议，注意收集参观者的意见，整理分析后提交有关部门，有些意见还应在企业予以采纳并确定相应措施后给予答复。

8. 对待所有参观者一视同仁

社会组织要以真诚的态度对待参观者，不论其地位高低，均应热情相待，接待的态度、对参观者意见的反映，不能因人而异。

【案例 5-20】南京市市政府机关大院向广大市民开放参观

2018 年 4 月 29 日，位于北京东路 41-43 号的南京市级机关大院迎来第 14 个 "公众开放日" 活动，600 多名市民代表走进机关大院参观。正值 "五一" 国际劳动节小长假，参观人群中除了普通市民、中小学生、退休职工，还有 40 位各级劳模，格外引人瞩目。参观的市民沿着东西两条轴线，漫步走进市委、市人大、市政府、市政协办公厅等市级机关办公大楼，欣赏大院里的清代及民国建筑、古树名木，追溯南京城市的发展变化。市级机关大院在重大节日向南京市市民开放的活动已经持续了 5 个年头。市民可以在市政府网站或者 APP 了解相关信息，提前预约。市级机关安排讲解员讲解、引领，参观者收获颇丰，此活动深受市民的欢迎。

【分析】南京市市政府机关大院的开放参观活动，消除了民众对机关大院的神秘感。参观者通过参观，了解政府部门的办公环境及条件，发现一切井然有序，简朴庄重，自豪感油然而生，为政府部门树立了良好的形象，同时也拉近了政府和民众之间的距离。(资料来源：编者根据相关资料整理编写)

四、沟通性会议

在公共关系从业人员看来，会议是指："各自有着特定情景的人们，在同一时间和一般地也在同一地点相聚在一起，并就共同关心和认可的主题进行口语信息的交流"。公共关系强调的是会议的信息传播功能，因此它对会议的研究也主要限定在沟通性会议上。这种沟通性会议的作用和目的就在于社会组织与公众相互沟通情感、维系友情，而其手段则是言语传播，这类会议一般包括礼节性聚会、"对话"和例行性会议。具体如下：

(1) 礼节性聚会。为了融洽关系，增强双向的沟通和了解，公共关系部门常常需要为组织安排一些聚会。这类会议一般不直接包含利益内容，因此交谈的题目在这里仅占次要地位，而交谈的形式倒是主要的。因此会议组织者必须在会议形式上多做文章，以便使会议始终处于欢快的气氛之中。如可以根据与会者的共同兴趣和爱好，举行聚餐会、歌咏会、文娱晚会或化装舞会等。

为了保持欢快的气氛，交谈的内容不妨来个"主随客便"，客人对什么题目感兴趣，就谈什么问题，千万不要随便转换客人正谈得起劲的题目，并尽可能地发掘客人所谈意见中值得肯定的内容再加以赞同和发挥。如来客之间彼此对对方所谈的话题不感兴趣，那么主人就要尽可能地寻找他们共同感兴趣的话题；如来客对同一问题发生分歧，主人不妨做做"和事佬"，找双方的共同点来牵线搭桥，使得话题顺利进行下去。

(2) "对话"。对话原指党政机关就各项重大政策问题广泛地与社会各界群众进行相互协商和交流。由于它强调的是"理解与沟通"，因此它也可以概括进公共关系的范畴。在公共关系实务活动中，对话是一种极为有效的手段。

在公共关系实务活动中，"对话"的特点是：参与者双方往往存在着某种利益差异或一定的信息隔绝。换言之，双方之所以要进行对话，就是因为双方利益有出入或双方彼此信息不通，甚至有可能还存在一定的误解。因此在对话中，言谈的内容必须讲究一个"诚"字，要开诚布公，以诚相见。应当把双方共同关注的问题全部放到桌面上来。在"诚"的前提下，在遵循礼貌原则的基础上，可以同对方发生争论。甚至争得面红耳赤也不为过，因为必要的争论正是"诚"的一种表现。在这方面，对话与公务谈判相似，而两者的最大区别在于：谈判最后一般需要达成一个确定的协议，在协议中双方利益关系得到质与量两方面的明确；而对话则无须得到一个明确的格局，它追求的是一种"知晓和理解"的境界。因此，对话的"诚"，贵在"以诚感人"，感情色彩是对话所必须加以重点渲染的。可以说，在对话中，感情的融洽置于利益关系明确的目标之上。

(3) 例行性会议。例行性会议是社会组织出于阶段性工作的需要而举行或参加的会议。在这类会议中，言谈必须做到：第一，简明扼要，尽量缩短时间，除非不得已，决不照本宣科；第二，要使所谈主题突出，并使每个与会者都感到所谈内容与他们有一定的关系；第三，在会议进行过程中，要不断地发现和归纳议题的要点，并对此发表看法，以调整和推进会议的整体进程。

【案例 5-21】2018 万达商业年会

2018 年 10 月 11 日—12 日，万达商业管理集团主办的 2018 万达商业年会在北京雁栖湖国际会展中心隆重举办，本届商业年会以"构建智慧平台 引领消费变革"为主题，汇聚了国内外知名品牌商、代理商、科技企业以及商业全产业链合作伙伴，共襄盛举。参会人数达到两万人次。

【分析】2018 年万达商业年会与往届不大相同，在科技展区中，万达联合腾讯、高灯、万达创新加速器成员等科技企业，从生活场景出发，使实体商业得以塑造人们的感官体验和心理认同，从而创造出别致的消费体验场所，激发消费者的情感共鸣和社交分享，为全产业链提供独具价值的商业数字化解决方案。与会者深深感受到智慧商业的星火燎原之势，万达商业年会已然成为智慧商业的集结平台。万达商业管理集团通过两天高效务实的年会，向业界人士传达了他们的理念，在全球范围内，提升自身影响力。

五、庆典活动

庆典活动是社会组织面向社会和公众展现自身，体现自身的领导和组织能力、社交水平以及文化素养。通过邀请知名人士和记者参加，还可以扩大影响。常见的庆典仪式有法定节日庆典，某一组织的节日庆典，特别"日、周、月、年"的庆典仪式，签字仪式，颁奖、授勋仪式等。庆典活动必备工作和注意事项如下：

(1) 确定庆典活动的主题，进行精心策划安排，并进行适当宣传，如海报、宣传品、广告等。

(2) 拟定出席庆典仪式的宾客名单，一般包括政府要员、社区负责人、知名人士、社团代表、同行代表、员工代表、公众代表和新闻人士，对邀请出席典礼的宾客要提前将请柬送到其手中。

(3) 拟定庆典程序，一般为：签到、宣布庆典开始、宣布来宾名单、致贺词、致答词、剪彩等。

(4) 事先确定致贺词、致答词人名单，并为本单位负责人拟写答词。贺词、答词都应该言简意赅，起到沟通感情、增进友谊的目的。

(5) 确定主要关键仪式人员，例如剪彩、揭牌等，除本单位负责人外，还应该有德高望重的知名人士作为来宾共同参加。

(6) 安排各项接待事宜，应事先确定签到、接待、剪彩、摄影、录像、扩音等有关服务礼仪人员，这些人员应在庆典前到达指定岗位。

(7) 可在庆典过程中安排如舞狮耍龙、乐队伴奏、民间舞蹈、歌舞节目、锣鼓、鞭炮礼花等，还可以邀请来宾为社会组织题词，以作为永久纪念。

(8) 庆典结束后，可组织来宾参观本社会组织的设施、陈列等，增加宣传社会组织传播信息的机会。

(9) 通过座谈、留言等形式广泛征求意见，并综合整理，总结经验。

一般庆典活动并不复杂，用时也不多，但要办得热烈隆重，丰富多彩，给人以强烈深刻的良好印象并不是件容易的事。举办庆典活动，公共关系人员应做到准备充分，接待热情，头脑冷静，善于鼓动，指挥有序，应详细地安排程序及交通安全和接待的细节。

【案例 5-22】杜邦公司 200 周年

(详细内容请见课件对应内容。)

【案例 5-23】世纪爱心集团七周年庆典

(详细内容请见课件对应内容。)

六、社会服务

以创造组织无形财富为职责的公共关系不能忽略了服务，因为良好的服务行为是一种树立信誉的最佳手段。公众不仅听其言，而且观其行。行动本身是最响亮的语言。一个组织只有言行一致，为公众提供良好的服务，才可能真正赢得公众的心。

服务的过程是一种综合运用各种媒介和活动方式与公众沟通的过程。不同的组织为公众提供的服务是各不相同的。以企业为例，在市场营销活动中，为消费者提供系列性的完善服务就具有很强的公共关系性质。主要包括以下内容。

1. 消费教育和引导

企业为了引导消费，针对消费者的需要，免费提供消费教育、消费培训、消费咨询等服务。这种服务贯穿于消费者购买前的教育引导，购买中的说明、示范和辅导，购买后的培训、咨询等全过程中。消费教育的形式包括：(1) 为消费者编辑、发行指导性手册和刊物等宣传资料；(2) 举办操作表演和实物展览，帮助消费者认识和熟悉新产品的性能、功能和技术；(3) 举办培训班，培训商店销售人员以及消费者有关使用和保养、维修产品的知识、技术；(4) 开设陈列室、咨询台、热线电话等回答消费者的问题；(5) 向报纸、杂志、电台和电视台提供有关新产品的资料；(6) 制作录像带作为操作示范和辅导的手段；(7) 举行研讨会，交流使用新产品的经验心得。

总之，为消费者提供各种具体的介绍、示范、指导、咨询、培训等服务项目。企业通过这种服务，能够有效地培养消费者对企业及其产品的信心和好感，甚至吸引消费者主动参与新产品的市场开发活动。例如进行新产品的试用，请消费领袖和广大顾客参与优质产品的评比活动，从而达到消费教育引导的目的。

2. 销售服务

从公共关系的角度看，良好的销售服务能够为优质产品增添无形价值，是培养顾客信心的重要环节。包括：

(1) 售中服务。除了各个环节密切配合、始终如一的服务措施、热情礼貌的服务态度外，还包括服务员、售货员良好的个人仪表、精神状态(如淡妆迎客、统一服装等)，以及良好的购物环境和气氛(如灯光的明暗、装修的色彩、商品的陈列、橱窗的布置、柔和的音乐等)。

(2) 售后服务。各种质量保证措施，维修服务，代客安装服务，送货上门，三包服务，跟踪随访等。除了常规的售后服务以外，为扩大企业的影响和方便消费者，还可以适当举办大型的义务维修服务日或大型的信息咨询活动(不仅为本企业的顾客服务，亦可为使用其他品牌的同类产品的顾客服务)。

3. 消费者的系列化

消费者的系列化亦称为消费者的组织化，即通过消费教育、消费引导和完善的售后服务，培养对本企业的拥护者、爱戴者，培养本企业稳定的顾客队伍和稳定的市场关系，例如组织消费者俱乐部，创办消费者联谊会等。消费者系列化程度的标准一般是"商标指名率"(顾客购买某类产品时指明商标购买的比率)和"商标统一率"(顾客在购买商品时对某一商标偏爱的百分比，如"凡家用电器非××牌不可"等)。系列化程度高，说明企业及其产品的形象好。

通过消费调查把握消费动向，有针对性地进行消费教育和消费引导，完善消费服务，组织消费，创造消费，这一系列实践活动称作消费管理。由于它比生产经营等更重视人际关系，是为企业争取人心、树立信誉的重要环节，所以属于公共关系服务的范畴。

【案例5-24】天津中粮可口可乐百人植树在行动：多一片绿叶，多一份在乎

2019年4月13日，中粮可口可乐饮料(天津)有限公司携手今日头条面向社会招募以亲子家庭为单位的消费者，作为绿色志愿者，与公司员工志愿者一起参与到百人植树善举中。

一场主题为"多一片绿叶,多一份在乎"的百人植树公益活动,在齐心现代庄园圆满举行。

活动现场,来自鹏搏千贝Q宝贝幼儿园的小朋友们和爸爸妈妈组成的环保小分队,以及由天津中粮可口可乐员工志愿者组成的百人植树团,在认真听取专业人士的讲解后,大家很快便忙碌起来,从挖坑、回填,再到栽植、覆土、浇水,干得一板一眼、有模有样。植树环节,让孩子们收获了快乐的同时,也体会了亲近大自然的乐趣,孩子们在劳动中锻炼了身体,增强了意志力,大家干得大汗淋漓,然而心里却美滋滋,再喝上一口纯悦水顿时甜到心中。一排排的小树拔地而起,大家把印有"我们在乎 绿见未来"的红丝带系在自己亲手种植的小树上,红丝带迎风飘扬,植树团的每个人都从中收获了很多。此次活动带给孩子们的远远不止种几棵树苗这么简单,通过身体力行,让所有孩子们的心里洒下一颗绿色的种子,让保护环境的意识在他们的心中慢慢发芽。

经过一番辛苦种植,孩子们用手中的画笔在长达十米的画卷上,记录下此次参与公益植树的感受,描绘出对环保的美好憧憬,他们用稚嫩的笔触记录了对环保的天真理解和对美好生活的热爱。绘画过程中,几个手巧的大孩子利用现场的KT板剪裁制作出垃圾分类箱。活动结束后,大家还一起动手清理现场垃圾,将垃圾和空水瓶丢进孩子们亲手制作的分类垃圾箱里,参与制作的孩子们也充满了自豪感,从点滴做起,从娃娃抓起,活动者希望让更多孩子从小就能种下环保的种子,因为他们也是未来和希望。(资料来源:编者根据相关资料整理编写)

【分析】此活动通过植树、集体绘画、垃圾分类箱制作与环保知识分享等生动有趣的互动,让大家感受到了保护环境、保护家园的这一份责任,这一份在乎,体现了天津中粮可口可乐公司肩负的社会责任感和使命感,较好地向社会公众传达了企业"致力于为打造绿色美丽家园奉献自己的一分力量"的理念,赢得了公众的广泛赞誉,塑造了中粮可口可乐集团良好的形象。活动现场随处可见的企业的标识和供给,也给公众造成强烈的视觉冲击,令人印象深刻。

七、赞助活动

赞助是社会组织以捐赠方式,向某一社会事业或社会活动提供资金或物质的一种公共关系专题活动。赞助活动是一种对社会的贡献行为,是一种信誉投资和感情投资,是企业改善社会环境和社会关系最有效的方式之一。概括起来,赞助的目的有四种,即追求新闻效应,扩大社会影响;增强广告效果,提高经济效益;联络公众感情,改善社会关系;提高社会效益,树立良好形象。

赞助活动以其广泛的内容遍及社会生活的各个方面,赞助的类型主要包括:赞助体育活动、赞助文化活动、赞助教育事业、赞助福利事业、赞助宣传用品的制作、专业奖励、赞助展览会和赞助当地的专项活动等。例如:韩国三星电子借首尔举办奥运会的契机,赞助国际奥林匹克运动委员会,使之成为国际奥委会的顶级赞助商,不但极大地提高了企业的形象和产品档次,更重要的是企业由此真正走向国际化,公司销售额在接下来的两年里,连年翻番,显示器产品由名不见经传而一跃成为行业老大,手机及芯片等产业也走到国际同行的前列。

在我国,随着公共关系事业的蓬勃发展,赞助活动也已经引起社会各界的极大重视,不同社会组织向社会的赞助也越来越多。农夫山泉和世界台联合作,赞助了世界斯诺克大师赛、斯诺克英锦赛、斯诺克威尔士公开赛等赛事，让丁俊晖、傅家俊等中国选手在英国捧起熟悉的小红瓶。2014 年，农夫山泉赞助了上海跳水世界杯，之后农夫山泉先后成为2017 年世界跳水系列赛北京站、2018 年武汉跳水世界杯、2018 年杭州短池游泳世锦赛的赞助商。恒大冰泉 2017、2018 年连续两年赞助"携手同行 跑出和平 run for peace"香港马拉松，彰显恒大冰泉倡导和平的公益之心，积极为社会传递正能量。

社会组织赞助的步骤和管理如下：

(1) 明确目的。开展赞助活动首先必须明确赞助的目的。从原则上讲，组织进行赞助活动的目的与组织的公共关系总目是紧密相连的，就是提高组织的声誉，增进公众的理解，塑造良好的组织形象。

(2) 调查研究。为了取得良好的赞助效果，应该进行赞助计划的调查研究工作。在明确和牢记赞助目的的情况下，从本社会组织的经营管理目标政策、公共关系政策入手，调查外部需要赞助的公益事业的情况，考察活动本身是否对公众有益，是否能对组织本身产生有利影响，从而制定本组织的赞助方向和政策，以指导赞助活动。

(3) 拟定赞助计划。在赞助研究的基础上，根据社会组织的赞助方向和政策制定赞助计划。赞助计划一般应包括：赞助的目标、对象、形式；赞助的财政预算；为达到最佳效果而选择的赞助主题和传播方式；赞助活动的具体方案等。

(4) 审核评定。实施赞助计划前，应对每一个具体赞助项目进行详细的分析研究，结合年度赞助计划逐项审核评定，确定其可行性、赞助的具体方式、款项、时机等，从而最终确定赞助活动的具体实施方案。

(5) 具体实施。应派出专人负责各项具体赞助实施方案的具体落实。在实施过程中，应充分运用各种有效的公共关系技巧，使社会组织能尽量借助具体实施活动扩大其社会影响。在实施过程中，应该建立经常性的检查制度，使计划能保质保量地完成，同时避免费用超出预算。

(6) 测定效果。赞助活动结束后，应对照其计划，测定其实际效果。对完成活动的经验加以总结，对活动不理想之处应找出原因；收集公众、新闻媒介、受赞助组织等各个方面对本次活动的看法，看是否达到了预期效果，还存在哪些差距；每次效果测定都要完成报告，作资料存档，以备今后借鉴和参考。

八、联谊活动

联谊活动是指社会组织为了达到内部管理人员与员工之间，社会组织成员与社会公众之间，或者社会组织与社会组织之间联络感情、增进友谊的目的而组织的活动。社会组织内部的联谊活动可以调节职工文化生活，创造和谐的人际关系。社会组织对外部所组织的联谊活动可以增进公众对社会组织的关注和了解，加强相互联系和协作交流。联谊活动形式多样，如组织舞会、观看演出、参观游览、各种有益身心健康的休闲活动、相互间信息的共享等。

社会组织内部的联谊活动，应注意形式的多样性，以满足员工的不同需求和对员工情绪的及时调节。领导者也应将参加联谊活动作为和员工建立信任关系的一种方式。同时，也应注意满足员工携带亲属、好友参加联谊活动的要求。

社会组织与外部进行联谊活动时，要掌握客人的爱好。邀请客人参观演出应事先了解演出内容，不至于因为出现政治、宗教、民族、风俗、文化方面的问题而伤害客人的感情；组织参观游览活动时，应和接待单位事先联系，确定日程表，参观、游览项目应适宜，不致使客人劳累不堪；在举办舞会时应确定邀请的客人名单并发出请柬，要注意不能使客人在联谊活动中被冷落；在单纯的文化形式的联谊活动中，主办者应注意避免主动过多商谈经济问题。在以增进组织间的合作作为主要目的而进行的联谊活动中，社会组织应把握真诚互利及效益的原则。组织社会组织间的联谊活动，要注意联谊对象的选择，要考虑对方的信誉和公众的形象。联谊关系的建立应循序渐进，在相互了解的基础上提高联谊层次。

【案例5-25】"青心烟台 公益中行"大型青年联谊会

为帮助青年扩大交友范围，拓宽沟通渠道，为优秀未婚青年交友搭建平台，2017年6月10日，共青团烟台市委联合中国银行烟台分行、烟台市金融团工委、万科集团，共同举办"青心烟台公益中行--万科海云台大型青年联谊活动"。共青团烟台市委副书记张金富、中国银行烟台分行副行长王茂顺、万科集团海云台项目经理陶登东等出席了活动。

本次活动共有来自交通局、农业局、山东商务职业学院等多家部门单位的130余名青年男女参加。美丽的万科海云台海畔，青年们自行携带心爱的图书来到活动现场，在"公益中行"爱心角进行了爱心捐助，并在"爱心捐助板"上留下签名，现场共接收图书八十余册。活动期间，大家进行了生动活泼、别开生面的自我展示，随后开展了木板过河等紧张激烈的游戏，将活动推向高潮。活动中青年才俊们格外积极主动，在每个环节都表现得大方得体、机智灵敏，充分展现了良好的外在气质和优秀的内在品格，赢得了姑娘们的青睐。年轻姑娘们也毫不逊色，献力献智，活动现场气氛热烈。值得一提的是，活动进行了"公益中行"爱心义拍环节，大家踊跃竞拍，爱心如潮。最后拍得的金额全部捐赠希望工程，为社会奉献一分力量。本次联谊活动帮助青年们舒缓了工作压力，扩大了交际圈，结识了更多朋友，向社会传递更多的正能量。(资料来源：www.sohu.com/a/148607065_270217)

【分析】企业通过这样的联谊活动，一方面引起媒体的关注及进一步的报道，提高自身的知名度和美誉度。另一方面企业的内部员工感受到了企业的关怀，因而倍感温暖，增强了员工的凝聚力；另外多家单位的参与，加强了企业间的沟通交流，为今后的合作奠定良好的基础。

九、公共关系广告

广告作为传递信息的重要工具，以介绍、说服、提醒为目标，起到对人们唤起注意、引起兴趣、启发欲望、导致行动等作用。因此，为了扩大社会组织的知名度、提高信誉度、树立良好的形象，以求得社会公众对组织的理解与支持，公共关系人员无疑要利用广告这个重要工具的，这就形成了公共关系广告。因此，公共关系广告既属于公共关系活动的一部分，又属于广告的范畴，它集公共关系的特点与广告的特点于一身，形成了一种特殊的广告。

1. 公共关系广告的特殊性

(1) 特殊的目的。公共关系广告是推销组织(或企业)的形象。其主要目的是引起社会公众对组织的注意，激发社会公众的兴趣，争取社会公众的信赖与好感，取得社会公众的理解、支持与合作，并表现出自身对社会的贡献，扩大自身的影响力，树立组织良好的形象。

(2) 特殊的手段。公共关系广告是通过间接的手段让社会公众们了解组织(或企业)及至产品与服务。

(3) 特殊的观念。公共关系广告在选择目标上注重长期性和系统性。因为无论生产何种产品或提供何种服务，组织(或企业)自身都需要长期稳定地发展下去，从而要求组织(或企业)为自己树立良好的信誉和形象。这是一种具有战略性的思想观念。

虽然公共关系广告属于广告范畴，但是由于它们工作的侧重点不同，又使得这两者有着截然不同的区别，人们说："商品广告是推销商品，公共关系广告是推销公司"就是这个道理。公共关系广告与商品广告之间既有联系，又有区别。一般说来，公共关系广告比商品广告的范围更广，作用更大，综合性更强。

2. 公共关系广告的类型

可以从公共关系广告的不同内容来确定其类型，主要有：

(1) 实力广告。介绍组织的实力，包括组织的悠久历史、规模、高新技术、员工素质等。如七喜汽水的广告"七喜从来不含咖啡因，也永远不含咖啡因"；德国奔驰汽车公司"如果有人发现奔驰牌汽车发生故障被修理车拖走，我们赠送您一万元美金"；瑞士雀巢公司"雀巢咖啡，味道好极了"等。

(2) 响应广告。响应广告是指组织为响应社会或其他企事业单位的号召，支持公益事业的发展，以求社会各界公众的理解与支持而进行的广告。它又可划分为两种形式：其一是对政府的某项政策、措施或者当前社会活动中的某项重大事件以组织或企业的名义表示响应，如在主要的公共场所打出"某某某(企业或单位名称)庆祝北京申办冬奥运成功"的大型横幅；其二是对某新开张或有重大庆典活动的组织或企业，以同行的身份刊登广告以示祝贺。响应广告强调的是企业与社会生活各个方面的关联性和公共性。

(3) 创意广告。创意广告是组织或企业以自身的名义率先发起某种社会活动，或提倡某种有意义的新观念的广告。一般来说，创意广告要有明确的主题和目标，以表明组织或企业对社会活动的关心、支持。

【案例 5-26】泰国潘婷励志公共关系广告

(详细内容请见课件对应内容。)

(4) 形象广告。形象广告是以提高组织知名度和塑造组织良好形象为主要目的的广告形式。可以分为以下 2 类：

1) 宣传企业的价值观念，把企业的价值观念、管理哲学、企业宗旨等鲜明地体现在广告中，使它成为一个企业基本的象征或信念，使之对内产生凝聚力，对外产生感召力。如海尔公司"海尔，真诚到永远"；广州标致汽车公司"广州标致，汽车工业新一代的标志"等。

2) 组织的门面装潢、招牌制作、标志设计、环境布置、成员精神面貌等，也都是形象广告的构成要素。

当公众与组织接触时，这些因素会给人留下好、一般或不好的形象感觉。一般说来，组织的名称要便于记忆，不宜过长。如果是商店，则力求清新不俗、生动形象；如果是工厂，可考虑与产品的牌子挂钩，便于用户记忆。门面装潢要大方脱俗，招牌标志要醒目，环境要整洁，成员精神要振奋。这样才能够给人以美感和好感。

(5) 致歉广告。一种是解释生产目的和消除误解。当公众对企业的有关情况因不了解而产生误解时，刊登解释性、纠正性的广告，可以起到消除误解，保护已建立起来的信誉的作用；另一种是组织承认错误，表示歉意，以取得公众的谅解。

【案例5-27】《德国强力'痔根断'敬向用户致歉》

启事全文是："德国汉堡活大药厂荣誉出品之强力'痔根断'特效内服消痔丸，因其配方独特，药效奇特，仅服少量即能发挥极大效能，患者无不称许且互相推荐采用，故行销以后深受'痔者'欢迎，销途扩展神速，殊得铭感，致使产品曾一度断市，缺货期内用户诸多不便，深表歉意。新货经运抵港，即日开始分配国内大药店经销，购买时请认明绿盒新货，恕不致误。"

【分析】 这启事明看是向用户道歉，实则是一份别出心裁的公关广告。

(6) 公益广告。公益广告也称服务广告。这类广告是指社会组织为社会公益活动提供免费服务的广告传播，从而显示社会组织对社会公益事业的关心和支持，包括完全以公益性主题制作的广告(如保护环境、关爱妇女儿童老年人、行车安全等)以及配合社会组织直接参与某项公益事业而做的广告(如修建公益设施、资助慈善事业、救灾赈灾等)。

公益广告还包括为社会提供的公共事务广告，比如：国家有关部门进行防火、防盗、保护森林等广告宣传也属于公益广告范畴。

(7) 声势广告。是以宣传组织的大型活动为内容，比如新厂房落成剪彩、庆典等，旨在创造声势，扩大影响。如某大型广场开业前，就在报纸、网络媒体上登出广告，描绘广场的盛况。又如，在电视台、网络上现场直播庆典文艺晚会。

(8) 声明广告。是组织对某些重要问题或重大事件表明立场、观点、态度和主张的广告。声明广告主要功能在于说明和告白，常在报刊上公开发表。如关于我司涉嫌违反《广告法》的整改声明。

(9) 谢意广告。是指巧用特定时机，如节日、纪念日之际，或社会组织举办某种活动圆满结束时，向消费者公众或社会各界公众表示衷心的感谢的广告。如我国报纸、杂志、电视、网络上每逢传统节日就会发布一些社会组织向广大公众表示祝福的贺词，这些广告没有介绍自己的产品，只是"某某某(企业或单位名称)向全国人民问好，祝新年快乐！"等。

【案例5-28】日本亚细亚航空公司15年庆典之际，做了一个谢意广告。

标题是：每一次相遇，我们都心存感激，未来，就从此刻延续。

正文是：由于您的关爱，使我们拥有今日成果，对于您的知遇，我们由衷感激。而今15年的相处，我们更加了解您的需求，当您走入亚航的新天地，您将感受到由内而外的焕然一新，更典雅的风貌，更体贴的关怀，让您拥有最舒适的航程。新的亚航天地，更加精致温馨，诚恳期待您。

3. 公共关系广告的原则

尽管公共关系广告宣传的主题内容可以丰富多彩，所追求的公共关系目标也可以不同，但是无论是哪种类型的公共关系广告，都应遵循以下的原则：

(1) 实事求是的原则。公共关系广告应避免弄虚作假，要真实地、客观地进行公共关系广告设计、编写与制作，以争取得到更多的社会公众的信赖。

(2) 独具风格的原则。应在特定的公共关系主题下形成组织或企业自己独特的风格，以加深社会公众对本组织或企业的印象。

(3) 富于创新的原则。要求公共关系广告在具体内容、分析角度、运用手法等方面，新颖别致、富于创新意识，以给予社会公众一种清新的活力和奇特的美感。

(4) 寻求佳时的原则。公共关系广告必须时机选择得当，否则将导致事倍功半。

(5) 避免商业痕迹的原则。公共关系广告必须避免与商业广告雷同，应体现出公共关系活动的特点，应从维护社会公众利益的角度出发，树立组织或企业的形象，以给组织或企业发展带来长期的社会效益。

(6) 注重效果的原则。这里的效果是指赞誉目标的实现、企业或组织自身的发展和社会整体效益的扩大。

4. 公共关系广告的制作过程

一般来说，公共关系广告的制作程序可以分为以下步骤：

(1) 确定主题。制作公共关系广告首先要根据其内容确定主题，明确公共关系广告的目标。不同的公共关系广告内容，可确定不同的主题和不同的目标。以建立企业信誉为主题的公共关系广告，其目的在于追求企业的整体形象更好、更美；以公共服务为主题的公共关系广告，其目的在于扩大企业的知名度，让社会公众相信企业的经济实力和高尚的社会风格；以经济贡献为主题的公共关系广告，其目的在于加深社会公众对目前经济情况的了解，详尽说明企业经济活动的成就以及对国家、对社会所做的贡献；以追求特殊事项为主题的公共关系广告，其目的在于引起广大公众、社会有关人士和新闻机构的兴趣和好感。

(2) 选择媒体。公共关系广告应用的主要媒体是报纸、广播、电视、互联网这4大媒体。

选择广告媒体的目的，在于求得最大的经济效益和最好的社会效益，即依据媒体的量与质的价值与广告费用之比，力争少花钱、多办事、办大事，并求得传播信息的最大量和传播效果的最大范围。正确地选择媒体，一般要考虑以下因素：

① 媒体的性质。不同的广告媒体，有不同的性质与特点。公共关系广告媒体选择得合适，公共关系活动效果就会显著；反之，会弱化公共关系活动的效果。

② 广告内容的特性。公共关系广告所涉及的具体内容都各有其特点，应依据不同的公共关系广告内容选择不同的广告媒体，以保证特定的社会公众能看到、听到、读到。

③ 社会公众的习惯。不同的社会公众在工作职业、兴趣爱好、文化程度、知识结构及生活习惯等方面各具特点，从而形成了对媒体的不同接触习惯。企业在选择公共关系广告媒体时，要根据特定目标公众对媒体的不同接触习惯，选择他们愿意接受和接受的广告媒体。

④ 广告目标的要求。组织(或企业)在选择公共关系广告媒体时，必须要考虑到公共关系广告目标与组织(或企业)社会活动及经济活动的结合度。

⑤ 组织(或企业)自身的实力。各种广告媒体，其费用支出不尽一致，组织(或企业)

应该量力而行。可行的办法是依据自身的财力来合理地安排公共关系广告活动,选择适当的传播媒介,适当的刊播时间,适当的刊播空间。

5. 公共关系广告的结构

公共关系广告的写作需要很高的公共关系技巧。公共关系广告的结构一般分为:

(1) 标题。公共关系广告对标题的要求是:醒目、通俗、自然、亲切、能吸引人。公共关系广告标题切忌双关语、文学典故或晦涩文字的出现。

(2) 正文。正文是公共关系广告的主体,广告所要表达的一切意思都寓于正文之中。公共关系广告对正文的要求是:开门见山、直截了当、具体真实、热情友好、易于记忆、富于魅力。

(3) 结尾。更多的公共关系广告是没有结尾的,只有少数特殊的公共关系广告才有结尾。作为公共关系广告,如果有一个漂亮的结尾,将会使人们回味无穷。

【案例 5-29】百事"把乐带回家"公关广告

2018 春节之际,百事集团斥巨资打造以"春节回家"为主题的贺岁微电影《把乐带回家》,视频邀请了一众明星,演绎了两代人的青春与梦想。男主因为父亲不理解自己的梦想而对家人产生了不少误解,但一次穿越在百事精灵的帮助下,男主才发现原来自己的父亲在年轻的时候也曾怀着一颗跳舞梦想的心,可是因为家人而被迫放弃。最后男主回到现实的时候,给父亲送上了一双梦想的手套并跟家人团聚。视频在轻松欢快的合唱中,传递了父母与子女之间两代人的相处之道,展现了百事可乐把"欢乐"送到每家每户,快乐地分享亲情、爱情等。这视频将一个广告片拍成了一个"温暖+喜庆"的微电影,在不影响受众观剧体验的前提下,营造了浓厚的新年团聚氛围,让人感受到过节的仪式感;其次,融入了穿越、嘻哈、舞蹈等元素,丰富了视频故事的表达方式。过去男主爸爸的梦想和现实中男主梦想情节形成了反差萌,一双写有"坚持梦想"手套的穿越以及跳舞 PK 等,在无形中这些桥段都给剧情增加了不少笑料,让观众在欢快的氛围中增加了对百事可乐的情感认同。

【分析】百事公司作为全球最大的食品和饮料公司之一,自进入中国市场 30 多年来始终致力于植根中国文化,将百事精神源源不断地融入中国消费者的生活中。百事公司通过丰富多元的电影语言与消费者产生深刻的互动与情感联系,传递了品牌抽象的精神力量和文化内涵,塑造品牌形象。

十、策划新闻事件

策划新闻事件是指社会组织为吸引新闻媒介报道并扩散自身所希望传播开去的信息而专门策划的活动。

公共关系机构在真实的,不损害公众利益的前提下,有计划地策划、组织、举办具有新闻价值的活动、事件,吸引新闻界和公众的注意和兴趣,争取报道的机会,并使本组织成为新闻报道中的主角,以达到提高组织知名度、扩大社会影响的目的。例如,和新闻界联合发起和举办一项有意义的社会活动;邀请名人主持剪彩、落成、庆典等活动;举办公众感兴趣的有奖竞赛;创新经营方式,搞别出心裁的特别节目等。

制造新闻是对舆论的有效利用，是公共关系传播工作的重要手段之一。舆论是公众意见地一种表达，代表着人们对某个事件的态度、评价和价值取向。公众舆论总是具有一定的倾向性，并对处于舆论焦点的对象产生较大的影响力。消极性地舆论可以"棒杀"一个组织，能使名噪一时地"红星"一夜间"身败名裂"。积极性地舆论可以"捧红"一个组织，能使企业由"无名小卒"变成妇孺皆知的"名流"。

在信息时代的今天，作为公共关系主体的社会组织，其形象的树立，知名度的提高，需要借助社会舆论的力量。如果仅仅通过一般行为来让公众知晓、了解组织的话，那么社会组织的知名度必然是有限的。利用舆论，创造并引导有利于组织的公众舆论，纠正不利于组织的公众舆论，使舆论以公议的形式，不断地在越来越大的公众范围内传播是扩大组织名声非常有效的手段。新闻媒介具有巨大的舆论力量，凭借智慧，制造新闻，借助新闻媒介，可以为组织创造良好的舆论环境，扩大知名度，提高美誉度。

制造新闻是一种有效的广告策略，往往花费不多，效果却极好。在许许多多的免费宣传性公共关系活动中，制造新闻是最主动、最有效的传播方式。

作为制造出来的新闻，其特点是：

(1) 比一般新闻更具有新闻价值，这样才能迎合新闻界和公众的兴趣。因为对于价值高的新闻，各个新闻机构才会主动前去了解、采访和报道，甚至会进行连续跟踪报道。突出活动的新闻价值，是制造新闻成功的关键。

(2) 精心策划。这类新闻不是自发的、偶然产生的，而是经过公共关系机构和人员事先精心策划安排的。制造新闻必须以真实事件为基础，从中挖掘出新闻价值点，吸引新闻界的报道。因此，制造新闻带有浓厚的人为色彩，体现了一定的计划性。

【案例 5-30】600 岁的故宫新晋网红

2018 年 12 月 9 日故宫博物院文化创意馆公众号"官宣"了一条消息："故宫口红，真的来了！"文章一发布，阅读量分分钟窜到 10W+，消费者兴奋地进入购买店铺，却发现所有货物都已经售罄。两天后，故宫的另一个官方店铺"故宫淘宝"发布了仙鹤系列彩妆，其中主打产品仙鹤口红当天就售出近 65000 支。故宫这个有着 600 年历史的冷傲的博物院，是怎么把自己捧成顶级流量能手的呢？

故宫给人的感觉是庄重严肃、遥不可及的。即使为了拉近大众的距离，开通新媒体官号，但是界面也是庄重有余，亲和力不足。

直到 2014 年 8 月 1 日，一篇名为《雍正：感觉自己萌萌哒》的文章让平均阅读量四位数的故宫有了第一次的 10W+，雍正行乐图被做成 gif，雍正在河边洗脚、喂猴子，并配上"朕……脚痒……"的接地气文案。故宫从此画风突变，开始变得鲜活。

2016 年 1 月，讲述故宫文物修缮故事的纪录片《我在故宫修文物》在 CCTV 9 播出。爱看纪录片的年轻人不多，爱了解文物历史的年轻人更少，但这部文物纪录片却圈了无数年轻粉丝：不仅收获了豆瓣 9.3 的高分，B 站播放量更是超过 200 万(目前已经 399.1万)，弹幕总数超过 7 万条。

2016 年下半年，自带超级流量的故宫 IP 和腾讯联合出品了的《穿越故宫来看你》。历史人物被做成动效，皇帝和妃子们聊 QQ、发朋友圈、唱 rap 神曲、玩 VR 眼镜，卖萌耍贱一样不落。网友对这个推广没有任何不适，而是全盘接受，乐呵呵转发朋友圈。因为确实没见过这么玩的，颠覆了人们通常对皇宫禁地，高高在上的皇帝的想象。这支魔性 style 的 H5 发布之后迅速获得了超 300 万次的播放量，并在朋友圈收获一致好评。

故宫携手腾讯进行了一系列"文化破壁"尝试。腾讯的科技实力和文化属性，赋予了故宫文物以新的生机。通过数字科技助力活化传统文化，达成了很好的效果。以《清代皇后朝服》和《胤禛美人图》为首期主题，故宫联合腾讯"奇迹暖暖"，打造宫廷服饰皮肤，下载量达到 4000 万。通过搭建青年创意大赛平台，故宫开放一系列 IP，供青年创意人参与创作，表情设计吸引了嗷大喵、冷兔等优秀画手参与，赛事产出的 QQ 表情在一个月内下载量就超过了 4000 万。

【分析】进入移动互联网时代，人们的生活与手机息息相关，占有了手机时间，就等于占有了人们的心。让活化的数字内容通过互联网进入大众层面，让年轻人爱上故宫文化，这是故宫主要的着力方向。故宫在对外传递信息时有目的地制造反差，突破公众对博物馆的惯有认知，制造出舆论话题，给公众带来惊喜感和新鲜感，引发社会轰动效应。故宫传播的内容通俗、大众化，自备话题性，消除了国家重点文物给公众带来的距离感、陌生感，更加贴近公众。故宫设计了一些互动元素，注重与公众互动性，较好地消除了公众因缺乏参与感而导致的信任危机。(资料来源：编者根据相关资料整理编写)

(3) 奇思妙想。制造新闻必须不落俗套，事件本身鲜有发生，创造吸引公众注意的超常规做法，使之比一般新闻更具有戏剧性，更能迎合新闻界及公众的兴趣，才能激起公众的好奇心。"制造新闻"要产生好的效果，在传播新闻的时机上要注意艺术性，善于把握好新闻发布时机，争取更大限度地提高和发挥新闻的价值。

(4) 良好效应。"制造新闻"是一种创造性、周密性和组织性很强的活动过程，它力图通过行动去吸引公众，影响舆论。因此，这类活动的主题必须有益于社会和公众，并能激起公众的广泛兴趣。活动过程中，必须将实际的社会效益放在首位，并具有典型意义，从而使事件的报道引起良好的社会效应，能明显提高组织的社会知名度、美誉度。

根据上述制造新闻的特点，策划新闻应该注意以下几点：

(1) 应该抓住"新、奇、特"这 3 点去制造新闻。在激烈的企业形象竞争中，要成功地制造新闻，公共关系人员必须独出心裁，使公共关系活动具有新、奇、特的条件。

【案例 5-31】10 万美元寻找主人！

某公司宣传其新型保险柜的卓越功能，登出一则这样的广告："10 万美元寻找主人！本公司展厅保险柜里存放有 10 万美元，在不弄响警报器的前提下，各路豪杰可用任何手段拿出享用！"广告一出，轰动全城。前往一试身手的人形形色色：有工人、学生、工程师、警察和侦探，甚至还有不露声色的小偷，但都没有人能够得手。各大报纸连续几天都为此事作免费报道，影响极大。这家公司的保险柜的声誉随之大增。(资料来源：编者根据相关资料整理编写)

【分析】此案例体现了策划新闻事件在公共关系活动中的实际应用。这家公司策划了"10 万美元寻找主人"这一具有新闻价值的事件，未出一分钱的广告费，引来公众注意，向公众传递了组织和产品的信息，增强了公众的信任感，达到了自己的公关目的。

使用制造新闻的关键是"新"，跟在别人后面，就会失去新闻价值，公众不会产生新鲜感，也就失去兴趣。因此，公关人员应善于开动脑筋，充分发挥创造性和想象力，出奇制胜，方能奏效。

(2) 应该就公众在这段时间内最关注的话题制造新闻。例如，奥运会表面与手表行业没有什么必然的联系，但深入分析就可以知道，运动员在比赛期间的时间观念很强。必须掌握准确的时间，力求争分夺秒，因此运动员确实需要一个非常精确的手表。有些生产手表的厂商，正是基于这一点，在各种世界性的运动会上给运动健儿赞助他们生产的手表，制造了一个又一个宣传其手表的新闻机会。

(3) 要事先制造一些热烈气氛，使公众有些心理准备，以强化制造新闻的效果。

(4) 制造新闻时，要有意识地把企业和某些权威人士或社会名流联系在一起。借助名流和权威人士的知名度，引起媒体的关注并使得他们愿意主动报道，从而吸引更多公众的注意力。

【案例 5-32】上海蓓英百货服装店制造新闻

(详细内容请见课件对应内容。)

(5) 注意和报社、电台和电视台等新闻媒介的合作，争取在新闻中出现的机会。例如一家电视台同某大学联合举办一次大型热门话题讨论会活动，这家电视台全力以赴地把这次活动拍摄成节目在电视上播放，于是这所大学在整个活动和发奖过程中有多次露面的机会。

总之，公共关系作为一门艺术，需要公共关系人员具有广博的知识和丰富的想象力和创造力，在实践中去总结经验，制造新闻，使自己的技巧日趋完善。

【案例 5-33】2013 年谭木匠"给妈妈梳头"公益活动

2013 年重庆谭木匠工艺品有限公司在市场调研之后，举办了一场"给妈妈梳头"的公益活动。在活动正式启动前，他们先通过互联网(新浪微博)投票的形式进行了一轮关于尽孝方式的调研。"给妈妈梳头"这一选项以压倒性的优势胜出洗脚、买首饰、买宠物、报旅游团等其他选项，成为大多数网友认为最具可行性的尽孝方式。公司从公众获取重要信息的同时也为活动预热造势。

随后通过品牌官方微博顺应民意发出声明，启动"给妈妈梳头"大型公益活动。新闻稿件同步发布，覆盖全国、地方、垂直类媒体。微电影同步上线，"爱奇艺"首页露出强力推介，中国首位滑雪冠军郭丹丹出镜微电影。微信申请渠道同步开通，网友可以通过微信申请妈妈梳。官方微博@给妈妈梳头加 V 认证，正式问世；微博活动上线，网友可通过微博活动申请妈妈梳；微话题上线，网友可参与活动主题讨论。谭木匠全国门店妈妈梳专柜全面上线，纪念款妈妈梳全线陈列展示；门店配合发放通过线上申请的妈妈梳。线上将活动中涌现出来的感人故事典型人物进行传播；活动覆盖全国，形成给"妈妈梳头体"：我在 XXX，给妈妈梳头，我在行动。线下联手妇联，活动走进敬老院为老人送温暖，给老人梳头；活动走进北京回龙观社区，百余家庭参与了活动，子女为妈妈梳头，不少家庭泪洒活动现场。

活动在短短一个月的时间里，取得了极佳的效果，消费者对谭木匠品牌的好感度有了大幅提升，同时，也取得了良好的社会反响和市场反馈。"给妈妈梳头"已经成为谭木匠的企业名片和社会知名公益品牌。活动直接通过微博、微信吸引近 20 万人到达谭木匠门店领取妈妈梳。活动吸引了近2000万人次的线上关注；微电影点阅突破千万，"给妈妈梳头"话题讨论主动参与突破百万；仅一个月时间，给妈妈梳头活动官方微信就实现了从零到20多万的粉丝的增长。微博上，加V意见领袖和粉丝超过百万的草根红人主动参与转发、直发，总计超过500人次；微博传播内容多次登上热门微博排行榜及热门话题排行榜更有网友主动为活动创作书法作品、视频作品、漫画、动画等内容响应并支持活动。(资料来源：编者根据相关资料整理编写)

【分析】谭木匠"给妈妈梳头"公益活动由北京世纪普纳公关顾问有限公司精心策划，是一起典型的制造新闻事件。活动利用多种传播途径达到预期的公关目标，荣获2013年公共关系公益传播案例金奖。谭木匠作为木梳行业的领导品牌，在行业内无论市场表现还是品牌知名度，都是首屈一指，但是在品牌的好感度方面，虽然谭木匠一直以来致力于公益事业(如解决残疾人就业、定期组织公益活动等)，但是与消费者、市场关联以及传播配合不足，以至于消费者对品牌的好感度依然更多源自于产品印象。要改变这种状况，必须展开一场去商业化的公益活动。"给妈妈梳头"公益活动鼓励人们"回家尽孝"，打动及引发了受众的共鸣，充分地展示了企业的社会责任感。通过与公众线上线下的互动，使得品牌本身与受众之间产生了除产品使用联系以外更高层次的情感联系。

本 章 小 结

本章分析了公共关系传播的含义；从不同角度对公共传播进行分类并分别阐述它们的含义；从公共关系实务操作出发，展示记者招待会、展览会、开放参观、宴会、庆典活动、赞助活动、联谊活动、社会服务、公共关系广告、新闻策划等实务操作的方法和技巧。

复习思考题

一、问答题

1. 请从不同角度对公共传播进行分类。
2. 请结合实际阐述公共关系实务操作的方法和技巧。

二、分析题

(一)聚美优品成功案例

1. 聚美优品简介

聚美优品首创"化妆品团购"模式：每天在网站推荐十几款化妆品，并以吸引人的折扣低价限量出售；同时承诺"百分百正品"，以及"拆封30天无条件退货"。聚美优品是中国最大的化妆品特卖商城，聚美优品三周年庆典的销售额为10亿元 。

2. 聚美优品公关

聚美优品通过百度搜索引擎，电视媒体，线下地铁，微博营销等活动，大大地提升了其在国内受众甚至国外受众心目中的影响力，其品牌响彻大江南北，已经发展为化妆品商场界的一朵奇葩。

(1) 聚美优品代言人

聚美 CEO 陈欧；2011 年聚美优品一周年庆，宣布签约亚洲超人气偶像韩庚；2013 年魏晨携手聚美优品，担任新一代代言人

(2) 搜索引擎

通过百度搜索"化妆品团购""团购化妆品"等关键词，聚美优品的搜索结果排名都在首页前几名，基本达到了搜索引擎营销的初步效果。

(3) 广告投放

聚美优品的创始人陈欧突然"走红"，他的名字和形象至少出现在上千万人眼前，并引起了大量讨论。聚美优品是以化妆品为主打的电子商务网站，它在湖南卫视《快乐大本营》投放的两分钟长广告的主角就是陈欧。

(4) 微博营销

聚美优品在新浪有官方微博，用于发布聚美最新消息以及活动，并且通过与网友的互动了解客户的需求，聆听客户的意见及建议。聚美优品的三个创始人，陈欧、刘辉、戴雨森在新浪上也开放了实名微博。微博营销以一种轻松互动的形式对聚美优品的宣传起到了极大的作用。

(5) 聚美优品的社会形象

聚美优品对于自我形象的塑造在各个方面尽有体现，不管是 CEO 陈欧"为自己代言"，还是"拆封 30 天无条件退货"的用户体验，都是其为了向受众传播其公司的宗旨："聚集美丽，成人之美"，提升自我形象的公关策略。

聚美优品通过各种公关活动，打造简单、有趣、值得信赖的化妆品购物体验，成人之美，让变美更简单。

聚美优品的形象，加之其 CEO 的鲜明性格特点，使聚美优品骄傲，勇敢，自信，有梦想，认真努力，积极向上，简单真实的社会形象非常突出。

请从公关传播角度对聚美优品成功进行分析？

(二)百事可乐，每瓶一元？

1998 年 4 月 17 日下午，开张仅 10 天的重庆"家乐福江北金观音店"一大批顾客突然向饮料货柜拥去，抢购 1.25 升装的百事可乐。但是，当顾客按每两瓶 2 元的价格付款时，收银员却不知所措……

事前，商场准备开展为期 3 天的特价酬宾活动，其中 1.25 升装的百事可乐售价 5 元，同时赠送一瓶价值 2 元的天府可乐。为何顾客以 2 元买两瓶可乐呢？原来，当天重庆某报上刊登了一则"家乐福"特价酬宾广告，在数十种商品中，"百事可乐"原价 5 元，现价买一赠一(2 元)。由于广告有歧义，造成顾客理解与商家原意不符，而与收银员为价格僵持不下。此时"家乐福"江北店店长、法国人布拉松只说了一句话："尊重顾客的意愿"。

几十人上百人，一会就把 500 件百事可乐购买一空，商场马上调货补充，并调集保安人员维持秩序。最后为不影响整个商业环境的平衡，商场不得不每人限购两瓶，并在本市报纸上发出启事对原广告修正，才将问题圆满解决。(资料来源：2004 年第 2 期《公关世界》P34 页)

请结合此案例，思考我们在进行传播活动时应注意什么问题？你赞成法国人布拉松的

做法吗？为什么？

(三)《阿凡达》何以成功？

一、提前公关

《阿凡达》上映前就引起了全国媒体的热议，院线宣传、路牌广告、网站、论坛、博客、微博，到处都充斥着阿凡达的消息。"世界票房神话卡梅隆14年磨一剑"如此轰动的话题一出，立即引起了铺天盖地的讨论。连哥本哈根会议都成了电影上映前卡梅隆制造的话题，观众的口口相传更是把阿凡达的人气推向巅峰。

二、策略高明

《阿凡达》的推广有自己的一条清晰的线路：大导演制造悬念、竞相口传的3D和IMAX效果、精彩的场面与影音试听、互动营销、逆市飞扬的票价、排队购票的火热场景、接连不断的话题，至此，《阿凡达》已经不再是一部纯粹的商业电影，而是把电影运做成一个社会事件。

除此之外，该影片在推广中巧妙合理的运用着网络公关和危机公关的力量，及时处理网上的负面消息，妙手回春般的将不利的言论转变成有力的话题。

三、领袖魅力做公关

影片另一项高姿态的令中国电影人为之折服的：导演冯小刚给予电影好评；予人挑剔印象的韩寒给影片打了10分；导演陆川看过后称中国电影人完败；导演阿甘说它的CGI技术让我们只能望洋兴叹。

就冲着这些名家的赞不绝口，人们也必有兴趣一探究竟了。

请问《阿凡达》上映前应用公关传播中哪些方式进行宣传？我们从该案例中得到哪些启示？

(四)毛姆的征婚广告

某一天，英国各大报纸不约而同地登出一则征婚广告，寥寥数语："本人喜欢音乐和运动，是个年轻而又有教养的百万富翁，希望能和毛姆小说中的女主角完全一样的女性结婚。"

这则征婚广告一时间在英国引起颇大的轰动，那些日夜想嫁给"年轻而又有教养的百万富翁"的小姐们，纷纷将毛姆小说购回藏于香闺；那些时刻惦记女儿命运、千方百计要给女儿安排个好归宿的太太们，则遍索毛姆小说赠送女儿作礼品或"教本"。几天之内，伦敦各书店毛姆小说被抢购一空，并在畅销书中独占鳌头。其实，刊登这则"征婚广告"的不是别人，正是毛姆自己。

请从公关传播角度分析该案例？

三、技能训练

1. 请对你所属的某一组织(企业、事业单位、政府部门)的宣传资料就传播的有效性提出修改建议。

2. 如何组织和安排开放参观活动？请联系实际制定一份方案。

3. 某公司要举行一项赞助活动，请你为其设计赞助方案，详细说明其活动步骤、赞助对象。

4. 为你身边值得纪念的日子起草一份庆典活动方案。

5. 将本班的同学分为若干小组，每一组同学搜集一个典型的记者招待会视频，然后结合本章学习的内容，集中讨论(每组选出一名同学进行讲解)该记者招待会的会前准备工作、会中注意事项、会后反馈工作，以及该案例的成功及不足之处。(各小组能够制作一份 10 分钟左右演示的 PPT 材料在课堂上进行汇报交流，汇报时其他小组可提出质疑、补充，台上台下互动；教师要进行打分，介绍占 20%，分析占 20%，建议占 20%，回答问题占 20%，PPT 展现效果占 10%，团结协作与精神风貌占 10%，教师要对每组讨论情况即时进行点评和总结)

第六章

公共关系形象

学习目标

通过本章学习，了解组织形象的含义、设计原则、组织形象塑造的内容，掌握 CI 的含义、内容、结构，了解 CI 设计途径以及导入过程。

关键概念

CI（Corporate Identity）　CIS(Corporate Identity System)　MI（Mind Identity）BI(Behavior Identity)　VI（Visual Identity）

引导案例

海尔集团 CIS 战略

1. MI

海尔理念：海尔只有创业，没有守业

海尔目标：海尔——中国的世界名牌

海尔原则：不能对市场说不

海尔标准：紧盯市场创美誉

海尔作风：迅速反应，马上行动

海尔管理模式 =“OEC”管理法(英文“Overll Every Control and Clear”缩写)，即日事日毕、日清日高。

80/20 原则：20% 的干部负 80% 的责任，80% 的工人负 20% 的责任。

质量工作

理念：优秀的产品是优秀的人干出来的

模式：高标准、精细化、零缺陷，下道工序是用户

用人机制

理念：人人是人才

模式：“赛马”不“相马”

售后服务

理念：用户永远是对的

模式：一条龙服务

开发—制造—售前—售中—售后—回访

资本运营

理念：以无形资产盘活有形资产

模式：东方亮了西方再亮，专吃“休克鱼”

技术改造

理念：不在低水平上重复投资

模式：三角结构

市场需求—质保服务—技术创新

企业管理

理念：人人都管事，事事有人管

模式：OEC模式

市场营销

理念：先卖信誉再卖产品

模式：市场调查—产品投放—产品定价定位—渠道及促销宣传—服务及回访

国际市场

理念：出口战略，先难后易

模式：三个三分之一

三分之一国内销售，三分之一国外销售，三分之一国外建厂

营销理念

卖信誉不是卖产品

为消费者提供足以让其了解海尔产品优秀性能的售前、售中服务

2. BI

海尔国际星级一条龙服务

服务理念：用户永远是对的

"一、二、三、四"售后服务模式

一个结果：服务圆满

二个理念：带走用户的烦恼——烦恼到零，留下海尔的真诚—真诚到永远

三个控制：服务投诉率小于10ppm，服务不满意率小于10ppm，服务遗漏率小于10ppm

四个不漏：一个不漏地记录用户反映的问题，一个不漏地处理用户反映的问题，一个不漏地复审处理结果，一个不漏地将处理结果反馈到设计、生产、经营部门提供海尔星级服务，解除用户烦恼到零

海尔空调服务礼仪规范

(一) 公司(单位)内部员工礼仪规范

1. 日常礼貌用语

(1) 见面互致"您好"，并点头示意。

(2) 请别人帮忙，用"请"(问)字。

对别人的帮助应致谢："谢谢"。

给别人造成不便，用"对不起""请原谅""很抱歉"。

征求别人意见，态度诚恳。

对同事的询问切忌："明天再说""不关我事""找别人吧""不""没法干"等。

同事之间应友好相处，文明相待，不得说粗话、脏话。

2. 日常行为规范

着装

(1) 上班时间统一着海尔空调工作服，干净整洁，无破损一扣子除了第一个其余全部扣齐。

(2) 男同志上衣必须扎在下衣里面(夏天)。

(3) 不允许穿超短裙、鞋跟太高的高跟鞋。

(4) 不允许穿拖鞋。

仪表

(1) 不蓬头垢面，胡须干净，头发整洁，仪表文明，精神饱满。

(2) 服务人员应注意个人卫生。

行为

(1) 遵守时间，不迟到、不早退，不失约。

(2) 坐姿端正，走路不勾肩搭背，不摇晃拖沓。

(3) 内部人员(职工)碰面要点头致意，互打招呼。

(4) 与用户碰面要点头问好，主动侧身让路。

(5) 非大厅接待人员不准在大厅停留(围在大台上、坐在座椅上等)。

(6) 上班时间禁止在院内或公共场所闲坐。

(7) 严格遵守厂纪、常规。

(二) 办公室人员行为规范

(1) 办公桌面整齐有序，不放与办公无关的物品(如水杯、报纸等)。

(2) 坐姿端正。

(3) 不大声喧哗，任意嬉闹。

(4) 不松垮懒散，不伏桌睡觉。

(5) 不随便吃零食。

(6) 离开座位时，椅子归位。

(三) 驻外人员行为规范

(1) 仪容、衣装整齐洁净。

(2) 讲文明礼貌用语，不说粗话脏话。

(3) 积极学习企业文化，主动宣传企业文化。

(4) 遵守时间，不迟到，不早退，不失约。

(5) 待人谦虚，态度诚恳，热情友好。

(6) 不能利用职权牟取私利，不能利用工作之便接受网点的宴请和礼品。

(7) 不说有损企业形象的话，不做有损企业形象及利益的事。

(8) 中心内部要团结，互相帮助。(资料来源: 冯兰《公共训练》武汉大学出版社)

　　随着经济全球化的深入发展，市场竞争已不仅仅牵涉质量竞争和服务竞争，更牵涉形象竞争。而塑造组织形象正是公共关系工作的根本目的和基本任务。塑造组织的良好形象应该贯穿于整个公共关系活动之中，体现在组织成员每时每刻的工作中。CI 是塑造企业形象并能为企业带来巨大财富的一种战略，上述案例中海尔公司科学制定 CI 战略并且有效实施使其最终成为当今世界一流企业。

第一节　组织形象策划

一、组织形象的含义和设计原则

所谓组织形象，是指社会公众按照一定的标准和要求，对一个组织经过主观努力所形成和表现出来的形象特征的整体看法和最终印象，并转化成的基本信念和综合评价。

组织形象是一个组织向社会介绍自己的最好名片，一个组织良好的社会形象，是企业最重要的无形资产，树立良好的组织形象对组织的生存和发展至关重要。而所有现代社会组织的公共关系活动都是为着一个目标：创建良好的组织形象，优化组织的生存环境。组织形象往往会造成公众的心理定式：良好的组织形象使公众认可、支持和合作；反之，不良的组织形象会使公众反感、否认与反对。人们谈起星巴克总要从它的那个奇怪的人鱼标识说起，讨论起汽车品牌时也总离不开"谁家车标更好看"的主题，LOGO 作为一个品牌必不可少的构成元素，在很大程度上起着先声夺人的传播作用，比起冰冷的产品广告或者企业文化，鲜明而独特的 LOGO 更容易成为一个品牌的形象标志。任何一个社会组织，都是非常重视自身形象的塑造，如美国的麦当劳公司、通用汽车公司、可口可乐公司、英特尔公司，德国的奔驰、宝马集团，日本的丰田、本田汽车公司，韩国的三星电子公司，中国台湾的台塑集团、富士康集团，中国的阿里巴巴集团、联想集团、中国移动公司等，无一不为形象的塑造煞费苦心，他们经过多年的不懈努力所塑造的组织形象在竞争中显示出巨大的威力，已经得到了丰硕的回报。

对商务组织形象的策划、设计必须和商务组织管理战略协同，并应遵循以下原则。

1. 战略性原则

组织形象战略是一种全方位推出的系统战略。组织形象战略策划一旦完成，就是商务组织全体员工在较长时期内严格遵循的准则，任何成员、任何环节、任何部门均不得违反。

2. 民族性原则

"只有民族的，才是世界的"。从商务组织的兴衰关系到国家经济、文化的兴衰，以及商务组织必须融入全球经济一体化上看，商务组织形象策划应当民族化。美国 20 世纪 50 年代和日本 70 年代掀起商务组织文化、商务组织形象策划热时，均为美日商务组织向外扩张之际，他们的策划与设计中都充分体现了本民族的文化传统特色。

3. 个性化原则

组织的形象要素如商务组织名称、管理制度、品牌标识、广告口号等，均应突出自己的特色，体现自己鲜明的个性。有个性的东西，才能把自己与其他商务组织区分开来。如日本的戴维特·布兰公司，就是用"高品质、进步、向上和科学、友好、广大范围"的五项特征将自己与别的商务组织相区别。

4. 标准化原则

组织形象策划战略是一项系统工程，必须从商务组织的经营哲学、经营宗旨、行为规范及形象传播等各方面进行系统设计，不能忽略或者歧视某个方面，对外传达的任何信息也都必须突出同一形象。其标准化的主要形式：

(1) 简化。即在一定范围内对设计内容进行提炼、浓缩，使之满足一般需要。如运动品牌耐克的标志，简洁、动感，深入人心。

(2) 统一化。即把同类事物两种以上的表现形式合并为一种或限定在一定范围内。例如日本索尼公司的"随身听"——"Walkman"，以前在美、英、瑞典等国都有不同的名称，令索尼公司的广告代理商头痛不已。1980年以后统一以"Walkman"命名，才免除了许多麻烦。

(3) 系列化。即对同一类对象的设计中的组合参数、形式、尺寸、基本结构等做出合理安排与规划，例如根据不同的产品对象设计其系列包装。

(4) 通用化。即形象设计可以在各种场合使用。

(5) 组合化。即设计出若干个通用性较强的单元，可根据需要搭配成不同用途的视觉识别系统。

【案例6-1】企业的标准化

美津浓(Mizuno)，是日本美津浓株式会社于1906年创立的运动品牌，经过一个多世纪的不断努力现已成为世界领先的运动器具、服装和鞋类生产商。其产品种类齐全，覆盖几乎全部主要运动项目，达到30万多个品类。在企业发展早期，美津浓公司先后开发投产了球类、运动器械、运动服装类共1000多种商标，3000多个品种的产品，企业及其产品形象混乱，严重影响了企业的知名度、竞争力和销售额的提高。后来，公司导入CIS，企业的标准名称为Mizuno，设计了统一的标准图形，并运用于企业的各个方面、各项活动中，展示了企业的个性，使公众对美津浓公司及其产品的一流评价率，三年间上升了22.9%。(资料来源：编者根据相关资料整理编写)

5. 社会化原则

社会化原则就是使商务组织的利益与社会的利益结合起来，从而使商务组织得以迅速发展，创造更多的财富。就商务组织和社会的关系来说，商务组织无论强大抑或弱小，都不能靠损害社会和公众利益求发展，而应在力所能及的范围内，多做"善"事，资助社会公益事业和社会文化事业，这样做实际上也是为商务组织自身发展树立形象。组织之间应提倡公平文明的竞争，为一己小利而陷害、中伤其他商务组织是不道德的。

【案例6-2】2019年全球最具价值的前十大知名品牌

在达沃斯世界经济论坛上，英国权威品牌价值咨询公司 Brand Finance 发布了《2019年全球最具价值品牌年度报告》(Brand Finance Global 500 2019)，评出了本年度全球500大品牌榜单，美国四大品牌亚马逊(Amazon)、苹果(Apple)、谷歌(Google)和微软(Microsoft)名列前四位。亚洲排名最高的品牌是韩国的三星(Samsung)，名列第五位。名列第六至十位依次是美国电话电报(AT&T)、美国脸书(Facebook)、中国工商银行、美国威瑞森(Verizon)和中国建设银行。

二、组织形象的衡量

组织形象可以由若干指标来衡量和确定，如服务态度、办事效率、员工素质、产品质量等，但是最终可以通过知名度和美誉度两个指标反映出来。经调查获得的数据构成了一个组织形象四象限图，即组织形象地位图(详细内容请见第 7 章"组织形象地位调查"相关内容)。它是公关专家们测定组织实际社会形象的主要工具。

一个组织实际的社会形象，要通过公众对该组织的认识、看法和评价来反映，这些指标又可概括成知名度和美誉度这两个综合指标。知名度是公众对组织知晓和了解程度，是反映组织社会名气大小的客观指标。其具体内容包括：公众是否知道本组织的名称、标志、产品、服务、领导人、成立时间等方面。美誉度则是公众对组织的信任和赞许程度，是组织社会名誉好坏的客观指标。其具体内容包括：是否喜欢本企业的产品、服务和销售方式，对本组织的机构设置、人员素质、工作效率的评价如何，本组织的经营方针是否正确等等。

也有部分专家提出衡量组织形象的另外一个指标即和谐度指标，和谐度是指一个社会组织在发展运行过程中，获得目标公众态度认可、情感亲和、言语宣传、行为合作的程度；是组织从目标公众出发，开展公共关系工作获得回报的指标。

【案例 6-3】《快乐送》

《节奏大师》是一款国产的音乐类游戏，同时收录了很多经典的节奏类游戏的玩法，结合时下最流行的歌曲，带领玩家进入一场盛大的音乐派对，是一款老少皆宜的产品。2014年春季百事公司把百事《我们把乐带回家》2014 微电影主题曲——《快乐送》植入节奏大师中，在地铁 LED 屏幕前充分实现人机互动，让乘坐地铁的旅客们一边玩一边乐，真正实现百事倡导的"把乐带回家"。

在上海的一些核心商业区，百事《节奏大师》互动游戏如火如荼地进行。当人们在 LED屏幕前随着音乐节奏互动时，红外感应装置可以即时捕捉互动动作，即可获得游戏带来的乐趣，又能得到百事可乐。此次线下互动活动结合微博、微信等方式进行线上传播，同时活动全过程还被拍摄成视频进行全网传播。

【分析】百事可乐利用人民回家过年的急切心理推出了《我们把乐带回家》2014 微电影和它的主题曲——《快乐送》，做到了利用中国文化宣传自己的目的。百事可乐公司利用中国游戏植入《欢乐送》的歌曲，既让人们了解了自己的形象同时也让人们获得了游戏的乐趣。因此深受人们喜爱，从而提高了自己的形象。利用人们玩游戏来赠送百事可乐，让人们获得了实惠，也扩大了游戏的知名度，营造了一种友好的氛围。利用中国各大网站和交流工具传播线下互助活动，利用网络扩大了自己的知名度，从而提升自己的品牌形象。

(资料来源：编者根据相关资料整理编写)

三、组织形象的塑造

组织形象可以从主体形象要素、客体形象要素和延伸形象要素三方面进行塑造。

(一)主体形象要素的塑造

主体形象要素是指作为主体的组织和个人应该具备的良好形象，主要包括员工形象和领导形象。

1. 员工形象塑造

员工形象是组织员工在职业道德、专业训练、文化素养、精神风貌、言谈举止、服务态度和仪容仪表等方面的集体表现。员工形象是组织形象的代表和展示者,是组织形象人格化的体现。

很多优秀的企业十分注重员工的选拔与培训,因为员工是组织主体最重要的组成部分。IBM 的开拓者小托马斯·沃森(Tomas J. Watson)曾有一句名言:"你可以搬走我的机器,烧毁我的厂房,但只要留下我的员工,我就可以有再生的机会。"可见员工才是一个企业真正的操作者、运行着和传承者。

塑造员工形象的主要途径,一是要提高员工的整体素质,让员工认识形象塑造的重要性和方法,自觉成为组织形象的塑造者和代表者;二是培养员工的敬业精神,要求员工对事业执着追求,对工作一丝不苟,将自己的前途与组织的发展紧密联系起来,以主人翁的态度工作,树立同舟共济、荣辱与共的思想,人人关心组织的经营,人人重视组织的效益,人人珍惜组织的荣誉;三是力求让最好的员工享受最好的待遇,即将员工的贡献与待遇联系在一起,激励员工不断地努力工作,发挥员工的生产积极性和主动性,把实现员工的自身价值当作实现组织价值的主要途径和目的;四是鼓励员工建立高尚的情操、进取的精神和健康的价值观,让组织具有蓬勃向上的活力。

除了提高员工内在素质,员工的外在呈现也是体现公关形象的重要途径之一。统一的仪表着装,能给人专业、规范的感觉。为员工设计制作统一的着装,尤其是经过设计的带有鲜明企业标识的制服,既容易识别、又规范员工,还能给人以整齐团结的好感,易让人印象深刻。

【案例6-4】高校教师形象塑造

2013 年 9 月 24 日,台湾中原大学黄坤锦教授在东南大学给新生们做人文讲座时幽默风趣地讲了个案例,很好地阐述了评价一个高校的优劣并不仅仅局限于它的排名:

"各位同学很幸运,能够进入东南大学这样的名校学习,但毕业后若有学弟学妹询问你东南大学是值得考的学校吗,你的意见评价肯定不来自于学校的排名而是你的真实感受。

试想一下,你有个事情要去学校机关部门办理。你来到相关部门,询问老师,结果这个老师很忙,忙得头都不抬一下。你阐述完你的事情,这位老师还是没有抬头,一直用屁股对着你,说了句等等便不再搭理你。过了好久老师忙完了,看见你站在一旁便问什么事,你只好再说一遍,这时老师告知你找错部门了,说完又屁股对着你。

而另一种情况是,老师虽然很忙,但还是耐心地接待你,询问清楚情况后,言简意赅地告知你解决办法和办理流程,并嘱咐一些注意点,从头到尾面带关爱、目光诚恳。

毕业多年后,遇到第一种情况的同学会如何形容你的母校,而遇到第二种情况的同学又会如何评价呢!"(案例来源:编者根据相关资料整理编写。)

【分析】现在很多组织"盛名之下、其实难副"。挂着"名牌""百强"的名号,而真实接触过的顾客甚至是自己的员工却评价很差、怨声载道,这样的组织无疑在自毁形象。

2. 领导形象塑造

领导者的形象是指组织领导者的思想政治水平、知识结构、工作经验、组织指挥决策能力、开拓创业精神和气质风度、人格魅力等给外部公众和内部职工留下的印象。

塑造领导形象的目标是使领导者成为有奉献精神和服务意识的高素质的决策者和精明的管理者。

塑造领导形象的主要途径，一是配备合理的领导结构，即领导者的知识结构多元化、年龄结构合理化、年轻化，让领导这个群体具备开拓、实干和朝气蓬勃的精神。二是实行唯才是举的方针，不拘一格地提拔有能力、有前途的年轻干部。三是及时反馈工作成绩，考核领导者的政绩和作为，表彰优秀领导者。四是培养领导者的服务意识，让领导者正确认识自己承担的角色，严于律己，率先垂范。

【案例 6-6】知名企业领导形象塑造

越来越多知名企业的 CEO 或企业内知名人士和风云人物被公众关注和热议，这个过程本身就是很好的形象塑造过程。

当年以一句"只有偏执狂才能生存"而名满天下的英特尔前 CEO 安德鲁·葛洛夫，以积极的创新精神和强烈的危机意识带领英特尔一步步地走出困境，最终成为微处理器专家，并把竞争对手远远地甩在身后。

阿里巴巴集团、淘宝网、支付宝创始人马云，因其成功的创业经历和骇人的"狂人"语录而成为近十年最为中国人熟知热议的人物之一。无论是电视采访还是高校演讲，马云总是幽默风趣、侃侃而谈，给人以个性而睿智的印象，尽管对他的评价一直有争议，但他的经历和语录早已成为公众热传和高校热议的经典案例，而他创建的淘宝网更是改变了很多中国人的传统消费模式。

马云经典语录——

今天很残酷，明天更残酷，后天会很美好，但绝大多数人都死在明天晚上，见不到后天的太阳，所以我们干什么都要坚持!

男人的胸怀是委屈撑大的，多一点委屈，少一些脾气你会更快乐。上当不是别人太狡猾，而是自己太贪。

永远把别人对你的批评记在心里，别人的表扬，就把它忘了。

记住，关系特别不可靠，做生意不能凭关系，做生意也不能凭小聪明。

一个成功的创业者，三个因素，眼光、胸怀和实力。

免费是最昂贵的产品。

别人可以拷贝我的模式，不能拷贝我的苦难，不能拷贝我不断往前的激情。

27 岁创立聚美优品，29 岁荣登福布斯创业者榜的陈欧，亲自出镜为公司拍摄"我为自己代言"系列广告大片，引起 80 后、90 后强烈共鸣，在新浪微博掀起"陈欧体"模仿热潮。作为中国电商界的黑马，聚美优品仅用三年时间，就完成单月销售额从 10 万到 6 亿元的突破,并晋级与天猫、京东、亚马逊等比肩的 B2C 电商第一阵营,牢固的占据中国美妆类电商第一站的领航地位。(案例来源:编者根据相关资料整理编写。)

【分析】和选择广告代言人、形象大使道理一样,公众会更信任有责任心、有专业素养、有职业操守的人所领导的企业。而优秀的领导者比知名的广告代言人更能代表组织的公共关系形象。

(二)客体形象要素的塑造

组织的客体形象要素主要包括:产品形象、品牌形象和服务形象。

1. 产品形象的塑造

塑造产品形象的目标是将产品塑造成一个内在质量和外观质量相一致的、使消费者满意称心的形象。塑造产品形象的途径如下:

(1) 重视产品的基础设计,采用新思路、新技术、新工艺和新材料,开发富有特色的产品。

(2) 认真实行全面质量管理,即将生产、经营或者管理过程中的各工序、各岗位、各部门直至各员工,都规定明确的质量标准和目标,保证产品质量最优。

(3) 注重产品的外观形象塑造,产品的外形、颜色、包装、装潢都应该符合审美要求。

(4) 要充分利用传播手段,扩大产品的知名度。只有公众知道了你的产品,才有可能认可你的产品。

2. 品牌形象的塑造

品牌形象是指企业通过将某种品牌与目标消费者生活工作中的某种事物、某些事件之间建立起的一种联系。品牌是整体产品的一部分,是卖主为自己的产品所设置的有别于其他卖主同类产品的名称、术语、图案、标记及其组合。经过注册的品牌即为商标,它不仅具有经济价值,而且具有信誉价值,是商务组织的无形财富。品牌是企业文化最核心的东西,所以品牌形象不是哪一个人或哪一个具体行动就可以完成的,它需要按照一定的原则,通过一定的途径全方位精心塑造。

品牌形象的塑造指为本组织产品建立"名牌"形象,也就是知名度高、美誉度也高的优秀产品形象。它是产品的内在本体价值和外在效用价值的统一。

名牌形象塑造的主要途径如下:

(1) 要树立名牌意识,更新重质量、轻牌子的旧观念。

(2) 要实施重点战略,集中商务组织的人财物力打名牌攻坚战。

(3) 要坚持长期不懈的努力,一个名牌产品的培育、产生、成长、成熟及维护需经长期的努力,绝非一日之功或者依赖于一时的轰动效应。

(4) 要实施名牌系统工程,既要注重外在的品牌形象,做好产品的名称、包装、广告等策划工作,也要重视品牌的内在形象的塑造,在产品的质量、保证、服务、价格等方面独具特色,高人一筹。

【案例6-7】五菱汽车的品牌形象塑造及维护

(详细内容请见课件对应内容。)

3. 服务形象塑造

服务形象就是指商务组织的员工在经营活动过程中所表现出的服务态度、服务方式、服务质量、服务水准及由此引起的消费者和社会公众对商务组织的客观评价。现代社会，人们在享受产品的同时，越来越注重享受服务。

服务形象塑造的目标是树立一种服务态度诚恳、热情，服务技能娴熟、高超，服务过程及时、快捷，服务项目完善、衔接，服务方式新颖、别致的形象。

服务形象塑造的主要途径如下：

(1) 树立优质服务意识，它要求商务组织全体员工牢固地树立以为顾客提供优质服务为荣的观念，将自己的一切活动和工作都看作是自己为公众提供服务的机会。

(2) 要配置完善的服务设施和条件，即满足优质服务在物质上的要求，当代公众对商务组织的要求是一流设施、一流环境、一流服务态度的统一，没有物质基础的服务是不可能达到高水平的。

(3) 要设置周到的服务项目和内容。服务项目主要根据顾客的需求来考虑，如供应配件，免费提供安装、调试、维修、上门服务，培训、包退、包换、建立用户档案、处理好顾客投诉等，一经承诺，就要切实履行，切不可开空头支票。

【案例6-8】接待客户投诉

一天，南京一家"安特鲁"面包连锁店内，店员正在盘点面包时，进来一位女士。该女士一进店便询问店员"安特鲁"款吐司面包是否有货，店员回答已售罄，并热情推荐其他热销款。这名女士立即打断店员的介绍，神情傲慢而不屑地说："我不需要其他面包，我们家只吃安特鲁(吐司)。好几次来买都说卖完了。你们家其他款面包都很垃圾的，还偏偏做这么多卖都卖不出去的面包。只有一款做得不错，还备这么少的量。你们是怎么这样做生意的，真是搞不懂……要买其他款的我可以去"克里斯汀""元祖"，来你们家就是来买安特鲁(款面包)的嘛！你们老这样，下次谁还来安特鲁买面包啊？！"女士越说越激动，言辞也越来越具有攻击性，手还不停地翻动其他面包。店员当时不知所措，只能不停道歉，也觉得很委屈，说总部供货每天都是限定的，不由得她们做主。

此时，一直在里间的一位穿着制服的工作人员走出来，在她的衣服上别着"调配经理"字样的胸卡，手里还拿着笔和本子，看样子是正在处理账务之类的事情被打断。在女顾客喋喋不休的抱怨中这名经理了解到大致情况，和慌张无措的店员不同，该经理镇定而温和地对这位女顾客说："您说得很对，我们会立即跟总部反映。确实这款品牌面包受到很多顾客欢迎有时会供不应求，这是我们考虑不足。您的意见很好，我们一定及时反映情况，建议总部尽快调整计划……今天这真是不好意思！"边说还边在小本上记着什么。经理的态度谦和真诚而不疏远，使得女顾客的情绪也安定下来，不再抱怨。经理一直把她送到店门外。

女顾客走后，经理和店员说："她可能态度激烈了点儿，但反映的这个问题确实很对……

顾客有时候会有点情绪，但肯定事出有因，不是针对你个人的……回头我和上面反映一下这个事。"(案例来源：编者根据相关资料整理编写。)

【分析】这是一个我们生活中经常会碰到的日常小事件。店员的做法是我们常见的处理方法。品牌的形象有时并不仅仅局限于产品本身和广告宣传，而是来自工作人员在服务时的态度。比如该案例中的经理，没有像一般服务人员在顾客有情绪有意见时一味地机械道歉，口不应心，而是抓住顾客反映的问题的关键，立即做出回应，且态度真诚恳切，使得顾客心理真正得到安抚和满足。

(三)延伸形象的塑造

有一些因素，既与形象主体有关，也与形象客体有关，还牵涉到形象环境、媒体等因素，这些同样是商务组织形象塑造中不可或缺的因素，将它们归类到延伸形象因素的范畴。主要有信誉形象因素、环境形象因素和公益形象因素三个方面。

1. 信誉形象的塑造

商务组织的信誉形象是公众对商务组织的工作效益、产品质量、技术水平、服务态度、人员素质和总体实力等方面的信任和评价，它主要来自商务组织的社会责任感。对于公众而言，商务组织的信誉可以让其在荣誉、感情、性格、爱好等精神需求方面得到满足；对于商务组织而言，信誉则是重要的无形资产，能够为商务组织带来高于正常投资回报的利润。

信誉形象塑造的目标是让商务组织在公众心目中树立一种恪守信用，对公众负责，勇于承担社会责任的良好形象。

塑造信誉形象的主要途径如下：

(1) 在生产经营活动中重合同，守信用，讲究职业道德，不搞假冒伪劣；不以牺牲公众的利益来获取不法利益；不做违法犯罪的事。

(2) 要勇于承担社会责任。要通过自身优良的产品和服务为社会做贡献；要关心由于自身行为引出的社会问题的解决；要对由于自己的过错造成的社会损失负责。

(3) 努力为公众办实事，即用实际行动维护消费者的合法权益，为公众提供物质上和精神上的帮助，为社会解决诸如就业、污染治理等实际问题。

【案例6-9】政务App不能只是"形象工程"

信息时代下，互联网成为人们获取信息、沟通有无的重要途径，秉承着"群众在哪里，党委政府就在哪里"的原则，各级政府部门也纷纷推出自己的政务App，力图利用互联网更好地为群众排忧解难，争取"让群众少跑腿，让数据多跑路"。

但是，央视此次的报道却令人大为吃惊，原来许多政务App下载量低，使用体验差，备受网友诟病。中国软件测评中心的测评报告直指，超过40%的省部级机构单位的政务软件存在各种链接失败、兼容性差等问题……指尖上的"便民工程"竟活生生地演绎成了手机上的"形象工程"，不仅无法获得服务群众的效果，还影响了政府部门的形象。

为什么一拥而上的政府App竟发展成为"食之无味"的鸡肋产品，笔者认为，这与政府部门的工作方式和工作作风息息相关。一方面，政府工作人员没有从思想深处养成"互联网思维"，只是跟风式地创办 App。不从根本上转变服务理念，改变工作方式，依然按照原来的"配方"开展工作，政务 App 仅仅是为政绩加分的"花瓶"，那手机软件成为"形象工程"也就不足为奇了。另一方面，形式主义、应付了事的工作作风也使得政务 App 一再被"闲置"。"面子工程"做得再好，若没有绩效考核或追责制度的跟进，那么是不会收到效果的，结果就如同几年前流行的政府网站一样。

对此，政府部门只有跟上互联网思维，简政放权，转变工作方式，真真正正把群众小事当大事，从内心重视起来，才能变"形式工程"为"惠民工程"。一方面，各级政府部门要加大财力人力投入，在广泛听取民意的基础上优化完善政务 App，力争做到设计好、操作强、服务优、群众满意度高，使其真正成为便民利民的"良方"。另一方面，工作人员也要提升政治修养，转变消极懈怠的工作作风，提升为民服务的意识和能力。同时，上级政府或监管部门也要对其工作进行及时监督，加大惩处力度，将权力关进制度的"笼子"。

只有这样，政务服务 App 才能不断地发挥出解放和发展生产力的积极作用，为服务社会群众、推动改革发展做出更新的贡献、汇聚更强的合力。（案例来源：编者按《东北新闻网》2018.02.27）

【分析】开发政务 App 是"互联网+"政务改革大趋势中的重要方式之一，改革的本质是要求政府改变工作方式，变管理为服务。现实中不少政务 App 存在各种问题，指尖上的便民工程，变成了形象工程。线上新形式主义相比于以往线下的形式主义，政务 App 泛滥所引发的是线上的形式主义甚至是财政的浪费。

2. 环境形象塑造

环境形象是指商务组织机构的生活、生产、工作及对外营业等各种环境的总和。对商务组织外部公众而言，商务组织环境是他们认识和识别该商务组织形象的窗口；对于商务组织员工而言，商务组织环境是他们工作的岗位环境和居住的生活环境；对于商务组织本身而言，环境代表了商务组织的精神风貌和管理水平。优美舒适的组织环境，会使人奋发向上，力求进取，使商务组织员工产生一种热爱本组织、为组织而工作的信念；良好的对外服务与营业环境，会使更多的公众对商务组织产生好感，愿意接纳它的产品和服务。尤其是商业组织，每天都要接待成千上万的顾客，经营环境的好坏，是给顾客第一印象的最主要标志。因此，商务组织环境形象的好坏对员工的精神状态、行为模式、工作态度、人际关系、工作质量和数量都将产生极大的影响。

环境形象塑造的目标，是为商务组织塑造一种优美高雅、整洁有序、个性鲜明的环境形象。

塑造环境形象的途径，一是要注重环境的全方位美化，即要搞好五个方面的工作：①院落和厂区的美化与绿化；②办公和生产场所的整洁有序；③庭院中的雕塑、装饰及点缀设计合理；④建筑群落的艺术风格和特征设计协调精美；⑤废气、废水、废渣治理有成效。二是强调环境的个性特征。也就是说，商务组织的环境应当具有鲜明的特色。不管是建筑物、绿化带，还是车间、办公室、庭院的装饰和布置，均应别具一格，独树一帜，具有独特的个性差异，充分地体现商务组织的形象特征。

3. 公益形象塑造

公益形象塑造是指通过扶持教育产业、关注弱势群体、热心环境保护、援助贫困地区等彰显爱心的慈善公关活动，表达组织愿做"社会好公民"的责任感，并使得公众将这种对乐善好施者的褒扬之情转移到品牌的文化内涵当中，成为品牌有机的一部分，进而提升品牌影响力的一种公关策略。

一些在华外企以及国内名企，非常热衷于教育产业的公益公关，如各大公司在国内著名高校设立的"宝洁奖学金""中国工商银行奖学金""华润奖学金""深圳华为奖学金"等，一方面，有利于扩大企业的知名度，提升企业在大学生群体当中的美誉度，另一方面，这种有实力在高校设置奖学金的企业又往往是大学生竞相追捧的求职热门为企业的发展补充了充足的新生力量。

四、形象塑造的主要手段

大众传播是企业塑造良好形象，争取公众理解和支持的最重要手段。公共关系人员通过编写新闻公报，举行记者招待会、筹划企业领导人的演讲或报告，准备各种宣传资料、举行图片或实物展览、策划媒介事件、制作新闻电影、电视录像和广播讲话、撰写年报等进行传播活动，来提高企业的知名度、美誉度、信任度和透明度，树立企业的良好形象。

相关内容请详见本书第五章公共关系传播，本处不再赘述。

【案例 6-10】百威啤酒形象广告

(详细内容请见课件对应内容。)

开展塑造组织形象的公共关系工作，是一种立体的全方位的活动，必须统一制定公共关系政策，遵照公共关系整体化的原则，按照一定的公众目标和计划来进行，不可能由各个部门分头进行的，但是必须在组织公共关系部门协调下有条不紊的开展，否则，如果缺乏专门的定期检查及信息反馈，这些职能部门的公共关系工作就会处于一种自流状态，不仅不能起到应有的职能作用，反而会互相扯皮，造成问题成堆，甚至自己损害自己的组织形象。

塑造组织形象是企业长期的战略目标，组织为了适应公众变化有着评价标准，必须通过长期持久的公关工作。即使在公众中已经建立起了良好形象，也还需要时时加以维护、调整和发展，不断改进和更新企业形象，"宜未雨绸缪，毋临渴而掘井"。一定要克服急功近利、零敲碎打、三天打鱼两天晒网、一曝十寒的做法，为了长久的利益一定要把塑造组织形象提到战略地位，要舍得付出眼前的代价，通过平时点点滴滴的公共关系活动，才能在需要时得到公众的真诚的支持和合作。

【案例 6-11】宜家家居客体及延伸形象塑造

(详细内容请见课件对应内容。)

【分析】宜家家居通过客体及延伸形象塑造，提升了知名度和美誉度。

【案例 6-12】从公关角度看中国游客为何爱到日本"扫货"

请见【案例 2-16】

【分析】日本企业一直致力于塑造良好的产品形象、服务形象、延伸形象，从而取得巨大成功。

第二节　商务组织形象识别系统(CI)

本节重点以商务组织为例，引入形象识别系统来阐述公共关系形象塑造。

一、CI 的含义

CI 是 Corporate Identity 的缩写，中文直译为"组织识别"，Corporate 除了有组织的意思外，还有企业、机构、团体等含义。定义 CI，学者们说法不一，至今仍未有简洁明了并被公认的解释。本书取台湾 CI 大师林磐耸的表达：CI 就是将商务组织经营理念和精神文化，运用统一的整体传达系统(特别是视觉传达设计)，传达给商务组织周边的关系或团体(包括商务组织内部与社会大众)，并使其对商务组织产生一致的认同感与价值观。

这个表达有三层含义：一是提出了 CI 的目标，直接目标是"使其(周边关系或团体)对商务组织产生一致的认同感和价值观"；二是揭示了 CI 的核心是"商务组织的经营理念和精神文化"识别，而不是其他；三是指明 CI 的手段，即"统一的整体传达系统(行为活动、视觉设计等)"，同时还反映了 CI 的系统性特点。

CI 发源于欧洲，成长于美国，深化于日本。最早感知 CI 的是德国厨房家电品牌 AEG 电气公司，早期成功导入 CI 的当属美国国际商用机器公司(IBM)，紧随其后的是可口可乐公司将其推进高潮，日本人在 20 世纪 60 年代就觉察到 CI 为欧美企业带来了无限的财富，于是他们也就积极引进 CI，并加以深化形成日本式的 CI 体系。CI 战略为日本企业树立了良好的企业形象，并创造了很多的全球品牌，比如：SONY、KENWOOD(建伍)、松屋百货、麒麟啤酒等。

CI 战略亦称企业识别战略或企业形象战略，是在调研和分析基础上，通过策划和设计企业识别系统(CIS)，来体现本公司区别于其他公司的标志和特征，塑造公司在社会公众心目中的特定位置和形象的战略。CIS(Corporate Identity System)被译为企业识别系统。进行企业识别，塑造企业形象，是一个系统工程，它需要企业全方位地开展工作。因而企业识别系统意指：统一而独特的企业理念、以企业理念为指导的行为活动及视觉设计所构成的展现企业形象的系统。企业通过这一系统的运用，即通过对企业经营理念的界定，并将这一理念贯彻于各种行为活动、视觉设计之中将使社会公众对企业认知、认同，以便树立良好的企业形象。

一个完整的企业识别系统由企业理念识别系统(Mind Identity System，简称 MIS)、企业行为识别系统(Behavior Identity System，简称 BIS)和企业视觉识别系统(Visual Identity System，简称 VIS)三个要素组成[①]。并且三者也各有其特定的内容，从而分别构成了三个 CIS 的子系统。

为进一步理解 CI，可以从以下几个角度来认识 CI。

1. CI 是商务组织形象的塑造过程

有人将 CI 与商务组织形象混为一谈，这是一种误解。CI 是塑造商务组织形象的一切

---

① 近年来，也有学者提出 CI 中还含有 ALS(听觉识别系统)，如歌曲(如企业歌曲、校歌等)、广告音乐等。

努力，更准确地说是采取各种措施塑造商务组织形象的过程，而绝不是商务组织形象的本身。商务组织形象的塑造不是一两天内完成的事情，这也反映了实施 CI 同样不是搞一个活动，而是一个长期的过程。

2. CI 是商务组织管理的一项系统工程

有的商务组织负责人认为，本公司已有名称、标志图案、商标了，还搞什么 CI 策划。这是对 CI 片面理解的缘故，因为 CI 还涉及商务组织文化和商务组织实践的方方面面，是一个系统性很强的组织整体行为。由于不了解这一点，有些广告公司承接的 CI 只是停留在视觉形象设计的各项美工阶段，导致一些商务组织花了钱却看不到有什么实效。

3. CI 是商务组织的一项投资行为

由于商务组织往往缺乏通晓 CI 的行家，因此他们的 CI 策划基本上都是委托专门的顾问公司、公共关系公司、广告公司来承接的。如日本航空公司出资 250 万美元，委托美国兰多公司策划设计 CI，以重塑日航企业形象；日本企业一般导入 CI 通常仅在基础开发阶段就要投入约 20 亿日元的重金；美国可口可乐、百事可乐和万宝路香烟的 CI 累计设计和实施投入的资金，更是达到了天文数字——数以百亿美元。根据目前国内的情况，CI 投资一般需要花费 30～100 万元，陕西彩虹集团、河南新飞集团、广东杉杉集团的 CI 投资更在200 万元以上。有些商务组织觉得投入大、又不能在短期内见实效，很不值得，这种看法是缺乏战略眼光的。因为从导入 CI 到实施完成，往往需要一两年甚至三五年或更长时间，其效果的显现具有滞后性，如果不能认识到 CI 是商务组织的一项有价值的投资，就很难理解这一点。

4. CI 是商务组织经营战略的组成部分

CI 在塑造商务组织形象的过程中，最重要的就是把商务组织的理念、行为和视觉要素等信息传播出去。我们知道，面对日益激烈的市场竞争，以全局为对象、面向未来的战略管理是商务组织的必然选择。而商务组织形象的塑造正是商务组织发展战略必然涉及的问题，要对此做出正确的回答，导入和实施 CI 是有远见的商务组织者的明智选择。因此，我们强调 CI 不是孤立的商务组织行为，而是影响商务组织未来发展道路的信息传播战略行为。

二、CI 的内容

组织形象识别(CI)分为组织理念识别(Mind Identity，简称 MI)、组织行为识别(Behavior Identity，简称 BI)和组织视觉识别(Visual Identity，简称 VI)三个层次。这三个要素构成一个整体，它们之间的关系可以比喻为：VI 是商务组织识别系统的"脸面"，MI 是商务组织识别系统的"心脏"，BI 是商务组织识别系统的"手段"。有人把 VI、MI 和 BI 分别比喻为商务组织识别系统的"叶""根""枝"。不管怎样，组织识别系统的三个要素只有相互联系、互为支持才能充分展示商务组织的形象和风采，这也是公共关系策划的真正魅力所在。

1. 理念识别(MI)——企业的"心"

CI 首先通过 MI(理念识别)对商务组织灵魂进行塑造。商务组织灵魂，顾名思义，它主要指的是商务组织精神范畴的存在形式，如商务组织理念、商务组织文化、价值观念、经营思想等。MI 是 CI 的核心和起点，它对 BI 和 VI 具有决定作用并通过 BI、VI 表现出来，就好比一个人具有的内在独特气质只能通过他的行为和外表才能感受得到。理念识别的要素中，商务组织的群体价值观是核心要素。

【案例 6-13】部分企业的经营理念

三星：以人才和技术为基础，创造出最高品质的产品和服务，为人类社会的发展做出贡献。

海尔：先服务，后制造

花花公子：永远由现在开始

麦当劳：品质、服务、清洁及物超所值

一汽大众：创·享高品质(资料来源：编者根据相关资料整理编写)

【案例 6-14】如家的 MIS----理念识别系统

(详细内容请见课件对应内容。)

2. 行为识别(BI)——企业的"手"

BI 是将商务组织理念转化为商务组织行为的"具象化"过程。商务组织理念需要通过商务组织的行为传播出去，才能使商务组织的形象得以树立。而观念形态上的商务组织理念只有通过商务组织行为的实施，才能变成人们看得见摸得着的客观实在。人们将商务组织理念的行为转化方式称作 BI。从 BI 实施的对象来看，它包括内部活动识别和外部活动识别，将 MI 的本质物化在商务组织的行为方式上，通过商务组织的各种制度、行为规范、管理方式、教育训练、公益文化、公共关系、营销活动、战略范围等体现出来，从而获得商务组织员工、广大消费者和社会公众的识别与认同。由于员工及其解体的行为本身就是一种传播媒介，受众可以不借助其他传播媒介而直接产生对商务组织的认知，从而形成对商务组织的认识，而员工的言行无不是在商务组织价值观等理念要素的作用下表现出来的，因而行为识别实际上是理念识别的最重要载体。

【案例 6-15】日本电气公司在"依靠电脑及通信产业的发展，促进社会的整体需要"的经营理念指导下，把电脑和通信作为企业的战略范围；东芝公司在"努力塑造富裕与健康的生活环境"的经营理念指导下，把能源和电介作为企业的战略范围；三菱电机公司在"技术与创造力"的经营理念指导下，把科技与社会技术作为企业的战略范围，其重点是指向需要技术的市场。

【分析】这些战略范围的确定，完全是经营理念的产物，对整个电气行业来说，各有侧重的战略范围形成了完整的行业规模，相互之间有竞争又有协作，为整个行业的繁荣和参与国际竞争奠定了基础。(资料来源：周安华 苗晋平《公共关系——理论、实务与技巧》中国人民大学出版社)

【案例 6-16】如家的 BIS----行为识别系统

(详细内容请见课件对应内容。)

3. 视觉识别(VI)——企业的"脸"

VI 是将组织标识符号化、视觉化的传播过程。商务组织识别系统的主要功能是把反映商务组织的内在理念的标识通过一定的媒体，如转换成商务组织员工、广大消费者和社会公众能够接收的符号系统。VI 是 CI 具体化、视觉化、符号化的过程，是 CI 的本质表象化的结果。根据人体工程学的研究，人们获取信息的最主要途径是视觉，约占 80%，因此，VI 是整个商务组织形象识别系统中最形象直观、最具有冲击力的部分。人们对 CI 的认识是从 VI 开始的，早期 CI 策划也主要是 VI 策划。VI 虽然比 BI、MI 容易实施、效果显示度高，但它对商务组织形象的影响并不持久和深入，而且有时也难以完全反映 MI，因此脱离了理念识别和行为识别的视觉识别本身是缺乏生命力的。

【案例 6-17】天津亨得利钟表店的钟表有一绝，即走时特别准。这个"准"字的信誉不仅体现在该店每进一批货，都逐个做质量鉴定，并由技术最好的师傅把关，决不让走时不准的钟表在亨得利表店出现。另外一个极为重要并在消费者脑海中留下深刻印象的原因就是：它们十分讲究橱窗、柜台的陈列。

消费者一迈进亨得利钟表店，无不被这琳琅满目的钟表所吸引，定神仔细一看，无论是墙上挂的，玻璃柜里放的，还是橱窗里摆的，所有走着的钟表的指针都走在相同的位置上，几乎分秒不差。尤其是一些报时表，同时发出不同的报时声响，令人咋舌。

【分析】该店从视觉识别(VI)让消费者体验亨得利钟表店的印象——走时特别准。

【案例 6-18】如家的 VIS----视觉识别系统

(详细内容请见课件对应内容。)

三、CI 的结构

当我们把 CI 当作一个系统来考察时，就可以从不同的角度给出 CI 系统的不同结构，从而使人们对 CI 系统的认识得以深化。CI 系统大体上可以划分为以下两种构成方式。

1. 表层子系统、基层子系统和深层子系统的构成方式

组成表层子系统的要素一般是能为人们所直接感知的视觉符号和行为要素，即商务组织的视觉形象。组成基层子系统的要素是商务组织制度、结构、关系、素质和竞争力等。而组成深层子系统的则是商务组织理念、价值观、商务组织文化和商务组织精神等要素。

此种结构划分的意义在于我们不仅要看到子系统在商务组织识别系统中的地位和作用，同时也要注意各子系统之间的相互制约关系，不能一味在表层系统上做文章。例如，一些商业组织不注意商务组织理念层次上的塑造，片面追求形式上的、表面上的"装饰"，以为唯有如此才可以赢得顾客，结果恰恰适得其反。因此，表层子系统的策划固然重要，但更重要的是商务组织经营思想是否端正，商务组织员工的价值观念是否正确，"顾客是上帝"的观念是否真正根植于商务组织员工的心中，而不是仅仅将其看作获利的手段。

2. 理念识别子系统、行为识别子系统和视觉识别子系统的构成方式

CI 系统可以从功能的角度划分为理念、行为、视觉三个识别子系统，它们各自承担着

不同的功能。理念识别可以重塑商务组织理念，改变商务组织风格，提高商务组织员工的价值观念，振奋商务组织精神。行为识别可以改善商务组织的内外环境，规范商务组织员工的行为，疏通商务组织内外的关系，提高商务组织的行为档次。视觉识别可以通过对商务组织外观要素的形式化改造，赋予其反映商务组织特质的标识，使人们能够通过形象视觉接触而认识商务组织，扩大商务组织的知名度。CI 系统的功能正是通过理念识别子系统、行为识别子系统和视觉识别子系统的联动作用而产生和释放出来的。

不论从哪一个角度看 CI 系统的结构，MI、BI、VI 三者都是相互作用、相互促进，共同整合成为商务组织识别的系统结构。这个系统结构可用图 6.1 表示。

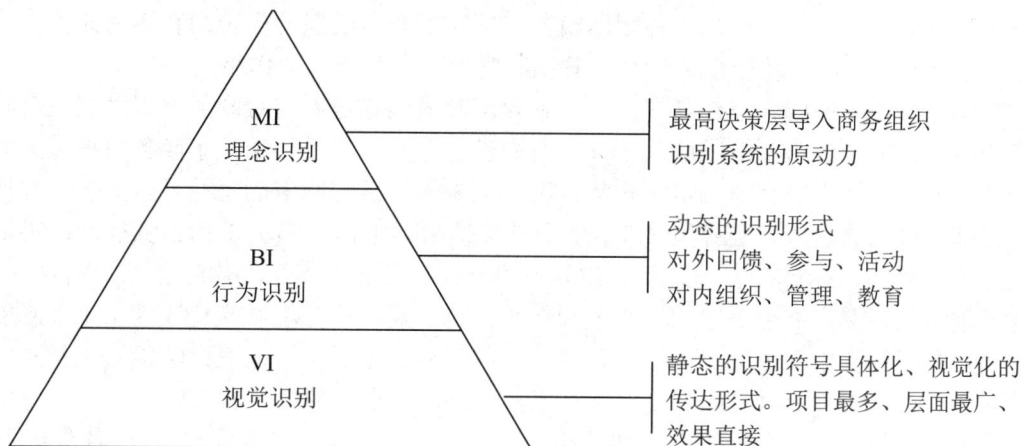

图 6.1 CI 系统结构

第三节 CI 设计途径

一、理念识别系统设计——MI 策划

理念识别(MI)是商务组织独特的文化和价值观，它包括组织的经营思想、组织精神、组织文化、组织价值观和组织目标等内容。它一般以经营宗旨、经营方针、精神标语或者座右铭表现出来。

【案例 6-19】海尔是怎样创造出奇迹的

海尔集团总裁张瑞敏把这一切归结为海尔人的奇迹，而集团长期有意识地培育和凝聚形成的独特的海尔企业文化正是激发全体海尔人创造奇迹的强大动力。

人是决定一切的因素，海尔的成功首先在于他们实施了"以人为中心"的管理。集团从总经理到一般管理人员都把人看作是企业第一位的财富，认识到"海尔的发展需要各种各样的人才来支撑和保证"。为了吸引人才、留住人才制定了一系列强有力的措施，在企业内部形成了调动和发挥每个员工积极性、创造性的良好氛围。为了人才，总裁张瑞敏不但专程赴清华大学为研究生举行专题讲座，而且专门派人为青岛大学的困难学生送去千元资助金。过年过节，张瑞敏等企业领导还分别到单身集体宿舍和青年员工座谈，到宿舍看望残疾员工。正因为海尔坚持"同心干，不分你我；比贡献，不唯文凭"的人才观，企业才能大胆起用年轻骨干挑重担,才能每年吸引大量的毕业大学生、研究生加盟,把许多旁人看来不可思议和不可能变为现实和可能。(资料来源:张德、吴剑平《企业文化与 CI 策划》清华大学出版社)

理念识别系统开发的途径如下。

(一)培育个性化的商务组织精神

商务组织精神是组织的精神支柱,是组织在长期的生产经营活动中形成的,并经过全体员工认同和信守的理想目标、价值准则、意志品质和风格风尚。因此,商务组织精神不仅是一种有个性的精神,还是一种团体精神,反映了商务组织的凝聚力和活力的强度,它一旦植根于职工心中,就会形成默契、共识和觉悟而产生极大的作用。

商务组织精神的内容是否具有个性和有效,归根到底是看它对商务组织发展是否起着特殊的鼓舞和推动作用,可以从以下几方面来进行评判:①是否表达了商务组织员工共同的价值观念;②是否符合商务组织实际情况,组织的目标与职工的目标是否具有一致性;③能否推动组织的生产、经营和管理,能否在组织活动中体现为员工的自觉行动;④是否唤起员工的认同,让员工感到亲切、实际、可行;⑤是否与员工的岗位意识、职业道德、心理期望相互协调,能否对它们发生统帅作用,能否通过商务组织文化表现出来;⑥能否包容商务组织经营中形成的优秀传统,并使其凝结到每个员工身上去;⑦能否把员工的行为趋向提高到具有价值意义的高度,使员工具备崇高、奋发的精神状态。

商务组织精神一般通过简明扼要、明了具体的文字命名,如大庆精神(厂名命名法)、长征精神(长征牌自行车——商标命名法)、铁人精神(人名命名法)、一团火精神(北京百货大楼——形象比喻命名法)等。

企业理念的来源有以下几方面。

1. 民族文化精华

在我国五千年的历史长河中,诞生了孔丘、孟轲、老庄、墨翟、韩非等无数伟大的思想家,形成了以儒家思想为核心的具有中华民族特色的传统文化,成为整个人类文明的重要组成部分。新中国成立前,许多民族资本企业就是从民族传统文化中寻求企业理念,如天津东亚毛纺公司的厂训"己所不欲,勿施于人",天津大成纺织印染公司的公司精神"忠信笃敬"。

2. 先进社会文化

企业文化是社会文化的一个组成部分,企业文化在社会文化的浇灌下成长,社会文化中的积极因素构成的优性文化同样是企业理念的重要来源。

【案例6-20】部分企业的企业精神

日本太阳公司的企业精神"蒲公英精神"——"见缝即扎根,不计啥环境,生命付大地,开花不求荣";上海织袜二厂的企业精神"金松精神"——"金子般赤诚之心,松柏般崇高挺拔";北京第四制药厂的"蜜蜂精神";南京市医药公司的"快牛精神"。(资料来源:编者根据相关资料整理编写)

3. 国外先进企业理念

无论什么社会制度，现代化大生产有许多基本的规律是带有共性的。一个国家一切先进的企业管理思想和管理经验，常常被其他国家的企业学习和借鉴，经过改造以后融入它们的企业文化，甚至直接成为它们的企业理念。例如，日本企业"民主管理"的企业法宝就是 20 世纪 50 年代学习借鉴我国的"马恒昌小组"，日本企业"劳资一体自主管理"的思想更是从我国的"鞍钢宪法"学习的。

4. 我国企业优良传统

企业优良传统是经过企业实践所积累的宝贵经验，是企业理念的又一来源。设计企业理念识别系统，积极继承本企业的优良传统，借鉴其他企业的优良传统，并且在继承和借鉴的基础上加以发扬光大，常常是一种很不错的选择。

【案例 6-21】天津同仁堂制药厂的企业理念就是对老同仁堂药店的企业文化传统的继承和发扬

宗旨——选料必求地道，炮炙必求其精。

同仁精神——敢于拼搏争第一，勇于创新增效益，遵纪守法爱集体，振兴中药重信誉。

同仁堂人的理想和追求——振兴中药，造福人民。(资料来源：编者根据相关资料整理编写)

纵览我国的企业，企业传统中的"艰苦奋斗""艰苦创业""爱厂如家""厂兴我荣，厂衰我耻"等内容是用得最多的。

(二)确立具有特性的经营理念

经营理念是商务组织经营价值观强化为一种信念的结果，它是商务组织精神的集中体现，是商务组织形象的指南。经营价值观就是商务组织员工普遍认可的、从组织文化中衍生出来的信仰和理想，它决定商务组织全体员工共同的行为取向，是一种带永久性的追求信念，不会随外界环境变化而改变，它赋予员工行为的责任感和使命感，鼓舞他们为了崇高的信念而奋斗。它使商务组织形成巨大的群体力量，具有强大的向心力和凝聚力，它是商务组织承担风险、克服困难的有利保证。

经营理念是基于员工对商务组织价值观的认同和强化为信念而形成的，这种共同的信念让员工有了自觉行动的方向，使商务组织的生产、经营和管理活动达到高效率。坚定性如何，将直接影响到商务组织经营的成败。美国 IBM 公司的前任董事长兼总经理小托马斯·沃森(Tomas J. Watson)说："我坚定地认为，任何组织要生存和取得成功，必须确定一套健全的信念，作为该商务组织的一切政策和行动的出发点；公司成功的唯一重要的因素是严守这一信念；一个商务组织在其生命过程中，为了适应不断变化的世界，必须改变自己的一切，但不能改变自己的信念。"

经营理念的内容主要包括：经营宗旨、经营方针、社会责任感和商务组织价值观(目的观、质量观、服务观、责任观、人才观、政策观、法律观、财税观，以及效益观念、系统观念、竞争观念和发展观念)等。其中，价值观是人们据以衡量事物的标准，是经营理念中最重要的部分。

CI 的先行者们独具特色的商务组织理念，使他们走上了成功之路。

(三)设计具有感召力的形象口号

即将商务组织精神、服务特色、公司的价值取向等用最精练的语言表达或者描述出来。如 IBM 的口号是"IBM 是最佳服务的象征"；广州太阳神集团的口号是"当太阳升起的时候，我们的爱天长地久"；广州白云山制药厂的口号是"白云山，爱心满人间"；通用电器公司的口号是"进步乃是我们最重要的产品"。

形象口号是组织精神的外在反映，一方面形象口号能约束、规范商务组织的经营，并转化为全体员工的精神动力；另一方面，独特的富有创意的组织形象口号，能有效地吸引公众对商务组织的关注，加深公众对组织的理解和认同，展示组织的风采，是宣传组织形象的有效手段。

【案例 6-22】知名企业的理念

(详细内容请见课件对应内容。)

二、行为识别系统设计——BI 策划

商务组织行为识别系统(BI)，是通过组织的经营活动、管理活动、社会公益活动来传播商务组织的精神与思想，达到建立名牌组织的目的。如果说 MI 是商务组织的"想法"，BI 则是商务组织的"做法"。

(一)BI 的内容

BI 的内容包括以创造理想的内部经营条件为目的的活动和以创造理想的外部经营环境为目的的活动这两部分商务组织行为识别系统的建立过程，也就是商务组织 CI 系统在组织内部的传播过程。商务组织理念的设计和选择，不仅是一句对外宣传的口号，而是要真正将其作为组织的灵魂贯彻到全体员工中去，使它化为每一员工的具体行动。从理念到行为，首先是一个价值认同的过程。商务组织的理念不应仅仅是领导人或公共关系人员的思想观念，重要的是经过持续、耐心的教育活动，使它成为全体员工的共识。在这个过程中，领导人的身体力行，教育体制的完善，教育者与被教育者的相互感染，被教育者的自我启发和激励，都具有十分重要的意义。

对内活动主要有：

(1) 商务组织的经营管理活动，包括管理过程、管理制度、管理方法、管理责任、管理机构等。

(2) 商务组织内部的员工信息沟通，有员工大会、定期演讲、组织出版物、广播和音像制品、公告牌、电话、员工手册、标语口号、意见箱及商务组织内的非正式传播等方式。

(3) 员工教育，优秀的商务组织都十分重视对员工的教育、锻炼和培训。教育的主要内容是思想、职业道德、人格作风、技术、管理能力、服务态度、应接技巧、电话礼貌等，目的是提高员工的素质。

(4) 生活福利与工作环境，这关系到员工的切身利益，也是商务组织形象塑造的重要

方面。轻松舒适的工作环境、完善的医疗、娱乐设施、整洁美好的内部环境和优厚的收入，不仅可激发员工的自豪感、成就感，还能最大限度地调动员工的工作积极性。

(5) 对股东的传播活动，如做好年度报告、开展与股东的联谊活动和与股东交流信息等方式。这种传播能定期向股东报告商务组织的经营业绩，争取股东对商务组织的信任，提高股东对其所有权的自尊感，赢得股东的支持。

(6) 劳动保护和公害对策。

对外的活动主要有：市场调查；产品开发；公共关系活动；促销活动；流通对策；销售代理商、金融与股市对策；社会公益活动、文化活动；与主管部门、政府职能部门的关系等。

【案例 6-23】麦当劳的行为识别系统，就是其理念的具体化。其经营理念可以用 Q、S、C、V 来代表，即高品质的产品、快捷微笑的服务、清洁优雅的环境和物有所值。他们通过制定一套完整的准则来保证员工的行为规范。这些准则有 OTM (Operation Training Manus)员工训练手册；SOC(Station Operation Checklist)岗位检查表；QG(Quality Guide)管理人员训练手册；还有工作程序、步骤和方法等，十分具体地规定了员工的行为，如麦当劳的餐厅服务分为二十多个工作段，如煎肉、接货、收银等,每个工作段都有岗位检查表(SOC)，详细地说明各工作段事先应检查的项目、步骤和职责。只要实施了上述行为规范，就保证了 QSCV 经营理念的实施。(资料来源：编者根据相关资料整理编写)

(二)BI 开发设计途径

1. 实行科学的管理

科学管理的特征是通过将商务组织的各项工作标准化、专门化和简单化，达到生产效率最大化的目的。具体做法是：

(1) 制定科学的管理目标系统，并将总目标层层分解为具体的细目标。

(2) 按照目标的要求，设计精简的、职责权限相对应的、适合商务组织特点的高效的组织机构。

(3) 确定各机构中的具体工作岗位和职责，规定每个工作岗位的工作原则、任务标准、工作程序和绩效。

(4) 将员工的职务提升、收入和奖励与其工作绩效挂钩。

(5) 将程序化的控制与员工的自我管理相结合，充分发挥员工的工作主动性和积极性。

2. 制定严格的行为规范并付诸实施

商务组织的行为规范，是全体员工必须遵守的行为准则，体现为生产操作规程和各种规章制度。主要有四大类：

(1) 各种业务操作规程或规范，如岗位操作规范、业务训练规范、质量管理规范、日常交往行为规范等。

(2) 基本制度，如商务组织领导制度、民主管理制度、监督制度、选举制度、培训制度等。

(3) 工作制度，有计划审批、生产管理、技术改造与创新、劳动人事、物资领用、销售、财务管理等制度。

(4) 岗位责任制度，即商务组织根据生产或者分工协作的要求制定的，规定每个岗位的成员应承担的任务、责任及其享受的权力的制度。

3. 加强对员工的教育和培训

对员工的教育和培训，是商务组织培育人才、选拔人才、统一思想、加强管理和形成强有力的商务组织凝聚力的重要手段。BI 中缺少这一内容，就没有员工的统一认识，实行CI 就缺乏起码的基础。因此，应该把科学合理的、有目的、有特色的员工教育和培训作为商务组织的长期战略，才能为商务组织成功的 CI 提供取之不尽、用之不竭的人才源泉。对员工的教育和培训的主要内容有：忠诚于商务组织的思想和科学的世界观；职业道德及工作责任心；适应商务组织发展的新的经营理念、工作目标和方针、商务组织新的政策和战略；对外交往地应接技巧、礼貌礼节；工作作风、技术水平和管理能力；优质服务技巧等。

4. 注重对外行为的整体优化

对外行为的整体优化，是指商务组织的各个方面工作，如产品质量、工作态度、服务水平、关心社会发展、与公众的情感沟通、良好的协作关系等方面，都要注重高质量、高效益，并通过有效的传播，将上述信息展示给社会公众，让公众了解商务组织的行为特征，进而对商务组织及商务组织形象形成正确的评价。在这里，任何一个部门行为的失误或者与其他部门配合不当，都可能影响到商务组织对外行为的整体优化而导致 BI 的失败。因此，BI 不仅要求各部门完成自己的工作任务，而且要求各部门都从塑造商务组织形象的整体利益出发，团结协作，共同完成商务组织行为的整体优化。

5. 搞好商务组织行为的对外传播策划，树立良好的 BI 形象

商务组织行为的对外传播途径主要有市场营销传播(包括市场调查、广告宣传、销售促进、协调中间商关系以及回馈社会的公益活动等)和公共关系活动。

> **【案例 6-24】优秀 BI 策划之企业风俗**
>
> 月亮节——元旦时职工、家属聚会(新奥公司)。
>
> 生日晚会——每月最后一个周末，当月过生日的职工与公司领导聚会(广东某公司)。
>
> 各种赛事、运动会——为培养团队精神、进取精神，提高士气而定期举行的一些诸如篮球、足球、乒乓球、跑步、登山、游泳等运动项目(国内一些公司)。
>
> 朝会——每天早晨全体员工集会，升旗，公司领导讲话等(日本、韩国某些企业)。
>
> (资料来源：编者根据相关资料整理编写)

三、视觉识别系统的设计——VI 策划

视觉识别是通过个体可见的视觉符号，经由组织化、系统化、统一化的识别设计，传达商务组织的经营理念和各项信息，塑造商务组织独特的形象。这种视觉表现统合的过程，即是 VI 的导入。VI 在商务组织识别系统中最具传播力和感染力，所接触的层面最为广泛，可快速而明确地达到认知和识别的目的。确定设计概念，是 VI 开发设计的前提，设计概念

是商务组织的经营理念、CI 概念在各视觉设计要素上的具体化。

商务组织 VI 的设计包括两个方面：一是视觉基本要素设计，主要包括商务组织名称、组织标志、组织标准字、组织标准色、组织品牌名称、品牌标志、组织象征物、组织专用印刷书体；二是视觉应用设计项目，包括办公用品、招牌、旗帜、标识牌、员工制服、赠品、交通工具、环境设计、包装用品等。

(一)商务组织名称

商务组织名称是借用文字来表现的识别要素，是一个商务组织的第一人称。商务组织名称对组织非常重要，一个美好而独特的名称，可以提升商务组织的形象。

关于商务组织名称，应视具体情况而定，对于一个老商务组织来说，组织、品牌名称早已确定，而且已具有一定的形象效用，则无须调整。对于一个新商务组织、新产品来说，确定一个好名称，是极其重要的。

确定商务组织、品牌的名称，既是一门学问，又是一门艺术，在操作上应注意以下要求：

(1) 用意准确。所取的名称要和商务组织的事业领域、经营内容和产品特性有密切关系，以便公众听、看名称时，能马上知晓商务组织的概况和经营性质。

(2) 体现商务组织理念，使名称成为组织经营哲学意境的生动展示和形象化的表达。

(3) 巧妙利用典故传说等文化形象。

(4) 单纯、简短，以便公众记忆和传达。

(5) 易认读，易记易写，名称语感要好，语音要响亮，便于公众识别和记忆。

(6) 独特而有个性，力戒名字雷同或相似，以免公众混淆。

(7) 注意名称的诗意美感，使公众看到名称就能产生美好的体验和联想。

(8) 注意名称的气势感，冲击力要强，给人以震撼，使公众产生高级、高档、高品质、高技术方面的联想。

(9) 名称要考虑民族风俗、法律文化和涉外文化，以免造成名称上的纠纷。

(10) 名称要力求吉利、吉祥，防止出现负面影响。

(11) 当我国企业进军海外市场及企业名称译为外文时，也必须充分考虑所在地的民族性，尊重该民族的文化传统和风俗习惯。同样，当一家企业参与国际竞争的时候，也需要考虑名称的国际性，因此一般要确定一个英文的名字。例如日本的 Sony(索尼)、Panisonic(松下)，韩国的 Sangsung(三星)，中国的 Haier(海尔)，中国台湾的 Acer(宏碁)、BenQ(明基)等。

(二)商务组织标志

商务组织标志是商务组织用特定而明确的造型、图案、文字、色彩来表示组织理念、经营内容、产品性质等因素，使公众从中体验到组织的整体优秀性和鲜明个性。

标志设计除遵循商务组织名称设计时提到的个性、民族性、简易性等原则外，还应同时坚持艺术性、持久性、适应性等原则。

(三)商务组织标准字

VI 设计中对商务组织所用的标准字包括了中文、英文或其他语种。它种类繁多，运用广泛，几乎涵盖了视觉识别符号系统中各种应用设计要素，出现的频率也几乎与图形符号相当，其重要性并不亚于图形标志符号。由于文字具有明确的说明性，可直接传达商务组织名称，补充说明图形标志内涵，因而具有强化商务组织形象和品牌诉求力的作用。

标准字设计，主要是确定它的形式。"写字"是一个看似简单的事情，但从商务组织形象设计的角度来讲，要"写"出反映商务组织特色的标准字却不是很容易的。为此，各家各派都提出了一定的设计原则，这些原则在概括和表达上可能有所不同，但基本的内容却是差不多的。其中包括：

(1) 易辨性原则。易辨性体现在 3 方面：一是要选用公众普遍看得懂的字体，如果把长虹、联想的标准字换成甲骨文或某种奇形怪状的字体，恐怕不会有几个人认识；二是要避免与其他组织，特别是同行业、同地区的商务组织具有似曾相识的标准字面孔；三是字体的结构清楚、线条明晰，要适应不同材料、不同工艺、不同技术处理方法和放大、缩小、反白、线框等多种表现形式。

(2) 艺术性原则。只有比例适当、结构合理、线条美观的文字，才能让人看起来舒服。

(3) 协调性原则。标准字的字体要与它常常出现在其上的产品、包装等的相适应，与商务组织产品或服务本身的特点相一致，也要与经常伴随出现的商务组织标志(或商标)等相协调，即可与其他视觉要素进行和谐的组织、搭配，形成视觉优势。例如柯达的标准字与其标志配合得就比较和谐。

(4) 传达性原则。商务组织的标准字是承载组织理念的载体，也是商务组织理念的外化，这就要求标准字设计能够在一定程度上传达商务组织理念，而不能把设计工作作为一项孤立的内容，单纯去追求某种形式上的东西。无论如何，熟悉和吃透组织理念，对于标准字设计都是有益的。

(四)商务组织标准色

标准色是商务组织经过设计选定的代表组织形象的特殊颜色。标准字可以是某一特定的色彩或一组色彩系统，一般不超过三种颜色。标准色的选用是以国际标准色为标准，标准色可广泛应用于标志、广告、包装、展品陈列、运输车辆以及营业用信封、信纸、名片等应用设计项目上，是商务组织视觉识别重要的基本设计要素。标准色设计应当特别注意以下问题。

1. 充分地反映商务组织理念

商务组织视觉形象识别的各个要素都必须围绕商务组织理念这个核心，充分反映组织理念的内涵，标准色也不例外。而且由于色彩引起的视觉效果最为敏感，容易给人留下印象，因此充分反映商务组织理念的标准色对于传达组织理念、展示组织形象具有更加突出的作用。

2. 具有显著的个性特点

色彩无论怎样变化，人眼可视范围无非赤橙黄绿青蓝紫和黑白这么几种，而成千上万的商务组织都要有自己的标准色，因而标准色的重复率或相似率是极高的，在这样的实际情况下，就必须考虑如何体现商务组织的个性特点，既反映组织理念内涵、产品和服务特色，又必须尽量避免与同行业的重复或混淆。可以考虑采用多种颜色作标准色，如新奥集团就是采用红、蓝两色；当然如果超过两种，就不宜都定为标准色了，而可以采用辅助色。请参阅表 6.1。

表 6.1　色彩的心理效应

色彩	感情倾向
红色	生命、热烈、喜悦、兴奋、忠诚、斗争、危险、烦恼、残暴
橙色	温馨、活泼、渴望、华美、成熟、自由、疑惑、妒忌、不安
黄色	新生、单纯、庄严、高贵、惊讶、和平、俗气、放荡、嫉妒
绿色	生长、活力、和平、青春、新鲜、安全、冷漠、苦涩、悲伤
蓝色	希望、高远、安详、寂静、清高、空灵、孤独、神秘、和谐
青色	神圣、理智、信仰、积极、深远、寂寞、怜惜
紫色	高贵、典雅、圣洁、温厚、诚恳、嫉妒
金色	华美、富丽、高级、气派、庸俗
银色	冷静、优雅、高贵
白色	纯洁、清白、干净、和平、神圣、廉洁、朴素、光明、积极
黑色	庄重、深沉、坚毅、神秘、消极、伤感、过失、死亡、悔恨
灰色	谦逊、冷静、寂寞、失落、凄凉、烦恼

3. 符合社会公众心理

这主要是考虑色彩的感觉、心理效应、民族特性以及公众的习惯偏好等因素。首先要避免采用禁忌色，使得公众普遍能够接受；其次是尽量选择公众比较喜爱的色彩。

【案例 6-25】宝马、奔驰、奥迪、法拉利、别克、丰田等世界名车 LOGO 设计理念

(详细内容请见课件对应内容。)

4. 色彩的民族特性

世界上不同的国家和地区，由于受各自不同历史文化传统的影响，对色彩的象征意义有不同理解，因而喜好、禁忌也各不一样(如表 6.2 所示)。了解、研究色彩的这种民族特性，选择有利于本企业的色彩，对于树立良好企业形象、参与国际竞争有很大好处。

表 6.2　色彩的民族特性

国家(地区)	喜爱色彩	禁忌色彩
德国	南部喜欢鲜艳的色彩	茶色、深蓝色、黑色的衬衫和红色的领带
爱尔兰	绿色及鲜明色彩	红、白、蓝色
西班牙	黑色	
意大利	绿色和黄、红砖色	
保加利亚	较沉着的绿色和茶色	鲜明色彩、鲜明绿
瑞士	彩色相间、浓淡相间色组	黑色

国家(地区)	喜爱色彩	禁忌色彩
荷兰	橙色、蓝色	
法国	东部男孩爱蓝色服装、少女爱穿粉红色服装	墨绿色
土耳其	绯红、白色、绿色等鲜明色彩	
巴基斯坦	鲜明色彩、翠绿色	黄色
伊拉克	红色、蓝色	黑色、橄榄绿色
中国港澳地区	红色、绿色	群青、蓝、白色
缅甸	鲜明色彩	
泰国	鲜明色彩	黑色(表示丧色)
日本	红色、绿色	
叙利亚	青蓝色、绿色、红色	黄色
埃及	绿色	蓝色
巴西		紫色、黄色、暗茶色
委内瑞拉	黄色	红、绿、茶、黑、白色表示五大党,不宜用在包装上
古巴	鲜明色彩	
墨西哥	红、白、绿色组	
巴拉圭	明朗色彩	红、深蓝、绿色等不宜用作包装
秘鲁		紫色(十月举行宗教议事除外)

【案例6-26】麦当劳的M型黄金拱门、肯德基的Logo变迁

麦当劳以红色为主色调,配以黄色的"M"型设计,显得醒目,同时,这两种较为鲜明的颜色给人的感觉较为温暖、清新,容易引起食欲。

取M作为其标识,它像两扇打开的黄金双拱门,象征着欢乐与美味,象征着麦当劳的"Q、S、C&V"像磁石一般不断地把顾客吸进这座欢乐之门。

作为麦当劳标志之一的"麦当劳叔叔",象征着祥和友善,象征着麦当劳永远是大家的朋友,社区的一分子,他时刻准备着为儿童和社区的发展贡献一分力量。麦当劳叔叔儿童慈善基金会在1984年成立,这个儿童基金会至今已向世界各地帮助有关儿童的不赢利机构捐出了五百多万美元。

以麦当劳中国店为例,麦当劳的核心顾客群已经由 20 年前的家庭和儿童群体变成了18 至 28 岁的年轻人。当年的小朋友们长大了,麦当劳需要让他们感受到自己的变化——店铺的 VI(视觉识别)系统色彩脱离原先明亮的红黄色调,转为浅黄、咖啡色甚至黑色;店内不再只是塑料椅,咖啡馆里常见的皮质卡座也出现其中。这些新元素首先要符合年轻人的情调:追求乐趣、新鲜以及某种程度上的酷。

考虑到中国消费者的审美取向和环境协调,麦当劳的设计团队已将欧洲风格进行了本地化,在材质选取和色彩呈现上更显中国风。

而另一快餐巨头肯德基的 Logo 标识则经历了由 Kentucky Fried Chicken(肯塔基州炸鸡)的冗长全称，精简为首字母 KFC 的变迁过程。新标识简洁醒目，更易加深记忆。(资料来源：编者根据相关资料整理编写)

【案例 6-27】雀巢公司 CIS 战略

(详细内容请见课件对应内容。)

【分析】雀巢公司取得如此好的成绩，是与它成功实施 CIS 战略有很大关系。

在当前的市场竞争中，企业形象的塑造至关重要，它以成为推动企业发展的一种动力。这种动力的大小取决于企业理念识别 MI、行为识别 BI、视觉识别 VI 三个要素的高度一致。而实施 CIS 战略的目的就在于进一步加强这一动力，使企业通过完整地系统创意将企业的经营观念、企业的个性，通过静态和动态的传播方式，引起大家的注意，树立良好的形象，使广大消费者产生对企业及其产品的信赖和好感的心理效应，这就是 CIS 战略的根本任务。

第四节 CI 导入过程

一、CI 手册

编制 CI 手册的目的，是将形象策划的每个要素，以简明正确的图例和说明统一规范。制作 CI 手册，也应同 CI 策划一样，可以雇请专家或者专业设计公司，协同商务组织广告部、公共关系部等一起完成。

CI 手册的内容是由商务组织形象策划的 CI 项目规划决定的。一般有如下内容。

第一部分：引言

(1) 董事长、总经理的致辞；

(2) 商务组织的经营理念体系和发展方向；

(3) 商务组织导入 CI 的目的；

(4) CI 手册的使用方法和要求。

第二部分：基本视觉要素

(1) 商务组织标志、标准字、标准色；

(2) 商务组织标志、标准字、标准色的变体设计；

(3) 商务组织标志、标准字的制图法与标准色的表示法；

(4) 附属基本要素(包括专用字体、象征物、专用图案、版面编排模式)。

第三部分：基本要素组合系统

(1) 基本要素的组合规定；

(2) 基本要素组合系统的变体设计；

(3) 基本要素禁止组合的规定和范例。

第四部分：设计应用项目

(1) 办公事务用品设计应用项目；

(2) 招牌、标志和旗帜设计应用项目；

(3) 交通工具设计应用项目；

(4) 员工制服设计应用项目；

(5) 产品包装、造型设计应用项目；

(6) 商务组织广告设计应用项目；

(7) 展览与展示设计应用项目。

第五部分：印刷样本及标准色票

(1) 商务组织标志、标准字、象征物等印刷样本或不干胶；

(2) 商务组织标准色色票。

CI 手册一般是在商务组织视听识别开发完成之后即着手设计和编制。主要是对 CI 的全部内容进行系统归纳，并对基本要素的使用功能和规范、媒体制作和运用等实施细节进行必要的说明。

CI 手册应作为商务组织的规章和条例，由 CI 委员会根据手册的项目和商务组织相关的管理部门，发放给管理部门的负责人。手册的内容是商务组织重要的商业机密，不能随意泄露，一定要注意保密。

CI 手册也非一成不变，在相对稳定的同时，随着时间的推移，商务组织经营或服务的内容可能不断增加或变化，手册内容也会不断变更，或增加或删除，在制作时必须考虑内容变动时的处理方法。因此 CI 手册做成活页或分册为好。

二、CI 导入时机

该工程是配合商务组织经营战略，通过形象传播的功能和区别化战略实施，达到争取公众目的的手段，绝非商务组织即兴之偶发行动。任何商务组织在导入 CI 工程时均有其动机，并选择最佳时机：

(1) 新组织成立、合并、性质变化(国有经济成分转变为中外合资或股份制经营)，这时推行 CI 工程是最佳时机。

(2) 商务组织新建扩建改建工程结束、重大技术改造项目投产、主体产品转产、重大服务项目的推出。

(3) 商务组织重大组织机构变化、体制改变、商务组织集团的组建，商务组织规模的扩展，员工数量大量增加，销售网点的扩展。

(4) 商务组织创业周年纪念。

(5) 商务组织形象危机处理后期，CI 工程成为防止危机再发生的重要手段，这也是导入 CI 工程的重要时机。

(6) 新产品上市，老产品获奖，此时导入 CI 工程有扩大宣传产品形象和提高组织知名度、增强员工信心和成就感的功用。

(7) 商务组织转向多元化经营，一业为主兼营其他业。进军海外市场，实现跨国营销。

(8) 商标变动，多种品牌回归统一牌名也宜导入 CI 工程。

总之，根据需要和可能，商务组织应选择恰当时机导入 CI 工程，形成独特的体系，以富有吸引力的视觉识别符号，传播组织形象，展示组织身份，密切组织与公众感情，提高组织的竞争力。

三、CI 导入战略

CI 导入是一个复杂的过程，一般分为提案准备阶段、调研宣传阶段、设计开发阶段、实施管理阶段。

(一)提案准备阶段

这个阶段包括导入动机的确认、组织导入计划的领导机构、安排日程、编制预算、完成 CI 提案书。

一次认真的 CI 设计工作，要花费大量的时间和精力，设计完成以后又要使用一段较长的时间，因此必须慎重对待。一般而言，商务组织导入 CI 的动机大致有如下原因：商务组织经营业务的扩大化与多元化；商务组织原有形象陈旧化；开发国际市场的需要；最高决策者的更换而引起经营方针的改变；商务组织间发生了兼并或改组；商务组织经营不善而需重振士气；周年纪念；一直缺少统一的标志；知名度较低等。这一阶段的工作内容有以下几个方面：

(1) 建立导入计划的领导机构。为了使领导机构有权威性，商务组织的主要领导应当参加。由公共关系部门的负责人具体组织策划，有关部门的领导共同参与。这样既可以保证领导小组的成员有一定的专业性，又能使其得到有关方面的积极配合。

(2) CI 导入的日程安排。CI 导入是一项长期、复杂的系统工程，大型商务组织的 CI 导入一般需要 1～2 年的时间，中小商务组织可以酌情减少。为了使 CI 导入工作高效有序地进行，在工作开始之前应制定一份详细的作业时间表，规定在哪一段时间完成哪一项任务。

(3) 编制预算。CI 设计的费用包括：调研与计划费用，视觉形象的设计开发费用，实施与宣传费用，及其他各项费用。

(4) 编写提案报告书。准备阶段的最后一项工作就是草拟提案报告书，详细说明 CI 导入的动机、目的、基本方针、时间安排、计划与费用等。

(二)调研宣传阶段

这个阶段的工作包括商务组织内部的宣传调查和商务组织形象的外部调查两部分。CI 导入是一项关系到商务组织全体员工利益的重大事件，需要全员参与，因此商务组织内部的调查活动也就是一个宣传动员的过程。吸引全体员工参加，人人献计献策，这样既可以集中全体员工的智慧，也可为以后的实施管理阶段做好铺垫。

商务组织内部调查的内容包括：商务组织运营状况的分析与评估，如组织的规模、范围、前景潜力、营销趋势、市场占有情况、经济效益、利润幅度等等；员工对组织形象的意见，如组织的工资福利情况、管理人员的水平、内部沟通状况、对未来的信心、对现有商标图案的评价等。这些资料都是概括、提炼组织理念的基本素材。

CI 设计人员除需要了解商务组织内部的意见和看法以外，更需要了解商务组织以外的公众的意见和看法。因此，在调查阶段还必须进行深入、细致的外部公众调查。公众对商务组织形象的基本看法，可以通过四项基本要素表现出来，即认知、信赖、好感和一流评价。认知是对商务组织最基本的了解，是组织形象进入公众头脑的初步。信赖是对商务组织的一种肯定的评价，它与商务组织的实际业绩成正比。好感对商务组织是一种偏于感性的评价，如友好、和善、气派、大度等。一流则是对商务组织最高评价，是在同行业中的最高信任。在外部调查时，可以通过不同格式的调查表将其揭示出来。

由于商务组织的性质不同，所以其调查的项目以及调查表所列关键词语也肯定不同，应根据实际需要自己掌握。调查结束后，实事求是地写出调查报告。

(三)设计开发阶段

商务组织行为识别系统的设计开发包括：根据商务组织的基本理念，制定各个岗位、各个工种的行为规范以及对外公共关系活动的整体策略，使商务组织无论是内部行为还是外部行为，都能表现出与众不同的特色。

商务组织视觉识别系统的设计开发包括：商务组织名称的重新设计和定位，商务组织标志的创造或更新，商务组织标准字的选择，商务组织标准色的认定，以及名称、标志、标准字、标准色在商务组织建筑物、商品及包装、广告、办公用品、礼品证件、交通工具、员工服装等方面的落实。

(四)CI 工程的实施

CI 工程的实施要重点放在以下方面。

1. 设立"CI 工程委员会"

"CI 工程委员会"由商务组织领导亲自主持，商务组织公共关系部门为其执行(办事)机构。这个委员会并非临时组织，而是对商务组织 CI 工程全面统筹，统一管理并组织 CI 工程方案的实施与监督，负责实施过程中的关系协调及日常考核，对外收集反馈信息，监测商务组织形象，评价工程效果，提出改进方案，完善 CI 工程手册。

2. 全面开展目标管理

根据 CI 工程设计手册规定的内容，按部门、按项目分解指标，落实措施，全面实行目标管理。在实施目标管理过程中应努力控制好以下 3 个阶段：

(1) 目标任务确立阶段。要明确在计划期内商务组织 CI 工程总体目标及任务，根据需要和可能科学地确定任务量及阶段目标要求，不可脱离实际把目标值定得过高。

(2) 目标展开阶段。要将商务组织总体目标进行分解，按部门、项目、质量标准及进度要求逐一落实，应把目标分解过程和措施落实过程结合起来。

(3) 目标管理阶段。CI 工程目标展开后，随即开展目标管理。在 CI 工程委员会领导下，把 CI 工程实施过程组织好、协调好、控制好。通常应采用矩阵方法进行管理。

采用矩阵结构可使 CI 工程委员会对项目及部门纵横两个方向加以控制。这样既有利于目标分解与任务落实，又便于横向的信息沟通和进度管理。

3. 审核商务组织传播计划，制定传播战略

商务组织传播应分两条路线进行设计。内部传播应以全员公共关系形式推进，其核心是树立共同价值观念，具体方式有 CI 工程教育、全员公共关系活动，商务组织内部刊物、统一服装及标识物、提示物。制定行为规范及规章制度，树立具有商务组织自己特色的组织文化，把塑造与传播商务组织良好形象，维护公司整体利益变为组织全员的自觉行动。

商务组织的外部传播,主要是传播商务组织形象、产品形象,积极开展与社会公众的双向沟通。通过对商务组织理念、商务组织政策宣传并运用视觉标识系统,重点传播商务组织标志、商标、环境、产品质量、服务特色,使社会公众了解商务组织特性,树立对商务组织的信任感。

4. 全面开展 CI 工程教育

CI 工程教育的目的是强化商务组织全员的公共关系意识,商务组织整体意识及竞争意识,使全体员工人人了解 CI 工程内容和 CI 工程的意义,把教育贯穿于 CI 工程的始终是 CI 工程的关键。

【案例6-28】洛杉奇食品 CIS 创名牌

洛杉奇食品公司原名为石家庄美康食品厂,隶属国际大厦集团。工厂成立之初,缺乏从事食品工业的经验,最初推出的厂名及品牌"美康"已被其他厂家注册,因而产品知名度很低,缺乏统一识别形象。为摆脱困境,企业总经理于 1994 年 7 月请来公共关系专家团为企业进行整体策划。专家团决定对该公司实行倾向市场营销的 CIS(企业识别系统)策划。

1. 品牌策略: 借地名扬货名

专家认为"美康"即使不被他人注册,也不是理想的品牌,主要是信息个性不强。国际大厦集团征集了 200 个品牌也不理想,专家提出了"洛杉奇"这一与合资单位所在地美国大城市"洛杉矶"谐音的品牌。专家团认为它不仅有大量的文化附加值,而且易记、冲击力较强,同时可以达到借地名扬货名的目的。

2. 公共关系令人爱

1994 年 9 月 9 日,教师节的前一天,"洛杉奇食品屋"前门庭若市,汇集了很多 3~13 岁的儿童和他们的家长。这些孩子有的倚在柜台旁,有的干脆趴在地上,认真地参与着"洛杉奇食品屋"外"单线条画"的填色比赛。比赛规定:凡填色正确者,可在食品屋用填色作品换取一份洛杉奇食品;画面清楚、漂亮者可换取两份食品,一份给自己,另一份送给老师作为小礼物。给老师的礼品盒上有教师节祝词并留有孩子的签名处。填色比赛前 100 名还可以领到洛杉奇书包一只。这次活动通过广播电台、电视台的宣传,使洛杉奇食品名声大噪。

之后,专家们又帮助洛杉奇食品公司举办了多次具有轰动效应的公共关系活动,如万人免费大品尝、1994 金秋美食月、寻找与国际大厦同龄的幸运儿童等。这一系列的活动,展示了洛杉奇"以国际品质来引导消费"的企业理念,同时也使洛杉奇食品走进了千家万户。洛杉奇的公共关系策划和实施过程,也便是洛杉奇创立名牌的过程。专家们认为,这个过程要成为一个不断被记者发现新闻、不断为市民发现故事的过程。经过一年的信息宣传,洛杉奇食品逐渐被当地居民公认为现代时尚的一种标志,并以这样一种现代而充满创意的形象向全国拓展市场。

3. 广告诱人买

专家们循着洛杉奇的企业理念,进行广告定位,采用广告诱导心理策略,即抓住消费者潜在的心理活动,使电视、报纸、杂志、路牌、POP 宣传等都严格遵循 CIS 系统规律;同时,将洛杉奇食品进行细分,即推出一个个统一而又有个性的品种,在产品推出过程中推出产品的广告词:"已找到它了。"参考口号如下:爸爸妈妈太辛苦了,我想帮他们做饭,可我不会怎么办呢?我已找到了——洛杉奇速冻食品……

4. 连锁专卖店星罗棋布

1994年9月9日,坐落在国际大厦附近的"洛杉奇食品屋"开门迎客了。这家外观以粉红色和白色为基调、品牌标志被装饰在醒目位置、营业面积达到80平方米的食品屋是专家团策划连锁行销战略的一个重要步骤,此店将作为连锁专卖店的中心店。这开创了石家庄市连锁专卖销售战略之先河。专家们给洛杉奇划定了"十个统一"来建立连锁店的形象,即统一店名、统一装修装潢、统一广告、统一营业时间、统一服饰、统一领导、统一组织货源、统一定价、统一收账时间限定结算方式、统一仓储运输,按"十个统一"要求开办连锁店。如今,众多视觉冲击力极强的"洛杉奇食品屋"星罗棋布在石家庄市的主要街道上,实现着该公司"以国际品质来引导消费"的梦想。(资料来源: 李兴国《公共关系概论》教学案例 http://www.ygj.edu.cn)

【分析】公共关系专家没有参与做一样食品,却使食品厂打了翻身仗。他们的主要贡献是用公共关系的手段塑造企业形象,导入CIS,运用名牌战略,用无形资产带动了有形资产的增长。

【案例6-29】日本马自达公司CIS战略导入

(详细内容请见课件对应内容。)

【分析】马自达公司从一开始就专门成立了CI行动委员会,精心地设计开发企业识别标志,开发以企业识别标志为中心的视觉识别系统。以企业识别标志为中心,视觉识别系统为基础,设计了开发行为识别系统和理念识别系统。

本 章 小 结

组织形象是指社会公众按照一定的标准和要求,对一个组织经过主观努力所形成和表现出来的形象特征的整体看法和最终印象,并转化成的基本信念和综合评价。组织形象可以由若干指标来衡量和确定,如服务态度、办事效率、员工素质、产品质量等,但是最终可以通过知名度和美誉度两个指标就可以反映出来。组织形象可以从主体形象要素、客体形象要素和延伸形象要素三方面进行塑造。

一个完整的企业识别系统由企业理念识别系统(Mind Identity System,简称MIS)、企业行为识别系统(Behavior Identity System,简称BIS)和企业视觉识别系统(Visual Identity System,简称VIS)三个要素组成。并且三者也各有其特定的内容,从而分别构成了三个CIS的子系统。

复习思考题

一、问答题

1. 如何塑造组织形象?
2. 请阐述CI的含义?

3. 请问 CI 有哪些内容以及这些内容之间又有怎样的关系?

二、分析题

(一) 请对《【案例 6-27】雀巢公司 CIS 战略》进行分析, 阐述 CI 设计途径?

(二) 分析《【案例 6-29】马自达公司 CIS 战略导入》, 请问 1975 年马自达公司为什么决定逐步导入企业识别系统? 其新的企业识别标志是什么含义? 其设计开发了行为识别系统和理念识别系统的内容是什么?

(三)在近几年国家强调"传承和培育工匠精神"的背景下, 请问《【案例 6-12】从公关角度看中国游客为何爱到日本"扫货"》对你有何启示?

三、技能训练

1. 请运用本章公关原理从 MI、BI、VI 三个方面进行 CIS 策划, 分小组设计提高所在大学(或者公司以及其他社会组织)形象的方案, 策划出组织理念、员工行为规程、组织标识和信息传达方式等。

2. 请分小组搜集可口可乐、苹果等世界知名品牌, 感受品牌价值的震撼力量, 并利用本章知识讨论要成为世界品牌的关键要素有哪些?

3. 本章引导案例指出, 海尔公司能够成为世界一流企业, 与海尔科学制定 CIS 战略并且有效实施有很大关系, 请结合案例中海尔公司的 MI 和 BI 设计, 搜集海尔视觉识别(VI)进行分析。

4. 纵观全球的快餐连锁品牌, 麦当劳、肯德基无疑是成功的典型案例。但在中国人眼中, 他们售卖的主要产品——汉堡、薯条、炸鸡、可乐等, 无疑都是高热量、高脂肪、高糖分的"垃圾食品"。曾经有媒体做过街头采访, 一些路人表达了各种各样的理由, 诸如:

麦当劳、肯德基看起来比较干净, 餐厅有人维持秩序, 他们都穿着制服看上去很专业, 食品感觉很新鲜没有陈的, 喜欢不同餐厅统一又多变的装潢设计, 等等。

请进一步讨论和分析, 为何很多中国人宁愿选择去麦当劳、肯德基, 吃这些"垃圾食品", 也不愿意光顾售卖健康食品的中餐馆, 他们在形象塑造上有哪些成功之处。请为一家中餐馆设计一套 CI 方案。

第七章

公共关系调查

学习目标

通过本章的学习，主要了解公共关系调查的意义、调查的内容及调查的基本程序；理解并掌握公共关系调查的原则、常用的调查方法及其优缺点，能够撰写公共关系调查报告。

关键概念

调查内容(Investigation Content)　　调查程序(Investigation Procedure)　　调查方法(Investigation Method)

引导案例

公关调研在京东崛起过程中起了多大作用？

京东进军家电市场时，所面临的挑战非常大，前面有苏宁、国美这两个巨头，二者基本上垄断了所有的家电厂商，因此，家电厂商根本都不愿意或不敢给京东供货。另外由于观念使然，用户在家电方面的购物行为都在线下。

京东分析他的家电目标受众有两个：消费者是它的第一目标受众。另外一个则是家电厂商，希望说服他们拥抱线上去选择京东。

京东公关团队对这两类目标公众进行了认真的调查，结果不容乐观：消费者对京东不放心、家电厂商对京东不重视。为了扭转他们的认知，京东的公关团队对相对应的公众进行分析。

一、对于消费者，京东公关团队核心工作是加强他们的放心。向家电消费者宣传的关键信息是网上买家电省钱又放心。具体措施有：(1)产品放心，通过谈判，与更多的品牌家电厂商合作，让消费者放心，无论消费者去苏宁买某品牌，还是我这里买，都是一样的。(2)服务放心，保证和线下一样的安装售后。(3)电商模式更先进，无场地促销人员，无场地费人工费，价格放心且更有优势。

二、对于家电厂商，告诉他们电商是未来。京东的公关团队输出这样的信息：(1)电商规模虽然小，但是增速远高于线下，拥抱线下只是拥抱现代，想获得未来，就得拥抱电商。用户习惯于改变，年轻人就要去拥抱电商。(2)从模式上，电商更先进，电商是渠道变革的方向，包括零售的发展，从其他行业渠道的变革来说，可以找到线上线下和谐相处的模式。(3)不像苏宁、国美对品牌商的霸权，京东和品牌商是双赢的。

针对家电厂商这类公众，京东的公关团队连续举行京东家电供应商大会，持续参加行业高峰论坛，强化品牌商对于电商的信心。同时，找第三方的咨询机构合作，站在客观立场讲渠道变革，讲述电商是未来的观念，强化品牌商对电商的信心。在会上宣布很多信息流，例如某次会议上讲的"三年不长点位"，在当时引起轰动。

针对消费者公众，京东家电推出了"30 30 180"，彻底消除消费者的后顾之忧。

这在京东家电崛起过程中是浓墨重彩的一笔。推出 30 天价格保护，30 天质量问题可退货，180 天质量问题可换货，彻底消除了消费者的担心。消费者在线上电商购物和线下购物不一样，线下购物是先看到商品，看得见，摸得着，甚至体验过才买，等于是先有售前再购买。但是电商不一样，电商是看不见的，所以说电商一定要重视售后，售后有保障，也就解决了消费者的后顾之忧。

针对自己的竞争公众。京东总裁叫板苏宁，成功地引起媒体关注，纷纷为京东做了免费报道，起到一箭双雕的作用。2012 年 8 月 15 日，刘强东突然通过微博对苏宁进行喊话"从明天上午 9 点开始，京东所有的价格都比苏宁线上线下的便宜，如果苏宁敢卖 1 块钱，京东一定是 0 元，买大家电的人不关注肯定吃亏。"

结果：2014 年京东净收入超过苏宁，成为中国最大的零售商；2016 年京东家电超过苏宁，成为中国最大的家电零售商；2017 年 7 月京东空调超过苏宁，成为中国最大的空调零售商。(资料来源：http://www.shichangbu.com/article-30249-1.html，经编者删减调整)

【分析】任何生意归根结底都是要改变公众的认知。京东家电类产品线上销售取得成功的背后有着诸多深层次的原因，其中对公众的分析和研究是最为关键的。京东公关团队通过调查，对京东所要面对的公众进行了详细分类及分析，有针对性地做出应对，通过改变目标公众的态度，成功成为线上家电商销售大户。2018 年工信部赛迪研究院、中国国际电子商务中心正式发布《中国企业电商化采购发展报告(2018)》，报告通过抽样调查显示，在 2018 年企业电商化采购平台中，京东企业购以 51.2%的市场占有率居行业榜首；阿里企业采购(拥有 1688 大企业采购、企业汇采、淘宝企业服务、阿里钉钉等四个平台级入口)占比 29.8%；苏宁企业购市场占比为 13.9%。

京东公关团队通过调查，对京东所要面对的公众进行了详细分类及分析，有针对性地做出应对，通过改变目标公众的态度，成功成为线上家电商销售大户。毋庸置疑，公共关系调查是这次组织公共关系活动成功不可或缺的保证。

组织与公众良好公共关系的建立和维持，必须经过一定的工作程序和步骤。公共关系学者对此进行了科学归纳，并把公共关系的全过程大体分为调查研究、策划方案、组织实施和评估效果四个阶段，又称为公共关系的"四步工作法"。

【案例 7-1】蒙牛"酸酸乳"公关宣传活动

(详细内容请见课件对应内容。)

【分析】蒙牛销售总监在提高蒙牛新产品"酸酸乳"的销售中，运用了公共关系学四步工作法，使之最终提高了蒙牛的品牌知名度以及美誉度，攀上了国内乳制品市场的龙头宝座。

首先，在调查阶段，蒙牛销售总监在接受任务后，没有马上进行构思策划，而是先通过调查研究，分析对手和相关企业的情况，根据得出的结论明确自己的方向，找准产品的市场定位。

第二，在策划阶段，蒙牛销售总监通过比较之后，最终决定与湖南卫视的合作，策划出"四个一"方案，借此来固定蒙牛"酸酸乳"品牌的宣传基础，使其与节目紧密的结合，显示了其高明的公关思维和策划头脑。

第三，在实施阶段，蒙牛销售总监采用了多种媒体传播方式进行宣传，

使公关宣传延伸到几乎每个商场、店面，而湖南卫视也长袖善舞，令节目的亮点花絮纷呈。最终，"超级女声"活动家喻户晓。

第四，在评估阶段，蒙牛乳业进行了年终评估，总结了这次活动的成功与不足，目的是为在今后的工作中继续发挥长处，弥补短处，为开展后续公共关系工作提供了依据。

第一节　公共关系调查的意义及内容

一、公共关系调查的意义

公共关系调查是社会调查的一种表现形式，是指具体的社会组织，根据公共关系管理的需要，运用科学方法收集信息和处理信息，依据对信息的研究发现问题，确立公共关系目标并提出实现目标的措施的一种完整的工作程序。公共关系调查也是一种社会实践活动，是公共关系业务的一项专门技术，它不仅是信息管理的基本手段，也是开展其他公共关系活动的必需前提，不论是组织的形象管理，还是协调、危机处理或具体公共关系举措的策划与运作，都离不开事先的公共关系调查。

公共关系调查对组织有下述意义。

1. 组织能够准确地进行形象定位，从而有利于塑造良好的组织形象

所谓组织形象定位是指组织在其公众中形象的定量化描述。公共关系活动的目的在于塑造良好的组织形象，从某种意义上说，公共关系可视作组织的一种取得公众好感的技术。通过形象定位，可以测量出组织自我期望形象和其在公众心目中实际形象的差距，组织从而可以针对这个差距策划行之有效的公共关系活动方案，由此可以加强策划的目的性。

2. 为组织决策提供科学依据

公共关系调查的主要任务是及时地为组织提供决策依据，并能有效地预测和检验决策的正确性。要保证组织的决策正确，调查是最好的办法。因为只有通过调查，才能做出符合公众要求和愿望的行动，进而才能做出符合公众要求和愿望的决策，并认真实施，使组织在公众心目中树立起良好的形象。

【案例7-2】丰田轿车制造公司成功调研

丰田轿车制造公司在20世纪70年代第二次打进美国时，吸取了50年代其在美国市场出师不利的教训。他们首先开展周密的产品调研，摸清竞争对手的情况。当时联邦德国的大众轿车在美国小型汽车市场占有统治地位，丰田公司就雇用了美国一个专门调研公司，同大众车的拥有者面谈，了解到消费者对大众车的暖气设备、后座空间和内部装饰不满意。于是，就在丰田轿车的设计上取其长处，补其短处，设计出一种车型优于大众，而价格控制在低水平上的丰田车。丰田车的广告并不对两种车进行全面比较，而是突出宣传其优于大众车的特点，为产品树立起一个价廉物美的形象结果很快被美国市场接受，成为取代大众，销量第一的小型汽车。(资料来源：http://www.docin.com/p-566300935.html)

3. 组织及时把握公众舆论

公众舆论是指公众的意见或看法，是社会全体成员或大多数人的一致意见或共同信念，或者说是信息沟通后的一种共鸣。公众舆论处于一种不断扩大或者缩小的动态变化之中，当少数人的观点、态度扩展为多数人的观点和态度，分散、彼此孤立的意见集合成彼此呼应的公众整体意见，当声势尚小、影响甚微的局部意见变成声势浩大的公众的共同反响时，对组织的形象就会产生很大的影响。积极的公众舆论有利于组织塑造良好形象，消极的舆论则有损于组织的形象，甚至会造成组织形象危机。因此，通过公共关系调查，可以监测公众舆论，并能够使组织及时扩大积极的舆论影响，消除消极的舆论影响。

4. 提高组织公共关系活动的成功率

组织在开展某项公共关系活动之前，必须要对现有的人力和物力条件作充分的调查，必要时还要作现场考察。通过调查，组织对所要开展的公共关系活动的主客观条件有了足够的了解，才能保证公共关系活动有充分的准备和切实可行的计划，并取得较好的效果。

二、公共关系调查的内容

公共关系调查要紧紧围绕社会组织的生存和发展这一主题，收集和处理来源于公众、组织自身及社会环境的各类信息，其内容十分广泛，大致可分为 6 个基本方面，主要包括组织自身状况调查、组织的形象地位调查、公众构成情况调查、组织的公众舆论调查、传播媒介状况调查及组织所处的社会环境调查。

(一)组织自身状况调查

1. 组织基本情况

任何公共关系活动的开展都不能脱离社会组织的实际情况，因而也离不开对组织自身基本情况的掌握。包括：组织总体情况、组织经营情况、组织荣誉情况、组织文化情况等。

2. 组织实力情况

一般是指组织自身的物质基础和技术力量方面的情况。包括：组织的物质基础情况、组织的技术实力情况、组织的财务实力情况、组织成员的待遇情况等。

(二)组织形象地位调查

组织形象是指具体社会组织在运行过程中显示的行为特征，它是一个系统概念，由内在精神品质、外观风貌和行为风格三个方面构成的一个有机系统。对组织形象进行调查就是从自我评估和公众评价两方面评价出组织的形象地位，以测定组织的实际形象与自我期望形象之间的差距，以便准确地找出影响组织形象的因素，采取相应对策，塑造受公众赞誉的组织形象。组织形象调查研究包括 3 个基本环节，即自我期望形象的调查、实际社会形象的调查、形象差距的分析研究。

1. 自我期望形象调查

公共关系调查工作首先要通过组织内部的调查分析，了解组织的自我评价，揭示组织对公共关系工作的期望值,这是公共关系调查的第一步。组织自我期望形象调查是指一个组织自己所期望达到的形象目标,是一个组织开展公共关系活动的内在动力和方向。期望值越高,组织所做出的努力就越大,但不切实际的期望往往成功率很低,因此,组织自我形象设计要注意主观愿望与实际可行的结合。

2. 组织实际形象调查

开展组织的实际形象调查就是要了解外部公众对组织形象的评价,这种认识和评价主要体现为组织在社会公众中的知名度和美誉度两项指标,而调查项目一般包括组织的经营宗旨、方针政策、产品质量、服务态度、工作效率、技术创新能力、管理水平、公司的综合实力等各种要素。所谓知名度是指社会组织被公众了解和认识的程度,而美誉度是指社会组织被公众信任和赞美的程度。组织的实际形象调查包括以下 3 个步骤:

(1) 分析公众对象。组织的目标公众处于不断变化之中,为了正确地获得准确信息,必须对组织形象调查的公众对象进行辨认和甄别,确定调查的对象和范围。关系对象不清楚,调查对象不准确将不可能得到正确的调查结果。

(2) 测定组织形象。在对公众对象调查的基础上,综合分析公众的评价意见,根据知名度和美誉度两项指标在现实中的不同构成,可以将组织的实际形象区分为四种状态,运用组织形象的评估坐标图(如图 7.1 所示),测定组织的实际形象。

组织形象评估坐标图是以知名度为横坐标、美誉度为纵坐标,根据组织形象所处不同的坐标位置,把坐标平面可以分为四个区,来分别表示组织形象地位的不同状态。

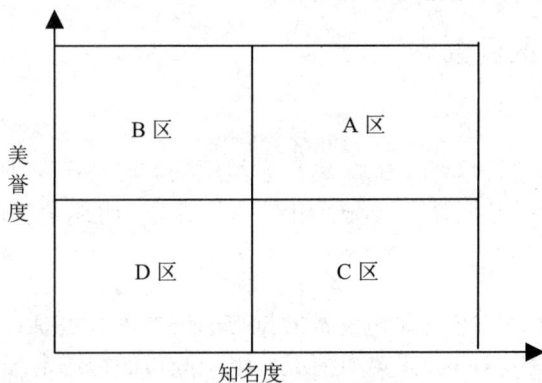

图 7.1　知名度、美誉度组织形象评估坐标图

A 区表示高知名度、高美誉度。处于该区域内的组织,知名度和美誉度较高,组织的实际形象处于较好的状态。

B 区表示高美誉度,低知名度。处在该区域内的组织大多是一些封闭保守型的组织,宣传力度不够,知名度较低,但这类组织有良好的基础,公共关系工作难度不大,公共关系活动的重点应该是在维持美誉度的基础上,提高企业的知名度。

C 区表示低美誉度,高知名度。处于该区域内组织多数为产品质量较差,管理水平不高的组织,处于名声不佳的恶劣环境之中。这类组织的公共关系工作难度较大,公共关系工作应首先从扭转已经形成的不利形象开始,降低知名度,从内部着手,打好基础,提高美誉度,然后再重新开展宣传工作,重塑组织形象。

D 区表示低美誉度，低知名度。处在该区域内的组织大多数为新开业的组织或是处于形象停滞状态，效益平平的组织，这类组织往往基础比较薄弱、公共关系形象不佳，公共关系工作需从零开始，首先要完善自身，而在传播方面暂时保持低姿态，等享有较好的美誉以后，再提高知名度的宣传力度。

(3) 分析形象要素。组织形象包含多方面内容，对企业而言，具体涉及经营方针、产品质量、服务态度、办事效率、业务水平等各种要素。公共关系人员要根据调查结果，统计并计算出每一个调查项目中各种不同评价所占的份额，找出形成某种形象的具体原因，以便更有针对性地策划改善组织形象的公共关系活动。

3. 组织形象差距比较

组织实际形象测定之后，更为重要的就是将组织的实际公众形象与组织的自我期望形象相比较，找出二者之间的差距及其形成的原因，这是制定公共关系工作目标的前提，实际上，公共关系工作的目标就是弥补或缩小这种差距。其方法可根据语意差别分析法进行测定和分析，即将影响组织形象的各种要素逐一列举出来，如企业经营宗旨、产品质量、服务态度、工作效率、技术创新能力、管理水平、领导者能力、组织综合实力等方面，并根据组织在这些方面的表现，设置不同的评价档次，请调查对象就自己的看法给出评价(如表 7.1 所示)。

表 7.1　组织形象要素调查表

评价／调查项目	非常	相当	稍微	中	稍微	相当	非常	评价／调查项目
经营宗旨正确		60	30	10				经营宗旨不正确
产品质量好			30	60	10			产品质量差
服务态度端正				15	20	65		服务态度恶劣
工作效率高			25	65	10			工作效率低
技术创新能力强				20	70	10		技术创新能力弱
管理水平高				10	40	50		管理水平低
领导者能力强					10	10	80	领导者能力差
组织综合实力强					30	60	10	组织综合实力弱

在图 7.2 中，用 1~7 作为数值标尺，将组织形象要素分成 7 个档次，如经营宗旨非常不正确为 1，相当不正确为 2，稍微不正确为 3，一般为 4，依此类推，并根据表 7.1 中调查项目的实际数据，计算出每一调查项目评价的平均值。其计算方法是调查项目的评价人数乘以相应栏目的数值，将该项目各档次评价总分相加，再除以调查总人数。如表 7.1 中第一栏经营宗旨一项的平均值为：

$$\frac{60人 \times 6 + 30人 \times 5 + 10人 \times 4}{100人} = 5.5$$

根据上述的调查结果，计算公众对每一个调查项目评价的平均值，将各个平均值分别标定在数值标尺的相对位置上，连接各点，就形成了组织的形象曲线图，其中，虚线为组织的期望形象,实线为组织的实际形象,两条曲线之间的差距就是组织的形象差距。从图 7.2 中可以看出除了经营方针这一项形象要素实际评价与自我期望值接近以外,其他各项形象要素均有相当距离。这是下一步公共关系工作的目标。

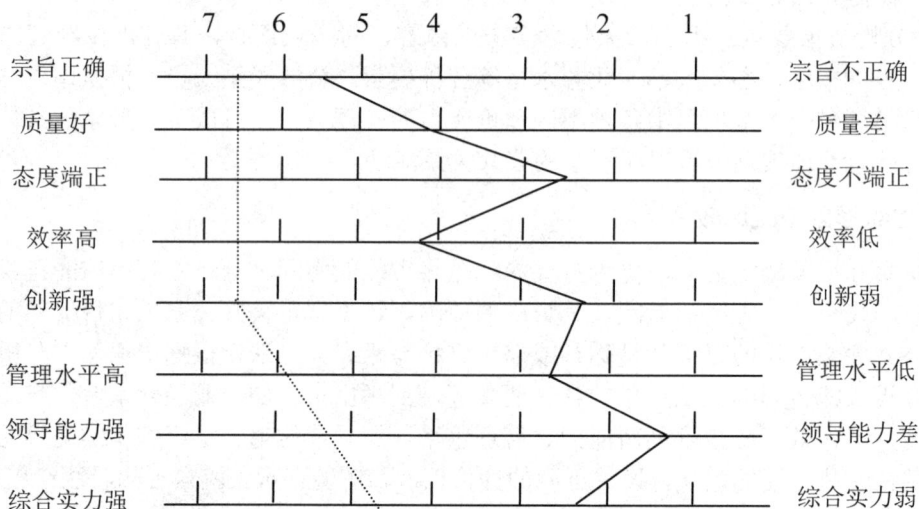

图 7.2　组织形象要素图

(三)组织公众构成情况调查

任何一种公共关系活动都很难全面地影响所有的公众,所以要对公众构成情况进行调查:①内部公众构成情况:组织成员的数量、专业、年龄、性别、文化程度等;②外部公众构成情况:外部公众的数量、空间、特征、观念、组织联系等。

【案例 7-3】美国第一银行的核心理念是"成为客户信任的代理人"

在与客户建立联系时采用"ICARE"的要诀: I—询问客户需求; C—向客户保证将尽快满足其需求; A—使客户确信有争先完成服务工作的能力与愿望; R—向客户提供一系列的服务选择; E—使客户银行接受单个客户委托。

美国第一银行的客户还可以得到"AT YOUR REQUEST"提供的三项服务:金融服务、旅游娱乐服务和综合信息服务。如: 客户使用其信用卡一定时间后,在信用记录良好的情况下,银行会寄送一份"AT YOUR REQUEST"业务的邀请函,客户只要简单填写家庭成员信息、喜欢的杂志及文娱活动等,就可以获得各种相关服务。银行会通过"AT YOUR REQUEST"帮助客户满足各种需求,如提醒服务、预订服务等。

无论是"ICARE"还是"AT YOUR REQUEST",都离不开美国第一银行客户数据库的全面信息支持,它可以从每一笔信用卡交易中提取有价值的数据,并通过这些业务记录"发现"客户感兴趣的商品或服务。利用所掌握的交易数据,还可以建立高度准确、按等级分类的单个客户实际偏好记录,也能分析群体客户消费情况和偏好。由于这些数据是实时持续更新的,随着时间的推移,客户需求和消费偏好会越来越清晰地反映出来,这就为"ICARE"还是"AT YOUR REQUEST"业务开展提供了最有力的信息支持。(资料来源: file:///C:/Users/TYH/Desktop/b0801.htm,经编者删减整理)

【分析】美国第一银行借助数据库系统获得有关信息，为客户提供"如您所愿"的服务。否则，这项工作是很难开展得如此完美。

(四)组织公众舆论调查

公众舆论调查类似于知名度、美誉度调查，但并非完全一致，公众舆论调查主要内容有：

(1) 有多少公众知晓，包括绝对数量与相对比例，还有知晓公众的种类分布情况等。

(2) 这些知晓公众对有关问题了解的程度如何，包括全面性和层次性，如果公众了解的情况不够全面，那么他们掌握的资料对组织是有利还是不利的信息。

(3) 公众的态度是什么，是赞成还是反对，或满意还是不满意。

良好的公共关系状态肯定是以尊重公众权利、较好地满足他们的各种需要为基础，而组织也应根据各种公众的需要和关注点来塑造相应的组织形象。在公共关系中，公众舆论调查一般常用舆论测量模型来分析，建立舆论模型，包括两个指标：一是量度指标，二是强度指标。

1. 量度指标

舆论的量度指标指持有肯定或否定态度的人占总人数的百分比，对某一问题不表示意见者可以不予考虑。量度指标不仅要考虑公众人数，还应考虑公众的分布种类数，如果持某项态度的公众种类数越多，说明该舆论越具有代表性和权威性，如果持某种态度的人数比例至少超过 50%，则可称为主导舆论，否则称为次舆论。量度指标可分为绝对量度指标和相对量度指标两种，绝对量度指标的计算公式是：

$$L_S = R \times f$$

式中，L_S 即为绝对量度指数，R 是测量公众人数或是持某种态度的测量公众人数，f 是公众的分布种类数。这里 L_S 可以分为持肯定态度和否定态度的绝对量指数 L_{Sk} 和 L_{Sf}。

相对量度指标的计算公式是：

$$L_{Zk} = L_{Sk}/L_S \times 100\% \qquad L_{Zf} = L_{Sf}/L_S \times 100\%$$

式中，L_{Zk}、L_{Zf} 分别表示持肯定态度和持否定态度的相对量指数。

在调查中要注意样本的合理性，包括样本规模和抽取方式，在某些情况下，各类公众的重要性并不一样，此时，可用权重或定性方式来体现这种差别。

2. 强度指标

舆论强度指标指公众所表示的意见、观点、态度的强烈程度，一个稍微持肯定或稍微持否定态度的公众，采取实际行动的可能性较小，对他人的影响力也不大。强度指标可用不同的等级来表示，强度等级一般可分为 5～7 级，如图 7.3 所示。

关于强度指标的计算公式十分简单，一般以持某种强度态度的公众人数除以所有明确表态的公众人数或总的测量人数来表示。在实际操作中应该注意，一些持某种极端态度的公众，有可能存在偏见，因此有时需要剔除这类公众，总之，不管如何，多数人的态度或主导舆论总是最重要的，是公共关系工作关注的重点。

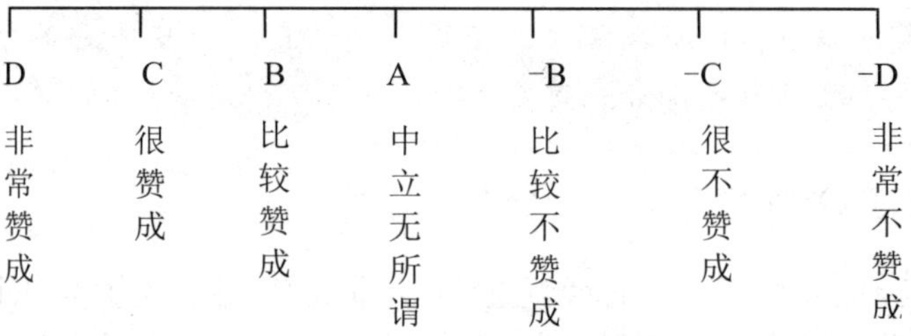

D	C	B	A	-B	-C	-D
非常赞成	很赞成	比较赞成	中立无所谓	比较不赞成	很不赞成	非常不赞成

图 7.3　舆论强度级差图

【案例 7-4】一家企业为了测量潜在用户对该企业的一项新产品的欢迎程度，调查了 1000 名用户，这 1000 名用户是从企业所在社区的 5 个区域中的 6 种不同公众中按比例选定的，调查结果如下：持 B、C、D、-B、-C、-D 及 A 态度的公众数分别为 330、270、100、17、170、113。由此，有关指标计算结果为：

绝对量度指标：$L_S = 1000 \times 5 \times 6 = 30000$ 人

$L_{Sk} = 700 \times 5 \times 6 = 21000$ 人

$L_{Sf} = 300 \times 5 \times 6 = 9000$ 人

相对量度指标：$L_{Zk} = 21000/30000 \times 100\% = 70\%$

$L_{Zf} = 9000/30000 \times 100\% = 30\%$

强度指标分别为：$q_{Zk}B = 330(B) \times 5 \times 6/30000 \times 100\% = 33\%$

$q_{Zk}C = 270(C) \times 5 \times 6/30000 \times 100\% = 27\%$

$q_{Zk}D = 100(D) \times 5 \times 6/30000 \times 100\% = 10\%$

$q_{Zf}B = 17(-B) \times 5 \times 6/30000 \times 100\% = 1.7\%$

$q_{Zf}C = 170(-C) \times 5 \times 6/30000 \times 100\% = 17\%$

$q_{Zf}D = 113(-D) \times 5 \times 6/30000 \times 100\% = 11.3\%$

通过以上计算，可以得出如下一些结论：

(1) 实际样本数虽然只有 1000 人，但由于相应的公众种类数较多，因而有效舆论量度指数为 30 000 人，有一定的代表性和权威性。

(2) 从总体看，持肯定态度的模拟人数为 21 000 人，占 70%，说明肯定舆论为主导舆论，否定舆论为次舆论。

(3) 在肯定舆论中，持比较欢迎态度的公众人数最多，占 33%，说明肯定舆论的强度不高；而在否定舆论中，持很不赞成及非常反对态度的公众数较多，占 17% 和 11.3%，说明这类舆论不可小视，同时也反映了舆论的不同分布。(资料来源：编者根据相关资料整理编写)

3. 舆论测量模型

当测量好舆论的量度指数和强度指数后，可进一步绘制舆论模型图(如图 7.4 所示)，该图由两条相互垂直的直线组成，横轴表示舆论强度的级差，纵轴表示舆论量度指数，然后把计算好的量度与强度指数标示上去即可。通过绘制舆论测量模型图，可以更好地看出不同舆论的规模大小与态度的对比。

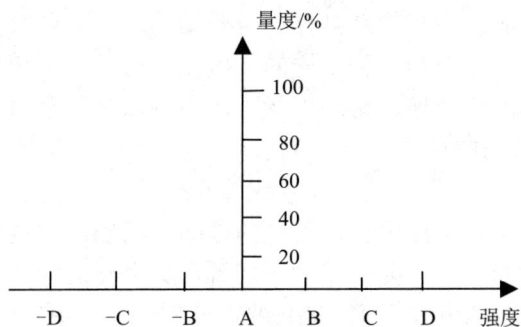

图 7.4　舆论模型图

(五)传播媒介状况调查

主要是对大众传播媒介情况进行调查：①大众传播媒介的分布情况：地域分布、行业分布、类型分布、数量分布；②大众传播媒介的功能作用情况：传播范围、传播内容、传播特色、传播效果、传播者威信；③大众传播媒介所需信息的情况：报道中心、新栏目的开辟、编辑和记者需要的内容等方面的现实状况。

(六)组织社会环境调查

社会环境调查是公共关系调研工作的一项基本内容，社会环境调查就是广泛地收集一切同本组织的生存与发展有着密切或明显联系的社会相关信息，调查的主要内容有以下几方面：

(1) 政策环境。了解国家各项政策、法令和法规的制定和实施情况及其对企业产生的影响。

(2) 市场环境。了解组织产品在目标市场中的占有率、竞争对手的情况及其顾客消费心理的变动。

(3) 文化环境。了解传统文化心理对公共关系活动方式的承受力如何及区域文化对公共关系活动产生的影响。人们赖以成长和生活的社会形成了人们的基本信仰、价值观念和生活准则，从而构成了我们的文化环境，处于不同文化背景下的公众对同一类产品的喜爱程度不同，对同样的公共关系宣传和广告宣传的反应也有所差别。

第二节　公共关系调查的程序

调查是一种过程，是由相关的几个基本步骤构成。公共关系调查与一般社会调查的程序和方法基本类似，调查程序一般是：确定调查选题，制定调查方案，收集资料和实施调查方案，分析处理调查结果，撰写调查报告。其目的就是要确保前期公共关系调查的科学性和调查结论的可靠性。

一、确定调查选题

确定调查选题即确定公共关系调查活动的课题，也就是确定要研究解决什么问题，公共关系调查研究大都也是从选择和确立具体项目开始的。作为公共关系活动的一个操作内容，社会组织所选择的调查课题是多种多样的，可以是与经营、销售有关的问题，如公众的消费习惯、消费倾向、消费情趣、市场现状等，也可以是社会组织与各类公众之间的关系状况，如上级部门对组织的评价、同行的看法、新闻界对组织在一段时期内的报道倾向等。

对于每一项具体化的调查工作来说，首要的是必须明确：通过这项调查，试图达到什么样的目的？对这个课题的研究，能够帮助我们解决什么样的问题？因此，调查课题必须清楚地阐明并以一种假设性的方式提出，如：调查市民在 3 年中对摩托车的需求量的变化，那么，这个课题就是"摩托车需求量在这 3 年中的变化"，为了使调查的最终结论产生意义，可以根据直观印象来假设这种需求在 3 年内已经产生了某种变化，这就是调查课题的确定。一个可靠的调查结论能够帮助组织解决各自的生产或销售问题。

调查课题大致可以分为两种类型：

(1) 描述型课题。这类课题的确定，通常是由于调查者对调查对象情况知之甚少，需要通过调查来详尽地描述对象的轮廓和细节。例如，在市场上有两种主要的洗涤剂：肥皂和洗衣粉。它们在市场上的销售情况具体怎样，调查者心中无数，那么调查课题就可确定为："肥皂和洗衣粉在市场消费中的分布"。调查者通过调查资料，可以详尽描述多少人、什么人以及在怎样的一种消费心理驱使下使用肥皂和洗衣粉。按照定量原则，这种描述基本上是能完整地显示出"肥皂和洗衣粉在市场消费中的分布"情况，完成课题规定的任务。

(2) 解释性课题。这种类型课题的确定目的是力图通过详细阐述既成事实为何或如何发生，来解释某些急需了解的现象之间的因果关系，并采取对策。

我们仍以"肥皂和洗衣粉在市场消费中的分布"材料为例，在"肥皂和洗衣粉在市场消费中的分布"的描述性课题中，我们发现洗衣粉的使用量在不断地增加，同时，调查资料还显示，使用洗衣粉的家庭也在不断地增加，那么，在解释性的课题类型中就可以提出这样一个假设：洗衣粉在市场消费中的增长与洗衣机的普遍使用有因果关系。在调查中，为了验证这个假设，就要注意着重比较洗衣机拥有家庭与还未使用洗衣机的消费者，在对待洗衣粉使用问题上的消费倾向，这可以说是一种"横向"的调查比较。为了更好地验证假设和说明问题，还可以作一个"纵向"的比较，这就是在调查中，向每一个调查对象询问他们在"3 年前"对肥皂和洗衣粉的消费心理情况，因为"横向"调查比较说明洗衣机拥有者比其他消费者更愿意使用洗衣粉，但这并不能全部解释洗衣粉消费量提高的原因，洗衣机的使用或许只是洗衣粉消费量提高的原因之一。而通过"纵向"的调查比较，就有可能发现非洗衣机拥有者在过去 3 年中开始对洗衣粉偏爱起来。这种偏爱也导致了洗衣粉消费量的大幅度提高。这样，通过结合"横向"与"纵向"的调查比较，就有一个新的调查结论出现：洗衣粉的"易于使用、价格便宜、洗涤效果好"等因素正在洗涤剂市场消费中发挥着越来越大的作用。这个调查结论既可以指导市场安排，也可以作为下一步调查研究的起点，如"洗衣粉档次拉开是否受到欢迎"这类调查课题的确定。

在调查的课题确定中，特别要注意的是，无论是描述性课题或解释性课题，都不能受传统的思维方法和观念束缚，力戒主观因素在验证假设中的影响；调查中的假设应不带偏见，在未经证实之前，它们都不是结论。

二、制定调查方案

制定调查方案是公共关系人员根据组织形象的现状和目标要求，分析现有条件，设计最佳行动方案的过程。其内容包括设计调查指标、选择调查对象及调查活动规划 3 个部分。

1. 调查指标设计

统计指标是说明总体数量特征的概念，是对调查活动做出必要的指示和说明，而任何一个统计指标都只能反映总体某一方面的数量特征，为了全面系统地认识一个总体，就需要同时使用许多指标，这种以共同的研究目的为纽带而相互联系的一系列指标就称作指标体系。调查指标是调查目的、调查的指导思想和科学假设等的集中表现，一项公共关系调查的指标通常由下列 3 个部分组成：

(1) 调查的指导思想。即对选题的意义、重要性和调查的思想方法、注意事项等做出概要说明。

(2) 调查的对象和范围。即对调查什么及其存在领域和范围做出界定。这不仅对开展调查有指导意义，也是调查结论存在的重要前提条件。

(3) 调查指标内容。调查指标的设计应与调查目的相吻合，如果调查是以探测性为目的，即要对某个问题达到初步的认识和粗略的了解，调查指标设计就应主要用来描述其状态或过程，以收集有关社会现象的信息。如果是以解释性为目的的调查研究，那就要注重对问题因果关系的探讨，为分析原因打下基础。此外，有些调查指标还应根据调查课题的需要，描述组织在相关问题方面的现实状态与追求目标之间的差距；有些指标设计离不开理论假设的指导，所谓理论假设就是对调查问题可能依据的一些条件或情况做出主观判断，然后再经过实际的调查去验证那些假设是否成立，从而找到解决问题的途径。

2. 公共关系调查对象

公共关系调查对象是解决"向谁调查"的问题，在进行社会调查过程中，我们感兴趣的是社会现象或社会问题，因此，一方面我们的着眼点是整体、集合，而不是某个孤立的个体，但另一方面，调查研究对象作为整体，又是由个别单位构成的，在实际调查时，往往就是从这些个别单位入手进行公共关系调查。

3. 调查活动规划

调查活动规划是公共关系调查的主体部分，就是对具体调查工作进行策划，把调查活动的具体步骤、各个环节都详细地计划出来，形成一个谋划方案，以指导和控制实际的调查活动。不同的公共关系项目其活动方案规划是千差万别的，一般具有以下内容：①确定并规划完成调查课题的一系列调查方法和措施。②设计调查步骤并做出时间规划。③确定调查活动的人员配置和人员培训措施。④经费预算和各种调查必备物品的选用及分配。⑤替补方案和各种补救措施的规划。

总之，公共关系调查活动在原则及内容等方面应遵循方案策划的基本要求，同时，公共关系调查作为一种采集信息的技术，公共关系人员在实际应用中要根据具体情况，灵活规划活动方案。

三、搜集资料和实施调查方案

数据收集和实施阶段是一个花费最昂贵也是最容易出错的阶段，在进行调查时容易出现 4 个主要的问题：有些被调查者恰好不在家，必须再度访问；有人会拒绝合作；有些人可能会给予有偏见的或不诚实的回答；最后，有些访问人员也偶尔会不诚实或带有偏见。

在此阶段，主要工作就是问卷资料的搜集，最普通的方法是由被调查者自行答卷和调查人员访谈两种。问卷发放的总数与回收上来的数目之比称为回收率。对于回收率，调查人员应有足够的估计，回收率为 100%的可能性是很小的。美国社会学家肯尼迪·贝利认为：50%的回收率是可以令人满意的，60%是相当成功的，而 70%以上则可以说是非常成功的。这可以作为一个参考系数。

四、分析处理调查结果

公共关系调查人员只有将调查搜集的资料、数据进行整理分析，才能准确把握存在的问题，指导公共关系活动的开展。由于调查获得的资料大都比较杂乱，从中不便找出事物的实质和规律性，所以必须对收集起来的信息资料进行整理审核，来解决其真实性、准确性、标准性和完整性问题，以便为进一步资料分析打下基础。公共关系调查整理阶段的主要任务有以下 4 方面：

(1) 检查。首先应检查调查资料的回收率，如果收回的调查资料在数量或结构上不足以代表调查对象整体，则不能以这类资料为依据进行研究总结，这时应做补充调查或重新调查。其次应检查资料是否真实可靠，即查证资料是否确实来源于调查对象，有无虚假资料。这时，调查人员的经验显得非常重要，经验丰富的调查人员能够通过分析被调查者对具体调查项目的填写情况，评判其真伪性。最后，检查资料是否完整、准确、合格。包括每份资料填写是否完整，统计或其他内容的填写是否准确，资料内容是否符合调查目的的要求。

(2) 分类。根据调查目的对信息资料进行分类，形成卷宗档案，便于下一步分析研究和对资料开发利用。分类时应注意资料的完整性、统一性和连贯性。

(3) 编码。编码就是把调查的一些项目及其信息资料，依据一定的数字模式或序码模式加以程式化，编成含有特定意义的信息处理系统，便于信息的处理和开发利用，提高工作效率。

(4) 登录。登录即把归类整理好的资料制作成登录表，便于查找利用。

公共关系调查人员整理好调查资料后，下一步就进入统计分析阶段，如调查人员把资料数据列成表格，并制定频率分布、对主要变量计算其平均数和衡量离散趋势。在公共关系调查分析中，研究人员还应努力采用一些先进的统计技术和决策模型，需要更多的数理统计等专门知识，以期找到更多的调查结果。

五、撰写调查报告

公共关系调查报告是调查者根据公共关系调查活动所获得的信息资料和据此而形成的分析结论所撰写的一种文体，公共关系调查报告有基本文体格式、写作内容方面的要求，但在具体的写作过程中还应针对具体情况，灵活安排其写作结构。具体要求：

(1) 公共关系调查文体格式与写作要求。公共关系调查报告一般分为标题、导言、正文、结尾、署名、附录等几个部分，一般意义上设置公共关系调查的文体格式与各部分写作要求，如表7.2所示。

(2) 撰写调研报告的注意事项：①要考虑读者的观点、阅历，尽量使报告适合读者阅读。②尽可能使报告简明扼要，不要拖泥带水。③用标准格式写作，使用普遍词汇，尽量避免行话、专用术语。④务必使报告所包括的全部项目都与报告的宗旨有关，剔除一切无关资料。⑤仔细核对全部数据和统计资料，务必使资料准确无误。⑥充分利用统计图、统计表来说明和显示资料。⑦按照每一个项目的重要性来决定其篇幅的长短和强调的程度。⑧务必使报告打印工整匀称、易于阅读。

表7.2 公共关系调查报告文体格式与写作要求

文体格式		常用形式	基本内容	写作要求
标题		直叙式、观点式、问题式	表达调查主题	题目精练新颖、高度概括、有吸引力
主体部分	导言	叙述式 提问式 总结式	介绍调查工作概况：如调查时间、范围、方式、内容、目的等	点明主题 高度概括 精练简短
	正文	逻辑分叙式 表格说明式 条文列举式	现状资料分项目汇总叙述；分析造成该现状的内外原因和影响因素	主题明确、中心突出、材料典型、逻辑性强、条理清晰、报告语言简洁、有说服力
	结尾	归纳式 警告式	全文小结并提出建议和措施	概括全文、形成结论、提出建议
署名		标题之下 全文之后	调查单位与写作时间	简单明确
附录		原件、资料卡、表格等	调查表、典型材料、数据库	根据正文需要

撰写公共关系调查报告实际上是公共关系活动的最后步骤，即根据特定的标准，对公共关系活动结果进行总结、衡量和评价。它的主要作用有：运用多种方法考察和评价公共关系活动的效果，以总结经验教训，为今后的工作提供借鉴；向决策部门报告公共关系工作的完成情况；利用公共关系工作的成果，对组织内部成员进行激励。

【案例7-5】2019年度某公司员工满意度调查总结报告

(详细内容请见课件对应内容。)

【分析】该员工满意度调查总结报告通过问卷调查方法收集资料进行分析，结构完整。

第三节 公共关系调查的原则及方法

一、公共关系调查的原则

为了保证公共关系调查的科学性和可靠性，在公共关系活动的调查实务操作中，必须遵循以下几条指导原则。

1. 全面性原则

社会调查的对象是人，由于他们各自不同的社会背景如年龄、职业、教育程度、信仰和居住环境等条件因素的差异，其态度及行为会呈现出千姿百态的图景，而社会调查要把握的当然不是他们中的个别成员的态度及行为特征，而是总体现象的全面情况。但有时对总体进行全面调查是不可能的，此时，根据"大数定律"，可对总体进行抽样调查，从而做到大量观察，并使观察数据所代表的样本与总体数所表现的平均值接近。此外，为了在更大程度上符合全面性原则，还有必要着重选取某些典型材料进行重点调查。

2. 代表性原则

由于调查对象在数量上巨大、在分布上又是广泛的，因此前期调查只能采取从总体中抽取样本的方法来进行。样本的代表性对反映总体全面情况的质量至关重要，所以必须使每个个体的抽取都应该得到"均等抽取""随机抽样"的机会。例如，英国广播公司(BBC)的公共关系部，在开展的一项公共关系调查中，每天在电波覆盖范围内抽取2250人，从而推断人们收听和收看其节目的比例，日积月累，使公司决策机构有了相当明了的对听众和观众的认识。这就是小样本所具有的足够代表性在认识总体全面情况时所产生的价值。

3. 客观性原则

公共关系前期调查必须要有一个统一的标准尺度，要有自身相对独立性，以保证调查客观。例如，在调查问卷设计中，对每个问题、每个概念都要进行具体的、确切的含义规定，比如对"组织形象"进行调查时，对"组织形象"就要予以清楚的不会产生歧义的说明，使调查者和被调查者在接触这个概念时都有一个共同的客观认识。此外，客观性原则还要求在同等条件下重复测量能获得相同的结果，这就排除了因地因时因人而异的误差对调查结论的影响。

4. 定量化原则

人们对客观事物从定性分析进入到定量分析，标志着人的认识从笼统、模糊的低级阶段走向了精确、清晰的高级阶段。在一定意义上，运用数学也就是运用定量方法来分析和显示认识结果，在社会调查中，定量化原则包含着这样两层意思：第一，运用统计学的原理对调查资料进行统计和分析；第二，运用数学关系来显示和表达调查结论。如果说客观性原则旨在防止调查出现误差，那么定量化原则是防止出现误差的强有力的措施。

5. 时效性原则

任何事物都是处于不断地运动、变化、发展之中的，而任何一项公共关系调查总是针对一定的公共关系任务进行的，任何一次的公共关系调查都只能反映组织在一定时限内的公共关系状态，只能是对某个时段的事物的信息的反映，随着时间的推移及事态的变化，组织的公共关系状态也会发生变化。这就要求公共关系调查人员不仅要注意信息的全面性、客观性等，还要把握信息的时效性，以便组织根据信息及时做出相应的决策。有时还需要调查人员在一段很长的时间内随时进行不断的调查与反馈，方能保证组织决策的准确性，而不致因信息陈旧导致决策失误。

二、公共关系调查的方法

公共关系调查属于社会调查范畴内的一种具体的调查活动，因此，公共关系调查的方法主要是参考、借鉴一般社会调查的技术方法，并注意吸收统计学、社会心理学、传播学等学科相关的研究成果，其目的主要是为了采集信息、监测环境、分析趋势、为社会组织决策提供依据。具体来说，公共关系调查常用的方法有普遍调查、抽样调查法、访问调查法、问卷调查法、观察法、实验调查法、文献研究法、网上查询等，在现实工作中进行公关调查时可能会同时应用多种方法。

(一)普遍调查法

普遍调查简称普查，指对调查对象总体(即全部调查对象)进行无遗漏的、逐一的调查。因此，普遍调查又称全面调查。普遍调查的使用一般有两种情况：一是调查对象总体数目相对不大，不需要花太大的人力、物力和太多时间就可以完成，例如组织在人事管理中对人力资源的调查，资产的调查等；二是调查对象数目庞大，但为了全面准确地掌握情况，必须花费很大的人力、物力和较长的时间调查，如国家的人口普查和各种资源普查。

普遍调查的特点：首先是获取的资料全面、完整，便于调查者从宏观上、整体上掌握情况；其次，当调查对象总体规模不大时，全面调查是准确获取信息资料的最佳选择；再次，当调查对象总体规模十分庞大时，普遍调查在人力、物力、财力方面的消耗是很大的，调查活动的组织实施要花费较长时间，而且，也不适宜对问题做深入细致的调查。

(二)抽样调查法

科学地抽取样本是公共关系调查工作中的关键环节，没有一个科学准确、富有代表性的调查样本，就不可能得到令人信服的调查结果，也没有可能进行策划与实施等后续的公共关系实务工作。为什么在公共关系调查活动中人们常把抽样这一环节看得如此重要呢？这是因为公共关系调查活动常要面对众多不同的调查对象，而且这些公众分布的地域广泛，因而在实施大面积高效率的公共关系调查活动时，就必须依赖科学的抽样调查方法，依据一定的科学程序、方法、步骤来抽取具有典型代表性的调查样本，进而对这些样本进行深入的调查，以获得一系列信息数据和统计分析资料，来近似地描述与勾勒出总体被调查者的相关情况。

抽样调查又称样本调查，它是从调查对象总体中抽取出一部分作为样本，通过这部分样本的调查结果推算、估测、分析来推断总体调查对象的一种调查方法。根据调查者选取样本的不同方法，可以把抽样调查环节划分为两大类型：随机抽样与非随机抽样。所谓随机抽样又称为概率抽样法，它是根据调查对象总体中的每个部分都有被同等选取为样本的可能,即每个个体调查对象都享有"机会均等"的原则,在随机抽样调查过程中,被调查总体中的每一个个体都自然存在、自然出现,在不受调查者主观意图的影响下抽取样本的一种抽样方法;相反,非随机抽样方法则是调查者有意识地主观选择若干具有代表性的个体单位作为样本来进行调查,并进而推测样本所代表的总体情况的抽样方法,常用的非随机抽样方法有重点调查与典型调查两种。很明显,随机抽样与非随机抽样有着很大的区别,非随机抽样方法在抽样过程中渗入了调查者的主观选择色彩与判断,而随机抽样方法抽取的样本具有更好的代表性。在公共关系调查实践中,公共关系调查人员往往根据不同的调查对象、不同的调查目的、不同的调查背景,分别选用两种不同的调查方法。

1. 随机抽样调查方法

(1) 简单随机抽样调查法。这是在公共关系调查者掌握了被调查总体某一共同信息的前提下,先通过为总体被调查者中的每一个个体进行某种编码(有些调查总体中的每个个体单位天然地具有编码的特征,不需要另外人工编码),然后根据随机取样的原则,利用简单的随机数字表(乱码表)、随机抽签等方法,从总体被调查者中间随机抽出若干个体样本来进行调查,由于这种随机抽样,保证了被调查总体中的每个个体都有着同等的入选机会,并且每一次选择的结果都可能是相互独立、各个不同的,因此随机抽取的客观性、独立性与科学性得到了最大限度地保证。这里有个概念要澄清的是:"随机"不等于"随意","随意"抽取不能保证抽样者对某些数字不会有所偏好,以至样本的代表性降低;而"随机"抽样的号码数字由计算机按特定的程序产生,保证了"随机"本身的严格性,也就保证了随机样本的代表性。

【案例 7-6】某市关于供暖方式的居民随机抽样调查

调查目的及范围:某市关于供暖方式的居民随机抽样调查。

调查总体名单和有效样本:抽取某市五个区的城市居民,实际访问样本 1185 个,成功访问 805 个,剔除 36 个不具代表性的学生等群体样本,复核后有效样本 789 个。

调查过程:2019 年 11 月 11 日,山东省民意调查中心,28 名经过培训的访问员陆续走进计算机辅助电话访问系统工作大厅,戴上耳麦,坐在电脑旁,开始对济南冬季供暖情况进行调查。

"你好,我们是山东省民意调查中心的访问员,您现在方便吗?"一位访问员根据电脑随机抽出的号码,鼠标轻点,就拨打了某市一位市民的家庭电话。得到对方接受访问的回答后,访问员就开始针对拟定好的问题向对方提问,再根据对方的答复在相应的选项后打个标号,短短 3 分钟的时间,十多个问题就访问完毕,市民所做的选项以及每个问题的开始时间、结束时间……整个访问过程都实时录音,直接输进了数据库。工作大厅旁就是督导室,两名督导员也戴着耳麦,正紧张地轮流对 28 名访问员进行实时监督指导。据督导员介绍,访问结束后,他们还要对访问员的每次调查进行录音回放,这样能保证调查真实可靠避免因人为因素造成访问失误。

调查结果:在这 769 个有效样本中,仅有 31.8%的居民采用集中供暖(单位宿舍和商品房是集中供暖的主要组成部分,占 97.5%)。分散供暖(含单位供暖、小区供暖、自己取暖)仍是某市居民冬季取暖的主要方式,占 64.6%(市民自建房基本依靠自己取暖,比例高达九

成，另有近一成无暖可取)。(资料来源：编者根据相关资料整理编写)

思考： 该案例访问员怎么确定受访家庭？该方式有什么不足？

(2) 系统抽样的调查方法。系统抽样又称等距抽样，它是根据被调查者总体中各个单位(个体)的空间、时间或某些与调查活动无关，却带有某种特性标志的排列顺序，每间隔一定"距离"随机抽取一个样本的取样方法。这种方法实际上是根据事先确定的样本数目，来确定抽取的"间距"。等距抽样的可靠性在于整体数的排列必须处于无序状态，并且起始点必须随机产生。

【案例 7-7】 曾经有两位美国社会学家对美军在越南战争中的士气问题进行调查，他们使用了系统的抽样方法，选择逢 10 的号码作为样本，然而结果完全出乎意料，官兵的士气远比假设的要高，经过对抽样方法的鉴定，他们悟出了一个道理，原来军队的花名册排列是由"三等兵、二等兵……少尉、中尉、上尉"的顺序排列的，每 10 个人恰好构成一个循环，这样，他们逢 10 抽取的样本都是清一色的某个军阶的军官，而军官的士气相对来说要高，这样的调查结论在推及军队官兵总体时就失去了意义。两位美国学者后来对此作了改进，将每一军阶的士兵或军官放在一组，将第 1～100 号列为三等兵组，第 101～200 号列为二等兵组……，然后重新系统抽样，最后得出的结论推及总体时就较全面、客观、富有代表性。(资料来源：编者根据相关资料整理编写)

由上述可知，系统抽样方法有可能在某些具有周期性排序规律性的总体数目中，实施抽样时潜藏着偏差的危险。再如，在一个班级名单上女生很少，但却常常集中登记在班级的花名册上，如果抽取的间距过大就有可能一下子全部跳过，使最后选取的样本全为男生；另外在一些事先获得的名单中，可能规律性地按照籍贯、性别、班级、单位等多种因素集合排列，从而造成样本的偏差。为此，在抽样的过程中，调查者常常实施某些有效的方法来减少误差，其中经常使用的一种方法就是分层抽样技术。

(3) 分层抽样的调查方法。分层抽样减少误差的依据是同质性被调查总体比异质性被调查总体抽样误差相对较小的原则(如班级中全部是男性的被调查总体就比男女混杂的被调查对象误差小)。分层抽样是在调查中将调查对象在不同层次上进行分类，然后在各个层次上依序抽样，即是在把总体中的个体按照不同的变量项划分为一个个的同质体，然后再按照总体中每个同质体的比重来分配样本数额，从而使样本更具有代表性。例如：在大学生中进行随机抽样调查，如果只是采用普通的随机抽样方法，就会因为年级、性别、考试成绩等某些规律性的排序而影响抽样的客观性，但若采用了分层抽样，就可以事先依照年级、性别、考试平均成绩或家庭背景等不同的某些变量，对总体被调查对象的大学生进行分层规划，并依据这些变量项与总体的比重分配样本数额。

分层的目的在于把某些被调查总体中的个体划分成为一个个的同质层群体(层与层之间是异质的)，并按照每一个同质层在总体中的数量比重分配适当的样本数额，然后再采用简单或系统的随机抽样方法在各个分层群体内抽样。分层的变量标准往往因人而定，因不同的调查活动目的而定，一般而言，分层的变量常常取决于这些变量是否具有某种独立性，是否能够与其他的变量相互区分。

常见的分层变量项有：年龄、性别、教育程度、地理位置、职务、工作类型、家庭情况等。这些变量项既是分层的标准，减少抽样误差的重要技巧，也是以后进行样本统计分析的科学依据。显然,通过这种分层抽样技术,公共关系调查人员在随机性抽样调查活动中就能够更好地保证样本中每个同质群体样本代表的多样性与典型性,能够更加近似地反映被调查总体的真实面貌。

(4) 聚类抽样的调查方法。聚类抽样也称为整群抽样,即是首先把总体按某种分布顺序进行分组,然后用随机抽样方法取出若干个组,这些组的全体成员即构成样本,例如:要调查 2000 个家庭,可以选 5 个地区,每个地区又选出各有 40 户的 10 个区段,这样每个区段的 40 户就作为"类"单位,合计有 50 个单位,最后列入 2000 户的样本中,聚类抽样的明显优点是组织工作比较方便,适合于调查中出现无法事先知晓被调查者的总体数额的情况(简单随机抽样与系统抽样往往都是在已知被调查者总体名单的前提下进行的),但由于调查单位只集中在若干个群内,而不能均匀分布在总体的各个部分,因此,对于同样多的样本单位来说,聚类抽样的抽样精度一般要比上述随机抽样方法要低一些。

运用聚类抽样方法必须在划分"类"时有一定的根据,要经过精心选择,否则,将会出现"类"大致相同而无代表性的倾向。

2. 非随机抽样调查方法

非随机抽样是一种经验抽样,它的使用应具备两个条件,一是调查者对总体中所有元素的分布比较了解,这时凭主观判断也能很好地抽选出有代表性的样本;二是调查者了解到总体中的所有元素在分布上是均匀的,这时也就没有必要采用概率方法控制样本的代表性。但是,非概率抽样说到底是一种经验行为,其调查研究行为无法事先从理论上验证,即不能借助统计推论的方法对样本和结论做出评估。常用的属于非概率抽样的方法主要有:

(1) 判断抽样。这种方法是基于调查者对总体有大致的了解,依据这种了解和经验,从总体中选出"有代表性""典型"的单位作为样本。例如,从某一地区或某一行业所有的企业中,抽选出若干先进的、居中的、落后的企业作为样本,来考察全体企业的经营状况,如果判断准确,这种方法可以取得较好的样本。但既然是主观判断,这种方法受主观因素的影响较大,可以说,判断者的素质决定了调查的成败。实际上,这是一种依靠经验的传统办法,操作简单,但应慎重使用。

(2) 定额抽样。这种方法是根据总体的结构特征来给调查人员分配定额,以取得一个与总体结构特征大体相似的样本。例如:根据人口的性别、年龄构成来给调查人员规定不同性别、年龄的被调查人数,以此来反映总体的信息。这种抽样方法使用时关键是对总体元素的结构特征要认识准确,这样才能选准定额,从而控制好样本的代表性。

(3) 典型调查。即选择调查对象总体中的一些具有代表性的对象,并对其进行调查,以了解总体情况的方法。典型调查所选的典型是依据具体标准确定的,在实际应用中选典型往往也是为了侧重了解某一方面的情况,因而典型调查又称为重点调查。典型调查可以深入地获取生动材料,节省人力、物力、财力和时间,但是,在使用典型调查是时,应特别注意,不能把典型对象的情况看作是普遍现象,做出以偏概全的结论。

(4) 个案调查。个案调查是指选择某一具体调查对象,就某种社会现象或问题对其进行深入调查研究,以求解释现象,探明原因,解决问题。

个案调查能深入细致地研究调查对象,有利于具体问题的解决,但个案调查一般需要花费较长的时间,投入较大的精力,调查结论也不一定有广泛的适用性。在公共关系调查中，一些具体问题的解决往往用到个案调查，如公共关系危机处理，一些重要公众的关系处理等。

(三)问卷调查法

无论是试验的方法还是实地的调查，无论是民意测验还是组织形象的评估，凡是属于第一手资料搜集的公共关系调查方法，几乎都离不开问卷设计这一环节，一份出色的、科学严谨的问卷常常是保证调查成功的最为重要的因素之一。

1. 定义与内容

问卷调查是把所要调查的内容设计成一组问题，以设问的方式或表格的形式形成一份问卷，通过让调查对象填写问卷来收集信息的一种调查方法，是一种专门为向特定公众调查对某些具体问题的知晓、态度、意图等情感与行为的反映而设计的书面测验。

2. 问卷的类型

根据问卷对问题和答案设计的形式不同，可以把问卷分为封闭式问卷和开放式问卷。开放式提问答题者可以自由选择答案，封闭性提问答题者只能在调查者所提供的多项答案中选择一种。

(1) 封闭式问卷。这是一种事先对问题确定了可供选择答案的问卷，被调查者根据各自的情况进行判断，在其中选择一个或多个自认为恰当的答案。这种问卷多用来调查事实、态度、行为等方面的问题。

封闭式问卷所获的答案内容，既规范又统一，便于调查者进行大量的定量分析和计算机数据处理，因而广泛地受到调查工作者的欢迎，是公共关系调查中采用较多的一种问卷设计形式。但封闭式问卷也存在某种缺陷，主要是调查事先划定了答案，这就有可能遗漏一些很重要的、但尚未被研究者认识到的答案，如果这部分答案的比例较大，则会严重影响调查质量；此外，由于事先提出了答案，有可能造成强迫被调查者回答的情况，因为它很容易使一个不知道如何回答或没有具体看法的被调查者随意作答，所以为了防止被调查者不负责任地回答问题，在答案中往往要加上"不知道"或"其他"等选项。

例如：

① 您对自己的职业满意吗？(请在下面各项中适合自己的选项后划 √)

a. 很满意　　b. 满意　　c. 无所谓　　d. 不满意　　e. 很不满意

② 您对下列饮料的饮用情况，如表 7.3 所示(请在相应的空格中打 √)。

(2) 开放式问卷。开放式问卷是一种可以自由回答的问卷，实际上是一个比较详细的调查提纲，只有一个个具体的问题，答案完全由被调查对象提供。

例如：① 您对公司的管理有何评价？

② 请谈一谈您对未来大学教育的展望？

开放式问卷多用于探索性研究，它能给难回答者以较多的创造性或自我表达的机会，可以了解到被调查者独特的观点，尤其适用于讨论一些比较复杂的问题，在一些特定的场合下，在少数人群中，在调查某些敏感和具有深度的问题时，开放性提问往往十分有效。在一定程度上，开放式问卷可以得到一些在封闭性问卷中得不到的真知灼见和极有价值的细节性信息。但由于这种提问允许答题者自由地提供独特的、富有个性的答案，因而对某一问题的回答内容肯定是因人而异，这就给调查者进行资料的整理工作带来了困难，不容易统一数据处理的标准，在进行数据处理之前，公共关系调查人员必须重新进行整理与分类，否则就难以保证测试结果分析的科学性。对于被调查对象来说，由于回答问题要花费较长的时间和精力，容易引起较高的拒答率，从而影响问卷的回收。

表7.3　某地区饮料市场调查问卷

序号	项目	a(经常饮用)	b(偶尔饮用)	c(从不饮用)
1	啤酒			
2	汽水			
3	可口可乐			
4	茶			
5	咖啡			
6	果汁			
7	果奶			

总之，封闭式问卷和开放式问卷在实际应用中各有利弊，调查者要根据具体情况选用，在大多数情况下，是两种问卷形式综合使用，以保证调查效果。

3. 调查问卷的设计

(1) 问卷的结构。包括：

① 引言，也叫说明。一般应包含调查目的、意义、调查组织者、选样的原则、调查结果的使用者、保密措施等内容。在问卷中说明这些情况有利于争取被调查者的合作，消除他们的戒备心理，这部分在表达上语言要诚恳，文字应简洁、明确。

② 注释，也叫导语。用来提示如何填写调查问卷或解释某些调查项目的含义。

③ 条款，也叫调查项目。是问卷的主体部分，问卷设计主要就是条款的设计，这部分由封闭式问题和开放式问题组成。

④ 资料的登录部分。是为了区分、核实、分析资料而专门设计的，区分设计包括问卷编号、调查对象基本情况等；核实设计包括调查问卷使用的日期、时间、地点及调查人员和核实人员姓名等；分析设计包括问卷内容各部分的编码、序号等，主要是供资料统计和输入计算机分析使用。

(2) 调查问卷条款设计。包括：

① 指标的测量方式，所谓测量方式就是将某一概念或某一组概念向调查者显示的方式，一般可分为两类：定性测量和定量测量。定性测量是用两个对立概念将某个问题区别开来，如对洗衣粉的态度是"喜欢"，还是"不喜欢"，定性测量必须注意包容性和排他性。包容性是指所列的各种概念必须能包含所有可能出现的答案。如"性别"可以用"男或女"来回答，但对于像"民族"这个问题，如果不列出所有可能出现的民族，被调查者就会无法回答。有时这种无法包容的情况，可以用第三种如"其他或另外说明"等选择，但如果调查中有相当多的人选择了这一种答案，那这个定性测量就有了缺陷。排他性是指定性的两个对立概念之间不能有交叉，被调查者只能选择一个答案，就像"男或女"这样的问题，非男即女，被调查者不能有其他选择。定量测量是用数字表示的数量关系来显示

概念之间的区别，不同的数字用来表示不同的区别程度，它有 3 种方式：定序、定距和定比率测量。定序测量是以数字大小来表示概念按重要性的顺序排列，例如：如果您急需购买家电产品，您在以下几种家电商品中先买哪种？答案为 4 种选择：电视机、电冰箱、空调、空气净化器，被调查者可以依自己的意愿对这 4 种顺序分别称以 1～4 的顺序号，汇总后，就可得知人们心目中家电商品是放在优先位置上考虑的。定距测量是利用不同数字表示答案的大致差异，如调查测试者的经济背景情况，在家庭的每月人均收入选项里，可在选择答案中列为 0～2400 元，2400～4800 元，4800～7200 元，7200 元以上，这样几个定距区段的划分，在数量汇总上要容易一些，同时，大致也能清楚地表明被调查者的经济背景。定比率测量的精确程度较定距测量更高，但较难进行数据处理。典型的定比率测量是让测试者在一条直线比率段上标出一个位置作为答案，假如还是调查收入，则定比率测量可如图 7.5 所示。

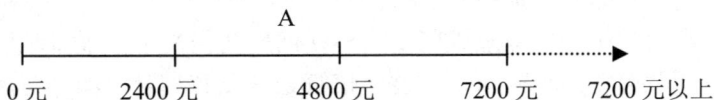

图 7.5 定比率测量示意图

在图 7.5 中，A 点表示调查者的家庭人均收入大致在 4000 元。

定序、定距、定比率测量 3 种定量测量方式各有优缺点，在具体实施中可灵活运用。

② 条款设计的方法。问卷的条款就是一个个具体的问题，封闭式问卷还包括了选择性答案。为了确保这些问题及其选择性答案的科学性，公共关系调查人员要根据具体的调查目的和题目，通过科学的理论假设，由理论假设到概念，再由概念到变项，这样对调查题目进行分解化处理，找到调查对象的具体问题，然后把这些问题分门别类，从而构成了问卷的条款内容。

关于条款的具体产生过程，可用图 7.6 直观地显示出来。

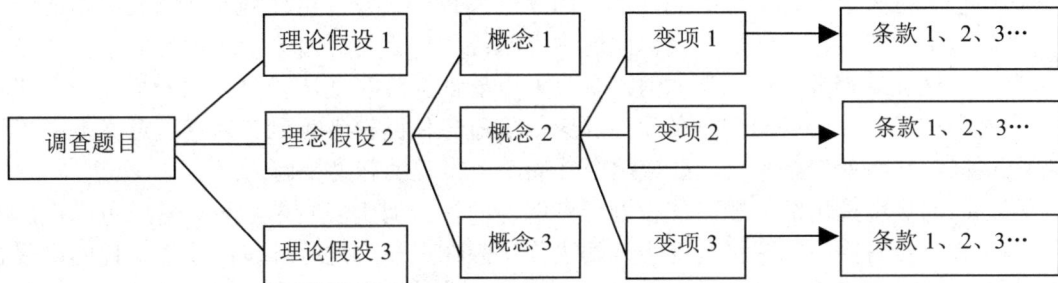

图 7.6 条款的设计方法

对于封闭式问卷来说，条款内容除了问题之外，还包括答案，答案设计也很重要，这是问卷条款的有机组成部分。封闭式问题根据答案的设计情况可以划分为单项选择、多项选择、对比选择、排序选择四种。单项选择即从多个答案中只选一个答案，通常为"是"或"否"，因此答案之间应该是相互排斥的；多项选择即从多个备选答案中选出至少两个以上答案；对比选择即从两类相互抵触，对比强烈的答案中选出一个方面；排序选择即对众多有程度或次序等方面差异的备选答案，要求被调查者根据各自情况排出顺序。

③ 条款设计的原则。设计条款应尽量遵守以下一些原则：

第一，封闭式问卷所列出的答案应包括所有可能出现的一切答案，这在实际操作中很难做到，所以在列出尽可能多的答案后，必须再列一项"其他"，以供选择。

第二，一个问题的不同答案之间必须相互排斥，互不包容。只有这样才能够使调查者正确解释所得资料。

第三，条款必须清楚明确，具有确定的具体含义，避免使用模糊语言和容易引起误解的词句。如果公共关系人员在问卷中提出这样一个问题："你对长虹电气公司的印象如何？"这个问题就很不清楚，因为答题者不知道你想让他回答关于长虹公司哪方面的印象。你是问长虹公司的电视产品？还是长虹的空调？是问关于长虹公司公共关系形象，还是问该公司的机器设备与产品？这就是说，问卷中所提出的问题有多种回答的可能性，这就属于问卷不精确的错误。因此，问卷提出的问题应十分清晰严谨，简明易懂，具体明确，使回答问题者能确切地知道你所提问的意图。

第四，要避免在问卷中进行双重提问。这样使问题变得复杂，很多时候没有经验的设计人员可能不经意间就会提出这类双重问题而使答题者左右为难，如"请问你是喜欢长虹公司的电视机还是空调？"很显然此类问题有双重内容，应有两个答案，答题者很难回答。同时，如果是封闭式问卷，也给设置答案增加了难度，很容易导致答案不能确切地回答问题。

第五，避免使用假定性问题。假定性问题指用虚拟语气构成的条款，如"假定……你是否会……""如果……你将会……吗？"，这样的问题多见于意愿调查中。意愿调查目的就是根据所得资料进行某种行为习惯变动的预测或对某种事态可能引起的心理和行为后果进行预测。但假定性问题的答案无论肯定与否，其含义实质上都是不明确的，因为问题本身不成事实，只有理论上的意义，不足以为信。

第六，不可使用诱导性条款。诱导性条款是指由于条款的措辞、内容等方面的原因，使应答者有意无意地不得不选择某种答案，即条款的提问实际上就是要求应答者选择某种答案。如有一份关于生育意愿的调查表，问卷开头有一大段宣传计划生育意义，阐述一对夫妇少生优生的重要性，然后在具体问题中提问："你认为一对夫妇最理想的子女数是多少？"，不管被调查者"理想"如何，多数人可能都会理智地选择"只生一个孩子"或者"只生两个孩子"。所以问卷中条款措辞应尽量避免使回答者想到集体意识意义上的"正确"与错误，从而使信息失真，要使用中性词，用客观的态度提问。

第七，问卷中提出的问题应使答题者有能力回答。调查问卷中，设计者应考虑提出的问题答卷者有没有回答的资格与能力，如"你认为在电视上进行计算机软件课程的讲授合适吗？"，如果被调查者是一些没有受过计算机教育的公众，那么这道题他们可能就没有能力回答"。再如询问汽车驾驶员，"你得到汽车驾照后已经消耗了多少汽油？"，如果问卷上要他回答这样的问题，那么得到的答案只能是胡乱填写，信息的误差是可想而知的。

第八，提出的问题在顺序上要尽量适应调查对象的心理习惯。提出的问题顺序上要循序渐进，先易后难，使答题者能完整地回答完全部问卷的内容，常见的提问顺序是先询问答题者的个人简历情况，再问对方是否了解某事、某人、某个组织，然后才较为详细地询问对方具体的心理倾向，情感态度与可能或已经做出的行为等较为复杂的问题。在问题的安排上，要尽量把同类问题归纳在一起，按照逻辑的顺序排列提出，一些问题是所有的答卷人都能够或应该回答的，就应该在问卷中首先提出来，另外一些问题只有一部分人才能回答的，就应放在后面或另行安排。提出的问题如果排列不当，就可能会影响答题者对问题的回答质量，如：在一份问卷中开始就提出关于大学生恋爱问题的总括概述性问题，"您赞成在大学期间谈恋爱吗？"，如果回答是否定的，那么在回答后续的一些探测大学生恋爱的具体问题时，答题者可能会为了与前面的总括性的答案保持一致，而违背自己的本意去回答这些问题。因此，为了避免这种可能的不真实性的答案，公共关系调查人员在设计问卷时，必须对提问的顺序问题有所注意。

第九，调查问卷中涉及敏感问题时，问卷设计应遵守保密原则。敏感性问题是指涉及私人生活以及大多数人认为不便于在公开场合表态或陈述的问题，如私人财产调查、不轨行为调查及其他私人生活情况调查。在对此类问题调查时，问卷设计不注意方式、方法、措辞等，就会使拒答率相当高，或者得不到真实的答案，从而使调查失去意义。所以在进行敏感性问题调查时，必须替答题者保密，要事先说明所采取的具体保密措施，如：不进行有个人特征的记录，如姓名、工作单位、住址等；问卷填完后由答题者自己密封问卷；资料汇总后问卷被销毁；如有泄密情况，研究者或调查人员将承担法律责任等。在设计这类问卷时，还可改变提问形式，使答题者不以第一人称回答问题，而是以第三人称来回答，如"有人如何，请做出评价。"

④ 附带性问题的设计。在一些问卷中，可能有一些问题只适用于某一些人来回答，或者说某些问题只有一部分人有资格有能力来回答。如在问及被调查的教育背景与欣赏某一事务水平之间的潜在联系时，可能会有这样一个问题："请问您受过大学以上的学历教育吗？"答案可能有两种：受过或没有，紧接着一个问题是："如果您受过本科以上的学历教育，请问您是喜欢外国电影；中国电影；……"，这种正题后面的附加问题(也被称为后续性问题)，就是问卷中的附带性问题，答题者是否应当回答这些问题，是由他对前面正题(也叫前趋性问题)的回答所决定的。附带性问题的设计是为了使人们免于回答那些不了解的问题，或仅用来调查某些特定群体公众的特定信息，设计中，调查人员一定要清晰地表明只有那些对特定的前趋性问题能够做出肯定回答的人，才需要回答后续的附带性问题，而其他人则可以跳过这些附带性问题，继续回答其他主要的问题。如果附带性问题过长，不能在同一页码中显示，设计者就要在问卷中特别加以说明，使答题者能明确地知晓自己是否需要回答这些附带性问题。

4. 问卷的分发方式

调查问卷的分发即是怎样用问卷去采集信息，这要根据具体的情况而定，常见的方法有：

(1) 邮寄法。就是把问卷邮寄给调查者，填写后再寄回来的调查方法，邮寄调查的方式省时、省力，可以大规模地分发问卷，但弊端是可能回收率不高，无法保证问卷质量。

(2) 组织分配法。即通过已有的组织形式发放和回收问卷。例如，依靠党派团体和其他的组织以及有较强人事控制能力和社会影响能力的其他个人。组织分配法的优点是回收率高、费用低、省时，但不能保证答案都是个人亲自填写，经常发现抄写和他人代写的现象。

(3) 当面填写法。即调查人员亲自把调查问卷送到被调查对象的手中，请被调查者当面填好后,立即收回问卷的调查方法。为了提高调查效率,也可把被调查者集中起来,当面填写问卷。当面填写法的优点是可确保问卷答案的真实性,但需投入较多的人力,也比较花费时间。

【案例7-8】公共关系——医疗品质问卷调查表

亲爱的女士/先生:

您好!为了提高本院医疗服务品质,营造更好的医疗服务环境,恳请您利用几分钟时间填写这份问卷,以提供医疗服务品质改进的方向。以下的问题,请您以就诊的经验作答,在合适的答案( )内进行选择。为保证您的权益,此问卷将由专人处理,回答内容均予保密,敬请安心作答。谢谢您的合作与支持。

一、个人基本资料

1、填表人: ( )病患本人　　　( )亲友　　　　　( )其他

2、性别: ( )男　　　　　　( )女

3、年龄: --------------

4、教育程度: ( )大专以上　( )高中　　( )初中　　( )小学　　( )其他

5、居住地: ( )南京市区　( )江宁区　( )高淳区　( )溧水区　( )其他

二、就医背景

1、请问您是初次来本院就诊吗? ( )是　　　( )否

2、请问您就诊的科别是? ( )内科　( )外科　( )妇产科　( )小儿科　( )其他

3、您选择本院的原因是? ( )亲友推荐　( )服务态度好　( )医术高明　( )地点适中 ( )医疗设备佳　( )医院名气　( )其他

三、此部分是对医院医疗服务各项目的满意程度,请在( )中进行选择

1、医院环境设施方面	很同意	同意	没意见	不同意	很不同意
a、医院交通便利,停车方便	( )	( )	( )	( )	( )
b、医院空间宽敞,没有拥挤情形	( )	( )	( )	( )	( )
c、室内温度适中,光线明亮	( )	( )	( )	( )	( )
d、等候座位舒适,座位充足	( )	( )	( )	( )	( )
e、有明确的指示牌活看板	( )	( )	( )	( )	( )
f、诊疗室及诊疗器具很干净	( )	( )	( )	( )	( )
g、洗手间、地板及走道很干净	( )	( )	( )	( )	( )
h、医院常保持安静	( )	( )	( )	( )	( )
i、医院病房中可维护个人隐私权	( )	( )	( )	( )	( )
2、等候时间方面	很同意	同意	没意见	不同意	很不同意
a、您在等候挂号的时间不会很久	( )	( )	( )	( )	( )
b、您在等候看病的时间不会很久	( )	( )	( )	( )	( )
c、医生为您诊疗的时间掌握的刚好	( )	( )	( )	( )	( )
d、若有检查,等候报告结果的时间不会很久	( )	( )	( )	( )	( )
e、您在等候领药的时间不会很久	( )	( )	( )	( )	( )

f、其他(请说明)-----------------------

3、工作人员的服务态度方面	很同意	同意	没意见	不同意	很不同意
a、服务台咨询人员服务态度很好	( )	( )	( )	( )	( )
b、挂号人员服务态度很好	( )	( )	( )	( )	( )
c、医生态度亲切和善	( )	( )	( )	( )	( )
e、检查部门工作人员服务态度很好	( )	( )	( )	( )	( )
f、药剂部门工作人员服务态度很好	( )	( )	( )	( )	( )
g、医院守卫工作人员服务态度很好	( )	( )	( )	( )	( )
h、医院护送工作人员服务态度很好	( )	( )	( )	( )	( )
i、医院义工人员服务态度很好	( )	( )	( )	( )	( )
j、医院保洁人员服务态度很好	( )	( )	( )	( )	( )
k、其他(请说明)	-----------------				

4、医疗过程	很满意	满意	可接受	不满意	很不满意
a、医生耐心倾听我的病情	( )	( )	( )	( )	( )
b、医生仔细诊察及说明病情	( )	( )	( )	( )	( )
c、医生的专业能力很好	( )	( )	( )	( )	( )
d、医护人员尊重我的隐私	( )	( )	( )	( )	( )
e、医护人员工作细致认真	( )	( )	( )	( )	( )
f、当病患呼叫时，医护人员立即处理	( )	( )	( )	( )	( )
g、住院期间主治医生常常来巡视	( )	( )	( )	( )	( )
h、其他(请说明)	-------------- --------				

5、服务结果	很满意	满意	可接受	不满意	很不满意
a、当我抱怨时，立即得到适当的处理	( )	( )	( )	( )	( )
b、诊疗后病症已改善	( )	( )	( )	( )	( )
c、药剂服用方式有详细说明	( )	( )	( )	( )	( )
d、您对本院急诊服务的整体感觉	( )	( )	( )	( )	( )
e、其他(请说明)	- ---------------------				

6、其他

a、如果您再次需要医疗服务的话，您会选择？

( )再来本院　　　　( )到其他医院　　　( )不一定

b、当有亲友需要医疗服务的话，您愿意介绍他们来本院就医？

( )愿意　　　　　　( )不愿意　　　　　( )不一定

您认为本院最需要加强的是什么？

(1)----------------------------

(2)----------------------------

谢谢您的合作，再见! (资料来源：编者根据相关资料整理编写)

【分析】该问卷比较全面，通过问卷分析能够提供医疗服务品质改进的方向。

(四)访问调查法

访问调查就是通过人际交往的形式进行调查活动的调查方法，即由访问者向被访问者直接提出调查问题,通过被访问者的直接回答来收集调查资料的一种调查方法。这种调查方法通常用于对一些问题的调查,或是对某个具体问题的深入调查,如对重点人物的访谈调查。访谈调查一般可分为五种具体形式:即访谈法、信访、电话访问、拜访加邮件访谈、德尔菲小组讨论。

1. 访谈法

(1) 访谈调查的性质及主要类型。访谈法是调查人员与被调查对象进行面对面的交流,是通过谈话方式收集信息的一种调查方法。有逐一采访询问,即个别访谈,也可以开小型座谈会,进行团体访谈。在访谈过程中,尽管谈话者和听话者的角色经常在交换,但归根到底访员是听话者,受访人是谈话者。访谈以一人对一人为主,也可以在集体中进行访谈。按照其程序结构,访谈法被分为结构式访问和非结构式访问。

所谓结构式访问,就是根据事先撰写的调查表格进行访问,谈话的内容和次序基本上按表格规定进行,答案也是固定的,谈话一般不超过表格规定的范围,这种访问也称作正式访问。所谓非结构式访问,就是只有调查任务但事先没有固定的程序要求,访问人员可以机动灵活地掌握,这种访问也称作非正式访问。非正式访问也可搞成多人同时参加的座谈会形式,这种访问对调查人员的技能要求较高,一般有素质较高的调查人员实施。

(2) 访谈调查应注意的问题。包括:① 要有充分的准备。调查前,要根据调查任务,与调查对象事先沟通,约定访谈时间、地点等。如果是正式访问,可事先通报访谈内容;非正式访问也应事先通报访谈的大致目的,使调查对象在心理上和具体问题上都能有所准备。调查前的准备还包括调查者对所要调查问题的充分了解和调查问卷及调查提纲的设计;还有调查者对自我衣着、言语、举止、礼节等预想性设计。一般来说,访谈者衣着整洁、得体;行为举止大方;仪态端庄、稳健;言语朴实、文明,都会不同程度地影响到调查的效果。② 注意培养良好的谈话气氛。调查者要主动、热情、友好,培养一种融洽的访谈气氛,特别是深度访谈,这样才能使被访者有话想说,且说得深刻、自然、不会有所顾忌。③ 要善于启发引导。访问者要善于巧妙地引导调查对象谈论所调查的话题,如有些调查对象不善言谈或态度冷淡,这就需要调查者的耐心,要从各个角度,用各种方式提问,获取调查信息;调查对象过于健谈,这也要求调查人员要有耐心,既不能打断别人,又要善于巧妙地抓住机会,把话题引导到调查主题上来。

【案例 7-9】金庸做客杨澜访谈录

(详细内容请见课件对应内容。)

2. 信访调查法

信访调查又称作通信调查,指采用信函方式将调查表或问题提纲邮寄给被调查者,请被调查者按要求以书面形式回答问题后,再把调查材料寄回给调查者。信访调查适用于大面积或远距离调查,优点是省时、节约、保密性较好;缺点是不易控制、复函率不高,获取的信息也比较平常,信息资料的真实性不十分可靠。

为了提高调查资料的回收率,在调查表和提纲的设计方面,要多从调查对象的角度考虑,尽量简单、明确,便于回答问题;调查表格和提纲的印刷也要做到清楚,版面整洁,特别是对调查对象的说明文字,要注意用语谦虚、礼貌、文明、诚恳,以赢得调查对象的好感，争取他们的合作态度。此外，在邮寄的调查材料上应交代清楚调查的目的、主办单位和回收的时间，并附上印好回寄地址的信封与邮票；如有必要，还应说明相关保密措施或其他承诺，以消除调查对象的顾虑，争取较高的复函率。

3. 电话访问法

电话访问是由调查人员借助电话这种通信技术，通过拨打电话的方式访问调查对象，以获取信息资料的一种调查方法。电话访问的优点是快捷、省力、省时；通过与调查对象的间接交谈，调查者基本可以判定对方的合作态度，获取的资料比较可靠；缺点是访问的时间不宜过长，调查内容不宜繁杂。

为了做好电话访问工作，调查人员也应做好充分的准备工作。第一，要事先组织好调查程序，包括怎样开始赢得被调查者的合作、访问内容的编排、如何结束等。第二，精心选择拨打电话的时间。调查者拨打电话时，无法预知对方的情况，只能依据常识做出判断，何时可能是最不至于打扰对方的时间，从而更容易赢得对方的合作与好感。第三，提问时应首先主动用礼貌用语和诚恳的态度说明自己的身份及调查目的，征得对方同意后方可提问；所提问题也应简短、客观尽力避免提示或引导调查对象回答问题；调查结束后还应诚恳致谢。

4. 拜访加邮件访谈法

这种方法结合了面对面访谈和邮件访谈的技巧。访问者通常对一个组织(如家庭)进行面对面访谈之后，将问卷寄给他们。因为访谈者和受访者已经建立某种程度上的关系，这种方法的回收率要远远高于直接邮寄法。

5. 德尔菲小组讨论法

它是一种定性的调研工具，借助在当地有影响力的人和全国知名专家等意见领袖来弥补公众调研的不足。它通过重复向同一组专家发放问卷，从中找出这些人的共识。

(五)观察法

观察法是由调查人员深入调查现场，以公开的身份或隐蔽的身份观察调查对象的态度、行为等情况，并形成记录资料的一种收集信息的方法。

观察法是最为常用的一种调查方法。首先，要求观察者应具备较高的素质，有敏锐的观察力，能够洞察事物的本质，迅速捕捉到常人注意不到的问题并做出正确判断。其次，观察法还可以运用一些现代化的技术手段，如录像机、录音机、照相机等，把观察对象的声音和行动等情况保存下来，特别是照相技术和录像技术，使调查对象的表情、神态、动作与相关背景都可以真实地保存下来，便于调查者做从容、仔细和深入的研究。最后，观察法也有局限性，主要表现为对观察目标所处的环境无法控制，各种干扰因素可能会影响到观察的效果，而且，观察者的主观因素也会不可避免地影响观察结果。

【案例7-10】酒店餐饮业进入"暗访时代"

(详细内容请见课件对应内容。)

【分析】暗访法属于观察法的一种，得到的信息比较客观准确。

(六)实验法

公共关系学提出的实验调查法,有其狭义的内涵。它是特指置专门的现实场景,在现场观察和访问有关人员,从而收集信息资料的一种调查方法。例如,通过举办产品展览会来进行市场调查就是比较典型的实验调查法;还例如:有意识地在一些公共场所安排一些假戏真唱的表演性质的生活场景,通过调查人员的切身体验和现场观察、访问来收集有关信息。在公共关系调查中常用的还有,通过设置一些场景来调查职工的态度、行为,如心理素质、公益心、社会责任感和道德水准等。

(七)文献研究法

文献研究法也是公共关系调查中较常用的一种调查方法,是指通过第二手资料来收集信息、了解情况。文献是前人调查研究的成果,主要来源有:出版物、政府和社会团体的档案、个人文献三类。

【案例7-11】中国最著名的"照片泄密"案

(详细内容请见课件对应内容。)

【分析】日本三菱重工财团从一张照片中获取信息,是应用了文献研究法

(八)网上查询

该方法是通过互联网收集资料的一种方法。优点是速度快、成本低。缺点是调研对象仅限于网民,所获信息的真实性和准确性难以判断。主要种类有以下几种:

(1) 搜索引擎法,是指利用搜索引擎收集公关调研所需要的大部分二手资料的方法。但利用搜索引擎强大的功能也能获得大量的第一手资料。如收集某行业主要竞争厂家的资料一般途径:①搜索企业网站、搜索相关行业信息——第一手资料;②搜索大型咨询公司的公开性调查报告、政府机构发布的统计调查信息、学术团体发布的调查资料等——第二手资料。

(2) 网站跟踪法,作为公关调查的日常资料收集工作,需要对提供信息的网站进行定期跟踪,对有价值的信息及时收集记录。例如,对一个特定的企业公关调查项目,至少要在一定的时期内对某些领域的信息进行跟踪。可以提供大量一手或二手资料的网站有:各行业经贸信息网、企业间电子商务网站、大型调研咨询公司网站、政府统计机构网站等。

(3) 专题讨论法,就是通过新闻组、电子公告板(BBS)或邮件列表讨论组进行有关问题的讨论,来获取第一手的资料。

(4) 在线调查表法,主要通过网上投票表决系统,或者将调查表通过电子邮件发给被调查者收集信息的方法。

(5) 对网站访问者的抽样调查,是利用一些网络访问软件,按照一定的抽样原则对这些网络访问者进行抽样调查。

(6) 固定样本调查法,就是用合理的抽样技术选择固定样本用户进行网络公关调研。

(7) 网上数据库法,就是利用相关的网上数据库查找资料,如:国际上影响较大的商情数据库检索系统;美国专利 US Patent 等。

(8) 加入邮件列表法,是指在提供相关信息的网站上进行简单的登记,加入邮件列表

通过邮件列表获取信息的一种方法。比较有价值的邮件列表是：各大电子商务网站初步整理的市场供求信息、各类调查报告等。

【案例 7-12】"零点调查"开发了网上调查系统

(详细内容请见课件对应内容。)

【案例 7-13】公共关系—酒店服务品质网络问卷网上调查表

(详细内容请见课件对应内容。)

【案例 7-14】亚都加湿器智取天津

(详细内容请见课件对应内容。)

本 章 小 结

在本章中，重点介绍了公共关系调查的内容、调查程序及调查方法。公共关系调查的内容有 6 个基本方面，主要包括组织自身状况调查、组织的形象地位调查、公众构成情况调查、组织的公众舆论调查、传播媒介状况调查及组织所处的社会环境调查。公共关系调查的程序一般是：确定调查选题、制定调查方案、收集资料和实施调查方案、分析处理调查结果、撰写调查报告；其目的是为了确保前期公共关系调查的科学性和调查结论的可靠性。同时，公共关系人员在调查中还必须根据实际情况及调查方法的特点决定使用哪一种调查方法。

复习思考题

一、问答题

1. 公共关系调查的内容有哪些？
2. 什么是抽样调查，常用的抽样调查方法有哪些？
3. 如何设计调查问卷？
4. 访问调查的种类有哪些，在访谈中有哪些注意事项？

二、分析题

(一)先搞清这些问题

有一家宾馆新设了一个公共关系部，开办伊始该部就配备了豪华的办公室，漂亮迷人的公关小姐，现代化的通信设备……，但该部长却发现无事可做。后来，这位部长请来了一位公共关系顾问，向他请教"怎么办？" 于是这位顾问一连问了以下几个问题：

"本地共有多少宾馆？总铺位有多少？"

"旅游旺季时，本地外国游客每月有多少，港澳游客有多少？国内的外地游客有多少？"

"贵宾馆的知名度如何？在过去的三年中，用在宣传上的经费共多少？"

"贵宾馆最大的竞争对手是谁？贵宾馆潜在的竞争对手将是谁？"

"去年的一年中因服务不周引起房客不满的事件有多少，服务不周的症结何在？"

对这样一些极其普通而又极为重要的问题，这位公共关系部部长竟张口结舌，无言以对。于是那位被请来的公共关系顾问这样说道：先搞清这些问题，然后再开始你们的公共关系工作。

问题：1. 你是如何理解公关顾问的话"先搞清这些问题，然后开始你们的公共关系工作"的？公共关系调查对组织有何意义和作用？

2. 公共关系顾问所提的五个问题体现了公共关系调查哪些内容？

(二)长城饭店的日常调查

一提到长城饭店的公共关系工作，人们立刻会想到那场举世闻名的里根总统的答谢宴会、北京市副市长证婚的95对新人集体婚礼、颐和园的中秋赏月和十三陵的野外烧烤等一系列使长城饭店声名鹊起的专题公共关系活动等。其实，长城饭店的大量公共关系工作，尤其是围绕为客人服务的日常公共关系工作，源于它周密系统的调查研究。

长城饭店日常的调查研究通常由以下几个方面组成。

1. 日调查

(1) 问卷调查。每天将表放在客房内，表中的项目包括客人对饭店的总体评价，对十几个类别的服务质量评价，对服务员服务态度的评价，以及是否加入喜来登俱乐部和客人的游历情况等。

(2) 接待投诉。几位客户经理24小时轮班在大厅接待客人反映情况，随时随地帮助客人处理困难、受理投诉、解答各种问题。

2. 月调查

(1) 顾客态度调查。每天向客人发送喜来登集团在全球统一使用的调查问卷，每日收回，月底集中寄到喜来登集团总部，进行全球性综合分析，并在全球范围内进行季度评比。根据量化分析，对全球最好的喜来登饭店和进步最快的饭店给予奖励。

(2) 市场调查。前台经理与在京各大饭店的前台经理每月交流一次游客情况，互通情报，共同分析本地区的形势。

3. 半年调查

(1) 喜来登总部每半年召开一次世界范围内的全球旅游情况会，其所属的各饭店的销售经理从世界各地带来大量的信息，相互交流、研究，使每个饭店都能了解旅游形势，站在全球的角度商议经营方针。

这种系统的全方位调研制度，宏观上可以使饭店决策者高瞻远瞩地了解全世界旅游业的形势，进而可以了解本店每个岗位、每项服务及每个员工工作的情况，从而使他们的决策有的放矢。

综合调查表明，任何一家饭店，光有较高的知名度是远远不够的，要想保持较高的"回头率"，主要是靠优质服务，使客人满意。怎样才能使客人满意呢？经过调查研究和策划，喜来登集团面对竞争提出了"宾客如归方案"。计划中提出在3个月内对长城饭店上至总经理，下至一般服务员进行强化培训，不准请假，合格者发证上岗。在每人每年100美元培训费的基础上另设奖金，奖励先进。其宗旨就是向宾客提供满意的服务，使他们有宾至如归的感觉。

随着这一方案的推行，饭店的服务水平又有了新的提高。(资料来源：张岩松、王艳洁、郭兆平《公共关系案例精选精析》经济管理出版社)

问题：1. 长城饭店靠什么赢得了顾客、赢得了市场？

2. 长城饭店在公共关系调查方面对我们有何启示？

3. 如果你是一位总经理，你认为还应从哪些方面来做好日常的公共关系工作？

(三)中国职业经理人公关调查

在中国，随着改革不断地深入，职业经理人作为国民经济发展第一线主体的重要地位已被普遍接受。如何尽快在中国建立起一支优秀的职业经理队伍，如何为中国职业经理人的健康发展提供一个成熟的法制环境和市场平台，是每一个关注企业发展的有识之士都在思考的问题。《坐标》正是在社会各界对中国职业经理人群体的普遍关注中诞生的。该书作者与遍布29个省的十万职业经理人真诚对话，用第一手的数据和资料全面展现了中国职业经理人这个特殊群体的实像。

全书的上篇通过悉心选取的中国经理人职业发展史上的十大事件，综合分析了职业经理人与企业的"婚姻生活"的"七年之痒"产生的根源。下篇则通过对中国职业经理人压力指数、幸福指数、生存环境、薪酬水平、职业历程、职业能力、消费习惯及社会关系等诸方面的细致调查，展现了中国职业经理人的生存状态。

《坐标》所揭示的中国职业经理人现状只是一个起点，而它所引发的思考和探索将不断延伸。

请问《坐标》作者撰写该书中运用哪些调查方法？

(四) 请问"【案例7-10】亚都加湿器智取天津"运用哪些调查方法？

三、技能训练

1. 结合所学习的理论，请选择一个项目，设计一份公共关系调查问卷、制定出详细的调查活动方案并完成调查分析报告。

2. 北京长城饭店有一个常规的调查卡，卡的外形设计精美，内容设计层次分明，逻辑性强，回答方式也很简便精选的32项内容涉及客人对饭店的总体评价，如再来北京再住长城饭店的可能性，对几十个类别的服务质量评价如何，对服务员服务态度的评价如何，以及客人游历情况等，服务员每天把调查问卷放在客房内，待客人填完后再回收。

请针对上面的调查内容，设计一份调查表。

第八章

公共关系策划

学习目标

通过本章的学习，主要了解公共关系策划的含义及意义，理解并掌握具有普遍意义的公共关系策划原则和科学有效的公共关系策划基本程序，能够撰写公共关系策划书，同时还应掌握和运用常用的策划方法。

关键概念

公共关系策划(Plan of Public Relations) 策划程序(Plan Procedure) 策划方法(Plan Method)

引导案例

苹果手机 2018 新年短片《三分钟》

这是一部为 iPhone X 宣传造势的广告短片。其中一个话题点是该片由著名导演陈可辛拍摄完成，另一个重要传播核心是该片是用 iPhone X 进行拍摄的，高质量的影片效果是对产品的最好印证。这也成为后期传播过程中引发用户关注讨论的话题点。短片情节细腻，内容感人，讲述了一位女列车员和孩子的故事：因为工作的忙碌母亲无法与孩子团聚，借着火车靠站的 3 分钟母子完成了一次短暂而艰难的相聚。(资料来源：http://www.sohu.com/a/286035022_160576)

【分析】(1) 内容走心：从网络上大量的评论可以发现视频之所以被大量转发，一个很重要的原因就是它细腻动人的情节，深深打动了观众。短片以母爱为话题，通过细节的刻画将母子聚、散之间的难舍难分表现到极致，戳中了不少人的泪点。

(2) 产品噱头：短片用 iPhoneX 拍摄完成是本次传播的一大噱头。一时间网络上出现了大量疑问和讨论，"iPhoneX 真的可以拍出这样的影片吗？""导演是怎么用 iPhoneX 拍摄的""难道我们也可以用 iPhoneX 拍出这样的片子。"事实真假并不重要，关键是它带来了一大波流量和讨论，同时也强化传播了产品的拍摄功能。除此之外，品牌还通过专题页面带来陈可辛的拍摄技巧，持续为话题升温。

(3) 大咖效应：短片由著名导演陈可辛拍摄完成，本身能就凭借名人光环带来不少流量。发布前期陈可辛在北京举办了首映会，彰显了短片的电影级别。除了导演之外，这支广告的制作班底也同样不容小觑，监制许月珍、编剧陈嘉仪，都是电影界响当当的大人物。

(4) 借势春运：短片推送的时间是春运的第一天，很好地完成了一次热点节庆营销。在那个时间段，春运是最热门的话题，在各大媒体都有极高的曝光度，而短片的内容恰巧是春运内容，每年那些坚守岗位不能回家的人们也是大家关注的焦点。因此短片从内容和时间点上都极大程度地贴合了春运的热点。

一个社会组织要想在激烈的竞争中取胜，不仅要进行科学严谨的公关事前调查，还要进行精心的公关策划。本案例中苹果 iPhone X 短片由著名导演陈可辛用 iPhoneX 拍摄完成，本身能就凭借名人光环带来不少流量，选取春运第一天这一热点节庆时间点，并且紧扣母爱这一传统话题，通过细节的刻画将母子聚、散之间的难舍难分表现到极致。将上述这些精心策划的因素组合一起，正是苹果 iPhone X 手机营销成功的关键。

第一节　公共关系策划概述

一、公共关系策划的含义

策划也称筹划、谋划。是一种预先行为，指在一定目标指引下，系统的思维活动。在《中国公共关系大辞典》上，策划被定义为："是指人们为了达成某种特定的目标，借助一定的科学方法和艺术，为决策、计划而构思、设计、制作策划方案的过程。"

运筹帷幄、决胜千里。当我们了解到许多表面看来属于偶发性活动或事件，其实却是一项长期的谋划时，常常会感叹策划者的用心和计谋。

【案例 8-1】美国玩具行业的巨头"孩儿宝"跨国公司生产的玩具"变形金刚"曾在美国市场上大大走俏，在赚了 13 亿美元之后，"孩儿宝"跨国公司将目光瞄准了中国市场。在起初，他们并未采用一般的营销方法，而是采用文化先行的心理战略，将一套名为"变形金刚"的动画片无偿送给广州、上海、北京等大城市的电视台播放。半年之后，待我国广大少年儿童对剧中的"威震天""擎天柱"角色津津乐道时，才将玩具大规模推入中国市场。眼看大大小小的各色"变形金刚"就呈现在眼前，孩子们非常高兴，一时间，"变形金刚"风靡了中国各大城市。由此可见，预先的谋划是何等重要。(资料来源：编者根据相关资料整理编写)

公共关系策划就是公共关系人员根据组织形象的现状和目标要求，分析现有条件，谋划、设计最佳行动方案的过程。公共关系策划通常包括五要素：策划者、策划目标、策划对象、策划内容和策划结果。

一般来说，公共关系调查总是在组织认识到某种问题后才展开的，如果调查结果显示实际的公共关系状态与期望的或应有的公共关系状态有着较大的差距，或显示某些问题必须要解决，那么就要开始公共关系策划了。

二、公共关系策划的意义

公共关系实务活动必须依照目标管理的思想来展开，而公共关系策划活动就是公共关系目标管理思想在公共关系实务活动中的具体体现。公共关系策划对组织的意义表现如下：

1. 推动目标管理，实现组织目标

公共关系人员之所以要进行公共关系策划，是因为公共关系策划活动有利于一个组织合理地、有计划地在公共关系工作的各个阶段，按照一定数量的资源：时间、资金、人力、物力等要素，将公共关系目标的实现方案具体化，编制切实可行的预算和工作程序计划表，有益于组织对公共关系活动效果与财务进行有效控制，以确保最有效地从事公共关系实务

的工作。

2. 提高了信息传播的科学性

有系统有目的的公共关系策划，可以整合分散的传播资源，围绕组织目标传播，使盲目的传播变为充分了解对象信息的传播，并改变单向的传播方式，使之成为有完善的信息反馈系统的传播，从而构建有效的组织传播和沟通网络。

3. 集中显现了公共关系的价值

许多重大的组织公共关系活动都是以公共关系策划为基础。策划过程是一个创造的过程，在策划中，凭借公共关系人员的创造性意识与创造性素质，对各种影响因素进行分析、选择、组合、利用，从而解决问题的最优方案被设计出来，极大地提高了工作效率。由于策划是事前的谋划，因此，优秀的公共关系策划方案为组织的成功奠定了良好的基础。

第二节　公共关系策划的一般程序

公共关系策划是一个动态的过程，调查研究、采集信息是公共关系策划的基础，调查者面对调查得来的大量信息要进行分析。因此公共关系的策划是从信息分析开始，接着是目标的确定、公众的辨认、主题设计、媒介选择、经费预算、方案审定，最后以公共关系策划书的形式形成公共关系策划方案。

一、确定公共关系策划目标

公共关系策划目标就是组织单位通过公共关系活动的实施所希望达到的形象状态和理想标准，公共关系调查在及时发现组织存在的现实或潜在的公共关系问题，并对相应的公众进行深入了解之后，公共关系人员就开始确定公共关系策划目标，构建目标体系，为下一步公共关系策划打下基础。

(一)公共关系目标的分类方法

1. 按公共关系策划目标的时间长短来划分

(1) 长期目标。这类目标涉及组织长远发展和经营管理战略等重大问题，与组织的整体目标相一致，其时间跨度在5年以上。例如，"IBM意味着最佳服务"(国际商业机器公司)；"进步是我们最重要的产品"(美国通用电气公司)。

(2) 近期目标。这类目标是围绕长期目标制定的具体实施的目标。常见的是年度工作目标，它依据每年度的日常工作、定期活动、专题活动等内容，确定年度工作目标和步骤。

2. 按组织目标的功能定位来划分

组织的每一项公共关系目标当然都有着具体的目的，因此，按照公共关系行动要达到的目的，也可把公共关系目标划分为不同的类型，最为常见的有如下四类：

(1) 以信息传播为公共关系目标。这主要是通过信息传播让公众增加对组织的知晓，在某个特定的时期，如组织刚刚成立之时，或者组织刚刚发生了重大的变动、组织正式出台了一个重要的政策、发生了一个重大的人事变更、推出了一个新的服务项目或产品，或者有重要的信息需要迅速地传播给特定公众，这时组织的公共关系部门都需要策划推出旨在有效快速地传播重大信息的公共关系目标与工作项目，扩大组织的知名度和特定对象公众对组织一系列信息的知晓度。

【案例 8-2】中国第一家中外合资五星级涉外饭店——长城饭店。在开业伊始，为了急于在中国与世界上传播和扩大知名度，紧紧抓住美国总统里根访华这一历史时机，极力说服美国有关方面把里根总统的大型访华答谢宴会放在长城饭店举行(通常都在人民大会堂举行)。通过举办答谢宴会，采访里根总统访华的 1300 名中外记者对长城饭店的传播，迅速有效地扩大了该饭店在全球的知名度，从而也迅速地迎来了一批批各类访华的高级客人，成功迅速地展开了自己的高档涉外饭店业务。(资料来源：编者根据相关资料整理编写)

(2) 以联络感情为公共关系的目标。对特定对象公众情感的投资既是一个组织的公共关系人员的一项长期工作目标，也是在较短时期内有助于组织公共关系形象维护与加强的深层次工作。因此，联络公众感情的公共关系目标，既要在整个组织的公共关系工作之中，努力建立特定公众，特别是关键公众、重要公众对本组织较为牢固深厚的情感基础，也要专门策划制定专项的联络感情的公共关系目标项目，以便在短期内达到联络组织与对象公众感情的良好效果。

【案例 8-3】美国通用食品公司在联络公司众多股东情感时所使用的公共关系方法，是在每年的圣诞节为每位股东寄上公司新出的罐头礼品，并提供一系列的公司产品购买优惠政策，定期联络与各位股东的感情，加强股东对公司的归属感、自豪感和感激之情，以便公司的各项政策与措施能得到各级股东的大力支持。这些公共关系活动都服务于联络特定公众情感的公共关系目标。(资料来源：编者根据相关资料整理编写)

(3) 以改变态度为公共关系目标。一般来说，社会公众对某一组织的态度可以近似地划为正面态度与负面态度两种基本类型，正面态度即包含着同情、亲近、了解、信赖、好感等心理倾向；而负面态度则包含着敌视、偏见、冷淡、怀疑、无知等因素。在公共关系实务活动中，以知晓为主要目标的信息传播，经常难以改变公众持有的对组织较为坚定的负面态度，而公共关系人员改变公众态度的公共关系行动，就是要有效地使用多种传播手段与信息，努力促进这些特定对象对本组织的了解与好感，促成公众对组织正面态度的生成与巩固。

(4) 以改变行为为公共关系目标。改变行为是以改变态度为前提的，但即使改变了态度，公众也未必产生相应的行为反应，所以改变行为的公共关系目标就在于促使公众行为的改变，是直接策动或引发对象公众对本组织实施具体良性的行为。一般公共关系人员在考虑需要引发公众什么样的公众行为之前，都要仔细地考虑对象公众的基本情况、对组织已有的信息知晓程度、态度情感状况等基本资料，然后才可能制定出正确得当的引发行为的目标。

(二)常用的公共关系目标

英国公共关系专家弗兰克·杰夫金斯绘制的目标清单，公共关系目标范围是十分广泛的，概括起来有十六种：

(1) 新产品、新技术、新服务项目开发之中，要让公众有足够的了解。

(2) 开辟新市场，新产品或服务推销之前，要在新市场所在地的公众中宣传组织的声誉，提高知名度。

(3) 转产其他产品时，要调整组织对内对外形象，新的组织形象与新产品相适应。

(4) 参加社会公益活动，并通过适当方式向公众宣传，增加公众对组织的了解和好感。

(5) 开展社区公共关系活动，与组织所在地的公众沟通。

(6) 本组织的产品或服务在社会上造成不良影响后，进行公共关系活动。

(7) 为本组织的新的分公司、新的销售店、新的驻外办事处进行宣传，使各类公众了解其性质和作用。

(8) 让组织内外的公众了解组织高层领导关心社会、参加各种社会活动的情况，以提高组织声誉。

(9) 发生严重事故后，要让公众了解组织处理的过程，采取的方法，事故的原因，以及正在做出的努力。

(10) 创造一个良好的消费环境，在公众中普及同本组织有关的产品或服务的消费方式、生活方式。

(11) 创造股票发行的良好环境，在本组织的股票准备正式上市挂牌前，向各类公众介绍产品特点、经营情况、发展前景、利润情况等。

(12) 通过适当的方式向儿童了解本组织产品的商标牌号，企业名称等。

(13) 了解行政组织性质、发展前景、需要得到支持的情况，协调组织与政府的关系。

(14) 赞助社会公益事业。

(15) 准备同其他组织建立合作关系时，对组织的内部公众、组织的合作者及政府部门宣传合作的意义和作用。

(16) 处在竞争危机时刻，通过联络感情等方式，争取有关公众的支持。

杰夫金斯的清单说明，一个组织的各个方面都能成为公共关系的计划目标。而组织的具体情况不同，编制目标时应根据组织的实际情况和制定公共关系的目标原则来制定。

(三)目标策划的注意事项与具体要求

其内容包括：

(1) 公共关系目标应具体明确，可直接操作。如"提高现有销量的22%"的目标与"提高产品销售量"的目标相比，前者可以直接操作。

(2) 公共关系目标应具有可行性和可控性。

(3) 公共关系目标是一个完整的目标体系，总目标与各个子目标之间应形成一个严密的逻辑关系。

(4) 公共关系人员所制定的公共关系目标体系，应要求本组织的所有部门、所有人员都知晓、理解并赞同，以便于进行全员公共关系，形成强大的合力。

二、分析策划目标的对象公众

在研究如何实施一定的公共关系目标时，公共关系人员就必须要精心地确立和分析目标所针对的公众。如同营销活动以顾客导向一样，公共关系策划也应树立以公众为导向观念。

三、公共关系策划方案

(一)确定公共关系活动模式

公共关系活动模式就是围绕组织特定的目标和任务，为公共关系提供活动方法的结构框架。组织可以根据自身的需要有选择的套用这些模式；也可以在实践中逐步摸索，开展新的活动，创造新的活动模式。

从公共关系目标角度来看，公共关系活动模式主要有以下 12 种(最后一种是"网络型公共关系"，放在本部分主要是当前很多公关活动是在网络环境下开展的)。

1. 建设型公共关系

建设型公共关系是在社会组织初创时期或新产品、新服务首次推出时期，为开创新局面进行的公共关系活动模式。目的在于提高美誉度，形成良好的第一印象，或使社会公众对组织及产品有一种新的兴趣，形成一种新的感觉，直接推动组织事业的发展。建设型公共关系采用的方法，一般包括开业广告、开业庆典、新产品试销、新服务介绍、新产品发布会、免费试用、免费品尝、免费招待参观、开业折价酬宾、赠送宣传品、主动参加社区活动等。

【案例 8-4】天津某公司，多年前生产了一种娱乐产品——呼啦圈。但当时人们并不熟悉这种产品，因此销路不好。公司便不惜重金，请著名艺术体操运动员编排了一套呼啦圈动作，并制成录像带，首先在天津各大商场的柜台前反复播放，还请人设计了精美的宣传招贴画，大造声势。但是这些措施效果并不十分理想，为此他们又采取了新举措。赞助天津电视台"家庭生活"节目，让人在电视上晃了几分钟呼啦圈。这一招果然生效，天津人开始爱上了呼啦圈。此公司紧追不舍，主动找到天津市妇联，提出要赞助即将开展的"三八"杯群众性体育活动，条件是在这次活动中增加比赛项目——集体晃呼啦圈比赛。这次呼啦圈大赛，无疑是起到"火上浇油"的作用，使天津的"呼啦圈热"热到了"发烧"的程度。不久呼啦圈活动热也"蔓延"到了北京，随后"蔓延"到全国。当时在商店里，最抢手的货就是呼啦圈。时至现今，全民健身，呼啦圈活动热又逐步升温，着实让生产厂家和销售商大赚了一笔并广为赞誉。(资料来源：编者根据相关资料整理编写)

2. 维系型公共关系

维系型公共关系是指社会组织在稳定发展期间，用来巩固良好形象的公共关系活动模式。目的是通过不间断的、持续的公关活动，巩固、维持与公众的良好关系和组织形象，使组织的良好印象始终保留在公众的记忆中。其做法是通过各种渠道和采用各种方式持续不断地向社会公众传递组织的各种信息，使公众在不知不觉中成为组织的顺意公众。

维系型公共关系是针对公众心理特征而精心设计的，具体可分为"硬维系""软维系"两种形式。"硬维系"是指那些"维系目的"明确，主客双方都能理解意图的维系活动，其特点是通过显露的优惠服务和感情联络来维系同公众的关系。比如许多西方航空公司明确表示，凡乘坐我公司航班多少次以上者或累计飞行里程达多少者，公司可提供免费旅行一次，目的是同顾客建立较长期联系。有些国内外厂商还利用一些节日、纪念日，向长期客户赠送一些小礼品，搞一些联谊活动，来加强感情联络，发展厂商与顾客之间的关系。"硬维系"一般用于已经建立了购买关系或业务往来的组织和个人。具体方式灵活多样，可利用各种传媒进行一般的宣传，如定期刊发有关组织情况的新闻、播出广告、提供组织的新闻图片、实行会员制、提供累计消费折扣等。也可以向常年客户赠送小礼物，邀请用户联谊，定期或不定期发布提醒性广告，经常在媒体露面，经常派发企业小型纪念品或礼品。

"软维系"是指那些活动目的虽然明确，但表现形式却比较超脱、隐蔽的公共关系活动，其目的是在不知不觉中让公众不忘记组织。一般是对广泛的公众开展的公共关系活动，其具体做法可以灵活多样，但要以低姿态宣传为主，如定期广告、组织报道、提供组织的新闻画片、散发印有组织名称的交通旅游图等。保持一定的媒体曝光率，使公众在不知不觉中了解组织的情况，加深对组织的印象。比如1986年的圣诞节，北京长城饭店公共关系部请了一批孩子来饭店装饰圣诞树，除供应他们一天的吃喝外，临走时还特地送给每人一份小礼物。这些孩子分别来自各国的驻华使馆，他们的父母都是使馆的官员。长城饭店是五星级豪华饭店，顾客主要是各国的来华人士，邀请这些孩子来饭店，表面上是为孩子们举行了一次符合西方习惯的传统活动，但"醉翁之意"是希望通过孩子来维系长城饭店与各使馆的关系。孩子在饭店待了一天，长城饭店的豪华设施在他们幼小的心灵中留下深刻的印象，他们的父母也一定会问孩子圣诞节在长城饭店过得是否快乐，还可能看看赠送给孩子的礼品，对长城饭店的好感油然而生。随之而来的必然是宾客盈门了。

3. 防御型公共关系

防御型公共关系是指社会组织为防止自身的公共关系失调而采取的一种公共关系活动方式。预防的目的是在组织与公众之间出现摩擦苗头的时候，及时调整组织的政策和行为，铲除摩擦苗头，始终将与公众的关系控制在期望的轨道上。

防御型公共关系的特点，在于确切地了解自身组织的公共关系现状，敏锐地发现其失调的预兆和症状，针对失调采取对策，及时消除隐患，同时进一步促使其向有利于良好的公共关系建议方面转化，因此特别适用于组织发展过程中的战略决策，是战略型领导者最重视的公共关系活动之一。美国电报电话公司为不断地完善形象，第一个采取了令世人瞩目的举措：电报电话的接线员全部改为年轻的女性，旨在充分发挥年轻女性在性别和年龄上的优势完善服务形象，防患于未然。此举至今仍为各企业所效仿。

4. 矫正型公共关系

矫正型公共关系是指社会组织在遇到问题与危机、公共关系严重失调、组织形象受到损害时，为了扭转公众对组织的不良印象或已经出现的不利局面而开展的公共关系活动。其目的是对严重受损的组织形象及时纠偏、矫正，挽回不良影响，并使组织转危为安，重新树立组织的良好形象。其特点是"及时"：及时发现问题，及时纠正问题，及时改善不良形象。通常的处理方法为：查明原因、澄清事实，知错就改，恢复信任，重修形象。

【案例8-5】川航遭危机遇"英雄"救场

事情发生在2018年5月14日，川航3U8633航班在飞行途中突然前挡风玻璃破裂并脱落，随时面临机毁人亡的危险，两位机长在千钧一发之际凭着过硬的专业技术和强大的心理素质操作飞机成功备降着陆，所有乘客安全落地。

在"险情"刚刚出现后，川航官微仅发了简单的几句通告，但网络舆论却迅速聚焦这个事件，于是在一天之后，以"向英雄致敬"为主题的舆论攻势立即刷爆了各大社交平台！

这次事件并没有变成大众口诛笔伐的"事故"，反而造就了中国航空史上的奇迹，两位机长被舆论推到了人前，一夜之间从地狱到天堂，成为人人敬仰的英雄。

在舆论的狂欢之下，人们似乎忘记了对此次事件的"罪魁祸首"——那块脱落的挡风玻璃为何脱落的追问。要知道，川航事件可能牵涉一个问题，那就是川航对飞机管理维护的责任。

也许正是基于这点危机感的考虑，川航以远超其服务质量的公关水平迅速出击：从一开始，川航事故的关注点就大量集中在歌颂"英雄"上，不管是热门话题也好，接受媒体一次次采访也好，总之引发了全民非常正面的舆论导向。

没有一个人，或者说大部分网友都没有深想：如果当时没有碰上好天气；如果当时飞机上的乘务没能及时安抚群众情绪；如果两位机长没能来得及"止损"……

但是，当时处于全民狂欢的时机，没有多少人会把目光转移开。人人都在忙着称赞这两位机长，堪称中国的"萨利机长"。

一场危险性极高的事故，就这样变成了喜大普奔的催泪壮举，川航事件的公关那是真超神发挥。(资料来源: http://baijiahao.baidu.com/s?id=1601310810283751453&wfr=spider&for=pc)

【分析】川航公关的运筹帷幄，把危机变成机遇，先抢占领舆论高地，接下来的事故原因分析就有了很大的缓冲余地。可以说，川航在这次事件的危机公关，不仅成功地避免了全民讨伐局面，甚至还带来了正面的舆论效果。

5. 进攻型公共关系

进攻型公共关系又称开拓型公共关系，是指社会组织采取主动出击的方式来树立和维护良好形象的公共关系活动模式。当组织需要拓展(一般在组织的成长期)，或预定目标与所处环境发生冲突时，主动发起公关攻势，以攻为守，及时调整决策和行为，积极地改善环境，以减少或消除冲突的因素，并保证预定目标的实现，从而树立和维护良好形象。这种模式，适用于组织与外部环境的矛盾冲突已成为现实，而实际条件有利于组织的时候。其特点是抓住一切有利时机，利用一切可利用的条件、手段，以主动进行公关的姿态来开展公共关系活动。

【案例8-6】击破者有奖

(详细内容请见课件对应内容。)

【分析】歌露博—雅美拉达公司之所以成功，原因在于它开展了有效的进攻型公共关系。公司利用独特的"破坏性试验"和新颖捐赠方式，不仅提高了公司的知名度，而且塑造了公司热心社会慈善事业的形象，还体现出了公司的开拓和创新精神。

6. 宣传型公共关系

宣传型公共关系是运用大众传播媒介和内部沟通方法开展宣传工作，树立良好组织形象的公共关系活动模式，目的是广泛发布和传播信息，让公众了解组织，以获得更多的支持。主要做法是：利用各种传播媒介和交流方式，进行内外传播，让各类公众充分地了解组织，支持组织，从而形成有利于组织发展的社会舆论，使组织获得更多的支持者和合作者，以达到促进组织发展的目的。如：德国拜耳公司中国有限公司，就有企业自己的内部刊物《拜耳时光》，通过内部刊物，企业既对内部员工进行公司宗旨、意图等宣传，又为广大员工的交流提供一个平台。又比如：许多医药企业在新员工入职培训时，都会给员工颁发员工手册，在员工手册中介绍公司的历史、宗旨、生产经营情况、员工福利和员工守则等相关信息，以此达到向新员工宣传的目的。而对于股东，这一组织内部的特殊公众的宣传，公共关系部门通常采用年终总结报告、季度报告、股东刊物、股东通讯、财务状况通告等形式，将组织经营业绩、财务状况等进行汇报，对股东负责。

其特点是：主导性强，时效性强，传播面广，快速推广组织形象。

【案例 8-7】 "穿越天门洞"，天门山名动天下

(详细内容请见课件对应内容。)

7. 交际型公共关系

交际型公共关系是在人际交往中开展公共关系工作的一种模式。以人际接触为手段，与公众进行协调沟通，为组织广结良缘的公共关系活动。它的目的是通过人与人的直接接触，进行感情上的联络，为组织广结良缘，建立广泛的社会关系网络，形成有利于组织发展的人际环境。所以，交际型公共关系活动实施的重心是：创造或增进直接接触的机会，加强感情的交流。它的特点在于：(1)有灵活性，即利用面对面交流的有利时机，充分施展公共关系人员的交际才能，达到有效沟通和广结良缘的目的。(2)人情味强。以"感情输出"的方式，加强与沟通对象之间的情感交流。一旦建立了真正的感情联系，往往会相当牢固，甚至超越时空的限制。

交际型公共关系活动可以分为团体交往和个人交往。团体交往包括招待会、座谈会、工作午餐会、宴会、茶话会、联谊会、现场参观团队、考察团、团拜和慰问等。个人交往有交谈、上门拜访、祝贺、信件往来、个别参观、定期联络、问候等。

【案例 8-8】 "伊利工厂开放之旅"活动

(详细内容请见课件对应内容。)

8. 服务型公共关系

服务型公共关系是一种以提供优质服务为主要手段的公共关系活动模式，其目的是以实际行动来获取社会的了解和好评，建立组织良好的形象。对于一个企业或者社会组织来说，要想获得良好的社会形象，宣传固然重要，但更重要的还在于组织的工作，在于组织为公众服务的程度和水平。所谓"公共关系就是百分之九十要靠自己做好"，其含义即在于此。组织应依靠向公众提供实在、优惠、优质服务来开展公共关系，获得公众的美誉度，离开了优良的服务，再好的宣传也将是徒劳的。

【案例 8-9】希尔顿饭店的暖心服务

世界著名的巴黎希尔顿饭店曾经发生过这样一件小事，一位来自美国的女士在此预订

了一个豪华套间，刚刚抵达后就出门访客了。这位女士身上穿的、手上拎的、头上戴的都是大红色的，这一明显的偏好被饭店的经理发现了。女士刚一出门，他就命令服务员重新布置房间。待女士回来后发现，整个套间从地毯、壁毯、灯罩、床罩、沙发、窗帘无一不换成了大红色，与女士身上穿戴的颜色完全一致。这位女士心领神会，兴致勃勃地写了张支票，付了 1 万美元的"小费"。(资料来源：编者根据相关资料整理编写)

【分析】希尔顿饭店经理由于懂得顾客的心理，及时施以适当优质的服务，使顾客的心理得到了满足，不仅给企业带来了经济效益，更重要的是给顾客留下了深刻的印象，为饭店在社会上赢得良好的口碑，为企业争取长期顾客打下了良好的基础。

9. 社会型公共关系

社会型公共关系是组织通过举办各种社会性、公益性、赞助性的活动，来塑造良好组织形象的模式。它实施的重点是突出活动的公益性特点，为组织塑造一种关心社会、关爱他人的良好形象。目的是通过积极的社会活动，扩大组织的社会影响，提高其社会声誉，赢得公众的支持。社会型公共关系的特征是：公益性、文化性、社会性、宣传性。实践证明：经过精心策划的社会型公共关系活动，往往可以在较长的时间内发挥作用，显示出潜移默化地加深公众对组织美好印象的功能，取得比单纯商业广告好得多的效果。如 2019 年 7 月 5 日，支付宝发布消息，未来 10 年将投入 10 亿支持中国女足。值得注意的是，此次赞助是公益性质，没有任何商业回报。

【案例 8-10】华硕 e 创志愿者行动

2009 年起，华硕联合中国科学技术协会科学技术普及部，共同推出了"你的行动，中国的未来"华硕大学生科普志愿者服务行动。旨在通过 IT(信息技术)及互联网科技手段，鼓励当代大学生积极投身于社会公益服务中。通过建立"华硕科普图书馆"公益项目，累计投入价值 6000 万元。在全国共建立 1073 座"华硕科普图书馆"。

2015 年，华硕大学生科普志愿者行动升级为华硕 e 创志愿者行动，通过互联网激发更多青年群体，引导向更多人传播科普知识。通过线上线下相结合的方式教会身边的人们享受互联网及电子产品的便利；挖掘致富道路；分享返乡创业的成功经验；关注留守儿童科学教育问题等。截止到 2015 年底，共培训志愿者 3557 名，覆盖 70 所高校。通过线上和线下平台传播量达 5062 万，自媒体传播量约 4527.2 万。

华硕通过关注社会热点问题，让更多的儿童获得更多关爱，同时进一步开阔志愿者的公益眼界。(资料来源：编者根据相关资料整理编写)

【分析】华硕作为一家全球性的企业，把企业社会责任作为永远追寻的目标，携手大学生群体志愿者，在回报社会的道路上不断前进。并制定"绿色华硕"等战略，获得良好的社会效益。

社会型公共关系的形式

(1) 以组织机构本身的具有社会影响的项目为中心。这种场合的公共关系活动是自己搭台自己唱戏，如利用开业大典、竣工仪式、周年活动、组织内部重大事件、节庆吉日等机会邀请各界宾客、社会公众共同参加庆祝活动，渲染喜庆气氛，借庆典活动同各界人士广交朋友，扩大自己的社会影响。

【案例8-11】美国通用汽车公司在某新型汽车发明周年纪念之际,举办了历代汽车"进步大游行"活动。那一天在纽约的主要马路上排满了各种式样的老爷车,由穿着考究礼服的司机拿着起动摇柄,开着晃晃悠悠的老爷车,长龙式地从纽约驶向全国其他城市。一路上所有行人都好奇地驻足相望,热闹非凡。这次周年纪念活动搞得非常成功,不仅使人们对汽车发展史有较深刻、系统的了解,宣扬了通用汽车公司在汽车发展史上所做的贡献,而且使人们对该公司所生产的新型汽车有了"最现代化"的认识,扩大了通用汽车公司的社会上的影响。(资料来源:编者根据相关资料整理编写)

(2) 以组织所处的社区或有关组织的重要节目为中心。这种条件下的公共关系活动是外人搭台自己唱戏。一般是利用社会上的传统节日、民俗、具有社会影响力的公益事业、相关组织的重要活动等机会积极参与,以此来树立自身的形象。各组织利用各种机会开展这类公共关系活动,扩大社会影响,宣传良好形象的例子不胜枚举。

【案例8-12】雪佛兰·红粉笔乡村支教

(详细内容请见课件对应内容。)

10. 征询型公共关系

征询型公共关系是以采集社会信息为主、掌握社会发展趋势的公共关系活动模式,其目的是通过信息采集、舆论调查、民意测验等工作,加强双向沟通,使组织了解社会舆论、民意民情、消费趋势,为组织的经营管理决策提供背景信息服务,使组织行为尽可能地与国家的总体利益、市场发展趋势以及民情民意一致;同时,也向公众传播或暗示组织意图,使公众印象更加深刻。征询型公共关系活动实施的重心在感动操作上的科学性以及实施过程中的精细和诚意。具体的实施过程是:当组织进行一项工作后就要设法了解社会公众对这项工作的反应。经过征询,将了解到的公众意见进行分类整理加以分析研究,然后提出改进工作的方案,直至满足公众的愿望为止。

征询型公共关系的工作方式有:产品试销调查,产品销售调查,市场调查;访问重要用户,访问供应商,访问经销商;征询使用意见,鼓励职工提合理化建议;开展各种咨询业务,建立信访制度和相应的接待机构,设立监督电话,处理举报和投诉等。

【案例8-13】著名的美国通用汽车公司雪佛兰部的车主关系部专门建立了特别用户名册,它任意抽选雪佛兰车用户共 1200 名,聘为用户顾问分客车和卡车两部分,公司以定期函件联系征询他们对雪佛兰的产品及服务的意见,并将这些意见提供给公司的业务部门作为改进与车主关系的指导。(资料来源:编者根据相关资料整理编写)

11. 文化型公共关系

文化型公共关系是指社会组织或受其委托的公共关系机构和部门在公共关系活动中有意识地进行文化定位、展现文化主题、借助文化载体、进行文化包装、提高文化品位的公共关系活动的模式。

根据公众的文化心态,可以采用不同的活动方法开展公共关系活动,对公众施加文化影响:

(1) 文化包装。文化包装是大多数社会组织经常采用的一种公共关系活动方式。它运用文化装饰的手段形成公共关系的文化氛围，以鲜明的文化特性赋予公共关系活动鲜明的文化色彩。

【案例8-14】南瓜是美国万圣节的重要必备品，每年都要评比谁的南瓜种得大。在加州半月湾举行的南瓜节有 25 万人惠顾，他们在街头表演歌舞，伴奏美妙音乐，买卖小商品，两天时间里就消耗了 5 万张硕大的南瓜饼，获头奖的南瓜达 868 磅。万圣节体现了美国传统文化，借助南瓜评比展示了城市新形象。(资料来源：编者根据相关资料整理编写)

(2) 文化导引。文化导引是指向公众倡导和传播某些新的文化活动方式。组织在文化导引中扮演新文化的倡导者，文化风气的传播者与文化形式的创造者，只要组织导引的文化能够符合社会发展和进步的要求，能够满足公众新的文化追求，就一定能被公众所认同和接受。

【案例8-15】金茂府使用跨界IP

跨界传播，如今在地产圈也很流行，但在跨界IP的选择和跨界形式方面，各家企业的理解存在偏差。

2017 年中国金茂在北京推出了"双府耀京南""双李耀京城"的跨界互动，为北京金茂府和亦庄金茂府两个项目的出货加速，并且通过跨界互动和项目的科技、健康等特性呼应，加速客户对产品的认知。

"双李耀京城"指的是，北京金茂府在 4 月样板间开放时，邀请李开复演讲，李开复重点关注人工智能，综合了金融、科技、网红 3 个特征，现场讲了自己患癌症前后的生活状态和内心感悟，让现场在座者，对于健康、生活有了深刻的体会与思考，李开复的个人特点与奋斗历史和北京金茂府科技、健康价值非常吻合。

亦庄金茂府在 5 月下旬的发布会上，邀约的嘉宾有李肇星，阐述的话题有当前世界主流城市产业发展的趋势；一带一路、京津冀一体化、亦庄的发展前景。还有在雄安新区设立和第二机场建设的大背景下，把亦庄金茂府所在的区域放到中国区域经济的大版图下去看。有走出京城、放眼全国的味道，展现的是洪流下的小板块的前景。

在"双李耀京城"热动北京市场时，也从另一层面反映出中国金茂的跨界能力，2017 年 8 月 31 日，北京金茂府又邀请到知名文化学者梁文道，在项目现场论道"理想家、理想空间"，他理想的生活方式，正与北京金茂府街区打造理想生活的设计思路不谋而合。(资料来源：https://baijiahao.baidu.com/s?id=1588640240543886014&wfr=spider&for=pc)

【分析】这些邀请的嘉宾，谈论的主题，恰恰契合了当下楼市的发展，房地产最大的跨界其实就是更从遮风挡雨的混凝土建筑跨界到能够管理健康的人居典范。从房子到健康生活方式的跨界，走出房子看世界，走出房子看人生。文化公关起了重要作用。

(3) 组建文化基金会。社会组织本着"取之于社会，用之于社会，造福于社会"的精神，根据社会的文化艺术和科技教育发展趋势与公众的文化与教育需求，拨出专款设立文化艺术与科技教育基金会。这种文化艺术和科技教育基金会能够让公众感到一种浓厚的社会文化风气，公众就会由文化上对基金会的依赖演化为对社会组织的信任，从而形成亲密的情感依赖关系。

12. 网络型公共关系

网络型公共关系作为一种新型的公共关系类型,是指社会组织借助联机网络、计算机通信和数字交互式媒体,在网络环境下实现组织与内外公众双向信息沟通与网上公众协调关系的实践活动。这种新型的公共关系由于其独特的价值效应,日益受到广泛重视,掌握这种公共关系的运作,对欲在激烈的竞争中抢得先机的社会组织来说将具有十分重要的意义。

1) 网络公共关系的优势

(1) 扩大组织的知名度和形象力。网络可以提高社会组织知名度,完善组织形象。互联网络提供了一种新的传播媒介方式,它通过一对一的沟通,结合文字、声音、影像、图片,用动态或静态的方式,全方面地介绍社会组织的经营理念、产品性能、服务宗旨、服务内容。而且用户不再是被动接受信息,而是主动接受信息。更重要的是这种公共关系活动不受时间和地域限制,特别是应用互联网可以把组织的信息传达到全球各地,使组织得益于国际宣传、树立品牌和自身的国际形象。

【案例 8-16】"烎"字开火 "囧"靠边站

(详细内容请见课件对应内容。)

(2) 提供广泛的传播渠道。网络可以为公共关系活动提供更多的传播和机会。如传统印刷媒体的电子版、新型媒体出版物、网络广播电台节目、网络电视台、网上会议、网络直播平台等,使公共关系活动传播方式更便捷、效果更好。在市场经济中社会组织的形象宣传在网络中通过视频图片文字等与公众可以直接交流,了解公众的看法、态度和意见,极大地缩短了组织与公众的沟通距离。而且网络的使用成本低廉,通过网络公共关系可以创造"虚拟公众代表",提供更为广泛的信息渠道,使组织获得公众市场低成本的竞争优势。

(3) 建立良好的公众关系。网络使组织可直接面向公众发布新闻而不需借助其他媒体为中介成为可能,从而克服了传统公关传播方式中速度慢、消极人为因素多、组织控制力差等缺点,使组织能有效地掌握公关的主动权,对其公众产生直接而积极的影响的同时与新闻媒介公众建立良好关系。组织可根据记者的需要和提问通过网络给出详尽地回答,在网上发布新闻,让公众及时了解组织真实的信息。

由于 E-mail(电子邮件)、QQ、微博、微信、博客等具有即时互动的特性,使网络公关具有创建组织与公众"一对一"关系的优势,随着与公众进行双向沟通了解公众的需求,把握公众对组织的评价,保持与公众的长期友好关系。

【案例 8-17】微店星巴克公众号的贴心服务

如果你是一个非常爱喝咖啡的人,那么你一定不会对星巴克感到陌生。在以价值认同为中心的后微信营销时代,星巴克的微信公众号脱颖而出,其致力于打造第三空间的咖啡店:星巴克自然醒。

星巴克微信公众号于 2013 年 2 月 18 日上线,在星巴克微信公众号运营之初,恰逢冰摇沁爽系列创新饮品上市,星巴克推出了"自然醒"活动。粉丝只要发送任何一个表情符号,无论是开心、难过还是震惊,星巴克会立即回复一个按照心情特别调制的音乐曲目,让粉丝免费享用星巴克精选的《自然醒》音乐专辑。

星巴克微信公众号上的创新举动获得了很多年轻人的追捧，有些人为了听星巴克推送的音乐专门关注了星巴克的微信公众号。后来，在星巴克的早餐系列新品上市时，其又推出了"星巴克早安闹钟"创意活动。粉丝下载"星巴克中国"APP后，在每天早上7点至9点，闹钟响起后的1小时内到达星巴克门店，就可以获得购买纯正咖啡饮品，并享受半价早餐新品的优惠。微信推出"摇一摇"功能后，星巴克中国立即开启应用与微信"摇一摇"线上线下互动的全新体验营销模式。

同时，星巴克微信公众号还通过推送丰富的咖啡知识打造自己文化大使的形象。比如，当你在星巴克喝完一杯咖啡时，贴心的星巴克微信公众号会与你互动，向你推送相关的咖啡知识。在潜移默化的影响下，你会愿意把在星巴克的美好体验分享到朋友圈，传播星巴克文化。这种打造"意见领袖"的做法让星巴克的品牌故事诞生并且流传开来，我们不得不感叹粉丝的口碑影响力。

通过星巴克的微信公众号案例我们可以知道，微信营销应当贴近用户，为用户提供用心的服务，让用户在你的微信公众号上获得价值：安全、美味、时尚的产品，新兴的购物渠道，及时获取优惠信息。(资料来源：http://www.koduo.com/leimu/weidian/47548.html)

【分析】星巴克针对目标人群的特点进行了细致入微的分析，同时对微信公共平台功能也进行了充分开发，不仅破除了传统商业经营模式辐射面积小、用户参与度不高、受时间 地点等制约的弊端，还具有了轻松时尚、趣味性高、商家与用户互动性强等优势，让用户能尽享商家带来的轻松惬意。星巴克依靠这个案例的完美执行，不仅将所有老客户牢牢地抓在自己手中，也让游荡于各种咖啡厅的客户更加信赖它。同时在推广方面也起到了事半功倍的效果，活跃的目标人群粉丝让星巴克的微信公众平台持续释放威力。

星巴克的案例证明了一个道理，微信公众号运营的创意和诚意很重要。星巴克的这个案例将微信的及时性、个性化、互动性的优势充分发挥了出来。

网络型公共关系除了上述的优势外，还能建立具有个性的组织网络，在网络论坛设立组织站点，提高站点的影响力和组织的知名度，还可消除误导信息，通过网络信息监督的监视，及时纠正对组织的误解，避免组织形象受到损失。

【案例8-18】王石和王老吉捐款一亿元的两种不同结局

(详细内容请见课件对应内容。)

2) 网络型公共关系的操作

(1) 网上征求公众意见。利用网络提供的共同讨论区如BBS、新闻组、贴吧等，列出产品的性能、特点、质量以及服务内容、服务规范。然后通过网络对本企业的产品和服务进行讨论，以此了解消费公众对产品特性、质量、包装及服务的意见。另外，公关人员还可将产品构想公告于网络上，以征求全球各地消费公众的意见，及时调查消费公众的产品需求，作为产品改进与研究的参照依据。

(2) 网上设计及展览。网上设计具有广阔的空间范围。首先它可以对组织的视觉形象、组织结构、内在精神、服务项目等各方面进行设计，还可以设计虚拟实境，如设立虚拟商店橱窗，使消费公众如同进入实际的商店一般，同时商店的橱窗可因季节、促销活动、经营管理策略需要轻易迅速地改变设计。虚拟橱窗不占土地、空间，可24小时"开张"，服务全球顾客。其次可在网络上以首页方式设立虚拟经销商或虚拟公司，提供形象宣传资料以及必要的使用维修以及必要的售后服务。同时可结合相关产业的公司，共同在网络的组织线上进行展销，消费者公众一次上线可饱览各类商品，以增加上线意愿与消费动机。另外还可在互联网上设计公众查询系统，方便公众查询组织的各种资料。

(3) 网上推广。常见的网上推广有八种方式：

第一，网站宣传。组织网站是树立组织形象的最佳工具之一。网站上组织的背景资料、商标、广告语、经营理念、组织视觉识别系统等公关信息元素可以源源不断地向公众传播，公众也可以通过网站提供的联系方式提出自己的疑问、咨询及投诉，并快速得到组织的答复。为此，组织要利用各种渠道扩大自己网站的影响力。

第二，借助网络媒体发布新闻稿。搜狐、新浪、网易、TOM等门户网站、行业性门户网站或媒体、新闻媒体的网络版、电子出版物、APP、公共论坛、博客平台、微信平台、电子邮件等发布新闻。

第三，建立虚拟公共关系室。在网络上公共关系公司可接受社会组织委托举办各项公益活动与赞助活动，塑造社会组织道德人格形象。如急难救助、献血、设立奖学金、赞助体育比赛。组织也可利用网络为公益事业服务。例如汽车制造公司的网站上提供有关交通安全与饮食健康的宣传专栏，并可将公益专栏的网站 Web 与公司的网站 Web 相联结，借以增加消费者上线的机会。

第四，利用网上交流的功能，举行网上消费公众联谊活动和网上记者招待会，除了信息容量大，兼有音、视频等效果，同时也可可以跨越时空与公众进行沟通，同时也是一种低成本的公关联谊活动。

第五，利用网络向用户提供新产品信息开展知识竞赛、折价券与赠品，同时也可提供线上订购折价与进行抽奖，提高消费公众上线搜寻的兴趣及购买产品的意愿。

第六，积极参加网络资源索引，尽可能使客户容易查询到公司的推广资料以及能快速获得需要的商品信息。

第七，刊登网络公关视频广告。这可以提升组织形象、加强公众对组织的理解。

第八，与竞争性的厂商进行网上交流，互相传递信息，增加与潜在消费公众接触的机会。

虽然网络技术的发展还有诸多不完善之处，如检索与传输的速度还不快，内容贫乏，信息泛滥且品质良莠不齐，很难规范与管制，这在一定程度上影响了网络公关的效果。但是公关人员要看到网络公关的良好前景，特别是当今大数据时代，努力提高自身计算机水平和外语水平，不断地注意公众与市场实情，适时开展网络公关，定会迎来网络公关的一片蓝天。

【案例 8-19】招商银行使用微信"漂流瓶"提升营销效果

经常使用 QQ 邮箱的人对"漂流瓶"一定不陌生，微信中同样也有这样一个功能。"漂流瓶"是一种非常好的信息扩散方式，然而，就推销的效果而言备受质疑。其实不然，招商银行开启了"漂流瓶"营销的先例，而且效果奇好，也成为一个成功的典范。

招商银行曾利用微信"漂流瓶"功能发起了一个慈善性质的营销活动，即为自闭症儿童募集善款，一时间受到了广泛关注。

　　招商银行设置的瓶子叫"爱心漂流瓶"，扔出后，被微信用户捡到，回复之后就可参加"小积分，微慈善"活动，为自闭症儿童尽自己的一份力。在活动期间，每捡 10 个便有 1 个是招商银行的"爱心漂流瓶"，可见，招商银行在这项看似不起眼的策划中是下了大功夫的。

　　为了搞好这次活动，招商银行还专门通过微信官方对"漂流瓶"参数作了针对性的调整。例如，对时间的设置，让时间更集中，使用户"捞到"招商银行"漂流瓶"的概率大大增加；在内容设置上也注重多样化，增强用户参与的积极性。

　　【分析】这是在技术性、创意性方面都非常具有代表性的微信公关案例，也成为很多企业学习的模板。微信"漂流瓶"有点类似于 QQ 邮箱里的"漂流瓶"，有人将其称为同款产品的增强版。例如，语音功能的增加、参数可进行更改、可以发送不同形式的内容等，这都大大增强了其推广功能和扩散功能。如果在公关中运用得当，同样可以收到奇特的效果。(资料来源：http://www.koduo.com/leimu/weidian/38666.html)

　　【案例 8-20】NOKIA 公司举办全社交网络新品发布会

　　(详细内容请见课件对应内容。)

(二)设计主题

　　公共关系活动的主题是对公共关系活动内容的高度概括，对整个公共关系活动起着主导作用，它特别适合于那些规模较大的系列专题性公共关系活动。

　　公共关系主题的表现形式是多种多样的，它既可以是一句言简意赅的陈述句，也可以是一句简单有力的口号，但不管其具体的形式如何，公共关系主题都应具备清晰明了、诚实中肯、概括醒目、易于记忆等项特征。例如，日本精工集团，为了使精工表走向世界，利用 1964 年在东京举办奥运会的机会，进行了以"让世界的人都了解：精工计时是世界第一流技术与产品"为目标的公共关系活动，活动的主题是"世界的计时：精工表"，结果一鸣惊人。

(三)选择媒介

　　其实质就是如何在特定的对象公众与社会组织之间建立起畅通无阻的信息交流的最佳渠道，并找到对象公众与社会组织两者沟通相关信息的最佳方式。由于信息传播的方式与方法、进行信息传播的媒介与渠道是多种多样的。不同的媒介其特点与影响力有很大的不同，例如：我们熟知电视媒介声情并茂，可以现场播录；广播节目接受方便，普及性强；印刷媒介可以反复阅读，适于表达较为复杂的信息内容；电话媒介私密性好，人际化交流等。而对公众来说，各种媒体的权威性、客观态度、公正品质、信息传播方式与技巧上的亲切有趣、富有人情味、注重公众利益等特征都会使传播活动的影响力有很大的差异。因此，公共关系人员在传播之前必须进行精心的策划与选择。

(四)编制经费预算

　　公共关系活动是一项经营管理职能，组织公共关系活动的开展更是一种市场行为，是一项长期投资,因而必须考虑公共关系活动的投入与产出的关系,对此进行经费预算,使策划具有可行性和现实性。

1. 公共关系预算的构成

公共关系活动预算基本构成如下:

(1) 劳务工时报酬。

(2) 行政办公经费,包括办公用品、电话费、房租、水电费、保险费等。

(3) 专业器材和成品制作费用,即制作各种宣传品、纪念品的摄影设备和材料、工艺美术器材、视听器材、展览设施和展品、交通或通信设备的费用。

(4) 宣传费用,公共关系广告费用及各项大众媒介宣传费用。

(5) 实际活动费,包括座谈会、宴会、参观、大型纪念活动或庆典活动及其他接待应酬的开支,为公众免费提供的各种教育、培训和服务项目,调查研究费及公共关系人员的日常差旅费、交际费。

(6) 赞助费,即赞助社会文化、教育、体育和各种福利事业或慈善事业的费用。

2. 确定公共关系预算总额的方法

(1) 固定比率法。即按照一定时期内的销售额或利润额的大小以某种固定比率提取公共关系经费的方法。如广州白云山制药厂曾每年从总产值中提出 1%的资金作为信誉投资;许多企业的广告经费也是按销售额的一定比率来提取。这种方法简单易行,但难以确定最佳比率,且销售额本身在一定程度上也取决于公共关系投入的力度,因而倒置了因果关系。

(2) 投资报酬法。即把公共关系开支当作能获得报酬的投资,按投资报酬率的高低来分配各项经费的方法。这一方法的优点是注重经济效益,但公共关系对经济效益的贡献往往是间接、长期、无形和分散的,因而很难确切计算公共关系的投资效益。比较可行的办法是利用知名度、美誉度等指标来考核公共关系活动的效果。

(3) 量入为出法。即根据组织在财政上可能支付的资金来确定公共关系经费预算的方法。这一方法的指导思想是"有多少钱,办多少事",似乎很现实,然而却隐含着这样一个问题:组织可能支付的资金在很大程度上取决于自己对公共关系活动的重视程度,可能支付的资金具有很大的弹性。

(4) 目标先导法。即先制定公共关系活动计划,然后将完成任务所需的各项费用项目详细列举出来,在留有余地的基础上确定公共关系预算的方法。这种方法是否合理,主要取决于公共关系活动的计划本身制定得是否合理及必要,以及是否充分地考虑到了组织的财务状况。

以上各种公共关系预算的方法都有各自的优缺点,组织应在实际的公共关系活动中,可根据具体的组织情况选择合适的预算方法。

(五)审定方案

审定方案即对公共关系策划活动的再分析,是公共关系策划工作中不可缺少的一个步骤,起着对策划工作进行总结和即将启动方案实施的过渡作用。审定方案一般由组织领导、专家及具体工作人员对方案进行咨询、答辩、论证,对既有的公共关系策划方案进行修改、完善和定稿。

1. 方案优化的方法

策划方案的审定过程往往也是方案的比较优化过程，也就是如何增加方案合理值的过程。方案的优化可以从 3 方面去考虑，即加强方案的目的性、增加方案的可行性、降低耗费。通常的方案优化方法有以下几种：

(1) 重点法。公共关系策划者在对同一个方案进行优化时，可首先分析在目的性、可行性、耗费 3 方面，哪个方面的增加或减少对该方案的合理值影响最大，影响最大的方面则确定为重点。例如：方案中目的性和可行性都很强，就是费用太高，就可将耗费定为重点；如果目的性和耗费都很合适，只是可行性较差，就可以增强可行性为重点。

(2) 轮变法。即将方案的诸要素中的一个作为变数，其他的作为定数，并对作为变数的要素作量的增减，在其他要素不变的情况下提高合理值，直到不能再增减为止，然后换另一个要素作变数，又将原来的那个要素与其他要素一起作为定数，直到最后合理值不能再提高为止。如此，通过各要素轮换作为变数，最终找出各要素最优化的程度。

(3) 反向增益法。这是以一个要素的较小变动去求得其他要素的较大变动的方法，即考虑如果增加少量成本，能否增加大量收益的可能性。这与人们通常考虑如何降低成本以增加利润的思路正好相反。

(4) 优点综合法。就是将各个方案中可以移植的优点都被综合到被选上的方案中，以使策划方案好上加好，以达到最优化的方法。

2. 方案审定一般应该考虑的问题

(1) 公共关系目标的合理性。主要考察公共关系目标是否明确、目的性是否很强；下级公共关系目标能否支持上级公共关系目标，能够为组织总体发展战略和基本使命服务。

(2) 方案的可行性。公共关系行动方案不仅要有利于达成公共关系目标，而且也要考察行动时是否可行，如对资金、时间、人力及传播渠道等进行再分析。公共关系方案的可行性还表现在方案本身是否可行，即公共关系活动是否能达到公共关系目标，包括公共关系活动的规模是否有创新、是否能很好地抓住公众的兴趣和需要等，这都会影响到公共关系方案的有效性。

(3) 费用的合理性。公共关系费用一般与公共关系效果成正比，组织相同的公共关系投入未必可以达到相同的产出，因此，公共关系人员在策划活动中，还要对策划方案的成本与可能的效果进行比较，以达到选优的目的。

(4) 潜在问题的预测和防范。任何一个公共关系活动方案在审定、实施过程中都有可能会出现问题，因此，公共关系人员还应从多种角度分析可能遇到的各种潜在问题，并提出相应的预防和补救措施。

四、撰写公共关系策划书

公共关系策划书是一份完整的公共关系策划方案的书面报告，是公共关系策划工作的最后一项程序。职业化的公共关系工作应该建立完整齐备的工作档案系统，因而每一次具体的公共关系策划活动都必须形成文字，以一份清晰充实的公共关系策划书的形式留存下来。这不仅便于进行工作的回顾与效果的检验，而且也可作为向组织决策层进行报批，获取批准的书面依据。

公共关系策划书的主体内容一般由背景概述、公共关系目标、公共关系项目、传播方式、时间地点、费用估算、实施程序等项内容构成。在具体写法上应以表述事实为主，以公共关系目标分析、公共关系项目设定、时间地点、项目预算、人员要素所组成的实施程序为主线，语言要求简明扼要，具体明晰。在结构上应首先写明公共关系工作的指导思想、公共关系背景、总体目标，然后再继续写具体的公共关系活动项目和实施的步骤。

公共关系活动的项目与实施步骤是策划书的主体部分，应写得具体详尽，要同时写清落实这些具体公共关系项目的措施与方式方法，包括人员的调配、组织各部门的分工、实施方法与步骤、传播的媒体与方式、费用的分配、时间与地点、对象公众分析、传播内容信息等，都应拟定妥当，具体明确。最后将所有的公共关系工作项目按照轻重缓急、时机策略和效果搭配等多种考虑因素排列出一个实施的顺序，力求使整个公共关系策划书中的公共关系工作内容形成一个详尽有序的工作实施书面报告。公共关系策划书的基本格式请见本书"第十二章 公共关系写作"相关内容。

【案例8-21】"清凉一夏"华夏长城葡萄酒公共关系活动策划书

一、华夏长城的企业背景

华夏公司成立于1988年，是中国首家专业生产干红葡萄酒的出口型企业，隶属于世界500强之列的中国粮油食品进出口总公司，即中粮集团。华夏长城葡萄酒是具有世界性的、绿色的、自然的、时尚的、醇和细腻的，且具淡淡面包香及果芬芳味著称的葡萄酒。1989年获法国第29届国际葡萄酒评酒会特别奖；1990年获巴黎第14届国际食品博览会金奖；1992年获香港国际食品博览会金奖；1994年获布鲁塞尔国际葡萄酒选拔赛大奖；2000年作为中国著名葡萄酒保护品牌；2001年获上海国际葡萄酒及烈酒评酒会银奖；2001年获第四届北京希尔顿国际葡萄酒与食品展示会干红第一，干白第二；2002年获AA级绿色食品证书，是我国第一个获得AA级绿色食品—葡萄酒证书的品牌，2002年华夏的产地昌黎成为国家第一批原产地域保护产品。

二、葡萄酒市场概况

1. 目前市场及消费趋势

(1) 以长城命名的葡萄酒自引入市场以来，以其优良的品质和极高的性价比，备受广大消费者的欢迎与喜爱。

(2) 长城葡萄酒以老牌的沙城(1983年8月)最先领导着国内的葡萄酒业，沙城几乎成为长城干白的代名词。

(3) 不久，成立于1988年的华夏公司生产出第一瓶长城干红葡萄酒，并在各种国际评酒会上屡屡获奖，进而一枝独秀。

(4) 而由中粮集团控股的另一家长城酿酒商——烟台长城公司，由于其先进的营销思路，价廉，且极具美感的外观，加之长城自身模糊不清的概念(大多数消费者分不清长城葡萄酒有什么区别，根本不知道长城葡萄酒分为3个产地)，竟然后来居上。

(5) 这三家葡萄酒旗鼓相当，争相抢占葡萄酒市场，到了2003年，已经分割了较大比例的葡萄酒市场份额，这样的成果，令人刮目相看。

(6) 如何细分长城葡萄酒的市场，如何定位华夏长城在长城三大品牌中的地位，成为当务之急。唯一可以确定的是，上述葡萄酒中的销售量以华夏最多。令人啼笑皆非的是即使华夏1994年份最忠实的消费者也决然不知华夏长城的产地是昌黎(烟台长城的1994年葡萄酒的出现，使原本就概念模糊的消费者愈发不知所措)。这对整合以后，以产地区分长城的华夏来说是致命的一击。

2. 竞争者概况

(略)

三、华夏长城的市场目标

1. 品牌拓展

长城葡萄酒对消费者而言，经常在各种媒体中所见，在消费者心中已经有很高的知名度，所以我们前期的目标须着重于长城葡萄酒固有的消费者,后期细分长城产地(沙城、昌黎、烟台)，突出华夏长城(昌黎)的优势，才可以得到事半功倍的效果。

2. 销售拓展

开辟新的销售切入点，赋予葡萄酒更深及更新的含义，使之在终端销售有新的良机和新的市场(夏季市场)份额。

四、华夏长城的活动策划

长城系列品牌在葡萄酒行业中如执牛耳，所以要站在"长城"这个国内葡萄酒最强势品牌的平台上与烟台长城及沙城长城竞争。如此，华夏长城势必在长城系列品牌中脱颖而出，确立华夏在包括"长城"其他产地在内的葡萄酒行业中的领导地位，从而达到我们把长城葡萄酒细分(沙城、华夏、烟台)的目的。此次活动我们把华夏长城的商品定位在：绿色、自然、时尚；并赋予由她孕育出的特饮"清凉"的含义。

1. 诉求对象

(1)个人以年轻人为对象；(2)家庭以中上阶层为对象。

2. 目标观众

(1)葡萄酒不甚了解者；(2)长城葡萄酒系列认识不清者；(3)忠诚消费华夏长城者。

3. 诉求方向

(1)针对普通消费群；(2)针对KA级商超；(3)针对大型夜场；(4)针对销势良好的餐饮店,对葡萄酒不甚了解的人。

4. 创意表现

通过针对华夏葡萄酒调配的特饮，向市场传递一种生活习惯和新的饮用时尚，并力图解析长城不同产区之间的差别(沙城、华夏、烟台)，突出华夏长城。

5. 活动安排

(1) 初期(初夏时期4月18日～5月31日)

4月18日至4月28日是商品铺货期，此时店头的布置与广告开始进行。至4月28日一切就绪，同时以报纸35×24套彩广告配合TV广告全面推出。为了应付夏季的来临，特别推出"清凉一夏"活动，凡发现在长城葡萄酒标上印有华夏或昌黎产区字样，即送摘录有特饮配方的精美卡片(买1瓶送1张)。"谁的卡片多，空调搬回家"一则促销，用大奖来吸引并引导消费；通过活动，加深消费者对华夏长城的印象。在此时期的另一方针是开始试饮活动，借试饮主动接触消费者，促其在今后的购买行为。

初期活动仅限于 KA 店，凡参加此次活动的商家最低购货量不得少于 100 箱，并不得再加收新品入场及调码费。

(2) 中期(盛夏时期 6 月 1 日~8 月 1 日)

随着华夏长城知名度的普及与提升，随着销售路线的全面流通，针对季节，着重于炎夏的诉求。"多种调配，至少有一款适合你"，凡饮华夏长城特饮的消费者，即可获得摘录有特饮配方的精美卡片(买 1 扎送 1 张)。收集卡片最多者，还可享受免费消费的优惠。此时活动的目的是为了品牌和销量的提升以及对商品的彻底理解。

中期活动仅限于 BAR，凡参加此次活动的夜点最低购货量不得少于 100 箱，并不得再加收新品入场及其他相关费用。

(3) 末期(消夏时期 8 月 1 日~10 月 7 日)

此时炎夏仍未消失，葡萄酒即将步入旺季，我们的目标转入终端的消费。

6. 媒体选择

(1) 平面媒体

① 报纸：以《成都商报》A2—A5 版位(套彩)，灵活交替使用。《成都商报》是成都地区发行量及影响最大的一份区域性报纸，其新闻及财经报道无人能出其右，拥有广大的顾客群和良好的声誉。由此导入，不仅可能细分长城系列(沙城、昌黎、烟台)，还能够进一步提升成都吉马的企业形象和知名度。

初期——强调华夏长城的品牌与产区，突出华夏长城的产地，普遍诉求大众。

a. "清凉一夏"——"这个夏天喝华夏"

中期——知名度及商品的理解。适逢炎夏，精心调配 5~6 款特饮，把华夏长城特饮的新鲜感与青年人的朝气蓬勃结合在一起。并凸显主题——"清凉一夏"

b. "清凉一夏"——"多种调配，至少有一款适合你"

c. "清凉一夏"——"淑女也疯狂"

末期——随着知名度和理解度的提高，"华夏长城"已能适合任何场合，扩大诉求阶层。

d. "清凉一夏"——"真情流露"

② 杂志(百姓消费)：采用彩色稿，注重各种稿件的表现一致，构图中商品位置固定，背景利用色调来表现插图及文案的气氛，追求商品特性的突出及商品格调的提升。

③ 海报、POP 广告及易拉宝：采用长六开尺寸大小，便利张贴于购买场所附近，提醒消费者注意，并加深人们对商品的亲切感。另外，华夏长城的海报，为求突出，应采用新颖及视角独特的画面，以直接获得消费者的亲切感和猎奇感。

(2) 立体媒体

(主要选择电视与交通广播电台媒体)《直播娱乐》的观众群为追求时尚，购买欲旺盛的青少年为主；而《新世界》的观众群是触及时尚前卫和生活品位的白领。由此导入，不仅塑造了(华夏长城)企业文化，并且延伸了企业内涵。成都交通广播电台，是以出租驾驶员为目标顾客的综合性节目，吸引了大量的驾驶员朋友，无可置疑地成为效果极佳的媒介载体。

7. 活动预算

(1) 媒体预算

① 初期预算为 349 246 元，其中报纸等约 248 296 元，电视 43 350 元，电台 57 600 元。

因为华夏长城为快速消费品,在报纸大面积的覆盖与伴有生动画面的电视以及以动感声音的电台联合冲击下,无疑会大大提升华夏长城的品牌与销售。

② 中期各种活动相继在夏日展开,而且暑假也将来到。于是我们的广告预算为229 734元。在细化与提升品牌的同时,消费者已有购买倾向,需展开各种媒体及公共宣传,以达到销量提升的目的。

③ 后期在品牌认知和销量提升的基础上,使消费者对产品有彻底的理解,并通过媒体互动将这种理解表现出来。

(2) 实物预算

① 初期预算高达247 640元,其中空调(格兰仕)225 000元,促销用品(含促销服装及头套)22 640元。

② 在初期信息密集攻击和奖品强烈刺激下,如达到预期目标和效果,即可采取中期计划。中期预算87 600元,其中专场费用50 000元;促销用品37 600元。

③ 若中期销售得以提升,则后期活动按当时具体情况设计并执行。反之,放弃。

五、效果评估

1. 有关味觉的习惯性问题

调配出迥然不同的5~6种葡萄酒特饮,测出消费者的习惯,进而修正调配的口味。

2. 有关活动执行及监控的问题

销售部负责终端客户的签约;市场部承担联系各媒体及物品的采购,并对促销状况、竞争者反应、消费取向进行监控和真实有效地评估。(资料来源:策划在线 www.eplanning.cn,并修改整理。)

【分析】这份公关策划书比较全面,目的明确,条理清晰。

【案例8-22】广东××集团30周年庆典现场策划案

一、现场布置

(1) 大会主席台安排在西门(东门)广场,铺红色地毯,蓝色背景主席台,上面书写"广东××集团创业30周年庆典大会"16个金色大字,并放置祝贺花篮若干。

(2) 主席台前划分一区为嘉宾区域,庆典大会会场共摆设800张座椅,并划分为1区、2区、3区。

(3) 主席台后方分别垂挂五幅悬幅——"同心同德千秋大业,群策群力创世纪辉煌""开放、和谐、务实、创新""锐意改革创伟业,奋力创新展宏图""三十征程乘风破浪,八千丹心笑逐颜开""××电器,为人类创造美好生活"。

(4) 西门广场及其东区范围共布置30个高空气球和彩带(东区20个、西区10个)。(主题内容由公共关系部提供)

(5) 东大门外庆典装饰,布置三道拱门,主门正上方四个蓝色大字——"××电器"。大门外道路两旁各布置500m长距离彩旗、灯柱旗。

(6) 大门、西大门、工业城区域楼顶插彩旗。

(7) 集团办公楼入口喜庆装饰渲染,楼顶插彩旗,门楼用绸缎、灯笼串装饰,楼顶横幅——"热烈庆祝××创业三十周年"。

(8) 西大门口放置一对气模;枢机厂、研究所、威灵电机厂布置高空气球彩带; 西门外公路沿线两旁插彩旗、灯柱旗,分别至××桥和××职工医院;彩旗上全部写有"××电器"字样。

(9) 东、西区道路两旁插彩旗。

(10) 餐厅、宴会厅做相应喜庆装饰,挂上彩裙、彩带、小气球串。

(11) "××"新村门口做适当装饰,挂上彩旗、串灯笼、横幅。

(12) 来宾入住酒店各布置横幅一幅,并适当布置彩旗。

(13) 新闻发布会现场布置横幅一幅"××创业三十周年新闻发布会"。

(14) ××镇主要街道悬挂庆祝横幅20幅。

二、现场布置预算费用

(1) 充气拱门类:拱门(跨20m),1条×12 000元/条=12 000元;(跨15m)2条×7500元/条=15 000元。

(2) 落地球(高6.8m),2个×6000元/个=12 000元。

(3) 空飘类:升空气球(3MPVC订制球)30套×1 500元/套=45 000元;小氢气球放飞30串,每串30个,900个×3元/个=2 700元;放飞信鸽2000只×10元/只=20 000元。

(4) 主席台:主席台规格:10m×2.5m×0.5m;背景板规格:10m×3.5m,2800元。

(5) 彩旗类:①彩旗(1.6m×0.6m),单色印制;5 000面×13元/面=65 000元。②灯柱旗(1.2m×0.8m),单色印制;400面×68元/面=27 200元。

(6) 餐厅、宴会厅:装饰彩裙、彩带、小气球串,共23 000元。

(7) 长灯笼串:250串×90元/串=22 500元。

(8) 集团办公门楼红色绸缎、黄色缎裙制作价:5000元。

(9) 大功率音响(租):1套×5900元/套=5900元。

(10) 花篮(中式加大):30只×250元/只=7500元。

(11) 条幅、横幅:①条幅(3m×16 m),15条×1440元/条=21 600元。②横幅(1.5m×20m),21条×900元/条=18 900元。

(12) 军乐队:①男子军乐队(40人左右):1队×18 600=18 600元。②女子军乐队(40人左右):1队×24 000=24 000元。

(13) 威风锣鼓对(50人左右):1队×28 000=28 000元。

(14) 醒狮:8头×2300元/头=18 400元。

(15) 礼花炮(租):30门×1000元/门=30 000元。

(16) 红色地毯(租):500m×10元/m=5 000元。

(17) 礼仪用品:①绶带(1.8m×0.15m):36条×30元/条=1080元。②胸签800个×5元/个=4 000元。③胸花(衬纱包满天星):100个×10元/个=1000元。④嘉宾签到簿、笔2套(赠送)。

(18) 餐饮费用:3 000~4 000人×20元/人=60 000~80 000元。

(19) 奖品以红包为主:20 000元。

三、时间

(略)

四、地点

××集团股份有限公司内。

五、活动进度及注意事项

(1) 须在活动前三天(即××月×日)准备就绪并安装，在活动当天(即××月×日)清晨8:00前验收并交付使用。

(2) 工作人员及军乐队须在当天上午 8 时到位(具体工作安排参照工作排列表)。

(3) 活动当天，广告部人员(不少于五人)现场维护所布置的物品。

(4) 须确保空飘、拱门、落地球使用三天。

(5) 须派保安人员夜间维护现场，确保物品不能遗失。(资料来源：熊超群、潘其俊《公关策划实务》广东经济出版社)

【分析】这份公关策划书简洁明了，策划活动安排非常具体，可操作性很强。

第三节　公共关系策划的原则及方法

一、公共关系策划的原则

公共关系策划是整个公共关系活动的关键环节，在策划过程中，应遵循以下一些基本原则。

1. 真实性原则

公共关系策划应符合社会生活的真实、组织的现实状态。主要强调公共关系策划应充分考虑具体的组织的内外部环境，策划出的活动应符合生活实际，公共关系目标的确定和行动方案的选择都必须建立在实事求是的基础之上，要处理好创新与实用的关系，切忌夸大其词。

2. 针对性原则

公共关系策划必须首先确定公共关系活动的目标，具体公共关系活动方案应紧紧围绕目标进行策划。只有这样，组织的公共关系活动才有目的性和针对性，各项公共关系活动之间才能协调一致。

3. 系统性原则

无论是公共关系策划所要策划的公共关系活动，还是公共关系策划本身，都涉及错综复杂的诸多因素。只有强化整体的系统控制，才有可能取得公共关系策划及公共关系活动的成功。

4. 创造性原则

公共关系策划需要公共关系人员的能动性，但更需要创造性。而具有创造性的公共关系策划，才能更好地实现公共关系活动的任务，具有更高的价值。如健力宝集团开创企业大投入赞助体育事业之先河，就体现公共关系活动的新颖性和创造性的较好结合。

5. 可行性原则

公共关系策划必须是切实可行的，可行性是公共关系策划的一个重要原则。公共关系活动的可行性包括可操作性和可实现性两个方面。在进行公共关系策划时，一定要尊重客观实际，从组织的自身实际条件出发，不可贪大求洋、好高骛远，制定的目标要恰到好处，并且能够付诸实践，不是纸上谈兵、坐而论道的花架子。

6. 可调性原则

公共关系策划方案一般列入组织的整体计划之中，构成整体运行的一部分，所以必须有较强的计划性。但由于组织的主观条件与外部环境随时都会发生变化，也会制约方案的运行，因此，公共关系策划还应遵循弹性原则。

【案例8-23】微信抢红包公关策划——整体策划，线上线下媒体一起营销

在整个微信"抢红包"事件中，传统媒体和新媒体的互动起到很重要的作用。从目前可以找到的信息分析，第一篇正式关于微信红包的文章是2015年1月27号发表的"'微信红包'引爆社交，腾讯做对了什么和会得到什么？"，接着各大媒体特别是网络媒体纷纷转载了这篇文章。

1月25号微信5.2上线，在这次的新版本中才推出抢红包的功能。而在两天后，也就是27号这篇文章中，已经说道：随着昨天(备注：文章应该是在26号写好，27号正式发布的)微信5.2版本的发布，很多人的微信里瞬间被"红包"刷屏了。

其实在此之前，已经有媒体正式报道了微信的红包功能，1月26号晚上发表了一篇"微信跟'红包'干上了"的文章，但这只是作为一个行业动态进行报道而已，真正的公关宣传应该从上一篇文章才开始。于是网上迅速出现各种抢红包攻略、技巧、知道等文章，但让大家感到意外的是，就在文章出来第二天，1月28号上午11:47，网上出现"微信红包开发负责人吴毅否认红包让支付用户一夜过亿传言"一文。文中微信红包开发负责人、腾讯财付通产品总监吴毅今否认了"外界"消息称微信红包让微信支付用户一夜之间突破1亿的说法。

文章报道后的第三天。既是1月29号，网上出现"微信红包一夜爆红背后：低调再战阿里"的文章。文中说到"通过微信红包，腾讯在移动互联网阵地与阿里的PK中占了先机。"而在前一天，在《百度百家》里也有一篇文章"微信红包：阿里腾讯移动支付大战的导火索"，这两篇文章都不约而同地将微信红包的矛头指向了阿里的支付宝，阿里躺着也中枪了。不然，这其实是公关重要的一个原则："傍大款"，或许有人会说，难道腾讯还需要傍阿里的款吗？我们接下来看就清楚了。

1月31日，腾讯财付通官方公布了微信红包真实用户数，截止除夕夜：平均每个红包：10.7元；抢了最多红包的人：869个；除夕夜参与红包活动总人数：482万；最高峰出现：1月30日(除夕夜)；瞬间峰值：2.5万个红包被拆开。这个数据和2014年11月时支付宝的官方说法是支付宝绑定账户"接近1亿"相差还是非常大的。

如果说这次公关在对微信和支付宝的竞争中起到四两拨千斤的作用，那它对腾讯的品牌和股价则起到绝对性的贡献。1月30日，"微信红包，红遍南北：腾讯一天笑纳540亿市值"文中说到，1月29日，腾讯控股上涨5.77%，收报532港元。也就是说，仅这一个交易日，腾讯在市值上就收获了540亿港元的特大"红包"，而这按腾讯总股本18.62亿股计算，腾讯市值已突破1万亿港元大关。

至此，腾讯通过"微信红包"这一事件的公关，完胜地取得了历史性的进展。

【分析】(1) 公关事件策划要有规划性。任何一次好的公关策划，必须有一个系统性的安排，从媒体组合、时间节点、内容撰写都必须系统性的规划，当然最重要的是要有亮点，就是新闻点要突出。微信红包选择在过年大家都相对比较有时间，送红包又是传统的礼俗这些宣传要素，这就让事件一开始就取得媒体和公众的高度关注。

(2) 媒体组合策略要系统性。尽管新媒体发展迅速，但是传统媒体的力量依然不可小看。在这次公关中，第一财经、商业价值等传统媒体先发起第一轮文章，接着由各种新媒体接招，这样的影响力才能发挥到最大。新媒体的优势是传播快，没有太多的框框约束，不足的地方是传播碎片化，聚集度不够，用户关注太多的媒体，时间又是碎片化的，一不留神就没有关注到了。所以为什么这次春晚前十名的广告商几乎是互联网品牌就是这个道理。

(3) 抓紧热点，借势营销。公关需要热点，公众需要亮点。利用春节和红包的契机，再加上媒体对腾讯和阿里竞争的关注度，这一次策划一开始就决定了它的极高关注度。特别是借力打力，阿里这次公关中基本上属于被动，或者从阿里来说，根本不值得他们去回应，但从结果来看，腾讯已经借助这次公关取得了不少战绩，最关键的是，它改变了用户对微信支付危险的担心，改变了用户对支付宝的习惯依赖，这才是微信这次得到的最大的价值。

(4) 公关策划要有持续性。从第一篇文章开始，腾讯就几乎每天有几篇文章对公众进行轰炸，这里面包括了传媒媒体以及各种新媒体，当然还包括了它自己的强势媒体"腾讯新闻、腾讯IT"等渠道，一些是计划内的，当然还有一些是不知不觉给它做了免费宣传(本文就属于此类，呵呵)。这体现了公关一个重要的原则"势能原则"，当大家都在讨论一件事件时，所有的价值导向以及舆论都带有倾向性。因此尽管马云可能担心和腾讯争论反而会中了它的公关计，所以采取了不闻不问的策略，但这从结果来看并不是最佳策略，起码公众的眼睛并不是一起都是雪亮的，微信支付已经让用户相信它是一种不错的选择，同时也可能会相信马云真的"慌"了，这就是公关的魅力所在，改变用户的认同，要比改变用户的认识要重要得多！(资料来源：http://www.meihua.info/today/post/，经编者删减调整)

二、公共关系策划的方法

(一)公共关系策划中的创造性思维

所谓创造性思维即思维主体借助逻辑推理与丰富的想象，对概念、表象等思维元素进行组合加工，从而产生创造性思维成果的过程，也是策划者尊重科学、不断探索，打破条框、勇于创新的过程。它一般具有积极的求异性、敏锐的洞察力、创造性的想象、独特的知识结构、活跃的灵感等特性。而公共关系策划离不开创造性思维，公共关系人员在每一次公共关系策划中，面临的环境不同、公众不同，策划方案也不能总是以同一种面孔出现，必须打破思维定式、突破常规，策划出与众不同的、具有新意的活动内容和方式，去吸引观众、改变观众的态度和行为。

【案例8-24】1994年6月，河南华懋双汇集团的公共关系策划人员得知"逛北京、爱北京、建北京"的大型旅游活动将在天安门广场隆重开幕的信息，立即与企业的公共关系工作结合起来，进行了创造性思维，策划了一起具有轰动效应的公共关系活动。他们以"反正开幕活动需用气球助兴，何不在气球下面挂个企业名称而使国家多收入12万元的理由"

说服了旅游活动的主办者，把企业广告首次做进了天安门广场：在大型旅游活动开幕式上，随着数千只信鸽的飞起，12个巨大的彩色气球腾空飘荡，下面悬挂着公共关系广告"华懋双汇集团漯河肉联厂祝逛北京活动圆满成功！"。双汇集团的这一举动，立刻被敏感的记者注意到了，并被各种媒体"炒"得沸沸扬扬，企业声誉大振。不久，有关部门承认：双汇集团钻了空子，一不留神就让他们做了广告。在一定意义上，双汇广告进入了天安门广场是个偶然，而这个偶然无疑是集团公共关系策划人员创造性思维的结果。(资料来源：编者根据相关资料整理编写)

公共关系策划的新意源于公共关系人员的创造性思维方法，现列举如下。

1. 灵感的激发

在公共关系策划中，新形象新假设的产生往往带有突发性，是突如其来的闪电般的顿悟，它的产生往往借助外部信息的激发，与人们头脑中的知识信息突然得到巧合，便产生了灵感。活跃的灵感在创造性思维中起着非常重要的作用，一般来说，人们在获得灵感时，思维异常活跃，也最富有创造力。而公共关系策划者要想在策划中出现灵感就要善于发现和利用各种信息，进行自我激发，并通过量的积累，触类旁通闪现灵感，使公共关系策划产生新意。

【案例8-25】1995年10月28日，加拿大人杰伊·科克伦在不采取任何安全措施的情况下，在四川省奉节县夔门两端架设的高度为375米、跨度为628米的钢丝上横穿三峡。这一极富创意的活动，使位于四川边远山区的奉节县声名大振。这一创意的策划，来源于对灵感的激发：国家体委社会体育中心的一位工作人员，在电视上看到科克伦走过架设在美国两座摩天大楼之间的钢丝，猛然间，便激发出了"何不请科克伦到大自然中走钢丝、到长江三峡上空走钢丝"的灵感。在拟定具体计划中，策划者又受相关信息的激发，产生了出售观看门票、请中央电视台予以录像并实况转播、设置广告区等一系列灵感。其中，数万张门票一售而光，最高的售价达2000元；而广告牌位的出售，则向20多家企业收取了数百万元的广告费。可见，灵感激发法是策划中一种有效地创造性思维方法。(资料来源：编者根据相关资料整理编写)

2. 想象的突破

所谓想象是指策划者对记忆中的表象进行加工后，得到的一种形象思维。它是对以往事物感知的基础上，创造出前所未有的对策划对象的想象力，是在观察思维等基础上的一种特殊形式的思维活动方式。在公共关系策划中，同样需要借助想象，公共关系策划者把对组织公共关系现状的认识和对组织未来的预测等各种感知，通过想象得以突破，不断地建立和完善新的形象概念，因此，公共关系策划的成果，往往也是想象思维的结果。

【案例8-26】中国银行曾发起和独家赞助的"海峡两岸台北—北京长跑活动"就很具想象力。活动从台北出发，途经台中、高雄、上海、哈尔滨、长春、四平、沈阳、鞍山、锦州、秦皇岛、唐山、天津，最后达到终点北京。在这次跨越海峡两岸的长跑活动中，中国银行及其沿途所属分行利用各种传播媒介，把自身的形象印刷在宣传册、文化衫、纪念封、手提袋上，体现在匠心策划的长跑仪式上和热烈火爆的现场布置上，大大小小的记者招待会，此起彼伏的啦啦队、陪跑队，一路行进如同一幅移动的风景，令人注目，使中国银行的声誉远播海内外。由于出色的创新策划，这次长跑活动不仅促进了海峡两岸民众的沟通与交流，而且在宝岛和大陆沿线各地引起不小的轰动，中国银行的声名鹊起。这正是策划人员富有想象的杰作。(资料来源：编者根据相关资料整理编写)

3. 诸因素的组合

在公共关系策划中，从思维的角度而言，由"目标的制定找到了相应的公众，从诸多信息中产生了主题，继而设计出各种计划和工作步骤，这是从思维展开角度而言的，而从思维展开后又必须聚拢的角度来说，众多的因素又必须组合为一个有机的计划，这个创造性思维的过程，可以称为因素组合法。"

【案例8-27】1986年5月8日，美国可口可乐公司举行了可口可乐问世100周年纪念公共关系活动，很富有创造性。这次活动规模宏大，有14 000名工作人员从办理可口可乐业务的155个国家和地区飞往亚特兰大；从美国各地开出的30辆以可口可乐为主题的彩车和30个行进乐队迂回取道驶往亚特兰大；公司免费用可口可乐招待夹道迎宾的3万名当地居民；市长和可口可乐总裁一起亲自引导游行队伍，其后是1000人的合唱团和60列队伍的交响乐队，演奏着振奋人心的可口可乐传统颂歌"我愿给这世界买一杯可口可乐"；通过这些多因素的组合，出现了令人难忘的场面：以半个地球之遥的伦敦为终点，把里约热内卢、内罗毕、悉尼、东京连接起来，通过卫星一次推倒60万张多米诺骨牌；从可口可乐公司总部亚特兰大开始，多米诺骨牌天衣无缝地一浪接一浪倒下去，通过卫星电视的衔接，到伦敦的终点时，一个巨大的可口可乐罐出现了，但倒下的多米诺骨牌却引爆了这只可口可乐罐，顿时，全世界的可口可乐公司雇员都欢呼起来……(资料来源：编者根据相关资料整理编写)

【分析】这次公共关系策划，可以发现它是由各种各样的因素组合而成的。其因素中有可口可乐公司成立100周年的时机、以亚特兰大为中心的多个地点、以可口可乐总裁为首的数百万人员以及游行、彩车、演奏、颂歌、多米诺骨牌等。显然，正是这种多因素的组合，策划人员以这种创造性思维方法策划了这一成功的公共关系活动。

4. 思维的碰撞

思维碰撞法又称头脑风暴法，它是1939年美国BBDO广告公司经理奥斯本创立的用于集体创造活动的创新技法。其基本要点是：针对要解决的问题，召集5～10人的小型会议。会议规定一些必须遵守的规则，以产生启发创造力的情境。与会者按照一定的步骤，在轻松融洽的气氛中，敞开思想、各抒己见、自由联想、畅所欲言、互相启发、互相激励，让创造性思想火花产生共鸣和撞击，以引起连锁反应，从而激发出大量的创新设想。在头脑风暴法中，所要遵循的规则是：①构思的方向越多越好；②创意属异想天开，似天方夜谭也不许嘲笑；③彼此之间不批评对方着眼点的好坏；④可以从别人所想到的地方得到暗示，从而自己自由附加想出新点子。

【案例8-28】20世纪60年代，百事可乐公司趁可口可乐改变配方之机，利用二战后美国诞生的一大批思想活跃、乐观自信的年轻人的有利环境，通过思维碰撞法，展开了广告攻势,策划者们在参加的动脑子小组会上,经过碰撞,"为了新一代"的理念也就随之而产生。当时,可口可乐以5∶1的绝对优势压倒百事可乐。BBDO公司分析了消费者构成和消费心理的变化,将火力对准了可口可乐"传统"的形象,做出种种努力来把百事可乐描绘成年轻人的饮料。经过4年的酝酿,"百事可乐新一代"的口号正式面市,并一直沿用了20多年。10年后,可口可乐试图对百事可乐俘获下一代的广告做出反应时,它对百事可乐的优势已经减至2∶1了。而此时, BBDO又协助百事可乐制定了进一步的战略,向可口可乐发起全面进攻,被世人称为"百事可乐的挑战"。(资料来源:编者根据相关资料整理编写)

5. 逆向思维与类比启迪

(1) 逆向思维法。人们在进行思维时,往往喜欢按照习惯的思路去探求问题的答案,然而,这种解决问题的方法往往陈旧落套、缺乏新意,问题也难以理想解决,如此,这就需要人们从与习惯思路相反的角度,来突破常规定势,作反向思维,以找到出奇制胜之道。

【案例8-29】皮鞋推销

有个工厂的推销员到南太平洋上的一个岛屿去推销皮鞋。上岛后,他发现,岛上的居民祖祖辈辈都是光着脚走路,从来不穿鞋子,更不知道皮鞋是什么,于是这个人向家里发一份电报,电报内容是:"棒极了,这个岛上的人还没穿上鞋子,潜力很大,我拟常驻此岛。"这位推销员认为岛上人今天没有穿鞋,明天为什么不可以穿上鞋子呢?他的思维就是逆向思维。从现代经济发展的眼光看,逆向思维的这个人一定会获得成功。(资料来源:编者根据相关资料整理)

(2) 类比启迪法。而所谓的类比启迪法是指人们根据已知的事物或道理,比喻性地启迪我们以相类似的方法去解决未知的问题,这种方法,美国的创造学家称之为"提喻法",它是以不同知识背景、不同气质的人组成小组,相互启发、集体攻关。提喻法有两个重要的思考出发点:一是变陌生为熟悉,即进行拟人类比、直接类比、象征类比、幻想类比,二是变熟悉为陌生,以已知的各种事物,运用新知识或新角度来观察、分析和处理,其过程同样必须进行各种类比。最后,再通过特定的标准,对想象力产生的各种类比进行选择和判断,得出最佳的创造性思维成果。

(二)公共关系活动的基本方法

目前我国公共关系学界对公共关系策划活动的基本方法可归结为3个大的方面,即如何运用"时""势"与"术"。

1. 审时、借时

时意指时间、时机,所谓审时是指详细审查、仔细研究时间、时机的特征,监测时间、时机的发展变化;所谓借时是指借助于有利的时间和时机。公共关系活动具有很强的时效性,公共关系策划者必须认识到这一点,审时度势,充分利用有效的时间,抓住机遇适时开展公共关系活动,以增加信息传播的有效性。

一般来说,公共关系人员在策划中抓住时机,可以从以下3个方面入手:

（1）争先。即要有捷足先登的意识，才可能在激烈的竞争中占据优势，以获得良好的公共关系效应。

【案例8-30】1979年，我国政府决定放宽对家用电器的进口，当时，欧洲电视机厂商和日本电视机厂商进入中国市场，但欧洲电视机厂商一向以香港高级消费者作为销售对象，不太注重靠一般薪金谋生的阶层，认为中国大陆的电视机市场还有一段培育的过程。但日本厂商则认为中国有10亿多人口，可任意支配的收入虽然很低，但中国居民有储蓄的习惯，已形成一定的购买力；中国电视机生产虽刚刚起步，但很快会形成极大的生产能力；再则，欧洲的厂商也会很快意识到中国电视机市场的重要，从而跻身中国市场。如此分析，日本厂商加快了争先进入我国市场的步伐，按照中国消费者的习惯、特点，快速生产出符合中国消费者需求的电视机，并配合以广告宣传，一时间，日本电视机占据了我国电视机市场的重要地位。这时，欧洲电视机厂商才如梦方醒，但已悔之晚矣。

（2）乘机。时机或机遇总是随着时间流淌，稍纵即逝。因此，善于把握最佳机遇，乘机策划出公共关系活动的杰作，便成了策划家们驾驭时机的主要工作。对公共关系策划者来说，一般有3种时机可乘：

① 乘周期循环之机。周期循环之机指的是节假日、纪念日等每一年或每十年一循环的时机，这样的时机，对任何策划者来说，均是存在的，如果乘机得当、策划得法，就能策划出成功的公共关系活动。

② 乘可预料之机。有些机遇虽然不是周期的，但却是可以根据各种信息予以推测预料的，如工程竣工之日、公司开业之时等，这些机遇予以利用，也可使组织公共关系策划获得良好的效果。

③ 乘突如其来之机。事实上，许多绝好的公共关系机遇是无法预料、无规律可循的，对这一类机遇的把握，既能使公共关系策划获得意想不到的成功，又显示了策划者驾时技艺的高超。这要求公共关系策划者：一是有灵通的信息渠道；二是要有把握可乘之机的意识，当突如其来的机遇来临时，立刻就有了绝妙的公共关系策划。

（3）后发。后发即后发制人之意，它是在对诸多相关信息进行分析、运筹之后，策划出更为成熟的公共关系活动，以达到后来居上的效果。后发制人方法的最大好处是：能在开始时巧妙地隐饰自己的意图，并在对竞争对手及社会信息作全面准确的分析认识后，推出更有针对性、更为成熟的策划方案，其成功率也更大。

【案例8-31】夏普空气净化器爱心暖上海

(详细内容请见课件对应内容。)

2. 度势、运势、造势

势是一种比喻的说法，指的是事物本身以及与影响事物的环境共同形成的一种倾向性的无形力量，所谓度势意指揣度、估计形势；所谓运势即指借助和运用一定的形势，开展公共关系活动；而造势则是指制造一种气氛，创造有利的形势。公共关系策划不仅要审时借时，还要审时度势，借时运势、借时造势，以制定出切实可行的公共关系活动方案。度势、运势、造势是公共关系策划活动中经常采用的方法。具体可分为两种：

（1）借势。借势即借用比组织更受人们关注的各种事物，与组织即将要进行的公共关系活动结合起来，从而把新闻界及公众的关注目光转移到本组织方面，起到公共关系活动的良好效果。

① 借名人之势。名人具有一种光环效应，吸引着广大的公众，也是新闻记者追踪的对象。因此，公共关系策划者们往往借名人之势进行策划。如法国"白兰地"打开美国市场，就是借用美国总统艾森豪威尔之势，借给总统祝寿之机，一举确立了"白兰地"酒在美国市场上的知名度。

② 借热点之势。"热点"即是新近流行或被人们普遍关注的事物或现象，公共关系策划如果能恰到好处地借用到"热点"，那么往往能收到意想不到的效果。如"健力宝"的扬名就是借洛杉矶奥运会、汉城奥运会、北京亚运会、上海东亚运动会、巴塞罗那奥运会等体育热点之势，一步步地扩大知名度。一般来说，体育赛事、政治风云、文化盛事、社会时兴等都是人们所关注的热点。

> **【案例 8-32】史上最长脸公关！哈弗 F7 火遍全球营销有道！**
>
> 2019 年 6 月 5 日，一张哈弗 F7 获中俄两国领导人签名的照片霸屏海外朋友圈，中俄权威媒体争先报道，并在社会舆论中引发热议。如果说首家海外全工艺整装工厂——图拉工厂的建成，是哈弗品牌在海外市场落下的重要棋子。那么哈弗 F7 在俄投产上市并爆红，则是哈弗乃至中国汽车品牌向海外进军的成功步伐，意味着国产汽车的崛起与骄傲！
>
> 哈弗 F7 荣获中俄两国元首签名
>
> 时值中俄建交 70 周年，为响应"一带一路"共建、助推两国经贸合作升级，哈弗汽车作为中国 SUV 的领导品牌，将目光投向俄罗斯，加快了全球化战略步伐。哈弗 F7 成为首辆开进莫斯科克里姆林宫的中国车，并荣获中俄两国元首的见证和签名。响应国家号召，点亮一带一路，让中国品牌走向世界，是哈弗国际化进程中浓墨重彩的一笔，同时也形成了哈弗品牌的强大背书。
>
> 当然，精准的产品定位，打造了哈弗 F7 与众不同的形象标签，凸显了其拥抱未来的姿态，将其独特的价值优势传递给消费者，并使其全球化的印象根植于消费者的心中。而这，也奠定了哈弗 F7 驶向海外市场航线的方向。(资料来源：w.sohu.com/a/334309195_742234)
>
> **【分析】**哈弗 F7 借中俄两国经贸合作和共建"一带一路"这一热点提高了知名度。

(2) 造势。如果说"借势"是策划者为组织的公共关系活动借用来比组织更有影响力的事物，那么造势则是策划者通过巧妙思维，利用某一表面看来微不足道的契机，为组织与公众关系建立与发展烘托出一个有利的趋向与势头。

① 无中造有。即在没有任何可资凭借的事物情况下，公共关系人员经过策划，酿造出有利于组织的舆论势头。

> **【案例 8-33】"3 月之谜"**
>
> 1995 年初，敦豪国际航空快件有限公司青岛分公司经调查，发现青岛市民及至新闻界几乎都不知道这家已经建立两年的公司存在，于是便决定策划一起"急人所急"主题的公共关系活动。公司首先在"95 中国青岛对外经济贸易洽谈会"的专刊新华社《外向经济导报》上做了整版广告，广告讲述了敦豪公司起源的一个故事。
>
> 1969 年，一个年轻的美国加利福尼亚的小伙子在一家海运公司等朋友，他偶然听到一

位管理人员说，一艘德国货轮正停泊在夏威夷港，可货物提单却在旧金山，需要一个星期才能寄到夏威夷。这个小伙子便主动提出他愿意乘飞机将提单送往夏威夷，那位管理人员发现此举可以节省昂贵的港口使用费和滞留费，于是他把提单交给了小伙子。小伙子完成任务归来，立即联络两位朋友，开创了一个崭新的领域——快运业务，这个小伙子就是Daiscy，他的另外两个朋友是Hillblom、Lyuu。他们名字的第一个字母便成了公司的名字——DHL(敦豪国际快件有限公司)。

这是一个急人所急之中发现绝好的商业机会，然后创立全新行业的创业故事，同时这个DHL的创业故事也包含了这家公司的最为重要的经营理念。青岛分公司在这版广告上还介绍了DHL公司近40年的奇迹般的成就，并在广告版面的左上角以黑白标出醒目的"3月之谜"的谜面，其实谜底就是这版广告。接着，青岛分公司在市民们所偏爱的青岛有限电视台上，以新颖的画面构出了"3月之谜"的谜面，并连续播出10天，同时在《青岛日报》刊登同样的广告，以为呼应。内容是请市民们寻找登载DHL故事的报纸，并用笔重述这个故事，以金银铜奖对这些热心的市民给予奖励。

最终"3月之谜"的答案和获奖名单在发行量为55万份以上的《青岛广播电视报》上登出，答卷者都是政府官员、知识分子、企业界人士和机关工作者，许多居民认为青岛敦豪分公司是少有的驻青国际大公司之一，诸多合作意向通过电话与公司取得联系。这次活动投入资金10万余元，持续了一个月，获得大众传播机会10次；传播受众总人数1 540余万人次，持续记忆者199万人，深刻记忆者555万人次。昔日默默无闻的青岛敦豪分公司一举成为富有"急人所急"之经营理念的知名企业，并形成公司业务迅速增加的良好势头。无疑，这可以被看作是策划者无中造有，即没有任何凭借而造出良好势头的一个典型案例。(资料来源：编者根据相关资料整理编写)

② 小中造大。即抓住一个微不足道的小事或小细节，将其中动人的或丰富的蕴涵，通过公共关系传播予以放大，造成一个有利于组织公共关系建立和发展的良好态势。

【案例8-34】北京长城饭店在成立伊始，虽然聘请了美国达拉斯凯饭店富有经验的公共关系经理露西•布朗女士担任了该店公共关系部经理，但大多数人尚不知公共关系为何物。一次，有位服务员在打扫房间时，发现客人的床头摊放着一本书，她没有挪动书的位置，也没有信手把书合上，而是细心地在书摊开的地方夹进了一张小纸条，以起书签的作用。事后，客人对服务员细致的服务倍加称赞，并将此事告诉了几天后来的几十名同事，告诉了她所认识的其他朋友。富有公共关系意识的布朗女士立即察觉到这件小事所包含的"顾客之上""想顾客所想"的高质量服务的意识。她便专门招来饭店各方面的服务员，强调的只有一句话：把小纸条夹入客人看了一半的书中，就是最好的公共关系工作，并因此在饭店里掀起了一个所有工作人员皆从一举一动做起，从细微处做起的热潮。还因此引起了新闻媒介的注意与报道。毫无疑问，布朗女士在这件小事上造出了一个内外部皆有利于长城饭店的大舆论之势。(资料来源：编者根据相关资料整理编写)

其实，借势与造势是相对而言的。在实际的策划操作中，策划者的着眼点可以说是以借势为手段达到造势之目的，因此，度势、运势与造势是相辅相成的，关键是策划者要善于借用一切有利于组织的事物与信息，通过巧妙运作，以形成极大地有利于组织公共关系建立和发展之势。

3. 择术

所谓择术即是指在公共关系策划中公共关系人员如何选择和运用合理的技术与战术。由于人们的长期实践，已渐渐形成了一些稳定的、为人们所常用的方式技巧，即"术"。

(1) 以诚换诚术。立诚是公共关系活动最为重要的原则，其体现到具体运用中，便是说诚实话、做诚实事，从而赢得公众的信任与诚心相待。

【案例8-35】美国长岛铁路公司一度曾经营很不景气，旅客对该公司服务不满，每周公司收到大批投诉信，舆论界也对公司一片责难声。这时新上任的公司总裁托马斯·古德费洛决定聘用公共关系专家詹姆士·史乔兹为公司副总经理，负责公共关系工作。史乔兹提出"诚实是最好的公共关系"。他采取了下列措施：①重新油漆铁路沿线各车站，其色调由车站所在地的社区决定，并由该社区商人负责施工，这样就改善了与各社区的关系；②对购来回票的旅客普遍进行意见征询，加以归纳后供公司改进工作时参考；③仔细挑选公众来信进行公共关系工作，如有一男孩写信说他喜欢坐火车，但他的妹妹却不太喜欢，公司就决定请兄妹俩坐机车驾驶室欣赏沿途风光，此举在媒介上报道后，收到相当好的效果；④接受员工的建议，向旅客出借雨伞；⑤以富有戏剧性的方式记住公司成立125周年；⑥积极参加沿线各地市民的公益活动。

这样通过一系列诚心诚意的公共关系工作，长岛铁路公司在公众心目中的形象大为改观，旅客人数及运输量都得以激增。美国著名的《公共关系》新闻刊物鉴于该公司"致力于使铁路通人情，以及努力以诚实可信赢得良好信誉"而授予该公司优秀公共关系业绩奖。
(资料来源：编者根据相关资料整理编写)

(2) 以攻为守术。以攻为守术是在组织与外在环境产生不谐调时所进行的调整和策划的手段，表现为积极主动地出击以达到保护自己的目的。

【案例8-36】克兰梅(Cranberry)是一种美国人感恩节餐桌上必不可少的深红色的酸果，可是，在1959年11月9日感恩节前夕，美国卫生教育福利部长弗莱明突然宣布，当年的克兰梅作物由于除草剂的污染，在实验室内老鼠身上做实验，产生了癌变。又说虽然没有证明这种果实会在人们身上产生癌变，但他劝告公众好自为之，酌情处理。当弗莱明的讲话在报纸出现的时候，正是食品店里克兰梅销售最旺的时候，在大众传媒如此发达的美国，克兰梅致癌的消息不胫而走，一时间克兰梅的销售直线下降。

美国负责制造克兰梅果汁与果酱的海洋浪花公司面对这一意外事件的打击，该公司副总裁在纽约BBDS广告公司公共关系部门指导下，立即发动反击。他们首先成立了7人小组，向新闻界说明：经更严格的试验克兰梅作物是纯净的，并宣布11月1日举行记者招待会，并在全国广播公司《今日新闻节目》电视节目中，安排一个专访节目，继而又在纽约安排了一个食品杂货制造商会议，让副总裁出面澄清此事。然后，又致电弗莱明，要求他立即采取措施，挽回由于他的失言对公司造成无法估计的损失。

11月12日，他们特别邀请了打算竞选总统的尼克松和肯尼迪上电视，请尼克松吃4份克兰梅，请肯尼迪喝一杯克兰梅汁。11月13日，公共关系人员就在卫生教育福利部与海洋浪花公司之间斡旋，寻找一个摆脱危机的办法。9天后，当法院开庭时，双方已达成一个协议，对这批克兰梅作物是否有害于人体进行化学试验，其结果令人宽慰，克兰梅并不直接导致癌变。于是，双方达成谅解，并及时向公众宣布这项协议和试验的结果。

在感恩节即将到来时，克兰梅又放回到食品架上，这一年克兰梅的销量虽然低于前一年，但公共关系策划者及其实施人员，却在一个即将发生灭顶之灾的时候，挽救了海洋浪花公司。其中，策划者所运用的就是以攻为守术，显然对危机公共关系的策划者来说，是很有启发性的。(资料来源：编者根据相关资料整理编写)

(3) 自扬家丑术。"家丑不可外扬"一直是中国人的俗语，直到现在这仍然是中国大多数人的信条。在现实中许多企业家在市场营销中大都极力掩盖自己的问题，唯恐家丑外扬。其实这种观念是极其片面的，因为十全十美本身就不存在。而绝大多数消费者既是挑剔又是实事求是的，当你能向消费者说明产品的缺陷，消费者也会能理解，甚至认为公司诚实可信，这样也就无形中提高了知名度与美誉度。当然，公共关系人员对自扬家丑术的运用必须十分谨慎，一般来说，家丑的内核具有一定的美，或者是微不足道的丑，否则不分利害的自扬家丑，就有可能适得其反，自落陷阱。

【案例8-37】一张坦诚的说明书

日本美津浓体育用品有限公司生产的运动衣口袋里，无一例外的都有一张这样的说明书："这件运动衣在日本是用最优秀的染料，用最优秀的技术染色，但是我们仍觉得遗憾的是，茶色的染料还没有达到不褪色的程度，还是会稍微褪色。"可如今在日本，美津浓已成为体育用品的代名词。

同样，《北京晚报》曾刊登了一则广告"好来西向上帝道歉"，广告用不长的文字告诉消费者："凡是好来西衬衣，在衣领洗破前，如因正常水洗，领口、袖口出现气泡，公司予以调换或者全部赔偿，并赠好来西西服一套。""4万件名衫已有主，却有6件不满意，尽管承兑已兑现，负疚之意仍未去，因为6件对我们来说属于万分之一点五的偶然，对'上帝'确是百分之百的遗憾。因此，我们怀着深深的歉意向您道一声'对不起'！"(资料来源：编者根据相关资料整理编写)

(4) 强化特色术。特色即一个组织所独具的区别于其他组织之处。在公共关系活动中，组织的特色得到强化突出，经过传播后，组织的形象便会很鲜明地在公众心目中得到确立，因此在公共关系策划中，强化特色也是经常被采用。

【案例8-38】1993年10月，北京惊喜公共关系事务所，受云南西双版纳诗风绿饮品厂的委托，为他们的新产品诗风绿西番莲汁在北京开拓市场进行公共关系策划。事务所发现诗风绿西番莲汁有着独特的馨香清爽的口感，而饮品厂所在的西双版纳又是傣族人的聚居地。于是，经过消费感觉调查和反复酝酿，惊喜公共关系事务所的策划者们决定强化西双版纳淳朴的、优雅的傣族风情以及诗风绿西番莲汁的特色。

首先，利用时值冬天饮料销售淡季，各饮料厂家市场攻势减弱的时机，先行将产品打入受季节消费影响较小的大中型餐馆酒楼，并逐步征得用户的意见，获得了"北京百家美食名店联合推荐诗风绿西番莲汁"这一颇具权威力的名分。

其次，1994年4月，在饮料销售旺季即将到来之时，开始进行引起公众注意的广告宣传。先在音乐台以"百家美食名店一致推荐"的名义大做促销广告，同时在北京发行量最大的彩印报纸《精品购物指南》上连续策划了三期"寻找诗风绿"广告。第一期是请读者从中国古代诗词中找出同时会有"诗、风、绿"三个字的整首诗词；第二期是请读者从现代流行歌曲中抄录同时含有"诗、风、绿"三个字的整首歌词；第三期是要读者结合对西双版纳的神奇风情，创作一个有关"诗、风、绿"的故事。这一策划意以吸引读者参与的方式，把"诗风绿"这个无任何知名度却又充满浪漫、自然气息的牌子深深铭印在消费者脑海中。广告刊出后，共收到万余封来信，"诗风绿"这个与产品清新口感相得益彰的品牌，在消费者心目中留下了一个充满韵味的想象。

最后，是诗风绿西番莲汁市场推广公共关系活动的高潮，也是强化特色术运用的点睛之笔，即以厂家在西双版纳组织培训了一个傣族少女歌舞表演队，冠名为"诗风绿傣族风情舞蹈团"，由"惊喜"负责安排在北京 20 家最负盛名的大饭店、歌舞酒楼作巡回演出。演出是非营利性的，各大饭店对这一能营造气氛吸引顾客的活动非常欢迎，他们对现场宣传推广活动以积极的配合，包括餐厅里悬挂诗风绿彩旗、电视上反复播放西双版纳风景和产品广告录像、餐桌上发放西番莲汁等。巡回演出效果是空前的，看傣舞、听傣歌、品傣味竟也随着诗风绿的行动而在京城悄然成风。

与此同时，"惊喜"的策划者们还为诗风绿西番莲汁安排了高密度的电视广告，配合舞蹈团的促销公共关系活动。一个月内"有朋来相聚，打开诗风绿"这句朗朗上口的广告词传遍京城。而西番莲汁的市场销售在经过三个月的特色宣传后也迅速启动，仅 6 月份就在北京获得了 6 000 箱的销售佳绩，这对一个初涉市场的饮料新品来说，是极为罕见的。在这场公共关系策划中，"惊喜"的策划者们准确地把握"诗风绿"西番莲汁的品牌特色，巧妙地借用西双版纳的风光特色和傣族的风情特色，并予以强化突出，张扬宣传，无疑起了关键作用。(资料来源：编者根据相关资料整理编写)

(5) 借尸还魂术。产品的生命具有周期性，人们的消费习惯也具有周期性，两个周期的简单重叠，便使得一些产品衰亡了，更多的新产品脱颖而出。但如果两个周期有所错位，如消费周期正好转到崇尚传统之时，行将衰亡的产品就有可能中兴。此时，如果策划者能审时度势，对已经衰亡的产品注入新的活力，对人们崇尚传统的心理予以诱导，就完全可能使老产品重新焕发生机、走俏市场，这就是借尸还魂术。要注意的是，借尸还魂术的运用要考虑有关公众对传统、对回归的心理需求，只有正确把握到这种需求，才能找到运用的最佳时机。如，加多宝巧用红罐凉茶借尸还魂。在加多宝在即将和广药闹翻之时，利用红罐印有加多宝和王老吉，让市场知道加多宝和王老吉的关系；红罐凉茶和自己的官司利用媒体大力宣传自己的品牌。紧接着一连串的广告攻势，让自己的品牌得以在市场上站稳脚；加多宝有效运用感情牌将新品牌与原有品牌进行连接和升级，拉近与消费者的距离。通过感谢消费者和合作者的长期支持，从而实现对新品牌的更多认知和支持。

【案例 8-39】卷烟厂实施"借尸还魂术"恢复老牌号产品

(详细内容请见课件对应内容。)

【案例 8-40】外卖骑手系统困境下美团与饿了么公关策划对比

2020 年 9 月 8 日，《人物》杂志发布《外卖骑手，困在系统里》一文，随即刷屏各大网络平台，将"外卖骑手"这一职业人群的困境拉入大众视野，外卖行业巨头饿了么、美团的先后回应也将舆论推向新的高潮。对外卖平台，网民整体上呈消极态度，微博网民指责外卖平台、同情外卖骑手的言论在相关舆论中占比达六成，更有网民直言，"外卖系统是一种人利用 AI 对另一种人的霸凌"。

面对纷纷扰扰的舆情，文章发出 15 个小时后，饿了么在 9 月 9 日子夜一点率先做出回应，称"将发布'多等 5 分钟或 10 分钟'新功能，鼓励消费者多给骑手一点时间"。但饿了么的迅速回应并未使网友买账，反而激起了更为负面的舆情。饿了么的回应声明被质疑损害了消费者的利益，这与网友的主要诉求发生了错位。多数网友认为饿了么的回应没有诚意、是在"甩锅"。

比饿了么晚了 3 个小时做出回应的美团，却因称"将更好优化系统，给骑手留出 8 分钟弹性时间"而收获好评。从声明内容来看，美团选择直面问题、承担责任，且态度较为诚恳。不少网友将饿了么与美团的回应内容进行了对比，认为"美团重点是实在回应媒体、骑手、公众关切，有实在的承诺"，相比于饿了么的 5 分钟，美团的 8 分钟，则更顺应了网友的诉求与期许。

对饿了么、美团等外卖平台而言，此次突发危机可谓是打了个措手不及，饿了么的回应速度之快固然彰显了其及时迅速的舆情监测能力，但回应声明中对平台责任的忽略、没有击中大众痛点，以及对网友诉求的错位回应，也是其公关效果不佳的"败笔"。相比之下，美团回应虽姗姗来迟，但能在饿了么"翻车"后吸取教训、优化解决方案，顺应了网友诉求与期许、迎合了舆论情绪的转变，也侧面表现了其灵活的公关应对能力。公关的最终目的是建立起品牌与公众之间的良好关系，建立双向沟通且对称平衡的良性环境，这不仅要求品牌具有即时舆情监测能力、灵活应变能力，也要求其拥有感知公众情绪的灵敏触觉，以及直面问题、勇担责任的态度与决心。(资料来源：https://finance.sina.com.cn/chanjing/gsnews/2020-09-09/doc-iivhuipp3401757.shtml)

【分析】对于大部分企业来说，这个案例非常具有借鉴意义，当自己的企业发生危机时，可参考这个公关案例中两个公司的处理方法与带来的不同结果，同时也能从侧面反映出公共关系策划对企业公共关系活动的重要性。一次优秀的公关策划能够极大地提升企业形象，反之则会损害企业的公众形象。

本 章 小 结

公共关系策划是一个动态的过程，其基本程序主要有：调查研究、采集信息，并在此基础上，确定目标、辨认公众、设计主题、选择媒介、预算经费、审定方案，最后以公共关系策划书的形式形成公共关系策划方案。

在本章中，还重点介绍了公共关系策划的原则及方法，公共关系策划的基本方法主要是如何审"时"度"势"与择"术"，即抓住时机、创造有利形势、并针对具体策划目标，采用相应的战术与技巧。此外，公共关系策划的本质是创新，公共关系策划人员期望进行成功的策划，就必须探究创造性思维的方法。

复习思考题

一、问答题

1. 如何理解公共关系策划的目标？
2. 请结合案例阐述公共关系活动模式的若干种类型。
3. 请结合案例简述网络型公共关系的实务操作内容。
4. 请结合案例阐述公共关系策划的基本方法。
5. 撰写公共关系策划书的要求有哪些？
6. 请分别指出《【案例8-21】"清凉一夏"华夏长城葡萄酒公共关系活动策划书》、《【案例8-22】广东××集团30周年庆典现场策划案》中公共关系目标以及公共关系活动模式的类型各是什么？为什么？

二、分析题

一、网络推广案例："抖音"短视频是怎么爆火的

抖音，是一款可以拍短视频的音乐创意短视频社交软件，该软件于2016年9月上线，是一个专注年轻人音乐短视频社区平台。用户可以通过这款软件选择歌曲，拍摄音乐短视频，形成自己的作品。

抖音在功能上与之前的小咖秀其实非常相似，但是在技术上丰富了许多，用户可以通过视频拍摄快慢、视频编辑、特效。形成一个很有创意的APP，这就成功抓住了年轻人的心。

抖音是从2017年3月份岳云鹏转发的一条视频开始，引发了百度指数的暴涨。随后抖音开始走入大众视线。从2017年12月开始，抖音进入全面爆发阶段。展开密集营销节奏的同时，在App上不断推出创意新功能。其中，12月25号上线的尬舞机功能，一夜爆红，推动抖音登顶App下载榜单。自此开始，抖音的指数猛升。随后，抖音受到了更多明星的追捧。更多明星的使用增加了抖音的曝光量，也产生了很好的效果。抖音作为一款很有创意并充满娱乐性的APP符合现代年轻人的口味。通过明星的推广，抖音获得了一定程度的曝光。在APP的冷启动阶段明星的推广起到了很重要的作用。

抖音APP背靠今日头条，同样采用的是头条的算法，这样有利于优质内容的分发和去中心化，这样我们任何一个普通人都可以通过优质的内容获得大量的播放量和曝光，增加粉丝。这是其他平台所不具备的一点。这里不看权重，只看内容。所以才会获得大量的年轻人喜欢追捧。

而抖音的爆火时间上也很是巧合，在其竞争对手"快手"获得由腾讯领投3.5亿美金融资的时候开始。并且在APP store的免费榜排名靠前。其次打开抖音，首页推送的竖屏内容，而且是精选的推荐内容，这样的打开方式有利于在用户注意力分散的手机端，迅速地抓住用户的注意力，这就不同于其他的APP需要用户自己去点开才能播放。

抖音在运营方面也有着独特的见解，在运营社区时，抖音并不会将流量引导向那些明星，这是看到之前昙花一现的小咖秀教训。

很多公司的产品还没做出来，或者在产品还没推向市场，用户都还不知道有这个产品的时候，运营部门就开始准备各种宣传文案，展开了大面积的公关。但与之相反的则是抖音的宣传。在这之前其公关团队并没有过分的去公关。而是在用户慢慢知道这个APP之后，有了影响力的情况下。其运营团队意识到其离爆火只差一步之遥的时候展开了大量的公关。而这些平台也是集中在一些互联网人都关注的垂直科技媒体或者一些大门户网站，就是让更多走在互联网前沿的人士知道这个开脑洞的APP，而这群人也是极具传播效应的一群人。

抖音的爆红只是顺势而为，其运营团队有着很好的洞察能力，在适当时刻推了一把。抖音的爆火并不是偶然事件。(资料来源：编者根据相关资料整理编写)

问题：1. 企业产品要想走向新的市场，企业经营者必须具备哪些公共关系意识？

2. 结合本案例谈谈如何把握公共关系时机，促进市场开拓。

二、碧浪的大衬衣

某年国庆节前夕，一件高40.6米，宽30.8米，重达930公斤的大衬衣。在北京的东二环路附近一栋大楼上悬挂起来，该衬衣约有12层楼高。这件衬衣在此悬挂了半个月，吸引了大量路人的目光。这是爱德曼国际公关公司为美国宝洁公司策划的一次重要的媒介事件。宝洁公司的碧浪洗衣粉是其麾下著名的品牌，如何让中国公众接受它呢？为此，爱德曼公关公司绞尽脑汁，想出了这样一个用大衬衣冲击吉尼斯世界纪录的活动。这件大衬衣的布料，足可以缝制2350件普通衬衣，衬衣上还印制有"全新碧浪漂渍洗衣粉"的字样，其中红色的"碧浪"两字高19米，宽9.8米，非常醒目。更妙的是，这件大衬衣在悬挂了15天以后，经风吹雨淋和空气污染变得非常肮脏，在大衬衣的揭幕仪式上，还有一些嘉宾用更难洗净的墨汁泼在衬衣上。7月23日，宝洁公司用全新的碧浪洗衣粉，洗净了这件衬衣，使新推出的碧浪洗衣粉一举成名。爱德曼公关公司策划的这次媒介事件，其意义并不仅仅在于破吉尼斯世界纪录，更主要的是要使中国的消费者认识碧浪洗衣粉。他们先用大衬衣冲击吉尼斯世界纪录吸引公众的视线，引起新闻媒介的广泛报道；然后再通过洗净如此肮脏的衬衣，强化碧浪洗衣粉的功效，在市场上产生强大的冲击力。

请问本案例公共关系目标以及公共关系活动模式的类型各是什么？为什么？

三、某家具厂一封有奖求教信

某家具厂的产品连续几年滞销，究其原因，在于其与用户的实际需要和具体要求脱节。针对这一情况，江厂长遂以有奖求教的方式进行了一次公关调查研究。他在报纸上刊登了一封有奖求教信，如下。

"我厂受变形金刚的启发，最近聘请了一批高级家具设计工程师，为您设计了一种可变形的多功能家具。为了使这种家具既能满足您的需要，解决您住房窄小的困难。又能给您带来方便、舒适和美的享受，恳请您来信，我们将根据您的意见进行设计。凡来信的顾客，将在报纸上公布名字，同时赠送一张优惠2%的购物卡，凭此卡可购买一件多功能家具；意见被采纳者，赠送一件多功能家具。"

这封信在报纸上刊登后，收到2100封指教信。江厂长严守信用，立即在报纸上，以"可变形多功能家具凝聚着无数朋友的智慧和心血"为标题。用大号黑体字排印了一个通栏标题，在这个标题下，按来信的先后顺序公布了指教者的姓名，并给每个指教者寄出一封感谢信和一张优惠卡。后来，这种家具一投放市场，立即被抢购一空，一个月的销售等于过去五年的销售总量。

请问本案例公共关系目标以及公共关系活动模式的类型各是什么？为什么？

三、技能训练

1. 在班级组织中有时存在诸多不文明现象，比如有个别人不拘小节，不讲卫生，语言粗鲁等。请你从公关角度策划并拟定一份"自律公约"。

2. 你所在的学校计划组织一次校庆活动或者新生迎新晚会，请你做一个策划，要求经济、可行、有创新。

第九章

公共关系实施与评估

学习目标

通过本章学习，了解公共关系实施及评估的意义，理解公共关系实施及评估的概念，熟练掌握公共关系实施的原则和方法，结合实际科学地把握公共关系评估的标准、内容和方法。

关键概念

公共关系实施(Implement of Public Relations)　目标障碍(Target Obstacle)　公共关系评估(Assessment of Public Relations)

引导案例

日本精工表竞争奥运会正式计时器的公共关系活动

为了改变原来人们对日本表的偏见，精工决定开展一场公共关系活动，争取精工表在1964年的东京第十八届奥运会上被采用为大会的正式计时器，以取代历来的欧米加表，让全世界都知道日本精工的一流技术并不比瑞士欧米加差，借此进一步把精工表推向世界。为此，他们在1960年罗马的奥运会上派出专家，对欧米加表在奥运会上的使用情况、技术状况和各种设施进行深入调研。经过分析，确认了精工竞争的实力，并研究确定适应运动会特殊要求的产品开发和技术攻关项目。经过调研，精工提出以"世界的计时——精工表"为主题的历时4年的公共关系计划。

这一计划的执行分三期。第一期，他们的目标是争取国际奥委会通过。主要方法是先在日本的各种运动会上提供使用精工表，先获得日本奥委会的信任。接着不断地向世界各体育团体、国际奥委会提供精工的各种资料，以及精工表在运动会上使用、试用的情况资料。经过不断地沟通和游说，1963年5月，国际奥委会正式宣布采用精工表的决定。至此公共关系计划已成功了一半。第二期，他们的目标是争取在东京国际运动会(相当于奥运会的预演)上试用成功，以建立各界对精工的信心。成功的试用，以及在试用的基础上对各新开发出来的计时器进行检查、完善和提高，进一步证明了精工可以信任，也鼓舞了士气。接着开始着手以东京奥运会将采用精工作为计时设备为主题的宣传，先造成舆论，把这一消息传遍全世界。随后开始了奥运会上各种宣传小册子的编印，各报刊、电视广播等的广告、新闻发布等的准备工作。第三期，他们的目标是成功地使精工进入世界最先进的计时行列。进入1964年，庞大的公共关系宣传计划全面实施，利用各种手段逐渐形成舆论高潮。例如，在东京体育馆室内比赛大厅的竞技计时装置完成时举行盛大典礼，一时这些装置被世界新闻界誉为"日本科技的精华，无与伦比的结晶"。奥运会期间，在世界各主要地区同时推出精工的广告和新闻宣传，形成宣传力度上的高潮，要求任何媒介在提到东京奥运会时请加上"seiko",并向参加奥运会的代表每人奉送一只精工表。随着运动会的进展,精工一步步走向世界。在奥运村里,大家争购精工表作为礼物;在欧美,精工表的销量明显上升;在东南亚,精工表销量大增,超过了欧米加表;在日本,精工的知名度几乎达到百分之百。这次公共关系活动不仅奠定了精工的世界地位,而且影响一直延续到今天,使精工表成为畅销世界的产品。这次活动规模十分浩大,投入工程师85人,工作人员890人,直接制作费达2亿美元,总费用超过了10亿美元。

东京奥运会的成功,并没有使精工计时公司停止公共关系活动。1982年的一天,在澳大利亚某地广场上空,一架飞机凌空飞起,尾部洒下一片银白晶亮的东西。"啊!是手表!"观望的人群惊呼起来,原来,这是精工表公司所设计的一次独特的公共关系专题活动。因为飞机丢下的手表谁拾到就归谁,所以观望者充塞了整个广场,手表落地,人们争相去拾。当人们拿起表时却惊喜地发现,手表竟丝毫无损,顿时,人们对精工表的质量称赞不已。不久,各家电视台、电台也都在新闻节目中报道此次"壮举",从此,精工手表在澳大利亚名声大振。(资料来源:熊源伟《公共关系案例》安徽人民出版社)

公共关系实施是"公关四步工作法"中的重点环节。精工计时公司的成功不仅因为有大胆和精细的公共关系计划,更重要的是围绕公共关系目标扎扎实实地加以实施。公共关系实施不仅关系到公共关系策划创意的实现,而且决定了公共关系活动的效果,如果说调查和策划是从现实到理想的飞跃,那么,实施和评估则是把理想变成现实的转型,本章对公共关系实施和评估问题进行了专门的讨论。

第一节　公共关系实施

一、公共关系实施的意义

公共关系实施是在公共关系策划被采纳以后,将公共关系策划所确定的内容变为现实的过程,这是公共关系工作的第三个步骤,也是最为复杂、最多变的环节。再好的公关策划如果制定出来之后不去实施,那只能是毫无价值的"纸上谈兵",就没有任何实践层面的意义。况且,公关策划是否科学,是否符合实际,还有待于在实施过程中去检验。事实上,只有把优秀的公共关系策划方案付诸实施,才能为组织塑造良好的社会形象、影响公众舆论,以优化组织环境。因此,公共关系实施对整个公共关系工作都具有十分重要的意义。

1. 公共关系实施是解决问题的中心环节

公共关系的终极目的不是研究问题而是解决问题,而公共关系策划方案是研究问题的开始,方案的实施才是直接的、具体的解决问题的过程。如果一份完善的公共关系策划仅仅停留在公共关系人员的大脑中或书面的报告中,不付诸实施,那么,策划只是一纸空文,它无论是对组织还是社会公众都是毫无意义的"纸上谈兵"。

2. 公共关系实施决定着公共关系策划实现的程度和范围

一般来说,公共关系实施要依赖公共关系策划,但公共关系实施并非只是被动实施,而是也有一个创造性过程。在公共关系实施过程中,公共关系人员富有独创性的工作,不仅可以圆满地完成公共关系计划目标和任务，甚至可以弥补公共关系策划方案的不足，取得意想不到的效果；而公共关系人员在工作方法上缺乏创新，有可能使整个公共关系活动不能吸引公众的注意，甚至与策划目标背道而驰，使策划想要解决的问题更加恶化。因此，公共关系实施不仅决定了策划能否实现，而且也决定了策划实现的效果。

3. 公共关系策划实施的结果是后续方案制定的基础和重要依据

一项公共关系策划的实施过程不论成功与否，它都会在社会上造成一定的影响和后果，而后续方案的制定必须以前一项公共关系策划实施的结果为基础，以吸取成功的经验和失败的教训，可以说，这是公共关系策划制定过程中的一个基本原则。

【案例 9-1】"凯洛哥"的"早餐有益"——公共关系计划的实施

美国凯洛哥公司是一家生产谷类食品的国际性公司，在世界许多国家和地区，"凯洛哥"几乎成了"早餐"的象征，它之所以获得这种形象，是该公司向世界各地推行"早餐有益"这种观念的结果。早在 1961 年，凯洛哥公司的人员发现，西方许多国家的早餐只是咖啡加面包，这很不利于人们的健康。于是，"凯洛哥"决定向销售本公司产品的所有国家开展一次大规模的传播活动，让这些国家的人们接受吃早餐有益于身体健康这一观念，并借机大规模地推销"凯洛哥"的产品。为了使这一传播计划得以顺利实施，"凯洛哥"主要做了以下 3 个方面的工作：

首先，"凯洛哥"在销售本公司产品的所有国家和地区成立了"凯洛哥营养委员会"，由当地的知名营养专家所组成，其主要任务就是向广大消费者公众讲授有关营养的基本问题，编写有关营养方面的资料向当地媒介和消费者公众分发。

其次，"凯洛哥"公司指令该公司的公关协调人汤普森定期准备有关讨论营养问题的新闻稿，并译为 8 国文字向不同国家和地区的新闻媒介传递，并注意搜集新闻媒介对新闻稿的反馈信息。

最后，"凯洛哥"公司制作了一部名为《向良好健康问早安》的影片，该影片被发往世界各地，估计观众已达百万。同时，"凯洛哥"又专门为青年人制作了一部名为《营养天地漫游》的影片，于 1976 年发行。发行两年间，观众就已达 520 万人。"凯洛哥"还同学校、医疗单位、青年团体、青年主妇协会、托儿所、政府机构以及一些以教育为主要内容的电视台联系，经常到他们那里去放映这两部影片。

经过以上这些大规模的宣传活动，"凯洛哥"终于实现了自己的公关目标——使许多人都相信，从营养学的角度看，吃好早餐，尤其是食用以谷类为主的各种早餐食品，是合理的。(资料来源：http://www.03964.com/read/21d3c48333ddaeca608ea49f.html)

【分析】"凯洛哥"的成功表明：实施是实现公关策划的重要步骤，如果只是绘制公关活动的计划蓝图，却不按照制订方案具体落实，那么，计划等于一纸空文。

二、影响公共关系实施的因素

影响公共关系实施的因素是多而复杂的，一般来说，主要来自三个方面：方案本身的目标障碍、实施过程中的沟通障碍及突发事件的干扰。

1. 公共关系策划方案中的目标障碍

所谓公共关系策划中的目标障碍是指在公共关系策划中由于所拟定的公共关系目标不正确或不明确、不具体而给实施带来的障碍。例如，策划目标损害了公众利益，必然会引起目标公众的抵制或反对；策划目标过低，则引不起公众的重视，而策划目标过高，则又会挫伤公共关系人员的积极性，因此必须排除这些障碍，才能使公共关系实施有效地执行。

为了消除策划目标障碍，使目标明确具体，以有效实施策划方案，达到公共关系目标，必须对公共关系策划目标认真检查，主要有五个方面：①检查策划目标是否切合实际。②检查策划目标是否可以进行比较和衡量。③检查策划目标是否指出了所期望的结果。④检查策划目标是否是实施者在职权范围内所能完成。⑤检查策划目标是否规定了完成的期限。

2. 公共关系实施过程中的沟通障碍

公共关系策划的实施过程实际上主要是进行传播沟通的过程，传播沟通顺畅，就会顺利实施公共关系策划，否则由于传播沟通工具选用不当、方法不妥、渠道不畅等使实施工作不能如愿以偿，从而难以实现预期目标。在公共关系实施过程中，常见的沟通障碍有：

(1) 语言障碍。语言是人类最重要的沟通工具，准确熟练地运用语言文字技巧，是每个公共关系人员的基本功。语言障碍主要表现为：词不达意、模棱两可、模糊不清、语义不明或者不同国家、不同民族的语言不通等。这些令人费解甚至曲解的语言障碍，往往会影响公共关系活动的正常进行，甚至会惹出麻烦。

(2) 观念障碍。观念属于思想范畴，是由一定的知识和经验积淀而成，是在一定的社会条件下公众对于客观事物的根本态度和看法，是用以指导自己行动的理论和观点。观念本身是沟通的内容之一，同时对沟通又有巨大的作用，观念既会促进沟通，也会阻碍沟通，形成观念的障碍。例如：封闭的观念会排斥沟通，不愿更多地与别人交流，沟通思想；而极端的观念会破坏沟通，如争论的双方只是抓住沟通过程中的某个环节、方面和特点，各执一词，彼此否定，其结果是双方不欢而散。因此在公共关系活动中，一定要注重分析目标公众的人文背景和思想观念，并采用他们易于接受的方式方法，进行相互交流，以收到良好的沟通传播效果。

(3) 习俗障碍。习俗是风俗习惯的简称，是指在一定的民族、文化、宗教、信仰等历史背景下所形成的具有固定特点的道德习惯、礼仪、审美观点等。人们在长期的生活中约定俗成的习俗是难以改变的，公共关系活动人员必须密切注视公众的习俗特点。此外，不同的习俗也常常造成沟通的误解，致使沟通障碍。例如，一位英国男青年为了取悦他的中国女友，特意买了一束洁白的菊花送到女友家中，不料，女友的父亲大为不悦；这位青年满脸茫然，在他看来，白色象征着纯洁无瑕，他选择白菊花完全是一片好意，而他根本没有想到，在中国白色菊花表示吊唁。

(4) 心理障碍。心理障碍是指人们的认知、情感、态度等心理因素对沟通造成的障碍。如在谈判过程中，常常一方误解了另一方的意图或没弄清事情真相而浪费大量时间，因此在沟通过程中，时时注意检查自己的各种假设的真假，并对对方的假设做出预测是十分必要的。

此外，在沟通过程中，遇事不冷静、态度欠佳或者情感失控也会导致沟通障碍。而在广告中，最易出现的空洞乏味、千篇一律的说教，往往不会抓住公众的心理，不会引起注意，有时甚至会引起逆反心理。

分析研究沟通过程的心理障碍，其目的是为了了解它、掌握它、利用它和排除它，进而实现公共关系的沟通目标。

(5) 组织障碍。合理的组织机构能够有效地进行内外沟通，加速信息传播；反之，不合理的组织机构则会束缚沟通，导致沟通障碍。具体表现为：①传递层次过多导致信息失真。信息在传递过程中，中间环节越多，正确率越低，甚至有时最后的信息与原来的信息相比已面目全非，因此，在组织机构上尽量减少层次，减少信息传播环节，是保证沟通准确无误的有效措施。②机构臃肿导致沟通缓慢。机构臃肿不仅表现为组织层次多，还表现在每一层次的构成单位也多。一条信息经历如此多的层次和单位，必然要消耗大量的时间。③条块分割造成信息沟通"断路"。条块分割的组织机构，使信息很难畅通无阻，有时只要一个工作环节出了问题，就很难实现有效沟通。④渠道单一造成信息量不足。这种沟通中的组织障碍主要是指在信息的传递基本上是单向的上传下达，忽视了由下而上的信息传递，而没有双向的反馈系统，因而送达到决策层的信息量明显不足。

3. 突发事件的干扰

突发事件对公共关系实施的干扰主要有两类：一是人为的纠纷危机，诸如公众投诉引发事件、新闻媒介的批评以及不利舆论的批评等；二是不以人的意志为转移的灾害危机，如地震、水灾、火灾等。突发事件对公共关系实施的影响很大，具有速度快、后果严重、影响面广的特点，如果处理不当，不但公共关系策划难以实施，还会影响整个组织的声誉。当突发事件来临时，公共关系人员必须头脑冷静，认真剖析事故原因，采取正确的对策。包括：

第一，应实事求是地发布消息。未搞清楚的情况要坦率地告诉对方，不要把主观臆测混在其中。

第二，及时发布公众关注的消息。发布消息的时机选择很重要，不能因为谨慎而贻误时机，以致产生谣言，引起混乱。

第三，发表消息要尽量形成文字，统一口径。不要随便发表议论，引起误传。

第四，一旦事故发生，应有专人与新闻界取得联系，适时报道，尽快平息混乱。

三、公共关系实施的原则和方法

1. 目标导向的原则与方法

所谓目标导向原则是指在公共关系策划实施的过程中，保证公共关系实施活动不偏离公共关系策划目标的原则。在这一原则指导下有两种工作方法：一是线性排列法；二是多线性排列法。

线性排列法是以公共关系行动、措施的内在联系为先后顺序逐一排列起来，一步一步向目标逼近的方法。其优点在于，当前一步行动没有取得成功则不再急于开展第二步工作，以免浪费人力、物力与资金，如图 9.1 所示。

$$1 \longrightarrow 2 \longrightarrow 3 \longrightarrow 4 \longrightarrow 目标$$

图 9.1　线性排列图

【案例 9-2】美国一家牛奶公司意欲将该公司的消毒牛奶打入日本市场，但该公司遇到一系列的障碍：①日本消费者对喝消毒牛奶有利于健康持怀疑态度；②日本消费者联盟反对此产品，担心消毒牛奶的安全问题；③靠近大城市的牛奶场场主反对消毒牛奶的分销，害怕与其竞争；④由于利益集团施加压力，几家零售商表示不愿经销消毒牛奶；⑤卫生福利部门和农林部门表示，他们需观察一个阶段，然后再决定是否赞成消毒牛奶的推销。为了排除这种障碍，这家公司的第一步行动是与日本卫生部门联系，使之批准销售该产品，因为没有该部门的批准，该公司无法实施下面的计划；第二步是说服大零售商来经销消毒牛奶；第三步是与牛奶场取得联系；第四步是对消费者进行教育。特别是在整个过程中，后三步均是在前一步行动取得成功的基础上进行的，这样避免了人力与物力的浪费。(资料来源：编者根据相关资料整理编写)

多线性排列法是将几个行动同时展开，共同迈进目标的排列方法，这种排列方法可以缩短整个策划实施的时间，但花费的人力物力、资金相对第一种排列方法要多，而且一旦前面一步的工作不能获得成功，下一步工作将成为浪费。多线性排列法如图 9.2 所示。

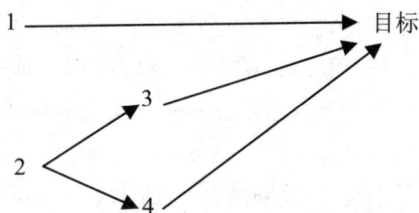

图 9.2　多线性排列图

2. 控制进度的原则与方法

控制进度的原则是指根据公共关系策划目标的需要，按照一定的程序掌握工作进度，以避免畸轻畸重、不协调的现象。例如：某些赞助活动在电台和报刊已经公布，但赞助的纪念品尚未制作完成，致使赞助活动难以顺利进行，影响赞助机构的声誉。因此，在公共关系实施过程中，公共关系人员需要经常检查各方面工作的实施，及时发现超前或滞后的情况并加以调整，以求在公共关系目标指导下，使各方面工作达到同步和平衡发展。

首先，贯彻控制进度原则应具备两个条件：第一，要有明确的控制目的；第二，要重视反馈信息。其次，控制进度原则还体现在整个公共关系活动过程，例如在策划编制过程中，实行预先控制，使策划的制定符合实际；在策划执行中，直接检查和监督公共关系工作的实施进度，实行现场控制；在策划执行结束后，公共关系人员及时了解和掌握策划实施情况和存在的问题，实行反馈控制，以便对下一步公共关系活动进行调整。

3. 整体协调的原则和方法

所谓整体协调的原则就是在策划实施过程中，使工作涉及的各方面达到合理互补、配合协调、和谐统一状态的原则。协调不同于控制，控制是对组织的策划实施过程中与策划有差异或背离策划的行动进行纠正或克服的行为，而协调则强调实施过程中的各个环节之间、部门之间及实施主体与其公众之间相互配合，减少摩擦，当矛盾产生时也能加以化解。协调的目的是使全体公共关系实施人员在认识和行动上取得一致，以保证实施活动的同步与和谐，提高工作效率，减少人财物的浪费。

常见的公共关系实施协调有两类：一是纵向协调，二是横向协调。纵向协调指上下级之间的协调，例如上级部门制定的新政策、新措施不能在下级组织毫无思想准备的情况下突然付诸实施，而下级也应及时把实施过程中出现的新情况、公众的新要求及时反馈给上级部门；横向协调是同级部门或实施人员之间协调，这是由于公共关系实施需要全体实施人员的共同努力，而只有消除组织内耗，保证实施活动的同步和谐，才能提高工作效率，取得良好的实施效果。

整体协调的方法还可"计划评估法"，即凡实施一项公共关系策划，事先要有明确的目标，据此做出工作设计，并绘制推进工作的网络图，实施者可以根据这个网络图指挥和控制实施活动的进行，合理调配工作进度，发现问题并及时解决，有序地完成预定的工作计划。

4. 正确选择时机的原则和方法

公共关系具体方案的实施首先特别讲究时机的选择与策略的把握，这是因为公共关系工作的目标是由一个完整的目标体系所组成的，而所有的公共关系工作内容都是由具体的、可操作的工作项目所组成的，这些项目往往都是为了传播组织特定的信息，以达成特定的组织目标，这就要求在策划公共关系工作项目时必须全面地衡量实施这些计划的最佳时机，以使组织的公共关系工作能很好地应对公共关系形象的建立与维护的客观要求。

何时是公共关系活动的良好时机呢？显然，在组织的发展变动时期是开展公共关系活动的最佳时期。例如：在组织的开业之时；当两个或两个以上的不同组织机构或公司合并的时候；当组织推出了重要的新产品、新的商业服务项目的时候；当组织发生了重大的改组变动的时候；当组织的某一个方面被公众所误解的时候；当组织遭遇到重大的危机及富有价值的信息被组织捕捉到之时。上述情形都是公共关系活动实施的最佳时机，都需要公共关系人员在公共关系工作中进行事先的统筹规划。此外，公共关系人员还需要根据自己的判断，主动地、创造性地去策划富有特色的公共关系活动，以最具有效果的实施策略来达到不同公共关系项目的有机搭配，使之形成良好的公共关系"合力"，达到事半功倍的效果。

此外，公共关系活动的时机也将受到周围环境因素的影响，如在发生重大国际性或全国性事件时，组织向新闻媒介传播的新闻也许不会引起公众的注意力。因此，公共关系人员必须根据情况的变化，选择适当的公共关系活动时机。即：

(1) 注意避开或利用重大节日。凡是同重大节日没有任何联系的活动都应该避开节日，以免被节日活动冲淡；凡是同重大节日有直接或间接联系的公共关系策划则可以考虑利用节日烘托气氛，扩大公共关系活动的影响。

(2) 注意避开或利用国内外重大事件。凡是需要广为宣传且与重大事件无关的公共关系活动都应避开国内外重大事件，以免被重大事件所冲淡；凡是需要为大众所知，又希望减少震动且与重大事件有关的活动，则可选择在重大事件发生期间，这样可借助重大事件的影响减少社会舆论的压力和关注。

(3) 不宜在同一天或同一段时间里，同时开展两项重大的公共关系活动，以免其效果互相抵消，影响组织的公共关系目标。

关于社会重大事件与组织公共关系活动的关系，主要取决于组织如何看待这些事件，如果社会事件与组织的社会责任、权利、义务、利益等有关，那么两者就具有相关性，具有相关性的事件就可能有利用价值。如果这些事件同时还具有新闻价值，那么对这些事件做出积极反应，就能凸现组织的社会责任感、道义和大度等特性，这时，组织就可以考虑和利用这些事件从事公共关系活动。

第二节　公共关系评估的意义

一、公共关系评估的概念和意义

在国外，"评估"一词用 Evaluation 来表示，这个词除含有评估的意义外，还有数学上的赋值的含义。

所谓公共关系评估就是根据特定的标准，对公共关系计划、实施及效果进行检查、评估，从中发现问题，判断其优劣，及时修订计划，进一步调整和完善组织形象的过程。公共关系检测评估是公共关系工作程序的最后一步。它在整个公共关系计划实施过程中都具有重要作用。

早在 20 世纪 20 年代，美国公共关系先驱者罗特扎恩就说过："当最后一次会议已经召开，最后一批宣传品已经散发，最后一项活动已经成为历史的记录的时候，就应该在自己的头脑中把所使用的方法重新过滤一遍，以清理出经验和教训，供下一次活动借鉴。"在这里，罗特扎恩已经意识到公共关系评估的重要性。

今天，公共关系评估已成为四步工作法中的一个环节，公共关系评估的重要作用体现在以下方面：

(1) 公共关系评估是改进公共关系工作的重要环节。通过公共关系评估，公共关系人员可以得到大量的数据资料信息，通过对这些信息的分析，可以总结经验教训，为进一步改进公共关系工作提供依据。

(2) 公共关系评估是后续公共关系工作的必要前提。任何一项新的公共关系计划的制定与实施都不是孤立存在和产生的，它总是以先前的公共关系工作及其效果为背景，前后两项公共关系工作不能截然分开。前一项公共关系评估是后续公共关系工作决策的主要依据。

【案例 9-3】美国辛迪诺商店

在开业之初，辛迪诺商店进行了种种策划，做了各种广告宣传，常赞助那些在电台、报刊上抛头露面的项目，使商店知名度大大提高，但产品销售却一直处于滞销状况。为此，商店进行市场调查，多数人指出：我们认识了你，并不等于信得过你。老板恍然大悟，在策划上改变了策略。该企业把在大众媒介上的赞助费用改为定做许多垃圾箱，并将其放在大街小巷，在上面印刷该商店名称和销售的主要商品以及一些公益广告。它们又拿出更多的钱在一些城区大建绿地草坪，使策划更深入人心，让人们从内心对辛迪诺商店充满了由衷的感激，敬爱之情直至转化为对辛迪诺商店及其商品真正的信赖之情。(资料来源：编者根据相关资料整理编写)

【分析】辛迪诺商店最初策划效果不好，后来进行调查、策划调整，取得了良好效果。

(3) 评估也是鼓舞士气、激励内部公众的重要形式。掌握专家和社会舆论对公共关系成果的评估，尤其是比较好的一些认可，对组织成员来说可以达到鼓舞士气的作用，增强全体员工的公共关系意识和组织的凝聚力。

(4) 公共关系评估是有效提高公共关系部门效率的手段。加强公共关系部门的管理工作，使公共关系机构正常运转，各项工作都处于不断改进的优化状态中，使每个公共关系人员都有高度的积极性。要做到这一点，公共关系机构要加强对公共关系人员的考核、奖惩，而这些离不开公共关系评估。通过公共关系评估，可以促进公共关系人员提高工作效率，完成组织目标。

二、公共关系评估的分类

可以从不同角度划分出公共关系评估的类型。

(一)公共关系效果评估的基本形式

根据一般组织的要求，公共关系活动效果的评估形式可分为组织形象评估，工作成效评估和传播效果评估等。

1. 组织形象评估

其基本步骤是：首先对公众对象进行普查分类；然后是采取舆论调查或民意测验的方法进行实地调查；再次通过知名度和信誉度比较分析进行组织形象地位的测量；最后应用"语意差别分析法"对组织形象的内容进行分析。

2. 工作成效评估

一般来说应根据日常公共关系活动、专项公共关系活动和年度公共关系工作进行评估。对日常公共关系活动效果进行评估，要根据组织所确定的评估标准和评估内容来进行，通过日常工作总结、公共关系人员座谈、职工评审评议并结合社会公众平时的反应等形式进行；对专项公共关系活动效果进行评估，要严格根据公共关系活动的内容及特点来确定评估内容和评估标准，并由负责专项公共关系活动的人员组织实施。可采取调查研究的形式，如直接调查专项活动的参与者，或间接调查一些典型的社会公众，以了解活动对社会舆论和组织形象产生的影响；对于专项公共关系活动效果，公共关系人员都要在专项活动记录中给予记载，并详细说明，以备查用；对年度公共关系工作效果进行评估，要以年度公共关系计划和预算为依据，将公共关系各层次计划的实现程度和存在的差距，提出具有说服力的总结报告。

3. 传播效果评估

首先，内部信息传播效果的评估，主要从以下几个方面进行：通过内部公共关系调查，了解组织内部在日常公共关系活动中是否能做到上情下达和下情上传，使上下协调一致；组织内部各部门之间是否能做到必要的横向信息交流及时、准确；在专项公共关系活动中，是否能做到让所有组织内部公众都理解、支持；在组织内部是否能使全体职工对决策部门产生信任感，并通过各种途径听取全体内部员工的意见和建议；通过信息传播是否能保证组织内部具有凝聚力与向心力。其次，外部信息传播效果的评估，主要从以下几个方面进行：了解公共关系广告的阅读率、实效率；通过大众传播，分析社会公众对组织的全部看法和整体信念，掌握本组织的社会形象；在计划期间，是否召开过新闻发布会，如果召开过，范围有多大，时间是否合适，内容如何，其传播目标是否得到了实现；商品展览会、展销会、订货会等活动传播效果如何。

(二)按评估的功能分类

可以分为公共关系状态评估、调查评估、传播评估和成果评估。

(1) 公共关系状态评估目的是了解组织的各类公众对组织的政策、行政、产品、服务、整体形象等的态度，并以此为基础，分析这种态度产生的原因，并能找到解决问题的办法。由于公共关系的主要任务就是树立并维护组织形象，因此，对组织形象的评估是一项十分重要的内容。

(2) 调查评估是在公共关系调查结束后，调查报告撰写前，对整个调查活动进行的评估。目的是检测整个调查活动的科学性。也只有经过严格的调查评估，调查的结论才有可能被接受。调查评估一般由公共关系调查活动参加者之外的权威人士所组成的小组来进行。

(3) 传播评估是对传播本身的效果进行的评估，目的是为及时获取反馈信息，适时调节控制，缩小工作过程与工作目标的差距，保证目标的实现。同时，通过评估研究传播进程，总结经验教训，可以及时改进传播过程。

(4) 公共关系成果评估是在公共关系活动结束后，对最终成果做出价值判断。它是一种总结性评估，这种评估的客观标准是预先设定的目标，如果目标不够实事求是或难以检测，就会影响成果评估的可靠性。

(三)按参与评估的主体分类

可以分为自我评估、专家评估、公众评估。具体为：

(1) 自我评估是组织的公共关系人员对公共关系活动进行的评估。这种评估容易进行，但是主观性大。

(2) 专家评估是由公共关系方面的专家对组织开展的公共关系活动进行的评估。由于评估者是知识丰富的专家，因此评估的权威性较强。

(3) 公众评估是由公共关系活动的对象通过亲身感受而对公共关系活动给予的评估。由于公众比较广泛，因此他们可以从不同的角度、不同程度上对公共关系活动的总体情况进行评估。但是公众会受到自身因素的影响，使评估结果主观性较强。

(四)按评估的方法分类

可以分为定量评估和定性评估。具体为：

(1) 定量评估是指运用具体数据形式，对公共关系活动做出定量结论的评估。这种方法可避免或减少人为的主观随意性，但要借助于模型。

(2) 定性评估是指运用文字的形式，从总体上对公共关系活动做出价值判断，进行定性描述的评估。它比定量方法简单易行，但得出的结论往往不够深刻，缺乏足够的说服力。

(五)按评估的形式分类

可以分为正式报告和非正式报告。具体为：

(1) 正式报告是公共关系工作采用定期报告、会议记录、简报、年终总结等形式反映公共关系状态。

(2) 非正式报告是公共关系人员通过电话、会见或简短书面报告的形式向组织负责人汇报公共关系活动的进展和效果，这种方式节省时间，信息传递快。

第三节　公共关系评估的程序和内容

一、公共关系评估的程序

公共关系评估的程序包括以下内容：

(1) 明确评估标准，并进行全面检查。只有明确评估标准才能够对组织各项活动做出客观评估。评估标准不能拔高或降低，必须要进行全面细致的检查。

(2) 依据评估标准，对公共关系工作进行评估分析。必须广泛地收集开展公共关系活动以来组织内部和社会公众方面发生变化的各种信息，运用评估的各种方法对资料进行比较分析，看看计划实施前后公共关系工作是否改进，哪些达到甚至超过预期的目标，哪些还没有达到预期的目标。

(3) 向组织的决策者和最高领导层汇报评估结果。在评估分析的基础上，提出计划实施中存在的问题，并分析原因，写出书面报告，及时如实地向有关部门反映，以便下次决策参考，搞好公共关系工作。

(4) 评估结果的运用。评估的最终目的就是为了在公共关系工作中应用它。评估结果将对下一步的公共关系工作起定向性的作用，公共关系评估结果可以经过抽象化分析，得出对指导公共关系活动有普遍意义的思想、方法与原则，这些对社会也有一定的利用价值，并进一步丰富公共关系专业知识。

二、公共关系评估的依据与方法

1. 公共关系评估的依据

1) 根据大众媒介传播的情况评估

(1) 报道的数量。大众媒介(电视、广播、信件、宣传资料等)报道的次数越多，频率越高，越能引起公众的注意，扩大组织的社会影响。

(2) 报道的质量。大众媒介对组织公共关系工作的成就、经验报道越多，越有利于塑造组织的良好形象。相反，如果出现负面报道，则可能导致组织形象一落千丈。

(3) 新闻传播媒介的影响力。一般来说，发行量大、覆盖面广、权威性强的传播媒介，其影响力亦大，能提高公共关系活动的效果。组织的公共关系活动由权威性较强的新闻媒介报道，能加深公众的印象，增加公众对组织的好感。

2) 根据组织内部资料评估

(1) 组织领导层和管理人员、营利性组织的股东，在组织的经营管理过程中，对组织公共关系目标达到程度和效果的评估。

(2) 组织内部员工从不同角度对公共关系活动成效的评估。例如生产一线的员工根据自己安全工作环境的要求是否得到满足，对组织公共关系工作进行评估；销售一线的员工通过自己的销售活动，对组织的公共关系工作进行评估。

(3) 组织内部资料，如资金平衡表、统计报表、财务活动分析、公众的来信来访记录等，都是评估公共关系活动的重要资料。

3) 根据组织外部资料采集评估

(1) 消费者与用户的信息反馈。消费者和用户是营利性组织的首要公众，因此他们的反映是评估公共关系活动的重要资料。

(2) 相关组织的信息反馈。组织在生产经营中，会与原料供应者、产品经营者建立合作伙伴关系。他们与组织交往频繁，并且与大批消费者和用户发生联系，从他们那里可获得有关公共关系工作成效的信息资料。

(3) 社区公众。社区公众是组织的左邻右舍，他们与组织由于地域邻近而关系密切、相互了解，组织可从社区公众那里获得较快的信息反馈，据此评估公共关系工作的成效。

(4) 政府。政府对组织行为的支持程度、政府与组织关系的密切程度，可以反映出公共关系的社会效果。

另外，美国著名的公共关系专家斯科特·卡特李普和阿伦·森特等总结多年公共关系实践经验，提出了公共关系活动效果的评估标准：

(1) 了解信息内容的公众数量。公共关系活动的目的之一就是要提高组织的知名度，加强目标公众对组织的了解与理解。

(2) 改变观点、态度的公众数量。组织的公共关系活动是否引起公众对组织的看法和态度的转变，支持组织的公众是否有所增加，增加多少。

(3) 发生期望行为与重复期望行为的公众数量。衡量公共关系活动效果的最高层次，是否引起公众行为。在实施公共关系活动之后，有多少公众按照导向采取或重复采取了组织期望的有利于组织的行为，从而实现了组织的目标，达到了事业的成功。这是衡量公共关系活动效果的重要标准。

2. 公共关系评估的方法

公共关系评估方法很多，一般来说，主要有以下几种：

(1) 民意测验法。民意测验法在公共关系评估中运用较为普遍。这种方法的基本做法是：按抽查法的要求，在选定的公众群体中，选择一定数量的测验对象，用问卷、表格等方式，征求他们对指定问题的意见、态度、倾向，再作统计、说明，分析公共关系活动的效果。

(2) 个人观察反馈法。个人观察反馈法是指组织负责人或公关人员在开展公关活动时，现场了解进展情况，感受当时的气氛并估价其效果的方法。评估人员把实际情况与计划目标相比较，提出评价和改进建议，这是一种最简单最常见最直观的方法。其优点是评价反馈迅速，改进意见具体，易于落实；缺点是很难测出公共关系活动的长期效果。

(3) 目标管理法。目标管理法是在组织公关工作建立目标体系，每个环节、每个部门、每个个人都有自己的目标和措施，在计划实施之中和之后进行评估的一种评估方法。采用这种方法，应在制定计划时就考虑到效果评测，即用量值方法对目标进行分析，判定通过方案实施之后是全部达到目标，还是部分达到目标。这里对目标评定多采用列表法，通过列表把目标分解成为一些具体项目，每个项目还可以分成若干个子项目，再按项目在目标中的重要程度，列出一定的比例，在活动实施后，根据目标达标情况打分，从而确定目标达标程度，衡量和评价出公共关系的效果。

(4) 公共关系调查法。公共关系调查法是指通过对组织公关活动情况、公共关系状态的调查来评定公关活动的一种评估方法。公共关系调查法主要有两种：一种是比较调查法。在一次公关活动前后分别进行一次调查，比较先后调查结果，分析公共关系活动的后果，这种方法称为比较调查法或对比调查法。还有一种是公众态度调查法。在一系列公共关系活动之后，对主要目标公众进行调查以了解其对组织评价的变化，分析公共关系活动。

(5) 内外部监察法。内部监察法是指由组织内部人员对公共关系部门的工作和活动进行检查和评价的方法。如组织领导层和管理人员可以从组织经营管理中观察出特定时期内，公共关系目标达到的程度和效果。内部监察范围包括所进行的工作和取得的成果，目前存在的问题，将来的计划安排。

外部监察法是聘请组织外部的专家对本组织公共关系活动进行检查和评价。外部专家可以通过调查、访问和分析，对组织公共关系活动及其效果做出较为客观的衡定和评价，并就未来提出建议和咨询。

(6) 组织形象地位评估法。组织形象地位评估法是指评估人员以组织知名度、美誉度作为两个基本变量，评估组织形象的方法。组织的知名度是社会公众对组织认识、知晓和了解程度。组织知名度高是组织被社会公众知晓的多，反之则知晓的少。组织美誉度是社会公众对组织的信赖和赞誉程度。组织美誉度高即是组织在社会公众中的信誉度高，反之则信誉度低。

(7) 组织形象要素分析法。组织形象不是抽象的，而是具体的。任何组织的知名度、美誉度都包含着许多实际因素，将这些因素进行分析，还可以了解组织的实际社会形象与自我期望形象的差距，确认公共关系活动存在的问题。

(8) 指标分析法。通过对知名度、美誉度、信任度、注意率和熟知率的变化率等几个常用的关系评估指标的调查和分析来考察公共关系活动效果的方法。计算方法如下：

知名度的变化率=(活动后组织的知名度-活动前组织的知名度)÷活动前组织的知名度×100%，其中：知名度=知晓组织的人数÷被调查者总人数×100%。

美誉度的变化率=(活动后组织的美誉度-活动前组织的美誉度)÷活动前组织的美誉度×100%，其中：美誉度=赞誉组织的人数÷被调查者知晓组织的人数×100%。

信任度的变化率=(活动后组织的信任度-活动前组织的信任度)÷活动前组织的信任度×100%，其中：信任度=信任组织的人数÷被调查者知晓组织的人数×100%。

注意率=被调查者中看过组织信息的人数÷被调查者总人数×100%。

熟知率=被调查者中知晓信息50%以上的人数÷被调查者总人数×100%。

三、公共关系评估的内容

公共关系评估是一个连续不断的活动，一旦进入公共关系的工作过程，评估活动就开始了。因此，从理论上讲，公共关系评估的内容应该包括公共关系活动的方方面面。但在具体操作中，评估的内容可以根据要求有所侧重。一般来讲，其评估的内容有以下几个方面。

1. 公共关系工作程序评估

是对公共关系工作的各个步骤、各个环节的工作进行评估、估计或研究，其内容和要点主要有以下几点：

(1) 调查过程评估。包括：调查的设计是否合理；调查方法的选择是否得当；调查工作的组织实施是否合理；调查结论分析是否科学等。

(2) 计划过程评估。包括：公共关系计划的目标是否科学；总体计划是否可行、合理；战略构想是否周密、科学；目标公众选择有无遗漏，是否科学；媒介选择及媒介策略是否得当；经费预算是否合理等。

(3) 计划实施过程评估。包括：各项准备工作、沟通协调工作是否落实到位；实施过程安排是否合理、周到、有创新；信息制作的内容是否准确；传播效果是否明显；实施过程的安排是否得当；实施效果是否达到目标要求等。

2. 专项公共关系活动评估

专项公共关系活动评估主要包括以下四类：日常公共关系活动成效评估、单项公共关系效果评估、年度公共关系活动效果评估和长期公共关系活动效果评估。

【案例9-4】采乐"话题传播"公关策划

西安杨森制药有限公司的非处方药(OTC)产品——采乐，是中国药用去屑产品的第一品牌。定位于"头皮调治专家"的采乐，虽然面对着消费能力不断上升的市场，但是用户增长的速度却相对缓慢，这不仅是采乐需要面对的问题，也是整个药用去屑洗发水行业需要面对的问题。作为品类领导者的采乐，同时肩负着扩大品类和品牌双重认知度的重任。如何让更多有头屑困扰的目标消费者认知"专业药物去屑"的方式？如何让目前正在使用化妆品类去屑洗发水，但效果又不理想的目标消费者接受"专业药物去屑"的理念，并进一步了解和接受采乐品牌？

但是有多少国内消费者会把头屑问题视作疾病？即使受到头屑问题的严重困扰，绝大部分消费者也不会引起重视，更不会寻求正确的解决方案，何况，大多消费者故有的"是药三分毒"的观念。因此，简单对目标消费者进行疾病教育，单一传播疾病知识，并不能充分引起他们的关注和兴趣，更无法让他们接受新知识、转变旧观念。那么，传播什么样的信息，如何传播信息，才能在目标消费者的心灵深处产生触动，进而接受新的头皮屑治疗观念，打消对药品与生俱来的恐惧呢？

一、项目调研

经调研发现，目标消费者为20岁—40岁之间，有中等以上受教育程度，有较稳定的工作及收入。他们在受头屑困扰的最初阶段，往往是先去超市购买化妆品类去屑洗发水，我们发现主要原因是：不知道还有药用去屑洗发水这个品类；对头屑问题并不在意；对药用洗发水就一定比化妆品类洗发水的去屑效果好存在质疑；对药用洗发水的安全性存在质疑。无论出于以上何种原因，在有头屑困扰的被调查者中，有九成以上的人首选化妆品类去屑洗发水，即便有29.7%非常关注外在形象的被调研者，也仅有8.4%选择了药用去屑洗发水。

如何唤醒这个需求巨大的市场，让更多的目标消费者接受药用洗发水产品，对于采乐而言是一个既有意义又有挑战的课题。

二、项目策划

公关目标

- 建立和增强目标消费者对药物去屑产品的认知度。
- 使目标消费者认知采乐在药物去屑产品中的领先地位。
- 推动目标消费者了解采乐作为药用去屑产品是如何控制头屑。

公关策略

1. 扫描热点话题

若让职场人士"自愿"接受教育，需要真正找到能够引起他们共鸣的话题，该话题必须与品牌核心特质紧密相连，具有丰富的可延展性及多维性，能够展开一系列的分析和讨论，使舆论持续升温。

2. 锁定热点话题

通过深度调研访谈，收集和分析职场人士最关注的热点话题为：晋升、薪资、人际关系、压力、工作环境、职业规划。通过研究话题与品牌特质的关联性，分析核心内在联系，最终锁定"职场压力"话题。

3. 专家提出方案

邀请职场专家、心理专家、健康专家，从不同角度讨论压力对职场人士身心的负面影响，分析导致压力的不同根源，指出应对压力的正确方式，即找准压力的根源，并针对根源解决问题。这与采乐倡导的面对头屑，同样需要找准根源，针对根源解决问题相一致。该观点的医学专业支持理论在于压力会导致人体的新陈代谢失调，而头屑正是头部皮肤的新陈代谢过快导致的，职场人士可将头屑问题视作人体新陈代谢的指针。

4. 话题多角度延伸

将职场压力话题进行多角度拆分，针对压力问题拟定不同切入点，从多个侧面吸引目标受众的目光、引发其关注。

5. 媒体策略

- 建立采乐职场压力网站，作为整体传播的大本营，其他媒体围绕这个中心，并与之呼应和互动；
- 采用电视、平面、网络等多种媒体手段相结合的多层面、多角度传播；
- 媒体报道采取新闻、话题、专题、专栏等多种稿件体裁相配合；
- 媒体覆盖全国46个城市，不仅聚焦一线城市，还全面覆盖二、三线重点城市。

三、项目实施

1、建立职场压力网站

为了将采乐的品牌信息全面、充分地传递给目标受众，特设立了"职场压力"网站。

其中包括热点话题、压力与健康、产品专区、专家互动、压力自测等版块，全面介绍头屑知识和采乐品牌信息。

其中，"压力自测"版块颇受好评。不仅设立了关于压力的自测问题，让职场人士了解自身状况，同时医学专家提出的"职场人士可将头屑问题视作人体新陈代谢的指针"这一观点被众多职场人士接受。通过自测，使职场人士了解自身压力状况的同时关注头屑问题。

2、多媒体组合出击

由于同时要覆盖一、二、三线城市，每个城市的投入力度不一，我们在因循信息传递效果最大化的原则基础上，设计了不同类型的报道组合：新闻报道、话题讨论、市场综述、深度专题、专家专栏等。此外，根据不同区域媒体的特性和版面特点，有选择地进行不同角度的报道，并且配以不同的频次来保证每个城市的关键信息到达率。

将"职场压力"的话题进行多角度拆分，针对不同职场人士的典型问题，策划不同切入点的稿件，使压力话题丰富化和立体化，但无论从哪个角度切入，都会回到面对压力的问题上，集中传播核心信息。为了引发目标受众的关注，我们设计了《国企 VS 外企，在哪儿压力更大》《追求完美谁为职场人的健康买单》《"新劳模"的五大标准》《40之前用健康换金钱代价如何？》等有意思的话题，快速吸引了职场人士的目光。

3、电视节目软植入

在电视栏目的合作选择上，选取了国内首个全名人脱口秀栏目《名人堂》和华南地区收视率颇高的文化类电视栏目《文化珠江》，采用核心信息软植入的方式，在主持人和嘉宾谈论压力的话题中，植入采乐倡导的压力解决之道。

在节目中，独立设计"采乐名人压力场"环节，嘉宾现场参与头屑和压力测试，并在谈论中引出压力过大会导致头屑等问题，并将采乐的品牌信息嵌入其中，让目标受众在观看节目的过程中潜移默化地接受采乐去屑产品。

4、网络论坛热讨

在 Web2.0 时代，单向传播已经不能满足目标受众对信息的需求，传播中更要注重参与性和互动性。为此，根据目标受众的特点，在执行中选择众多浏览量大、内容匹配程度高、与目标受众兴趣相契合的网站论坛，如搜狐健康、搜狐美发护发、新浪女性、网易女性、天涯职场、淘宝社区等展开关于职场压力的热烈讨论。

通过体验帖、推荐帖、求助帖等多种形式，从不同角度讨论压力对职场人士身心的负面影响，分析导致压力的不同根源，倡导应对压力的正确方式，以此充分地调动目标受众的参与热情。

四、项目评估

经过历时 4 个月的集中传播后，第三方调研显示，目标消费者对头屑成因的认知度大幅度提高，对采乐品牌在药用去屑产品中的领导地位也有了进一步认知。此外，职场人士如何正确摆脱压力困扰，如何针对根源解决问题，成为他们重新审视工作方式、深入思考职业价值的切入点。

在不同媒体的组合式传播中，采乐倡导的针对根源解决头屑问题的理念深深扎根于目标消费者的心中。本项目平面媒体的主动传播近 300 篇，网络转载达千篇以上。通过传播期间各类媒体对采乐"职场压力"网站的推广，网站日点击量达万人次。网络论坛传播覆盖了 70 多个健康、女性、职场、生活等相关频道,帖子共达 10 万余篇。通过在电视专题栏目《名人堂》及《文化珠江》的 8 期核心信息软性植入,使目标受众在精彩的节目内容中主动接受采乐品牌所传达的关键信息。(资料来源: http://cache.baiducontent.com/)

【分析】采乐去屑洗发水是一个"品类化思考、品牌化表达"的成功个案,是一个典型的消费教育和引导的公关策划案。在竞争空前激烈的 3000 多个洗发水品牌中,采乐洗发水以"去头屑特效药"的独特定位,成功地把去屑洗发水市场一分为二(化妆品类和药用类),并通过"医院和药店"营销模式,通过"专业去屑,8 次彻底去除头屑"的广告诉求,成功塑造了中国药用去屑产品的第一品牌形象,但是消费者对这一形象的认知尚比较模糊。

在本策划案中,信诺传播采取"话题传播"策略,以"职场压力"为切入点,以"头屑产生的根源"为核心诉求,以"平面+网络+电视"的多媒体组合,"报道+专访+评论+故事"等多种稿件形式进行消费教育和引导,巧妙地表达了采乐的品牌个性和特质。

此外,采乐品牌在投入期已经成功塑造了差异化的品牌形象,目前正处在一个高速成长期,需要调整营销模式,比如把营销渠道从药店扩大到超市,以便提升销量。毕竟消费者去超市的频率远远高于去药店和医院的频率。

【案例 9-5】2013 英特尔社会创新周公关策划案例

(详细内容请见课件对应内容。)

【分析】2013 英特尔社会创新周事件,公关策划非常全面,包括项目背景、项目调研、项目策划、项目执行、项目评估这五个方面。在项目执行中,芯世界在北京、上海、成都、大连、西安 5 地分别组织了 5 个不同形式和内容的快闪,作为社会创新周的预热活动,吸引了媒体和公众的关注及反思。在项目评估中两大活动版块、三大话题聚焦、十四类主题创意活动,整个策划十分详细,内容丰富。

【案例 9-6】亚都"收烟"的风波

(详细内容请见课件对应内容。)

【分析】公共关系不是一种盲目的、随意性的活动,而是有意识、有计划的行为。要使公共关系活动取得成功,必须按照公共关系四步工作法的步骤完成。然而,从案例中,我们可以清楚地知道失败的原因。

首先,在调查阶段,亚都公司在举行活动之前,没有做好项目调查,不了解吸烟人群的种类,以至于活动开始时,亚都才发现老者、时髦女郎甚至小孩也参加到这个活动中,这导致了部分来参加活动的人并不是亚都公司的目标活动人群,缺乏了活动人群的针对性;

第二,在策划阶段,此次活动虽然有明确活动的主题,但在活动前亚都公司没有做好活动的预算方案,导致活动的资金不足。选择可行方案实施的同时,要有一份备用的方案来应对实施过程中可能出现的紧急情况。

第三,在实施阶段,活动现场没有主持人调节现场的气氛,同时现场维持秩序的工作人员人数不足以及分配不合理。在活动中,亚都有关负责人没有准备好后续资金和物资,使项目实施时资金不够派发,引起百名烟民不满。

【案例9-7】2022年北京冬奥会策划与实施

(详细内容请见课件对应内容。)

【分析】该策划和实施是一次大手笔，时间跨度长、牵涉部门多、人员广、投资大、任务艰巨，北京冬奥会成功举办将对中国以及承办的城市形象都产生巨大和深远影响。

本 章 小 结

公共关系实施和评估是公共关系活动中重要的两个环节。本章首先对公共关系实施的意义、影响公共关系实施的因素、公共关系实施的原则和方法进行阐述；接着先介绍公共关系评估的意义和分类，然后论述了公共关系评估的程序、内容和方法。

复习思考题

一、问答题

1. 你是怎样理解公共关系实施及评估的意义？

2. 影响公共关系实施的因素有哪些？

3. 请结合实际阐述公共关系实施的原则和方法。

4. 请问公共关系评估的内容和方法有哪些？

5、请问在《【案例9-4】采乐"话题传播"公关策划》、《【案例9-5】2013英特尔社会创新周公关策划》中传播方式各有哪些？请对他们各自选择的媒体进行点评。

二、分析题

(一)用友上市的背后策划

软件产业是资本市场近年来最受青睐的投资领域之一。但是，中国软件企业却较少得到国内资本市场的资本支持，一些企业选择了境外上市、香港创业板上市、风险融资、借壳上市等资本运作途径。北京用友软件股份有限公司(以下简称"用友软件")在国内A股上市不仅给软件行业带来一个惊喜，而且作为核准制下发行的第一支股票，此次上市还肩负着中国股市改革形象代言的角色。

一、项目背景

用友软件是中国最大的独立品牌的软件厂商，中国最大的管理软件公司，中国最大的财务软件公司，肩负着"发展民族软件产业，推动中国管理现代化"的历史使命。

2001年3月28日，用友软件在中华世纪坛举行"新世纪 新管理"战略发布会，发布了"全面升级 扩张发展"的三年战略。这一战略目标的实现需要有大量的资金投入，需要用友软件必须获得资本市场的支持，而战略发布会的成功为用友软件上市营造了良好的氛围，用友软件上市如箭在弦上，用友软件与资本市场对接可谓水到渠成。

当用友软件在4月19日作为国内第一支核准制下发行的股票进行A股上市路演时，相关的公共关系传播运作也浮出了水面。

此次公共关系传播将肩负如下重要使命：

(1) 面向投资机构和股民，帮助他们建立对用友软件企业价值的深入认知，面向IT业内的机构和人士、面向用友软件客户，帮助他们认知上市之后用友软件的机遇与挑战。

(2) 上市之后的用友软件将正式成为一家公众型企业，公共关系传播需要帮助建立用友软件在公众中优秀企业的品牌形象。

(3) 借助用友软件上市普遍为媒介关注的机会，强化受众对用友软件进军企业管理软件市场的认识，加强用友软件的产业地位、企业战略、产品与业务的宣传。

(4) 用友软件作为核准制下发行的第一支股票，此次上市还肩负着中国股市改革形象代言的角色，公共关系传播需要有效地去阐释这一使命的价值。

(5) 2001年被称为是中国的"软件年"，用友软件上市将是2001年中国软件产业的头等大事，公共关系传播需要让公众更全面地认知中国软件业，关注它的机遇与挑战，关心它的前景与发展。

二、项目调查

遵照上市前所有消息必须严格保密的要求，项目调查邀请公关策划公司蓝色光标内部的专家人士(策划并参与某家高科技公司在国内上市公共关系传播运作)、蓝色光标的外脑(证券领域的专家、营销领域的专家)进行设计，项目调查以一家高科技公司在国内主板上市的公共关系传播案例、一家软件企业在香港创业板上市的公共关系传播案例作为比较对象，采用案例比较的方法，通过讨论和访谈，对本次公共关系传播中目标受众的认知状况、媒介状况、重点与难点等进行了准确的界定。

1. 目标受众的认知状况

投资领域人士、IT业界人士、用友软件客户、社会公众对用友软件的认知状况各不相同，对于用友软件上市，他们也会从业务层和管理层的状况、资本层面的问题、上市之后带来的变化等不同的角度进行关注。

2. 媒介状况

(1) "用友软件A股上市"是IT业界和资本市场的重大事件，必然引发各类媒介的广泛追逐。

(2) 大部分金融证券媒介、大众媒介在上市前尚未建立对用友软件的深入认知。

3. 公共关系传播的重点与难点

(1) 需要设定准确简捷、直接生动的传播主题。该主题能够清晰地表述企业价值所在。

(2) 由于上市公共关系涉及不同层次的传播内容，因此需要界定不同的传播受众、划分不同的传播阶段、规划不同阶段的传播主题。

(3) 由于用友软件上市将受到媒介的广泛关注，因此需要组织及时准确、积极有效的媒介沟通，协调和满足不同类型媒介的需求。

(4) 由于上市公共关系存在许多不确定因素，尤其是媒介将非常关注类似"一股独大""个人财富"和"人事问题"等可能产生轰动效应的话题，并可能就此借题发挥，这将对用友软件上市带来较大的负面影响。因此需要设计有效的传播引导和控制机制，正确引导媒介和舆论，并且处理各种意想不到的事件，规避一些负面报道的产生。

三、项目策划

● 重点突出策略。围绕用友软件与资本市场的互动关系设计传播主题，规划传播主题和传播内容。

- 分阶段分层次进行媒介沟通，报刊、电视、网络等各类媒介立体组合。
- 通过形式多样、内容丰富的活动组织来提升媒介沟通的效率和质量。
- 重视传播引导，强调传播控制。
- 开展政府公关。

具体策划内容包括了以下五个方面：

1) 确定传播主题

13 年耕耘造就了"用友软件"作为中国软件产业的龙头企业的市场地位，资本市场需要的正是"用友软件"这样的实力派企业，"用友软件"上市可谓水到渠成，据此确定了"软件巨擘 • 资本骄子"的传播主题。

2) 确定传播阶段

传播阶段——目标受众——传播主题——对应、层次分明。

传播阶段划分为核心突破和冲击波、逐层扩散和引发追逐三个阶段。

核心突破和冲击波阶段。这一阶段的目标受众人群是投资领域人士，这一阶段设定在"用友软件"招股路演发布至正式招股期间，传播主题设定为：资本市场拥抱朝阳产业。

逐层扩散阶段。这一阶段的目标受众人群主要为 IT 业界人士和"用友软件"的客户，兼顾社会公众人群，设定在"用友软件"正式招股至"五一"节前的一周时间内，传播主题设定为：用友打造中国软件业的旗舰。

引发追逐阶段。这一阶段的目标受众人群主要为社会公众，设定在"用友软件"正式挂牌之后的 2～3 周时间内，传播主题设定为：软件产业领航中国 21 世纪经济。

3) 确定媒介策略

分阶段分层次媒介沟通。核心突破和冲击波阶段主要沟通证券、投资、财经类核心媒介的中高层；逐层扩散阶段主要沟通核心的 IT、大众类媒介；引发追逐阶段主要向追逐报道的媒介提供各种相关资料，配合媒介制造传播高潮。

报刊、电视、网络等各类媒介立体组合。在充分使用报刊媒介的基础上，重视电视媒介的深度传播，同时要合理使用网络媒介。

重视意见集团。对于研究机构、股评专家、证券管理部门等权威人士或权威机构的声音，采用更多类型的传播方式，将这些声音以合适的方式告知更广泛的受众。

4) 制定活动策略

媒介沟通的有效达成需要通过多种形式的活动来支持。此次公共关系传播共设计了发布会、媒介专访、高峰对话、电视访谈等多种形式的活动。

5) 有效的传播引导和控制机制

第一，确立"专门发言人"制度，规定不同类型的问题由指定的发言人、按指定的口径来回答，确保内部传播出口不出现噪音；第二，通过有效的媒介沟通来引导媒介将报道转向积极的角度；第三，通过大量的正面报道来覆盖这些可能出现的不利报道带来的负面影响；第四，确立"紧急事件处理"制度，定义不同类型的紧急事件，规定不同紧急情况下做出响应的程序和方法，确保紧急事件得到有效处理。

四、项目实施

按照项目策划的要求，具体实施过程从以下五个方面保证了公共关系传播的质量。

1) 积极有效的媒介沟通

根据不同阶段的传播要求，通过独家专访、现场专访、集体专访、高峰对话、电视访谈等多种深度沟通方式，准确地向目标媒介传递不同的主题内容，确保分阶段分层次媒介沟通的效果。

2) 正确引导媒介舆论

"一股独大""个人财富"和"人事问题"等在意料之中成为媒介热衷的话题，这些话题聚焦于王文京先生本人。根据事先的规划，规定由王文京先生作为这类问题的指定发言人，按照指定的口径进行回答。

关于"一股独大"问题。在与媒体具体的沟通过程中，引导他们关注"设置独立董事"的情况。一方面"设置独立董事"的做法能够合理保障中小股东的利益，体现了目前上市公司资本管理的先进思想，另一方面苏启强、杨元庆、吴晓求三位名望极高的人士出任独立董事，极大地提升了用友软件董事会的"含金量"，这两方面的原因很大程度上淡化了"一股独大"的影响；对于人事问题，由于与王文京先生共同创建用友、然后友好分手的苏启强先生以用友软件独立董事的身份出现，也使得媒介在"人事问题"进行发挥的可能降到了最低程度。"独立董事"的说法得到了媒介较高程度的认同，获得了大量的传播报道。

关于"个人财富"问题。"个人财富"话题对媒体或读者都具有很强的吸引力，但也是企业力图避开的话题，因此需要利用媒介关注这一有利条件，通过对媒介与王文京先生沟通内容的设计，引导媒介关注用友软件的未来发展策略，引发媒介对于用友软件走向国际化的思考，阐述用友软件立足长远的企业经营思路。绝大部分由"个人财富"话题切入的媒介报道，最终都将文章的重心落到了用友软件的企业发展上来。

3) 形式多样的活动支持

招股发布会、正式挂牌交易会、大型媒介答谢会等一系列的活动有效地支持了媒介沟通，蓝色光标从场地选择、会场设计、礼品设计等各个方面进行了细致入微的规划，使这些活动收到了良好的效果。

4) 政府公关

新华社《内参》是专门面向政府部门领导的内部刊物，而政府部门是推动企业信息化的重要力量，4月19日下午，在蓝色光标的安排下，用友集团董事长王文京先生接受了新华社《内参》记者的专访，通过这一方式，将用友软件上市后企业发展方向和企业竞争优势传达至各级政府部门，达到了非常有效的政府公关效果。

5) 详尽的资料准备

用友软件上市公共关系传播内涵丰富、涉及的媒介需求非常立体，蓝色光标为此准备了包括新闻稿件、深度稿件、与上市相关的背景资料、用友软件的背景资料在内的详尽资料，一方面有效满足了媒介的需求，另一方面保证了公共关系传播在内容上的一致性和准确性。

五、项目评估

5月18日，用友软件(600588)顺利上市。股票以76元开盘，瞬间下探73.88元后，一路扶摇直上，最高上摸100元整数报关，终盘报收于92元。用友软件成为新股上市首日开盘价和收盘价最高的股票，用友软件成为沪市股价拆细以来的第一只百元股，创下了中国股市新的纪录。用友软件在股市的首日表现为此次公共关系传播的实际效果提供了非常有说服力的证明。(资料来源：搜狐网站《企业经营案例实录》——《公关案例》2003 年 10 月转引自：《21 世纪人才报》，本案例获第五届中国最佳公关案例大赛金奖)

问题：请分析用友上市公共关系策划成功的原因是什么？联系该案例说明公共关系活动几个环节之间的关系？

(二)请你针对"【案例 9-6】亚都'收烟'的风波"中的问题提建议方案

三、技能训练

1. 请为某公司成立 30 周年庆典活动设计一个"庆典活动程序"，指出此次活动实施过程中应注意事项，并为此次活动评估拟订方案。

2. (1) 请教师将学生分成若干小组，指定组长，实训活动可由 5 人左右为一个小组进行，让学生模拟某组织的公共关系活动，通过各种方法搜集该组织资料，撰写一份公共关系策划书(各个小组所选的组织和活动的内容可以不一样)。

(2) 每一小组组长负责分工与协作，每组最后形成小组实训报告。

(3) 各小组制作一份 10 分钟左右能够演示的 PPT 材料在课堂上进行汇报交流，汇报时其他小组可提出质疑、补充，台上台下互动。(教师要进行打分，介绍占 20%，分析占 20%，建议占 20%，回答问题占 20%，PPT 展现效果占 10%，团结协作与精神风貌占 10%，教师要对每组实训报告和讨论情况即时进行点评和总结)。

第十章

组织内外部公共关系

学习目标

通过本章学习，了解良好的组织内外部公共关系对组织发展的重要意义，掌握企业与员工关系、企业与顾客关系、企业与社区关系、企业与政府关系、企业与新闻媒介关系的处理技巧。

关键概念

内部公共关系(Internal Public Relations)　外部公共关系(Extertal Public Relations)　全员公关(All Staffs Participated Public Relations Activity)　组织文化(Organization Culture)

引导案例

培育员工的价值观

日本松下公司在内部公共关系实践活动中，明确地向全体员工传递这样一种信条："唯有本公司每一位成员齐心协力，才能促成进步与发展，因此，我们每一个人都要时时刻刻记住这一信条，努力促使本公司的不断进步。"为此，他们在内部公共关系活动中制定了"松下精神"，即产业报国的精神、光明正大的精神、和亲一致的精神、力争向上的精神、礼节谦让的精神、顺应同化的精神、感谢报恩的精神。同时，松下公司还向员工明确这一信条的沟通方法：进行独特的"松下精神"的学习教育。每隔一个月，员工们至少要在他所属的群体中进行10分钟的演讲，说明本公司的精神价值观念，以及公司与社会、个人之间的相互关系。日本松下公司的内部沟通最终使其内部形成一种良好的公共关系，成为松下公司腾飞的重要动力之一。(资料来源 http://www.chinatet.com 组织内部公共关系的沟通)

根据中外企业组织成功的经验分析，组织成功应具备七个基本要素，即"7S"：组织结构(structure)、经营战略(strategy)、组织系统(system)、组织班子(staff)、组织作风(style)、实务技能(skills)与员工的价值观念(shared value)。其中，员工的价值观念是核心要素，是企业成功的法宝，也是组织内部公共关系的一个主要目标。

上述案例说明了在组织内部开展公共关系活动时，首要任务是造就和培养一个共同的员工价值观念，以达到团结广大内部员工、使内部公众协调一致的目的。

第一节　组织内部公共关系

一、组织内部公共关系的内涵

内部公共关系包括一个组织机构里上下级之间的关系、各个职能部门、科室、班组之间和内部员工之间的关系。内部公共关系是组织公共关系的重要组成部分，是组织开展各类公共关系活动的基础。内部公共关系状态如何，直接关系到组织公共关系目标的实现和组织形象的塑造，因此充分认识和重视内部公共关系的必要性与重要性，才能真正做到"内求团结完善、外求和谐发展"。正如安德鲁·卡内基说的：带走我的员工，把工厂留下，不久后工厂就会长满杂草；拿走我的工厂，把我的员工留下，不久后我们还会有一个更好的工厂。

组织内部的职能部门之间和员工之间是否配合默契，广大员工是否心情舒畅、团结一致、士气高昂，决定着这个组织能否充满生机和活力。要获得各界公众的信任、支持与合作，必须首先取得组织内部公众的真诚理解与鼎力支持。

团结组织内部的全体员工，协调组织内部各个部门科室之间、各类员工之间的合作关系，使组织内部上下左右各方共同为组织的目标而奋斗出力，这是内部公共关系工作的根本任务和宗旨。良好的组织形象和卓越的事业成就，来自组织全体员工的共同努力和不懈奋斗，来自组织内部良好的公共关系。

【案例 10-1】公司拴住了职工的心

(详细内容请见课件对应内容。)

二、内部公共关系的种类

一般来说，一个社会组织内部公共关系包括员工关系、部门关系和股东关系。

(一)员工关系

员工是企业生存和发展的基本力量，员工是构成组织的"细胞"。协调组织内部的员工公众关系，是组织开展公共关系工作的首要任务。所谓"内求团结"方能"外求发展"的道理就在于此。

组织内部公共关系工作就是要考察不同员工不同层次的需求结构，有针对性地引导员工的行为，最大限度地调动每个员工的积极性、主动性和创造性，为他们提供一个发挥个人才能、实现人生价值的舞台。世界著名企业家松下幸之助曾经说过，一个企业家经营成败的关键，在于他能否建立起一个结构合理、感情融洽、能为实现其工作目标而拼命工作的员工群体。美国通用电气的前 CEO 杰克·韦尔奇说，他每周至少有一半的时间花在通用员工身上，和他们相处，认识和了解他们，与他们谈他们关心的问题，去了解他们关心的问题和需要。

在内部公共关系工作中，要注意考察 3 种员工关系。

1. 管理人员关系

组织的管理人员是指组织内部各级业务部门主管人员和各个职能部门的主管人员。他们是组织的骨干，组织的各项目标有赖于他们去负责完成，他们既要对高级管理层负责，又要领导下属，他们的言行举止在职工中有很大的影响力。管理人员与企业、组织集体之间日常的沟通最为频繁密切，对于整个组织内部公共关系活动的开展具有举足轻重的作用。管理人员关系是员工公众关系中的一个重要方面。

【案例10-2】艾科卡就任克莱斯勒总裁后，立即招募"福特人"，不仅招聘退休的福特公司的三名经理，而且挖走了在岗的300多名高、初级管理人员和工程技术人员。杰拉德·格林沃尔德是福特汽车公司主要骨干，艾科卡化了整整4个月时间，终于把他拉进克莱斯勒公司出任财务主审官。在格林沃尔德的帮助下，又挖来了罗伯特·米勒——福特财务部的业务员，他的任务是与400家银行打交道；还挖了福特公司的销售经理和福特公司的副总经理，还有一大批年轻的生产管理人员。结果，福特公司因骨干"流失"，业绩大大下降，竞争实力大大削弱。(资料来源：京华企业咨询中心《点子大师》中国商业出版社)

2. 技术人员关系

组织目标的实现离不开科学技术，所以专业技术人员是现代企业组织求生图发展的重要生力军，离开了技术人才或技术人员，就等于失去了竞争的优势和实力后盾。只有重视人才、爱惜人才、尊重人才，才能立于不败之地。有人问美国微软的比尔·盖茨，如果你离开微软能搞一个一模一样的微软吗？比尔·盖茨说，可以，如果让我带走100个人。这表明那100个人是公司最有价值的财富，是支持公司成长和发展的原动力。

知识分子与普通员工相比，更希望组织提供宽松的人事环境和融洽的家庭式气氛，他们的自尊心和自我发展能力都比较强。在内部公共关系工作中，组织应妥善协调处理与技术人员的关系，经常了解他们的需要，认真听取他们的意见，使他们心情舒畅地投入工作。

【案例10-3】杭州中药二厂公共关系工作成功经验中重要一条就是重视企业的知识分子和专业技术人才。该厂组织成立了由全厂170多位科技专家和技术人员参加的"知识联谊会"，从日常工作、学习进修和生活安排各方面关心他们，经常开展工作野餐、学术沙龙、周末聚会等丰富多彩的活动，认真听取他们对企业的经营管理、科研项目、新产品开发的建议和要求，使广大知识分子心情舒畅，为企业献计献策。(资料来源：熊源伟《公共关系学》安徽人民出版社)

3. 操作人员关系

操作人员处于组织日常工作的第一线，是产品或服务的直接创造者，在人数上占了员工公众的大多数，他们的劳动态度直接影响到产品和服务质量，直接影响到组织形象。操作人员关系对于整个内部公共关系具有最直接的影响。操作人员关系是组织内部员工公众关系的基础层次。由于他们处在组织的基层，与组织的领导层有一定距离，公共关系主体应着重在中间沟通信息、沟通感情。

【案例10-4】员工第一，客户第二

(详细内容请见课件对应内容。)

(二)部门关系

部门关系是指组织内部各职能部门之间的关系，这种关系可以分为两类，即上下级职能部门关系和平行职能部门关系。组织的上下级关系主要表现为领导与被领导、管理与被管理、决策与执行的关系，要建立好此种关系，需要建立健全管理制度，加强与员工的沟通。平行职能部门关系指各职能部门之间、各生产车间之间，存在的相互协作的关系。组织正常运营需要各部门的密切配合，任何一环脱节都会影响组织全局。部门条块分割，工作相互推诿，缺乏必要的协调与合作，往往会造成工作效率的低下和资源的浪费，因此必须注重加强部门之间的合作。部门之间的关系很大程度上取决于部门领导者之间的关系，他们的关系是否融洽对部门的影响很大，因此，公共关系主体要为领导人之间的感情沟通创造条件。

【案例 10-5】 在公共工程的建设中，各个部门经常是各行其是，缺乏配合。今天自来水有问题，就挖开管道，自来水搞好以后就把土埋起来；明天电路出问题，再挖开，修好后把土埋起来；后天瓦斯出故障，再挖开再埋土，如此翻来覆去地挖埋，严重影响了我们的城市生存环境。而日本的东京却不是这样，他们的马路一旦挖开，就会有穿着不同颜色衣服的不同单位的人站在那里，穿白色的代表日本自来水，穿灰色的代表日本电力，穿橘色的代表日本瓦斯，穿浅蓝色的代表日本光纤等，各种单位人员都聚齐，各自检查各自的部分，全部配合，而马路一旦铺好，就争取很长时间不动。(资料来源：余世维. 领导商数. 南京：北京大学出版社)

(三)股东关系

股东关系指组织与投资者的关系，股东是公司资产的真正主人，组织与股东之间有经济利益关系，组织的经营情况如何，是股东最关心的。同时获利的多少又成为能否维持原有股东和吸引新股东的关键。股东关系关系到企业的财源，良好的股东关系可以为组织赢得更多的投资者，保持公司股价的稳定和上升。还可以通过广大股东的"口碑"作用，扩大组织的知名度和美誉度，在更大范围内树立良好的企业形象。因此，股东关系对企业经营成败有着重大影响，处理好与其关系也就成为内部公共关系的重要内容。

组织与股东沟通的工具与方法主要有：书信、电话、个人拜访、宴会、邮寄新产品样品、年度报告、年度股东大会等。

组织应鼓励股东参加本组织各种会议，提出有关改善技术与管理的建议；及时、准确、充分地向股东通报投资信息和投资效益的分析情况；每年函寄红利支票，逢年过节邮寄各种产品并报告企业近况；通过股东公关刊物和股东大会公布经营状况和年度盈亏报告；招待股东参观企业实况，并与高级人员会晤或与职工聚餐；通过举行信息发布会和各类座谈会，展示企业发展远景和投资前景分析等。总之，通过各种有效的公关活动，建立起良好的股东关系。

【案例 10-6】 美国通用汽车公司是拥有 140 万名股东的巨型公司。每位新股东都会收到董事长的欢迎信，信中列举公司的主要产品，并写道："通用是您的公司——请购买并推荐通用的产品。"在寄给股东的年、季度报告中，也印有产品的照片和说明。凡出席股东年会者，均能享有试用新车的优惠。(资料来源：袁祥华《现代公共关系学》南京大学出版社)

【案例 10-7】王永庆处理好客户、股东的关系

(详细内容请见课件对应内容。)

三、内部公共关系的作用

1. 凝聚作用

内部公共关系活动使人们在个人目标与组织目标高度一致的基础上树立一种以组织为中心的群体意识，从而对组织和集体产生强大的向心力。组织目标成为强有力的"黏合剂"，把本组织全体成员的意志凝聚在一起。

【案例10-8】盛田昭夫改革人事管理制度

(详细内容请见课件对应内容。)

【分析】现在有能力的人往往不会只被限制在一个工作岗位上，他们往往喜欢尝试新鲜的事，有挑战性的工作。公司得想办法把人留住，招人才更难，为何不留住？索尼公司正是利用"内部跳槽"的方法，给好的员工、有能力的员工一个宽广的发展平台，调动了员工的积极性，增强了内部凝聚力。

2. 激励作用

通过一些表彰会、庆功会等内部公共关系活动，使每个成员的进步和贡献及时得到领导的赞赏、同事的夸奖和集体的褒扬，从而诱导和刺激人们潜在的热忱与干劲，起到良好的激励作用，激发员工的工作积极性。

【案例10-9】总经理奇妙的发奖金方式

(详细内容请见课件对应内容。)

3. 导向作用

通过内部公共关系活动塑造广大职员共同的价值观和共同的追求目标，它对组织内部的全体公众有一种强烈的感召力，能把众多员工的言行引导到组织既定的公共关系目标上来。例如麦当劳的经营原则是为世人提供品质上乘、服务周到、地方清洁、物有所值的产品和服务；经营口号是"顾客永远是最重要的，服务是无价的，公司是大家的"；干部标准是"忠实，吃苦耐劳，献身精神"。麦当劳通过不断的内部公共关系活动号召着广大员工牢记公司的经营原则和口号，把它作为自己行动的指南。

4. 规范和约束作用

在一个组织特定的环境氛围中，人们由于合乎组织特定准则的行为受到肯定和赞扬而获得身心的平衡与满足；反之，则会产生失落感和挫折感。因此，在内部公共关系活动中通过一些无形的非正式、非强制和不成文的行为准则，对组织中每一个员工的思想观念及行为举止起规范约束作用。管理的最高境界是无为而治，内部公共关系的最终目标是让全体员工都能自觉地、发自内心地、主动地参与组织的各项活动，并能充分发挥各自潜能。

5. 辐射作用

通过内部公共关系活动，树立良好的员工精神面貌、管理风格与特色、经营思想、价值观念和行为准则，从而树立良好的组织形象，提高本组织在各界公众心目中的认知度、美誉度和和谐度,给广大公众留下良好的印象。尤其当企业出现外部危机后,内部公共关系对于防范和处理好企业的外部公共关系危机,维护企业的品牌和声誉都有着极为重要的作用。

6. 调适作用

调适作用是指为员工创造一种良好环境和氛围,给员工以心理调适、人际关系调适、环境调适、氛围调适。调适作用能使员工在友好的氛围下,保持愉悦的心情工作,为组织创造更多的财富。

【案例 10-10】海底捞的人文情怀

(详细内容请见课件对应内容。)

四、内部公共关系的沟通目的和形式

(一)内部公共关系的沟通目的

1. 造就员工良好的价值观念

在公共关系活动中正确地揭示每个员工的工作价值,把他们的日常工作与高层次的价值目标联系起来,能够使员工获得精神动力,价值观念为广大员工提供了日常行为的指南。如麦当劳最主要的价值观,就是"以人为本",在对员工的训练过程中麦当劳强调要把"以人为本"的价值,带到每一个顾客每一次的用餐之中,要求员工在传递服务的过程中,多一些互动,多一些关怀,多一些感受,这就是麦当劳"以人为本"落实在每一天实际工作中的最好表现。

【案例 10-11】美国国际商用机器公司(IBM)的总经理小沃森提出该公司所有员工应有的价值观念有三项内容:尊重公司内部每一个人的尊严和权利;提供全世界所有同类公司中最佳的服务给广大用户;相信本公司的每一项目标任务是以卓越的方法完成实施的。经过几十年长期不懈的努力,"IBM公司意味着最佳服务"这句口号已真正成为公司全体员工追求的目标。正是这一精神上的优势,促使 IBM 公司能够在创业道路上硕果累累。(资料来源: 熊源伟《公共关系学》安徽人民出版社)

【案例 10-12】英特尔的总裁很注意通过自身的价值观影响员工。他自己以身作则,每天早上 7 点半上班,喝完咖啡,休息一下,把材料浏览一下,就站在门口跟他们的员工打招呼。公司员工不好意思总裁站在门口与自己打招呼,就早早到公司了。英特尔强调平民作风,强调勤俭,所以总裁没有独立的办公室,宁愿跟大家坐在一起,不要豪华和奢侈,体现了勤俭。俗话说亲人眼里无伟人,太接近员工就会暴露很多缺点,敢于与同事在一起体现了,这是一种正直坦诚的表现。(资料来源: 余世维. 领导商数. 北京: 北京大学出版社)

2. 增加内部凝聚力和向心力

一个组织整体形象的树立,离不开组织的内部公众。内部公共关系最根本的目的就是增加内部凝聚力和向心力。美国的里基·W.格里芬指出,"所谓团体的凝聚力就是团体对成员的吸引力,也就是团体成员的向心力、团结力。一般来说,团体的凝聚力越大,团体成员间的相互联系就会越频繁、越团结,行为的准则也易于趋于一致,成员对群体的满意度也会增加。一个团体的内聚力直接影响到团体的行为表现,内聚力越高,团体开展工作越顺利,取得的成就就越大。如果团体的内聚力程度低,各成员间就无法团结一致去为实现团体的目标而做出自己的努力,团体就无法顺利地开展其工作,这又会使其成员产生更大的离心力。"而凝聚力和向心力的形成在于培养员工对组织的归属感、认同感、信任感、温暖感等。

(二)内部公共关系的沟通的形式

社会组织的内部沟通,是内部公共关系活动的重要内容。组织内部公共关系沟通有助于传递组织信息,增进员工对组织的了解。正如古人所说, "不识庐山真面目,只缘身在此山中"。通过沟通,使员工随时了解组织的新政策、新变化,了解发生在组织中的、与他们切身利益有关的部门大事、小事,维护他们的知情权,这对调动员工的积极性和主动性具有特别重要的意义,有助于减少摩擦、化解冲突。

1. 正式沟通与非正式沟通

正式沟通是依据组织内部的结构层次所进行的信息沟通渠道,是按照组织明文规定的渠道进行的信息沟通。组织内部规定的汇报制度,定期或不定期的会议制度,决策层的指示命令按系统逐层向下传达,基层的情况逐级向上反映。正式沟通是内部公共关系的主要渠道。其主要形式有:

(1) 会议。包括董事会、中高层管理者例会、管理质询会、部门或项目例会、全员年会、跨部门或部门内业务专项讨论会、定期的员工沟通会、演讲会或辩论会等。

(2) 报告。包括年、季、月、周的工作计划与总结、各项工作报表(年、季、月、周、天的业绩结果工作报表)、各项工作记录(用于工作分析或知识积累)等。

(3) 调查。包括客户满意度调查、市场调查、员工满意度调查等,用于了解需求,分析不足。

(4) 培训。包括新员工培训、领导者及管理者培训、专业培训、通用技能培训等,多以体验式、课堂式、交流研讨会、读书会等形式,须注重培训效果的巩固与应用。

(5) 面谈。包括管理者与员工进行的一对一、一对多、或多对多的面谈沟通,有效征求员工意见,反馈绩效信息,激励员工行为等。

(6) 书面交流。通过管理流程制度文件发布、公司及部门文档管理、邮件系统、内部网络、刊物、展板、BBS、纸质文件批复、小纸条、QQ群、微信群、内部共享服务器等多种形式,促进信息的内部共享、企业文化宣传、提高制度知悉度、促进知识积累、促进企业管理效率提升。

正式沟通往往效果比较好,比较严肃正式,有较强的约束力和权威性。重要的信息和文件的传达、组织的决策一般都采用正式沟通的渠道,但也存在一些问题,例如层层传递,沟通的速度比较缓慢,缺乏灵活性。

非正式沟通是指组织在正式沟通渠道之外进行的各种沟通活动。其主要形式有:

(1) 旅游。通过组织团队旅游的方式,促进员工亲情及和谐关系,提高团队合作的效率。

(2) 节日或司庆活动。通过春节联欢等节日活动，宣传企业文化、增进团队凝聚力；在司庆日可举办司庆典礼活动、员工家庭日活动等，提高员工对企业的自豪感和归属感。

非正式沟通方便、直接明了，信息沟通速度快，容易及时了解到一些来自内部公众的"内幕新闻"，更真实、更准确地了解组织成员的思想态度，为组织决策提供可靠的依据。但是非正式沟通渠道难于控制，传递的信息容易扭曲失真，它可能导致小集团小圈子形成，影响内部公众的人心稳定和组织团体的凝聚力，所以组织要及时控制对组织造成危害的谣言的传播。

【案例 10-13】多种多样的组织内部沟通方式

某公司为提高沟通效率，采纳了员工的建议，增强办公透明化，使从前闲人免入的管理中心向员工敞开，并安排定时早、午餐进餐时间，以使员工和经理们能在一种放松的、非正式的气氛中交流。这种提供更多机会进行非正式交流的管理方式使这家公司走出了困境。

日本企业非常重视内部的感情沟通。公司管理人员不是终日埋头在办公室里，而是经常和下属、职工打电话或面谈。有的管理者几乎每天晚餐时都是同基层管理人员边吃饭边谈话，一些公司的高管甚至同下属工厂全体员工一起野餐、跳舞。据粗略统计，中级管理人员有 1/3 ~ 2/3 的时间花在参与下层人员的活动上，高管花的时间则高达 60%。

在喜来登国际酒店集团内，首席执行官理查德一直都非常注意倾听员工的问题和抱怨，为员工提供高效率的沟通渠道。他采取的形式有员工调查、一年两次的电视会议、每月都有的自带食品的餐会等。(资料来源：编者根据相关资料整理编写)

2. 单向沟通与双向沟通

单向沟通指的是信息的发布者单方面向接受者发布信息，接受者不作反馈，如发指示、下命令、做报告等都属于单向的信息沟通。双向沟通指的是信息发出以后还需及时听取反馈意见，比如与职工谈心、召开座谈会、听取情况汇报等都属于双向信息沟通。

单向沟通快捷、迅速，在处理紧急事情时比较适用，但单向沟通往往是一个人或少数人说了算，因此，当接受者不愿听取意见时，易产生抗拒对立情绪，而且一家之言，难免有失误。

双向沟通要反馈信息，往往是重复讨论，多次商议，传递信息的速度较慢。但双向沟通比较灵活自由，接受者有表达自己观点、建议的机会，产生平等感和参与感，增强自信心和责任心，有利于双方互相理解，形成融洽的人际交往关系。

3. 横向沟通与纵向沟通

横向沟通又叫平行沟通，指的是组织内各职能部门之间、团体之间的信息沟通。横向沟通可以采用书面沟通，也可以口头沟通，其形式主要有：非正式聚会、共进午餐、部门会议、协调会议、员工面谈、备忘录、主题报告、例行的培训等。

横向沟通可以使组织内各部门、各团体之间互相了解，培养员工的整体观念和团结协作精神，但横向沟通头绪过多，易于造成信息散乱和疏漏，有时员工个体之间的横向沟通也可能成为发牢骚、讲怪话的途径，会产生涣散士气的消极影响。

纵向沟通是管理者对员工所进行的自上而下的信息沟通或者是员工自下而上向领导汇

报信息的沟通。前者也叫下行沟通，下行沟通的目的是为了控制、指示、激励及评估。其内容有管理政策宣示、备忘录、任务指派、下达指示等。下行沟通包括几种类型：备忘录，指令，政策，命令，布告，面试，会议和演示等。根据下行沟通采用的介质可以分为以下三类：

(1) 书面类。如指南、声明、公司政策、公告、报告、信函、备忘录等；

(2) 面谈类。如口头指示、谈话、电话指示、广播、各种会议(评估会、通知性质会议、咨询会、批评会)、小组演示乃至口口相传的小道信息；

(3) 电子类。如闭路电讯系统新闻广播、电话会议、传真、电子信箱等。这是一种简单易行的传统的分类方式。

后者也叫上行沟通，上行沟通是领导者了解和掌握组织和团体全面情况的重要途径，集体决策实际上要靠上行沟通的信息为依据。上行沟通的渠道有意见箱、建议奖励制度、座谈会、家访谈心、定期汇报等。

【案例 10-14】与上级沟通

(详细内容请见课件对应内容。)

【案例 10-15】与下级沟通

(详细内容请见课件对应内容。)

【案例 10-16】与平级沟通

(详细内容请见课件对应内容。)

4. 书面沟通与口头沟通

书面沟通指借助于书面语言进行的信息传递和交流，如组织刊物、通知布告、文件、调查报告等。其优点是信息可以长期保存，反复研究。其缺点是信息对语言具有文字依赖性强，沟通效果受接受者的文化修养的影响，对情况变化的适应性较差。

口头沟通指依赖于口头进行信息传递和交流。局限性较大，短时间内传播面窄，信息在传播过程中容易失真。

【案例 10-17】口头沟通信息传递过程中的失真

老板告诉秘书："你帮我查一查我们有多少人在纽约工作，星期五的会议上董事长将会问到这一情况，我希望准备的详细一点。"于是，这位秘书打电话告诉纽约分公司的秘书："董事长需要一份你们公司所有工作人员的名单和档案，请准备一下，我们在两天内需要。"分公司的秘书又告诉其经理："董事长需要一份我们公司所有工作人员的名单和档案，可能还有其他材料，需要尽快送到。"结果第二天早晨，四大箱航空邮件寄到了公司大楼。(资料来源：余世维. 领导商数. 北京：北京大学出版社)

五、内部公共关系的沟通原则、障碍及技巧

(一)组织内部沟通的原则

组织内部沟通的原则主要体现在以下九个方面：①传达要清楚、具体、实际，并具体被接受。在讨论一件事情或者布置一项工作时，一定要讲清楚两个标准：完成的时间和完成标准。②巧用身体语言。巧用身体语言的要求有两个：一是注意观察对方的身体语言，二是懂得用身体语言。③对某事耿耿于怀，就坦诚讨论。④建设性批评。批评的内容对事不对人，强调对方的功劳及可改善之处，不能借问题进行人身攻击。⑤耐心地说出决定和结论的理由。⑥主动积极地倾听，鼓励对方充分表达意见。⑦错了或者不小心伤害对方，坦诚道歉。⑧对于不合理的要求，要指出与行为的矛盾。⑨多称赞、多鼓励。称赞和鼓励是一种最好的沟通方式。

【案例 10-18】摩托罗拉中国公司的沟通

(详细内容请见课件对应内容。)

(二)组织内部常见的沟通障碍

沟通障碍的表现方式主要有：语言障碍——表达不清、使用不当；过滤障碍——报喜不报忧；心理障碍——个性特征和个性倾向造成的沟通困难；时间压力障碍——只有很短时间理解后接受的信息；信息过多障碍——管理者从上、下、左、右接受的信息不一致；地位障碍——由于地位差别造成的。

在组织内部，常见的沟通障碍主要有四种：①正式沟通渠道(会议、文书)不畅。②员工沟通的心态与观念不正确。③组织文化中没有鼓励沟通的内容。④员工缺乏一些组织中常用的沟通技巧。

【案例 10-19】丰田"踏板门"事件

(详细内容请见课件对应内容。)

(三)组织内部沟通的要点

1. 相处要点

在组织内部，与人相处时应遵循以下要点：①采取积极的态度与人相处，通过良好的沟通协调人际关系。②不要太执着，学会适应对方，不轻易否定他人。③待人热情、诚恳、自信，语言上让对方有好的感受。

【案例 1-20】以包容的心态处理新人的错误会更好

小宋慢慢成了公司里的老同事，公司让他培训新员工。一天，赶上一名新员工犯了一个工作中经常会出现的错误。

小宋把这个新员工骂了个狗血喷头："你们现在的年轻人都是玻璃棒槌——中看不中用，我年轻那会儿，才不会放这种低级的错误。"

从此, 新员工都对小宋怕怕的。

【分析】小宋应主动与新人多沟通磨合, 以包容的心态处理新人的错误, 在批评新同事的同时予以适当的建议与提醒。

如果小宋这样说: "我也是多年的媳妇熬成婆, 以前也难免会犯错误, 以后注意了就会避免犯此类错误, 希望你能吸取这次的教训, 下次细心一点儿。"

这样新员工听起来很舒畅, 听后会觉得十分惭愧, 吸取教训, 以后不再犯类似的错误。
(资料来源: 林玉.看聊天漫画, 学职场说话[M].中国财富出版社,2015,)

2. 说话要点

说话的要点主要包括七个: ①谨慎, 考虑周到再说。②不可太快, 一句一句讲清楚。③不可啰嗦或一直重复。④站在对方的立场上说。⑤不可太抽象。⑥多称赞, 少批评。⑦声音要抑扬顿挫, 重点要加强。

【案例 10-21】打破茶壶的两种说法

(详细内容请见课件对应内容。)

【案例 10-22】会说话会促使你事业或生活的成功

(详细内容请见课件对应内容。)

【案例 10-23】交谈中要懂得谦逊、低调

张明和李鸿毕业后顺利进入一家外企工作, 因为业绩不错, 领导对他俩很满意, 时常表扬他们。

张明的说话方式:

有一次和同事们聊天, 同事们礼貌地对张明称赞一番: "张明, 你真是太厉害了, 进入公司这么短的时间内就得到了领导的认可!"

面对同事们的称赞, 张明很是得瑟, 晃荡着脑袋说: "天空飘来五个字儿, 那都不是事, 是事儿也就忙一会, 一会就完事儿。"

同事们面子上虽然连连称赞, 但看到他臭显摆的样子, 心说: "不得瑟你会死啊!" 在以后的工作中, 同事们渐渐地有意疏远张明。

李鸿的说话方式:

有一次和同事们聊天, 同事们礼貌地对张明称赞一番: "李鸿, 你真是太厉害了, 进入公司这么短的时间内就得到了领导的认可!"

李鸿在面对同事、领导称赞的时候, 总是谦虚的笑笑说: "火车跑的快, 全凭车头带。我还是菜鸟, 经验很不足, 以后还希望各位同事多多指点啊!"

李鸿不居功自傲, 与人交谈谦和得体, 同事们渐渐喜欢上了不太张扬的李鸿。(资料来源: 林玉.看聊天漫画, 学职场说话[M].中国财富出版社,2015)

【分析】在职场中不管自己有多大的本事, 也要本着谦和的态度, 切不可居功自傲, 迫不及待地表现自己, 更不能在与同事沟通时表现出不屑一顾的骄傲表情。

【案例 10-24】赞扬就是一种力量

(详细内容请见课件对应内容。)

3. 倾听要点

在倾听时，要注意以下要点：①少讲多听。②不插嘴。③不打断对方讲话。④控制自己的情绪，保持冷静。⑤轻松，不要有压力。⑥不争论，不批评。⑦认真听，不可不耐烦。⑧可以发问。

【案例 10-25】控制自己的情绪认真听

小王由于工作出色，得到集团的认可，任命其为某子公司的负责人。上任之初，为了激励下属更好地完成任务，小王制定了若干奖惩条款。部门会议上，小王拿出自己制定的江城条款读给下属们听，读到一半，下面就开始议论起来，声音也有窃窃私语变成大声抱怨："这样的规定神仙也难完成，分明是不让我们休息嘛！真是坑人啊……"小王没有理会。

会后一名业务员主动找小王沟通："领导，这个方案不太可行啊，……"

小王为了表示威严，脸一沉，说道："这儿听你的，还是听我的？谁说了算？"

一个月后，小王看到了一份让他大跌眼镜的业绩单：业绩不但没有提高，反而下降了三成。

【分析】假如小王交流中换一种方式，诚恳地询问该业务员："针对现有的状况，你认为我们需要采取什么做法，来更好地激励大家呢？"

业务员侃侃而谈，提了一些大家一致的想法。

小王点头："好的，你提的建议不错，我会考虑的"。

如果这样做的话，小王可以集思广益，同时也调动大家参与工作的积极性。(资料来源：编者依据相关资料整理)

(四)组织内部沟通的技巧

1. 组织内部沟通的基本技巧

组织内部进行沟通时，应掌握四个基本技巧：①表达清楚，自然诚恳，并确认被理解。②表达一定要简单、简洁。③尽量用开放式的问句。④专心、宽容、信赖、专心地听。

一般来说，听的最好方法是看着对方，点点头，目光不要移开，微笑表示宽容，且要相信对方说的话。

【案例 10-26】广州某跨国石油公司的员工沟通

(详细内容请见课件对应内容。)

2. 组织内部沟通之"术"

组织内部沟通的方法主要有六个：①微笑，发自内心地微笑。②礼多人不怪。切记三句经：谢谢、对不起、请。③待人热诚。④要自信。相信自己说的话。⑤注视对方，并在心中认为对方是最重要的人。⑥在言语、行为上使对方感受你对他有好印象。

> **【案例10-27】员工为什么不"听话"**
>
> *(详细内容请见课件对应内容。)*

> **【案例10-28】微笑具有神奇的魔力**
>
> *(详细内容请见课件对应内容。)*

> **【案例10-29】交流时专注的重要性**
>
> *(详细内容请见课件对应内容。)*

> **【案例10-30】理发师超强的谈吐能力**
>
> *(详细内容请见课件对应内容。)*

第二节　建立良好的员工关系

员工是组织的职员，他们是组织赖以生存和发展的细胞，是组织服务经营工作的具体执行者，组织规定的一切服务经营计划和目标都要靠他们贯彻实施。同时，他们也是组织与外部公众接触最广泛的媒介，他们的一言一行都代表着组织，代表着整体的品牌形象。建立良好的员工关系可以从以下几方面着手。

一、物质激励和精神激励

物质利益的保障是员工公共关系的基本保证，物质利益的需要是人类最基本的需要。根据马斯洛需要层次理论，员工也只有在满足基本生存需要的前提下，才能有其他需要的热情。在付出劳动之后，能否拿到合理的收入，享受到应有的福利待遇，是绝大多数员工首先关心的问题，也是能否维持员工劳动热情的基本保证。

组织应制定合理的薪酬制度，让员工参与报酬制度的设计与管理，增强透明度。随着组织发展壮大，利润快速增长，员工的所得也应该同步增长，这样才能保证个人利益与组织的利益紧密挂钩，才能培养员工的忠诚度、提高员工的工作积极性。

> **【案例 10-31】** 台湾裕隆集团是一家知名企业，它的成功是与董事长吴舜文以及她所领导的公司正确处理好企业内部的员工关系分不开的。该公司不仅从工薪方面激发员工的积极性，而且还从居住条件与工作环境方面来改善员工的条件。企业的厂房里有空调，女工宿舍也装有空调；员工们上下班有专车接送，有全日供应餐点的福利社；有供阅览进修的图书馆；还有电影院、篮球场、美容室及医疗所等文化和服务设施。此外，已婚员工购房可享受无息贷款或免息分期付款，员工有公费旅行、休假及退休制度等。这些深得人心的措施，很好地协调了企业内部的员工关系。

【案例 10-32】海尔调动员工的积极性上却独树一帜

在充分承认员工的工作业绩，调动员工的积极性上却独树一帜。海尔不仅仅有严格管理的一面，在严格管理中用考核绩效兑现报酬，用物质利益激发职工动机，鼓励职工行为，形成职工的动力，产生企业的生机；海尔还有追求职工自主管理、自觉状态的一面，他们把激励用人法不仅仅停留在物质利益上，还从社会主义企业本身要求出发，在精神激励上下功夫，不断提高职工的地位——让职工在各自的领域真正处于主导地位；尊重人的价值；增强人的素质——让职工塑造具有现代观念、现代知识和才能、适应现代化建设的体魄；发挥人的自觉性作用——力求使职工中的每一个人的聪明才智都有用武之地，使他们各得其所，各尽其能，而且是处于自觉状态之中，这是比严格管理更高的一种用人境界。工人蔡永利一年内提出 15 条合理化建议，有 90%以上被企业采用，而且还自觉动手搞设计。他说，作为企业的主人有责任这样做。一个女工叫高云燕，是总装车间的一名普通操作工，负责在钻眼机前给每个冰箱的两端钻 4 个精密度极高的孔，但在操作时，却受用于放置门体的工作台相隔而影响操作时的观察，进而也影响了加工的质量和效率。高云燕琢磨在钻眼机前放面镜子，利用折射原理，效果绝佳。海尔就立即支持，立起了一面 1 平方米的镜子，还为镜子命名为"云燕镜子"并书写在镜子上面。这样不但激励了高云燕，还作为一个榜样，激励着全体职工主人翁的创造精神。同样，一个叫杨晓玲的青年女工由于创造了一个化霜按钮的紧固扳手，使按钮组装一次合格率提高到现在的 100%，而那扳手就被公司命名为"晓玲扳手"。青年工人李启明，用几个月的业余时间改进工具，搞出一个新焊枪，用于生产效果明显，公司又给这把新焊枪命名为"启明焊枪"。现在，在海尔集团职工中搞革新、发明、创造的蔚然成风。因为海尔深刻地认识到，要创名牌产品，必须先创名牌队伍。所以，集团总裁张瑞敏说："人的素质的提高，是一个永远的题目，我们追求的是全员自主管理，追求一种自觉状态。"(资料来源：董桂英《公关礼仪教程》东南大学出版社)

【案例 10-33】 黄大佑的遭遇

(详细内容请见课件对应内容。)

【分析】重视人才不是仅仅表现在领导的口头上，更重要的是要表现在领导的具体的行动上——关心爱护人才。

二、关心员工

世界三大快递公司之一的美国联合包裹 UPS 的亚洲区总裁说，我们要照顾好员工，他们就会照顾好客户，进而照顾好我们的利润。一位公共关系专家说，爱你的员工吧，他会百倍地爱你的事业。在工人中曾经流传着这样一句话：领导把我当人看，我给领导当牛干，领导把我当牛看，我把自己当人看。关心员工属于一种情感激励，情能惊天地泣鬼神，情能使员工对组织产生归属感和亲切感。如在宝马工厂，就有很多不足 60 岁的工人，却在宝马干了 40 年左右。随处可见的高忠诚度员工是德企的特色。当然，员工们认为这是因为老板先对他们好，因为任何"忠诚"都是双方的。德国企业，或者说欧洲企业对员工的尊重，已经成为欧洲特色，主要体现为关怀普通员工的身心健康。对于如何关怀工人，宝马的厂房一直有口碑。在宝马德国 Dingolfing 工厂，对于一些年龄大的工人更是贴心，从厂房设置到医疗护理，甚至理疗师都有一条龙服务。还有如特殊的木地板，可以显示更大字体的旋转架显示屏；为防止工人站立过久而随处提供的舒适板凳；为防止员工闪到腰所做的可调整高度的货架；为视力不好的员工加强照明度。在交班的间隙，工人们甚至可以在厂房内休息间里提供的便利床上小憩。又如谷歌(Google)拥有约 3.2 万名员工，为了让员工保持愉快的心情，谷歌制订了高标准的员工福利政策，包括免费美食，现场洗衣、干洗以及改衣服务，户外运动中心，邀请各路名人到访演讲。待遇之丰厚，鲜有公司能与之匹敌。华为的食堂琳琅满目、应有尽有。在"格力 2018 再启航"晚会上，最大亮点无疑就是董明珠宣布：给格力人一人一套房！

【案例 10-34】北方航空的子公司天鹅航空，当乘务员或机师从天上降落到地面，公司用商务车送他们回家的时候，一定要等到他们的家人出来亲眼看到他们之后，司机才会把车子开走，目的是让他们的家人放心，他们的儿子或女儿在天上地上都是安全的。当乘务人员需要报销费用时，他们不用自己到公司办理手续，会计人员会一手拿着凭证一手拿着人民币，到机场为那里的乘务人员办理报销手续。乘务人员在工作时，如果家人生病需要救助，天鹅航空会派专人到他们家里，亲自把他们的家属带到医院看病救治。(资料来源：余世维《领导商数》北京大学出版社)

【案例 10-35】一起人才流动的"官司"

(详细内容请见课件对应内容。)

【分析】首先思考公司本身存在什么样的问题导致员工离开，而不是去想员工如何对不起公司。找出这几位离职员工中的核心员工的真实离职原因，通知最高层，共同商讨。制订挽留方案。尽量帮助核心员工解决问题。比如为何乐爱人解决户口问题，为李明进行职业生涯规划等等。

【案例 10-36】老板"心里有我"：华为、格力、小米、顺丰……

(详细内容请见课件对应内容。)

【案例 10-37】谷歌：员工福利之王

(详细内容请见课件对应内容。)

三、让员工成为组织的主人

只有充分发挥员工的主人翁精神，才能真正充分调动员工的积极性。如星巴克所有员工，不论职位高低，都被称为"合伙人"，因为他们都拥有公司的股份。沃尔玛向每一位员工实施"利润分红计划"，同时付诸实施的还有"购买股票计划""员工折扣规定""奖学金计划"等。

【案例 10-38】员工关系，伙伴同仁

(详细内容请见课件对应内容。)

四、重视人才，培养人才

人才是组织宝贵的财富，是组织保持旺盛生命力的关键。重视人才就要尊重人才，充分发挥他们的潜能，三流人才当一流人才用，往往能创造出一流的业绩；一流人才当三流人才用恐怕只能创造出三流成绩。东芝提出重担子主义，谁拿得起 100 公斤，就交给谁 120 公斤的东西，不断激发其潜能。尊重人才还表现为尊重他们的创新精神，IBM 有段名言：野鸭或许能被人驯服，但是驯服的野鸭却失去了它的野性，再也无法自由飞翔了。所以公司强调自己需要的不是驯服、听话、平庸的人才，而是那些不畏风险、勇于创新的拔尖人才，公司把创新作为"野鸭精神"的化身，采取种种措施激励员工创造发明。科学技术突飞猛进的今天，重视人才更要懂得不断对人才进行培训，这也是满足一些人才自我实现的需要。麦当劳的管理者认为，企业首先应该是培养人的学校，其次才是快餐店。奔驰有近万人的庞大的研究队伍，十分重视员工的培训。微软公司人力资源部制定的"职业阶梯"文件，其中详细列出了员工从进入公司开始一级级向上发展的所有可选择职务，并且列出了不同的职务具备的能力和经验，这使员工感到个人的职业发展前景乐观，因此很少有人跳槽。三星集团也是韩国第一个设有全面员工训练中心的企业，训练中心悬挂着李秉哲亲笔写的"人才第一"的匾额。

【案例 10-39】三星的"人才第一"精神

(详细内容请见课件对应内容。)

【案例 10-40】福特求贤若渴

1923 年，美国的福特公司有一台马达坏了，公司所有的工程技术人员都未能修好。只好请来一个人，这人叫思坦因曼思，原是德国的工程技术人员，流落到美国后，一家小工厂的老板雇用了他。福特公司把他请来，他在电机旁听了 3 天，之后要了一架梯子，一会儿爬上去，一会儿爬下来，最后在马达的一个部位用粉笔划了一道线，写上几个字"这儿的线圈多了 16 圈"。把这 16 圈线圈拿下来，电动机马上运转正常。福特公司给了他 1 万美元酬金。福特对这个人非常欣赏，一定要他到福特公司来。这个德国人说：原来的公司对我很好，我不能见利忘义。福特说，我把你所在的整个公司都买过来。为了一个人把整个公司都买下来，可见福特对技术人才的重视。(资料来源：京华企业咨询中心 《点子大师》中国商业出版社)

五、对员工的贡献表示赞许时，员工会有成就感

IBM 公司每年一度的"金杯庆典"活动，一方面是为了表彰有功人员，另一方面也是一种同企业职工联络感情，增进友情的手段。它可以增强企业内部的凝聚力与向心力，通过"庆典"活动，让对企业有功的人员亲身感受到企业高层主管对他们工作、学习、家庭及个人发展的关心，感受到企业大家庭的温暖，从而更加努力工作。邀请为企业做出突出贡献的销售人员的家属、亲友参加庆典活动，这会使这些受表彰者的家属更多地了解自己的亲人在工作中的表现，使其家属在以后的工作中更多地支持亲人们的工作，使之多一份

理解与关爱，从而保证这些家庭的和谐气氛。通过庆典活动可以树立关爱员工的良好企业形象，鼓励更多的员工努力工作。

六、重视内部的交流沟通，要让员工倾吐心声

通过内部传播，树立员工或雇员对组织的归属感，在内部员工中形成很好的口碑，增加组织领导者在员工心目中的人格魅力和影响力！组织员工每天都会接触和感受到组织的弊端，对此，他们会有很多的牢骚和不满。其实，每个组织都存在问题，回避问题或通过一些强制措施来堵住员工的嘴都是不可取的做法。

巧妙的疏导，积极的引导，整合各种手段，让传递的核心信息以"随风潜入夜，润物细无声"的方式，及时化解员工的恐慌、不满和埋怨。

如果员工对组织产生不满，要让员工倾吐心声。员工在工作中可能很难顺畅地抒发痛苦、压力和不满等各种消极情绪，结果，他们往往压抑因恶劣关系所致的怒气、反感、屈辱感以及失望的心情。但是压抑消极情绪会比直抒胸臆危害更大。因为直接说出内心的感受有助于全面了解整个情况对自己的影响程度。把问题说出来是人们表达和释放消极情绪的一种方式。如富士康科技集团，针对连续发生的员工跳楼事件，推出了一系列关爱员工措施，化解危机。

【案例 10-41】富士康内部公关

(详细内容请见课件对应内容。)

七、鼓励员工参与管理

一百年前，著名的发明家、闻名全球的柯达公司创始人乔治·伊士曼，收到一份来自普通工人所写的建议书，其内容之简单令人吃惊。原来，这位工人在信中呼吁生产部门"将玻璃窗擦干净"。虽然是区区小事，伊士曼却认为，这是员工积极性的表现，立即公开表彰，发给奖金，而且从此建立一个"柯达建议制度"。这项由"玻璃窗"引起的制度，一直坚持到现在，是全美持续最久的制度之一。近百年来，这个公司的员工提出的建议总数已近 200 万项，其中被采纳的已超过 60 万项。在公司的走廊里，每个员工随手就能取到建议表，丢入任何一个信箱，都能送到专职的"建议秘书"手中，此后建议者可以随时打电话询问建议的下落；专职秘书则负责及时将建议送到有关部门审议，做出评价和鉴定；公司还设有专门的委员会，负责审核、批准、发奖。柯达公司之所以能取得巨大的成就，是与其良好的民主管理气氛和员工极大的参与意识分不开的。

由于德国重视职业培训教育，企业员工队伍的整体素质十分优良，这就为员工参与企业管理奠定了坚实的基础。德国员工参与管理和决策的主要形式是共决制，企业共决制的形式可分为两种：一种是监事会内的员工代表制，监事会由劳资双方共同派代表组成，负责监督企业权力的行使，控制企业的预算，负责任免企业董事会的人选；另一种是员工委员会，员工委员会是企业中除工会外的另一合法群众组织，它在有关员工的劳动纪律、录用与解雇、工时、休假、住房分配等问题上与资方享有共同决定权，在其他一些生产管理等问题上也享有咨询权和建议权。员工委员会每季度召开一次大会，由资方向大会报告企

业经济、人事和福利等情况。德国《员工参与管理法》明确规定，大型企业要按对等原则由劳资双方共同组成监事会，然后再挑选一位中立人士担任主席。《企业法》规定，凡员工在 5 人以上的企业，都要成立员工委员会，由全厂员工选举产生，每 3 年改选一次，员工委员会人数的多少由企业人数多少决定。资方在涉及员工前述利益等重大问题做出决定前，必须征得员工委员会同意。此外，德国企业员工还拥有一定的个人参与权，如员工有咨询与讨论权，有了解个人档案的权利，认为受到不公正对待时有申诉权，以及可以用便宜的价格购买公司股票等。据 1995－1999 年期间的一项统计资料表明，德国实行员工参与管理的企业，每个工人的产值每年提高了 8%，而美国企业的每个员工每年的产值只增长了 3.5%。

> **【案例 10-42】宝洁第一所员工捐建希望小学在陕西富平落成**
>
> (详细内容请见课件对应内容。)

八、创造良好的工作环境

人们总是喜欢在良好的环境下工作，只有这样，创意和灵感才能不断涌现，工作效率才会提高。因此，公司领导必须设法创造每个员工良好的工作环境。英特尔提倡成果管理，对员工没有规定明确的工作时间和地点，工作时间是弹性的，每个员工都可以根据自己的节奏和兴趣去工作，不注重过程，只对成果进行监督、验收、付酬和奖励。谷歌室内娱乐设施丰富多彩，工作方式坐立自由。

> **【案例 10-43】日本企业创造了轻松自由、精诚团结的环境**
>
> 在日本的企业里，员工的自我实现能够得到很大的满足。他们创造了轻松自由、精诚团结的环境，使二战后日本的经济在短暂的时间迅猛发展。
>
> 在索尼公司，整个气氛轻松融洽，相互之间充满友善。索尼公司的员工，只要有真实能力，无论学历高低，无论有无文凭，都会得到重用。盛田绍夫在 20 世纪 60 年代写了一本题为《让学历见鬼去吧》的畅销书。他在书中说，他想把索尼公司所有的人事档案都烧毁，以便在公司里杜绝学历的任何歧视。
>
> 而松下公司的员工也有个良好的工作环境。松下幸之助使用人的原则是量才录用、人尽其才。对可以信赖的人，哪怕他们资历很浅、经验不足，也会委以重任，让他们在生产实践中得到完善。
>
> 与其他国家相比，无论从物质上还是从精神上，日本企业的高级管理人员与一般员工之间的差距并不大。而且，日本几乎所有的高级管理人员，都是从普通职员晋升上来的。在日本劳资平等，使每位员工都能得到自我实现。
>
> 在日本企业，民主精神在员工身上得到最好的体现。企业是一个大家庭，每个员工的在轻松的氛围下愉快地工作。在东芝电器公司，有个叫"社长室开放"的独特规矩。公司的同仁，从高级的管理人员到下层的操作工人，都可以到公司的最高决策部——社长室，面见公司首脑人物，提出中肯的建议和方案，而社长每次听到员工的建议和方案，都能给予高度的重视。(资料来源：董桂英《公共关系礼仪》东南大学出版社)

第三节　组织文化的内涵及全员 PR 意识

一、组织文化的内涵

本田公司有一位工人，每天下午下班回家时，都要对停靠在路边的本田汽车注视一下，甚至把汽车前窗上的雨刷调整到合适的位置。对于他来说，只要看到本田车稍微有点毛病，心里就感到不舒服，直到将它弄好才放心。事情虽小，但从中我们可以看出，这位工人已将自己融入本田公司的大家庭之中，将公司的声誉与自己的光荣和耻辱直接联系起来。本田公司之所以能有这样的员工，要归功于其优秀的组织文化。这种日本式的组织文化，继承了中国儒家学说中的"和、爱、诚、忠、信"等理念，组织员工团结，关系和谐，富有责任感，具有团队精神。

一个成功组织必须要有一个强有力的组织文化做支撑，没有文化意识的组织，如同丢失了灵魂的人和丧失了精神的民族。

【案例 10-45】春都集团创立伊始，春都人即十分重视企业文化建设和员工精神的培育，提出了"团结奉献，争创一流"的企业精神。该集团在高凤来董事长的积极倡导下，在党委的积极支持下，结合企业精神文明建设和经济建设，逐步提炼出了富有春都特色的企业文化——以"团结奉献，争创一流"的企业精神为核心，以"科学加人和，以人为本"的管理为特色，以"心在春都、心向大众"的经营理念为载体，对内形成向心力和凝聚力，使每个员工都能在企业的文化中寻找到自己的精神支柱。春都集团除了满足职工的物质欲望，更是强化职工的精神需求，每一个春都人都能在春都实现自己的价值。(资料来源：编者根据相关资料整理编写)

广义的组织文化是指一个组织所创造的独具特色的物质财富和精神财富之总和；狭义的组织文化是指组织所创造的具有特色的精神财富，包括思想、道德、价值观念、人际关系、习俗、精神风貌以及与此相适应的组织活动等。

组织文化由两部分构成，外显文化指组织的文化设施、文化用品、文化教育、技术培训、文化联谊活动等；内隐文化指组织内部为达到总体目标而一贯倡导、逐步形成、不断充实并为全体成员所自觉遵守的价值标准、道德规范、工作态度、行为取向、基本观念，以及由这些因素汇成的组织精神。

组织文化是一种与民族文化、社区文化、政治文化、社会文化相对独立而存在的经济文化，反映的是经济组织的价值观与目的要求，以及实现目标的行为准则和习惯。组织文化由组织的行为文化、心理文化、物质文化 3 部分组成，其中心是组织的心理文化，即组织经营管理中形成的渗入组织全体员工灵魂的价值观念和行为准则。组织文化是由许多文化要素即组织劳动者所创造的不同形态的物质所构成的社会学意义上的概念，是通过组织员工主观意志去改造、适应和控制自然物质和社会环境所取得的成果。

组织文化是一种观念形态的价值观，是组织长期形成的一种稳定的文化理念和历史传统,以及特有的经营风格。组织文化是受组织经济活动及外界文化因素影响的由组织员工所创造的物质财富、精神产品、内部组织结构和规章制度。组织文化是在一定社会历史的环境条件下,组织及其员工在生产经营中逐渐形成的价值体系和各种观念文化的总和。组织文化是群体在长期生产经营活动中创造的适合于员工自身发展的一种生活模式,是组织哲学、组织精神、组织行为方式的内在统一。

【案例 10-46】联邦快递的创始人——弗莱德·史密斯

(详细内容请见课件对应内容。)

【案例 10-47】美国的沃尔玛创始人山姆·沃尔顿十余年前去世了,但是他留下来的文化到今天都影响到整个沃尔玛。他有个习惯就是站在店门口。有一天他看到一个老太太走出沃尔玛时,居然两手空空,于是他就上前问,这么大一个沃尔玛没有东西可以买吗?太太说是替孙子来买玩具的,要买一个机器人和一个宇宙战舰,里面没有。于是他就亲自带这位太太去玩具部买到了她需要的玩具。老太太很高兴地付了钱、抱着玩具走了以后,他就把主管叫过来训了一顿:"我付钱给你们过来当我的主管,是叫你们看住客户,你看着人家两手空空出去,居然没有任何反应?"没想到这后来就变成了沃尔玛的一种文化,从今以后沃尔玛的主管就统统注意看,顾客手上有没有拿东西,一定要想方设法让顾客满载而归。(资料来源:余世维《领导商数》北京大学出版社)

二、全员 PR 意识

全员公共关系意识又称"全员 PR 意识",是指组织全体人员都要具备公共关系的意识。培养全员公关意识有利于塑造良好的组织形象;有利于员工素质的提高,使组织立于不败之地。如果每个职工都有强烈的为组织形象增辉的意识,并以此为荣,该组织一定会蒸蒸日上。全员公关是"组织内部公关的最高境界"。全员公关意识一旦形成,一定会给组织的发展带来勃勃生机,从而促进组织效益的提高。

全员公关和专家公关不是相互矛盾的,而是彼此相辅相成的。公共关系工作需要专家、专业公共关系人员和每个员工都参与到其中才能成功。一般说来,业务部门的重心都在业务本身,会把公共关系部门索取资料和信息的要求视为工作义务之外的负担,组织内部的公共关系人员不得不多次客气提醒,或者凭借比较好的私人关系,来获得必要的支持。另外,公共关系部门的媒体活动安排,往往要以内部业务安排为基础,寻找适当的时间,如果业务安排较多或者临时变更,就会使公共关系部门的安排受到很大影响。

组织高层领导的支持,对于"全员公关"的全面推行具有重要的作用。组织领导支持可以体现在如下几个方面:第一,在组织正式场合表明支持公共关系工作的鲜明态度;第二,为"全员公关"提供组织和制度保证,如组织内刊的人力物力支持、在危机反馈预警制度的贯彻执行中,对反馈信息的及时处理、对危机巡回监督小组的监督等;第三,有意识提高自身公共关系修养,善于听取公共关系专家意见,注重培养组织内部公共关系人才;第四,针对业务人员对公共关系工作的支持,建立适当激励制度;第五,加强对组织经营守则的贯彻和监管;第六,善于把握组织公共关系机会,为组织创造良好的政策和行业支持环境。

【案例10-48】新加坡航空公司优质服务

新加坡航空公司在国际航空业群雄角逐的激励竞争中独占鳌头多年，连续被国际民用航空组织评为优质服务第一名。新航的服务有很多独特之处，他们把西方的先进技术及管理手段与东方的殷勤待客传统有机地融合在一起，把"乘客至上"的公关思想贯穿于服务的全过程，给每一位乘客留下极为深刻的良好印象。再加上通过新闻媒体做广告宣传，公司誉满五洲。新航的服务准则是：对所有乘客一视同仁地施以关心和礼貌，在一切微小的服务细节上给乘客留下难忘的印象，并树立公司的整体形象。这些服务准则通过每一位工作人员的良好举止体现出来。服务措施有：(1)订票时可得座位号，登机时对乘客以姓相称；(2)殷勤款待，乘飞机如同做客；(3)照顾乘客休息用餐，将饭店服务方式搬进机舱，乘客休息时还送来一份印刷精美的菜单，上面以英、法、德3种文字印有全程每餐饭的菜名，并附有飞行各段所需的时间，然后乘务员来到座位上登记每位乘客所选用的主菜。用餐时，先给乘客小桌上铺桌布，再送上主菜托盘。主菜用完后，乘务员前来把托盘取走，然后送水果。(4)在将要结束飞行时会给每位乘客送上纪念品。以上这些及其他各项服务措施构成新加坡航空公司充满活力的公共关系，使新航在国际航线上赢得了声誉，赢得了顾客，在激烈的国际竞争中胜人一筹。(资料来源：作者根据相关材料整理)

【分析】新加坡航空公司从公关基本原理出发，实行了完善服务的一系列措施，其突出特色在于新加坡航空公司抓住每一个细小环节来赢得顾客的信任，为塑造组织形象服务。

第四节　组织外部公共关系

一、顾客关系

企业与顾客之间存在着相互依存的关系。企业为顾客提供所需的物质产品、精神产品或服务，而企业的生存和发展又离不开顾客的信赖和支持。

良好的顾客关系是企业发展的"原动力"，能够为组织带来源源不断的直接利益。一个组织的存在价值，很大程度上在于其产品或服务能够得到顾客的接受和欢迎。

可口可乐公司预测其一位忠诚客户50年能给公司带来的收益是1.1万美元，万宝路公司预测其一个忠诚的烟民30年能给公司带来的收益是2.5万美元，AT&T公司预测其一位忠诚客户30年能给公司带来的收益是7.2万美元。西方营销专家的研究和企业的经验表明："争取一个新顾客的成本是留住一个老顾客的5倍，一个老顾客贡献的利润是新顾客的16倍。"

顾客公共关系要求组织将顾客的利益和需求摆在首位，通过满足顾客的需求和权利来换取组织的利益，只有获得顾客信任与好感的企业，才可能较好地赢得利润。因此，企业的一切政策和行为都必须以顾客的利益和需求为导向。具体来说可以从以下几个方面来做好顾客公共关系。

1. 建立与顾客之间有效的沟通渠道，了解顾客的心理和需求

要想建立良好的顾客关系，必须建立与顾客之间有效的沟通渠道，了解顾客的心理和需求，投其所好。一般来说，企业通过人员、演示、信函、电话、网络、电邮、微信、博

客、呼叫中心、广告、公共宣传、企业自办的宣传刊物、包装等途径与客户之间进行双向沟通，巩固、提升和发展与客户关系。为做好这方面的工作，一些企业建立顾客数据库或者会员制营销。树立"顾客永远是对的"的思想，并根据顾客的喜好安排和组织生产。黛安芬是一个女性内衣品牌，黛安芬的管理者说女性的钱是赚不完的，关键问题是你知道女性正在想什么，这一点最重要。所以黛安芬降低自己销售女性内衣时的商业色彩，而是重在宣传提升女性的穿着文化，站在女性的立场上去思考问题，抓住女性心中真正最想追求的东西。例如，很多女性用洗手间时不喜欢听到小便的声音，所以日本人发明了一种洗手间专用的厕所抽水马桶，一开始使用，就开始自动冲水，小便的声音被遮住了。又如，在欧美一些大型的妇科医院，从挂号开始，整个医院里都是女性，在这样的妇科医院里，女性肯定会有一种安全感。

【案例 10-49】"美味赛过汤"风靡美国

(详细内容请见课件对应内容。)

2. 调查研究，心有顾客，向顾客提供优质产品，创名牌

要开展调查研究，摸清顾客的状况，了解顾客需求的现状及趋势，采取针对性措施提高顾客满意度。麦当劳通过调查发现，去哪个餐馆吃饭并不是全由父母决定，他们往往会尊重孩子的意见。而且只要吸引一名儿童，就等于吸引了两个大人，会增加餐厅的消费。因此，麦当劳为了让每一家分店对孩子产生强烈的吸引力，在分店设置了专门的游乐区，还有专门为孩子提供生日 Party 的服务项目。同时，店内的食谱不断地推陈出新，以满足小顾客们日益变化的口味。还有各种儿童的玩具，也让孩子们开心不已。

产品质量是产品满足用户所具有的特征和性能总和，包括产品的适用性、安全性、可靠性、经济性等。质量是企业的命脉，国际知名企业无一不是将质量提高到这一高度来加以认识的。同时，在激烈的市场竞争之下，很多产品的生命周期越来越短，更新越来越快，所以要维持长久的市场占有地位，必须树立一个知名品牌，品牌是无形资产、无价之宝。

【案例 10-50】星巴克：给顾客"文化满足"

(详细内容请见课件对应内容。)

【案例 10-51】在世界十大品牌中，奔驰品牌仅次于可口可乐和索尼，名列第三。奔驰成功的秘诀就是认真对待质量。据说，德国的出租车都是奔驰车，这令中国的旅客大惑不解，拿奔驰当出租车岂不是成本太高？当问及司机为何拿奔驰当出租车，司机的回答是：奔驰车耐用，一辆中档奔驰可开 20 万公里，换下发动机可再开 20 万公里，平均起来不贵。可见，奔驰车的质量确实有口皆碑。(资料来源：编者根据相关资料整理编写)

【案例 10-52】市场不让倒闭的企业

(详细内容请见课件对应内容。)

3. 向顾客提供完善的服务

向顾客提供完善的服务是企业建立良好顾客关系所不可缺少的一个环节。事前给顾客

输送企业的有关信息，如企业的历史沿革、服务项目、经营状况、经营方式、售后服务的具体标准和方式等，争取顾客对企业的了解。热情、礼貌、周到地接待顾客，使顾客带着满意的心情离去。提供良好的售后服务，如用现代方法和手段建立客户数据库、档案跟踪服务、开设各种维修中心或维修点。收集顾客信息，及时、诚恳、负责地处理顾客意见。从收集的信息中，归纳出企业的产品(或服务)主要存在的问题，采取措施加以改进，并把改进结果反馈给公众，以消除矛盾、增强顾客对企业的信任。公共关系部门应努力与顾客建立经常性的联系，增进友谊，如节日给顾客送贺卡，邀请顾客举办酒会、舞会等。

当一个联想计算机的用户遇到机器故障，打电话到呼叫中心求助时，服务人员可以马上从客户关系系统中清楚地知道该客户的许多信息，如住址、电话、产品型号、购机日期、以前的服务记录等，而不用客户再烦琐地提供信息，就能很快地为他安排好解决问题的方案。当一个销售人员要联络一个重要客户前，他可以通过客户关系系统了解这个客户的全部情况，包括他们单位以前的购买情况、服务情况、资信状况、应用需求、谁是决策人、联想公司都有哪些部门的哪些人与他们联络过、发生过哪些问题、如何解决的等诸多信息。

客户在星巴克消费的时候，收银员除了输入品名、价格以外，还要在收银机输入客户的性别和年龄段，否则收银机就打不开。所以公司可以很快知道客户的消费的时间、消费了什么、金额多少、客户的性别和年龄段等，除此之外，公司每年还会请专业公司做市场调查。星巴克也通过反馈来增强与客户的关系。每周星巴克的管理团队都要阅读原始的、未经任何处理的客户意见卡。

【案例 10-53】美国汽车经销商吉拉德，在 15 年内，共销售出 1 万 3 千多辆小汽车的惊人业绩，收入《吉尼斯世界大全》，他介绍成功秘诀时说： "我的成功秘诀就在于重视顾客服务，尤其是售后服务，顾客再回来要求服务时，我会全力替他做到最佳服务，你必须像个医生一样，他的汽车出了毛病，你也为他感到难过，急顾客所急。"(资料来源：编者根据相关资料整理编写)

【案例 10-54】励志故事：王永庆卖米

(详细内容请见课件对应内容。)

【案例 10-55】东京的索尼维修部

在日本崇尚的是顾客说的永远都是对的，顾客都是上帝。服务人员的行为及言谈举止，都是很有礼貌的，不能有一点侵犯，而且这里的服务会让人很舒服。一位老先生拜托朋友把一台索尼 M950 袖珍磁带录音机(已用十多年，目前已停产)带到东京的索尼维修部，看看是否还有修好可能。两个月之后，他的"小索尼"真的带回来了。被重新修好的小机器，完全像新的。朋友特意告诉他，为了这台早已不生产的磁带录音机，日本东京的索尼服务部，几乎找遍全日本的索尼服务店，才配上那录音机的损坏零件。此外，索尼修理人员，还为尚未损坏的主机进行大小 31 处的保护性检修，大小主板换了两块，还对机器内外进行了清洗。不光如此，索尼服务部不但不收修理费，还专门给他附来一封信："感谢您对索尼产品如此珍爱。"并要求他在修理单上签写是否满意的意见。

【分析】索尼维修部这么好的服务，顾客能不满意吗？

4. 尊重顾客的权利，保护顾客的利益，妥善处理顾客抱怨、投诉

要建立良好的顾客关系，企业还必须尊重顾客的权利，包括购买商品的权利、索赔的权利等。只有尊重顾客的权利，保护顾客的利益，真正替顾客着想，才能赢得顾客的心。

企业要想建立良好的顾客关系，妥善处理顾客抱怨、投诉也是必不可少的。企业要建立有利于客户与企业沟通制度，为方便顾客投诉，不少企业如宝洁公司、惠普等企业开通免费投诉热线、24小时投诉热线或者网上投诉等，也有企业设置意见箱、意见簿、电子邮件等方式接受投诉。处理顾客抱怨的方法有：正视顾客不满；洞察顾客不满；安抚顾客不满；及时处理顾客不满。妥善处理顾客投诉方法：有效倾听，接受批评；巧妙道歉，平息不满；调查分析，提出方案；执行方案，再次道歉。

【案例10-56】配件订错了需要重新订购

(详细内容请见课件对应内容。)

【案例10-57】为什么顾客按摩椅不买了？

(详细内容请见课件对应内容。)

【案例10-58】某服务中心客户投诉

(详细内容请见课件对应内容。)

二、社区关系

发展良好的社区关系是为了争取社区公众对组织的了解、理解和支持，为组织创造一个稳固的生存环境；同时体现组织对社区的责任和义务，通过社区关系扩大组织的区域性影响。

1. 发展良好社区关系的意义

1) 社区关系直接影响着组织的生存环境

社区如同组织赖以扎根的土壤，没有良好的社区关系，组织就会失去立足之地。社区关系直接影响着组织其他各方面的关系，如员工家属关系、本地劳动就业关系、本地顾客关系、地方媒介关系、地方政府关系等。跨区域性的组织也不能脱离特定的社区，甚至要善于同各种不同背景的社区公众打交道，以争取社区提供各种地方性的服务和支持，使跨区域性组织能够在各种完全不同的社区环境下生存和发展。因此，组织需要将社区作为自身发展的一个组成部分，将社区公众视作"准自家人"。

2) 社区关系直接影响着组织的公众形象

社区公众涉及当地社会政治、经济、文化、教育等各个方面和阶层，类型繁多，涉及面广，客观上对组织存在着各种不同的要求和评价。由于处在同一社区，对组织的某一种评价和看法又极容易相互传播，形成区域性的影响，从而形成组织的某一种公众形象。组织要提高自身在社区中的地位，就要树立一个"合格公民"的形象，主动承担必要的社会责任和义务，像爱护自己的家业一样爱护社区，在社区的物质文明和精神文明建设方面发

挥中坚作用，为社区公众多做贡献。

针对社区公众，组织应该将社区公众视为"准自家人"，将社区作为自身发展的一个组成部分；同时做社区的"合格公民"，主动承担必要的社会责任与义务。

> **【案例10-59】**美国俄亥俄州某陶器厂，一夜之间被大火吞没，该厂没有买任何保险，看来似乎注定要从俄亥俄州永远消失了。然而，就在失火的第二天清晨，竟出现了颇为壮观的场面：工厂的员工、镇上的家庭主妇、茶馆酒店的老板、小商贩及教堂的教师，都不约而同地聚集到废墟上，清扫残砖碎瓦。在短短的几个月里，大家有钱的出钱，有力的出力，竟在废墟上重新建立起一座三万平方米的新厂房，陶器厂很快就恢复了生产。
>
> 这家陶器厂何以有如此的"人缘"呢？其原因就在于该厂长期以来十分重视与社区公众的关系。正如那句俗语所说的："远亲不如近邻。"(资料来源：熊超群《公关策划实务》广东经济出版社)

2. 发展良好社区关系的注意点

具体有以下内容：①采取睦邻友好的政策。②要经常搜集社区公众对组织形象的反映、意见和要求。根据公众意见及时改进本组织的工作。如组织开放式的讨论会等。③积极主动参与社区活动。如某方面的咨询、产品维修等活动。④赞助社区内的公益事业。在社区开展赞助、慈善活动等。⑤邀请社会各界人士参与本组织的有关活动。如组织的庆典活动，邀请地方报刊、电视、有线电视系统和电台等社区传播媒介参加。

三、媒介关系

组织与新闻媒介建立良好关系的目的是争取新闻媒介对本组织的理解和支持，以便形成对本组织有利的舆论氛围；并通过新闻媒介实现与大众的广泛沟通，增强组织对整个社会的影响。

组织与媒体的主要沟通方式：新闻发布会、记者招待会、培训(将更多的技术细节传达给媒体)、专访(传达深层次的信息给媒体)、媒体联谊会(以休闲娱乐的方式拉近距离)、体验(组织体验活动，或者通过试用等手段进行)、出版物(内刊性质的刊物，强化媒体的认知)、特写(名人文章、人物志、公司案例、通论文章)、制造新闻等。

1. 媒介公共关系的意义

1) 良好的媒介关系有利于形成良好的公众舆论

大众传媒的接受对象数量巨大、涵盖面极广，可以快速地帮助组织扩大知名度，同时一个信息通过新闻界做出客观报道，也容易获得公众的信任，有利于美誉度的提高。公共关系的一项重要任务就是为组织创造良好的公众舆论，争取舆论的理解和支持。因此，良好的媒介关系有助于争取媒介报道的机会，使组织的有关信息比较顺利地通过传播过程中的层层关口，有效地发布出去，形成良好的公众舆论环境。

2) 良好的媒介关系是运用大众传播手段的前提

大众传媒能借助现代科技手段在短时间内将信息传播到全国各地，传播到许多国家和地区，甚至全世界。电视广播在这点上更具优势，它们可以通过实况转播新闻事件的全过程。大众传媒传播的信息具有可复制性，如电视可复制录像带、电影可"拷贝"，报刊更是便于广泛传阅、反复研究，也便于保存备查。可复制性使信息的传播不仅广泛而且久远，成为影响和引导民意的主要力量。但是，大众传播媒介一般不是由组织内的公共关系人员直接掌握和控制的，有关的信息能否被大众媒介所报道，以及报道的时机、频率、角度等，要取决于专业的传播机构和人士。因此与新闻界人士建立广泛、良好的关系，是运用大众媒介，争取媒介宣传机会的必要前提。与新闻界关系越密切，组织有关信息的报道数量就越多；与新闻界关系越好，组织有关信息的报道质量就越好。

在信息高度发达的科技时代，新闻媒介成为企业成长中不可或缺的一个组成部分。没有人不需要信息，没有人能离开媒介，没有人可以否认媒介的价值。新闻媒介正作为大众信息的重要来源，使我们可以真正地做到"秀才不出门，能知天下事"。但是，许多企业单位，却不注意处理与新闻媒介的关系，总是认为"新闻就是拉广告"，"拉广告就是骗钱的"，"凡是有关新闻和广告的电话都应该一概不理"，"没有新闻同样可以赚钱"等等，浪费了许多大好时机，而且，也恶化了企业与新闻大众的关系。

【案例10-60】"长城润滑油——畅行2008"

(详细内容请见课件对应内容。)

【案例10-61】如何对付有意刁难的记者？

记者招待会上，记者有权根据自己感兴趣的问题提问，主持人不能随便打断记者的发言。即便是某些西方记者出于偏见做出挑衅性的发言，也不要显露出自己的激动和愤怒，要通过有涵养的回答和幽默的语言将问题岔开。如何对付有意刁难的记者？美国著名企业家亚科卡说："对他不必恼怒和驳斥，故意不理睬他就行了。比如，在记者招待会上，如果有谁故意找茬，就可以让他周围的其他人提各种问题，等轮到他提问题时，便适时地宣布会议到此为止。"

2. 组织与新闻界的媒体关系

要注意以下几点：

1) 要与新闻界保持密切、长期的联系关系

注重日常沟通、关系维护，并要及时地向新闻界提供新闻素材，从而形成与媒体长期、稳定的合作关系，主动地争取公众的注意。

2) 组织的公共关系部门对新闻界应采取一视同仁的态度

组织不能因为新闻单位的名气大小、级别高低而采取截然不同的态度。

3) 坚持尊重事实的原则

既要尊重新闻界的新闻道德，同时也要坚持组织的原则，不能为了讨好而一味地迎合新闻界的口味。

4) 组织公共关系人员要培养对新闻媒体的兴趣

积极地响应由新闻界发起的有益于社会的活动，并进行必要的赞助。

5) 组织公共关系人员应同新闻人员之间建立个人友谊

这样做能使新闻媒体及时了解组织的策略和行动的意义，对扩大组织影响、争取媒体公众都是十分有益的。

6) 组织在与各类媒体要逐渐形成互相支持、互相配合的局面

在长期联系与合作中着力营造良好而密切的关系，在日常沟通、关系维护方面形成显著的亲和力。

四、政府关系

政府关系指社会组织与政府之间的沟通关系，其对象包括政府的各级官员、行政助理、各职能部门的工作人员。任何社会组织，都必须面对和接受政府的管理和约束，需要与政府的各种管理职能部门打交道，如工商、人事、财政、税收、审计、市政、交通、治安、法院、海关、商检、卫检、环保等行政机构。这些行政机构代表社会公众最普遍的、共同的利益来行使社会管理的权力，因此，政府关系对象是任何组织的公共关系对象中最具权威性的对象。与政府保持良好沟通的目的，是争取政府及各职能部门对本组织的了解、信任和支持，从而为组织的生存和发展争取良好的政策环境、法律保障、行政支持和社会政治条件。

企业对政府的公共关系活动需要遵循一些基本的原则：

(1) 服从政府的统一管理和领导。为了维护整个国家利益，甚至是全球利益，企业必须自觉服从政府的管理。

(2) 遵纪守法。企业是法人，对政府来说是一个团体公民。它的所有的活动和行为必须在法规所允许的范围内进行，就是说，对政府公众的公共关系活动必须合法。

(3) 大力支持政府工作。如政府号召援助灾区人民、资助"希望工程"、赞助社会公益事业、维护社会治安等活动，企业应该根据自身的实际情况，力所能及地积极参与社会活动，为政府公众分挑一些重担，客观上也可以赢得社会的好评和政府公众的赞赏。

(4) 企业利益要与国家利益和社会利益一致。企业是社会的一部分，有自己的目标和利益。政府则是代表国家维护全体人民的利益。企业追求自己的利益是无可非议的，但这种对利益的追求必须与社会利益趋于一致性，才能得到政府公众的认可，从而获得政府公众的信任和支持。

为了使企业与政府公众的沟通畅通无阻，企业应建立公共关系人员和政府有关部门人员固定化的联系制度，建立相互间信息网络，随时互通信息，企业的重大活动要争取上级主管部门来人参加，在参与活动中增进了解，企业可以利用厂房落成剪彩、公司开业周年庆典、革新成果展览等时机，邀请政府主管部门领导人出席，这也不失为密切关系的一种有效方式。

【案例 10-62】熊海鸥联邦快递发力公关谋求拓展航线更多"便利"

(详细内容请见课件对应内容。)

【案例 10-63】克莱斯勒公司的政府公关

位居美国汽车业第三把交椅的克莱斯勒公司曾经创下了亏损 116 亿美元的纪录。并且濒临破产的边缘。临危受命的亚柯卡在其他方案都行不通的情况下。决定以公司全部资产作抵押向美国联邦政府申请贷款。消息传开，举国哗然，反对声鹊起，联邦政府一时拿不定主意。为了争取到全国公众和政府的理解支持，亚柯卡发起了强大的舆论攻势。媒介发

表了一系列阐述公司主张的有亚柯卡亲笔签名的社论。这些社论的标题和内容是公众最为关心的问题：失去了克莱斯勒，美国的景况会更好吗？克莱斯勒有前途吗？克莱斯勒的领导部门是否有足够的力量扭转公司的局面？卡特政府的官员和国会的议员们每天都拿着这些广告和社论边看边议，同时，亚柯卡还派出专人到国会和联邦政府进行游说活动。这些公关活动的开展，逐渐恢复了各界公众对公司的信任，国会也终于在圣诞节前夕通过了贷款法案。有了这笔巨资的支持，克莱斯勒最终起死回生，并在20世纪80年代东山再起。(资料来源：编者根据相关资料整理编写)

五、名流关系

良好的名流关系有助于企业借助名流的知名度扩大组织的公共关系网络，扩大组织的公众影响力，树立良好的组织形象。

良好的名流关系有助于企业充分利用他们的见识和专长为组织的经营管理提供有益的意见咨询。社会名流往往见多识广，或是某一方面的权威和专家，组织的管理人士在与他们交往的过程中能获得广泛的社会信息或宝贵的专业知识，无形中使企业增添了一笔知识财富、信息财富。

良好的名流关系有助于企业利用名人良好的社会关系网络为企业广结善缘。有些社会名流虽然不可能为本组织直接提供所需的专业信息或管理咨询，但由于他们与社会各界有广泛的联系，或对某一方面的关系有特别重大的影响，组织便能通过他们与有关公众对象疏通关系，扩大社会交往范围。

良好的名流关系有助于企业借助名人较高的社会声望，提高本组织的知名度。一般公众存在"崇尚英雄""崇拜明星"的社会心理，组织与社会名流建立良好关系，就会将本组织的名字与社会名流的名望联系在一起，利用公众崇拜名流的心理，提高本组织在公众心目中的位置。

【案例10-64】李宁在健力宝集团

(详细内容请见课件对应内容。)

【案例10-65】利用总统当推销员

美国一出版商有一批滞销书久久不能脱手，他忽然想出了一个主意：给总统送去一本书，并三番五次去征求意见。忙于政务的总统不愿与他所纠缠，便回了一句："这本书不错。"出版商便大做广告，"现有总统喜爱的书出售"，于是，这些书一抢而空。

不久，这个出版商又有书卖不出去，又送一本给总统，总统上过一回当，想奚落他，就说：这书糟透了。出版商闻之，脑子一转，又做广告："现有总统讨厌的书出售"不少人出于好奇争相抢购，书又售尽。

第三次，出版商将书送给总统，总统接受了前两次的教训，便不作任何答复，出版商却大做广告："现有令总统难以下结论的书，欲购从速"居然又被一抢而空，总统哭笑不得，商人大发其财。(资料来源：编者根据相关资料整理编写)

六、竞争对手关系

竞争关系也是同行关系，有句俗语"同行是冤家"，其实在很多情况下是没有根本的利害冲突的，他们的利益可以是相通的。处理相互关系时一般需要遵循一些基本的原则：

(1) 坚持平等竞争原则，恪守诚信礼让、防止欺诈、违背社会公德等不良行为。

【案例 10-66】纽约梅瑞公司的"生意经"

在美国，有一家最大的百货公司——纽约梅瑞公司。在公司的购物大厅里，有一个服务台。这个服务台与其他公司最大不同，就是它可以提供的一个重要服务，那就是：如果你在本公司没有买到自己想要的商品，那么它会告诉你到哪一家公司可以买到。这一服务项目实施后，顾客不仅没有被公司推走，反而与日俱增。

【分析】这种一反"同行是冤家"的做法，不仅向竞争对手表示了友谊和诚意，而且也获得了广大顾客的好感。梅瑞百货公司的生意十分兴隆。

(2) 重视科技、人才，保存并壮大自己的竞争实力。

(3) 知彼知己，了解对手的经济实力、技术优劣、原材料供应和市场销售等情况，取人之长，补己之短。

(4) 树立竞争新观念，相信"有对手才有自己，有对手才有发展。"

【案例 10-67】狼鹿共生

动物学家曾经做过这样一项有趣的实验：在一个天然的国家动物园中，生存着鹿和狼。为了保护鹿群的繁衍生长，动物园的管理部门消灭了园中的狼群，但以后的几十年里，狼消失了，鹿群却萎缩了。科学家们在研究中发现，正是狼群的消失，鹿群才开始萎缩。在狼这种天敌存在的日子里，病弱的鹿成为狼的美餐，强壮健康的鹿却生存下来，狼不存在了，鹿的优胜劣汰的机制也不存在，鹿群也就开始退化。从生存的意义上看，有强壮的狼，才有强壮的鹿；有了天敌与对手才有自己。(资料来源：编者根据相关资料整理编写)

【分析】该故事启发人们正确对待竞争，应当树立"有对手才有自己、有对手才有发展"的新观念。竞争对手不是冤家对头，而是市场竞争环境中相伴相生的事业上的伙伴。企业应把竞争对手的存在，看作是一种鞭策力事实上也是这样，许许多多国际知名企业的名牌产品，几乎都是共生共存、成双成对的。如胶卷业的柯达与富士，香烟业的万宝路与健牌，饮料业的可口可乐与百事可乐，快餐业的麦当劳与肯德基，咖啡业的雀巢与麦氏，电脑业的 IBM 与 APPLE 等等。

【案例 10-68】NBA 内外部公共关系活动

(详细内容请见课件对应内容。)

【案例 10-69】哔哩哔哩 Bilibili 组织内外部公共关系

(详细内容请见课件对应内容。)

【分析】2020 年 1 月 9 日，胡润研究院发布《2019 胡润中国 500 强民营企业》，哔哩哔哩位列第 180 位。B 站精心处理好顾客关系、媒介关系、名流关系、竞争对手关系等外部公共关系，以及采用培训、工作环境等手段营造良好的内部公共关系，从而获得快速发展。

本 章 小 结

内部公共关系是公共关系的一个重要组成部分，如果处理不好或协调不当，就会影响组织的正常运转。就企业而言，员工是财富的创造者，同时他们本身就是财富。外部公共关系包括企业与顾客关系、与社区关系、与政府关系、与新闻媒介关系、与社会名流关系、竞争对手关系，处理这些关系时要"以和为贵，讲求方圆"，同时掌握处理技巧，妥善解决问题。

复习思考题

一、问答题

1. 内部公共关系的沟通形式有哪些？各有什么优缺点？
2. 联系实际阐述内部公共关系的沟通原则、障碍及技巧？
3. 如何处理企业与顾客关系？
4. 什么是全员公关及组织领导人可以从哪些方面支持全员公关？
5. 联系实际思考调动员工的积极性应从哪些方面、运用哪些方法去进行？
6. 联系实际思考建设优秀组织文化的意义作用？

二、分析题

(一)安塞公司成立"抢救队

美国有一个名叫安塞的公司在看到其所在的社区中，一些单位或居民经常会发生各种事故：大至房屋倒塌、火灾爆炸，小至设备故障、电器失灵，公司领导决定，成立一个"抢救队"，由职工自愿参加，天天日夜值班，只要社区发生了事故后一打电话，他们就赶至公众家中或出事单位、地点，帮助解决问题，不收报酬，公司这种举动，深受社区公众欢迎。

1. 安塞公司为什么要成立"抢救队"，帮助社区公众解决各种事故？
2. 假如你是该公司公共关系人员，你还有什么建议给公司领导？

(二)竞争者针对自己的攻击性的广告宣传

在英国百事可乐曾经做的一则广告视频内容：一个小孩走到自动售货机前，投入硬币，取出两罐可口可乐饮料，踩在脚下，站在高处再投币，取到一罐百事可乐，然后离开。

全球手机巨头黑莓 BlackBarry 针对苹果 iPhone 极具讽刺性的广告：高速镜头下，一颗"子弹"把一个红色苹果击破，穿过后才看清那"子弹"是一颗黑莓果实，然后打出的广告词是"没有任何东西可以触摸它"。同样，苹果公司也做了相对应的广告作为回击。

在中国类似这种案例也很多,请从公关角度结合案例谈谈如何处理竞争者之间的关系。

(三)快乐的美国西南航空公司

美国西南航空公司,创建于 1971 年,当时只有少量乘客,几只包袋和一小群焦急不安的员工,现在已成为美国第六大航空公司,拥有 1.8 万名员工,服务范围已横跨美国 22 个州的 45 个大城市。

一、总裁用爱心管理公司

现任公司总裁和董事长的赫伯·凯勒,是一位传奇式的创办人,他用爱心(Luv)建立了这家公司。Luv 说明了公司总部设在达拉斯的友爱机场,Luv 也是他们在纽约上市股票的标志,又是西南航空公司的精神。这种精神从公司总部一直感染到公司的门卫、地勤人员。

当踏进西南航空公司总部大门时,你就会感受到一种特殊的气氛。一个巨大的、敞顶的三层楼高的门厅内,展示着公司历史上值得纪念的事件。当你穿越欢迎区域进入把办公室分列两侧的长走廊时,你就会沉浸在公司为员工举行庆祝活动的气氛中。长走廊的两侧令人激动地布置着有数百幅配有镜框的图案,镶嵌着成千上万张员工的照片,歌颂内容有公司主办的晚会和集体活动、垒球队、社区节目以及万圣节、复活节。早期员工们的一些艺术品,连墙面到油画也巧妙地穿插在无数图案中。

二、公司处处是欢乐和奖品

你到处可以看到奖品。饰板上用签条标明心中的英雄奖、基蒂霍克奖、精神胜利奖、总统奖和幽默奖(这张奖状当然是倒挂着的),并骄傲地写上了受奖人的名字。你甚至还可以看到"当月顾客奖"。

当员工们轻松地迈步穿越大厅过道,前往自己的工作岗位,到处洋溢着微笑和欢乐,谈论着"好得不能再好的服务""男女英雄"和"爱心"等。公司制定的"三句话训示"挂满了整个建筑物,最后一行写着:"总之,员工们在公司内部将得到同样的关心、尊敬和爱护,也正是公司盼望他们能和外面的每一顾客共同分享。"好讲挖苦话的人也许会想:是不是走进了好莱坞摄影棚里?不!不!这是西南航空公司。

这里有西南航空公司保持热火朝天的爱心精神的具体事例:在总部办公室内,每月作一次 100% 的空气过滤,饮用水不断循环流动,纯净得和瓶装水一样。

节日比赛丰富多彩。情人节那天有最高级的服装,复活节有装饰考究的节日彩蛋,还有女帽竞赛,当然还有万圣节竞赛。每年一度规模盛大的万圣节到来时,他们把总部大楼全部开放,让员工们的家属及附近小学生们都参加"恶作剧或给点心"游戏。

公司专为后勤人员设立"心中的英雄"奖,其获得者可以把本部门的名称油漆在指定的飞机上作为荣誉,为期 1 年。

三、透明式的管理

如果你要见总裁,只要他在办公室,你则可以直接进去,不用通报,也没有人会对你说:"不,你不能见他。"

每年举行两次"新员工午餐会",领导们和新员工们直接见面,保持公开联系。领导向新员工们提些问题,例如:"你认为公司应该为你做的事情都做到了吗?""我们怎样做才能做得更好些?""我们怎样才能把西南航空公司办得更好些?"员工们的每项建议,在 30 天内必能得到答复。一些关键的数据,包括每月载客人数、公司季度财务报表等员工们都能知道。

公共关系原理与实务(第四版)

"一线座谈会"是一个全日性的会议，专为那些在公司里已工作了十年以上的员工而设的。会上副总裁们对自己管辖的部门先做概括介绍，然后公开讨论。题目有："你对西南航空公司感到怎样？""我们应该怎样做使你不断前进并保持动力和热情？""我能回答你一些什么问题？"

四、领导是朋友又是亲人

当你看到一张赫伯和员工们一起拍的照片时，他从不站在主要地方，总是在群众当中。赫伯要每个员工知道他不过是众员工之一，是企业合伙人之一。

上层经理们每季度必须有一天参加第一线实际工作，担任订票员、售票员或行李搬运工等。"行走一英里计划"安排员工们每年一天去其他营业区工作，以了解不同营业区的情况。

为让员工们对学习公司财务情况更感兴趣，西南航空公司每12周给每位员工寄去一份"测验卡"，其中有一系列财务上的问句。答案可在同一周的员工手册上找到。凡填写测验卡并寄回全部答案的员工都登记在册，有可能得到免费旅游。旅游鼓励了所有员工参加这项活动。

这种爱心精神在西南航空公司内部闪闪发光，正是依靠这种爱心精神，当整个行业在赤字中跋涉时，他们连续22年有利润，创造了全行业个人生产率的最高纪录，1999年有16万人前来申请工作，人员调动率低得令人难以置信，连续三年获得国家运输部的"三皇冠"奖，表彰他们在航行准时、处理行李无误和客户意见最少三方面取得的最佳成绩。

请从内部公关角度分析该公司成功的原因有哪些？

三、技能训练

1.学生对校图书馆图书种类及服务质量有意见，假如你是学生代表，要将情况反映给馆长并提合理建议，请问你在和馆长沟通之前，需要哪些数据及解决存在问题的相关建议？请同学分组模拟和馆长沟通过程。

第十一章

公共关系谈判

学习目标

通过本章学习，了解公共关系谈判的含义、特征、原则以及谈判过程。掌握一定的谈判技巧，了解跨文化谈判的注意事项。

关键概念

谈判语言(Negotiations Language)　　谈判技巧(Negotiations Technique)　　谈判阶段(Negotiations Stage)

引导案例

我们没有看懂

三位日本航空公司代表与一大帮经验丰富的美国航空公司代表进行谈判。

谈判一开始，美国公司代表就以压倒性的大量信息和数据淹没了日方代表。会议从早上8：00开始，进行了两个半小时。美国公司代表使用了图表说明、电脑辅助计算、幻灯演示以及各种数据资料来询问日方的价钱。

在美方代表"杂技般演出式"的谈判过程中，三位日方代表只是静静地坐在一旁，一言不发。

终于，美方代表容光焕发地完成了演示，脸上带着期待以及心满意足的神情转向一直保持沉默的日方代表："那么……你们认为怎么样？"

一位日方代表彬彬有礼、面带微笑地说："我们没有看懂。"

美方代表的脸色霎时变得惨白："你说看不懂是什么意思？你们看不懂什么呢？"

另一位日方代表礼貌地微笑着说："全都没有看懂。"

美方代表一副心脏病随时就要发作的样子，耐着性子继续问："从哪里开始不懂的？"

第三位日方代表以同样的方式慢慢答道："当你将会议室的灯关了之后，也就是演示一开始。"

美方代表松了松他那条名牌领带，将身子斜倚在墙旁，喘着粗气问道："你们希望我们怎么做？"

日方代表异口同声回答道："请你再重复一遍。"

谁能够将秩序混乱、长达两个半小时的介绍重新进行一次？谁会有最初的那种耐心与激情？美国公司终于在精疲力竭的情况下不惜一切代价，在过问了价格之后就很快与日方代表达成协议。(资料来源：节选自赫布·科恩的《谈判天下》)

在本案例中，美国公司那些精明能干的谈判人员，被日本代表看似愚笨和无能的怪招彻底击溃了，他们的精力和注意力直线下降，迅速跌入低迷状态，而日本航空公司的谈判代表则处于精力和注意力的高峰。他们沉着冷静，不慌不忙地控制着整个谈判的局面，将美国公司的要价压得很低，为日本航空公司节省了一大笔外汇。日本谈判者利用耗时间因素影响谈判的结果，说明谈判技巧的重要性。对于社会组织而言，谈判是组织协调、处理与公众关系的重要手段，公共关系人员要与公众保持密切的沟通与联系，取得公众的谅解，排除环境中的对组织发展的不利因素，作为沟通和协调的最主要形式——谈判，就成为公共关系人员一项十分重要的工作。

【案例 11-1】囚徒困境

囚徒困境最早是由美国普林斯顿大学数学家阿尔伯特·塔克(Albert tucker)于 1950 年提出来的。他当时编了一个故事向斯坦福大学的一群心理学家们解释什么是博弈论，这个故事后来成为博弈论中最著名的案例。故事内容是：两个嫌疑犯(A 和 B)作案后被警察抓住，隔离审讯；警方的政策是"坦白从宽，抗拒从严"，如果两人都坦白则各判 8 年；如果一人坦白另一人不坦白，坦白的放出去，不坦白的判 10 年；如果都不坦白则因证据不足各判 1 年。囚徒困境的主旨为：囚徒们彼此合作，坚不吐实，可为全体带来最佳利益(无罪开释)。(资料来源：编者根据相关资料整理编写)

【分析】从博弈角度来分析，两个嫌疑犯只有谈判，双方合作，对双方才谈得上利益分享。

第一节　公共关系谈判概述

一、谈判及公共关系谈判

人类生活在一个充满矛盾、冲突和对抗的世界里，那么，如何化解矛盾便成为一个永久的话题。纵观人类的发展史，解决冲突的方法无外乎两种，即武力方式与和平方式。从古至今，人类经历了无数场战争，而这些大大小小的战争都是由于各种各样的冲突引发的。作为武力的替代方式，人类也不断地通过和平方式，即谈判方式来解决冲突。人们打打谈谈，谈谈打打，武力与谈判方式交替使用，谈不拢就打，打累了再谈。

武力方式造成了生命和财产的巨大损失，特别是第二次世界大战给全人类带来的毁灭性打击使各国深切地认识到和平解决冲突，也就是通过谈判的方式解决冲突无疑是更好的方式。特别是 20 世纪后半叶，和平与发展成为世界发展的主旋律，谈判越来越多地应用于国际事务、商业往来等各项活动。谈判成为解决冲突的主要手段。

公共关系谈判是社会组织之间、社会组织与公众沟通的重要手段，当社会组织的利益与公众的利益发生冲突时，人们也会用谈判的方式加以解决。

公共关系谈判是各方为化解冲突而进行沟通的过程，目的是使各方达成一项协议、解决一个问题或做出某种安排。

【案例 11-2】"黑箱"理论与公关谈判

在控制论中，通常把所不知的区域或系统称为"黑箱"，而把全知的系统和区域称为

"白箱"，介于黑箱和白箱之间或部分可察黑箱称为"灰箱"。一般来讲，在社会生活中广泛存在着不能观测却可以控制的"黑箱"问题。比如，我们每天都看电视，但我们并不了解电视机的内部构造和成像原理，对我们而言，电视机的内部构造和成像原理就是"黑箱"。

谈判是人际交往中的一种特殊的双向沟通方式，对于从事公关行业而言，谈判能力可以直接决定其工作进展和事业成功度。随着市场经济的发展和各类竞争的加剧，各行各业之间、人与人之间的争议随时发生。当事人(谈判的关系人)、分歧点(协商的标的)、接受点(协商达成的决议)作为谈判的三要素时刻出现在职场中。在双方当事人为了各自利益，围绕分歧点进行反复论证讨价还价，最终共同设定接受点的过程中，接受点一度作为"黑箱"存在，所以，谈判的过程，也是黑箱被逐渐打开的过程。举例说明：某公司公关部与某装修公司商谈会议室装修问题。对方将报价单传真过来，说这间会议室的装修费用需要30万。公关部认为这个价钱还算是个老实价，但是，并不清楚对方最终会以什么样的价格成交。而装修公司也并不清楚公关部最终会接受什么样的价格，成交价对双方而言，是"黑箱"，而为了确保各自利益，双方都不抢先打开黑箱。公关部看到对方的报价单，只回了一句：价格太高，难以接受。装修公司又发了一纸传真：您能接受什么样的价格呢？公关部回道：我只能接受最优惠的价格。装修公司调整了价格后回复：28万。公关部再提出要求：据我所知，这不是最优惠价格。装修公司再问：您所指的最优惠价格是多少？公关部终于亮出接受点：多于22万免谈……装修公司回复：22万我们亏本，少于24万这笔生意就不能做了。公关部见好就收：23万，立刻成交！装修公司：好吧，希望以后常合作！(资料来源：https://baike.baidu.com/item/%E9%BB%91%E7%AE%B1%E)

【分析】上述案例中的公关部和装修公司都是黑箱方法的实践者，这种策略技巧是公关谈判中应用最普遍、效果最显著的方法。谈判双方依据各自对黑箱的猜测，努力防备对方攻破黑箱从而占领上风，惜字如金，各不相让，最终达成妥协，完成了接受点由"黑箱"(未知)、"灰箱"(30万、28万、22万)到"白箱"(23万)的谈判过程。在谈判中，对黑箱的控制能力决定着谈判的胜负。

二、公共关系谈判的基本特征

1. 组织性

公共关系谈判不同于一般谈判的一个显著特点就是整个谈判的非私人性，即具有组织性。公共关系谈判是有计划、有目的的组织行为。整个谈判从目的、过程到结果均是从组织角度出发，以公事为核心内容。

2. 效益导向性

公共关系谈判的目的是使各方达成一项协议、解决一个问题。因而在谈判中，一切皆以最终的利益为准绳，直截了当、观点鲜明地步步为营，而不会做任何犹豫不决的谈判与沟通。这就是说公共关系谈判注重效益。

【案例11-3】一点一点地从对方那里获得利益

(详细内容请见课件对应内容。)

【分析】买主获得较大收益，成功地把价格从 750 元一直压到 600 元，压低了 20%。

3. 技巧性

在进行公共关系谈判时，为了达到目的，必须讲究一定的策略和技巧。这就要求公共关系谈判人员除了娴熟掌握自己专业方面的知识外，还应该学习和掌握谈判的方法和技巧，要学习心理学、社会学，要学会与不同性格特征和不同职业及学历层次的人打交道。

【案例 11-4】巧解刘邦白登之围

(详细内容请见课件对应内容。)

【分析】在这起历史事件中，陈平在不具备和谈的条件下，细致观察，从而技巧性地运用夫人路线，并抓住对方心态特点，利诱和威胁并施，最终使对方为我所用，化解困局，转危为安。

三、公共关系谈判的原则

1. 真诚坦率，开诚布公，实事求是

在谈判桌上，诚信是最重要的。具体体现在态度要诚恳，不骄不躁；交谈的内容要合理，不要无中生有；谈判过程中的所有数据、事例、方案，都必须是真实的。只有真诚，才能认真地对待谈判，才能产生友好合作的行为；真诚守信是有实力的一种具体表现，谈判人员应该凭借实力去说服对方。例如：北京某区一位党委书记在同外商谈判时，发现对方对自己的身份持有强烈的戒备心理。这种状态妨碍了谈判的进行。于是，这位党委书记当机立断，站起来对对方说道："我是党委书记，但也懂经济，搞经济，并且拥有决策权。我们摊子小，并且实力不大，但人实在，愿意真诚与贵方合作。咱们谈得成也好，谈不成也好，至少你这个外来的'洋'先生可以交一个我这样的'土'朋友。" 寥寥几句肺腑之言，打消了对方的疑惑，使谈判顺利地向纵深发展。

2. 求大同，存小异

谈判中冲突是不可避免的，如果完全意见一致也不会谈判了。那么，在意见有分歧时，应当求同存异，多关注彼此的共同点，可适当做些不违背原则的让步。谈判的实质是双赢，我们力争合作性的公关谈判，而不是对抗性的公关谈判。

【案例 11-5】1967 年中东战争后，以色列占领了埃及西奈半岛约 6 万平方公里的土地。在接下来的 11 年里，埃以双方均采用了对抗性谈判的模式：埃及认为，西奈半岛是埃及的领土，主权问题没有讨价还价的余地，要坚决收回，以维护主权和领土的完整。以色列认为，他们数次受到来自西奈半岛的攻击，必须占领该地区以确保国家安全，绝无让步可能。

直到 1978 年，美国总统卡特出面，邀请埃及、以色列两国领导人到美国戴维营去谈判，采用了合作性谈判的模式，要求两国领导人在考虑自身需要的同时，也要考虑对方的需要。最后双方达成了共识：埃及的需要在于领土和主权的完整，而不是对以色列的安全构成威胁；以色列的需要在于确保国家安全，而不是领土扩张。通过卡特的斡旋，埃及总统萨达

特和以色列总理贝京达成协议：以色列把西奈半岛还给埃及，以满足埃及维护领土和主权完整的需要，埃及把西奈半岛的大部分作为"非军事区"，并与以色列签订停止敌对行动的"和平协议"，以满足以色列确保国家安全的需要。正因为两国各自的需要都得到了满足，谈判成功了，12天解决了过去11年没能解决的问题。(资料来源：编者根据相关资料整理编写)

3. 时间效率原则

时间就是生命，效率就是金钱。任何有实际意义的人类活动都不能脱离时间和效率，谈判也不例外。重视时间效率，抓住合作机会，可以赢得竞争优势，可以占据天时地利，顺利地实现谈判目标。

【案例 11-6】日本人的计谋

(详细内容请见课件对应内容。)

【分析】该案例中日本人利用赫伯透露谈判期限，采取一系列的手段，将美国人本来拥有的充足的谈判时间消耗在其他方面，从而在谈判中处于有利地位。

4. 确定灵活原则

确定灵活原则是指谈判的目标要确定，应用的策略技巧要灵活。确定的目标是努力的方向，灵活的策略是保证实现目标的方法和措施，确定与灵活的有机结合才能取得谈判的成功。

【案例 11-7】我工厂要从日本 A 公司引进收音机生产线，在引进过程中双方进行谈判。在谈判开始之后，日本公司坚持要按过去卖给某厂的价格来定价，坚决不让步，谈判进入僵局。我方为占据主动地位，开始与日本 B 公司频频接洽，洽谈相同的项目，并有意将此情报传播，同时通过有关人员向 A 公司传递价格信息，A 公司信以为真，不愿失去这笔交易，很快接受了我方提出的价格，这个价格比过去其他厂商引进的价格低26%。

【分析】在一条路走不通的时候，往往应该去探索另一种方法，在本案例中，我方运用了传播假情报，获取了主动权，取得了胜利。

5. 平等互利原则

在进行公共关系谈判过程中，谈判双方要以能为双方都带来较大的利益或者能够为双方都减少损失为出发点，不能从事伤害一方或给一方带来损失的活动。只有平等互利才能达到"双赢"的结果。如美国大财阀摩根想从洛克菲勒手中买一块明尼苏达州的矿地，洛氏派了手下一个叫约翰的人出面与摩根交涉。见面后，摩根问："你准备开什么价？"约翰答道："摩根先生，我想你说的话恐怕有点不对，我来这儿并非卖什么，而是你要买什么才对。"不卑不亢的答话，使得原本地位低于摩根的约翰抬起了自己的身价，一下子改变了由于身份低微而形成的谈判劣势。

【案例 11-8】1991 年的一个夜晚，美国著名谈判大师罗杰·道森在家中接到一个电话，对方称自己在科威特石油公司的兄弟被伊拉克大独裁者萨达姆扣为人质，他想聘请他为谈判顾问，说花多少钱都愿意赎回他的兄弟。这位谈判大师告诉对方，他不用花一分钱赎金就能救回他的兄弟。

他联系了一名CBS(哥伦比亚广播公司)的著名记者，问其是否愿意陪他去巴格达一趟，与萨达姆展开谈判，如果他愿意，就把独家采访权给他。时逢美伊激战正酣，这无疑是天逢良机，记者非常乐意，但CBS总编却不同意记者冒险上战场。于是这位谈判大师又拿出第二套方案：在伊拉克临国约旦采访萨达姆。结果，萨达姆抵达约旦在对着电视喋喋不休说了两个小时之后释放了人质，这是那段时期萨达姆所放出的唯一人质。(资料来源：编者根据相关资料整理编写)

【分析】谈判大师罗杰·道森深谙各方心理——萨达姆绑架人质的目的并不在于杀人，也不是勒索钱财，而是想将他的观念告知大众，CBS记者非常想获得独家采访权，但又担心安全问题，而科威特人只想救回他的兄弟，于是导演安排了一场三赢的会晤采访，也为自己赢得了名声和尊重，成为一个传奇。

第二节　谈判结构和背景

在一场紧张的谈判活动中，谈判者的判断和做出的反应并不都能令人满意，即使事先有所准备，但临场的情况和谈判的外部环境形势的变化，以及在整个过程中不可预测的干扰因素的影响，都可能耗散谈判者的精力，降低其谈判能力。

为了避免这种情况的出现，让谈判者能集中精力处理谈判中的关键问题，谈判专家们开始注意到谈判结构以及当事人在特定谈判结构中所起的作用。

一、谈判结构的内涵

谈判结构可以从主观和客观两个方面来看，主观谈判结构主要是指当事人的构成及其分工，当事人精力的分配；客观谈判结构主要是指谈判议题的构成及其谈判形式，谈判组织与相关背景。

(一)谈判当事人的构成及其分工

谈判各方参与谈判的当事人不管其专业性如何，最终总要通过一个统一的口径来表达意图。在会谈的情况下，当事人之间的意见磋商也是通过各自的发言人来实现的，会谈绝不是指大家坐在一起"都来谈"。在很多正式的会谈场合就座的各方代表，除各自的发言人外，主要的任务是进行内部的协调和及时对对方的条件进行磋商，在必要的时候回答对方某一方面的质询。

从这个意义上说，谈判当事人的构成在类别上分为主谈人和协谈人，在形式上分为场内谈判代表和场外组织、指挥人员，以及配备的其他有关人员。

1. 主谈人

主谈人是场内谈判代表，是谈判桌上的主要发言人，也是现场谈判的组织者。主谈人的任务是将事前本方研究的谈判目标和策略在谈判桌上组织实施，并及时根据临场的变化和本方事先的安排对谈判策略进行调整。

主谈人应具有敏捷的思维和判断力，他的谈判经验应当成熟，善于掌握谈判的主动权，能预料谈判的后果，口头表达能力及语言修养较好。主谈人是谈判桌上的"主帅"，能够深刻理解本方的谈判目标，有灵活的工作方法。

2. 协谈人

协谈人也是场内谈判代表，通常协谈人不充当本方的发言人，只是作为谈判的参与者发挥其协助谈判的作用。协谈人在谈判中会以主谈人为中心，积极倾听对方的陈述和询问，将涉及自己主管的专业问题或职能分工问题及时以事先约定好的方式与本方主谈人交流意见或提供参谋。在服从主谈人指挥的前提下，征得主谈人的授权或提示，可以回答对方有关专门问题的质询。

协谈人应该是与本次谈判有关的某一专业方面的专家，知识面较广，专业功底深厚，对问题的理解力强，善于分析和判断。协谈人应在谈判开始前做好有关准备并与主谈人取得协调。

3. 场内谈判代表和场外人员的配合

习惯上，场内谈判代表称为"一线人员"，场外人员称为"二线人员"。一线人员在谈判桌上的工作大部分要依靠二线人员的支持和配合才能完成好。

一线人员在临场所面对的最大问题是处理好预料之外的非常情况，对应变的措施、方法、形式都要仔细斟酌，并与场外人员协调一致。一线人员在决定预料之内的问题时更要冷静处事，避免冲动，策略的实施应"依计而行"。在谈判班子组成之后，必须明确分工，并将谈判方案(包括应急方案)报告谈判的主管领导人，同时充分征求智囊人员的建议。

二线人员的作用很重要，特别是在大型的谈判活动中，涉及的面很宽，资料翻译、查阅、分析都需要他们的参与。二线人员准备得越充分，失误的可能性就越小。通过谈判领导人的作用，让二线人员了解谈判的过程的总体进展情况是必要的，这有助于增强二线人员的参与意识，增强他们的责任感。在二线人员的建议或搜集、提供的资料在谈判桌上被利用或取得效果以后，主谈人可以适当地通报一下，使他们有自我实现的成就感，更加促进其努力工作。

(二)谈判议题的构成及其谈判形式

谈判议题的构成大致有以下几种形式：主要议题(议案)；一般议题(议案)；主要议题框架下的分议题；以主要议题为中心的多个并列议题；互相包容或互相影响的复合议题。由于谈判客体的多样性，其谈判的复杂程度和相互影响的程度各不相同。与谈判客体相应的谈判形式有两种：

一种是横向的谈判形式，即几个议题同时进行谈判，通常采取分组谈判的做法。这样做由于最先取得进展或最后遇到障碍的对象不同，就会对谈判效果产生不同的互相影响。这种形式的谈判，对各方谈判者的精力、信息传递与应变的能力、彼此协调的能力和把握机会的能力都要求较高。

另一种是纵向的谈判形式，即谈判各方首先在谈判议程上达成协议，随之先集中解决某一个议题，然后以这个议题的解决为基础或前提去解决第二个议题，依此类推。这样做对于谈判者处理问题的能力及后果预测的把握性要求较高。

二、谈判背景

谈判人员背景(如各方人员所处的地位、受教育情况、个人素质、知识结构、谈判能力、社会关系、人际关系等)与环境背景(如政治环境、经济环境等)是影响谈判形式及谈判前景的重要因素。

人员背景的可变性较大，谈判的各方可以根据谈判活动的需要，灵活地调整本方的主观谈判结构，这种调整既可以在谈判前，也可以在谈判中进行，因此人员背景的变化可以作为本方改变谈判策略与姿态的一种手段。

环境背景对于谈判的影响是从多方面产生的。

政治环境是环境背景中最重要的背景，有时谈判的政治环境直接影响着谈判的结果。谈判双方所在国之间的关系大致上决定了谈判环境的宽松程度。如果国家间关系较好，谈判环境就宽松些，谈判的成功把握就大些；反之，谈判的成功把握较小。政治环境还主要反映在谈判各方所处的社会制度和信奉的政治信仰上，包括国家的意识形态和政治体制等。

除政治环境外，经济环境也会对谈判形式及谈判前景产生影响。谈判者所在国或所在地区的经济发展水平、发展速度以及其在国际上所处的经济地位，谈判者所在国的市场发育程度、货币的自由兑换程度、货币行情、股票行情等都会对谈判过程及其结果发生作用。如果谈判者所在一方占有市场的垄断地位或在该领域处于技术、销售上的领先地位，那么，其在谈判过程中就具有绝对的优势。

第三节　谈判过程

无论谈判的类型及谈判的结构如何，总是在一定时间和一定地点来进行的。从其过程上看，可以划分为如下几个阶段：探询阶段、准备阶段、开始接触阶段、磋商阶段、小结或休会阶段、终结阶段。

一、探询阶段

探询阶段是谈判者为了实现本方既定的计划目标或完成自己的使命而探求解决办法、确定或寻找谈判对象，以及为此进行工作组织、资料准备的阶段。

探询阶段是谈判过程的前提，但并不意味着探询阶段会必然发展成正式的谈判过程。这个阶段的表现形式可以是访问考察、技术交流、学术会议、函电往来、人员互访、广告招商、新闻发布、委托第三方代理等。探询阶段的作用有两个：寻求谈判对象并为此搜集情报，扩大交流并广泛结交朋友。

当本方的计划目标制定后，谈判者首先应当考虑是否有比通过谈判来实现计划目标更好的办法。只有当有必要进行谈判时，谈判者才会面临寻求谈判对象和搜集情报资料的问题。在探询中，通过搜集的各类情报资料来了解、选择谈判对象是十分重要的。谈判者必须对目前选定的对象和潜在的对象的有关资料非常敏感。有时潜在的对象的资料会因为其某一方面的特点而使之成为首选对象。

一般来讲，通过扩大交流范围的方法，可以寻找到可能的谈判对象。即使暂时不能找到谈判对象，也可以结交更多的朋友，为以后的发展或合作打下基础。

在探询方式上，访问考察是一种较为直观的做法，亲身到确定的访问对象的所在地访问，可以了解到更多的背景情况，对环境条件和对方的实力作深入的分析，以避免因主观臆断带来的认识上的偏差或失误。在考察的基础上，可以对未来彼此进一步交往的前景做出预测或估计，以决定是否可以发展为双方的人员互访等。谈判者还可以利用自己的社会关系，以自己的名义直接通过朋友、亲戚、同事等去探询对象。

委托第三方代理自己向不同地区或同一地区的各种可能的谈判对手了解情况并寻求合作机会，是一种间接探询的形式。对中介人的选择关键要注意其信誉和能力。信誉表明中介人过去的业绩和历史成就。如果中介人的业绩不佳，就难以完成委托给他的使命。中介人的能力可能是自己独立具备的，也可能是再与其他人联手后具备的。当中介人引出的环节较多时，谈判者应特别注重对中介人的控制，有时可以选择法律的方式来约束中介人。要防止中介人充当双重间谍，或办事不力反泄密于外，或隐瞒事实编造故事，甚至两边牵头签协议谋取不义之财。中介人在探询阶段的作用，从长远的角度看只应该是暂时的、过渡性的，当前景逐步明朗之后，应力争直接与谈判对手见面。

【案例11-9】掌握情报，后发制人

(详细内容请见课件对应内容。)

【案例11-10】军乐队熟练地演奏《美丽的亚美利加》以及房间的温度17.8度

1972年2月，美国总统尼克松访华，中美双方将要展开一场具有重大历史意义的国际谈判。为了创造一种融洽和谐的谈判环境和气氛，中国方面在周恩来总理的亲自领导下……在欢迎尼克松一行的国宴上，当军乐队熟练地演奏起由周总理亲自选定的《美丽的亚美利加》时，尼克松总统简直听呆了……此时，国宴达到了高潮，而一种融洽而热烈的气氛也同时感染了美国客人。

日本首相田中角荣20世纪70年代为恢复中日邦交正常化到达北京，他怀着等待中日间最高首脑会谈的紧张心情，在迎宾馆休息。迎宾馆内气温舒适，田中角荣的心情也十分舒畅，与随从的陪同人员谈笑风生。他的秘书早坂茂三仔细看了一下房间的温度计，是"17.8度"。这一田中角荣习惯的"17.8度"使得他心情舒畅，也为谈判的顺利进行创造了条件。

【分析】在谈判开始时，以对方熟悉的方式或喜爱的事物为切入点，创造一种和谐、融洽的谈判环境和气氛，把对方引入谈判中。此种开局策略在于显示我方对对方的尊重和诚意。这要求在谈判探询阶段要做大量认真细致的工作，了解对手的情况。

二、准备阶段

谈判前各方的准备是否充分将直接影响谈判的进程和结果。谈判准备工作做得好，谈判者在谈判过程中对进程和方向的控制把握性就大，手段的运用就比较合理，可有效地提高谈判效率，避免出现纠缠细节、枝节的情况。

很多时候，由于参与谈判的人员太忙，或重视准备的程度不够，往往在谈判前抱怨自己没有时间或精力去做准备，在谈判后又后悔自己吃了"打无准备之仗"的亏。

从准备的内容来看，它与探询阶段有所不同，探询的对象比较广泛，而准备的对象比较确定；探询的目标比较粗线条，而准备的目标比较具体；探询比较侧重于审查对方的资格，准备比较侧重于谈判布局的考虑。

谈判者在确定了谈判对象和明确了谈判任务、目标之后，首先要调查对手或对手委托人的背景，从谈判结构方面，对彼此的状况作一次全面细致的分析。其次，谈判者还要进行谈判方案的研究。谈判者在谈判中的地位不同，谈判的方案应符合各谈判者的身份。应当看到，当各谈判者走到谈判桌旁坐下时，他们带进谈判中来的不仅仅是各自对于问题的理解、看法和要求，同时也带进了各自理解问题的角度、看待问题的深度、要求解决问题的程度，以及各自制定或习惯的谈判方式，他们各自对谈判方式的设想及各自的谈判策略等。

谈判者无论对具体的谈判内容是否作了准备，总是带着个人对对方和对问题的印象来谈判的，这种印象，对于他在谈判中的行动影响很大。为了引导对方沿着特定的规则和立场进行谈判，谈判者应首先争取在谈判前利用自己在各方面的优势影响来安排谈判的议程。由于对方的价值观念是根深蒂固的，在准备阶段我们不可能对对方产生重大影响，但可以影响或改变对方对我们的印象和看法，进而影响对方看问题的视角。

三、接触阶段

在谈判者彼此开始接触之初，彼此的精力都比较充沛，在刚开始的一小段时间里，所有的谈判者的注意力也是比较集中的。这个阶段对整个谈判过程具有重大影响，其原因在于：第一，开始接触时所选择的最初的谈判话题(这时还不能称之为议题)和讨论方式，会对后面谈判的议题和解决问题的方式产生作用，而且一经各方认可这种方式后，以后就难以改变。第二，由于在这个阶段各方均会以特有的方式表明自己的立场，各方自然也会从对方的言行举止中观察、分析对方，以此确定自己的行动方式。第三，在这个阶段形成的谈判开场气氛和形成的人际关系，会有一定的惯性，它也会对以后的谈判气氛及人际关系产生作用，进而影响谈判的实质内容。

谈判者在这个阶段要充分地发挥"个人影响"的作用，并把当初的个人间的影响力带到谈判桌上去。个人的影响力既可以通过自己发挥，也可以通过集体来制造。

按照礼仪习惯的要求，谈判各方人员在初次见面时，会首先私下互相交谈一番，然后才开始处理谈判中的实质问题。如果他们对将要讨论的问题以及大致的途径没有一个基本的了解便匆匆开谈，彼此之间就会产生不安或不信任的情绪。

如果谈判者们彼此已经站着交谈了一会儿，并开始走向各自的座位，那么预示着正式谈判开始的信号。当谈判者们入座后，会用短暂的时间整理一番文件，调整自己的座位环境，几分钟后，这个必要的过程将结束。随之，主谈人会作首次发言。发言人必须充分地利用这段宝贵的短暂时间，把主要的问题阐述清楚，以使各方明确所要达到的目标以及为此而须共同合作的途径。如果漫谈开去而没有形成主题，主谈人的形象与能力就会受到与会者的怀疑而对主谈人以后的工作不利。

谈判者(尤其是主谈者)要努力营造一种易使各方意见趋于一致的意向，创造出和谐的开场气氛，并逐步引导谈判过程向达成共识的方向发展。为了做到这一点并取得良好效果，谈判者可以施展一些技巧，首先尽量将对方肯定会同意或基本会同意的问题提出来征询对方的意见。如"我们双方的领导人已就这些问题达成了原则协议，今天我们可否进一步讨论一下实现这些协议的具体安排？""我想我们可否先讨论一下程序的安排，您认为呢？""我们知道这次会谈还只是摸底性质的——是为了互通一下各自的基本立场，您是否也这样看？"等。

在开始接触阶段，谈判者不要仅凭自己对对方的第一印象行事，也不要立即对对方的某些立场做出反应，而应多了解对方立场背后的需求和制约这些需求的条件，只有充分摸清对方底细后，发言才有力量。

【案例 11-11】沉默的策略

一位谈判专家替他的邻居与保险公司交涉一项赔偿事宜，他用沉默的策略获得了意想不到的效果。

保险公司的理赔员首先发表意见："先生，我知道您是交涉专家，一项都针对巨额款项谈判，恐怕我无法承受你的要价。我们公司若是只付 100 美元赔偿金，你觉得如何？"谈判专家表情严肃，沉默不语，因为他的经验告诉他，对方提出第一个条件之后，还会有第二个、第三个……

理赔员果然沉不住气，说："抱歉，请别介意我刚才的提议，再加一点，200 美元如何？"

又是长久的沉默之后，专家表态："抱歉，这个价钱没法接受。"

理赔员接着说："好吧，那么 300 美元如何？"

谈判专家沉思良久，理赔员显得有点慌乱，他说："好吧，400 美元。"

又踌躇了一阵子，谈判专家才慢慢地说："400 美元？……喔，我不知道。"

"就 500 美元吧！"理赔员痛心疾首地说。

就这样，谈判专家只是重复他良久的沉默，重复他严肃的表情。最后，理赔在 950 美元的条件下达成协议，而他的邻居原来只准备得到 300 美元的赔偿金。

四、磋商阶段

磋商是谈判过程的核心内容。在磋商阶段谈判各方将经过讨价还价达成某种程度的妥协。这个过程可以通过面谈进行，也可以通过书面形式或其他形式进行。

谈判者在这个过程中，一方面要争取获得尽可能多的利益，另一方面又要设法让对方从中得到尽可能大的满足。也就是说，在磋商阶段，应本着双赢原则。在开始磋商时，谈判者要明确：首先对方开出的条件的背后原因是什么；其次还要对谈判形势做出判断。

在谈判中，谈判者必须清楚对方在该问题上的态度和期望，首先要搞清楚对方报价的内容的真实含义。然后，谈判者需要将对方的利益和我方的利益有机地联系起来，以满足对方的某些利益或制约、牵制对方的某些利益为手段，以实现我方的利益为目的。为此，谈判者必须研究哪些东西对于对方来说是必须要得到的，而哪些东西是对方希望得到但不是非得到不可的，对方在哪些问题上必须做出让步，哪些方面可以做出让步等。

对上述问题理清思绪后，谈判者可以进入对谈判形势的判断。这时需要弄清楚的是：双方有无实质上的分歧，对方的真实立场是什么，自己应该做出的第一个决定是什么。

正式谈判是谈判过程中最紧张激烈的阶段，当然也可能在谈判高手的操纵下变得极富艺术性。谈判中的讨价还价的过程比较复杂，手段也变化多端，一种姿态、一种评价、一种要求、一种新的建议、一种安排都可能分别构成讨价还价的手段。面对分歧，是急于解决这种分歧，还是保留这种分歧，甚至利用这种分歧，谈判者的经验和远见在这个问题上反映最直接。

总的来说，磋商阶段的礼节性与对抗性、主动性与客观性、进取性与重复性的对立特征比较突出。谈判者必须善于在激烈的心绪当中完成对问题的思考和判断，这个阶段的工作，除了准备工作的影响外，谈判者的知识水平、谈判经验、外部环境的配合或干扰，都有极大的影响。

五、小结或休会阶段

在谈判中小结或休会是非必然的过程，但并非所有的谈判一定要经历这个阶段。只有当谈判中需要清理局面，重造气氛，各方修改交易条件，或需要第三方介入调解时，这个阶段才有意义。

通过小结，一方面既可理顺前面已形成的积极成果，并适时地加以引导，又可消除某些混乱的局面。在谈判过程中，因为各方的立场对立，翻译人员的误导，文字交流的歧义，谈判人员的言行，或谈判形式的影响，都可能会使谈判复杂化，这时就需要通过及时的小结来进行清理。另一方面，只要双方有合作的诚意，那么无论谈判怎么复杂，总会取得某些结果，有经验的谈判者会抓住那些谈判中已经形成的共识，及时总结引导，既为后续谈判打好基础，又可通过清理把对手的承诺记录下来成为文字化的成果。

但有时谈判各方在某些问题上不能达成一致意见，又无权修改自己提出的条件；或在谈判过程中出现了新的形势或新的问题，谈判者不能控制或无权解决；或谈判陷入僵局，各方按现行办法行事无法打开或摆脱僵局；或一轮正常谈判结束后，无论其有无成果，双方需要向各自的上级汇报情况等。在这些情况下，谈判需要有一个暂停的时间，休会是暂停谈判较好的形式。休会以后，双方可以依照约定的时间另行复会，也可以宣布无限期休会，待将来形势变化或条件成熟后再复会。休会可以是共同的行为，也可以是单方面的行为。

在休会期间，谈判者必须积极地寻求解决问题的新办法、新途径，而不应被动地等待环境的变化。比如举行更高级的领导人会晤，或引入第三方，或求见对方高级管理人员，或更换谈判代表，或设法改变谈判环境条件等。

六、终结阶段

终结阶段是谈判的最后阶段，它标志着谈判即将结束。这个阶段的到来有一些特别的信号，谈判者要善于识别。对这种信号准确的识别，有助于谈判者做好相应的扫尾工作，集中精力处理并巩固好最后的成果。一般地说，谈判者对于交易条件、谈判时间、谈判策略的某些变化要有职业的敏感，这三种信号极有可能意味着对方的某些暗示或谈判过程的阶段性转换。

交易条件发生变化时，谈判者要注意以下几个问题。

1. 经过磋商之后，还有多少分歧

如果分歧基本消除，或只剩下极少数几个分歧点，而当这些分歧允许保留或无法最终消除时，可以判断终结阶段已经到来。

2. 交易条件是否已经成熟

交易条件基本成熟的标志是它已经满足了谈判各方的最低要求。谈判者从本能上说，都希望争取到最佳的成交条件，然而由于对方的对抗，谈判者不得不从谈判的可行性上考虑其要求的折中程度。因此在实际中，只要对方所同意或认可的交易条件总体上已经达到本方的内定要求，则可以认定终结阶段已经到来。

3. 谈判各方对谈判活动的态度及其评价是否一致

这种一致性既可以在"广泛的原则问题上"达成，也可能在"协议的条款的认识上"已经取得一致。如果是在原则上的一致，就可能因留有"尾巴"而引起新的谈判，而协议认识上的一致可以表明已经在各方之间达成了一揽子的、完全的、最后的一致。这时，可以认为终结阶段已经到来。

谈判时间是另一种极有利用价值的手段，也可以作为判断终结阶段到来的参考。谈判时间对所有谈判者并不都是公平的，有的谈判者时间充裕，压力小；而有的谈判者却受到时间的无情压力。谈判时间包括了所需时间、所耗时间、所限时间和可以有效把握的时机。

所需时间是由谈判双方或各方共同约定的。许多谈判在事前就由各方的谈判人员安排了时间，然后根据安排的时间来确定谈判的议程及人员安排。当所定的时间用完时，谈判就应该结束。双方约定谈判时间的做法有利于各自的组织和准备工作，也可以给彼此创造一种平等的环境。为了达到预期的谈判效果，谈判双方的配合尤其重要。在彼此缺乏信任的情况下，以约定时间的方式谈判，难以取得较好的结果。

所限时间是谈判一方出于自身的要求而给对手限定的谈判时间。单方面给予对方的谈判时间限制可能是出于自身国家的政策所限，也可能是给对方施加压力。通过单方面限时的办法也可以判断终结阶段的到来。谈判者对于单方限时的谈判是否认可，关键要看其是否符合自己的谈判目标。特别应注意对手以时间作为施加压力的手段。

谈判者应针对对手的具体情况，制订比较客观的对策。当对手以时间压你时，应利用其对"时间"的要求，向其寻求更好的交易条件，以这种条件来换取本方在时间上的配合。当然有时单方面提出限时要求也许是对方出于被迫无奈之举，谈判者若趁机挤压对手，也不一定能取得好的效果。

谈判策略的某些变化，可以作为终结阶段的信号。当谈判者经历一些谈判之后，会发现每当谈判快结束之时，各方的谈判者们总会在谈判策略上作一些明显的调整。这些调整的目的，是企图做出最后的努力以争取尽可能大的收益，例如谈判者在谈判中以不妥协的姿态或以破裂相威胁，迫使对方做出让步，这种策略常常出现在"最后表态"上，同时往往会附有某些说明或行动上的配合。这种信号可以视作终结阶段的到来，如"我们的基本态度及合作的诚意已经充分地说明了问题，希望你们能给予最后的答复。""鉴于我方已无法再让步，我们准备乘明天上午 10 点的飞机离开这里回国。"这些信号的特点在于，它们并没有把恢复谈判的大门关死，但是要以对方让步为先决条件。

还有一种信号是可以识别出来的，即当双方的交易条件或立场间相距有一段距离时，谈判的某一方会在经过一系列的磋商努力后，提出一种使双方折中的中间条件作为建议，以显示自己的最后让步和公道。

有一种策略的变化具有特殊性，即在谈判各方难以互相让步，交易条件差距太大，但各方又都意识到谈判不能破裂，或不愿破裂时，谈判的某一方或各方会将谈判的现状"冻结"起来，既不回避它，又不讨论它。各方会以礼貌的态度保持彼此间个人的关系，设法或等待谈判形势的某些变化，寻求新的解决途径和办法。在这种情况下，可以认为谈判终结阶段已经到来。未来是否还能重开谈判或就此作为终局而结束，全待形势的变化及谈判者对这些变化的把握了。

从表现形式看，终结可以表现为：成交、破裂、中止。不管是哪一种表现形式，在该阶段的结果都被看作是"最后"的。除非能重新发展新一轮的谈判，这种结果不会有大的变化。谈判者要重视这个阶段的文字处理和后续工作。成功自然欢喜，破裂也不足为怪，谈判者应经得起考验。常胜将军是不存在的，所要注意的是尽量少犯错误。要给对手面子，不要因一场谈判而将未来的道路堵死。

【案例 11-12】荷兰某精密仪器生产厂与中国某企业之合同价格条款谈判

(详细内容请见课件对应内容。)

第四节 谈 判 技 巧

一、谈判语言

在谈判活动中，最常见的谈判语言可以依照其表达形式的特点和谈判领域的性质进行分类，不同谈判语言的特征决定了它们的运用范围和运用要求。

(一)谈判语言分类

1. 依照谈判语言表达形式的特点分类

这类谈判语言分为 4 种：口头谈判语言、电话谈判语言、书面谈判语言、函电谈判语言。具体为：

(1) 口头谈判语言。口头谈判语言是最直接、最灵活、运用最普遍的谈判语言。它在谈判活动中能及时地、充分地表达出谈判者的要求、愿望或意图。无论是正式谈判还是非正式谈判、公开谈判或秘密谈判，以及其他任何类型的谈判均可以运用口头谈判语言进行。

(2) 电话谈判语言。电话谈判语言与口头谈判语言的差异是：口头谈判语言一般是在谈判者面对面的场合使用，而电话谈判语言则通常(特殊场合除外)不是在谈判者面对面的场合使用。因此，电话谈判语言是一种间接的口头谈判语言，电话谈判语言运用的好坏直接关系到它能否反映所需的信息量。

(3) 书面谈判语言。以文件、规定、纪要、摘录、资料、说明、印刷品等形式表达谈判意图或条件的语言皆是书面谈判语言。它的特点是严谨、正式感强、灵活性差。采用书面谈判语言难以表达情感以外的行为语言信息，对于决策性失误(如表态过火、承诺过多等)难以挽回。对书面谈判语言的运用必须十分慎重。

(4) 函电谈判语言。函电谈判语言是一种特殊的书面谈判语言。但是它除了具备书面谈判语言所有的特点以外，还具有因函电传播媒介性质所引起的、与邮政及电信技术进步程度相对应的特点，如精练(尤其是商务谈判函电普遍采用标准化的简洁的发盘及磋商用语)、保密性好(以先进的密码编译系统为手段)等。函电谈判语言的运用范围正日益扩大。

2. 依照谈判领域的性质分类

由于谈判领域的差异，不同性质的谈判活动形成了与之相适应的专业化的用语。这些语言有的运用面广，有的运用面窄。具有代表性的是以下几种：

(1) 外交语言。外交语言的特点是礼貌、委婉、注重辞令。外交语言由于语言环境的变化，致使其并不显出极端。任何时候，外交语言都是留有余地的。外交语言随着交往的对象、级别、议题的不同而有差异。在运用上，外交语言有助于营造谈判气氛，树立形象，争取对方(尤其是个人)态度的转化。由于外交语言要受到国家政策、国家关系、国家政局等背景条件的影响，因此对说话者的政策水平、文化素质、人格形象、语言修养的要求较高。

(2) 商务语言。商务语言泛指与"交易"有关的技术专业术语，如价格术语，运输、保险、税收、产权、商检、经济及法律等方面的用语，也包括某些习惯性的商务语言。商务语言极其注意交易内容、权利与义务、债权与债务、时间与空间、定性与定量的表达形式。商务语言从实质上讲，带有明显的偏向性，但从表达方式上看，却非常注重"公平"和"道理"。

(3) 政治语言。政治语言明显地带有意识形态的特征，它往往表达的是组织、政党、国家的政治纲领、方针政策。政治语言对语言环境的要求十分严谨。

(4) 司法语言。司法语言的语言基础是立法，即法制的健全程度和法律条文的清晰程度。法制越健全、法律条文越清晰，司法语言就越严谨，反之，就越灵活。

不论是哪种谈判语言，又都依照其语言性质的不同分为强硬(进取性)语言、折中语言与软弱(让步性)语言。还依照其运用的目的与要求的不同分为合作性语言、磋商性语言、竞争性语言、暗示性语言、辩论性语言、交际性语言、保密性语言、欺诈性语言等。这些语言都与某种谈判思维方式和谈判策略相联系，并以特定的方式反映着谈判者的思维活动及其意图。

(二)影响谈判语言运用的主要因素

影响谈判语言运用的主要因素有以下12个方面：①谈判领域的差异，如政治谈判领域、外交谈判领域、商务谈判领域、法律工作谈判领域、教育工作谈判领域、服务工作谈判领域等在内容、要求、目的、对象、范围、影响力等方面的差异。②谈判活动的性质，如对抗性谈判与协调性谈判、竞争性谈判与合作性谈判、调停谈判与仲裁谈判、正式谈判与非正式谈判等性质的不同。③谈判各方的力量对比，如实力的强与弱、变化的大与小、环境的优与劣等。④谈判各方的谈判策略。⑤谈判者的文化修养及知识水平。⑥谈判者彼此的熟悉及了解程度。⑦谈判者彼此的个人私交。⑧谈判者自身的心理状态。⑨谈判者的个人谈判风格。⑩谈判者的风度及原先给对方的印象。⑪谈判者的权力大小。⑫谈判者扮演的谈判角色。

【案例 11-13】萨克斯说服罗斯福总统

(详细内容请见课件对应内容。)

【分析】说服是综合运用听、问、答、叙、辩和看等各种技巧，是最具有挑战性的工作。取得他人的信任，使对方"认同"。站在他人的角度设身处地谈问题，创造出良好"是"的氛围。说服用语要推敲，维护对方的面子和尊严。

(三)谈判语言的表达要求

由于谈判语言影响因素的差异，不同的谈判活动中运用的谈判语言截然有别。但不管采用何种谈判语言，都必须注意下述要求。

1. 文明礼貌

谈判语言必须符合职业道德的要求，能够显示出谈判者的语言修养和职业道德修养，无论在任何情况下，绝不能口出污言秽语，攻击侮辱对方人格。罗斯福在当选美国总统之前，曾在海军里担任要职。有一天，一位朋友向他打听海军在加勒比海一个小岛上建立潜艇基地的计划。罗斯福向四周看了看，压低声音问："你能保守秘密吗？"那位朋友回答道："当然能。"罗斯福笑着说："那么我也能。"

【案例11-14】最后的友谊

中日出口钢材谈判中，尽管我方提出了合理报价，经过反复磋商，仍未与日方达成协议，眼看谈判要不欢而散。我方代表并没有责怪对方，而是用一种委婉谦逊的口气，向日方道歉："你们这次来中国，我们照顾不周，请多包涵。虽然这次谈判没有取得成功，但在这十几天里，我们却建立了深厚的友谊。协议没达成，我们不怪你们，你们的权限毕竟有限，希望你们回去能及时把情况反映给你们总经理，重开谈判的大门随时向你们敞开。"

日方谈判代表原认为一旦谈判失败，中方一定会给予冷遇，没想到中方在付出巨大努力而未果的情况下，一如既往地给予热情的招待，非常感动。回国后，他们经过反复核算，多方了解行情，认为我方提出的报价是合理的。后来主动向我方投来"绣球"，在中日双方的共同努力下，第二次谈判取得了圆满成功。

【分析】在多数谈判人员带有一种签约式的谈判观念，即他们把通过谈判而成功签订合约作为最终目标，而不是作为一项合作项目的开始，这种观念很容易带来的一个问题，就是谈判中过于重视眼前利益；而把签约作为建立长期健康合作关系的开始，则会使双方有更多的让步空间，并且使双方更加注重合作的重要性。

由于我方重视长期的合作，所以能够明智的对待本次谈判的"失败"，并最终利用这次谈判的"失败"，促成了最终谈判的成功。

【案例11-15】不要急于反驳对方

一天，一位客户突然专程赶到迪特公司，声称他接到一份通知，催他归还欠迪特公司的15美元的欠款。这使他非常恼火，因为他从不欠这个公司的款项，而且还是这么少的一笔。同时，他生气地告诉经理，以后再也不买这个公司的产品了。迪特先生耐心地倾听，让他讲过痛快，最后感谢他专程来芝加哥提意见，承认错误可能在公司方面，很大度地向他推荐其他公司，并按惯例请他吃饭。结果，这位客户不仅消了气，反而又在这个公司签了一大笔订单。回去后他重新检查了自己的账目，发现有一张放错了位置，正是这15美元的账单，他马上给公司寄了一张支票，并附上一封道歉信。

【分析】如果迪特更加严厉地指责对方，并拿出证据让他下不了台，后果会怎样？

2. 清晰易懂

谈判者必须注意口音的标准化或采用对方能听清、听懂、理解的口音；用词要避免"黑话"、生造、歧义；在有中介人或翻译在场的时，还应注意与他们的信息传递，消除或减少信息失真。

3. 流畅大方

谈判者必须根除结巴口吃、吐舌挤眼、语不断句、嗓音模糊、大声吼叫等不良习惯。谈判者在运用谈判语言的过程中应当培养自己良好的语言习惯。对于不健康的语言，应理智地、明白地、幽默地给予批评；对于某些恶意挑衅性语言，应坚决地、果敢地、无情地予以反击。

(四)谈判语言的辅助手段——姿态与风度

谈判者初始给人的第一印象至关重要。优秀的谈判者应当注重自己的姿态与风度。首先是仪态应与谈判活动的内容和性质相适应。在实际生活当中，服饰仪表对于不同的人有不同的效果，如为了美化自己，炫耀身份，炫耀财富，或为了遮羞御寒。对谈判者来说，服饰还应与其从事的职业和地位、素质相适应。服饰与仪态是一个有机的整体，它反映着一个人的审美情趣和文化修养。其次，谈判者在说话的过程中还应当注意对方的反应，与他们交流感受，观察他们的情绪波动和感情变化，随时做出适当的姿态以赢得对方的信任。很多谈判者的经验告诉我们无声的交流和感情的力量远远超过了语言的力量。

谈判者的姿势(体态)可以传达某种信息：歪头斜肩、伸脚舞腿、吊鞋抖身，这肯定是个自律性差、不爱整洁的人；战战兢兢、慌张不定、两脚打颤，说明这个人缺乏自信心；昂首挺胸、步履稳健、风度十足，这种人信心百倍，给人以信赖感。

老练的谈判者极其善于运用表情和手势来增强讲话的效果。谈判者生动的面部表情会有效地感染对方，甚至手势也会影响对方的情绪。须注意的是：表情要符合于特定的环境要求，手势也应自然，不要给人以做作的感觉。如果参与谈判的人数较多，那么讲话者的手势就应明显一些。

除此之外，直接的目光接触是谈判者说话时感染对方的一个重要方式。谈判者目光接触的时间通常为一秒钟。如果短于这个时间，谈判者就会失去一个让对方感受你的自信心的手段；如果目光停留在某一个对象身上的时间过长，就会让对方感到不舒服，甚至使双方都感到不自在。

【案例 11-16】一个农夫在集市上卖玉米

(详细内容请见课件对应内容。)

【分析】谈判时要在双方遇到分歧时面带笑容，语言委婉的与对手针锋相对，这样对方就不会启动头脑中本能的敌意，使接下来的谈判不容易陷入僵局。公关谈判中并非张牙舞爪，气势夺人就会占据主动，反倒是喜怒不形于色，情绪不被对方所引导，心思不被对方所洞悉的方式更能克制对手。农夫就充分运用了语言的艺术，利用不同的表述方式，反映了问题的不同方面,从而使问题由不利转向有利。谈判的关键就是如何达成谈判双方的心理平衡,达成协议的时候就是双方心理都达到平衡点的时候。

二、有效地倾听

倾听不是简单地指能听见讲话者的话就行,也不是指单一地静听对方的话而无任何的信息反馈。谈判学对于谈判活动中的倾听的解释是广义的,倾听是指听话者以积极的态度,认真、专注地悉心听取讲话者的陈述,观察讲话者的表达方式及行为举止,及时而恰当地进行信息反馈,对讲话者做出反应,以促使讲话者进行全面、清晰、准确的阐述,并从中获得有益信息的一种行为过程。倾听有如下几项基本要领:

(1) 专注。谈判者无论其扮演的角色在行为上的要求如何,内心必须时刻保持清醒和精神集中。卡洛斯指出,一般人听话及思索的速度大约比讲话快四倍,故在听取他人讲话时,多余的时间切不可用于其他方面,而应用在反复思考上。应努力排除环境及自身因素的干扰。

(2) 注意对方说话方式。对方的措辞、表达方式、语气、声调,都能为你提供线索,去发现对方一言一语背后隐喻的需要。

(3) 观察对方表情的变化。察言观色,是判断说话者的态度及意图的有用的辅助方法,但不可把其当作唯一可靠的方法。

【案例 11-17】倾听和谈话一样具有说服力

有一家美国汽车公司,想要选用一种布料装饰汽车内部,有三家公司提供样品,供汽车公司选用。公司董事会经过研究后,请他们每家来公司作最后的说明,然后决定与谁签约。三家厂商中,有一家的业务代表患有严重的喉头炎,无法流利讲话,只能由汽车公司的董事长代为说明。董事长按公司的产品介绍了产品的优点、特点,各单位有关人员纷纷表示意见,董事长代为回答。而布料公司的业务代表则以微笑、点头或各种动作来表示谢意。结果,博得了大家的好感。

会谈结束后,这位不能说话的业务代表却获得了 160 万美元的订单,这是他有生以来获得的最大的一笔订单。事后他说,他过去都是按照自己的一套办法做生意,并不觉得让对方表示意见比自己头头是道地说明更有效果。

【分析】耐心听对方说话,可以给对方满足感,激发对方的表达欲望。

【案例 11-18】多听对方的意见

(详细内容请见课件对应内容。)

【分析】多听对方的意见有助于发现对方不愿意表露的,或者没有意识到的关键问题。从中发现对方的出发点和弱点,找出关键点,这样就为你说服对方提供了契机。还有,有时肢体动作和表情可以表达出比说话内容更真实的内容。

【案例 11-19】电影《中国合伙人》中的谈判情节分析

(详细内容请见课件对应内容。)

【分析】在此次成功的公关谈判中，综合两次谈判过程，他们合理运用了先苦后甜、抛砖引玉、避实就虚、察言观色等策略。充分地表现了三人的合作能力。

(4) 证实。对于听到的陈述，特别是关键性问题，即使是听懂了，也可通过恰当的方式进一步证实，切不可自以为是。

(5) 不以一个人的外表或说话技巧来判断其能否讲出值得你听的话语。

【案例11-20】以友为敌下台阶

有一次，中、美两家公司进行贸易谈判。美方代表依仗自己的技术优势，气焰嚣张地提出非常苛刻的条件让中方无法接受，谈判陷入僵持状态，无法继续进行下去。这时，美国代表团中的一位青年代表约翰·史密斯先生看不下去，站起来说："我看，中方代表的意见有一定的道理，我们可以考虑。"美方首席代表对这突如其来的内部意见感到十分恼火，对约翰说："你马上给我出去！"约翰只得退出会场。这时谈判会场更是乌云密布，会谈随时都会破裂。但此时美方的另一位代表向首席代表进言说："是不是考虑一下，约翰说得也有些道理。"美方首席代表皱着眉头很勉强地点了点头。中方代表看见对方有些松动，就做了一些小让步，使会谈继续下去，取得了较好的结果。

【分析】人们在为史密斯先生抱屈的时候是否想到，这一切都是美方预先设计好的策略。在表面上美方首席代表好像把自己人约翰·史密斯当成了敌人，但他的实际目的是利用这枚棋子，使谈判在破裂的边缘上及时止步，并使中方自愿做出进一步的让步。

(6) 在未弄清对方全部的、真实的意图之前，不可贸然向讲话者提刁难性的问题或进行反驳。

(7) 通过某些恰当的方式(如鼓励、点头、目光、赞赏等)促使讲话者阐明其真意。

(8) 学会忍耐。对于难以理解的话，不能避而不听，尤其是当对方说出你不愿意听、甚至触怒你的话时，只要对方未表示说完，都应倾听下去，切不可打断其讲话，甚至离席或反击，以免上"钩"。

(9) 对于不能立即回答的问题，应努力弄清其意图，可表示"理解"或"记住了"，切忌匆忙表态，而应寻求其他的策略来解决。

(10) 利用录音或笔记，不要过分相信自己的理解力和记忆力。

三、提问的技巧

1. 了解提问的方式

提问的方式一般分为两种，一种是闭合式提问，凡是回答可以控制或与提问者预料的结果接近的提问都是闭合式提问；另一种是开放式提问，凡是回答不可控制的或无法预料回答结果的提问都是开放式提问。两种提问方式常常是相互补充的，其作用各有所长。

2. 把握提问的时机

许多谈判学家认为提问的时机包括几方面的要求：一是当对方正在阐述问题时不要提问，"打岔"是不尊重对方的表现。二是在非辩论性场合应以客观的、不带任何偏见的、不具任何限制的、不加暗示的、不表明什么立场的、暂不承担什么义务的陈述性语言提问。

三是在辩论性场合要先利用闭合式提问证实对方的意图或论点，然后再用其他提问方式，否则提问很可能不合时宜而招致对方拒绝。四是有关重要问题要事先准备好(包括提问的条件、措辞、由谁提问等)，并设想对方的几种答案，针对这些答案设计好己方的对策。五是新话题的提问不应在对方对某一个问题还谈兴正浓时提出，应诱导其逐渐转向。

3. 考虑提问的对象

提问应与对方的年龄、职业、社会角色、性格、气质、受教育程度、专业知识深度、知识广度、生活经历等相适应；对象的特点决定了我们提问是否应当率直、简洁、含蓄、委婉、认真、幽默、周密、随意、严肃等。

4. 分清提问的场合

分清是公开谈判还是秘密谈判，是个人间谈判还是组织间谈判，是"场内"桌面上谈判还是"场外"私下谈判，是质询还是演讲等，要求提问者注意环境场合的影响，以便把握好提问的效果。

5. 注意提问的方法

常用的提问方法有：一般性提问、诱导性提问、直接性提问、间接性提问、探索性提问、陈述性提问、强迫选择性提问、多主题提问、反诘性提问等。

【案例 11-21】步步思量，巧谈震慑

(详细内容请见课件对应内容。)

四、回答的技巧

如果我们要回答对方的提问，应尝试以下技巧：

(1) 如果你想让对方明确地知道你的回答，其技巧是：简洁。

(2) 如果你暂不清楚对方意图而又必须回答时，其技巧是：回答之时加上许多假设条件，且让这些条件尽量地不现实。

(3) 如果在谈判中你的回答出现漏洞，不要惊慌，其补救的技巧是：责备第三方的错误或归咎于双方政策，或声称"也许还有一些我不知道的原因"。

(4) 如果对方抓住你回答的弱点，并以此要你做出答复时，其技巧是：对这个弱点进行一次判断，如果它于大局无妨，则可来一个自我欣赏，避免强辩。

(5) 如果你回答之后，发现事关重大，且本方承诺的义务太多，与相应的权利不相平衡，不要表现出后悔，其技巧是：迅速将本方的承诺与要求对方的条件联系起来，并让该条件尽量苛刻，而使对方难以接受。

(6) 运用沉默。当需要对方做出选择时，不要着急，可以运用积极的表情、期待的目光、沉默的态度迫使对方做出反应。

【案例 11-22】沉默稳定，后发制人

1956 年，美国与苏联最高领导举行谈判，赫鲁晓夫自恃比艾森豪威尔聪明、有魄力，结果闹出了大笑话。在谈判中，不论赫鲁晓夫提出什么问题，艾森豪威尔都是表现得糊糊涂涂，总是先看他的国务卿杜勒斯，等杜勒斯递过纸条后，艾森豪威尔才慢条斯理地回答。赫鲁晓夫当场讥讽说："美国谁才是最高领袖？是艾森豪威尔还是杜勒斯？"从表面看，赫鲁晓夫显得非常机敏、果敢，经常口若悬河，滔滔不绝，而艾森豪威尔在谈判中隐忍不发，既及时获得助手的忠告，又为自己赢得充分的思考时间，避免了急中出错。(资料来源：编者根据相关资料整理编写)

(7) 如果出现表达的原则性错误，可以运用两种办法来挽回影响：一是中途更换谈判者，让继任者寻找理由否认前任谈判的表态；二是由上级出面否定该错误表态，不论是在对方所在地还是事后在本方所在地谈判，上级均可以在当时或事后出面否定谈判者的意见。如可以说："这只能代表他个人的意见""我们在这方面未授权他表态""该先生另有重要任务准备离开，由上级主管者来谈判"等。

五、叙述的技巧

叙述与回答的差别在于：叙述并不一定要针对提问而言。即使对方不提问，谈判者也可以根据需要介绍一些情况。谈判者在叙述时应注意对方注意力的变化，尽量充分利用对方注意力集中这段宝贵的时间，把重要的问题阐述清楚。

在叙述时，谈判者如果无法避免使用专业术语，一般都应给予解释。这样做的理由，一方面可避免各方对于专业术语理解的差异，另一方面可为以后的谈判在必要时再次引用该专业术语打下基础。如果叙述时还涉及数值(如价格、运费、兑换率、赔偿额、日期、技术标准、产品数量、产品型号、产品等级等)，应做到准确无误，尽量不要在这些数值前面加上"大约""可能""估计"之类的词语。

经验丰富的谈判家，绝不会因谈判成功而忘乎所以，或因谈判失败而垂头丧气。无论谈判的结果如何，在谈判结束之时，他都能给予对方正面的评价，而不会以否定性的叙述来评价谈判。这样做对参与各方都有一定益处。

叙述语言最好是中性的、客观的、礼貌的。要避免采用偏激的、主观的、粗俗的语言。如对外谈判时不宜采用意识形态分歧较大的语言："资产阶级""反动派""剥削者""花花公子""发横财"……或代替对方叙述："你的立场只不过是……""我认为你们的利益也不小""太便宜了"，或采用黑话、粗话、俗语中可能引起不雅或误解的词，这些都应努力避免。

六、幽默的应用

在谈判活动中，幽默有助于创造和谐的谈判气氛，可以使批评变得委婉友善，有利于避免尴尬，可以增加辩论的力量、避开对方的锋芒，并为谈判者树立良好的形象。因此，在谈判桌上，应尽量应用幽默这种特殊的技巧，但要注意轻重场合。

【案例 11-23】幽默婉拒

有一个时期，苏联与挪威曾经就购买挪威鲱鱼进行了长时间的谈判。深知贸易谈判诀窍的挪威人，卖价高得出奇。苏联的谈判代表与挪威人进行了艰苦的讨价还价，挪威人就是坚持不让步。谈判进行了一轮又一轮，代表换了一个又一个，仍然没有结果。后来，苏联大使柯伦泰使用了幽默的拒绝法赢得了谈判的成功。

她对挪威人说:"好吧! 我同意你们提出的价格,如果我国政府不同意这个价格,我愿意用自己的工资来支付差额。但是,这自然要分期付款,可能要我支付一辈子。"

挪威的绅士们从来没有遇到过如此高明的谈判对手,堂堂绅士能把女士逼到这种地步吗? 因此,在忍不住一笑之后,就一致同意将鲱鱼的价格降到最低标准。而柯伦泰采用幽默的谈判手段完成了她的前任们历尽艰难也没有完成的谈判。(资料来源: 陈莞《实用谈判技巧》经济管理出版社)

【案例11-24】《三国演义》中的公共关系谈判艺术

(详细内容请见课件对应内容。)

第五节　跨文化公共关系谈判

一、跨文化谈判的特殊性和原则

跨文化的公共关系谈判由于涉及不同国家地区文化的方方面面,如各国的风俗习惯、思维模式、价值观差异等,故在进行跨文化谈判时,首先应了解对方的文化背景,以免出现误会和尴尬。

互相尊重、彼此坦诚是进行跨文化公共关系谈判的重要原则。如谈判双方存在地域文化差异,尤其是中西方差异时,彼此应多多站在对方角度考虑问题,尊重对方的文化习惯和价值观念,在和平基础上达成协议。

二、世界各国与地区的文化及谈判风格

1. 英国

英国人由于过去曾有的辉煌而在谈判中显得傲慢、保守、机械和推崇绅士风度。他们不习惯于在公共场合表现自己且会与其他人保持一定的距离。他们从不把个人关系与生意上的关系相混淆,所以生意上的事情是第一位的。

在开始谈事情时,他们倾向于保守沉默,但随着谈判和彼此了解的深入,他们会逐渐地与对方接近。英国人很注重理解和仪式,其在谈判开始前的相互问候和客气谦让有时可能持续两个小时。英国人在谈判中的风格表现为平和、平衡、自信、谨慎但缺乏灵活性。

2. 德国

德国人的谈判风格是冷静、勤奋、自信、傲慢、缺乏灵活性和追求完美。他们对事情一向认真、谨慎,这一点也可以从他们非常重视自己的衣着上反映出来。他们非常崇尚个性化,因此,在谈判中,个人意见和能力被认为是十分重要的因素。

德国人常常把谈判前的准备工作做得很充分,研究和收集必要的背景资料,包括产品性能、质量、对方的业务经营情况。在进入会议室之前,他们要对谈判做出详细、认真的安排。所有这些努力使他们在谈判一开始便可以占据主动地位。德国人严格地遵守谈判的

日程和时间安排，因此，他们不会信任那些不遵守时间的合作伙伴。此外，他们对自己的产品感到非常骄傲而很少在谈判中做出让步。

德国人有重合同讲信用的传统，他们认真对待谈判中的每一个细节，并且总是试图把所有的问题解决后才签合同，正是由于这一原因，他们也非常严格地执行所签订的合同。

3. 法国

法国人天性热情乐观，充满幽默和浪漫，同时还是爱国主义者。他们认为在生意场上友谊是重要的，因此，在没有建立起友谊和信任关系之前，他们不会签订重大合同。法国人有很强的民族文化意识，这一点从他们要求使用法语来进行国际谈判上可见一斑。

在谈判前，他们会认真地做好准备工作，但他们经常以较为轻松和随便但富有逻辑性的话题开始对话。法国人认为享受生活与他们的工作同等重要，所以应当注意避免在假期来临时要求与法国人进行谈判。

4. 意大利

由于历史和地理的原因，意大利人在谈判中表现得非常独立并且以自我为中心。他们不喜欢与外部世界接触。意大利的领导们具有教条、不灵活和独断专行的特点。在谈判中，他们有时会表现出情绪化、易变和喜好争论。

5. 西班牙

西班牙人在谈判中通常表现出傲慢和高高在上。他们敬重信誉和合同。在西班牙，生意谈判经常是在宴会的餐桌上进行，并且宴会常常持续到午夜。

6. 北欧国家

北欧包括挪威、瑞典、芬兰、丹麦和冰岛。由于北欧国家所具有的新教徒的传统和室内文化的特点，这些国家的人们习惯上强调事物的技术性能，重视数字表达和强调试验的结果。总体上说来，北欧人独立性强，对人礼貌，性格直率、活跃，喜爱和平，但是他们也十分固执，他们不会轻易改变已经决定的事情。他们在谈判中善于提出有创意的提案，同时坚持自己的提案，不轻易动摇。如果在谈判的过程中接到去洗桑拿的邀请，那么这一定是一个令人鼓舞的表示。

7. 俄罗斯

俄罗斯人热情好客，坚强而且固执。与他们做生意最关键的一点是建立良好的人际关系。俄罗斯人办事严重依赖关系网络，因此在与他们做生意前非常有必要通过直接或间接的关系与对方建立联系。俄罗斯人非常善于使用谈判策略，善于与人讨价还价。他们从来不接受对方的第一次发盘，无论这个价格有多低。

8. 美国

美国人十分开朗、充满信心、幽默善谈、追求实效、喜欢冒险。在谈判中。美国人表现得外向，直截了当而且坚定自信。他们坚决实施自己的谈判目标，非常注重效率，并且愿意采用一揽子谈判方法并达成一揽子谈判交易。他们一般不太重视谈判前人际关系的建立，他们的想法是好的商业关系会带来好的人际关系，而不是先建立个人关系。美国人强烈的个性化特点通过他们的决策过程得到充分体现——个人有权做出决定，但同时他们也强调个人应负的责任。

9. 拉丁美洲

拉丁美洲人认为在商业活动中，人际关系是一个十分重要的因素，双方一旦建立起良好的人际关系，拉美人会毫不犹豫地帮助自己的合作伙伴。但是人们也认为拉美国家的商人在履约上的信用记录较差，因为他们常常毫无理由地推迟支付，或者利用延期等方式进一步要求降价。

10. 日本

日本人非常看重地位和规则，他们敬仰权力和崇拜自认为高贵的东西，而看不起自认为劣等的事物，他们有极其强烈的自我意识。他们非常讲究礼节，常常在轻松的谈判中讨价还价。他们有很强的时间观念，但是他们的决策过程十分缓慢，因为他们的决策过程是典型的集体通过方式，没有某个人对谈判负有全权责任，决议的过程是自上而下。决议一旦通过后其执行效率很高，因为每个人都明确自己的职责、并且都同意按照决定去行使。其他国家的谈判者常常感到与日本人打交道很困难，一个重要原因即是他们面对的不是一两个人而是一个整体。日本人在谈判中很难表现出灵活性，因为任何对他们提议中的修正都需要全体成员长时间的讨论。

与日本人谈判很关键的一点是在谈判前建立个人的友谊和信任，最有效的办法莫过于找到一个"局内人"，即所谓的"熟人"，通过他的引荐便可以与日本同行建立联系。

日本文化属于高度关联文化，日本人与人交往时喜欢用含蓄和间接的方式来表达自己。他们愿意私下讨论比较敏感的事情，并且避免在公共场合与他人公开辩论。

> **【案例11-25】发生在某跨国企业内的场景**
>
> 美国人：杉本先生，我注意到您在装配线上干得非常出色。我希望其他工人都能注意到应该怎样做事。
>
> 日本人：(感到不安)表扬就不必要了；我只是在做我的事(他希望其他日本工人什么也没有听见)。
>
> 美国人：您是我们在琼斯公司所看到的最优秀、最杰出、最尽心尽力的工人。
>
> 日本人：(脸红了，点了好几下头；继续做他的事情)
>
> 美国人：唔，杉本先生，您是打算说声"谢谢"还是保持沉默？
>
> 日本人：对不起，琼斯先生，我可以请五分钟假吗？
>
> 美国人：当然可以(他很生气地看着杉本先生走开)。我真不敢相信：一些日本工人竟然会这样粗鲁。他们好像对表扬感到不安；不作回答……而只是保持沉默。(资料来源：编者根据相关资料整理编写)
>
> **【分析】**日美文化差异导致美国人的误解。

11. 东亚和东南亚

中国文化在东亚和东南亚地区有着广泛的影响，如新加坡、韩国、日本、印度尼西亚、马来西亚等国，特别是新加坡的华裔人口占全国总人口的70%以上。由于受中国传统文化中孔子和孟子思想的影响，这个地区的人们重视人际关系与和谐，重视信誉。

12. 印度

印度人有着悠久的争取独立的历史，他们十分崇尚独立和自由，但他们缺乏责任感，常常会怀疑别人。他们可以与他人保持良好的关系，但是一旦事情涉及自身的利益时，他们就会设置障碍使谈判很难有所进展。一般情况下，印度人并不珍惜时间，并且常常约会迟到。

13. 阿拉伯国家

阿拉伯国家的人通常比较保守、倔强、固执，但是十分好客。他们绝不轻易信任对方，十分珍视名声和关系。在谈判中，讨价还价是重要的部分。如果谈判中没有激烈的讨价还价，就不是认真严肃的谈判。他们常常用"安拉的意志"来为自己辩解，或者作为免除自己职责的借口。

本 章 小 结

本章阐述了公共关系谈判的含义、特征、原则，介绍了谈判阶段和谈判技巧，讨论跨文化谈判特殊性、原则及其注意事项。

复习思考题

一、问答题

1. 在进行公共关系谈判时，应注意哪些技巧？
2. 如何进行跨文化公共关系谈判？
3. 请用"囚徒困境""黑箱"理论说明谈判的必要性。

二、分析题

1. 在美国的一个边远小镇上，由于法官和法律人员有限，因此组成了一个由 12 名农夫组成的陪审团。按照当地的法律规定，只有当这 12 名陪审团成员都同意时，某项判决才能成立，才具有法律效力。

有一次，陪审团在审理一起案件时，其中 11 名陪审团成员已达成一致看法，认定被告有罪，但第 12 个农夫认为应该宣告被告无罪。由于陪审团内意见不一致审判陷入了僵局。11 个农夫企图说意见不同的农夫，但是这位代表是个上了年纪、执着坚定的人，就是不肯改变自己的看法。从早上一直到下午审判仍不能结束，11 个农夫有些心神疲倦，但第 12 个农夫没有丝毫让步的意思。

就在 11 个农夫一筹莫展时，突然天空布满了阴云，一场大雨即将来临。此时正值秋收时节，各家各户的粮食都晒在场院里。眼看一场大雨即将来临，那 11 名代表都在为自家的粮食着急，希望赶做出次判决，尽快回去收粮食。于是他们对第 12 个农夫说："老兄，你就别再坚持了，眼看就要下雨了，我们的粮食在外面晒着，赶快达成一致判决回家收粮食吧。"

可那个农夫丝毫不为之所动，坚持说："不成，我们是陪审团的成员，我们要坚持公正，这是国家赋予我们的责任，岂能轻易做出决定，在我们没有达成一致意见之前，谁也不能擅自做出判决！"

这令那几个农夫更加着急，哪有心思讨论判决的事情。为了尽快结束这令人难受的讨论，11个农夫开始动摇了，考虑开始改变自己的立场。这时一声惊雷震破了11个农夫的心，他们再也忍受不住了、纷纷表示愿意改变自己的态度，转而投票赞成第12个农夫的意见，宣告被告无罪。

请利用本章所学习的公关谈判理论分析该案例。

2. 全球最知名的成功学家戴尔·卡耐基先生曾经成功地说服了一位企业家来参加他的演讲会。

在戴尔·卡耐基打算拜访这位企业家之前，他的朋友们都劝说他不要自讨没趣了，因为和这位企业家打过交道的人都知道那是一个脾气十分古怪的老头儿，而且这位上了年纪的企业家还十分倔强，他从来就不愿意听什么演讲，据说通常人们和这位企业家说不上三句话就会被赶出门，但是戴尔·卡耐基却不打算放弃这次说服工作。

第二天一大早，卡耐基就来到了这位企业家的办公室，这位企业家正在亲手浇灌他的花朵。把卡耐基请进门之后，这位企业家并没有对他进行礼貌的招待，而是一边浇花一边在那里自言自语，卡耐基一直在沙发上耐心地等待，后来这位企业家终于和卡耐基说话了，但他说的内容全是一些有关企业内部员工消极怠工方面的问题，对于这些问题卡耐基虽然有些了解，但是他知道自己此时不便发表意见，于是，他只是坐在一旁耐心地倾听企业家的高谈阔论。

企业家一直在谈论他认为有趣的企业员工管理话题，卡耐基除了在企业家问他意见的时候提出了一个"企业内部员工的管理应该从员工自身素质抓起"的意见之外，其他什么话也没有说，而且他也没有向对方提起去听自己演讲的事情。

时间就这样很快过去了，午餐时间到了，卡耐基向这位企业家告辞，但是这位企业家却十分诚恳地挽留卡耐基先生同他共进午餐。在吃午餐的时候，这位企业家对卡耐基说："听说你的演讲不错，而且从今天咱们的交谈来看，你确实是一位最有意思的谈话对象，所以我打算让公司的所有员工去听你的下一次演讲。"

就这样，戴尔·卡耐基几乎没费什么口舌就"说服"了这位企业家，实现了自己的拜访目的，而且还得到了更多的演讲听众。

请问戴尔·卡耐基为什么能够成功地说服这位企业家前来参加他的演讲会？如果戴尔·卡耐基直接向这位企业家推销演讲会，你认为会是什么情景？

3. "分橙子的故事"的启示

分橙子的故事讲述的是一位母亲拿了一个橙子给她的两个小孩分，起初这两个小孩无论怎么分都不满意，最后这两个小孩子采取一个负责切橙子，一个负责选橙子的方法来分橙子才解决了问题，虽然他们都很满意最后的结果，可是一个孩子只需要橙肉来榨汁喝，另外一个只需要橙皮来做蛋糕吃，所以他们最后都把自己剩余不要的东西丢掉了。

通过这个故事我们可以看出，虽然这两个孩子最后都各自拿到了看似公平的一半，但是他们各自得到的东西却未物尽其用，造成了资源浪费。这说明，他们在分橙子前并没有进行好好地沟通，以至于他们不知道对方真正需要的是什么。没有事先说明各自的利益所需导致了双方盲目追求形式上和立场上的公平，结果，双方各自的利益并未在谈判中达到最大化。

　　谈判是建立在人们的需要之上的。要使需要得以满足，可以借助于谈判，通过相互沟通、寻求一致，使需要得以满足。在商务谈判的过程中，谈判双方不能一味地固守立场，追求形式上的公平，而是要与对方充分地沟通，从双方的最大利益出发，创造合理的解决方案，用相对较小的让步来换取最大的利益，如果双方都是遵循相同的原则来取得交换条件的，那么或许双方最终的协议是不难达成的。

　　请问你是如何理解该案例的？

三、技能训练

　　1、2019 年，一场关于达格列净片谈判的现场视频火遍了全网，浙江省医保医药服务管理处长许伟与某医药企业代表谈判时，进行了 5 轮砍价，最后的灵魂一刀将价格定至 4.36元，请同学们观看该视频并用本章理论分析该案例。

　　2、江西卫视《金牌调解》是一个谈话类节目，邀请一对(或多个)有矛盾的当事人进入演播室，主持人和人民调解员现场为当事人调解纠纷、化解矛盾，集最独到的视角和观点，让公众看到一个不一样的电视调解节目。通过节目告诉观众面对纠纷的智慧和解决矛盾的艺术，将真实事件和综艺手段完美交融。节目中大力体现人文关怀和心理疏导，倡导文明积极、健康向上的社会风尚。请上网搜集典型的一期节目用本章相关理论进行分析。

第十二章

公共关系写作

学习目标

公共关系人员在实际工作中离不开写作。通过本章的学习，掌握公共关系文书的基本写作特点与要求，熟习部分常用公共关系文书的文体如新闻稿、广告文词、宣传资料、内部报刊、公共关系策划书、柬帖、海报、函牍、标语口号等的规范款式与写作要求。

关键概念

公共关系文书(Literature)　广告文词(Words and Diction of Advertisement)　简报(Briefing)　公共关系策划书(Public Relations Plan)

引导案例

新时代，大公关——中国与世界 2018 年中国国际公共关系大会邀请函

尊敬的各位同仁：

今年是中国改革开放 40 周年。四十年来，中国社会经济发生了翻天覆地的变化，同时中国公共关系行业也快速发展了 30 年。随着中国在国际事务中的影响力越来越大，以及移动互联网技术的普及，消费群体思维观念逐渐变化，中国企业走出去的步伐逐步加大，这一切必将对中国公共关系行业从思维到内容上的革新，产生深度的影响。

在此背景之下，2018 年 11 月 16 日，由中国国际公共关系协会(CIPRA)主办的两年一届的中国国际公共关系大会将在北京举行。中国国际公共关系大会始于 1996 年，每两年一届，是中国公共关系行业规格最高、规模最大、影响最深的综合性国际论坛会议。

本届大会的主题是：新时代，大公关——中国与世界。大会将邀请众多政府官员、跨国企业高层、国际传播机构负责人、资深专家学者，以及公关传播行业人士参加。大会由主旨发言和两大论坛组成，将围绕"一带一路"：重构公关全球化新未来、"资本介入与公关转型""公关+数字时代的变革升级"等问题展开深入讨论。同时，第十四届中国最佳公共关系案例大赛颁奖典礼也将同期举行。届时，来自中外公共关系领域的资深专家、专业人士、媒体人士以及政府官员和教育工作者约 400 人将出席本届大会。

在此，我们诚挚地邀请广大公关从业人员参加本届大会，与我们交流经验，分享成果，共同推进中国公共关系行业持续健康地向前发展。

中国国际公共关系协会
二〇一八年十月

（资料来源：http://www.chinapr.com.cn/p/1755.html）

随着信息时代的发展和社会文明的进步，人类社会的公共关系活动日益丰富多彩，写

作作为人们信息交流最重要的工具和手段，也是现代公共关系实务中的一项基本操作技术。公共关系活动中的传递信息、联系内外、商谈工作、综合协调等，往往是通过文书形式来进行，如新闻稿的撰写、广告词的设计、宣传资料的制作、礼仪柬帖往来、一般文书的起草等。因此，作为一名公共关系人员，除了应具备多方面的基本技能，如组织领导能力、社会交际能力以及公共关系专业技能之外，还要具备较强的文字表达能力，尤其要熟悉各类公共关系文书的写作。

第一节　公共关系文书概述

一、文书的基本概念和功能

文书是一种记录信息、表达意图的文字资料。自古以来，文书这种工具就在人类社会中被广泛运用。人们通过书写文书来记录信息；利用传送文书来彼此交流信息；利用公布文书对公众发布信息。无论是处理私人事务，还是处理公共事务，使用文书都是一种普遍现象。处理私人事务的文书，叫私人文书；处理公共事务的文书，叫公务文书。

私人文书指的是个人、家庭(或家族)根据需要在自己的活动中使用的文书，如书信、契约、合同、收支账目、个人写的自传、家谱和遗嘱等。

公务文书指的是公务活动中形成和使用的文书，如机关、团体、企业、事业单位等在工作活动中使用的命令、规章、条例、决定、决议、通知、通报、请示、报告、公函、电报等。公务文书是国家处理政务的一种工具，也是各类机关和组织上下左右之间相互联系工作、处理问题的一种办事工具。

二、公共关系文书的含义

与公共关系活动有联系的文书，叫公共关系文书。它属于实用文体——常用文的范畴。从公共关系学和文书学的概念来说，公共关系文书是企业(组织单位)为了树立本组织的良好形象，采取一定的策略、手段进行活动的过程中记录信息、表达意图、互相联络的文字材料。

为了使用方便，我们可以把公共关系文书分为以下几类：公文类，如请示、报告、简报等；广告类，如公共关系广告、演讲词、通告等；新闻类，如消息、通信、报告文学等；函柬类，如请帖、公函等。

三、公共关系文书的特点

1. 实用性

公共关系文书是进行公共关系活动过程中的文字材料，具有很强的实用性。它不需要文学作品那样的虚构和夸张。公共关系文书是传递信息、交流信息、反馈信息，具体处理公共关系活动中所必须用文字来表达的事情，目的非常明确。

2. 广泛性

有人说公共关系文书是"无所不在的交通工具"，这是有道理的。因为公共关系文书是个"跨国公司"。公共关系文书的种类繁多，使用范围十分广泛。在组织的公共关系活动中每个环节都要用到各种不同的文书。

3. 权威性

这个权威性来自它的制发机关的权威和合法地位。也就是说，是由它的制发机关的法定职权和工作威信所决定的。一个有法人资格并在公众中享有盛誉的组织，它制作的文书才能得到社会的承认，发挥它的作用。例如，一个企业做的广告，如果没有一定权威，就不会得到社会和公众的信赖。

4. 艺术性

公共关系工作本身是一门富于艺术性的工作。作为公共关系工作的书面表达形式。无疑也要讲究艺术性，如书函、广告、请柬等常用的公共关系文书，都应讲究内容美、语言美、形式美，庄重而不矜持，亲切而不妩媚。

四、公共关系文书的写作原则

公共关系文书是应用文，它同一般的应用文具有共同性，如主题鲜明、结构紧凑、层次清楚、文字流畅等。由于公共关系文书的实用性强，除了上面所述要求外，还有自身的一些特殊要求。概括起来，主要有以下几点。

1. 准确、实际

公共关系文书必须准确无讹，实事求是。准确的关键是"立意"要准确、鲜明。提倡什么，反对什么，说明什么观点，解决什么问题，都要十分明确。主题是文章的灵魂，主题明确才能有的放矢地开展工作，实际主要指恰如其分。在公共关系文书的各种体裁中，除极少数(如商品广告)可以用夸张描写等表现手法外，都是直抒其意，直诉其事，直表其情，不允许任何的虚构和杜撰存在。

2. 生动、及时

写作时，一是要从公共关系工作的根本目的出发，写出本单位的个性与特色；二是写作的语言要生动活泼。公共关系文书虽然大多属直叙性文章，但是，如果讲究语言的表达方式，不仅可以写得生动，而且还能取得较佳的传播效果。如摩托罗拉公司推出的新型手机命名为"渊薄"，既概括了产品的特征，又显得很生动形象。

公共关系文书大都用于交流传递信息，所以，及时的传递就是生命。如果磨磨蹭蹭、拖拖拉拉，"构思十年"，就会失去它的功效。

3. 简练、明了

公共关系文书要便于阅读和处理，才能提高办事效率，写得简练明了至关重要。

要写得简练，首先要对所办的事的情况、存在的问题、采取的措施和步骤有一个清楚的分析和概括能力。在写作技巧上，公共关系文书都应开门见山，意尽即止。切忌"帷幕"重重，画蛇添足。

4. 大方、得体

公共关系文书大都要在广大公众中传递，散发面广。从文书上可以看出这个单位、企业的文化修养和知识水平，所以无论在用纸、书写和外观设计上，还是在传递方式和时机上，都要严格把关，不可草草从事。内容和形式都必须美观、大方。

公共关系文书涉及的文种较多，而各类文种都有自己的格式，不可逾越和混淆，否则，就会见笑于公众。因此，文书的起草必须掌握各种文体的规定形式，发出的文件必须符合本单位的地位和身份。

第二节　常见公共关系文书的写作

公共关系文书所包括的种类繁多，各种公共关系文书的使用范围越来越广，使用的频率越来越高。这里只介绍几种公共关系文书的写作方法和技巧。

一、新闻稿撰写

新闻被称为"不花钱的广告"。在公共关系活动中，要使公众了解你、理解你，就必须把企业内部的事件通过大众传播报道出去，而报刊、广播和电视这些大众传播媒介影响最广泛、信息密度最高、在公众中最具权威。因此，公共关系人员和新闻机构建立经常的密切的联系是必不可少的。正如一位公共关系专家所说："公共关系人员的第一要务，就是与新闻界充分合作。"在公共关系实务中，新闻稿的撰写是一项经常性的大量的基本工作。

(一)新闻稿的要求

新闻稿是一种特定的写作文体，它一般包括消息和通信两个体裁。它具体的要求如下。

1. 让事实本身说话，始终保持客观叙述的态度

所谓的"新闻"，就是"新近发生的事实的报道"。事实是新闻的灵魂，没有事实就没有新闻。而任何事实只要是真实的，就必然含有五个"W"，即"When——何时""Where——何地""Who——何人""What——什么""Why——为什么"。让事实说话，就是要清楚地写出每个事实的 5"W"。同时，应严守中立立场，以客观叙述的手法来报道事实，让读者根据自己的看法来对事实做出判断，而不是把自己的意见和观点强加给读者。

2. 提炼和确定新闻稿的主题，尽可能使新闻稿主题典型而新鲜

提炼和确定新闻稿主题就是透过事实现象，抓住事实的本质。新闻稿所要求的客观叙述并不是简单的事实的堆砌，而是要从 5"W"的有机联系中揭示其内在的联系。例如：2005 年上半年，中国台湾的国民党、亲民党和新党代表团相继访问祖国内地，在中央电视台的系列跟踪报道中，记者除了报道代表团每天的行程和各项公共活动之外，还通过对代表团成员的现场采访，强调其行程是一次寻根之旅，强调两岸人民血浓于水的感情，重点强调海峡两岸人民的同根、同种、同文化。在岛内"台独"势力猖獗的情况下，此举不但

355

有效地化解了两岸人民的一些误解，而且对"台独"势力是一个有力的打击。因而，由此报道的主题就得到了很好的提炼，也符合新闻典型新鲜的要求。

3. 准确、简明地运用新闻语言

新闻稿撰写在语言运用上与文学语言及政论性语言都有所不同。新闻稿既要有文采又不能过于华丽，以免导致失实；同时也不能直接发议论，否则就违反新闻用事实说话的基本要求。新闻稿的语言运用基本要求是：

(1) 具体。即尽量提供准确的事实材料，少用或不用形容词、副词，尽可能用名词、动词、量词来反映事实。

(2) 明快。在新闻稿中，其文字词组要求通俗平易、人人都能理解，结构要简单，少用长句，只要有可能，就用一般的词语来代替专业名词。

(3) 简洁。只要事实的表达明白无误，就应该把任何多余的词语统统删掉，在这方面要像电报用字那样进行筛选，直到去除所有的水分。

(二)新闻稿的消息结构

在新闻稿中，消息是新闻的主体。它占据了报纸的大部分版面和广播新闻、电视新闻的主要时间、空间和画面。在公共关系活动中，消息是一种使用得最多、最广泛的新闻体裁。

消息可以分为两种结构：一种是按具体的行业或具体事件的性质来分，如政治新闻、经济新闻(包括工业、农业、交通、能源、财贸、饮食、服务等行业)、文教新闻、科技新闻、体育新闻、国际新闻等。这种分法强调个性特点。另一种是按照各行业新闻报道的共性来分，有的简明报道某一地区、单位的某种活动；有的反映全局性问题；有的详细地反映某某单位、某件工作的经验或某个人物的先进事迹等。这些就是动态消息、综合消息、典型报道等。

消息的写作在西方被视为热门学问。在我国，由于信息越来越被人们所重视，因此，作为传播信息的消息在写作内容和技巧上也有了很大的发展。

一条消息一般由导语、主体、背景材料、结尾构成的，将其任意组合便形成了不同的结构。一般而言，消息的结构是把最重要的事实放在最前面，然后再将次要的和无关紧要的事实材料置后展开，这犹如重心在上的"倒金字塔"，因此这种结构也称"倒金字塔形"。"倒金字塔"结构有两个优点，首先是符合读者阅读心理，能将他最想知道的事实先告诉他；其次是便于编辑，在组版时，如果版面不够，只要由下往上倒着删就行，基本无损消息的大意。

(1) 导语是消息的开始，它起两个作用：一是用简洁的语言把最新鲜、最重要的事实放在前面，说明主题，给人以概括的印象；二是引起读者极大兴趣，非看下去不可。因此它被称为消息的眼睛。导语的写作无一定程式，只要达到了上述两点要求，导语便成功了。而要达到要求，则必须得先消化全部事实，所以，写出一个好的导语，离写出一条好的消息相差只有半步。一般常见的导语有以下几种形式：

① 直叙式：简明、概括地叙述消息的主要事实。

② 描写式：通过记者对耳闻目睹的新闻事实现场的描绘，造成读者身临其境的感觉。

③ 提问式：把要报道的事情先用一个尖锐、鲜明的问题提出来，引起读者的关注。

④ 引句式：引用一两句生动、隽永的话，或引用诗句、典故、史实、哲言等，增强导语的生动性和力量。

⑤ 评论式：对所报道的事实先发表评论，指出其重要意义。一般用在社会关注性和针对性强的消息中。

此外，还有悬念式、观感式、结论式等。

(2) 主体是消息的主要内容部分。它用充实、典型的具体材料印证导语中的提示，回答导语中的问题。主体部分使用的材料必须是经过选择的、有说服力的，但又必须是客观的、实事求是的。它的写作要求是：

① 观点鲜明，内容充实。要善于抓住消息事实中最典型、最关键的材料，如事实、数据、细节来证实导语中的观点。

② 通俗易懂，生动耐看。要写得简明朴实，深入浅出。以生动朴实的叙述语言为主，辅以描写、抒情、议论等表达手法。读起来朴实而不单调，优美而不花哨，概括而不枯燥，明白而不乏味。

③ 层次清楚，逻辑严密。采用纵向深入，还是横向并列，直线叙述还是略有波澜，要根据内容而定。布局要精心设计，层次要清楚分明。

(3) 结尾是消息的结束语。它的作用是阐明新闻事实的意义，指出事件发展趋向，加深听众或读者的理解和印象。好的结尾可以起到画龙点睛的作用。结尾一般有以下几种形式：

① 小结式：概括新闻事实的结果，进一步显示新闻的价值。

② 希望式：从新闻事实中引申发挥，启示和希望人们从中得到教益。

③ 评论式：以对新闻事实的深刻议论，升华主题，切中要害，发人深省。

在整篇消息中，结尾不是主要部分，要意尽即止，切忌画蛇添足。目前，报刊、电台、电视台都有"一句话新闻"，融导语、主体、结尾于一炉，同样可以起到传播的作用。

【案例 12-1】庆祝新中国成立 70 周年视频征集活动正式启动

为庆祝新中国成立 70 周年，由北京市委网信办指导，中华网承办，抖音、快手、梨视频、爱奇艺、优酷、西瓜视频、秒拍、好看视频、火山视频、花椒、第一视频、酷 6 网协办的主题为"传承文明艺耀中华——我心中最美的守艺人"视频/短视频征集活动于 2019 年 8 月中旬正式启动。

本次征集活动坚持以人民为中心的创作导向，坚持弘扬社会主义核心价值观，坚持原创性、思想性、观赏性相统一，坚持社会效益优先，面向广大专业机构和网民征集并推出一批新中国成立以来特别是党的十八大以来北京在传承中华文化精髓、体现时代精神的守艺视频/短视频，通过视频呈现、全民互动、线下拓展等方式，展现手艺魅力，丰富网络内容，增强文化自信，助推全国文化中心建设，努力为庆祝新中国成立 70 周年营造良好舆论氛围。

京华大地，文脉深，底蕴厚，人杰地灵。一代又一代的北京守艺人用自己的坚守与创新，丰盈着城市的文化生活，记录着时代的脉动，彰显着文明之光。手艺人、非遗人、文创人、德艺人、传承人……他们来自五湖四海，他们个个身怀技艺，他们演绎着不同人生，守艺人，是他们共有的文化符号；守艺人，一个同守中华风韵与温度的社群！在这里，视频/短视频将以最灵动的色彩、最温暖的画面、最悦耳的声音、最触达的方式，向您讲述与匠心独运、中华文化、人生梦想有关的一个个生动有趣的故事。这些手艺的展示、梦想的坚持，终将汇聚成一份厚重的文化自信，一股强大的中国力量，温润与感召每一位受众，激励大家以中华情怀、匠人精神为理想坚持，为生活圆梦，为新时代伟大祖国增光添彩！

（资料来源：http://cul.news.sina.com.cn/2019-08-16/doc-ihytcern1340941.shtml?cre=tianyi&mod=pcpager_inter&loc=13&r=9&rfunc=76&tj=none&tr=9）

【分析】此新闻采用"倒金字塔结构"，第一段为直述式导语部分，用简洁的语言把最新鲜、最重要的事实放在前面，给人以概括式的说明。第二、第三段为背景材料，第二段是对第一段的内容作进一步补充，就征集活动提出具体要求；第三段强调了此活动的可行性和价值意义，并提出希望号召作结。整个新闻内容要素齐全、主题鲜明。

【案例12-2】两则新闻

（详细内容请见课件对应内容。）

【分析】同样的新闻，在不同载体不同发稿人手中，就会呈现不一样的内容。

前一则新闻是万科官网上发布的。"五W"的新闻要素齐全，背景材料介绍非常详尽，除了介绍广东省委书记李希到汕尾调研走访之外，用较大的篇幅介绍了万科在汕尾如何协助政府做好帮扶项目的信息，符合组织宣传的目的。新闻主题鲜明，目的性强。后一则是人民网上发布的，撰稿人表述客观真实，完全从政府工作层面记载省委书记的行踪和党建理念，完全没有出现具体企业的名称及其做法。

二、广告文词的设计

广告文词属于说明文体。它是向公众介绍商品、报道服务内容或宣传本企业本单位的服务宗旨等的一种宣传形式。一般通过报刊、广播电台、电视台、招贴、电影、幻灯、橱窗、商品陈列等形式进行。

广告可以用文字的形式表达，也有通过实物的展示；有抽象的，也有具体的；有无声的，也有有声的；有单项的，也有组合的。在此主要论述它的文词设计和制作。

广告写作也和一般文章一样，必须主题鲜明、突出。主题的选择可以根据产品本身的特点，也可以针对竞争对手的优缺点，但必须以竞争为前提，不可攻击别人或危害同行。广告的语言表达水平的高低，质量的优劣，对于传播经济信息，促进商品的竞争和流通；对于指导消费，丰富人们的物质和文化生活，提高经济效益，具有重要意义。

(一)广告文词的结构

广告文词的结构包括标题、正文、结尾三个部分，有人便称之为"三要素"。由于现代广告图文并茂，注意美化，所以这三项内容的排列和详略十分灵活。

1. 标题

标题是广告主题或基本内容的集中表现，被喻为广告的灵魂。许多读者和听众都是首先看一眼标题，然后再做出是否看下去的选择。所以，标题必须醒目，能引起人们的注意和兴趣，能让人不假思索便可看出与自己是否有关。在现代社会中，仍以货名和厂商名为标题的占多数。

2. 正文

正文是标题的具体化，也是提供产品(商品)信息的细节部分。常见的有效形式为四种：

(1) 陈述体，也称简介体。它用平直的语言，明确地说出商品名称、用途、规格，价目等情况。这种形式实在、明白。许多报刊广告、路牌广告、包装广告的文字部分都用这种体裁。

(2) 证书体。这是一种间接接受赞誉的形式。它的特点是不用本企业的话来说，而借助于权威人士或机关的评价来宣传本产品，省去了许多为取得消费者好感而作的陈述和说明。

(3) 问答体。用设问或对话的形式真实地介绍商品的用处、购买等情况。由于运用设问，容易激发人们的好奇心和求知欲，增强吸引力。

(4) 艺术性。例如以歌谣、快板、相声、戏剧小品等形式来宣传产品，这种把商品广告艺术化的做法，往往能使观众、听众在艺术享受中，加深对商品的了解，增强信任感。

当然，还有其他的一些形式。广告文词的最大特点就在于它的简短，有时可能只有一个标题或一句话，比如：《北京晚报》的广告词："晚报，不晚报"，被誉为是近年来难得的精品。以双关的修辞手法，披露了读者最关心的信息，即晚报只是晚间出版的报纸，重要的信息却不会晚报。读者在心领神会之余不由对《北京晚报》油然而生好感。内容虽然简短但概括了最关键、最重要的信息。因此广告文词的设计主旨就是要在这寥寥数语中表现出独创的匠心和新意来。

(二)广告文词的设计要求

广告文词的设计一般要综合以下几个要求：首先要吸引公众读广告文词，尤其是要吸引那些最可能成为商品买家或消费者的公众；其次要能引起公众的兴趣，使他们因为这段广告文词而对商品本身发生兴趣并做出消费尝试；再次能够概括商品或服务的主要内容，至少要让公众知道广告文词中所指的对象是"什么东西"；最后要让公众知道，他如果消费了广告中的商品或服务，他能得到什么益处。

广告文词既有它的严肃性，又充满了艺术性，它的设计是无规定的。符合上述要求的广告文词，基本上便可视为合格。尽管广告文词的设计充满了艺术性，但它的原则还是不难把握的。在编写广告文词时，必须注意以下几点。

1. 简练得体

广告的文字贵精忌长。公众在听或看广告时并无确定的目的，往往是在无意识中形成记忆。这就要求广告文稿要写得简明扼要，这样才能达到减少记忆材料的数量，增加记忆的深度的目的，从而增加记忆的效果。例如，摩托罗拉的广告语"MOTO"之所以被评为2002年年度广告语，就在于它的简短、时尚的特点。又如有一种牙刷的广告就是4个字："一毛不拔"。这就把这种牙刷的质量可靠程度表述得十分明白、得体。

当然，言简不是广告唯一的要求。严格讲起来，有些说明、简介、产品介绍等都带有广告性质，文字有长有短。因此，不可因文误意，也不可因意误文，以说明白为标准。广告词的得体指语言要实事求是，不可哗众取宠，矫揉造作，说过头话。特别是在同行业竞争中，更不能为了抬高自己，贬低别人，而使用中伤性的语言。

2. 写出特色

特色就是个性特点。现代社会由于广告无所不在，因而人们对它常抱着一种不信任情绪。在广告文词中假如一味讲些空泛的"价廉物美""实行三包"之类的话，公众反而会视而不见，或徒生反感。为了引起观众和听众的注意，在广告文词中写出它的与众不同的具体特点来。比如一种新颖男式衬衫，只讲了"凉爽透气"仍显笼统，如写明"在摄氏40度高温下，仍使你感觉凉快"，就要令人信服多了，因为它有一个参照系。另外表达形式要敢于标新立异，特别是同类产品，要防止雷同。例如中国几个冰箱品牌有了鲜明特点，赢来了消费者的关注，买"节能"找"新飞"，买"冷静"找"海尔"，买"新鲜"找"美菱"。

3. 生动活泼

广告文词也和其他文字一样，要形象生动，耐人寻味，能使人产生美好的联想，人们看这样的广告可以产生良好的情绪和强烈的购买欲望。有的广告文词可以写成诗歌、快板、顺口溜，有的可以采取相声、滑稽对话的形式，有的可以用成语、谐音或双关语等作标题。如海南养生堂的"女人缘"牌养颜胶囊的广告文词"女人缘来就美丽"；酸梅汁饮料的广告文词"小别意酸酸，欢聚心甜甜"等一些都属上乘之作，都具有多样化、形式生动的特征。这些形式使人感到新鲜有趣、耐人寻味。

但是，生动活泼并不意味着过分的夸张，在设计中，较易出现的如"誉满全球""领导世界新潮流"之类夸张的词语，如果作为一种广告文词设计模式来套，则易犯华而不实的大忌，使公众产生逆反心理，引起反感。所以在设计文词时，千万不可用浮词浪语、摆"噱头"或低级庸俗的文词。例如一种药品的广告宣称它包治百病，对什么都有效，那等于说对什么都无效。公众对这类广告文词的华而不实有着足够的辨别力，在这方面，绝不能低估公众的智慧。

4. 抓住心理

广告文词比其他的文字形式更多地涉及心理学的问题。广告的文稿虽短，有的甚至只有一句话，几个字，但却能一下子使读者、听众对产品发生兴趣。这里的关键是要摸准了顾客的心理。例如一种啤酒的广告文词将"不含甲醛"的意思突现出来，就能牢牢抓住对啤酒质量存有忧虑的公众。所以，广告文词的作者应多学些市场心理学、销售心理学和社会心理学方面的知识。

【案例12-3】2014年7月，移动互联网时代最为火热的明星创业公司之一陌陌，在各大视频网站和电视台砸重金投放全新的广告片，里面的广告词为："别和陌生人说话。别做新鲜事，继续过平常的生活。胆小一点，别好奇。就玩你会的。离冒险远远的，有些事想想就好。没必要改变。待在熟悉的地方，最好是待在家里。听一样的音乐，见一样的人，重复同样的话题。心思别太活，梦想要实际。不要什么都尝试，就这样活着吧！"广告采用"正话反说"的手法，在微博上引起不少争论，引起网友的广泛关注。陌陌发布的这次全新广告，正是希望强调去做不敢尝试的新鲜事。(资料来源：作者根据相关资料整理编写)

三、宣传资料的制作

任何一个希望开展公共关系的社会组织都应该有一套介绍自己、宣传自己的宣传资料，宣传资料实际上是一份该组织的"名片"。

宣传资料的形式是多样的，有的是一份小册子，有的是简单的一张示意图，一般都印刷精美。宣传资料的制作主要是如何安排组织的相关内容。为国际社会所认可的宣传资料大多包括以下几个内容：

(1) 组织领导人的致辞。组织领导人的致辞往往被安排在整份宣传资料的首页或最前列部分，目的是增加它的权威性，并使公众产生亲近感。由于组织领导人是代表该组织的最高权威，因此，其致辞应体现真诚和亲切的态度，各个词语、各个标点都是经过仔细斟酌，精心考虑的。组织领导人的致辞主要是以自己的眼光来客观评价自己的组织，既要谦虚，又要给予积极的肯定。

(2) 组织的历史和现状概略介绍。组织就如同一个人，必然有其生长、发展和壮大的过程，在宣传资料中，应将组织的发展过程概括式的回顾，并对它的现状做出清晰地描述。要使读过宣传资料的公众对组织发展的脉络有个提纲挈领的认识。为了使人们更确切地了解组织自身在同行中的地位，如再加一些与同行业组织的比较对照文字或图表，则更易令人信服，效果也要比单纯的自我宣传好。

(3) 对本组织专业特色的说明。每一个组织在市场上、社会上都有一些有竞争力的产品或引以为豪的特色服务，为强化公众的印象，引起公众的兴趣，宣传资料中有必要对此加以集中说明。

(4) 宣传资料的一大功能便是向公众提供本组织的信息，使他们一册在手，尽悉全貌。为此，在宣传资料制作中，还应包括向公众准备的各种联系方法，内部机构分工图、电话号码、联系人姓名等使公众能按图索骥。外国航空公司的宣传资料中一般都详细地开列了它所能提供订票服务的电话号码、国内、国际各办事处的地址以及航线时刻表，这就大大方便了公众。

(5) 宣传资料中文字的篇幅占据了较多部分，但若配以适当的照片和图片，达到图文并茂、相得益彰的效果，就可以使宣传资料的接受性更强。用图表、色块、数据等多种手段来描述各类事实，如组织历史、组织的产品市场占有率、组织的技术力量、甚至组织所在地的地理交通图等，其效果更直接，更明显。宣传资料的美学效果是创作中始终应放在一定位置上的。

【案例12-4】万科企业股份有限公司的宣传资料

(详细内容请见课件对应内容。)

四、内部报刊编辑

报刊是报纸和刊物的合称。在新闻学中，它是指"面向公众发行的定期出版物"。在公共关系学中，组织自身创办并面向本组织内部员工发行的定期出版物称为内部报刊。

内部报刊不仅是组织与内部员工之间的信息纽带，也是在内部员工之间沟通情感、交流认识的联络桥梁,同时也是组织提升组织的品牌形象,构建企业文化的重要媒介。"在美国,估计组织出版物的数目有 10 万种至 100 万种,大概三分之二是内部的或雇员出版物,它们的影响从前被认为是间接的、甚至是看不见摸不着的,而现在则被看作是直接的和可以测定的。"(斯各特·卡特利普《公共关系教程》,华夏出版社 2001 年出版,P234 页)在我国,目前企业报刊的总量虽远不及美国的总量,但是其价值功用和传播的张力已经越来越被更多的企业所认同和看好。

内部报刊的种类有许多,有大型的四开甚至对开的报纸形式,如《××大学学报》《宝钢报》《奥康报》等,也有小型的"厂内简报""公司通信""机关信息"等杂志形式的刊物,如《实达》《创维营销》等杂志;也有的是利用"黑板报"或"宣传栏"定期更新的。根据我国现时一般企事业单位的特点和能力来看,内部报刊以电脑打印的小型杂志形式的简报类为主。

1. 内部报刊的编辑原则

要使内部报刊的编辑和发行在公共关系工作中起到有效作用,要做到以下几点:

(1) 明确它的编辑方针。这就是要确立为全体内部员工服务的意识,及时地将重要的组织内部情况向全体内部员工通报。

(2) 要在内部报刊上有针对性地反馈员工的各种思想、情感以及他们的要求。组织的每一员工都有自己的需要和想法,组织的意图能够与员工的需要和想法统一协调起来,这自然是理想的,但事实上,这中间差距很大。据调查分析,在员工的一般想法中,其关心的对象序列是:奖金发放、企业盈利、企业中上层领导变动、职工福利,以及与职工切身利益直接有关的像食堂、医疗保险、养老保险等方面的情况,而代表组织的领导层考虑较多的序列是:企业运转情况与上级主管部门的关系、与市场原料供应单位、协作户的关系,再往下才是职工福利、奖金发放等处于局部性或内部性的问题。正因为组织领导的想法与员工的想法存在差距,所以在内部报刊上要有针对性地反馈员工的真实想法,就很有益于组织领导层在决策时参考和采纳员工的反映意见。

(3) 要尽可能地动员全体员工来关心和支持自己的报刊。信息在传播中,其信息量大的吸引力要明显大于信息量小的,人们对自己身边事物的注意力要大于时空距离远的事物,这是传播法则之一。从这点来看,办好一份内部报刊有许多有利条件,它刊登的基本上都是每个员工所熟悉的身边事,每个员工都可以在报刊上自由地发表自己的见解。但这只是理论上的优势,要将这优势在具体报刊实践中发挥出来,还必须开辟更多的渠道,制定更为有效的措施,来尽可能地动员全体员工关心和支持自己组织内部的报刊。

(4) 办好一份内部报刊还要处理好一系列技术问题:首先是保证它发行的连续性和固定性。这就要落实稿源,并备有足够的候补材料。临时拼凑或忽停忽发的报刊缺乏严肃性,相应的也缺乏号召力;其次是配备一定的人员(如美工、编辑)和设备(电脑、打印机等);在一个较大型的组织内,还可考虑建立一支稳定的通信队伍;另外,还要对办一份报刊的费用开支进行精确的预算,由于内部报刊一般是不盈利的,也无广告收入,因而它们财务安排如不严格控制,则很容易使报刊陷入经济困境。

2. 公关简报的编辑

社会组织内部刊物有许多种,公共关系简报是其中最常见的一种文体,在此具体介绍它的制作方法。

　　一般说来，公共关系简报是一种定期出版的综合性文书，它经过良好的设计，用简明的词句及时地把社会动态、信息、本企业(单位)的经营成果、经验、作风等反映出来。它对公众来说，是一个重要的信息源，起着传播信息、沟通情况的作用。对领导来说，可以通过它提供的信息和反映的情况，更清楚地了解本企业所处的社会环境、政治环境和文化环境，为决策提供依据，从而使企业的经营能建立在科学的基础上。对于本单位的员工来说，可以使大家的想象力和创造力不至于无法记载而消失，从而起到洞察形势、鼓舞士气的作用。

　　公共关系简报的特点是由公共关系工作的性质和任务所决定的。综合起来，主要有 4 个方面：

　　(1) 实。公共关系简报所用的材料必须十分可靠，如实地反映企业自身和外界的客观情况，不可靠的、道听途说的材料不能上简报。因为这不仅关系到本单位的工作问题，而且也是声誉问题。所以，编写公共关系简报的人员必须严肃认真，最好是身临其境，直接采写。对文中涉及的内容，包括时间、地点、姓名、数字及引用的材料等要反复核实，切忌弄虚作假、张冠李戴。语言表达要十分准确，特别是牵涉本企业外的情况，必须注意分寸，既不夸大，也不缩小，更不可讲空话、假话。如发现内容有错误，不符合事实，则必须在下期简报中更正或补正。为了做到责任明确，在简报上都要署上撰稿人的姓名，转摘其他单位的材料，要注明材料出处。

　　(2) 快。公共关系简报有很强的时限性，它的任务是把情况迅速及时地反映给上级部门和有关部门，或传达到下层单位和有关人员。公共关系简报能否发生作用，快慢是个重要因素。在竞争激烈的现代社会，一个重要信息将会决定企业的命运和前途，如果在问题刚发生的时候，就把简报送到领导和有关部门手中，可以及时防止事态的扩大和蔓延。当一个新事物、新创造在萌芽状态就敏锐地抓住，就能得到支持和扶植。与此相反，若是错过了时机，竞争就会失败，问题就会发生，新事物就会夭折。当然，快的前提是尊重事实，绝不是粗制滥造。

　　(3) 新。公共关系简报要反映新情况、新问题、新信息，能给人以启发和借鉴。刊登一般化的东西、过时的东西、陈腐的东西，就失去了简报的作用。在这方面，简报和新闻有共同之处。

　　(4) 简。简报就是要简。搞得冗长、烦琐，必然拖延时间，就失去了简报迅速传递信息的功效。简报文字越长，看的人越少。因此，简报的文字最好在千字以下，最多不超过两千字。说到简，是在说明问题的前提下的简。简而明，是简报赖以存在的根基。因此，要求在写作时，必须做到内容集中、篇幅简短。

　　公共关系简报的这四个特点互有联系的，缺一不可。

　　公共关系简报和其他简报的制作基本相同。格式分报头、正文、报尾三部分。具体为：

　　(1) 报头一般占首页三分之一的上方版面，用间隔红线与正文部分隔开，报头内容有报名，如"××简报""××××简讯"，一般用大字套红，醒目大方；期数，一般排在报名的正下方，有的连续出，还要注明总期数，总期数用括号括入；编号，一般排在报头右侧的上方位置；编发单位，在横隔线的左上方位置；印发日期，在横隔线的右上方位置；密级，如"机密""绝密""内部刊物"等，排在报左侧上方位置。如果是综合性简报，内容较多，在报头之下还有目录(如例文所示)。

(2) 正文就是简报的文章部分。编排原则是：各篇文章要围绕一个中心，从不同角度反映某一个问题；最突出中心的文章要排在前头；每篇文章疏密间隔要恰当，标题字大小要一样。

(3) 报尾在末页的下方，用两条平行线框住，左侧写报、送、发单位的名称或个人姓名、职务、电话等，以便联系。右侧写本期印发份数。

例文：

密级   份号

公共关系简报

第×期

××公司公共关系部编   ××××年×月×日

目　录

一、公司举办作品展销效果好

二、目前市场电子产品积压情况

三、一周来外事活动

四、公司团组织举办"我爱公司"诗歌诵朗会

×××××××××××(标题)

　正　文(略)

报：   份数：

发：

有些公共关系简报可以集中报道公司(企业)的重大事件，例如公司举办产品展览会，可以随着工作进展情况，像全厂动员、产品征集、制作过程、展览效果等分阶段编报。有的公共关系简报可在某阶段内按照不同发展情况分别编制几次，例如与外商谈判进展情况，可每天编一次简报，供领导和本单位有关员工掌握情况，以便在谈判间隙进一步商讨对策；而对样品展销会，可以把推销订货等情况汇总起来，编成简报，在客户和外商中散发，进一步扩大影响。总之，编报方法可以不同，但必须把某一事件中的重要信息、公众的情绪、主要经验体会、存在问题、采取的措施、下一步安排等全面反映出来，以便领导及有关部门做参考。对某些重要问题或带倾向性的问题，公共关系简报可以加上按语，一般放置在正文标语的上方，标示"编者按"或"按语"等字样，然后写出按语内容。按语的作用是阐明意义，强调重要性，以唤起读者的注意。

五、公共关系策划书

公共关系策划书是以书面文字的形式，把策划者头脑里的构思和创意条理化和系统化，形成具体可供实施的方法和步骤。策划书是策划者思维水平的具体体现。一份理由充分、条理清晰、目的明确、创意独到、开支合理、效果可见又便于操作的策划方案，也是说服和打动决策者、赢得他们拍板认可的先决条件。策划书中对公共关系活动主题、目标、内容、形式及步骤的规定，使活动参与者有章可循、有法可依，他们对策划书的准确解释、认真执行，是公共关系活动取得成功的保证。最后，策划书也是衡量评价公共关系活动的

依据和标准。

策划书的写法并无定式，一般根据实际的需要和策划者的文笔风格来撰写。但是无论方案形式、内容有着多大的差别，一份完整的策划书应当具备 5W、2H、1E: What(什么)——策划的目的、内容；Who(谁)——策划组织者、策划者、策划所涉及的公众；Where(何处)——策划实施地点；When(何时)——策划实施时机；Why(为什么)——策划的缘由；How(如何)——策划的方法和实施形式；How much(多少)——策划的预算；Effect(效果)——策划结果的预测。这八个要素是一份完整的策划书应具备的基本骨架。写作者可根据自己的需要进行完善和组合搭配。

一份完整的公共关系策划书的基本格式，大致包括下列五项。

1. 封面

策划书的封面不必如书籍装帧那样去考虑其设计的精美，但文字书写及排列应大小协调、布局合理，纸张要略比正文厚些。封面内容一般包括：

(1) 题目。题目必须具体清楚，让人一目了然。

(2) 策划者单位或个人名称。如系群体或组织完成，可署名"某某公共关系公司""某某专家策划团"或"某公司公共关系部"，对其中起主要作用的个人也可在单位名称之后署名，如"总策划某某""策划总监某某"等。策划方案如系个人完成则直接署名：策划人某某。

(3) 策划方案完成日期。写明年月日甚至时。

(4) 编号。比如根据策划方案顺序的编号，根据方案的重要性或保密程度的编号或根据方案管理的分类编号。

(5) 在需要的情况下，可考虑在封面上简洁地加上说明文字或内容提要。

(6) 如策划方案尚属草稿或初稿，还应在标题下括号注明，写上"草案""讨论稿""征求意见稿"等字样。如果前有"草稿"，决策拍板后的策划方案就应注明"修订稿""执行稿"等字样。

2. 序文

并非所有策划方案都需要加序，除非方案内容较多较复杂，才有必要以简洁的文字作为一个引导或提举。

3. 目录

这也和序一样，除非方案头绪较多较复杂，才有作目录的必要。目录是标题的细化和明确化，要做到让读者通过看标题和目录后，便知整个方案的概貌。

4. 正文

正文即是对前述八个要素的表述和演绎。其主要内容有：①活动背景分析；②活动主题；③活动宗旨与目标；④基本活动程序；⑤传播与沟通方案；⑥经费概算；⑦效果预测。

正文的写作需要周到，但应以纲目式为好，不必过分详尽地去加以描述渲染，也不要给人以头绪繁多杂乱或干涩枯燥的感觉。

5. 附件

重要的附件通常有：①活动筹备工作日程推进表；②有关人员职责分配表；③经费开支明细预算表；④活动所需物品一览表；⑤场地使用安排表；⑥相关资料，这主要是提供决策者参考的辅助性的材料，不一定每份方案都需要，如完整或专项的调查报告、新闻文稿范本、演讲词草稿、相关法规文件、平面广告设计草图、电视片脚本、纪念品设计图等；⑦注意事项，即将策划方案实施过程中应当注意的事项作重点集中的提示，如完成活动需事前促成的其他条件，活动实施指挥者应当拥有的临时特殊权限，需决策者出面对各部门的协调，遇到特殊情况时的应变措施等。

【案例 12-5】××大学××周年校庆公共关系策划书

目　录

活动背景 ………………………………………………(××)

活动主题 ………………………………………………(××)

活动目标 ………………………………………………(××)

活动方案 ………………………………………………(××)

经费预算 ………………………………………………(××)

效果预测 ………………………………………………(××)

公共关系策划书——××大学××周年校庆公共关系策划方案

活动背景：

2013 年是××大学××岁的生日，在经历了××年的风风雨雨和历史沉淀后，××大学已形成了自己独特的历史传统和深厚的文化蕴涵。在"建设西北""开发西北"的时代呼唤声中，它扎根于杨凌，在"西部大开发""志愿服务西部"的浪潮中，它已桃李满天下。

作为教育部直属全国重点大学以及"985 工程"和"211 工程"重点建设高校，××大学人始终秉着"诚、朴、勇、毅"的校训，始终瞄准高新科技前沿，坚持围绕国家和区域性重大战略需求，积极开展面向农业生产实际的应用基础性和应用性研究，始终关注三农，情系民生，××年来，在农业部科技领域，取得了许多傲人的成绩。

举办××大学××周年校庆活动主旨是为了回顾学校历史，展现办学成就，扩大知名度和美誉度。同时，增强学校凝聚力和向心力，推动学校全面、快速发展成为全国甚至世界知名度的高等学府。

活动总主题：回首历史　展示成就　凝聚人心　谋求合作　提升品位　铸造名牌

活动目标：

(1) 通过本次公关活动，向社会各界宣传××大学的发展历史，科研成果，教学成就，扩大学校在社会的影响力，塑造良好的社会形象，提升学校的认知度和美誉度。

(2) 通过此次庆典活动，营造出学校特有的丰富的文化氛围和学术风采，加强学生对母校的认识和了解，同时，激发老师和学生的集体荣誉感和自豪感。

(3) 提高学校自身的效益，通过校庆活动尽可能的争得社会上各界的支持与赞助，为我校广大师生获得向外学习发展提供机遇和优惠，同时，通过此次公关活动吸引更多优秀人才到本校发展，扩大学校的精英队伍，提升学校内部的"软件"实力，为学校获得长远发展储备力量。

活动方案：

一、启动阶段

(1) 成立储备领导机构和工作机构，并确定要安排各机构的任务以及职责范围。如：校庆筹备委员会，联络接待组，活动宣传组，会议演出组，校史材料组，资料捐赠组，后勤保障组，环境与建设组，筹款与经费组，安全保卫组。

(2) 研究确定校庆日和名称，如：2013 年 9 月××日——××日。

(3) 举办各类营造迎接校庆氛围的活动：

① 以"今天是你的生日——我的母校"为主题举办征文、绘画、摄影、书法展活动。

② 为增加喜庆气氛，向校内外发出邀请征集庆贺对联并选择优秀对联进行展览。

③ 校服征集活动，目的是完善学校的文化建设，增强学生的归属感与自豪感，并要求校庆期间学生统一穿校服。

④ 校徽征集活动，目的是增强师生的情感归属，同时，也为了体现学校在社会的认知程度，并要求校庆期间全校师生佩戴校徽。

⑤ 以"母校，我为你骄傲"为主题，举办庆祝××大学××周年演讲活动，并对将获奖作品编撰成书。

⑥ 以"××人·事·物"为主题举办 MV 短片征集活动，并将精彩视频放到视频网上公开浏览，宣传××。

⑦ 征集校庆主题歌，比如"咱都是××人"，并在校庆期间播放。

⑧ 举办"校史知识抢答赛"活动，加强学生对学校的了解和认识，增强学生的归属感和荣誉感。

(4) 启动活动经费筹集工作，并接受社会各界的赞助。

(5) 研究确定规划项目和校园景观项目。

二、筹备阶段

(一)学校内部公关活动

(1) 建设各地校友联络点，编辑《校友通信薄》，设立并公开校友网站。

(2) 编撰校史，并编印画册，同时将校史制成专题片。

(3) 出版校庆主刊，让全校师生以及社会人士关注校庆。

(4) 设计校庆宣传佳品，并作为嘉宾的赠送礼品，如：精美时尚的手提袋、书签、皮制公文包、相册、挂历、保温杯等。

(5) 布置校史陈列馆。

(6) 编撰学校科研成果大事记，并制作成专辑。

(7) 组织校园环境美化，校舍整修，比如：图书馆、8 号楼、食堂等重修工程、××活动中心、××的换新工程以及校园绿化工程等。

(8) 制订学术交流活动方案，设立校友论坛、高校论坛、专家论坛等。

(9) 组织文艺活动排练。

(10) 开展"昨天、今天、明天"××大学××年的发展历程主题图片收集和编辑工作，并制成专题片。

(11) 改善全校师生的生活服务设施，相应的开展一些福利性的实际工作，如：

① 给全校师生发放奖、助学金等作为庆贺。

② 与中国移动或者联通合作，开展"迎校庆，送话费"活动，在庆典活动期间免费赠送广大师生 10～15 元话费。

(12) 制作来宾签到册。

(13) 开展各规划项目的具体实施工作。

(14) 做好来宾住宿安排准备工作。

(15) 庆典会场的布置工作以及南北校区校园装扮工作。

(二)学校外部公关活动

(1) 提前拟定邀请嘉宾名单。如：中央省、市、区领导，一些社会名流(体、影、歌星)，国内著名学者，其他高校代表，往届校友(尤其是一些知名的老校友)，优秀毕业生代表，海外人士，新闻人士，××组委会领导以及家长代表等，提前半个月~1 个月将请柬送达出席人员手中，并在请柬上写明××大学校庆活动的时间、地点、方式等具体事项。

(2) 利用庆典活动，与更多的企业和单位交流接触，邀请参加××大学××年校庆活动，并向其推荐我们的学生，扩大学校的就业渠道，提高学校的就业质量。

(3) 大力宣传，争取新闻报道。通过报纸、电视、广播、杂志、网络等公布网址、联系人、联系方式等，并大力宣传××大学，让更多的社会各界人士关注××大学校庆活动，并争取更多的企业赞助，同时，尽可能争取获得当地地方台的现场直播。

(4) 利用庆典活动，邀请常年向学校提供大量高考优秀生的各地区高级中学领导以及部分学生代表参加学校的庆典活动，进一步宣传学校的形象，力争吸引更多的高考优秀生，丰富学校的人才资源。

三、庆典阶段(具体方案)

(1) 举行隆重而有创意的开幕式。首先进行奏国歌、升国旗的仪式和检阅学校仪仗队；接着是"百人激情腰鼓"并伴有舞狮，随后由校长宣布"××大学开幕式正式开始"，全场起立，高唱××大学校歌；然后，学校领导，教师代表，知名老校友代表，社会各界代表，学生代表及家长代表们先后上台发言。

(2) 举行"××××周年纪念章"颁发仪式，由学生代表以及校友代表为社会各界人士颁发。

(3) 举行 2013 年新生阅兵式，一方面展现新生的朝气与活力，也象征学校的蓬勃发展；另一方面，让新生参与此次庆典活动，并以"阅兵式"特殊形式给母校献礼，不仅能够增强他们的归属感和自豪感，还能给会场增添一道亮丽的风景。

(4) 举行一场庄重而盛大的在校优秀生现场入党宣誓活动。

(5) 开通热线电话，让更多关注教育，关注××大学的热心人士通过电话传达美好祝愿。

(6) 开展"万名学子报平安"活动，即在校园内设置多台免费电话，让学生打电话回家报平安，给学生提供一个与父母双向交流的平台，传达喜悦的气氛，让学生和家长都能真切地感受到学校的人文关怀。

(7) 开展各式各样的葡萄酒会，座谈会，茶话会等，如：

① 在庆祝活动第一天晚上，举行庆祝酒会，宴请来自各地的校友以及社会各界友好人士，政府单位等，不仅对他们的莅临表达欢迎，同时，也让嘉宾现场观看葡萄酒调制全过程，了解本校的特色专业。

② 以 "成长经历，你我共励为主题，举行学生代表座谈会，让学生畅所欲言，交流自己在学习生活中遇到的问题和烦恼，共勉共进。

③ 以 "分享生活，畅谈人生" 为主题，举行往届校友座谈会，可从 1934 年后每届学生选一名代表，一直到 2010 届，畅谈自己的成长。

④ 邀请各高校领导以及国内外专家学者共聚一堂，召开茶话会，共同探讨新的形势下，高校教育的发展路向等。

⑤ 以 "××——无悔的选择" 为主题，邀请××服务的志愿者回校做报告会，并播放他们在××工作、生活的 MV，让更多的学生产生共鸣，唤起使命感，志愿投身于××建设中。

(8) 举办各种形式的展览会：①学校优秀学术期刊展。②优秀毕业生论文展。③学校历史发展图片展。④学校科研成果图片展。⑤优秀社团活动图片展。⑥××大学大事记。⑦学生优秀科创项目展等。

(9) 播放××大学 "昨天·今天·明天" 专题片。

(10) 举办一系列参观活动，邀请嘉宾分批参观××大学的××基地——博览园——实验基地等。

(11) 举行记者招待会，精心安排好招待会现场，并向外界发布新闻，宣传好××大学，有力塑造学校的形象。

(12) 举办一次人才交流会，邀请各个企业，单位招聘即将毕业的 2006 级学生，为学生就业创造良好机遇。

(13) 举办一次特别的大联欢晚会，邀请所有嘉宾出席。

(14) 举办多台文艺演出，以不同的主题或不同的形式举办，如："奋斗" "腾飞" "辉煌" "梦想" 或 "歌唱晚会" "曲艺晚会" "舞蹈晚会" "校友联谊" "师生共舞" 等。

(15) 安排一次大型的签名活动，让社会各界人士以及广大师生签名留念。

(16) 举办各种师生联谊竞赛项目，如乒乓球、羽毛球、篮球以及其他的体育竞技项目，目的是增强整个活动的欢乐气氛，同时也加强师生情谊。

四、尾声部分

(1) 做好活动结束工作，认真安排嘉宾的归程旅途，要善始善终，给嘉宾留下美好的印象。

(2) 做好信息反馈工作，可进行电话调查问候，了解他们对此次公关活动的评价，并让对此次活动提出宝贵意见，以便日后改进。

(3) 加强与参与此次活动的企业和赞助商沟通交流，为以后学校的长远发展奠定基础

活动经费预算：略

效果预测：略

六、公共关系常用文书

在公共关系实务中，在礼仪应酬和宣传鼓动方面的文书运用的较为广泛。柬帖、海报、函牍、电子邮件、标语口号是常用的 "交通工具"。

(一)柬帖

在组织的日常交往中，当需要举办或参加某些礼仪性的活动，如纪念、喜庆、奠基仪

式等社交活动时，往往需要通过专门的特定形式的通知去告知主办者或受邀请者，这就是柬帖。柬帖可分为请帖(请柬)、庆吊函、邀请书、通知书等类型。柬帖的文字要求是简单清晰，但又必须在简要的文字中表达出组织的色彩较浓的感情和意向。

1. 格式

它的一般格式是：

(1) 标题。标题一般用大字或烫金字书写的"请柬""讣告""×××入场券"等，如遇"通知书"一类一般不写"通知"，而是写明具体事项，如"××公司第三次学术演讲"。可写在第一行中，也可占用一页，当作封面。

(2) 内容。由称呼、内容、署名和日期组成。另起一行(或一页)，顶格上写明受帖者的单位全称或个人姓名，如个人，则应写上其职称、职衔。第二行空两格写正文，写清事由，以及时间、地点。再空一行顶格写上"欢迎参加"，"敬请光临"专门用语。

(3) 落款。写明发帖者的单位或个人的名称，个人亦要标明职位，最后写上年、月、日。

2. 注意事项

(1) 措辞务必做到典雅、得体，语气应婉转，带有协商、祈望、请求的口吻。如"讣告"中，不能把"逝世""作古"，写成"死亡"。请帖中不能把"赴宴"写成"吃饭""喝酒"，把"敬备茶点"写成"有茶点招待"，把"恭情光临"写成"准时出席"，把"谨此奉"写成"特此通知"等，要表现主人的热情与诚意，切忌怠慢。

(2) 样式设计要美观大方，表现出欢庆气氛和热烈的情绪，所以色彩及美饰要注意。用纸要符合柬帖内容。结婚请帖要用红色，可加花边；而"讣告"则用白色，加黑边。无论是手写的，还是印刷的，版面必须美观、悦目，字迹清楚、秀丽。尤其是自己制作的，更应把握总体格调。

(3) 务必清晰、准确，绝对避免差错。时间、地点一定要准确无误，邀请者和被邀请者的称呼要根据身份而定，应写全称。以单位出面邀请的也必须用单位的全称。被邀请者是个人，在写职衔时应事先核实，以免发生误会。

另外，正规的请柬，行文中不提被邀请人姓名，而写在信封上。国际上习惯对夫妇两人发一张请柬，国内如遇需凭请柬入场的应每人一张。正式宴会，最好能在请柬发出之前排好席次，并在信封左下角注上席次号。如果场所较大，门多，还需注明从哪个门入场。

请　　　　　　　　　　柬
××先生： 　　兹定于9月2日上午9时，在本厂礼堂召开××厂建厂30周年座谈会。 敬请光临 　　　　　　　　　　　　　　　　　　　　××厂 　　　　　　　　　　　　　　　　　　　　××年×年×日

(二)函牍

函牍是一种当事人双方就某类事务进行联系的书信。在公共关系实务中，常用的有慰问信、感谢信、表扬信、祝贺信等。

函牍的写法不一，没有规定的格式，但通常都遵循一定的程序。它大致分：

(1) 标题。也就是函牍的性质名称，如"慰问信""感谢信"等。通常写在第一行正中，用醒目的大字书写。

(2) 正文。这是函牍中的最主要内容，一般包括称谓、正文、结束语三部分。在正文中，由于它是函牍主体，所以一定要有事实，有分析的讲清事实，其要求有：一是层次清晰，逻辑关系严密；二是言简意赅、重点突出。

(3) 署名和日期。

函牍和公文不同之处在于它是在情感沟通的基础上来传递信息的，所以在言辞中要以诚恳的态度说话，避免消极语汇的出现，文笔要轻松自如，谈吐活泼，并尽可能融进和蔼的微笑。如果能达到见函如闻其声、如睹其容的效果，那就说明成功了。掌握大量的、丰富的词汇，是写好函牍的关键。

【案例 12-6】感谢信范例

感谢信

××公司：

我商场×××同志出差至×地，2 月 27 日午后 3 时突发疾病，幸得贵公司×××同志相助，将其扶至医院救治。这种助人为乐的精神使人敬佩。

此致

敬礼!

××商场全体同志
××年×月×日

(三)电子邮件

近年来，在诸多电子通信手段中跑出来一匹"黑马"，它就是电子邮件。自诞生以来，它的发展可谓突发飞进，日新月异，令人刮目相看。当前已经得到越来越广泛的使用。

电子邮件(E-mail)是建立在计算机网络上的一种通信形式。计算机用户可以利用网络传递电子邮件，实现相互通信。电子邮件可在计算机局域网上进行，也可在计算机互联网上进行。使用电子邮件进行对外联络，不仅安全保密，节省时间，不受篇幅的限制，而且还可以大大地降低通信费用。电子邮件应当认真撰写。向他人发送的电子邮件，一定要精心构思，认真撰写。

电子邮件具有一定的格式。以目前世界上广泛应用的国际互联网的电子邮件格式为例。在电子邮箱中，单击工具条上的"新邮件"按钮，弹出"新邮件"编辑视窗。新邮件窗口的上半部分是地址部分，下半部分是电子邮件内容及附件部分。

地址部分包括：

(1) 收件人：邮件的收信人地址，可以是一组地址。电子邮件地址的典型格式是

abc@xyz,这里@之前是您自己选择代表您的字符组合或代码,@之后是为您提供电子邮件服务的服务商名称, 如 user@163.com

(2) 抄送:抄送的地址,收件人可以看到抄送的地址。

(3) 发件人:邮件的发信人地址。

(4) 主题:邮件的主题词。一个电子邮件,大都只有一个主题,主题要明确,并且往往需要在此处注明。若是将其归纳得当,收件人见到它便对整个电子邮件一目了然了。适当的主题能够让收件人在阅读该邮件之前注意到它的重要性,优先阅读该电子邮件;如果邮件发到新闻组,则可以让读者判断该邮件是否是自己所感兴趣的;如果想在邮件的文本中添加特殊的要点或结构,则可以使用 HTML 语言,使用 HTML 格式可以在邮件中加入图形和指向 Web 站点的链接。

电子邮件内容:即是信件的内容。内容要简洁。网上的时间极为宝贵,所以电子邮件的内容应当简明扼要, 愈短愈好。语言要流畅。电子邮件要便于阅读,就要以语言流畅为要。尽量别写生僻字、异体字。引用数据、资料时,则最好标明出处,以便收件人核对。如有附件,可单击添加附件。

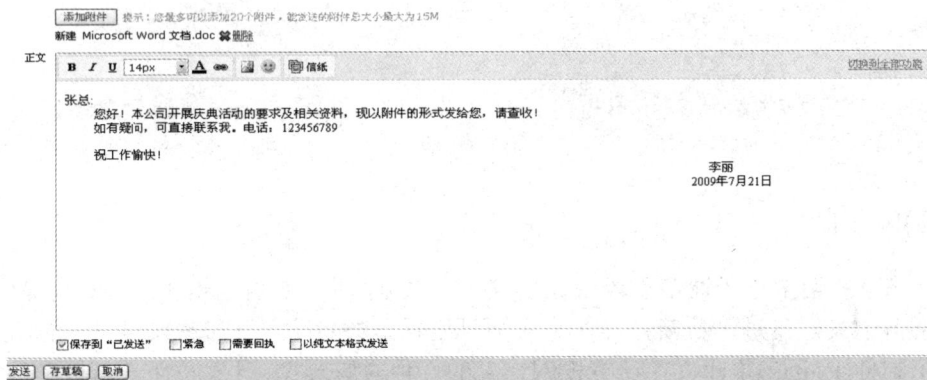

注意事项:

(1) 电子邮件应当避免滥用。在信息社会中, 任何人的时间都是无比珍贵的。有鉴于此,若无必要,轻易不要向他人乱发电子邮件。尤其是不要以之与他人谈天说地,或是只为了检验一下自己的电子邮件能否成功地发出,更不宜以这种方式在网上"征友"。

(2) 电子邮件应当注意编码。由于中文文字自身的特点加上一些其他的原因,我国的内地、台湾及港澳地区, 以及世界上其他国家的华人,目前使用着互不相同的中文编码系统。因此, 当使用中国大陆的编码系统向生活在除中国大陆之外的其他国家和地区的中国人发出电子邮件时, 由于双方所采用的中文编码系统有所不同,对方很有可能收到一封由乱字符所组成的邮件。因此, 在使用中文向除了中国大陆之外的其他国家和地区的华人发出电子邮件时，必须同时用英文注明自己所使用的中文编码系统，以保证对方收到邮件。

(3) 电子邮件应当慎选功能。现在市场上所提供的先进的电子邮件软件，可有多种字体备用，甚至还有各种信纸可供使用者选择。这固然可以强化电子邮件的个人特色，但是此类功能商界人士是必须慎用的。这主要因为：一方面，对电子邮件修饰过多，难免会使其容量增大，收发时间增长，既浪费时间又浪费金钱，而且往往会给人以华而不实之感。另一方面，电子邮件的收件人所拥有的软件不一定能够支持上述功能。

(四)海报

海报是一种用于公开张贴的，就某件事情向公众报告的通知。它适用于开放性质的"事情"，也就是公众知道的人数越多越好。海报的内容一般要求集中，只需表述"事情"的主要点，其余的不必细述，文字凝练简洁，篇幅简短。从传意的要求看，它只需要讲出五个"W"(参见新闻稿撰写)即可，但从表情角度看，它又要像新闻稿中的导语写作一样，极其讲究它的第一眼印象的冲击力、吸引力。否则，就不会给人留下深刻印象，起不到应有效力。所以除了作文字说明之外，还可以配上插图，使版面更为醒目。海报一般包括三个部分：

(1) 标题。在标题的位置写"海报"二字，也可将活动内容作为标题，如"球讯""电影海报""演奏会"等。

(2) 正文。正文部分是有关具体内容，如举行活动名称、时间、地点，以及有关规则等。书写形式灵活自由，可以按行写，也可以不按行写，主要目的是为了获得良好的视觉效果。

(3) 署名和署时。在海报的右下角写明举办单位名称，再下一行写出海报的日期。因为海报所写的都是近期的事，所以可以省略年份，有时还可以省略发海报的日期。

【案例 12-7】海报范例

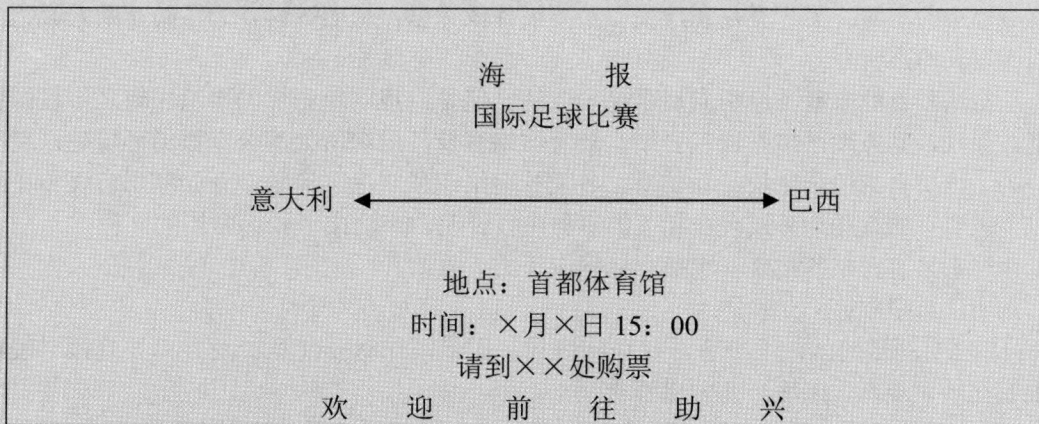

<pre>
                    海   报
                  国际足球比赛

     意大利 ◄─────────────────────► 巴西

                  地点：首都体育馆
                时间：×月×日 15：00
                  请到××处购票
            欢   迎   前   往   助   兴
</pre>

(资料来源：编者根据相关资料整理编写)

(五)标语口号

标语口号是醒目地张贴或布置在公开场所，以向公众表示一种观点或一种强烈的感情意向的文体形式。

标语口号是所有的文字形式中最简要的一种,它通常只有一句话,但这短短的几个字里却浓缩着极其明确的意思与情感色彩,因此往往能在公众心目中留下难以遗忘的印象。

可以写入标语口号内的意思有许多,但只有能引起公众注意的意思才能用上,这就要经严格筛选,仔细斟酌。从某种意义上说,标语口号上所写出的意思必须带有迫使公众读后思考的韵味。只有这样,才符合标语口号的每个字必须最经济、最有效地发挥其效力的原则。

标语口号的格式十分简单,一是意思的文字表达,二是落款。一般不标明日期。

【案例 12-8】标语口号范例

今天工作不努力,明天努力找工作。

世界工人文化传播网

成功的人:做别人不愿做的事,做别人不敢做的事,做别人做不到的事。

世界工人文化传播网

(资料来源:编者根据相关资料整理编写)

(六)声明

声明是国家机关、社会团体、企事业单位或个人在日常生活、工作中,为维护自身权益而就某一重要问题或某些具体事务向公众公开表明立场、观点和态度或发表主张的应用文体。

声明将有关问题或事项直接告知公众,同时表明自己的观点、立场或态度。它的目的就是让公众了解情况,但不会对公众提出要求,因此具有明显的告知性。

声明一般有两类:一类是为了维护自己的合法权益,引起公众的关注,并要求侵害行为立刻停止的声明;另一类是在遗失了重要证件或凭据、证明等时,为了防止别人冒领或滥用而发表的声明。

从写法和目的来看,声明同启事是一致的。但是,声明所告知的事情相较之下显得更重要。而且,其态度严肃,语气强硬。随着网络普及,组织所处的公众舆论环境越来越复杂,为了维护自身的合法权益和信誉,各类社会组织或明星名流等都开始利用自媒体在网上以"声明"的方式为涉及自身相关的事务进行说明。声明成了较为常用的文种。

声明都具有完整的格式。包括:标题、正文、落款。

声明注意事项:

(1) 声明的目的就是维护合法权益和信誉,因此写作时要注意针对性,要直接对侵权者表明立场、观点、态度,并做出警告。

(2) 声明的语言要准确、严谨、得体,语气要果断坚定,避免使用文学性语言。

(3) 声明可由企业自己发布,也可授权律师发布,也可由企业和律师一起发布。

【案例 12-9】声明书范例

声　明

致:深圳某物流报关有限公司

兹有我司于年月日委托贵司报关申报的(报关货物品名: ××)货物一批, 申报商标为: ×× (品牌: ××), 现向贵司声明该批货物商标申报无讹, 若经贵司发现有任何不实, 我方愿承担人民币 2000 元/单的违约金, 且不免除对我方其他责任的追究。

我方知悉并了解中国相关法律规定, 对上述承担表述系自愿做出的真实意思表示, 不存在欺诈、胁迫、重大误解等情形。

特此声明!

声明人: (盖公章)
年 月 日

(资料来源: http://china.findlaw.cn/ask/baike/zt_3950.html)

本 章 小 结

本章首先阐述公共关系文书的基本写作特点与要求, 然后对部分常用公共关系文书的文体如新闻稿、广告文词、宣传资料、内部报刊、公共关系策划书、柬帖、电子邮件、海报、函牍、标语口号等的规范款式与写作要求进行逐一介绍。

复习思考题

一、问答题

1. 简述公共关系文书写作的特点和原则?
2. 新闻稿写作的具体要求有哪些?
3. 请问公共关系常用文书有哪些以及各自的注意事项?

二、技能训练

1. 在自己所属的组织或到附近工厂、企业去采访, 练习写一篇有导语、主体、背景和结尾的消息。
2. 请从自己的家乡, 选择一种自己最熟悉、最具有地方特色的土特产品, 撰写一则广告文。
3. 以你们班上或者组织机构中的一次会议为题材写一份会议简报。
4. 某大学为庆祝建校 100 周年, 学校团委定于×月×日晚, 在学校大礼堂举行歌舞晚会, 请为该晚会拟一份海报。

第十三章

公共关系礼仪

学习目标

通过本章学习，了解公共关系礼仪对一个社会组织公共关系活动的开展具有的举足轻重的作用，掌握公共关系日常社交礼仪、个人仪表风度和日常外事礼仪的基本内涵和要注意的事项。

关键概念

公共关系礼仪(Etiquette of Public Relations)　仪表风度 Appearance and Demeanour)　外事礼仪(Foreign Affairs Etiquette)

引导案例

"煮熟的鸭子飞了"

一位欧洲国家生产食品的公司女经理前往中国大陆与某企业洽谈合作事宜，当一切商务谈妥后准备草签协议时，女经理却在不经意间看见中方男经理，在挖完鼻孔后又用手将一叠文件递给她，女经理立即改变了合作意向，委婉地说再回去请示公司总经理，结果使一笔很大生意告吹。后来，这位女经理在一个场合提到这件事时说道："我不敢想象一个生产食品的公司经理竟然若无其事地当着女士的面挖鼻孔，他公司的员工又会做出怎样不讲卫生的举动。"

还有一位美国华侨，到国内洽谈合资业务，洽谈了好几次，最后一次来之前，他曾对朋友说："这是我最后一次洽谈了，我要跟他们的最高领导谈，谈得好，就可以拍板"，过了两个星期，他又回到了美国，朋友问："谈成了吗?"他说："没谈成。"朋友问其原因，他回答："对方很有诚意，进行得也很好，就是跟我谈判的这个领导坐在我的对面，当他跟我谈判时，不时地抖着他的双腿，我觉得还没有跟他合作，我的财就被他抖掉了。"(资料来源：编者根据相关资料整理编写)

公共关系礼仪在我国的政治、经济、文化交流活动中，在人们的学习、生活和工作中的作用日益彰显。尤其是在公共关系交往中，公共关系礼仪更显示了其独特的魅力。因此，学习和运用公关礼仪在社交往来中树立良好的形象，在纷杂的环境下更好地处理公共关系，已成为公关人员提高自身竞争力和取得更好的合作洽谈效果，建立双方相互尊重、信任、宽容、友善的良好合作关系的重要手段，同时也是获得国际认证的重要"软件"。

第一节 公共关系礼仪概述

对于公共关系人员来说，礼仪不仅是社交场合的一种"通行证"，而且还是体现修养水平和业务素质的一种标志，因为礼仪有多种表现形式，不同场合、不同对象，都有不同的礼仪要求，懂得各种礼仪并能恰到好处地应用，是公共关系工作者的基本素质之一。

一、礼仪与公共关系礼仪

"礼仪"一词，法语为 etiquette，意即"法庭上的通行证"，表示持证者入法庭必须遵从相应的规矩或准则。后被英语吸收后，其含义有所变化，有了"礼仪"之意，即指"人际交往的通行证"。随着社会生活的发展，该词逐渐专指礼仪、礼节规范。

中国素有"礼仪之邦"的美誉，对"礼"的讲究历史悠久，很早即把"礼仪"一词提升为一种社会典章制度和道德教化要求，仁、义、礼、智、信被称为"五常"。最早记载中国古代礼制的著名典籍有三部：《周礼》《仪礼》《礼记》，统称"三礼"。其中《周礼》主要记载典章制度，《仪礼》偏重于规定人们的行为规范，《礼记》则是对古代礼仪的阐释性说明。其后，中国古代礼制不断发展和完善，成为中国古代文化的核心内容之一。

所谓礼仪就是人们在各种社会交往中为了互相尊重，在言谈举止等各方面约定俗成的、共同认可的规范、程序。所谓公共关系礼仪，就是社会组织的公共关系人员或其他人员在公共关系活动中，为了树立和维护组织的美好形象，在开展公共关系活动时所必须遵循的尊重公众，讲究礼貌、礼节，注重仪表、仪态、仪式等的程序或规范。

二、公共关系礼仪的作用

1. 有助于公共关系人员树立良好形象，协调人际关系

公共关系礼仪的目的非常直接、明确，其核心是塑造良好的组织形象。在公共关系活动中，每一个公共关系人员都代表社会组织的形象，要想建立和维护良好的组织形象，最行之有效的方法，就是遵守公共关系礼仪。

爱美之心，人皆有之。在社会交往中，良好的礼仪，如得体雅致的仪表、服饰、言谈、举止等，常常是人际交往的"黏合剂"，会给人更多的亲和力，进而出现"首因效应"。这对于增进情感友谊，增强信任和了解有着重要的作用。

【案例 13-1】让别人舒服，是一种修养，更是一种能力

(详细内容请见课件对应内容。)

【分析】让别人舒服，是一种修养，更是一种能力。让别人舒服的程度，决定了你事业的高度。让人舒服，也是"穿透力"人格魅力最明显的特征。这类人因为足够的自信和强大，所以他们从不用展示和凸显自我。相反，他们更懂得平等和尊重的意义，他们总是设身处地的为别人着想，总是极具同理心、体验他人的想法，让你感到被一种关怀笼罩。他们都是细腻而聪明的，说话分寸拿捏的恰到好处，也许只是一个眼神与举动，都可以让你感觉到这个世界的暖意。

他们能把每一句话都说到你的心里去，即便瞬间就看破，但从不戳破，只会点化；从不说教，只会启示，以柔克刚，化解问题于无声之处。相反，只有那些内心自卑的人，才总是想方设法地展示自己的强大，他们总是充满了攻击性，因为深藏在内心的自卑产生了一种补偿心理，他们需要用外在的称赞、认可去弥补现实的缺憾。

2. 有助于推动社会文明的发展

"礼仪"在现代生活中，几乎是"文明"的代用词，它既是社会文明的重要载体，又是社会文明的重要标志，同时又是一个民族的精神风貌与道德理想的体现。在社会生活中，讲求和培养良好的礼仪风范，不但可以淳风化俗，而且能有力地推动整个社会文明程度的提高。

【案例 13-2】这一次，日本球迷赢得了全世界人的尊敬，就连对手都伸拇指点赞！

(详细内容请见课件对应内容。)

【分析】在东京涩谷街头全世界最大的交叉路口，每天人流量超 30 万，日本人依旧井然有序！日本街道上没有垃圾桶，但地上却看不见一块垃圾，他们都习惯随身自备塑料袋，垃圾都装身上拿回家扔，回家还会将垃圾仔细分类，他们的"厨余垃圾"不是在厨房里的东西就叫厨余，而是可以直接绞碎喂猪吃的才叫厨余，根本不用收垃圾的人员再分类一次。

3. 有助于公共关系人员培养和提高个人素质与修养

人的素质包括品德、知识、才能、性格、气质、体魄等诸多方面，而仪表举止则是这些素质的外在表现。在一定程度上讲，礼仪即教养，教养即文明。因此，在生活中讲礼仪，有助于提升个人的修养水平和精神品位，有助于塑造个人的良好社会形象，提高自身的综合素质。

【案例 13-3】电梯里那一"戳"

上班时间，公司大楼的电梯里挤满了人。一位穿西装的中年男人被挤在靠近电梯门的地方，动弹不得。突然，他感到有人往他背上戳了一下，他皱了一下眉头，吃力地转生望了一眼，看见一个戴着耳机的青年人朝他努努嘴巴，示意他出去。中年男人的脸上掠过一丝不快，但还是走出了电梯。

很快，那个年轻人收到了解雇通知。同事们很震惊：他不仅是技术骨干，更是正在进行的一个项目的负责人之一。

谜底很快被揭穿了，在电梯挨了一"戳"的人，原来是公司的董事长！很多人同情年轻人，觉得董事长过于计较。

董事长却很坦然，在内部刊物上解释他解雇年轻人的理由：当我知道是我的员工用手指戳我的后背时，我感到很愤怒：为什么我的员工如此不懂得尊重别人？如果他戳的不是我，而是客户，那会给公司带来怎样的损失？我承认，解雇他是一个很艰难的决定。因为他是公司的技术骨干，很优秀。许多人也许认为，那一戳只是没礼貌，一件小事而已，但我相信，人生的成败有时就取决于一件小事。对个人如此，对公司也如此……(资料来源：《羊城晚报》2009.06.22)

【分析】尽管董事长做法有点极端，但年轻人应该为自己不懂礼貌、缺少素养付出的惨重代价进行深刻的反思。

第二节 公共关系日常社交礼仪

一、称呼和打招呼礼仪

称呼是指人们在日常交往应酬之中，所采用的彼此之间的称谓语。在人际交往中，选择正确、适当的称呼，反映了对交往对象的尊重和熟悉程度，也体现了个人的修养、风度，因此对它不能随便乱用。选择称呼要合乎常规，要照顾被称呼者的个人习惯，入乡随俗。在工作岗位上，人们彼此之间的称呼是有其特殊性的，要庄重、正式、规范。

称呼必须符合对方年龄、性别、身份、职业等具体情况，如"李先生""玛丽小姐""王老师""蔡医生""张会计""陶律师"等。

对长辈、老师，或对初次见面者，最好用"您"而不用"你"，以示有礼。熟人老朋友见面称"你"而不用"您"，以示亲切。

打招呼，又叫见面致意，是表示问候，沟通感情的一种方式。跟熟人打招呼，用语则不妨显得亲切一些，具体一些，可以说"好久没见了""今天的天气不错"。见面致意的顺序一般是，男性首先向女性致意，年轻人首先向年长者致意，下级首先向上级致意，学生首先向老师致意。见面打招呼时，表情要显得和蔼可亲。跟初次见面的人打招呼，最标准的说法是："您好！""很高兴认识您""见到您非常荣幸"。还可以说："久仰"，或者说："幸会"。

不要相距老远(20 米以外)就高呼其名，弄得对方尴尬窘迫；不要不分场合缠住对方，使人生厌；不要招呼过头，给人轻浮、粗鲁之感；不要过于程式化，像写八股文。例如，两人初次见面，一个说："久闻大名，如雷贯耳，今日得见，三生有幸"，另一个则道："岂敢，岂敢！"搞得像演戏一样，很不自然。

【案例13-4】用语言营造气氛

(详细内容请见课件对应内容。)

二、握手礼仪

握手是人们在社会交往中最常用的一种见面和告别礼，握手是一种无声的动作语言。握手的力量、姿势与时间的长短往往能够表达出握手人对对方的不同态度。平等、自然、正确的握手姿势应是：伸出右手，四指并拢，拇指伸开，掌心向内，手的高度大致与对方腰部上方齐平。身体微微向前倾斜，握手时，双目要注视对方，面带笑容，握手时间3～5秒钟即可。

握手有先后顺序，一般有尊者决定，即由主人、年长者、身份职位高者和女子先伸手。多人同时握手时，注意不要交叉，待别人握完再伸手。男子在握手前应先脱下手套摘下帽子。军人戴军帽与对方握手，应先行举手礼，然后再握手。关系亲近者可以边握手边问候，甚至两人双手长时间地握在一起。

握手时，第一次见面要相互问候"你好""很高兴认识你""久仰"等。握手致以问候时，要目视对方，不要盯着对方的手或左顾右盼。初次见面，握手要拇指与其余四指稍叉开20度角，四指自然伸直，轻握对方四指，切忌环握住对方的手或满把握住对方的五指。遇到主人、客人、妇女、年长者、身份高贵者不应主动伸出手来，可先行问候，待对方伸手时再握，如对方不伸手，点头微笑示意即可。对男子握手重些，对女子握手轻些，但不宜太轻，否则不够真诚。

握手时，距离握手者不能太远或太近，尤其不能将对方的手拉近自己的身体区域。握手时不能戴手套，只有女士可戴薄纱手套与人握手；握手时不能用左手；不要用湿手、脏手同他人握手；握手时切忌用手帕擦手。

【案例13-5】王先生遇见一位他很敬重的学者，这位学者正和其他的人谈话。王先生想，在这么多人面前，应该更加表示对学者的尊敬。于是在握手时，他用左手盖在对方的手背上，以示亲密，并长时间地握住学者的手不放，并寒暄了几分钟。(资料来源：编者根据相关资料整理编写)

【分析】王先生显然不懂得握手的礼仪，导致失礼。

三、介绍礼仪

1. 他人介绍

他人介绍是第三者为彼此不相识的双方引见、介绍的一种介绍方式。他人介绍通常是双向的，即将被介绍者双方各自均作一番介绍。

为他人作介绍时必须遵守"尊者优先"的规则。在正式场合，首先应介绍地位较高的人和女同志，表示尊重；当面介绍时，首先把年轻者、男子、未婚的女子、资历较浅的一方，介绍给年长者、女子、已婚女子以及资历较深者，之后，再向另一方介绍。

介绍者为被介绍者人介绍之前，一定要征求一下被介绍双方的意见，切勿上去开口即讲，显得很唐突，让被介绍者感到措手不及。被介绍者在介绍者询问自己是否有意认识某人时，一般不应拒绝，而应欣然应允。实在不愿意时，则应说明理由。介绍人和被介绍人都应起立，以示尊重和礼貌；待介绍人介绍完毕后，被介绍双方应微笑点头示意或握手致意。介绍完毕后，被介绍者双方应依照合乎礼仪的顺序握手，并且彼此问候对方。问候语有"你好、很高兴认识你、久仰大名、幸会幸会"，必要时还可以进一步做自我介绍。

2. 自我介绍

在社交活动中，如欲结识某些人或某个人，而又无人引见，如有可能，可向对方自报家门，自己将自己介绍给对方。如果有介绍人在场，自我介绍则被视为不礼貌的。自我介绍你可以面带微笑，先说一声"您好！"以提醒对方注意，然后报出自己的姓名和身份，并简单表明结识对方的愿望和缘由。自我介绍切忌不顾对方反应，一下子说好多话。过于急切地与一个陌生人拉近距离，这会使对方感到莫名其妙甚至反感。

自我介绍要注意时间，要抓住时机，在适当的场合进行自我介绍。对方有空闲，而且情绪较好,又有兴趣时,就不会打扰对方。自我介绍时还要简洁,尽可能地节省时间,以半分钟左右为佳。为了节省时间,作自我介绍时,还可利用名片、介绍信加以辅助。自我介绍要讲究态度,态度一定要自然、友善、亲切、随和,应落落大方,彬彬有礼。既不能唯唯诺诺,又不能虚张声势,轻浮夸张。语气要温和,语速要正常,语音要清晰。自我介绍要真实诚恳,要实事求是,真实可信,不可自吹自擂,夸大其词。

四、交谈礼仪

1. 声音与姿态

谈话的表情要自然,语言和气亲切,表达得体。谈话时切忌唾沫四溅。参加别人谈话要先打招呼,别人在个别谈话,不要凑前旁听。若有事需与某人说话,应待别人说完。第三者参与谈话,应以握手、点头或微笑表示欢迎。谈话中遇有急事需要处理或离开,应向谈话对方打招呼,表示歉意。交谈时,无论是坐是站,身体不要太拘谨,但也不能太放松,显得懒散松垮,对人不尊重。说话时可适当做些手势,但动作不要过大,更不要手舞足蹈。稳健、优雅、端庄大方的姿态,加上敏捷、准确、得体的动作,会给人以美感,增加交谈的成功率。要保持相应的热情,在谈话时,你若对某一问题没有倾注足够的热情,那么,对方会马上失去谈这个问题的兴趣。

【案例13-6】有一次,意大利著名的悲剧影星罗西应邀参加一个迎宾宴会,席间客人们要求他表演一段悲剧。罗西用意大利语念了一段"台词",表情声调都凄凉悲怆,在场的不少人被感动得流下眼泪,可一位意大利人却跑到大厅外捧腹大笑,原来,罗西念的不过是宴席上的菜单,由此趣事可见声音声调在沟通中的作用。(资料来源:袁祥华《现代公共关系学》南京大学出版社)

【案例13-7】曾任美国总统的老布什,能够坐上总统的宝座,成为美国"第一公民",与他的仪态表现分不开。在1988年的总统选举民意测验中一度落后于对手十多个百分点。不料两个月后,布什以光彩照人的形象扭转了劣势,反而领先十多个百分点,创造了奇迹。原来布什有个毛病,他的演讲不太好,嗓音又尖又细,手势及手臂动作总显出死板的感觉,身体动作不美。后来布什接受了专家的指导,纠正了尖细的嗓音、生硬的手势和不够灵活的摆动手臂的动作,结果就有了新颖独特的魅力。为了吸引选民,经化妆师设计,布什还经常穿着浅色调的西服,配以卡其布蓝色条子厚衬衫,以显示"平民化",多管齐下,终于获得了最后的胜利。(资料来源:编者根据相关资料整理编写)

2. 学会听的艺术

外国谚语道:"用10秒钟的时间讲,用10分钟的时间听。"听有两个要求,首先要给对方留出讲话的时间,可简单插话,如"原来如此""你说得对""是这样""请继续说下去"等,主动鼓励对方说下去。其次要"听话听音",如对方首先讲话,你不可打断对方。应做好准备,以便利用恰当的时机给对方以响应,鼓励对方讲下去。不能够认真聆听别人谈话的人,也就不能够"听话听音",更不能机警、巧妙地回答对方的问题。记住不论是社交场合,还是在工作中,善于听乃是一个人应有的素养。聆听他人谈话时,眼睛应该有礼貌地注视对方，并适当地点点头，以示专心。要避免不良的动作和姿态，如玩弄手中的小东西，用手不时地理头发、搅舌头、清牙齿、掏耳朵、盯视指甲、天花板或对方身后的字画等，这些动作都有失礼仪。

【案例 13-8】一次，某外商向我方某企业购买香料油，出价每公斤 40 美元，我方开价 48 美元。这时，对方急了："不，不，你们怎么能指望我们出 45 美元以上的价呢？"情急之中，对方露馅了。我方立即抓住他的话，巧妙地反问："这么说，你是愿意以 45 美元成交喽？"外商见露了底，只得说："可以考虑。"谈判最后以 45 美元成交。(资料来源：沈永祥《公共关系学》化学工业出版社)

3. 话题

选择一个好的话题，能使交谈双方找到共同语言，活跃谈话气氛，丰富谈话内容，拉近彼此间的谈话距离。中国人民大学的金正昆教授提出商务人员须知的基本职场交谈忌语"六不"：①不能非议国家和政府；②不涉及秘密；③不涉及交往对象的内部事务；④不在背后议论领导、同事和同行，来说是非者必是是非人；⑤不谈论格调不高的问题；⑥不涉及私人问题，特别是在国际交往中。职场交往有"私人问题五不问"：第一不问收入(痛苦来自比较)；第二不问年纪(特别是临近退休者和白领丽人)；第三不问婚姻家庭；第四不问健康状态；第五不问个人经历。

【案例 13-9】某单位元旦举行聚餐，一位刚参加工作不久的青年职工对一位即将退休的老同志说："老王，你多吃菜，来，我敬您一杯。您跟我们不一样，我们今后聚餐的机会多得很，可您老是吃一顿少一顿。"老王脸色煞是难堪，旁边几位同事忙用眼色示意小伙子住口，可是这位青年仍未领悟过来，仍然自以为潇洒地说"我这是真心实意地敬您啊，自我进单位以来，您给了我不少帮助。喝一杯，再不喝恐怕就没有机会了。"此时，老王脸色苍白，起身拂袖而去。(资料来源：沈永祥《公共关系学》化学工业出版社)

4. 礼貌用语

交谈时应注意使用礼貌用语。与人打招呼时说"您好"，对他人提出要求时说"请"，得到别人帮助时说"谢谢"，给人添麻烦时说"对不起"或"打搅了"，别人向自己致歉时说"没关系"，分别时常说"很高兴与你相识，希望再有见面的机会。""再见，祝你周末愉快！""晚安，请向朋友们致意。""请代问全家好！"等。初次见面时说"久仰"，好久未见时说"久违"，请客人来时说"光临"，表示祝愿时说"恭贺"，表示等候时说"恭候"，要早离开时说"失陪"，返回勿送时说"留步"，送客回家时说"请慢走"，让人费心了时说"打扰、有劳"，请人让路时说"借光"，请人帮助时说"劳驾、费心"，请求批示时说"请教"，请示主意时说"赐教"，请求原谅时说"包涵"，请求修改文章时说"斧正"，赞美别人的主意时说"高见"，还物时说"奉还"，问年龄时说"高寿"(问老人)、"贵庚"(一般人)，问姓名时说"贵姓、宝号"，回答姓名时说"免贵姓"。

中国人民大学的金正昆教授提出向交往对象表示尊重和友好的三大途径：

(1) Accept 接受对方宽以待人。不要打断别人；不要轻易补充对方；不要随意更正对方。得罪人往往不是在大是大非的原则问题上，而是让人难堪下不了台。

(2) Appreciate 重视对方。不提缺点；善于使用尊称；记住对方，实在记不住哪怕点点头也不要张冠李戴。

(3) Admire 赞美对方。要善于发现并善于欣赏对方的长处，注意要点，实事求是；要夸到点子上。

五、行为举止礼仪

1. 站姿的礼仪

古人云"立如松"，要有自然、轻松、优美的站姿。不论站立时摆何种姿势，只有脚的姿势及角度在变，而身体一定要保持绝对的挺直。标准的站立姿势要求挺胸收腹，两肩平齐，双臂自然下垂。双腿靠拢，脚尖张开约 60 度角，或双脚与肩同宽。站累时，脚可后撤半步，但上体仍须保持垂直，身体重心在两腿正中，精神饱满，表情自然。与外宾谈话时，要面向对方站立，保持一定距离，太远或太近都是不礼貌的。站立姿势要正，可以稍弯腰，切忌身体歪斜，两腿分开距离过大，或倚墙靠柱，手扶椅背等不雅与失礼姿态。站着与人交谈时，双手或下垂或叠放下腹部，右手放在左手上。不可双臂交叉，更不能两手叉腰，或将手插在裤袋里或下意识地作小动作，摆弄打火机、香烟盒、玩弄衣带、发辫、咬手指甲等。穿礼服或旗袍，绝对不要双脚并列，要让两脚之间前后距离 5cm，以一只脚为重心。向长辈、朋友、同事问候或作介绍时，不论握手或鞠躬，双足应当并立，相距 10cm 左右，膝盖要挺直。等车或等人，两足的位置可一前一后，保持 45 度角。女性站立的正确姿势，最好是一只脚略前，一只脚略后，两腿贴近，双手叠放在下腹部。

2. 坐姿的礼仪

坐姿总的要求是舒适自然、大方端庄。在日常国际交往中，对入座和落座都有一定要求。入座时，动作要轻盈和缓，自然从容。落座要轻，不能猛地坐下，发出响声，起座要端庄稳重。正确的坐姿：上身自然挺直，两臂屈曲放在双膝上，或两手半握放在膝上，手心都要向下。谈话时，可以侧坐，侧坐时上体与腿同时向一侧。坐姿要依据不同场合，与环境相适应。如一般沙发椅较宽大，不要坐得太靠里面，可以将左腿跷在右腿上，显得高贵大方，但不宜跷得过高。女士尤其应注意，不能露出衬裙，有损美观与风度。在公共场所不要趴在桌子上，躺在沙发上，半坐在桌子或椅背上。

3. 走姿的礼仪

行走的姿势极为重要，因为人行走总比站立的时候多，行走时，步态应该自然轻盈，目视前方，身体挺直，双肩自然下垂，两臂摆动协调，膝关节与脚尖正对前进方向。走路时应自然地摆动双臂，幅度不可太大，只能小摆。前后摆动的幅度约 45 度左右，切忌做左右的摆动。应保持身体的挺直，切忌左右摇摆或摇头晃肩。膝盖和脚踝都应轻松自如，以免浑身僵硬，同时切忌走"外八字"或"内八字"。多人一起行走时，不要排成横队，不勾肩搭背。遇急事可加快步伐，但不可慌张奔跑。

4. 微笑的礼仪

微笑是迅速达到期交流的"润滑剂"。微笑即是在脸上露出愉快的表情，是善良、友好、赞美的表示。微笑是礼仪的基础，亲切、温馨的微笑能迅速缩小彼此间的心理距离，创造出交流与沟通的良好氛围。

> **【案例13-10】你今天对客人微笑了没有？**
>
> 希尔顿旅馆总公司的董事长唐纳·希尔顿在五十多年里，不断地到他世界各国的希尔顿旅馆视察业务。他向各级人员问得最多的一句话则是："你今天对客人微笑了没有？"
>
> 在1930年的美国经济萧条的一年，整个美国的旅馆倒闭了80%。希尔顿的旅馆也遭此灾难，一度负债50万美元。希尔顿并不灰心，他告诫旅馆员工要强渡难关，并记住，万万不可把心里的愁云摆到脸上。无论旅馆本身遭遇的困难如何，希尔顿旅馆服务员脸上的微笑永远是属于旅客的。事实上，在那纷纷倒闭后只剩下的20%的旅馆中，只有希尔顿旅馆服务员的微笑是美好的。经济萧条刚过，希尔顿旅馆就进入了经营的黄金时代。
>
> 当希尔顿问员工："现在我们的旅馆已经新添了第一流设备，你觉得还必须配备一些什么第一流的东西使客人喜欢呢？"员工们回答后，希尔顿笑着摇头说："是微笑，如果缺少服务员的美好微笑，就好比花园里失去了春天的太阳与春风。"(资料来源：编者根据相关资料整理编写)

六、作客与待客礼仪

作客最好事先预约好时间，时间约定后要准时赴约，没有特殊情况不要失约。临时拜访要尽量避开对方可能正在吃饭的时间。晚上到人家做客，不宜太晚，以免影响人家休息。做客时间不宜过长，如果主人已有暗示，你则应礼貌地起身告辞。告辞时，要向主人道谢致意。主人相送时，要说"请回""请留步""再见"。

作为主人要很好地接待客人。如果客人是第一次来访，应给家人一一介绍，使相互间很快熟悉起来。与客人交谈时，表情应自然、亲切、和蔼，说话时不要唾沫四溅，不要频频看表，以免使客人误认为你要送客。不要做与待客毫不相干的事，如果同一天来访的客人较多，要注意一视同仁。客人提出告辞，主人应客气挽留。客人执意要走，也要等客人起身告辞时，主人再站起来相送。注意不要自己先起身，这有逐客之嫌，是不礼貌的。临走时，客人馈赠了礼品，主人应表示感谢，并请客人以后不要破费。同时应回赠些合适的礼物让客人带走。不能对客人的礼物无动于衷。

对于企业来说，接待来访者非常重要。对来访者，应起身握手相迎，对上级、长者、客户来访，要起身上前迎候，不能让来访者坐冷板凳。如果自己有事暂不能接待来访者，要安排助理或相关人员接待客人，不能冷落了来访者。认真倾听来访者的叙述。来访者都是有事而来，因此要尽量让来访者把话说完，并认真倾听。对来访者的意见和观点不要轻率表态，应思考后再作，对一时不能作答的，要约定一个时间后再联系。对能够马上答复的或立即可办理的事，应当场答复，迅速处理，不要让来访者等待，或再次来访。正在接待来访者时，有电话打来或有新的来访者，应尽量让助理或他人接待，以避免中断正在进行的接待。对来访者的无理要求或错误意见，应有礼貌地拒绝，而不要刺激来访者，使其尴尬。在结束接待时，可以婉言提出借口，也可用起身的体态语言告诉对方本次接待就此结束。

七、电话礼仪

在信息化社会，被喻为"顺风耳"的电话已成为开展社交活动的必不可少的工具。公共关系礼仪活动要求公共关系人员要熟练地掌握使用电话的技巧，还要自觉维护自己的"电话形象"。

要讲究礼貌的通话用语。拿起话筒首先说一声"您好"并报出自己所在单位的名称，紧接着问对方："请问您找谁?"然后说："请稍等"。而不应该问　"你是谁?""你是哪个?""你要干什么"等。

要理清通话的要点，简洁明了。电话交谈要求双方讲话要简洁、扼要，不拖泥带水。除了特殊情况外，通话时间以短为佳，切忌过长，每次限在 3 分钟左右。交谈完道别后，把话筒轻轻放好，如果对方是长辈、上级，应让对方先挂断电话。

打电话时，语调要热情、愉快、自然，口齿要清楚，音量要适中。不要对着话筒大喊大叫，震得对方耳膜嗡嗡响，使人心烦。也不要边吃东西边说话，这样对方会听不清楚。要以愉快的心情说话，即使心情不愉快，也要先自我调匀呼吸，稳定情绪。

要选择适当的通话时间。按照惯例，通话的时间一般是双方预约的时间或双方便利的时间。公务电话尽量在受话人上班 10 分钟以后或下班 10 分钟以前之间通电话，这是对方可以比较从容地听电话，不要占用他人休息时间，尤其是节假日。

现代交际离不开手机，在一些场合，应该关上手机，例如在飞机上，不管业务多忙，为了自己和其他乘客的安全，一定要关机。在加油站，为了安全也是不可以使用手机的。在剧院或电影院，接打手机是极其不合适的。如果需要保持联络，应该把手机调到静音状态。在餐桌上，特别是在宴会上，关掉手机或是把手机调到震动状态还是必要的，不要在举杯祝酒或正吃到兴头上的时候，被一阵烦人的铃声打断。在公共场合使用手机，应该把自己的声音尽可能地压低，而绝不能大声说话。更不要一边走路一边用手机聊天，那样既不安全也给其他行人造成干扰。开会的时候，就要关掉手机或把手机调成震动状态。一切公共场合，不用手机时，都要把它放在合乎礼仪的常规位置。存放它的常规位置有：随身携带的公文包里(这种位置最正规)或者上衣的内袋里。不管怎样，都不要在不用的时候拿在手里或挂在上衣口袋外。有时候，可以将手机暂时挂在腰带上(正式场合不可以)，或是开会的时候交给秘书、会务人员代管。也可以放在不起眼的地方，如背后、手袋里，但不要放在桌上。

八、名片礼仪

名片是人际交往中自我介绍和通信联络时用的专门印制的卡片。使用名片时要注意礼节，有名字的一面朝上，双手拿好，双目注视对方，并说些诸如"请多关照"之类的寒暄语；收取一方也应双手接过，并轻声道谢，接过名片后可当面读出，对不清楚的地方当面请教，可以说"认识你很高兴"，然后郑重地收好。一般情况下在接受别人名片后，应回赠本人名片。如手头没有，可以说"不好意思，我忘了带名片"或"非常抱歉，我的名片用完了"。一般不要伸手向别人讨取名片，必须讨取时，应以请求的口气说："如您方便的话，请给我一张名片，以便日后联系"，或含蓄地问对方贵姓，这样如果人家有名片就会送给你的。名片除在面谈时使用外，还有其他一些妙用。去拜访顾客时，对方不在，可将名片留下，顾客回来后看到名片，就知道你来过了；把注有时间、地点的名片装入信封发出，可以代表正规请柬，又比口头或电话邀请显得正式；向顾客赠送小礼物，如让人转交，则随带名片一张，附几句恭贺之词，无形中关系又深了一层；熟悉的顾客家中发生了大事，不便当面致意，寄出名片一张，省时省事，又不失礼。

九、礼品礼仪

在公共关系活动中，常常需要相互赠送礼品。送礼要注意时机的选择，喜庆之时、节日之际、临别送行、探视病人、纪念活动等。礼品不可太贵重，应强调"礼轻情义重"和"君子之交淡如水"。送人太贵重的礼品是不妥当的，会使受礼者感到不安，容易引起他人"重礼之下，必有所求"的猜测，严重的还会涉嫌贿赂。可选择有纪念意义的、有特色的东西作为礼品，如能馈赠即使有钱也难买到的特制纪念品则更佳。另外，还要考虑到客人的情趣，例如给喜欢文学的人送一套文学名著；给喜欢艺术的人送一幅名人字画；给男士送领带、衬衫；给小孩买些玩具等。送礼时一般应当面赠送，可附上祝词和名片。收礼时最好当面打开包装欣赏礼品，并握手致谢："我非常喜欢""好漂亮""谢谢"等。收到寄来的礼品，应及时回复短信或名片致谢。古语道："往而不来，非礼也；来而不往，非礼也。"要注意回赠。

十、舞会礼仪

舞会是一种集娱乐和社交为一体的交往方式，舞会也是增进友谊、结交朋友、交流信息的一种重要形式，也是公共关系工作中不可缺少的交流形式。有计划地举办舞会，可以使职工从中体验快乐，同时也加深了职工与管理人员之间的感情以及组织与社会各界的友好关系。舞会的主要礼仪有：

(1) 仪容整洁，穿着得体。男士要胡须整洁，梳理好头发，西装革履，配上合适的领带，给人以潇洒大方、风度翩翩之感觉，切忌蓬头垢面，衣着不整。禁穿背心、短裤走进舞池。女性服装既要美观醒目，又要结合自身条件，显得和谐自然、落落大方。舞会前不要吃味道强烈的食物，不饮酒，应利用口香糖清除口中异味。患有感冒者不宜进入舞场。

(2) 较正式的舞会，第一场舞由主人夫妇、主宾夫妇共舞。第二场由男主人与主宾夫人，女主人与男主宾共舞。舞会上男主人应主动邀请无舞伴的女宾跳舞，或为她们介绍舞伴，并要照顾其他客人。男主宾则应轮流邀请其他女宾共舞。其他男宾则应争取先邀女主人共舞。

(3) 邀请舞伴应彬彬有礼。舞会上，通常由男宾主动邀请女宾共舞。邀请时，男宾应步履庄重地走到女方面前，弯腰鞠躬或点头示意，同时伸出右手请舞或轻声微笑说："我可以请您跳舞吗？"弯腰以 15 度角左右为宜。女士邀请男士共舞时，可大方地走到男士面前说声："请你带我跳舞，可以吗？"一般情况下不要拒绝邀请者的要求，无故拒绝是不礼貌的，如确实太累或别的原因不想跳，可委婉、简要地解释一下。一旦接受邀请，就应同对方跳至一曲终了，不要半途单方退场。音乐结束后，男伴应将女伴送到其原来的座位，待其落座后，说一声："谢谢，再会！"再离去。

(4) 舞姿自然、优美、大方。舞者跳舞时要保持良好的风度和正确的舞姿，整个身体要始终保持平、正、直、稳。男方的右手应在女方腰部正中，双方距离两拳。舞姿要大方、文雅、端庄，进退移动，都要掌握好身体的重心，不要让身体左右摇晃，胳膊不要大幅度上下摆动，切忌作一些摇头晃脑、耸肩摆臂的轻浮动作。脸部朝正前方保持微笑，神态自若，声音轻细，给人以美感。一曲舞完毕，要向对方致谢，并把舞伴送到原来的位子上。在跳舞中踩了对方的脚，应说："对不起"，表不歉意，被踩者也应在对方表示歉意之后说"没关系"而了结，以表示礼貌。

【案例 13-11】邀舞被拒绝

(详细内容请见课件对应内容。)

十一、宴请礼仪

1. 宴会的种类和形式

(1) 国宴。国宴是国家元首或政府首脑为欢迎外国元首、政府首脑来访或大型庆典活动而举办的宴会。国宴厅内悬挂国旗，设乐队，会前奏国歌，席间安排致辞，菜单和席位卡上印有国徽。

(2) 正式宴会。是指各类社会组织为欢迎来访的宾客、召开各种专题活动答谢合作者和支持者，或者是来访宾客为答谢主人而举行的宴会。一般由组织或部门负责人主持，不挂国旗，没有乐队伴奏。规模可大可小，规格可高可低。

(3) 便宴。即便餐宴会，用于非正式宴请。通常是组织为招待小批客人、个别采访者、合作者等而举行的宴会。一般规模较小，规格要求不高，不拘于严格的礼仪程序，可以不排座次，不做正式讲话，菜单多少不限，宾主可随意交谈，气氛亲切、融洽。

(4) 家宴。是在家中为招待客人而举行的宴请形式。一般人数较少，不拘形式，客随主便，气氛亲切，比较轻松、自由。

(5) 招待会。规模可大可小，经济实惠。规模较大的用于隆重的宴请，如国庆招待会。规模较小的一般用于公关与商务宴请活动，如各地方政府、行业组织、各企业公司举办的招待会。招待会期间不排座次，宾客自由活动。包括以下形式：

① 冷餐会。是西方国家较为流行的宴会形式。主要以冷菜、酒水、点心、水果招待客人。餐具、餐点分别摆在菜台上，由宾客随意取用。酒会进行期间，宾主可自由活动、敬酒、交谈。我国举行大型冷餐招待会，往往用大圆桌，设座椅，主桌安排座次，其余各席并不固定座位。食品和饮料均事先放置于桌上，招待会开始后，自行进餐。

② 酒会。也称鸡尾酒会。主要以酒水为主，略备小吃。请柬上一般均注明酒会起止时间，客人可在此间任何时候入席、退席，来去自由，不受约束。鸡尾酒是用多种酒配成的混合饮料，酒会上不一定都用鸡尾酒。通常酒的种类较多，并配有各种小吃，一般不用或少用烈性酒。饮料和食品由招待员用托盘端送，或部分放置在小桌上由人们自行取用(中午、下午、晚上)。

③ 茶会。又称为茶话会，是一种比较简单的招待方式。举行的时间多在下午 4 时左右。茶会通常设在客厅，厅内设茶几、座椅，不排座次。如为贵宾举行的茶会，入座时应有意

识地安排主宾与主人坐在一起,其他出席者随意就座。茶会以茶为主,也配有点心、小吃。

(6) 工作餐。是现代交往中经常采用的一种非正式宴请形式,利用进餐时间,边吃边谈问题。它的用餐多以快餐分食的形式,既简便、快速,又符合卫生要求。这类活动一般只请与工作相关的人员。

2. 宴请菜单的拟定

根据宴请的目的、规格、季节、时间,本着节俭的原则,在一定标准内安排。选菜主要考虑主宾的喜好和禁忌,如伊斯兰教徒用清真席,不用酒,甚至不用任何带酒精的饮料;印度教徒不能食用牛肉;佛教僧侣和一些教徒吃素;也有因身体原因不能吃某种食品的。如有特殊要求,可以单独为其上菜。

点菜时应注意以下几点:

(1) 合理搭配。点菜时要量力而行,懂得中餐荤素搭配、色彩相宜、营养丰富之道。适度而不过量。如平常吃饭时,人们常说的"四菜一汤",就是指的两荤两素为限。

(2) 上菜顺序。中餐一般讲究先凉后热,先炒后烧,咸鲜、清淡的先上,甜的、味浓、味厚的后上。点菜时要考虑中餐的菜序。冷菜—热炒—大菜—汤菜—点心—汤—水果

(3) 宜选菜肴。具体点菜时不要以贵为好,特别是涉外宴请时,宜选择具有中餐特色的典型菜肴。既为百姓之食,又具中餐特色。具有地方特色的菜肴和餐馆的看家菜也是宜选之列。点菜时要考虑季节。冬季宜选红烧、红焖、红扒和砂锅、火锅等;夏季则以清蒸、白汁、清炒和凉拌为上。

(4) 忌选菜肴。安排菜单时,特别要注意避开宗教禁忌、地方禁忌、职业禁忌和个人禁忌。

3. 桌次和座次的安排

正式宴会,一般需要安排好桌次和座次,一是表示隆重,二是避免混乱,三是可以更好地达到宴请的目的。也可以只安排部分客人的座次,其他人只排桌次或自由入座。无论采用哪种做法,都要在入席前通知每位出席者,使大家心中有数,现场要有人引导。

(1) 桌次安排。其具体原则是:

① 以右为上。当餐桌分为左右时,以面门为据,居右之桌为上(如图 13-1)。

② 以远为上。当餐桌距离餐厅正门有远近之分时,以距门远者为上(如图 13-2)。

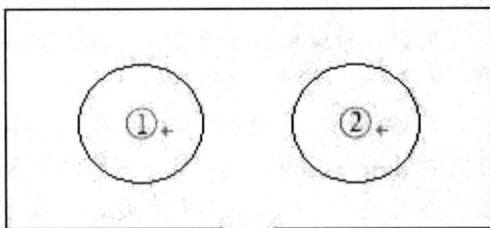

图 13-1

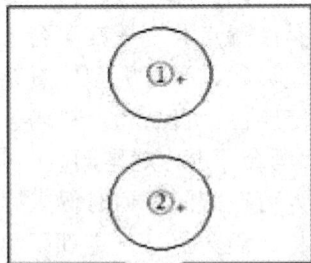

图 13-2

③ 居中为上。多张餐桌并列时,以居于中央者为上(如图 13-3(a)、图 13-3(b))

④ 在桌次较多的情况下,上述排列常规往往交叉使用(如图 13-4(a)、图 13-4(b))。

(2) 位次排列。排列席次的原则是：

① 面门为上。即主人面对餐厅正门。有多位主人时，双方可交叉排列，离主位越近地位越尊。如图 13-5(a)、图 13-5(b))

② 主宾居右。即主宾在主位(第一主位)右侧。

③ 好事成双。即每张餐桌人数为双数，吉庆宴会尤其如此。

④ 各桌同向。即每张餐桌的排位均大体相似。

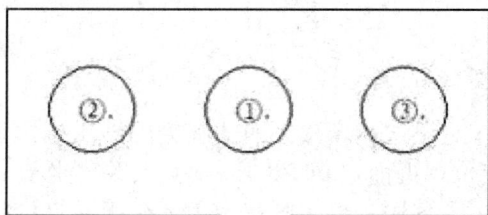

图 13-3(a)

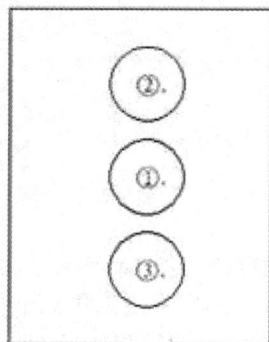

图 13-3(b)

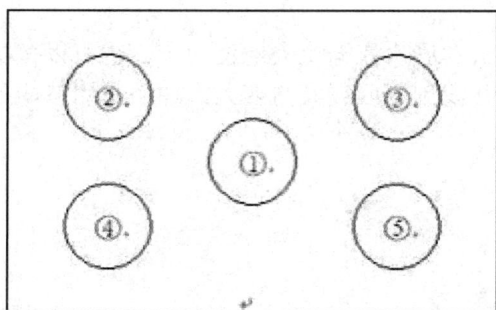

图 13-4(a)

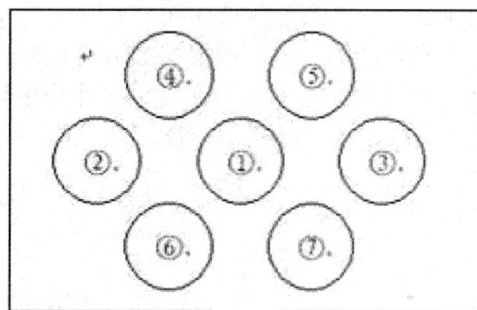

图 13-4(b)

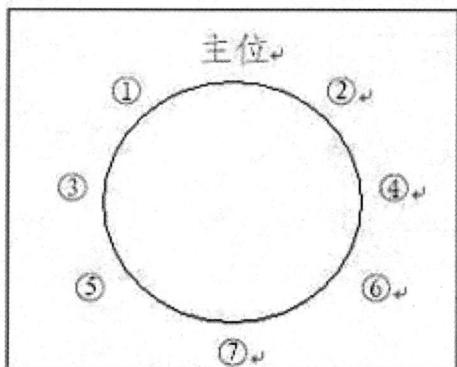

图 13-5(a)

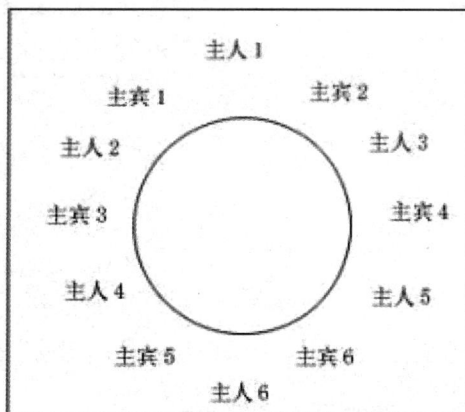

图 13-5(b)

(3) 西式宴会的桌席排位。西式宴会的餐桌习惯用长桌，或是根据人数多少、场地大小自行设置(如图 13-6)。

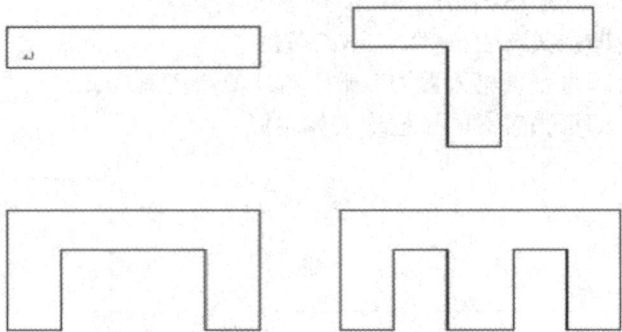

图 13-6

同中式宴会一样，举办西式宴会也要排定桌次和席次。西式宴会的席次排位也是讲究右高左低，同一桌上席位高低以距离主人座位远近而定。如果男、女主人并肩坐于一桌，则男左女右，尊女性坐于右席；如果男、女主人各居一桌，则尊女主人坐于右桌；如果男主人或女主人居于中央之席，面门而坐，则其右方之桌为尊，右手旁的客人为尊；如果男、女主人一桌对坐，则女主之右为首席，男主人之右为次席，女主之左为第三席，男主人之左为第四席，其余位次依序而分。

西式宴会的席次一般根据宾客地位安排，女宾席次依据丈夫地位而定。也可以按类别分坐，如男女分坐、夫妇分坐、内外分坐等。在我国用西餐宴请客人，通常采用按职务高低男女分坐的方式(如图 13-7)。

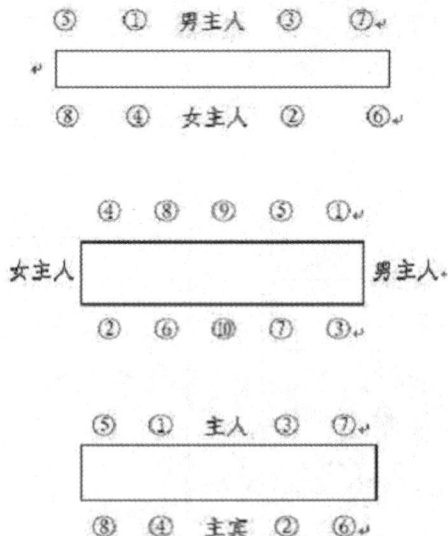

图 13-7

4. 宴请的程序

(1) 迎客。主人一般在大门口迎接客人。如果是重要的正式活动，还可以有少数主要人员陪同主人排列成行迎接客人。握手后，由工作人员引进休息厅。如无休息厅则直接进入宴会厅，但不入席。主宾到达后，由主人陪同进入休息厅与其他客人见面。如其他客人尚未到齐，由迎宾组其他官员代表主人在门口迎接。

(2) 入席。主人陪同主宾进入宴会厅，全体客人就座，宴会即开始。如休息厅较小，或宴会规模大，也可请主桌以外的客人先入座，贵宾席最后入座。

(3) 敬酒。入席后，主人招呼客人进餐，并率先给客人敬酒。敬酒时，通常要讲一些祝愿、祝福之言。在正式的宴会上，主人与主宾还会郑重其事地发表一篇专门的祝酒词。敬酒时应依座序逐一敬遍全席。有时，主人为了表示对来宾的敬重、友好，还会亲自为其斟酒。来宾应端起酒杯致谢，必要时，还须起身站立，或欠身点头为礼。

(4) 致辞。涉外宴请时，如有讲话，双方还通常事先交换讲稿，由东道主先提供，答谢宴会则由主宾先提供。一般西方国家习惯将宾、主致辞安排在热菜之后、甜点之前。我国的做法是一入席先讲话、后用餐，冷餐、酒会安排讲话可以更灵活。在他人敬酒或致辞时，其他在场者应一律停止用餐或饮酒。应坐在自己的座位上，面向对方洗耳恭听。

(5) 散席。吃完甜点或水果后，主人宣布宴请结束，主人与主宾起立，宴会即可结束。主宾告辞时，主人送主宾至门口，主宾离去后，原迎接人员按顺序排列与其他客人握别。

5. 赴宴者礼仪

(1) 接受邀请。接到宴会邀请后，能否出席均应尽早给对方以明确答复，以便主人妥善安排。若临时因故无法出席，须尽早对主人做出必要的解释，并深表歉意，以取得主人谅解。

(2) 准时赴宴。一般按规定时间提前或延后不超过 5 分钟到达。过早、过晚出席都会被视为失礼。

(3) 仪表整洁。赴宴者要注意服装的整洁和个人卫生及修饰。

(4) 抵达致意。到达宴会地点后，应主动向主人或其他来宾问候、致意。然后随主人或迎宾人员的引领，步入休息厅或宴会厅。

(5) 按位落座。赴宴者应了解自己的座次和座位。如无座位标识，则听从主人的安排，不可随意乱坐。入座时，应从座椅的左侧入座。若同桌中有领导、长辈和女士，应待其落座后自己再坐下。坐下后，注意坐姿端正，不要紧靠在椅背上，也不要用手托腮或双臂放在桌上，更不能趴在桌上。

(6) 席间交谈。席间应礼貌地与左邻右舍或熟人交流，切忌一语不发。如互不认识，可先自我介绍。席间应选择大家共同感兴趣的或是比较轻松、愉快的话题。

(7) 表现文明。用餐时的表现反映一个人的修养。用餐时须温文尔雅，从容安静。

(8) 祝酒碰杯。主人祝酒致辞时，应停止一切活动，认真聆听，不可做无关小动作。主人前来时，应目视对方，面带微笑，点头致意。人多时，可同时举杯共祝，不必一一碰杯。

(9) 礼貌告别。宴会结束，赴宴者起身离席时，男宾应先起身，为年长者或女士移开座椅；主宾先向主人告辞，随后，一般来宾向主人告辞；男宾先向男主人后向女主人告辞，女宾则相反。

(10) 宴会后致谢。宴会结束后，应礼貌主动得向主人握手道谢。在官方场合下，西方人一般在参加正式宴会后2~3天内，向主人书面致谢。

【案例 13-12】张老板参加周年酒会

(详细内容请见课件对应内容。)

第三节　个人仪表风度

一、仪容

仪容，就是人的外貌，即容貌。它是一种无声的语言，在人际交往的最初阶段，它是影响"第一印象"的最主要因素，直接影响人际交往的效果。俗话说，"三分长相，七分打扮"，精心的设计、修饰可以让"丑小鸭变成白天鹅"，可以让人变得风流潇洒、气质高雅；不修边幅、衣衫不整的人面容再好，在社交场合也会让人难以忍受。仪容整洁美观，体现了一个人的自重自爱，也包含了对他人对社会的尊重。一般说来，仪容包括面部、头发和肢体等部分。

1. 面部

面部是人体最为动人之处，是人的真正"门面"。面部的修饰是仪容修饰的最重要的环节之一。美化面部的基本要求是：端庄、自然、清洁和适当修饰。

男士要注意每天修面剃须，切忌胡子拉碴地参加各种社交活动。男士一般不宜化妆，而女子需要恰到好处地化妆，需要注意以下几点。

(1) 化妆的浓淡选择。一般情况下，总体宜以淡雅、自然为主。白天不宜浓妆艳抹；晚间社交活动，则多为浓妆。注意公共场所，不能当众化妆或补妆。化妆要庄重保守，不求时尚前卫，要符合常规审美标准。

(2) 眉眼修饰。修饰描画时，注意眼影的浓淡、涂抹范围应与时间、场合、服饰等相适应。眼部还要注意清理，避免眼角出现分泌物。

(3) 口腔。讲究卫生，勤刷牙，防止口臭，注意禁食气味较刺鼻的食物，如葱、蒜、韭菜、腐乳等。

2. 头发

在社交场合，头发的基本要求是发式整洁、发型大方。

为保持头发整洁，要勤洗头发并及时梳理修饰。要注意不要当众梳理头发。发型的选择应考虑工作场所、时间、年龄及个性、体貌特征等因素，基本要求是长短适当、风格庄重。对男士而言，要求是前发不覆额，侧发不掩耳，后发不触领，不可长发披肩或梳起发辫，也不可剃光头；对女士而言，一般以简约、明快为宜，脸长者不宜头发过短，脸短者则不宜头发过长；个高者可留长发，并可梳理蓬松，个矮者宜剪短发，不可梳理成大发式；肤黑或黄者不宜留披肩发。另外，染发不应改变自然本色，也不可过于前卫时髦。

3. 肢体

在公共关系礼仪中非常重视对四肢的合理运用，这就要求人们合理地修饰自己的手臂和腿脚，以保持一个良好的整体形象。

手是人的"第二张面孔"，在人际交往中有重要作用。手臂要保洁保养，特别场合要按规定带好手套；要注意保养，避免出现粗糙、破裂、红肿等。手臂要注意妆饰，指甲长一般不过指尖；在正式的公共关系活动中，肩部不应当裸露在衣服之外。并注意鞋面、鞋跟、鞋底等处的清洁。

二、服饰

服饰是指人的衣着及其所用饰品的统称，是人形体的外延，有遮体御寒、美化人体的作用。公共关系人员在社交场合中的衣着服饰，反映其精神面貌、文化涵养和审美情趣，在一定程度上影响其公共关系活动目标的实现。日本著名的推销大王齐腾竹之助在他的自传体著作《高明的推销术》中说："服装虽不能造出完人，但是，初次见面给人印象的30%产生于服装。"

(一)服饰穿戴的基本原则与要求

1. 体现自身个性特点

作为个体的每个人，其自身的生理(体型、年龄、肤色等)及性格、性别等特征各不相同，服饰的选择也应有所区别。选择服饰要注意扬长避短，扬美避丑，要体现出自己的个性特征。比如从性别而言，男士要表现阳刚与潇洒，女性要展示柔美与娴雅。从体型肤色来说，身材娇小，宜于造型简洁、色彩明快、小花形图案服饰，"V"形夹克衫较适于双肩过窄的男性，"H"型套裙适于腰粗腹大的女性。肤色偏黄或黑者，要避免穿着与肤色相近或较深暗色彩的服装(如黄、深灰、蓝紫色等)。

2. 遵循 TOP 原则

服饰选择与穿戴要考虑时间、目的和地点3方面的综合因素。

(1) 时间(Time)。着装时要考虑的时间因素包括3个方面：一是根据一天中早上、日间或晚上等时间的变化选择着装，如早晨，户外运动时，着运动装或休闲装；白天上班时，着工作装、职业装；晚上参加社交活动时，着正式的礼服。二是指根据四季的更替，考虑服饰的厚薄、色彩、式样，如冬装、春秋装、夏装。三是指着装要顺应时代潮流的发展，不可过于新奇，也不要过分落伍。

(2) 场合(Occasion)。服饰要与场合气氛相和谐，如公关小姐穿着牛仔服去赴商务宴会、参加吊唁活动着装鲜亮就不合要求；上班时间最好穿着打扮职业化些；参加婚礼或宴会、舞会时则应精心打扮，展示出自己的潇洒气质和迷人风采。一般地说，正式场合应西装革履，着一套便服或打扮得花枝招展，会使公众对你产生不好感觉。1983年6月，里根出访欧洲四国时，就因穿了一套格子西装而引出一场轩然大波。

(3) 地点(Place)。着装要考虑所处的地点、环境。在豪华宾馆的贵宾室内、在绿色田野中、在破旧不堪的茅草屋内，穿着同样的服饰会给人截然不同的感觉。

(二)着装礼仪

1. 男士着装礼仪

(1) 色彩。要体现庄重、俊逸，色度上不求华丽、鲜艳，色彩变化上不宜过多，一般不超过三色为好,以免显得轻浮。

(2) 帽子与手套。戴帽子与手套一般在室外,但与人握手时应脱去手套以示礼貌,向人致意应取下帽子以显尊重,室内社交场合不要戴帽子和手套。

(3) 鞋袜。在正式场合中,以穿黑色或深棕色皮鞋为宜,娱乐场所可穿白色或浅色皮鞋。穿袜子,袜长要高及小腿中上部,颜色以单一色调为好,而着礼服时的袜色要与西裤色相近,白色运动袜忌穿于正式场合。无带皮鞋不适合正规场合穿,西服不宜配旅游鞋或布鞋,中山装可配布鞋。

(4) 衣裤。男士在参加隆重场合时宜穿深色西服或礼服。西装的袖长以达到手腕为宜,衬衫的袖长应比上衣袖口长出 1.5cm 左右,衬衫的领口应高出上衣领口 1.5cm 左右。西装款式的选择要与人的脸型、体型、年龄和性格相适应,要注意与衬衫、领带、皮鞋、袜子等相互协调。中国人民大学金正昆教授提出西服五忌:忌西裤过短或过长(裤脚盖住皮鞋为基准);忌衬衫不扎于裤内;忌不扣衬衫扣子;忌西服袖子长于衬衫袖子,忌领带太短(一般以领带盖住皮带扣为宜);忌西服配便鞋(休闲鞋、球鞋、旅游鞋、凉鞋等),忌衣裤皱皱巴巴、污渍斑斑。应遵循"三个三":①三色原则,全身颜色不得多于三种颜色(色系);②三一定律,鞋子、腰带、公文包三处保持一个颜色,黑色最佳;③三大禁忌,左袖商标拆掉;不穿尼龙袜,不穿白色袜;领带质地选择真丝和毛的,颜色一般采用深色,短袖衬衫打领带只能是制服短袖衬衫,穿夹克一般不打领带。

2. 女士着装礼仪

(1) 帽子与手套。只要是正式场合(无室内外之分),女士均可戴帽,但帽檐不能过宽;与人握手时可不必脱去手套。

(2) 鞋袜。社交场合,穿鞋要注意鞋子与衣裙色彩和款式的协调,但不可穿凉鞋、拖鞋等,比如布鞋配套裙不恰当。穿袜着裙装时,应配长筒或连裤丝袜,袜口不得短于裙摆边;颜色以肉色或黑色为主,袜子大小松紧要合适;不能穿着挑丝、有洞或缝补过的袜子,也不要当众整理自己的袜子。

(3) 衣裙。正式场合(如会议、庆典等)应着典雅大方的套装。职场着装六忌:过分杂乱、过分鲜艳、过分暴露、过分透视、过分短小、过分紧身。

【案例 13-13】日本著名的企业家松下幸之助,有一次到理发店理发,理发师毫不客气地批评他说:"你是公司的代表,却这样不重衣冠,别人会怎么想,连人都这样邋遢,公司的产品还会好吗?"他听了这话觉得很有道理,从此就重视起自己的仪容来。(资料来源:编者根据相关资料整理编写)

【案例 13-14】塑造总统形象

(详细内容请见课件对应内容。)

【案例 13-15】百事可乐销售代表拜访直销客主礼仪要求

(详细内容请见课件对应内容。)

第四节　外事交往礼仪

一、外事礼宾礼仪的原则

1. 不卑不亢

它的主要要求是：每一个人在参与国际交往时，都必须意识到自己在外国人的眼里，是代表着自己的国家，代表着自己的民族，代表着自己所在的单位，因此，其言行应当从容得体，堂堂正正。在外国人面前既不应该表现得畏惧自卑，低三下四，也不应该表现得自大狂傲，放肆嚣张。周恩来同志曾经要求我国的涉外人员"具备高度的社会主义觉悟。坚定的政治立场和严格的组织纪律，在任何复杂艰险的情况下，对祖国赤胆忠心，为维护国家利益和民族尊严，甚至不惜牺牲个人一切"。江泽民同志则指出：涉外人员必须"能在变化多端的形势中判明方向，在错综复杂的斗争中站稳立场，在各种环境中都严守纪律，在任何情况下都忠于祖国，维护国家利益和尊严，体现中国人民的气概"。他们的这些具体要求，应当成为我国涉外人员的行为准则。

【案例 13-16】1969 年中苏关系严重对立，苏联外长柯西金访问朝鲜路过北京，周总理到机场就中苏边境停火问题作会谈，双方见面握手后，柯西金用手帕擦擦手，然后把手帕放入衣袋中，周总理紧接着也掏出手帕擦擦手后，把手帕扔到路边。周总理的这一举措维护了国家尊严，给予了柯西金大大的还击。(资料来源：编者根据相关资料整理编写)

2. 信守约定

信守约定是指在一切正式的国际交往之中，都必须认真而严格地遵守自己的所有承诺。言必行，行必果。在一切有关时间方面的正式约定之中，尤其需要恪守信誉。在涉外交往中，要真正做到"信守约定"，对一般人而言，尤须在下列三个方面身体力行，严格地要求自己。第一，在人际交往中，许诺必须谨慎。第二，对于自己已经做出的约定，务必要认真地加以遵守。第三，万一由于难以抗拒的因素，致使自己单方面失约，或是有约难行，需要尽早向有关各方进行通报，如实地解释，并且还要郑重其事向对方致以歉意。

3. 热情有度

热情有度是涉外礼仪的基本原则之一，是人们在参与国际交往，直接同外国人打交道时，不仅待人要热情友好，而且要把握好待人热情友好的具体分寸，否则就会事与愿违，过犹不及。

中国人在涉外交往中要把握好"热情有度"这一基本原则，关键是要掌握好下列方面的具体的"度"：第一，要做到"关心有度"。第二，要做到"批评有度"。第三，要做到"距离有度"。第四，要做到"举止有度"。

4. 不必过谦

在待人接物方面，中国人一般讲究含蓄和委婉，对自己的所作所为主张自谦，甚至还会有意自贬。在许多情况下，尊重个性的西方人往往认为这是缺乏自信、为人虚伪或者"的确如此"的表现。不必过谦的原则基本含义是指在国际交往中涉及自我评价时，虽然不应该自吹自擂，自我标榜，一味地抬高自己，但是也绝对没有必要妄自菲薄，自我贬低，自轻自贱，对外国人过度地谦虚和客套。如在进行自我介绍时一定要肯定自己的长处，千万不要说"瞎忙""混日子"或"没什么正经事"，以此，外国人会认为你不务正业，无所事事。向外宾赠送礼品或设宴款待时，不要说"实在拿不出手""没有认真挑选""没什么好菜"等。

【案例 13-17】据说，清代李鸿章有一次宴请美国官员，地点是在美国的一家饭店，备下的酒菜十分丰盛，而李鸿章却依中国的惯例对来宾说："粗茶淡饭，薄酒一杯，不成敬意，多多包涵。"来宾望着桌上琳琅满目的酒菜，对他说的话大惑不解，这倒不要紧，美国饭店的老板可大为不满了，这岂不是影响饭店的声誉？因此，非要李鸿章说出饭菜粗在哪里？酒薄在哪里？这虽是一则轶闻趣话，却也说明了东西方礼仪习俗的不同。(资料来源：编者根据相关资料整理编写)

5. 不宜先为

不宜先为也被有些人称作"不为先"的原则。它的基本要求是，在涉外交往中，面对自己一时难以应付、举棋不定，或者不知道到底怎样做才好的情况时，如果有可能，最明智的做法，是尽量不要急于采取行动，尤其是不宜急于抢先，冒昧行事。也就是讲，若有可能的话，面对这种情况时，不妨先是按兵不动，然后再静观一下周围之人的所作所为，并与之采取一致的行动。"不宜先为"原则具有双重的含意。一方面，它要求人们在难以确定如何行动才好时，应当尽可能地避免采取任何行动，免得出丑露怯。另一方面，它又要求人们在不知道到底怎么做才好，而又必须采取行动时，最好先是观察一些其他人的正确作法，然后加以模仿，或是在行动上同当时的绝大多数在场者保持一致。

6. 尊重隐私

中国人在涉外交往中，务必要严格遵守"尊重隐私"这一涉外礼仪的主要原则。一般而论，在国际交往中，下列 8 个方面的私人问题，均被海外人士视为个人隐私问题：收入支出；年龄大小；恋爱婚姻；身体健康状况；家庭住址；个人经历；信仰政见；所忙事务。

7. 女士优先

所谓"女士优先"，是国际社会公认的一条重要的礼仪原则，它主要适用于成年的异性进行社交活动之时。"女士优先"的含义是：在一切社交场合，每一名成年男子都有义务主动自觉地以自己实际行动，去尊重妇女，照顾妇女，体谅妇女，关心妇女，保护妇女，并且还要想方设法，尽心竭力地去为妇女排忧解难。倘若因为男士的不慎，而使妇女陷于尴尬、困难的处境，便意味着男士的失职。"女士优先"原则还要求，在尊重、照顾、体谅、关心、保护妇女方面，男士们对所有的妇女都一视同仁。

8. 入乡随俗

"入乡随俗"是涉外礼仪的基本原则之一，它的含义主要是：在涉外交往中，要真正做到尊重交往对象，首先就必须尊重对方所独有的风俗习惯。例如，在涉外交往中，最常用的见面礼节，世界各国表示各异，中国采用的是拱手礼或作揖礼；日本人和韩国人采用的是鞠躬礼；欧美人见面礼为亲吻；泰国、印度等国家采用双手合十礼等。

9. 以右为尊

正式的国际交往中，依照国际惯例，将多人进行并排排列时，最基本的规则是右高左低，即以右为上，以左为下；以右为尊，以左为卑。大到政治磋商、商务往来、文化交流，小到私人接触、社交应酬，但凡有必要确定并排列时的具体位置的主次尊卑，"以右为尊"都是普遍适用的。

二、日常外事礼仪

(一)称呼礼仪

在国际交往中，一般对男子称"先生"，对已婚女子称"夫人"，未婚女子称"小姐"，或统称为"女士"。这些称呼前面可以加上姓名、职称、官衔等。对地位高的官方人士，按国家习惯可称"阁下"或以职衔加先生相称。

对医生、教授、法官、律师及博士等，可单独称之，同时可加上姓氏或先生。对军人一般以职衔或职衔加先生相称，知道姓名的可以加上姓名。有的国家对将军、元帅等高级官员称阁下。与我国一样有同志相称的国家，均可称同志，在前面不加职衔、姓名或职务等。

介绍自己的配偶和亲属时，应称"丈夫""先生""妻子""夫人"和"父亲""母亲"等，而不能称"爱人""爹""娘"等词语。在香港，"爱人"即"情人"，有第三者的意思。另外，在香港，对中老年妇女忌称"伯母"，因为"伯母"与"百无"是谐音。

(二)赴宴礼仪

做客或赴宴，一定要按事先约好或按请柬事先联系好的时间到达。参加宴会最好带一些花和酒或是有民族风味的小礼品，价值不宜太高。去高档的餐厅，男士要穿着整洁的上衣和皮鞋；女士要穿套装和有跟的鞋子。如果指定穿正式服装的话，则男士必须打领带。

在赴宴、乘车与行走时，右为上，左为下；三人同行，中为尊；前后行，前为尊；如乘轿车，客人或被尊重者从后右方上车为上，左后方上车为下；三人并坐，中间为大，右次之，左更次之。

女士不宜单独拜访男士，男士也不宜单独拜访女士。一般拜访时间为 15 分钟为宜，时间安排在上午 10 点至下午 4 点左右。一般的宴会、舞会可设在晚上。

赴宴时，由椅子的左侧入座。最得体的入座方式是从左侧入座。当椅子被拉开后，身体在几乎要碰到桌子的距离站直，领位者会把椅子推进来，腿弯碰到后面的椅子时，就可以坐下来。要坐姿端正，在自己桌椅范围之内，不可随便伸出、斜翘肘部或手部搭在别人的桌椅上。餐巾在用餐前就可以打开，点完菜后，在前菜送来前的这段时间把餐巾打开，往内折三分之一，让三分之二平铺在腿上，盖住膝盖以上的双腿部分，最好不要把餐巾塞入领口。用餐时，上臂和背部要靠到椅背，腹部和桌子保持约一个拳头的距离，两脚交叉的坐姿最好避免，同时应注意刀、叉、盘的使用，一般左手拿叉，右手拿刀，将食物切成小块，用叉送入嘴内。吃完时，将刀叉并排放在盘内，如没吃完，则刀叉排成八字，刀口向内。

用三根手指轻握杯脚。酒类服务通常由服务员负责将少量酒倒入酒杯中，让客人鉴别一下品质是否有误。只需把它当成一种形式，喝一小口并回答 Good。接着，侍者会来倒酒，这时，不要动手去拿酒杯，而应把酒杯放在桌上由侍者去倒。在品尝红酒时，正确的握杯姿势是用手指轻握杯脚，避免手的温度使酒温增高，应用大拇指、中指、食指握住杯脚，小指放在杯子的底台固定。喝酒时绝对不能吸着喝，而是倾斜酒杯，让酒流入口中，饶舌品味。轻轻摇动酒杯让酒与空气接触以增加酒味的醇香，不要猛烈摇晃杯子。此外，一饮而尽，边喝边透过酒杯看人，都是失礼的行为。不要用手指擦杯沿上的口红印，用面巾纸擦较好。正式敬酒是在上香槟酒时，不喝酒应事先声明。不应将杯倒置。在宴请外国人时，可中餐西吃，既摆放碗筷，又摆放刀叉。就餐注意 3 个问题：不能当众修饰或整理服饰；敬酒不劝酒，请菜不搛菜；进餐不发出声音。

(三)送礼礼仪

由于各国文化的差异，加上社会、宗教的影响，送礼就成了较敏感的艺术。送礼得当能加深往来，增进友谊，否则效果适得其反。因此，我们应慎重对待。

1. 要考虑对方的习俗

日本人不喜欢饰有狐狸图案的礼品，因为在日本，狐狸是贪婪的象征，日本人注重礼品的包装，认为包装与礼品同样重要，所送礼品的包装不能草率，哪怕是一盒茶叶也应精心打理。在日本礼物还可以多次转送。日本人将送礼看作是向对方表示心意的物质体现，礼不在厚，赠送得当便会给对方留下深刻印象。送日本人礼品要选择适当，中国的文房四宝、名人字画、工艺品等最受欢迎，但字画的尺寸不宜过大。中国人送礼成双，日本人则避偶就奇，通常用1、3、5、7等奇数，但又忌讳其中的"9"，因为在日语中"9"的读音与"苦"相同。按日本习俗，向个人赠礼须在私下进行，不宜当众送出。日本人送礼物时要用双手，也不能当面打开礼物，再次见到送礼的人时要提及礼物的事，并表示感谢。忌送梳子，因为梳子的发音与苦死相近。另外，菊花一般是王室专用花卉，所以一般人也不能送菊花。

与美国人交往，有两种场合可通过赠礼来自然地表达祝贺和友情，一是每年的圣诞节期间，二是当你抵达和离开美国的时候。如是工作关系可送些办公用品，也可选一些具有民族特色的精美工艺品。在美国，请客人吃顿饭，喝杯酒，或到别墅去共度周末，被视为较普遍的"赠礼"形式，你只要对此表示感谢即可，不必再作其他报答。去美国人家中做客一般不必备厚礼，带些小礼品如鲜花、美酒和工艺品即可，如果空手赴宴，则表示你将回请。美国人送东西要送单数，且讲究包装。他们认为蜗牛和马蹄铁是吉祥物。

送礼在欧洲不大盛行，即使是重大节日和喜庆场合，这种馈赠也仅限于家人或亲密朋友之间。来访者不必为送礼而劳神，主人绝不会因为对方未送礼或礼太轻而产生不快；德国人不注重礼品价格，只要送其喜欢的礼品就行，包装则要尽善尽美；法国人讨厌别人送菊花，因为在法国只有葬礼上才用菊花，法国人将香槟酒、白兰地、糖果、香水等视为好礼品，体现文化修养的书籍、画册等也深受欢迎，法国人送花的时候不要送菊花、杜鹃花及黄色的花，不要送带有仙鹤图案的礼物，也不要送核桃，他们认为仙鹤是蠢汉的标志，而核桃是不吉祥；英国人喜欢鲜花、名酒、小工艺品和巧克力，但对饰有客人所属公司标记的礼品不大欣赏。英国人一般送价钱不贵但有纪念意义的礼物，切记不要送百合花，因为这意味着死亡。收到礼物的人要当着众人的面打开礼物。

在阿拉伯国家，中国的工艺品很受欢迎，造型生动的木雕或石雕动物，古香古色的瓷瓶、织锦或香木扇，绘有山水花鸟的中国画和唐三彩，都是馈赠的佳品。向阿拉伯人送礼要尊重其民族和宗教习俗，不要送古代仕女图，因为阿拉伯人不愿让女子的形象在厅堂高悬，向女士赠礼，一定要通过她们的丈夫或父亲，赠饰品予女士更是大忌。不要送酒，因为多数阿拉伯国家明令禁酒；而在欧美国家，一瓶葡萄酒就是很好的礼物。

俄罗斯人送鲜花要送单数。用面包与盐迎接贵客，表示友好和尊敬。最忌讳送钱给别人，因为这意味着施舍和侮辱。

2. 礼品价值不宜过重

古语说："礼轻情谊重"。实际上，国外许多国家都坚持这个原则。如在欧美国家，礼物过重就会被认为是贿赂，对此，除了贪心者，正派人士是不会接受的。送礼时，不要说客套话，否则会产生贬低对方的感觉。西方人接受礼品时，喜欢当面打开。一般情况下，拒绝收礼是不礼貌的。另外，当众给其中的一个人送礼也是很不礼貌的事。

3. 要选择送礼的场合

这一点各国也不一致。一般而言，对英国人最好是在请人用完晚餐或看完戏之后进行，对法国人则在下次重逢之时为宜。不过有一点各国是一致的，即在初次见面就以礼相赠有失妥当，甚至被认为是贿赂。

外宾礼物都有包装，包装价值占整个礼品总价值的三分之一，礼品200元，包装则应为100元；当面打开礼物，略加端详并称赞，不看则对对方失敬。

(四)手势的礼仪

手势作为一种交流符号，具有十分重要的意义。了解和熟悉某些常见的手势，有助于更准确地相互理解和交流。否则就容易产生误解。例如：某些中国人爱以食指指点着别人说话，这往往会引起欧美人士的极大反感，国为在欧美这是不礼貌的责骂人的动作。"到这边来"的手势用的很多，中国人习惯手臂前伸，手心向下，弯动手指，示意"过来"。而在欧美，这一动作却是招呼动物的表示。他们招呼人时，是将手掌向上伸开，伸曲手指数次。在中国，这一动作又被误解为招呼幼儿或动物。在大部分中东和远东国家，一个手指表示"性手势"，所以用一个手指召唤人是对人的侮辱。在这些国家以及葡萄牙、西班牙和拉丁美洲国家，用手召唤人的正确姿势是：手心向下，挥动所有手指或挥动手臂。竖起大拇指表示"好"和"行了"，通行于世界多数国家，而在澳大利亚，这个手势是粗野的。在希腊和尼日利亚人面前摆手是对他的极大侮辱,手离对方越近侮辱性就越大,急剧地跷起拇指,意思要对方"滚蛋"。美国人手指弯曲,手心向前,拇指与食指弯曲合成圆圈,表示"OK";在日本和中国却表示钱;在拉丁美洲则是低级庸俗的动作。所以要注意不同手势在不同国家或地区的不同含义,以免犯忌。

三、外事礼仪的禁忌

(一)颜色的禁忌

日本人忌绿色,认为绿色象征不祥;法国人忌麦绿色,因为这会使他们想起德国法西斯的军装;德国人忌红色、茶色和深蓝色;新加坡人视紫色、黑色为不吉利;比利时人忌蓝色,以蓝色作为不吉利的标志;巴西人、埃及人忌黄色,以黄色为不幸、丧葬之色;土耳其人布置房间,客厅绝对禁止用茄花色,因茄花色代表凶兆;印度视白色为不受欢迎的颜色,摩洛哥人一般不穿白衣,认为白色为贫穷的象征;乌拉圭人忌青色,认为它意味着黑暗的前夕;泰国人忌红色,泰国人平时绝对不用红笔签名,因为在那里,人死后,用红笔将死者姓名写于棺上;蒙古人讨厌黑色,认为它象征不幸、贫穷、威胁、背叛、嫉妒、暴虐;欧美人视黑色为哀丧之色;在埃塞俄比亚,出门做客绝不能穿淡黄色衣服,这样的衣服只有哀悼死者时才穿;俄罗斯人忌送黄色鲜花,认为黄花意味着变节。

(二)数字的禁忌

"3"的忌讳:点烟时,一根火柴只能给两个人点,给第3个人点时,应把火熄灭,再换火柴给第3个人点。

"4"的忌讳:在韩国旅馆没有4层楼,门牌没有4号,军队中没有第4军等也没有第4海域;中国香港人、日本人也讨厌"4"以及"4"组成的数字。

"13"的忌讳:一些西方人认为"13"这个数字是不祥之兆,已经历史久远了。有多种传说,如耶稣被钉在十字架上时是在13号星期五;最后的晚餐中,坐在第13位的人就是出卖耶稣的犹大;古希腊神话记载,在著名的弗哈拉宴会上,有12位北欧之神出席,但有一位不速之客洛基——烦恼与吵闹之神突然降临,使一位最受爱戴的尊神柏尔特丧生。结果"13"就成为不吉的象征。楼房和电梯没有13层;航空公司没有13号班机;影院、会场没有13排、13座;宴会没有13人一桌的。

"星期五"被视为不祥的凶日,也有许多传说:夏娃偷吃禁果是在星期五,耶稣被钉在十字架是星期五,挪威神话中把星期五视为鬼日。"13"碰上"星期五"就更不祥了。

国际篮球运动规定,上场比赛的运动员禁用"1""2"和"3"号。新加坡人忌讳数字"4、7、8、13、69"。

(三)图案的禁忌

美国人忌用珍贵动物的头部作商标图案,因为这会招致野生动物保护协会的抗议和抵制,也不喜欢在商标图案中出现一般人不熟悉的古代神话人物,蝙蝠在美国人眼里是凶神恶煞;英国人忌用左手与他人接触,也不能用左手传递东西,忌用人像作服饰图案或商品包装,忌讳大象、孔雀、猫头鹰等图案;日本人忌讳荷花图案,认为荷花出于污泥;法国人忌讳黑桃图案(不吉利)、仙鹤图案(淫妇的代名词)、大象(愚汉)。泰国人忌讳狗的图案。

(四)饮食的禁忌

印度教徒不吃猪肉、牛肉；伊斯兰教徒忌谈猪，也不吃猪肉；伊朗人不吃无鳞无鳍的鱼；阿拉伯人不食外形丑恶的不洁之物，不吃死动物，如猪肉、甲鱼、螃蟹等；日本人不吃羊肉；俄罗斯及东欧一些国家普遍不爱吃海味，忌吃动物的内脏。也有外国人忌吃动物头脚、宠物(猫、狗、鸽子)、珍稀动物、淡水鱼等。俄罗斯人不吃海蜇、海参、乌贼和木耳，境内的鞑靼人忌吃猪肉、驴肉等，境内的犹太人不吃猪肉和无磷的鱼。

(五)动物的禁忌

日本人忌讳獾和狐狸，认为这两种动物都象征狡猾；新加坡人忌讳乌龟，认为这是一种不祥的动物，给人以色情和侮辱的印象；马来西亚人忌讳猪、狗、乌龟；俄罗斯人忌讳兔子和黑猫，认为是一种怯弱的动物，若兔子在自己面前跑过，是一种不祥的征兆。

(六)花卉禁忌

送花在国外非常普遍。由于习俗不同，某些花的含义在不同的国家也有区别。如荷花在中国有"花中君子"之称，而在日本却被认为是不吉祥之物，仅用于祭奠；郁金香在土耳其被视为爱情的象征，德国人却认为它是没有感情的花。菊花是日本皇室的专用花卉，而在比利时、意大利和法国人眼中，菊花却与死亡相关，只能在墓地或灵前使用。在法国不要送康乃馨，因为它表示不幸；在日本去医院探视朋友不能送白花，那将表示不吉利。在与外国友人交往时，按惯例不能将菊花、杜鹃花、山竹花和黄色的花献给客人。

(七)部分国家的其他禁忌

在印度、尼泊尔、缅甸等国家把黄牛视为"神牛"，因此不准鞭打、伤害、役使，更不能宰杀。"神牛"走到哪里，人们都会把最好的食物送上。逢年过节还要举行敬牛仪式。参观庙宇时不穿皮鞋，不带皮制品，路上遇上"神牛"行人车辆都要绕行。

波兰人就餐时不铺桌布不入席。他们对桌布有许多讲究；越是富贵人家越讲究，用镶有金银珠宝的桌布显示豪华。

英国人忌称对方为"英国人"，正确的称呼是"大不列颠人"；忌讳佩戴条纹领带；忌讳黑猫从前面穿过；忌讳把食盐碰洒；忌讳百合花；忌讳直接提"厕所"两字。

法国人对礼物十分看重，但又有其特别的讲究。宜选具有艺术品位和纪念意义的物品，不宜送刀、剑、剪、餐具或是带有明显的广告标志的物品。男士向一般关系的女士赠送香水，也是不合适的。

在欧洲乘自动升降扶梯时，要依次排队站在右侧，不要站在左侧，因为左侧是让给有急事的人上行的。

在东南亚一些国家切忌坐着跷起大腿。罗马尼亚最忌过堂风。

在加拿大哈得逊湾，积雪再多，也禁铲除；忌讳白色百合花，认为是习惯用于悼念死人的；忌讳说"老"字，连"养老院"也被称为"保育院"；与加拿大人交谈时，他们喜欢谈论本国的长处，不喜欢外来人把他们的国家和美国进行比较。

沙特阿拉伯的匐蛮人，把笑看作不友好的象征，是奇耻大辱。

印度人认为把孩子放在浴盆中洗澡是不人道的。

任何人谈话都有一定的习惯距离，美国人往往习惯双方保持 60cm 为最合适的距离。亚非人认为应再拉开些距离。欧洲和南美人谈话的距离很近，兴奋时脸几乎挨上。

西方人忌伸舌头，认为这是污辱人的举动。而尼泊尔人在山区主客相见伸舌表示欢迎，因为舌头和心都是鲜红的，红舌头代表赤诚的心。

泰国忌女人盘腿而坐，一般是跪坐或蹲坐；忌用脚指东西给别人看，或把脚伸到别人面前，也不能把东西用脚踢给别人；睡觉时不能头朝西，因为日落西方象征死亡；长辈在座，晚辈必须坐在地上，或者蹲跪，以免高于长辈的头部；人坐着时，忌他人拿着东西从头上经过；小孩的头不能随便摸，摸后认为一定会生病。

马来西亚人最忌讳别人触摸脑袋和背部，不轻易脱帽，认为脱帽露顶是非常失礼之举。

在印度和中东一些国家，吃饭、接拿食品，只能用右手，不能用左手，因为左手一般被认为是用来洗澡、上厕所的，不洁净，用它来接拿食品是对主人的不敬。

日本人吃饭用筷子有八忌：①舔筷，用舌头舔筷子；②迷筷，手握筷子，拿不定吃什么菜，在餐桌上四处游寻；③移筷，动了一个菜后，理应吃饭，但不吃饭，接着又动另一个菜；④扭筷，扭转筷子，用嘴舔取粘在筷子上的饭粒；⑤插筷，插着吃菜；⑥掏筷，用筷子从菜中扒弄着吃；⑦跨筷，把筷子跨放在碗、碟上面；⑧剔筷，以筷代牙签剔牙。日本忌讳朝北睡觉(日本死人停尸时头朝北)；忌讳倒贴邮票(暗示断交)，忌讳三人合影(中间人被夹是不幸死亡的预兆)。

新加坡人忌讳说"恭喜发财"，他们认为"发财"两字有"横财"之意，而"横财"就是不义之财；禁忌大年初一扫地，认为这一天扫地会把好运扫走；忌谈宗教与政治方面的话题。

【案例 13-20】玛格丽特是亚特兰大某饭店咖啡厅的引位员。咖啡厅最近比较繁忙。这天午饭期间，玛格丽特刚带几位客人入座回来，就见一位先生走了进来。"中午好，先生。请问您贵姓？"玛格丽特微笑着问道。"你好，小姐。你不必知道我的名字，我就住在你们饭店。"先生漫不经心地回答。"欢迎您光顾这里。不知您愿意坐在吸烟区还是非吸烟区？"玛格丽特礼貌地问道。"我不吸烟。不知你们这里的头盘和主菜有些什么？"先生问道。"我们的头盘有一些沙律、肉碟、熏鱼等，主菜有猪排、鸡、鸭、海鲜等。您要感兴趣可以坐下看看菜单。您现在是否准备入座了？如果准备好了，请跟我去找一个餐位。"玛格丽特说道。这位先生看着玛格丽特的倩影和整洁、漂亮的衣饰，欣然同意，跟随她走向餐桌。"不，不，我不想坐在这里。我想坐在靠窗的座位，这样可以欣赏街景。"先生指着窗口的座位说。"请您先在这里坐一下。等窗口有空位了我再请您过去，好吗？"玛格丽特在征得这位先生的同意后，又问他要不要开胃品，先生点头表示肯定。玛格丽特对一位服务员交代了几句，便离开了这里。当玛格丽特再次出现在先生面前告诉他窗口有空位时，先生正与同桌的一位年轻女士聊得热火朝天，并示意不换座位，要赶紧点菜。玛格丽特微笑着走开了。(资料来源：编者根据相关资料整理编写)

【分析】在该案例中，引位员玛格丽特待人处事的公关礼仪做得十分到位：在客人进店时，她主动上前打招呼，展现了一个良好的精神面貌；随后，又主动询问客人姓名并有礼貌地讲了一些表示友好的话，态度随和、真诚，充分表达了对顾客的友好；其仪容仪表端庄、衣着整洁，给宾客留下了良好的印象，同时也映射了企业良好的形象；对于宾客的诸多要求，引位员也是耐心、礼貌地给予解答和安排，并且始终保持着微笑，尤其是在安排座位的问题上，更是显示出了其娴熟与完美的公关礼仪。

【案例 13-21】风景秀丽的某海滨城市的朝阳大街，高耸着一座宏伟楼房，楼顶上"远东贸易公司"六个大字格外醒目。某照明器材厂的业务员金先生按原计划，手拿企业新设计的照明器材样品，兴冲冲地登上六楼，脸上的汗珠未及擦一下，便直接走进了业务部张经理的办公室，正在处理业务的张经理被吓了一跳。"对不起，这是我们企业设计的新产品，请您过目。"金先生说。张经理停下手中的工作，接过金先生递过的照明器，随口赞道："好漂亮啊！"并请金先生坐下，倒上一杯茶递给他，然后拿起照明器仔细研究起来。金先生看到张经理对新产品如此感兴趣，如释重负，便往沙发上一靠，跷起二郎腿，一边吸烟一边悠闲地环视着张经理的办公室。

当张经理问他电源开关为什么装在这个位置时，金先生习惯性地用手搔了搔头皮。虽然金先生作了较详尽的解释，但张经理还是有点半信半疑。谈到价格时，张经理强调："这个价格比我们预算高出较多，能否再降低一些？"金先生回答："我们经理说了，这是最低价格，一分也不能再降了。"张经理沉默了半天没有开口。金先生却有点沉不住气，不由自主地拉松领带，眼睛盯着张经理，张经理皱了皱眉，"这种照明器的性能先进在什么地方？"金先生又搔了搔头皮，反反复复地说："造型新、寿命长、节电。"张经理托词离开了办公室，只剩下金先生一个人。金先生等了一会，感到无聊，便非常随便地抄起办公桌上的电话，同一个朋友闲谈起来。这时，门被推开，进来的却不是张经理，而是办公室秘书。

问题：请指出金先生的失礼之处，并说明原因。(资料来源：编者根据相关资料整理编写)

【分析】(1)在进入他人办公室时，应先敲门，在征得办公室主人同意的情况下才能进入；(2)当客户请自己坐下时，应表示感谢；(3)当客户仔细观察自己公司产品时，应及时的对产品进行必要的介绍；(4)在客户办公室内应坐姿正确，不能跷起二郎腿，在客户办公室内不能自己一个人吸烟；(5)在客户提出问题时，应及时做出解答；(6)在价格问题意见不同时，应语气和善的与客户沟通；(7)在客户离开办公室以后，不应自行拿起办公室的电话与他人通话。

【案例 13-22】某公司新建的办公大楼需要添置一系列的办公家具，价值数百万元。公司的总经理已做了决定，向 A 公司购买这批办公用具。这天，A 公司的销售部负责人打电话来，要上门拜访这位总经理。总经理打算等对方来了，就在订单上盖章，定下这笔生意。

不料对方比预定的时间提前了 2 个小时，原来对方听说这家公司的员工宿舍也要在近期内落成，希望员工宿舍需要的家具也能向 A 公司购买。为了谈这件事，销售负责人还带来了一大堆的资料，摆满了台面。

总经理没料到对方会提前到访，刚好手边又有事，便请秘书让对方等一会。这位销售员等了不到半小时，就开始不耐烦了，一边收拾起资料一边说："我还是改天再来拜访吧。"这时，总经理发现对方在收拾资料准备离开时，将自己刚才递上的名片不小心掉在了地上，对方却并没发觉，走时还无意从名片上踩了过去。但这个不小心的失误，却令总经理改变了初衷，A 公司不仅没有机会与对方商谈员工宿舍的设备购买，连几乎到手的数百万元办公用具的生意也告吹了。(资料来源：编者根据相关资料整理编写)

【分析】A 公司的销售部负责人没有遵守约定，提前来得太早又没有征求对方意见，答应等待时又缺乏耐心，同时不懂得名片礼仪，业务失败是不言而喻的。

【案例 13-23】"奥巴马式"礼仪

(详细内容请见课件对应内容。)

本 章 小 结

公共关系礼仪对公共关系活动的开展意义重大。掌握日常社交礼仪是公共关系活动的基础，而公共关系人员的仪表风度更能体现组织的良好形象，也反映了公共关系人员自身的素养。随着组织外事活动的增加，涉外礼仪越来越重要，涉外交往"十里不同风，百里不同俗"，掌握各国的风俗习惯和禁忌是开展外事活动的前提，同时要注重外事交往的原则，要维护国家的良好形象。

复习思考题

一、问答题

1. 你了解哪些民族禁忌和宗教禁忌？
2. 什么是服饰礼仪的 TOP 原则？
3. 日常社交礼仪规范包括哪些基本礼节？
4. 外事礼宾礼仪应遵循哪些原则？
5. 结合实际，谈谈你对人靠衣装的理解？

二、分析题

(一)

有位女职员是财税专家，她有很好的学历背景，常能为客户提供很好的建议，在公司里的表现一直很出色。但当她到客户的公司提供服务时，对方主管却不太注重她的建议，她所能发挥才能的机会也就不大了。一位时装大师发现这位财税专家在着装方面有明显的缺憾：她 26 岁，身高 147 厘米、体重 43 公斤，看起来机敏可爱，喜爱着童装，像个小女孩，其外表与她所从事的工作相距甚远，所以客户对于她所提出的建议缺少安全感、依赖感，所以她难以实现她的创意。这位时装大师建议她用服装来强调出学者专家的气势，用深色的套装，对比色的上衣、丝巾、镶边帽子来搭配，甚至戴上重黑边的眼镜。女财税专家照办了，结果，客户的态度有了较大的转变。很快，她成为公司的董事之一。

(二)

一位女推销员在美国北部工作，一直都穿着深色套装，提着一个男性化的公文包。后来她调到阳光普照的南加州，她仍然以同样的装束去推销商品，结果成绩不够理想。后来她改穿色彩淡的套装和洋装，换一个女性化一点的皮包，使自己有亲切感，着装的这一变化，使她的业绩提高了25%。

(三)

正是某地一家饭店餐厅的午餐时间，来自台湾的旅游团在此用餐。当服务员发现一位70多岁的老人面前是空饭碗时，就轻步走上前，柔声说道："请问老先生，您还要饭吗？"那位先生摇了摇头。服务员又问道："那先生您完了吗？"只见那位老先生冷冷一笑，说："小姐，我今年70多岁了，自食其力，这辈子还没落到要饭吃的地步，怎么会要饭呢？我的身体还硬朗着呢，不会一下子完的。"

(四)

有家五星级的酒店即将开业，管理人员准备到某高校招聘10名工作人员。由于待遇优厚，报名者踊跃。经过第一轮初选，留下20名进入复试。刷掉谁呢？无论身材还是气质，或者学识，她们都不相上下，要做出取舍看来比较困难，复选开始了，应聘者陆续而入。该提的问题第一轮已经提得差不多了。这次是很轻松的话题。似乎并无实质性内容。只是有一点。在应聘者出门之前，人事经理会很随意地请她泡一杯茶，屋子里有热水器，应聘者都照做了没多久结果公布了，十名幸运者脱颖而出，那些落选者很纳闷，不服气，去问人事经理，先生很客气地告诉她们，真正的考试在那杯茶上。在泡茶的时候，她们不是忘了放茶叶，就是水倒得太多，或者，端起茶杯时把手指压在杯沿上，有的甚至还蘸到了茶水。他认为，能泡好一杯茶，处理其他事情也会得体些。

请问你从这四个案例中得到哪些启发？

三、技能训练

1. 某商场的杨经理约了商场所在社区两家单位的工会主席前来座谈，共同商讨开展一项社区公益活动的计划。先敲门的是A单位的马主席(女)，杨经理开门迎客。他面对马主席后退着请她进来，让她坐下。不一会儿， B单位的牛主席(男)也来了，他见门是敞开的，便径直走进了办公室。这时杨经理就说："我给你们介绍一下。牛主席，这位是马主席，漂亮吧？马主席，，这位就是牛主席。"话音刚落，牛主席马上就伸出手与马主席握手。之后，马主席给牛主席递上自己的名片，牛主席也给马主席递上自己的名片。马主席接过名片就放进了自己的名片盒，牛主席则把对方的名片调转过来看了看，说："您事业有成啊，您的先生一定很支持您的工作吧？"这时杨经理就说："咱们坐下来谈吧，这儿有温开水和冰可乐，大热天的我就给你们喝冰可乐了。"牛主席接过之后开瓶就喝，马主席则不高兴地将可乐放在一边。

问题：上面情景中的3位人物都有一些不得体的言谈举止，请一一指出并用礼仪规范进行纠正。(资料来源：程德林 《公共关系实务》 首都经济贸易大学出版社)

2. 小李的口头表达能力不错，对公司产品的介绍也得体，人既朴实又勤快，在业务人员中学历又最高，老总对他抱有很大期望。可做销售代表半年多了，业绩总上不去。问题出在哪儿呢？原来发现，他是个不爱修边幅的人——双手拇指和食指喜欢留着长指甲，里面经常藏着很多"东西"，脖子上的白衣领经常是酱黑色，有时候手上还记着电话号码。

他喜欢吃大饼卷大葱,吃完后,不知道去除异味的必要性。在大多情况下,根本没有机会见到想见的客户。有客户反映小李说话太快,经常没听懂或没听完客户的意见就着急发表看法,有时说话急促,风风火火的,好像每天都忙忙碌碌的,少有停下来的时候。

请问上述案例中小李存在哪些问题?

3. 根据本章学习的内容,请你为自己进行形象设计。

4.请对"【案例 13-1】让别人舒服,是一种修养,更是一种能力"分小组进行讨论,议题是每个人谈谈自己与人交往过程中,曾经遇到过最不舒服的事时的感想,结合本章所学知识,说说自己在以后工作生活中怎样更好地做到从他人角度考虑事情、让人舒服。

第十四章

危机型公共关系实务

学习目标

通过本章学习，了解危机公共关系对企业形象重塑和生存发展至关重要，了解危机公共关系的特征、成因以及类别，掌握危机公共关系的原则和处理技巧，能策划危机事件的处理方案，及时化解组织公共关系危机，创造新的发展机遇。

关键概念

危机(Crisis)　　危机公共关系(Public Relations At Time Of Crisis)

引导案例

星巴克将危机公关直接变成品牌营销

在当地时间 2018 年 4 月 12 日，两名黑人在费城的一家星巴克想借用一下洗手间，结果服务员以他们没有进行任何消费为理由，拒绝了二人，并让他们赶紧离开，二人拒绝后，店员便报警了，警方以"非法入侵"将二人带走。期间有一名白人男子试图干涉，称两名黑人男子什么都没做，并质疑警方是因为他们肤色而逮捕，最终黑人男子还是被逮捕。

这一过程被网友拍下来挂在了网上，故而星巴克陷入一场由短视频引发的"种族歧视"危机。这件事情引起了美国民众的抗议，网友们也对此事纷纷表示不满，认为如果这次事件的主人公是两位白人女性，结果一定会截然不同。于是，许多美国民众纷纷表示呼吁抵制星巴克，并展开"拒绝种族歧视"大游行。随后，星巴克 CEO 凯文·约翰逊亲自到费城向这两名黑人道歉。不过，仅仅道歉似乎远不够。对此，美国费城市长 Jim Kenney 也痛心表示："星巴克只道歉是不够的。看到费城头条新闻居然是这样的事情，让人很心碎。"而群众的怒火依然未被熄灭，还是有大批民众在星巴克其他门店进行抗议。道歉第二天，星巴克紧接着宣布，将在下个月关闭美国境内的 8000 家门店，对旗下 17.5 万名员工进行"反种族歧视"相关培训。星巴克官方发言人解释，反歧视培训的主旨是消除歧视、提高包容意识、防止种族歧视，确保每一位客人来到星巴克都感到宾至如归。

据道琼斯旗下财经网站估算，这场培训将对星巴克造成 1670 万美元(约合人民币 1.05亿元)的损失。但这上亿元的损失，也表达了星巴克对此事的重视和良好的改正态度，还将这场公关危机化为了一场全球性的宣传。在大洋彼岸的中国，星巴克关闭全美店铺的消息很快有了近千万的阅读量。微博上不少网友都对星巴克这一做法表示赞赏，认为其诚意满满。而在海外，星巴克在美国社交媒体上发布关店声明后，迅速获得 1.8 万人"喜欢"，6000 多人转发。可以说，星巴克用这 1 亿元直接将危机化为了机遇！星巴克将危机公关直接变成了一次品牌营销。(资料来源：编者根据相关资料整理编写。)

从上述危机公关案例中可以看出，星巴克对危机的反应速度非常灵敏，并且处理危机的手法也十分得当。此次面对问题曝光，星巴克 CEO 迅速出面道歉并宣布关闭美国境内的8000 家门店，对旗下 17.5 万名员工进行"反种族歧视"相关培训。放低姿态，消费者才会感到被尊重，才能使得危机事件对企业的影响降到最低。这既是诚意满满的解决办法，也是最能引起媒体和公众关注的办法。这样可以迅速引起媒体注意，大篇幅的新闻报道甚至能将危机处理变成品牌广告。

在任何一次危机事件中，态度比是非对错重要，措施比频繁解释重要。在公关危机发生过程中一个社会组织要想生存发展，必须学会运用科学的手段，减少公关危机给组织与公众带来的影响，进而寻求公众对组织的谅解，以重新树立和维护组织的形象。

第一节　危机公共关系概述

一、危机公共关系的定义

上海辞书出版社 1979 年版《辞海》对"危机"的解释是："指潜伏的祸机，指生死成败的紧要关头"。就社会组织而言，危机则是指由于组织自身或公众的某种行为而导致组织环境恶化的那些突然发生的、危及生命财产的重大事件。比如飞机失事、火车脱轨、海轮沉没、地震、台风、水灾、爆炸、群体性严重传染性疾病等恶性事故，还包括罢工、骚乱、舆论危机等。这些危机不仅给组织造成人财物的损失，而且会严重损坏组织形象，使组织陷入困境。

所谓危机型公共关系指的就是发生危机事件时的公共关系管理活动，即用公共关系手段减少危机给组织与公众带来的影响，进而寻求公众对组织的谅解，以重新树立和维持组织形象。

英国公共关系危机处理专家迈克尔·里杰斯特指出(Michael Regester)，"若一个组织不能就其发生的危机与公众进行合适的沟通，不能告诉社会它对灾难局面正在采取什么补救措施，不能很好地表现它对所发生事故的态度，这无疑将会给组织的信誉带来致命的损害，甚至有可能导致组织的消亡"。所以，在公共关系实务中处理危机型的公共关系活动是最为迫切、最为关键，又颇有处理技巧的公共关系实务。

二、危机公共关系的特征

危机型公共关系实务相对其他公共关系实务而言有以下几个典型特征：第一，危机属于一种突发性和偶然性事件，具有不可测性，并且来势快猛、发展迅速，公共关系组织要处理好此类事件，必须具有很大的灵活性和随机应变能力；第二，危机型公共关系涉及的社会公众面广，具有强烈的社会影响性，极易引起社会舆论关注，危机公共关系是一项复杂而棘手的工作；第三，危机事件内容往往与公众有直接关系，特别是当危机涉及人身安全时，更能引起公众关注，一经媒体报道，瞬间就会在大街小巷广泛传播，公众也由潜在状态变为行动状态，使企业组织措手不及，公共关系危机具有很强的冲击力；第四，公共关系危机处理不当会使组织好不容易树立起来的良好形象毁于一旦，造成广大社会公众对组织的强烈不满，甚至可能导致组织无法正常地在社会体系中运营发展，可见公共关系危机有时还具有强烈的危害性。第五，公关危机事件是可变化的。公关危机可以发生，也可以消除，具有结果的可转化性。危机事件产生有一个从"准备期"到"爆发期"的变化过程，组织如果注意监测环境，积极预防，就能防患于未然，就能把公关危机消灭在萌芽状态。公关危机发生后，如果组织积极应对，也可以把"负面影响"控制在最小范围，甚至转化为"正面宣传"。

三、危机公共关系的主要类型

(一)组织的产品与服务缺陷所造成的危机公共关系

随着人们生活水平的提高，对卫生、环保、绿色的要求越来越强烈，一旦赢利性组织提供给大众的产品存在产品与服务缺陷，对人体的健康、人类的生存发展带来危害，就会成为公共关系危机事件。例如作为一个有着数百年历史的老字号品牌同仁堂，早在清康熙年间，就定下了"同修仁德，济世养生"的"堂训"。正是恪守古训，严格选方、制药，才使得同仁堂300多年来一直长盛不衰，保持着良好口碑。但令人遗憾的是，同仁堂近些年屡屡因为药品、食品不合格被通报，这与其多年积累的口碑极不相称，也辜负了消费者的信任。2019年2月12日，上市公司同仁堂发布公告，称市场监督部门经过调查认定，同仁堂蜂业部分经营管理人员在江苏盐城金蜂食品科技有限公司进行生产时，存在使用回收蜂蜜作为原料生产蜂蜜、标注虚假生产日期的行为，对此处以罚款人民币1408.8万元。此次同仁堂蜂蜜造假和过期回收的行为更是令人痛心，品牌名誉也遭遇相应的信任危机。

处理此类危机公共关系的首要任务是尽快赔礼道歉以防止敌意的产生和蔓延，宣传已采取的(或将采取的)回收和其他补救措施，以消除消费者的不信任感，尽快挽回声誉，减少损失。美国的可口可乐公司曾由于消费者在可乐瓶中发现玻璃碎片而遭投诉。可乐公司公共关系部门面对这一事实，及时采取措施回收该批饮料，并刊登广告，及时向公众公开承认了错误，同时也宣布了今后的预防措施。由于处理及时得体，成功地控制了事态的发展，避免了一场危机。

【案例14-1】抖音危机，人民日报点名严厉批评！

事件回放：2016年6月6日，人民日报微博发布了一则微博，批评抖音广告现对英烈邱少云不敬内容，现已被立案查处。虽然抖音已经道歉，声明是第三方外包公司的原因，而抖音自身则是审核不到位。人民日报评论：犯这种错，抖音让人发抖。犯了改，改了再犯，这样的道歉未免太廉价！人民日报的批评算是相当严厉了。显然这不是抖音的第一次致歉。5月8日，自媒体"暴走漫画"于"今日头条"等平台发布了一段时长58秒，包含戏谑、调侃、侮辱革命先烈董存瑞烈士和叶挺烈士的短视频。当然，抖音自身也进行了整改：下架了很多低俗的视频，关闭评论一段时间，也在3月更换了它的slogan。一切的动向都是在往好的方向发展，意图为大众传递正确的价值观，但是事实确实让人失望，在抖音的UGC内容中更多地以娱乐为主，其实离现实生活还比较远。

抖音，是一款可以拍短视频的音乐创意短视频社交软件，该软件于2016年9月上线，是一个专注年轻人音乐短视频社区平台。用户可以通过这款软件选择歌曲，拍摄音乐短视频，形成自己的作品。在这个信息化爆炸，娱乐新宠频繁更换的年代，抖音以不超过15秒的音乐创意短视频，稳稳地坐上了"江山易改，抖音仍在"的宝座。抖音的本质，就是以算法为内核的娱乐 APP。你感兴趣的短视频，会以信息流的形式成百上千地推到你的面前。每次短短几十秒，你不停地刷，每一个都是你感兴趣的，缺乏自制力的人，"抖音五分钟，人间三小时"一刷几个小时是常事。

然而，在给人们的生活带来无限娱乐的同时，抖音的一些负能量和恶趣味也在悄无声息地毒害着人们，刺激着人们的感官，危害着人们的身体，扭曲着社会的价值观。这是一个浮躁、信息泛滥的时代。正如英国诗人柯勒律治所说："到处都是水，却没有一滴可以喝。" 那些本以为充满乐趣的东西，却在一步步毁了我们的三观，一步步占据了我们的时间，消耗了我们的金钱。希望你只是玩抖音，而不是被抖音玩。

【分析】平台越大，责任就越重。2018 年 4 月 10 日，今日头条旗下短视频平台抖音表示，抖音正式上线反沉迷系统。2018 年 4 月 11 日，抖音表示即日起，抖音将对系统进行全面升级，期间直播功能与评论功能暂时停止使用，升级完毕后会再次开通。同日，被暂停短视频外链直接播放功能。2018 年 7 月 3 日，因内容存在不良影响，抖音海外版 TikTok 在印尼被封禁，印尼通信部部长表示，这次封禁的原因是该平台上大量存在不良影响的内容，"很多内容是消极的、不雅的，对于孩子们而言非常不合适"。2018 年 7 月 1 日至 7 月 31 日，抖音平台累计清理 36323 条视频，8463 个音频，252 个挑战，永久封禁 39361 个账号，并被处以警告和罚款的行政处罚。2018 年 7 月 26 日，抖音宣布启动"向日葵计划"，将在审核、产品、内容等多个层面推出 10 项措施，助力未成年人的健康成长。2018 年 8 月 10 日，抖音通过其官方头条号发布《抖音对违规账号及内容的处罚通告|2018 年 8 月》，通告称，2018 年 7 月 1 日至 7 月 31 日，抖音平台累计清理 36323 条视频，8463 个音频，252 个挑战，永久封禁 39361 个账号。(资料来源：编者根据相关资料整理编写。)

(二)公害(环境污染)问题而引起的危机公共关系

1984 年美国联合碳化合物公司的印度博帕尔邦毒气渗漏事件，同年的苏联切尔诺贝利核反应堆泄漏事件，及近些年我国一些地方化工厂、造纸厂违规排污，造成周边区域水污染等事件。此类危机事件的发生同样会使企业形象受到很大的影响。作为企业应该尽量事前能利用现代科学所提供的一切可能的手段，以减少和避免对环境的损害，事后要着重考虑如何设法补偿社会的损失，挽回组织的声誉，维护与社会公众的良好关系。

【案例 14-2】埃克森公司原油泄漏事件

(详细内容请见课件对应内容。)

(三)意外灾难性事件而引起的危机公共关系

一般讲，这类事故属于天灾人祸，组织主体的直接责任不大，关键在于处理是否及时、得当。如 2008 年我国四川汶川大地震，2019 年 3 月 10 日埃塞俄比亚空难 157 人遇难等。

意外灾难性事件引起的危机的处理，一是采取公共关系补救手段，尽可能做好善后处理工作，使受损害的公众及社会有关方面感到满意，让人们对组织留下高度认真、负责的印象。灾难事件处理好会使组织在公众心中留下美好的形象，会大大提升组织的美誉度；

二是做好舆论宣传工作，制止各种谣言流传，确保危机处理有一个较公正、有利的舆论环境。

【案例14-3】墨西哥大地震

(详细内容请见课件对应内容。)

(四)舆论的负面报道引起的危机公共关系

这种负面报道有两种情况：一种是对组织损害社会利益行为的真实报道，如违章排污、生产的产品有质量问题或不符合卫生标准、内部员工有伤害消费者的言行等；另一种则是对组织情况的一种失真报道，它往往是由部分公众向媒体的投诉而引起，也有部分是因为组织与传媒界的个别记者有过节，而受到恶意中伤。

传媒的舆论导向作用是非常显著的，在某种程度上讲，传媒宣传还起到树立某种社会评价标准作用，往往直接影响着民众对某种社会现象的评价态度与关注程度，在美国，人们将舆论视为司法、立法、行政三权之外的"第四权力"，因此对任何一种舆论负面报道，都必须引起足够的重视。

对前一种负面报道，组织的行为是，首先以负责的态度向公众表明对此类事件的改正决心，并主动采取行动，解决引起负面报道的有关问题，并对因此类事件而受到伤害的目标公众给予某种补偿，再进一步告诉公众，组织本身将以此为鉴。对后一种负面报道，则应以严正的态度，用最有说服力的证据，如专家鉴定、权威部门评议、各类证明等，通过舆论告诉公众，进行公开驳斥，并利用包括新闻发布会、公开声明等手段进行正当的商誉防卫，抑制谣言误导，还组织及相关产品以清白。

【案例14-4】315"辣条事件"，麻辣王子赢了所有

2019年3月15日的国际消费者权益日，"危险的辣条"曝光了河南兰考县、湖南平江县等地虾扯淡、黄金口味棒、爱情王子等辣条制造商，视频中可见生产线上被膨化后的面球四处飞溅，生产车间地面上，满地粉尘与机器渗出的油污交织在一起。

3·15名单曝光后，虾扯淡等涉事品牌并未做出回应，这个时候，一家没有被提及的品牌倒是顺势"蹭"上了热度，这个品牌就是麻辣王子。

3月15日22时23分，就在3·15晚会曝光辣条行业乱象不久，麻辣王子官方微博发不了一则置顶视频，并配文"315#虾扯淡辣条#令人痛心！行业有乱象，但总有人在坚守底线，做良心产品！听麻辣王子创始人讲述：为了让消费者吃上正宗、健康的辣条，我们做了什么？"

视频公开了麻辣王子的车间，品牌创始人亲自讲述品牌理念。在大家质疑辣条品牌安全问题时，这条带着话题的微博在第一时间发出，吸引了一大波好感。

3月16日，麻辣王子麻辣条又发了一则视频，这次的视频中，邀请了许多大学生去麻辣王子实地参观，并在微博邀请网友前去考察，且长沙到平江包车往返包午饭。

3月18日，麻辣王子再接再厉，这次，邀请平江县委书记也来车间考察并品尝辣条。

接二连三的微博，让麻辣王子不仅没有受3·15辣条风波影响，还通过其他品牌的危机公关扩大了知名度。而卫龙时隔四天后才又发一次微博。网民受麻辣王子的影响，在卫龙的3月14日微博下评论表示"赶紧发布一下车间的现代化生产视频，吃的最放心的就是

卫龙辣条"。(资料来源: http://dy.163.com/v2/article/detail/EK6K4CFP053871FL.html)

【分析】麻辣王子在3·15事件中获得网民支持并不是偶然,与其他品牌的公关相比,显得非常优秀。尤其是卫龙,在面对外界误解时,理应澄清疑点,公布真相,但卫龙品牌选择沉默,这只会让消费者对它起疑,美誉度有所下降。

根据公众发展过程的不同阶段,可将公众划分为非公众、潜在公众、知晓公众、行动公众。若在知晓公众转化为行动公众时,企业才有所行动,有道是为时已晚。麻辣王子虽然没有被央视点名,却让3·15不合格的辣条风波与麻辣王子品牌有所关联。麻辣王子主动站出来展示自己生产间卫生环境,还有县委书记做保证,无疑稳定住了消费者的情绪。

危机是指突然发生的危及生命财产或严重损害组织形象,使组织陷入困境的重大事件。当危机发生后,若不慎重决策,妥善处理,将会对企业经营产生严重的负面影响,对企业的信誉和品牌就会有强烈和深远的破坏性,甚至会危及企业自身的生存。企业要挽回损失,重新树立形象,势必要采取危机公共关系。百年杜邦以"迅雷不及掩耳"之势,进行了一系列危机公共关系活动。在危机面前,杜邦积极与媒体沟通、与消费者情感沟通、用智慧抵制谣言、全力以赴。其危机管理有序而到位,危机公共关系活动及时而主动,危机处理态度坚决而到位,危机公共关系方法有效而有力,通过充分整合新闻媒介,从而澄清事实真相。

(五)竞争对手或个别敌对公众的故意破坏而引起的危机公共关系

由于社会的复杂和人们的道德水平差异,一些社会组织可能会遭遇由于人为的恶意破坏所造成的公共关系危机事件。比如,在竞争对手的产品中,投放有害物质,散布竞争对手不良财务信息,散播不利于竞争对手的社会谣言等,都可能对某些社会组织造成重大伤害,形成公共关系危机事件。作为当事的组织,第一反应不是为自己如何辩护,而应迅速采取举措,抢救受害公众,最大限度地降低人生危害程度,同时完善、强化组织内部管理和相关产品的安全保护措施,争取以真诚的态度求得公众的辩解与支持。

(六)洋品牌广告伤害国内用户民族尊严引起的危机公共关系

洋品牌在做广告宣传时不慎伤害到国内用户民族尊严,此类危机处理不当,后果将很严重。不管是有意还是无意的,组织都应该正确认真对待,不能掉以轻心。著名的国际奢侈品品牌杜嘉班纳(Dolce&Gabbana),原本要在2018年11月21日上海举办的首个大型时装秀,由于其在宣传预热期拍摄的"起筷吃饭"广告宣传片涉嫌辱华,从20日晚间起,就有时尚博主@SerenaHottie称其"一边歧视一边圈中国人的钱",引爆危机。见【案例14-6】。

【案例14-5】又一个一线洋品牌败在广告上:Burberry成下一个D&G?

为了喜迎2019新年,Burberry在2019年1月3日发布了一组号称庆祝中国新年的广告大片,取名"摩登新禧",又名"时髦全家福给你拜早年"。品牌官方微博还补充说明了这组照片背后的深层含义——携手演绎阖家团圆照,互相依偎,亲密无间。然而,这组照片的阴冷气质和模特的怪异动作让人背后发凉。这几张诡异的照片在微博上遭到"群攻",大多数人以为自己看到的是鬼片海报。

Ethan James Green是一位产自美国的摄影师,他不仅没有大面使用中国新年的专有颜色，红色，也放弃了传统的表达方式。这组照片的策划者既想表达中国新年的气氛，又想创新突破，但最终呈现出来的却是吊诡的背景板、阴冷的色调和面露"凶残"的模特，钩心斗角，各怀鬼胎更符合这组照片的内在气质。

显然，既要结合中国新年，又要突出家庭和睦，并且不失 Burberry 的清冷气质，这一道"命题作文"经 Burberry 之手后变成了"送命题"。(资料来源：https://new.qq.com/omn/20190104/20190104A1G067.html)

四、危机的成因

组织公共关系危机的形成，概括起来是由自然环境因素、社会环境因素，组织自身因素引起的，前两者因素有时防不胜防。下面仅从组织自身因素，即内部管理体制不健全和员工危机管理意识不强等方面进行分析。

1. 企业缺乏危机管理意识

企业必须要有危机公共关系的意识，目前很多企业缺乏"忧患意识"，缺乏应对危机的一整套管理体系和方法。在企业平安无事时，我们的企业一般不会有"未雨绸缪"的防范意识和战略考虑，不会注重媒体公共关系；即便出现了影响企业发展的突发负面事件，也往往是"病急乱投医"，进行无序的媒体危机公共关系，远远谈不上"有序管理危机和果断采取行动"，或者是想方设法要"置身事外"，使问题演变成一场危机。

【案例 14-6】因 D&G 设计师辱华，众星纷纷抵制不出席，上海大秀取消收场！

2018 年 11 月 21 日晚，著名奢侈品牌杜嘉班纳(Dolce&Gabbana 即 D&G)原定将在上海博览中心举办首个大型时装秀"The Great Show"，届时分为三个主题发布超过 100 个款式的全新成衣系列，早前陈坤、李冰冰、王俊凯、迪丽热巴等不少明星都被预告会参加此次活动。而就在之前，D&G 在中国拍摄的一组照片涉嫌"辱华"，被认为有意丑化中国形象，引发热烈讨论。

事情的起因是 D&G 前不久拍摄了一段把中国传统文化与意大利经典饮食相结合的广告宣传片，标题为"起筷吃饭"。不过，片中的旁白所用的"中式发音"、傲慢的语气以及中国模特用奇怪的姿势使用筷子吃 Pizza、意大利式甜卷等片段被网友质疑存在歧视中国传统文化的嫌疑，在国内社交媒体引发广泛争议。

对于"中国的小棍子""意大利伟大的披萨"这样的视频，大家当然是要求删除，不尊重中国还想来中国赚钱，真的是过分了。不过杜嘉班纳虽然在微博上删除了视频，但是 ins 上却没有及时删除，不仅如此，设计师兼 CEO 兼创始人还对网友如此回复，在面对网友的质疑中，直接对中国出言不逊，并称没有中国一样会过得很好，不怕被曝光！

有网友在 ins 上说起这件事，引来 D&G 设计师 Stefano Gabbana 前来争辩，对方最后恼羞成怒大骂出口，还公然辱华，并放话说不怕被曝光。根据微博网友爆料，该品牌设计师 Stefano Gabbnna 在 Ins 上与中国网友发生口角。双方在争吵过程中，设计师对中国出言不逊，称"中国是屎一样的国家"。

这段辱华对话曝光后，引来无数网友愤慨，本来受邀的陈坤、王俊凯、迪丽热巴等明星也都出来表示立场，不会再参加当晚 D&G 的活动。(资料来源：

http://www.southmoney.com/caijing/caijingyaowen/201811/2757710.html)

【分析】事情发生后，D&G的危机公关就是品牌官方称他们的官方账号和这位创始人的账号被盗了，这些信息都不是他们发布的。之后他们也再次发出过声明，事件的始作俑者也再次在ins上发帖回应。声明和回应中均没有道歉，通篇都是关于品牌和一些推脱之辞。最新的道歉声明中也只是含糊其辞称之为文化差异所造成。总体看来该品牌此次的危机公关没抓住重点也没抓住时间。

危机公关的作用在于化解矛盾，消除影响，而D&G官方及设计师的屡次发言，非但没能化解矛盾，反而进一步激化矛盾。这与D&G品牌方敷衍的态度、没有遵循公众至上的危机处理核心原则、没能掌握网络核心传播元素等有关。D&G此次危机公关处理可以列入"2018最差危机公关处理案例"。

2. 组织自身决策违背了"与公众共同发展"的公共关系理念

历史上有这么一个故事：公元前440年，古希腊雕刻家菲迪亚斯被委任雕刻一座雕像。今天，这座雕像仍然伫立在雅典的帕提侬神庙神殿屋顶上。但是当菲迪亚斯完成雕像，要求支薪时，雅典市的会计官却拒绝了。他说："这座雕像伫立在殿堂屋顶，而殿堂又位于雅典最高的山坡上，你为什么把雕像的后面雕刻得和正面一样美丽？没人能看到雕像背面！"菲迪亚斯反驳说："你错了！上帝会看见的。"

如果你是一组织公司的管理者，你为客户所提供的产品就如同菲迪亚斯的雕像一样，它背后所裸露的，无论是粗糙的岩石还是完美的线条都不会逃过上帝——客户的眼睛。

很多赢利性组织的决策与行为更多地考虑了自身的利益而忽略了社会的利益，违背了"与公众共同发展"的公共关系理念，就有可能使组织利益目标与社会利益目标相对立，从而引发公众对组织的抵触、排斥和对抗，使企业陷入危机之中。

【案例14-7】罗氏——"达菲"风波

(详细内容请见课件对应内容。)

3. 全员公共关系意识淡薄，组织或个人言行不当

组织人员包括管理人员和员工两类，员工是对外宣传的窗口，尤其是某些服务型组织的一线员工，他们直接与公众对话，他们的素质会反映企业组织的形象，他们对公众的不良态度会引发公共关系危机。

【案例14-8】危机公关处理不当，美联航市值蒸发近10亿美元

2017年4月10日，美联航一名亚裔乘客在芝加哥机场的航班上因"超售"问题被强行从座位上拖拽的视频，在网络持续发酵，引发网友大规模口诛笔伐。这段视频在网络上疯传，引发全球公愤。

4月10日，美联航官方发布了CEO Oscar Munoz的一份简短声明，但显然避重就轻，只提到对于"重新安置的乘客"的道歉，并没有对于这位受伤的亚裔男子的道歉。随后Munoz在一封员工信中写道："当员工礼貌请求一名乘客下机时遭到了拒绝，随后便有必要联系芝加哥航空安全人员前来帮助。员工遵循了处理此类情况的既定程序，公司赞扬员工做出

的努力。"Munoz 称他们是"好样的"，并指责被拖下飞机的乘客具有攻击性。邮件传出后进一步加深了公众对美联航的愤怒。

迫于压力，11 日，Munoz 又发布了第二份声明。他郑重道歉，并承诺在 4 月 30 日之前完成此事件的调查。Munoz 在美国广播公司《早安美国》节目中再次道歉，表示类似事件不会再发生。另外，美联航发言人表示，当时整个航班的乘客都将获得退款。

Munoz 亲手搞大了美联航的危机，并且让公司的市值一夜之间蒸发近 10 亿美元。(资料来源：http://www.sohu.com/a/151155468_363248)

4. 没有建立正常有序的传播沟通渠道

信息的有效传播对于组织的生存发展非常重要，在危机出现时更是如此，信息的有效传播甚至如同血液在人体中流动一样重要。律师会告诉当事人让他保持沉默，但对待公共关系危机时若保持沉默，后果将不堪设想。许多企业在危机发生后会无限制扩大组织机密范围，追求事事保密、层层设卡，唯恐公众知晓组织的决策内容。更有一些组织，甚至不让员工知晓内部有关信息。有些组织虽也对外发布信息，但只知道单向发布，不知道信息的及时反馈，使得潜在危机不能得以有效控制。

【案例 14-9】1972 年的"水门事件"，传说总统尼克松唆使手下对自己的政敌采用了非法窃听手段，大小报纸纷纷登载，尼克松下令保持沉默，"我们对此少说为妙，传闻自会过去，不必为此忧虑"，而媒体各方表示出强烈关注。随后白宫开始了一系列拒绝调查、掩盖真相的活动：

——尼克松命令助手开列了一份记者中反政府人士的"敌对分子名单"，他认为，直接盯住这些特殊的人，就能瓦解他们揭开"水门事件"真相的努力。

——1973 年初，参议院"水门事件"调查委员会请总统和他的助手接受调查，但尼克松用"行政特权"拒绝了调查。

——在"水门事件"大陪审团和联邦调查局的调查中，尼克松政府采取各种掩盖事实真相的做法。

——1973 年 7 月，最高法院要尼克松交出他在办公室谈话的所有秘密录音带，再次遭到拒绝。10 月，首席检察长辞职，副检察长、特别检察官被免职，"水门事件"重新燃烧。

——1974 年 7 月，尼克松因"妨碍司法程序，滥用职权以及因不肯交出秘密录音带犯了蔑视国会罪"，8 月 8 日辞职，成为美国历史上第一位辞职总统。(资料来源：夏年喜《世界上最迷人的公共关系大师》工商出版社)

第二节　危机公共关系处理原则

一、及时主动处理原则

第一时间做出迅速恰当的反应是防止危机事件继续恶变的"第一法宝"。一位加拿大企业危机管理专家唐纳德·斯蒂芬森曾说过："危机发生的第一个 24 小时至关重要。如果你未能很快地行动起来并已准备好把事态告知公众，你就可能被认为有罪，直到你能证明自己是清白的为止。"

在危机管理理论中，著名的"危机曲线"包括突发期、扩散期、爆发期、衰退期四个时期，如图 14.1 所示。如果在危机开始的突发期和扩散期积极反应，扼制危机，往往成本较低，效果也较理想。一旦到了爆发期，处理和平息危机的成本将呈几何倍数地增长，情形就难以收拾了。

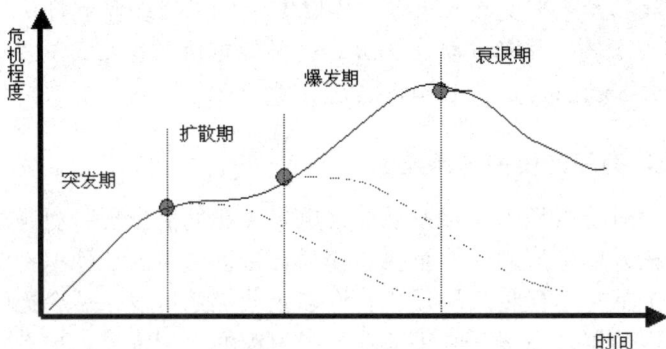

图 14.1　危机曲线

【案例 14-10】魅族点胶门危机公关

2019 年 5 月 7 日 19 时，科技评测公司@XYZONE 在其微博上发布了一则 "[享拆]魅族 16s 拆解：SoC 竟然没有封胶" 的视频，掀起轩然大波，引发各界质疑魅族 16s "偷工减料"。

2019 年 5 月 7 日 23 时，@魅族 Care 微博回应称魅族换用了[富乐 8023]新型胶水，减少芯片边缘胶水的覆盖，使得主板观感更美观，并说明魅族一直秉承品质第一的原则。

2019 年 5 月 8 日接近 1 时，@楼斌 XYZONE 发布微博表示，视频里已经非常明显地看出这台魅族 16s 的 SoC 是没有任何封胶措施的，并且说明这台手机是从官网购买的零售版、非媒体机。同时网友也对[富乐 8023]胶水呈半透明状提出了质疑。

2019 年 5 月 8 日下午魅族官方人员专程去深圳，到 XYZONE 调查、解决魅族 16s 封胶事件。经过双方调查，魅族工程师现场确认 XYZONE 手中这部魅族 16s 属于生产线生产中极个别封胶漏点的情况，属于特例个案，并与 XYZONE 协商，公布解决方案。

2019 年 5 月 9 日 0 时，@楼斌 XYZONE 在微博上说明魅族官方人员到 XYZONE 调查的事实，并已于下午赔偿 XYZONE 两台同级魅族 16s,并回收原事故设备。同时，还表示魅族会继续向大家提供高品质的产品，而 XYZONE 也会继续保持求真的媒体态度，感谢大家的支持和关注。(资料来源: https://www.sohu.com/a/313110986_651065)

【分析】魅族在此次公关危机化解的案例中，一是回应迅速，二是勇于承担，三是合理补偿。对于微博上曝出魅族 16s 的 SoC 没有封胶这一事件后，魅族连夜在官微上进行公关声明，两条微博中间仅仅隔了 4 个小时，说明魅族官方对于自身的消息十分敏感，回应迅速。在楼斌再次说明科技测评公司手中的魅族 16s 确实没有封胶后，魅族官方人员于 5 月 8 日下午前往深圳，现场确认 XYZONE 手中这部 16s 属于产线生产中极个别封胶漏点的情况，态度良好，勇于承担责任。最后，魅族能够为自己的错误买单，提出合理的补偿措施，赔偿了 XYZONE 两台同级魅族 16s,并回收原事故设备。

二、真诚沟通原则

组织处于危机漩涡时，应主动与媒体联系，尽快与公众沟通，把自己所做、所想真诚地告知公众，消除他们的疑虑和不安。

1.采取信息透明政策

公共关系危机一旦爆发，立即会引起政府部门、社会大众和相关媒体的关注与报道，此时作为事件的当事人，要坦诚公开真相，采取信息透明政策。在现代高度信息化的社会空间中，一个组织很难隐瞒信息，特别是对自己不利的信息，及时透明公布信息，可以避免流言蜚语、小道消息所造成的负面影响。

人无完人，孰能无过，组织同样如此。把事实真相告知公众、新闻媒体、告知主管政府部门，以诚恳的态度，配合新闻媒体和上级主管部门调查，及时向社会与组织的对象公众通报相关信息，把信息传播的主动权掌握在自己的手里。勇敢承认错误，及时补救及时改正，就可以最终得到大众的谅解与支持。相反一味地隐瞒和掩盖只会引起更多的误解和不良猜测，更会激怒公众，同时也有可能被竞争对手恶意炒作。

【案例 14-11】1985 年，美国纽约市的自来水水库被人放入了几克放射性物质，自来水被污染了。城市自来水公司发现后，马上采取清除措施，使城市用水又可以正常使用。但市政府还是担心这消息将造成该城市民的恐慌，市民们会在恐慌中撤离城市，其后果可能是非常严重的。美国联邦紧急状态管理局决定在播放这条消息时，不给媒体留下污染的余地。于是，在当晚电视的黄金时段，电视上出现了这样的画面：市长从自来水龙头上接了一杯水喝下去。然后他才告诉观众发生的事情。接着他又喝了一杯，并抱怨水虽然像往常一样可以饮用，但味道不是很好。第二天早上市民又像往常一样忙碌地上班去了。(资料来源：《世界发明》《管理人群的智慧》杂志 2002 年第 2 期)

【案例 14-12】郭美美事件

(详细内容请见课件对应内容。)

2. 配合、善待媒体

在现今国际上，媒体被誉为与立法、司法和行政三权并列的"第四种权力"，这足以证明新闻媒体的力量不可忽视。"成也媒体，败也媒体"似乎已经成为广泛承认的公理。媒体既是组织公众之一，又是组织与社会公众沟通交流的窗口和桥梁，两种性质决定组织与媒体合作的必然性。对于组织来说，媒体是一把双刃剑，运用得好，可以披荆斩棘，为组织开辟出一片新天地；运用得不好，不但会伤及自身，而且可能面临灭门之祸。标王秦池的倒下，巨人大厦的倾覆，其中若不是新闻媒体从中"作梗"，或许今天，我们看到的就不会是一蹶不振的秦池和以脑白金东山再起的史玉柱。他们的失败，有其相似的原因，就是在媒体曝光后，没有采取积极主动的态度去补救，而是坐以待毙，才导致了自己的灭亡。积极配合媒体可以抓住事态发展的主动权，可以将损失控制在最小范围内，使形象免受更大的损害，可以通过开诚布公，与公众坦诚相见，维护良好形象，可以借助媒体在公众中公正的形象，说服公众，便于以后开展工作。

三、勇于承担责任，公众利益至上的原则

公众的权益高于一切，保护公众的利益，应该是组织危机管理的第一原则。组织必须要有强烈的社会责任感，要勇于承担责任，以公众的利益为重，赢得公众的理解与支持。

危机发生后，公众一般会关心两个问题：一个是物质层面的问题，即物质利益永远是公众关注的焦点。因此，组织应首先主动承担损失和责任，及时向受害者及公众道歉，并切实采取措施补偿损失，待真相澄清后你可能更会得到公众的喜爱。所以，组织应首先表达解决问题的诚意，创造妥善处理危机的良好氛围，以真诚和负责任的态度面对公众。这样既表现了对公众负责的一面，又最大限度地减少了组织的不必要损失。否则会各执己见，加深矛盾，引起公众的反感，更不利于问题的解决。另一个是精神层面的问题，即组织是否在意公众的心理情感。因此，组织应该站在受害者及公众的立场上表示同情和安慰，必要时还得通过媒体向社会公众发表谢罪公告以解决深层次的心理情感问题，从而赢得公众的谅解和信任。如果可能的话，做出超过有关各方所期望的努力，显示出组织对公众的真诚，以赢得受害者和所有消费者以及社会公众和舆论的广泛理解和同情，而万万不可只关心自身形象的损害，拘泥于眼前的名利得失。

若在危机面前百般推诿、强词夺理进行"狡辩"，则会产生非常不好的影响。

四、系统运作原则

在进行危机管理时必须系统运作，绝不可顾此失彼，这就要求组织行动的统一、目标的统一和整个组织反应协调活动的统一。

在公共关系危机来临的时候，组织的反危机行动必须系统运作，要求信息发布口径的统一，避免多种不同声音的出现，造成外界更大的猜疑和混乱。在危机之中，组织无论是对内，还是对外，都必须统一宣传口径，保持前后言论的一致，言词一致是建立可信度相当重要的因素。社会组织的人力、物力、财力和组织各机构部门都应该统一在最高危机处理小组的领导下，以组织的全部力量尽快平息公共关系危机所带来的不良影响。危机处理者必须传递基调一致的信息给相关公众，如果不能传递一致的信息内容，则会引发更多对组织不利的谣言和不必要的疑惑，而使岌岌可危的组织信誉和形象更加脆弱。

【分析】由此可见，作为权威部门，在应对一个由自己造成的危机时，由于对自媒体

环境了解不够，以随意和反复应对，不仅未能化解危机，相反引发更大的次生危机，很大程度上透支了政府部门的公信力和权威性。

五、防患于未然原则

公共关系危机具有很强的突发性、不可测性，因而组织应对公共关系危机的一个重要原则，就是必须在平时就筹划预备好公共关系危机预警应对方案，这样才能做到有备无患。国外学者的最新研究表明，如果组织不预先制定完善的危机管理战略，并在危机的最初阶段对其态势加以控制的话，危机造成的连锁反应将是一个加速发展的过程——从初始的经济损失，直至最终苦心经营的品牌信誉和组织形象毁于一旦。"凡事预则立，不预则废"，所以一些组织等到危机无法收拾的时候才出面调停，但往往是大势已去，难以扭转乾坤。首先，要有公共关系危机感，要研究自己的组织发生公共关系危机事件的可能性，要把这些可能引发公共关系危机的"苗头和征候"都弄清楚，并反复教育相关人员，力争早发现、早汇报、早处理；其次，事先拟定好组织的公共关系预警应急预案，要对关键系统和关键人员进行反复演练，让所有的相关人员和部门清晰准确地了解自己在公共关系危机到来时的"角色"，并通过反复的"仿真"案例演习，来熟悉整个危机预案的启动实施程序；再次，注重同上级主管部门、相关协助单位、新闻媒体和公安司法系统、医疗急救系统等社会公共管理部门保持良好关系和畅通无阻的联系渠道，当危机出现时可以获得支持。

英国航空公司有一个"安抚组"，专门处理客户的不满，并会在三天内做出回应，这套机构让英航清楚地知道哪个环节最容易出现问题，从而提出应对策略，做到未雨绸缪，防患于未然。

> **【案例14-16】从马航事件看公关危机应对**
>
> *(详细内容请见课件对应内容。)*

六、权威证实原则

在危机处理过程中，自己称赞自己是没用的，没有权威的认可只会徒留笑柄，在危机发生后，组织不要自己整天拿着高音喇叭叫冤，而要曲线救国，请重量级的第三者在前台说话，使消费者解除对自己的警戒心理，重获他们的信任。

七、巧妙接招原则

危机问题出来了，组织公共关系部门就不要回避，要大胆地接招。在取得与公众良好的沟通交流后，巧妙制定危机公共关系策略，分步骤地实施危机处理。对所有的危机处理办法都应该采取尽快的解决方案，这是处理危机的最高宗旨。可以说，危机不管发展到什么程度，公共关系的根本办法仍然是从寻找源头开始，如寻找到消费者及曝光媒体。只有寻找到危机源头才能将危机处理在萌芽状态，其次找到了源头的处理方法也很多，但是目的只有一个，就是控制这个源头或者堵住这个源头。因为这是公共关系决策制胜的重要因素。如在接到事主投诉时，要及时进行安抚事主，并与事主进行一系列的专业沟通，使其明白组织对待事件的出发点，充分表达自身是一个充满爱心与有社会责任感的组织，从而从根源上对危机进行化解。面对危机，公共关系部门一定要说服、引导媒体进行跟踪报道。

【案例14-17】"泰诺"牌镇痛胶囊危机处理事件

某年9月30日，美国的一家报纸报道：芝加哥地区有7人因服用强生联营公司的一个子公司麦克尼尔日用品公司生产的 TYLENOL(泰诺)牌镇痛胶囊而死于氰中毒，据传还有250人生病或死亡。这则消息引起了美国"泰诺"牌镇痛药约1亿消费者的巨大恐慌。全美最大的医药公司强生联营公司为此紧急行动，因为这一突发事件关系到自己的牌子，股市上公司的股票已经大幅度下跌了！

公司的公共关系部门采取的第一项公共关系措施，就是与新闻媒介通力合作，同时，公司立即从市场撤回"泰诺"牌镇痛胶囊，并将自己的行动向新闻界坦诚地公开。

9月30日17:16，对外发布"泰诺"紧急通报：宣布强生联营公司撤回第一批8月份生产的93 000瓶"泰诺"牌镇痛胶囊。

10月1日10:47，对外发布"泰诺"最新消息：宣布强生联营公司撤回第二批171 000瓶"泰诺"胶囊；食品与医药管理局在全国范围内对"泰诺"胶囊进行抽检。

10月4日9:58，对外发表"泰诺"消息：食品与医药管理局抽检了100多万瓶"泰诺"胶囊，发现芝加哥以外地区的这类药品没有受到污染。

10月5日15:47，通报加州奥罗维尔地区"泰诺"胶囊的情况，宣布强生联营公司在全国范围内撤回"泰诺"胶囊。

10月6日10:45，向所有有关机构发布食品与医药管理局专员海斯与副主任科普的声明：9月30日芝加哥地区7人死亡与"泰诺"牌镇痛胶囊无关。

10月6日23:42，对外发布消息：麦克尼尔日用品公司有奖回收"泰诺"胶囊。

(资料来源：编者根据相关资料整理编写)

【分析】由于强生联营公司在事情发生后稳妥、合理、透明的公共关系活动，使得公司的信誉没有下跌，公众认为公司是以向社会负责的企业原则为基础的，这就为一年后"强生"的"泰诺"重新打回市场打下了基础。强生联营公司设计和生产了抗污染的药物包装后，重新将"泰诺"打回市场，为此，公司花了5000万美元向消费者赠送这种重新包装的药品，同时在纽约的喜来登中心饭店召开了新闻记者招待会。在这场可以说是美国新闻界"难度最大"的记者招待会上，公司董事长伯克发表讲话，感谢新闻媒介公正对待"泰诺"悲剧，并向记者介绍重返市场的有抗污染包装的"泰诺"，同时邀请记者提问。这个由30个城市参加，通过卫星转播的电视记者招待会使强生联营公司成了首次公开对抗污染日用品包装先例的著名公司，"泰诺"重新获得了市场上的领先地位，使厄运断言者们惊诧不已。

【案例14-18】海底捞危机公关

(详细内容请见课件对应内容。)

第三节　危机公共关系三阶段

一、危机准备阶段

"危机如火，水火无情"，一旦危机真的来临，决不能听之任之，应作以下准备：

(1) 根据危机影响程度，迅速建立危机管理小组，组成人员包括：决策层负责人、公共关系部经理、人事部经理、保卫部经理等。危机严重时，要由企业一把手挂帅。

(2) 危机小组首先要明确问题，要透过各种方法挖掘出危机爆发的缘由。可能的原因包括：竞争对手所为，是竞争对手挑动的；消费者主导行为，是消费者发现问题请媒体曝光；政府机构发起的，政府检查时发现问题并通过媒体曝光；媒体的有意行为，媒体因对企业有"意见"而发起"攻击"等。

(3) 危机小组要安排调查组深入现场了解事实，并尽快做出初步报告。安排联络小组马上投入各方面的联络工作，如外部来人接待，要约见什么人，需要哪些方面的力量协助等。

(4) 危机小组要制定或审核危机处理方案及其方针和工作程序，尽快遏制危机的扩散。迅速掌握所需的信息资料，制定出处理危机事件的公共关系计划或方案。迅速掌握问题是在何时、何地、如何发生的；目前的状况怎么样、损失如何；其发展趋势又如何；解决危机问题的关键何在；从公共关系角度出发，组织有何考虑；应争取何种的目标；有哪些公众卷入危机事件；卷入程度如何；目前他们与组织间的信息联系如何；应如何与他们进行更有效的沟通联系；何时能予解决；解决时需要些什么附加条件等等，根据对这些方面信息的收集和分析，迅速拟出处理危机事件的公共关系计划，全面、清晰地对危机发展趋势做出准确预测，确定有关处理策略和步骤，安排调配组织现有的人、财、物力，明确责任，落实任务。

(5) 危机小组要统一信息发布口径，指定新闻发言人，一个声音对外。在企业危机发生之后，企业针对媒体的沟通渠道如果超过一个，那么随时有可能因为主渠道之外那些渠道的一个细微的错误而使企业陷入被动。并且在随后的 24 小时内，媒体的实时监控更容易造成信息泄露。这时企业高层唯一可做也必须做的一点就是：企业内部所有针对媒体的沟通渠道只能指定一个，这个渠道或者是 CEO，或者是新闻发言人。要知道，媒体有"窥阴"的嗜好，他在挖空心思地寻找漏洞，捕捉和挖掘负面的新闻，越离奇就越轰动，越有争议就越能吸引读者的眼球。因此，企业面对媒体时，只能由新闻发言人出面，其他任何员工不得随便发表观点，但态度要认真，不得敷衍或不耐烦。这样，就可以有效避免公司对外口径不统一，也避免触怒记者造成事件恶化。企业内部要统一说话的声音，不能董事长一个表态，总经理又一个表态。例如面对媒体，某药业一个领导说"三废没有处理好"，另外一个领导说"没有对周围的环境造成污染"，自相矛盾，容易被抓住把柄。

(6) 危机小组还要决定是否聘请外部公共关系专家和其他有关专家来协助指导危机公共关系工作，在困难和压力面前，只有专业的、经验丰富的专家才能在第一时间做出正确部署，帮助公司走出危机，而且外请的和尚会念经，相对组织内部的公共关系人员他们的决策更加有权威性、更加客观，他们的信息网、"人际"网更加宽广。

二、危机处理阶段

危机处理阶段(危机发生后)应作以下准备：

(1) 危机发生后，从组织内部的各层管理人员，一直到普通员工都应尽快得到组织危机应变总部的危机报告和如何对付危机的指示。其中，他们必须明确地被告知除了有明确的授权之外，不可随便为组织代言。并告诉有关部门马上停止一切与危机事件处理不谐调的宣传。

(2) 危机发生后，危机小组应尽快确定各种已知的因素，分析问题的性质和程度，准备一个简短的声明，并通过媒介向社会公布。同时也尽快发布已掌握的各种事实资料，组织对此已采取的或将进一步采取的行动和对策，以表示组织对此事件的重视和良好的管理素质。可以采取新闻发布会，可以通过网络、直播节目等与公众面对面交流，澄清事实真相，如果确有错误，也要以真诚的态度博得公众的谅解。

真实、准确地传播，才能获得公众的信任，才能把握舆论的主动权，才能尽量减少危机事件对组织形象造成的损害。如果需要的话，危机管理小组可设立一专门的新闻发布办公室，提供新闻采集所必要的设备和记者休息场所，并实行 24 小时工作制。面对记者，要保持冷静，尤其在记者情绪冲动时，更不要与记者朋友辩论有关报道的新闻价值，当媒体要求证实他们自行获取的信息的真实性时，只能证实那些不可改变的事实，不要推测。对记者提出的问题，要尽力给予答复，如对有些问题的确不能完全答复的也应争取给予满意的信息(如查询、咨询、核实)而不能断然拒绝，对一些确不能回答(或无法回答)的问题，则应请记者谅解。对记者所提问题中的错误含义要当即予以明确指正，对新闻报道中与事实不符的也应及时指出并要求更正，可以邀请公正权威机构来帮助组织，对一些造谣中伤行为，应以严正的态度要求肇事人撤回并表示歉意。尽快公布组织在危机事件中所采取的一系列对社会负责的行为，以增强社会公众对组织的信任度。

(3) 妥善做好善后处理。组织主要领导人第一时间亲临现场，安抚公众，稳定情绪。要勇于承担责任，本着公众利益至上原则，态度诚恳，在物质方面和精神方面都尽量使公众得到安慰。

(4) 开放现场或组织专门参观，运用参观活动来协助危机解决。让公众了解组织是敢于经受检验的。如某一酒店，顾客发现菜有异味，找到公共关系经理。公共关系经理及时赔礼道歉后，带着顾客参观了菜肴操作间，顾客看后对该酒店卫生环境非常满意，对菜的新鲜度亲自作了检测后也安心了。

三、重塑企业组织形象阶段

通过借助于企业面临的内部或外部危局，发现并改进企业的不足之处，使原来不利于企业的事件朝着有利于企业的方向发展，从而使企业能够保持健康持续发展态势。美国前总统肯尼迪(Kennedy)对危机的解释与中国人对危机的想法意外的接近：危机由两层含义组成，"危"意味着"危险"，"机"意味着"机遇"，两者处于极度的对立之中，因此危机的发展变化常常极富戏剧性效果。又如同美国危机管理专家诺曼·奥古斯丁所说，"一次危机既包含了导致失败的根源，又蕴藏着成功的种子。发现、培育，进而收获潜在的成功机会，就是危机处理的精髓；而错误地估计形势，并令事态进一步恶化，则是不良危机处理的典型特征。"因此，企业要尽力挖掘危机事件中可利用的因素，争取把"危险"化作"机遇"，这是危机管理的至高境界。

在危机中，以真诚的态度赢得公众的情感只是第一步。若不能采取有效措施来改变企业组织形象将前功尽弃，最终失去民心和市场。危机对企业来说，也是一个管理创新和产品创新的机遇，把握好危机势局，企业或许会获得一个塑造和提升企业美誉度的新平台。"树立正确的危机管理意识，全面认识危机的两面性"是危机借势管理的基本出发点。

"危险"与"机遇"，是现代企业永远离不开的两个永恒命题，但"危险"与"机遇"

的并存，并不是所有的人都能深刻地认识到，我们只有不断培养危机管理意识，并能够把握住危机发生中潜在的机遇，时刻意识到危机的双面性质，我们才能从容面对危机，在危机中把机遇创生出来。

我们没有料到即使在奥运会期间，股市还会那么"绿"；我们没有料到雷曼兄弟公司似乎就在一夜之间破产；我们没有料到四川汶川大地震的发生；我们也没有料到有那么多的奶粉中有毒……总之，我们生活中是充满了越来越多的不确定性。

的确，危机本身是一件令人头疼的事，但同时也是一个机遇，就公共关系而言，是一次让组织决策者理解公共关系，重视公共关系的机会；就组织而言，则是一次让组织形象得以提升的机会，这也就是危机管理的目的所在。

【案例 14-19】圣元乳业"致死门"的危机公关启示

(详细内容请见课件对应内容。)

本 章 小 结

天有不测风云，人有旦夕祸福，对于组织来说，机遇与危机同在。在危机来临前，要建立预警机制，积极预防，防患于未然，尽量避免危机的产生。在危机来临后，要掌握危机公共关系的原则和处理程序，正视危机，认真对待，争取化危为机，获得一个塑造和提升企业美誉度的新平台。

复习思考题

一、问答题

1. 危机处理小组的任务有哪些？
2. 危机公共关系中如何与媒体合作？
3. 公共关系危机的成因有哪些？
4. 公共关系危机有哪些主要的特点和类型？
5. 请联系实际阐述危机公共关系的处理原则有哪些？

二、分析题

(一)宜家"夺命抽屉柜"再召回 1730 万个，只限美国加拿大不包含中国

2017 年 11 月宜家家居宣布，在美国和加拿大再次召回共计 1730 万个抽屉柜，原因是又有一名儿童被翻倒的家具砸中身亡。截至目前，在过去 14 年间，宜家公司生产的柜子共造成 8 名儿童死亡，全部来自美国。

此次宜家公司宣布召回的依然是马尔姆系列的抽屉柜。该系列抽屉柜如果没有被正确地固定在墙上，儿童在攀爬过程中，极易翻倒抽屉柜，引发安全事故。

2014 年，两名儿童因攀爬宜家生产的柜子被砸身亡；2016 年，又有另外一名儿童因类似事件死亡……

据统计，过去 14 年间，宜家公司生产的柜子共造成 8 名儿童死亡，全部来自美国。

此次宜家召回的范围只限美国和加拿大，适用于高于 60 厘米的儿童用抽屉柜以及高于 75 厘米的成人用抽屉柜。其中包括 800 万个在 2002 年到 2016 年 6 月间卖出的马尔姆抽屉柜。

而宜家家居中国客服热线表示，目前，马尔姆系列抽屉柜仍在北京地区正常出售，近期并未收到任何宜家总部召回马尔姆系列抽屉柜的通知。

据悉，2016 年 6 月，宜家公司已经有过一次召回行动，共在北美地区召回 3600 万个"问题柜"，其中包括 2002 年到 2016 年 6 月间生产的"马尔姆"系列产品，以及 100 个其他系列的产品。

但是在行动中，宜家却拒绝在中国召回同款产品。后经国家质检总局约谈，宜家终于决定从 2016 年 7 月 12 日起在中国市场上召回 1999 年至 2016 年期间销售的马尔姆等系列抽屉柜，召回涉及多种规格产品。

针对中国市场，此次宜家是否将会采取同美国和加拿大一样的召回行动，还没有进一步的消息。(资料来源：央视新闻 2017 年 11 月 28 日)

1. 你认为宜家售后服务"中外有别"有道理吗？这样做会给公司带来怎样的后果？
2. 制定一个宜家售后服务"中外有别"事件的危机处理方案。

(二)塞勒菲尔德事件的教训

英国塞勒菲尔德核反应厂发生的泄漏事故对公司造成了很大的破坏，尽管事故没有对工厂的工人和周围的公众造成放射性危害，但至少损坏了该工厂经营者——英国核燃料公司的声誉。从人员伤害的意义上讲，事故的损失是很小的，但事故引起了社会的广泛关注。英国核燃料公司所做的糟糕的传播工作导致了社会公众对核安全的不安情绪。

1986 年 2 月 5 日，塞勒菲尔德核反应厂发生了一次非常严重的事故，液态钚储藏的压缩空气受到重压，一些雾状钚从罐中泄漏了出来。工厂多年以来第一次亮起了琥珀色的警报，大约 30 多名非必要人员撤离了危险区，当时只留下了 40 人来处理泄漏事故，以维护工厂其他部分的安全。

英国核燃料公司在宣布泄漏事故时，暴露了公司危机状态下的困境。一方面它向公众表示，要最大可能地让公众了解事实真相，另一方面又每天像挤牙膏一样一点一点地报出消息，这加剧人们的恐惧。每一条消息都使记者有借口得以进行连续报道。

泄漏事故发生在上午 10:45～11:45 之间。毫无疑问，媒介很快就报道了所发生的事故，因为从工厂蜂拥出来的工人和琥珀色的警报，人们一眼就能看出工厂出了问题，事故的消息随后就传开了。英国广播公司的电视记者詹姆斯·威尔金森介绍说，当他中午给工厂打电话时，工厂的新闻办公室还没有人做好发布事故消息的准备，我们所得到的回答只是些站不住脚的许愿，媒介的记者一直提心吊胆地等待着。

工厂所犯的第二个错误是，厂里没有足够的新闻发布来应付外界打来的询问电话。记者们发现他们要排队等候，于是不确定的因素滋生了人们的不安情绪，英伦三岛为此也十分焦虑。

第三个错误则是英国核燃料公司的新闻办公室在正常工作时间后停止办公。詹姆斯·威尔金森说，当探听消息的人在晚间给公司打去电话时，电话总机告之，请留下电话号码，等新闻发布人上班后再回电。

最后英国核燃料公司不得不开始收集有关信息。他们花费200万英镑进行广告宣传活动，邀请公众参观塞勒菲尔德展览中心。这种开放政策是通过一年来对公众看待核工业态度的调查研究所产生的结果，调查表明：对外封闭的核工业，不但会失去公众支持，而且容易引起公众争论。

1. 英国核燃料公司在危机到来之时，为什么会犯错误？
2. 面对这样的危机事件的发生，企业应该怎样处理更合适？

(三) "空姐乘坐滴滴顺风车遇害"事件

2018年5月6日凌晨，21岁的空姐李某某在郑州航空港区搭乘一辆滴滴顺风车赶往市内途中被司机刘某华杀害。5月9日，河南电视台都市频道曝光了这一事件。

空姐、深夜、被杀、顺风车这一系列的敏感词刺激着大众的神经，使得该事件一经曝光便引发了广泛的关注。新京报、澎湃新闻、环球时报等主流媒体及相关网站对此事进行了全方位的报道与跟进，新浪微博平台相关话题达到50多个，热度指数不断攀升。另外，多家自媒体也发表了大量文章及评论，探讨该案件中滴滴平台应该承担的责任以及女性夜晚出行安全等话题。

5月10日12时，滴滴平台首次公开发文回应此事。首先对受害者表示悲痛和愧疚，向其家属道歉，并向广大公众致歉，表明滴滴辜负了用户的信任，对于此事负有不可推卸的责任。其次，滴滴表示将成立专项工作组，配合警方侦破案件。最后承诺将全面彻查各项业务，避免类似事件再次发生。

5月10日20时，滴滴出行发布百万悬赏通报，向全社会公开征集线索，寻找涉案的顺风车司机，同时公布了该顺风车司机真实的姓名、照片、手机号、身份证号码等信息。但是网友对这一做法并不领情，认为滴滴有哗众取宠、转嫁大众情绪之嫌。嫌犯身份背景的曝光，也引发了网友对滴滴顺风车司机资质审查，以及顺风车的标签评价功能的质疑。

5月11日17时，滴滴公布自查进展，表示顺风车业务停业整改一周。称嫌疑人违规借用他人账号接单，承认夜间保障机制不合理，未对投诉妥善处理。针对问题提出了具体的整改措施，并再次致歉。

5月16日，滴滴分别针对顺风车和全平台出行相关业务公布阶段整改措施：下线个性化标签和评论功能；每次接单前进行人脸识别；暂停22点至6点的顺风车订单。同时，就纠纷判责取证采取行程录音、有犯罪记录的人能否成为滴滴车主等问题征询公众的意见。

5月31日和6月13日，滴滴相继公布出行安全升级工作进展，分享整改进展以及遇到的问题和困难，表示将小范围测试护航模式、行程录音功能，完善安全保障机制。针对之前网友热议的100万元线索资金，委托律师事务所保管并与线索提供人沟通发放。(资料来源：人民网 2018-11-30)

请你为滴滴公司设计危机处理方案。

三、技能训练

1. 实训目的：
通过对近年来央视3·15曝光的危机事件案例进行分析，初步掌握公关危机的类型和特征及处理危机的基本方法。

2. 实训要求:

(1) 学生仔细阅读每组自己搜集的案例并进行独立思考。

(2) 每组必须要有讨论过程。

(3) 对案例进行较为全面的分析。

实训组织:

(1) 老师事先布置每组案例范围及类型。

(2) 老师将学生分成若干小组,指定组长,实训活动可由5人左右为一个小组进行。

(3) 组长负责分工与协作,每组最后形成对危机公关案例分析的小组实训报告。

(4) 各小组能够制作一份10分钟左右演示的PPT材料在课堂上进行汇报交流,汇报时其他小组可提出质疑、补充,台上台下互动。(教师要进行打分,介绍占20%,分析占20%,建议占20%,回答问题占20%,PPT展现效果占10%,团结协作与精神风貌占10%,教师要对每组实训报告和讨论情况即时进行点评和总结)。

参 考 文 献

[1] 陶应虎. 公共关系原理与实务[M]. 3 版. 北京：清华大学出版社，2015.

[2] 居延安. 公共关系学[M]. 5 版. 上海：复旦大学出版社，2013.

[3] 弗雷泽·P. 西泰尔. 公共关系实务[M]. 12 版. 北京：清华大学出版社，2014.

[4] 周安华，苗晋平. 公共关系理论、实务与技巧[M]. 5 版. 北京：中国人民大学出版社，2016.

[5] 黄懿慧. 公共关系学科在中国的学术性危机[OL]. 中国社会科学网.

[6] 胡百精. 公共关系学[M]. 2 版. 北京：中国人民大学出版社，2018.

[7] 陈先红. 现代公共关系学[M]. 2 版. 北京：高等教育出版社，2017.

[8] 宋子义. 重塑企业价值观[J]. 企业管理，2019，1.

[9] 王梦宇. 大数据时代公关传播的三个功能[J]. 现代传播，2017，2.

[10] 朱国勇. 香港廉政公署招聘考试最后一题真是绝了！暴露了所有人的本质[J]. 读者，2014，5.

[11] 王海云. 商务谈判[M]. 北京：北京航空航天大学出版社，2003.

[12] 胡巾煌，倪豪. 新媒体平台下竞技网游的推广模式——以《英雄联盟》为例[J]. 新媒体研究，2018，9.

[13] 李兴国. 公共关系学[M]. 2 版. 北京：中国人民大学出版社，2015.

[14] 李映霞. 管理沟通：理论、案例与实训[M]. 北京：人民邮电出版社，2017.

[15] 齐小华，殷娟娟. 公共关系案例研究[M]. 武汉：武汉大学出版社，2009.

[16] 程德林. 公共关系实务[M]. 北京：首都经济贸易大学出版社，2008.

[17] 何伟祥. 公共关系原理与实务[M]. 大连：东北财经大学出版社，2009.

[18] 余世维. 领导商数[M]. 北京：北京大学出版社，2005.

[19] 熊源伟. 公共关系案例[M]. 合肥：安徽人民出版社，1997.

[20] 李元授. 谈判学[M]. 2 版. 武汉：华中科技大学出版社，2003.

[21] 中国公关网 http://www.chinapr.com.cn/.

[22] 中国公关联盟 http://www.ggsjzzs.com/.

[23] 2016—2019 年《国际公关》、《公关世界》等杂志.

[24] 中国国际公共关系协会 http://www.cipra.org.cn/.

[25] http://www.zx590.com/a/857673/47220350.html.

[26] https://baijiahao.baidu.com/s?id=1588615608840769882&wfr=spider&for=pc.

[27] http://www.sohu.com/a/237628484_100006599.

[28] https://baike.baidu.com/item/%E9%9D%92 E5%B2%9B%E5%A4%A7%E8%99%BE%E4%BA%8B% E4%BB%B6/18709678.

[29] https://baijiahao.baidu.com/s?id=1593964567514549261&wfr=spider&for=pc.

[30] https://wenku.baidu.com/view/be369e5384254b35eefd34be.html.

[31] http://www.360doc.com/content/17/1223/17/19844349_715647659.shtml.

[32] http://finance.sina.com.cn/money/lczx/20070518/10523606755.shtml?from=wap.

[33] http://www.cmrclub.com/bbs/forum.php?mod=viewthread&tid=76578&extra=page%3D1.

[34] http://baijiahao.baidu.com/s?id=1598589197427660941&wfr=spider&for=pc.

[35] http://www.yidianzixun.com/article/0Ke5WLTA.

[36] http://baijiahao.baidu.com/s?id=1603716764813041307&wfr=spider&for=pc.

[37] http://finance.sina.com.cn/roll/2017-02-05/doc-ifyafenm2782185.shtml.

[38] http://www.sohu.com/a/145038598_217482.

[39] http://baijiahao.baidu.com/s?id=1604832241354909319&wfr=spider&for=pc.

[40] http://guba.eastmoney.com/news,600983,176199822.html.

[41] http://www.sohu.com/a/250981661_738053.

[42] https://tieba.baidu.com/p/5870486604?red_tag=2651948732.

[43] http://www.sohu.com/a/212530742_182451.

[44] https://wenku.baidu.com/view/bb9ad18402d276a200292eab.html.

[45] http://finance.ifeng.com/a/20180918/16514258_0.shtml.

[46] http://www.yidianzixun.com/m/article/0KtwNhqy.

[47] http://baijiahao.baidu.com/s?id=1562841933231813&wfr=spider&for=pc.

[48] https://max.book118.com/html/2015/0215/12525037.shtm.

[49] https://www.sohu.com/a/203872113_754614.

[50] http://www.doc88.com/p-2721295701884.html.

[51] https://baike.baidu.com/item/%E7%9A%AE%E6%A0%BC%E9%A9%AC%E5%88%A9%E7%BF%81%E6%95%88%E5%BA%94/758633?fr=aladdin.

[52] https://zhidao.baidu.com/question/424013724.html.

[53] https://max.book118.com/html/2016/0925/55801190.shtm.

[54] https://wenku.baidu.com/view/ab8491368bd63186bdebbc30.html.

[55] https://wenku.baidu.com/view/e7d34049182e453610661ed9ad51f01dc381570e.html.

[56] https://www.wjx.cn/jq/22650630.aspx.

[57] http://www.cmmo.cn/article-7232-1.html.

[58] http://www.chinawenben.com/theme/P73N6OlNgp96480Wo7X1Mv09Qg8M71584Ojx5689Q9V090b6G57/.

[59] https://baijiahao.baidu.com/s?id=1602895396031720120&wfr=spider&for=pc.

[60] https://www.oschina.net/news/25479/google-best-employee-welfare.

[61] http://www.sohu.com/a/257087299_463926.

[62] https://www.sohu.com/a/222435450_772544.

[63] http://baijiahao.baidu.com/s?id=1604235062742043379&wfr=spider&for=pc.

[64] http://www.wanglougongguan.com/weijigongguan/346.html.